GRUNDRISS DER SOZIALWISSENSCHAFT

ERGÄNZUNGSBAND 3

HEINZ STÖWE / ERICH HÄRTTER

Lehrbuch der Mathematik
für Volks- und Betriebswirte

Vandenhoeck & Ruprecht in Göttingen

Heinz Stöwe / Erich Härtter

Lehrbuch der Mathematik für Volks- und Betriebswirte

Die mathematischen Grundlagen der Wirtschaftstheorie und der Betriebswirtschaftslehre

Dritte, von Erich Härtter
völlig neu bearbeitete Auflage

Mit zahlreichen Figuren und Tabellen

Vandenhoeck & Ruprecht in Göttingen

CIP-Titelaufnahme der Deutschen Bibliothek

Stöwe, Heinz:
Lehrbuch der Mathematik für Volks- und Betriebswirte:
die mathematischen Grundlagen der Wirtschaftstheorie
und der Betriebswirtschaftslehre / Heinz Stöwe; Erich Härtter. –
3., von Erich Härtter völlig neubearb. Aufl. –
Göttingen: Vandenhoeck u. Ruprecht, 1990
(Grundriss der Sozialwissenschaft: Ergänzungsband; 3)

ISBN 3-525-10560-6 kart.
ISBN 3-525-10561-4 Gewebe

NE: Härtter, Erich:; Grundriss der Sozialwissenschaft /
Ergänzungsband

Druck und Bindearbeit: Hubert & Co., Göttingen

Vorwort zur dritten Auflage

Das Buch entstand aus Vorlesungen "Mathematik für Wirtschaftswissenschaftler", die seit vielen Jahren an der Universität Mainz gehalten wurden. Es soll sowohl ein Lehrbuch für Studenten als auch, in gewissem Rahmen, ein Nachschlagewerk sein.

Die Neuauflage des Buches ist eine völlige Neufassung und Umarbeitung der letzten Auflage. Herr Stöwe, der frühere Mitverfasser des Buches, ist zwischenzeitlich leider verstorben, daher wurde die Neuauflage vom zweitgenannten Autor besorgt. Das Grundkonzept sowie die grundsätzliche Stoffauswahl und die Einteilung des Buches wurden zwar beibehalten, jedoch sind alle Abschnitte überarbeitet und an vielen Stellen stoffliche Ergänzungen vorgenommen worden. Die Formulierungen wurden häufig neu gefaßt, und zum besseren Verständnis für den Leser wurden eine ganze Reihe erläuternder Beispiele eingefügt.

Das Buch bietet im wesentlichen den Stoff dar, wie er an den meisten Universitäten in den Grundvorlesungen "Mathematik für Wirtschaftswissenschaftler" vermittelt wird. Die Darstellung ist so gehalten, daß für den Leser nur Kenntnisse der elementaren Schulmathematik vorausgesetzt werden, die zusätzlich in einem Anhang zusammengestellt sind.

Die ökonomischen Betrachtungen sind in der Numerierung des Buches gegenüber dem mathematischen Text durch einen Stern gekennzeichnet. Methodisch wird in dem Buch so vorgegangen, daß in jedem Abschnitt den mathematischen Darstellungen einführende Beispiele aus der Wirtschaftstheorie oder Betriebswirtschaftslehre vorangehen oder als Anwendungen folgen. In dem Buch werden die mathematischen Resultate nicht in aller Allgemeinheit dargestellt und hergeleitet, jedoch sollen nach Möglichkeit die Voraussetzungen, unter denen ein Satz gilt, genau formuliert werden. Es wird vor allen Dingen auf didaktisch gute Darstellung Wert gelegt, wozu auch die vielen erläuternden Zahlenbeispiele im Text beitragen sollen. Verschiedene weiterführende Überlegungen und Beispiele sind in Kleindruck gesetzt.

Formeln, Sätze und Figuren desselben Paragraphen werden einfach mit der betreffenden Nummer zitiert. Wird auf eine Formel, einen Satz oder eine Figur eines anderen Paragraphen verwiesen, so ist neben der Formel- bzw. Satz- bzw. Figurennummer noch die Nummer der Gliederung des Buches angegeben (z.B. Formel (14) in 1.3.3.). Zum leichteren Nachschlagen sind die Nummern der Buchgliederung an den Seiten oben in den Kolumnentiteln beigegeben. Ein Leitfaden in Form einer Graphik (Seite X bis XIII) zeigt den logischen Aufbau und die Abhängigkeit der einzelnen Paragraphen des Buches auf, wodurch dem Studenten das Eindringen in die Materie und ein Nachschlagen erleichtert werden soll; damit ist für den Leser auch ein Einstieg an verschiedenen Stellen des Buches möglich. Außerdem soll ein Symbolverzeichnis das Nachschlagen von Begriffen vereinfachen.

Für die Fertigstellung der hier vorliegenden dritten Auflage des Buches möchte ich mich in besonderem Maße bei Frau Helga Küllmar bedanken; sie schrieb den Text mit großem Engagement auf dem Computer und ging mit viel Geduld und Ausdauer immer wieder auf meine Verbesserungswünsche ein. Weiterhin gilt mein Dank meinen Mitarbeitern, sie unterstützten mich beim Lesen der Korrekturen und gaben mir manchen wertvollen Hinweis. Schließlich möchte ich mich bei meinem Kollegen Herrn Prof. Dr. H. Bartmann bedanken, der mir gestattete, auf dem PC seines Lehrstuhls das Typoskript fertigzustellen.

Dem Verlag gebührt mein Dank für die jahrelange gute und vertrauensvolle Zusammenarbeit.

Mainz, Mai 1990 E. Härtter

Inhalt

Logische Abhängigkeit der Abschnitte und Paragraphen

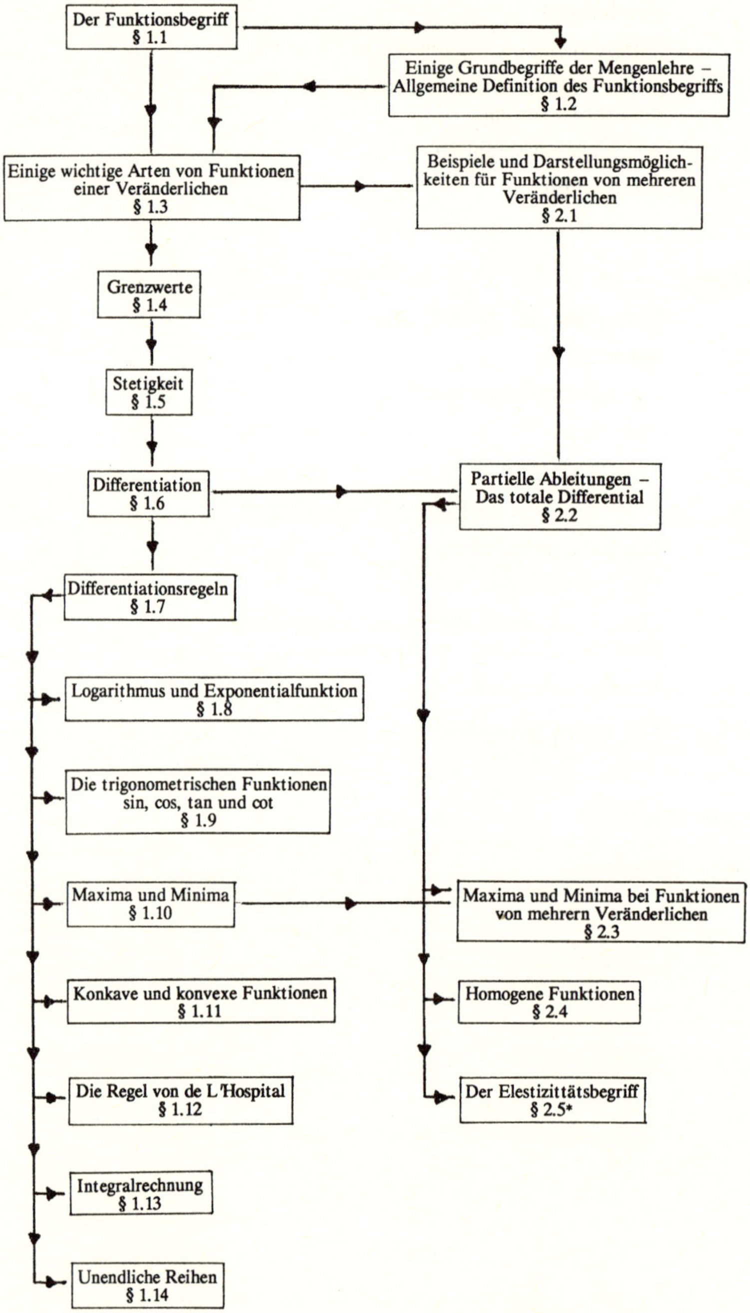

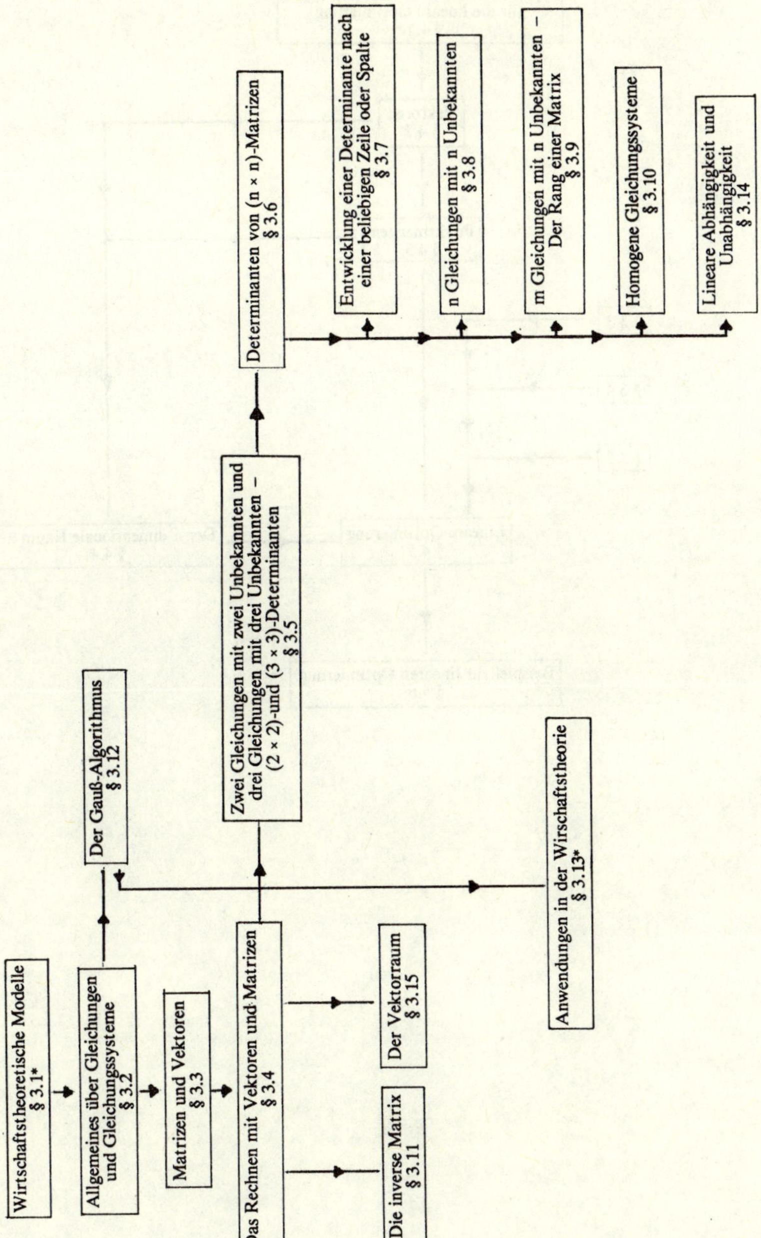
Wirtschaftstheoretische Modelle § 3.1*
Allgemeines über Gleichungen und Gleichungssysteme § 3.2
Matrizen und Vektoren § 3.3
Das Rechnen mit Vektoren und Matrizen § 3.4
Die inverse Matrix § 3.11
Der Vektorraum § 3.15
Der Gauß-Algorithmus § 3.12
Anwendungen in der Wirschaftstheorie § 3.13*
Zwei Gleichungen mit zwei Unbekannten und drei Gleichungen mit drei Unbekannten – (2 × 2)-und (3 × 3)-Determinanten § 3.5
Determinanten von (n × n)-Matrizen § 3.6
Entwicklung einer Determinante nach einer beliebigen Zeile oder Spalte § 3.7
n Gleichungen mit n Unbekannten § 3.8
m Gleichungen mit n Unbekannten – Der Rang einer Matrix § 3.9
Homogene Gleichungssysteme § 3.10
Lineare Abhängigkeit und Unabhängigkeit § 3.14

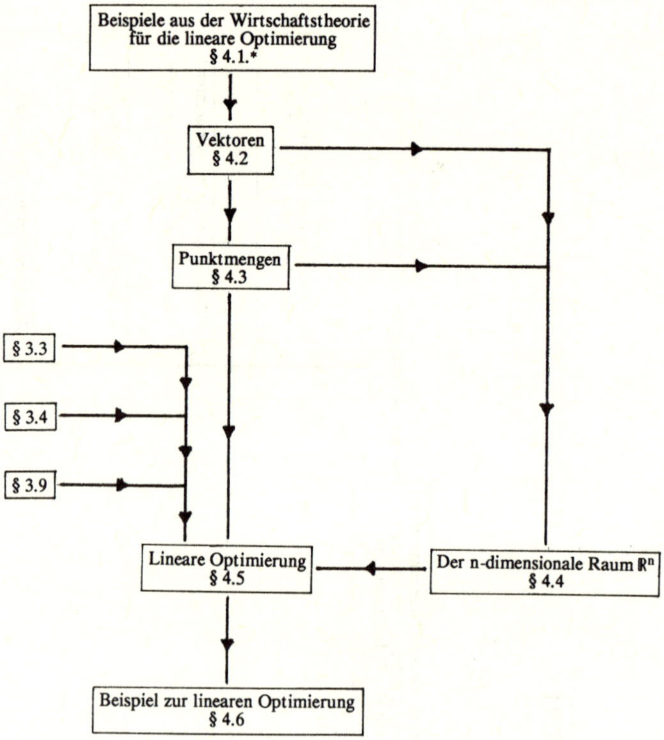
Beispiele aus der Wirtschaftstheorie
für die lineare Optimierung
§ 4.1.*
Vektoren
§ 4.2
Punktmengen
§ 4.3
§ 3.3
§ 3.4
§ 3.9
Lineare Optimierung
§ 4.5
Der n-dimensionale Raum $\mathbb{R}^n$
§ 4.4
Beispiel zur linearen Optimierung
§ 4.6

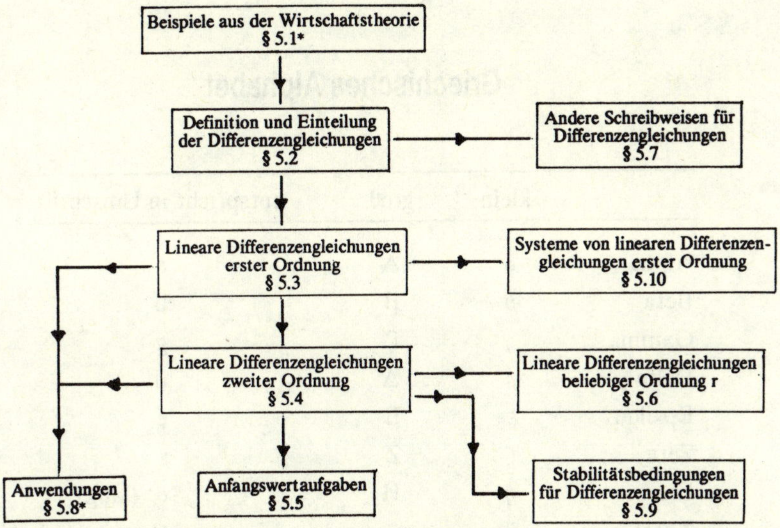
Beispiele aus der Wirtschaftstheorie
§ 5.1*
Definition und Einteilung
der Differenzengleichungen
§ 5.2
Andere Schreibweisen für
Differenzengleichungen
§ 5.7
Lineare Differenzengleichungen
erster Ordnung
§ 5.3
Systeme von linearen Differenzen-
gleichungen erster Ordnung
§ 5.10
Lineare Differenzengleichungen
zweiter Ordnung
§ 5.4
Lineare Differenzengleichungen
beliebiger Ordnung r
§ 5.6
Anwendungen
§ 5.8*
Anfangswertaufgaben
§ 5.5
Stabilitätsbedingungen
für Differenzengleichungen
§ 5.9

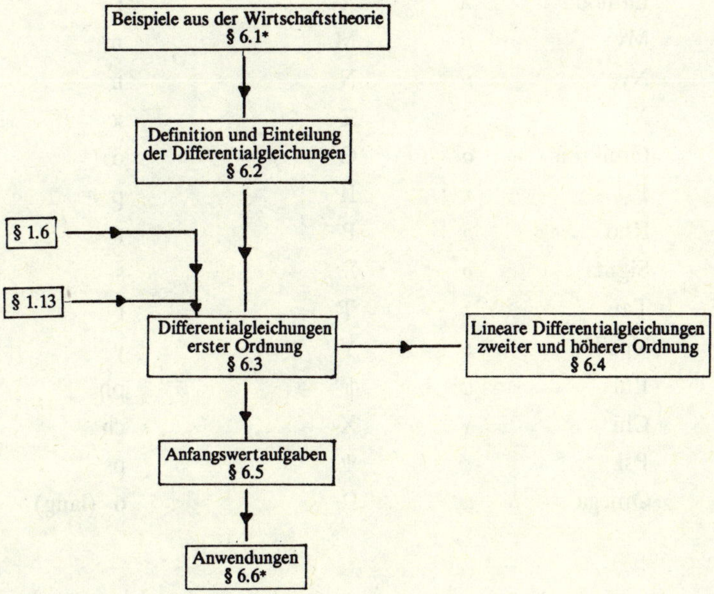
Beispiele aus der Wirtschaftstheorie
§ 6.1*
Definition und Einteilung
der Differentialgleichungen
§ 6.2
§ 1.6
§ 1.13
Differentialgleichungen
erster Ordnung
§ 6.3
Lineare Differentialgleichungen
zweiter und höherer Ordnung
§ 6.4
Anfangswertaufgaben
§ 6.5
Anwendungen
§ 6.6*

Griechisches Alphabet

	klein	groß	entspricht in Umschrift
Alpha	α	Α	a
Beta	β	Β	b
Gamma	γ	Γ	g
Delta	δ	Δ	d
Epsilon	ε	Ε	e
Zeta	ζ	Ζ	z
Eta	η	Η	e (lang)
Theta	ϑ	θ	th
Iota	ι	Ι	i
Kappa	κ	Κ	k
Lambda	λ	Λ	l
My	μ	Μ	m
Ny	ν	Ν	n
Xi	ξ	Ξ	x
Omikron	ο	Ο	o
Pi	π	Π	p
Rho	ρ	Ρ	r
Sigma	σ	Σ	s
Tau	τ	Τ	t
Ypsilon	υ	Υ	y
Phi	φ	Φ	ph
Chi	χ	Χ	ch
Psi	ψ	Ψ	ps
Omega	ω	Ω	o (lang)

Zusammenstellung
von Begriffen und häufig gebrauchten Symbolen

(in Klammern ist auf die betreffende Buchstelle verwiesen)

$A \subseteq B$ A Teilmenge der Menge B (1.2.1)

$\mathfrak{P}(A)$ Potenzmenge der Menge A (1.2.1)

$\overline{A}$ Komplementärmenge der Menge A (1.2.1)

$A \cup B$ Vereinigung der Mengen A und B (1.2.1)

$A \cap B$ Durchschnitt der Mengen A und B (1.2.1)

$A \setminus B$ Differenzmenge der Mengen A und B (1.2.1)

$f\colon x \longrightarrow y = f(x)$ Funktion einer Variablen (1.1.2; 1.2.3)

$f^{-1}\colon y \longrightarrow x = f^{-1}(y)$ Umkehrfunktion der Funktion f (1.2.3)

$\lim\limits_{x \to x_0} f(x)$ Grenzwert der Funktion f für x gegen x_0 (1.4.1)

$\lim\limits_{n \to \infty} a_n$ Grenzwert der Folge $(a_1, a_2, ..., a_n, ...)$ (1.4.5)

$f'(x_0) = \lim\limits_{h \to 0} \frac{f(x_0 + h) - f(x_0)}{h}$ Ableitung der Funktion f an der Stelle x_0 (1.6.2)

$f'', f''', ...$ zweite, dritte Ableitung der Funktion f (1.10.3)

ln natürlicher Logarithmus - Basis $e = \lim\limits_{n \to \infty} (1 + \frac{1}{n})^n$ (1.8.1)

$\int\limits_a^b f(x)dx$ bestimmtes Integral (1.13.2)

$\int f(x)dx$ unbestimmtes Integral (1.13.6)

$f_{x_1} = \frac{\partial f}{\partial x_1}$; $f_{x_2} = \frac{\partial f}{\partial x_2}$ partielle Ableitungen der Funktion f (2.2.1)

$f_{x_1x_1} = \frac{\partial^2 f}{\partial x_1^2}$; $f_{x_1x_2} = \frac{\partial^2 f}{\partial x_1 \partial x_2}$; $f_{x_2x_2} = \frac{\partial^2 f}{\partial x_2^2}$ partielle Ableitungen zweiter Ordnung der Funktion f (2.2.2)

$df = f_{x_1} dx_1 + f_{x_2} dx_2$ totales Differential (2.2.3)

Matrizen **A**, **B**, **C**,... (3.3.1)

Vektoren **a**, **b**, **c**,... (Zeilenvektoren; Spaltenvektoren) (3.3.1)

Einheitsmatrix **E** (3.3.3)

$\mathbf{A}'$ transponierte Matrix der Matrix **A** (3.3.4)

$\mathbf{A} + \mathbf{B}$ Summe der Matrizen **A** und **B** (3.4.3)

$s\mathbf{A}$ Multiplikation der Matrix **A** mit der Zahl s ($s \in \mathbb{R}$) (3.4.3)

$\mathbf{AB}$ Produkt einer (m × n)-Matrix **A** mit der (n × l)-Matrix **B** (3.4.4)

$\mathbf{A}^{-1}$ inverse Matrix der Matrix **A** (3.4.5; 3.11)

$\det \mathbf{A} = |\mathbf{A}|$ Determinante der (n × n)-Matrix **A** (3.6)

Rg **A** Rang der Matrix **A** (3.9.1)

ABSCHNITT 1

Funktionen einer Veränderlichen

§ 1.1. Der Funktionsbegriff

1.1.1.* In der modernen Wirtschaftstheorie und Betriebswirtschaftslehre werden ökonomische Zusammenhänge oft in mathematischer Form dargestellt. Wenn wir z.B. das Verhalten der Konsumenten einer Volkswirtschaft durch die Konsumfunktion $Y \longrightarrow C$, oder in anderer Schreibweise

(1) $$C = f(Y),$$

ausdrücken, in der C den Gesamtverbrauch der Haushalte in Geld und Y das gesamte Geldeinkommen (Volkseinkommen) bedeuten, so behaupten wir damit einen bestimmten Zusammenhang zwischen dem monetären Verbrauch und dem Volkseinkommen. Häufig wird die Konsumfunktion (1) auch

(2) $$C = C(Y)$$

geschrieben. In der Wirtschaftstheorie verwendet man zur Darstellung von Funktionen für die abhängige Variable und die Funktion oft das gleiche Symbol.

Mit dem Studium der Konsumfunktion verbindet sich notwendig die Erforschung der Investitionsausgaben. Betrachten wir zwei Beispiele zur Investitionsfunktion. Man findet in der Theorie die Annahme, daß die beabsichtigten Nettoinvestitionen I der Unternehmer vom Volkseinkommen Y und vom Zinssatz i bestimmt werden. Diese Hypothese wird dann durch die Investitionsfunktion $(Y,i) \longrightarrow I$, oder in anderer Schreibweise

(3) $$I = I(Y,i),$$

von den zwei Veränderlichen Y und i dargestellt. Eine andere durchaus plausible Hypothese besagt, daß neben dem Zinssatz i die Gewinne Q die Investitionsentscheidungen beeinflussen. Die Investitionsfunktion lautet also hier $(Q,i) \longrightarrow I$, oder

(4) $$I = I(Q,i).$$

In der mikroökonomischen Theorie wird oft mit Funktionen von mehr als zwei Variablen operiert. Nehmen wir als Beispiel die individuelle Nachfragefunktion. Es wird in der Theorie gezeigt, daß die Nachfragemenge x eines Haushalts nach einem Verbrauchsgut abhängig ist von den Marktpreisen $p_1,p_2,\dots,p_s$, dem verfügbaren Einkommen y und von sonstigen Faktoren $k_1,k_2,\dots,k_r$. Die individuelle Nachfragefunktion läßt sich dann folgendermaßen schreiben: $(p_1,p_2,\dots,p_s;\ y;\ k_1,k_2,\dots,k_r) \longrightarrow x$, oder

(5) $$x = x(p_1,p_2,\dots,p_s;\ y;\ k_1,k_2,\dots,k_r).$$

1.1.2. *Hängt eine Größe nach irgendeiner Vorschrift eindeutig von einer oder mehreren anderen Größen ab*, wie z.B. die Fallgeschwindigkeit eines Steins von der Fallhöhe, das Porto einer Paketsendung vom Gewicht des Pakets, der Preis einer Eisenbahnfahrkarte von der Länge der Wegstrecke und der Wagenklasse oder wie die oben angegebenen Beispiele aus der Wirtschaftstheorie und Betriebswirtschaftslehre zeigen, *so spricht man von einer funktionalen Abhängigkeit oder einem funktionalen Zusammenhang, oder man sagt, die eine Größe sei eine Funktion der anderen.* Um eine einheitliche Bezeichnung zu haben, setzt man bei der Abhängigkeit einer Größe von einer anderen in der Mathematik für die eine Größe meist den Buchstaben y und für die andere den Buchstaben x und nennt x die *unabhängige Veränderliche (Variable)* und y die *abhängige Veränderliche (Variable).* Die Abhängigkeit, die zwischen x und y besteht, drückt man allgemein durch die Schreibweise

(6) $$x \longrightarrow y = f(x) \text{ oder } x \longrightarrow f(x) \text{ oder auch } y = f(x)$$

aus. Dabei heißt x auch das *Argument* und $y = f(x)$ der *Funktionswert.* Natürlich kann man an Stelle von x und y auch andere Buchstaben, wie z, t, ξ, setzen, und um die funktionale Abhängigkeit darzustellen, benutzt man in (6) statt des Buchstabens f oft auch g, h, u, v, φ, ψ, F, G. An Stelle von $y = f(x)$ schreibt man manchmal auch $y = y(x)$ (vgl. dazu die Schreibweise in (2)), wodurch ebenfalls die funktionale Abhängigkeit zwischen x und y ausgedrückt werden soll.

Der Zusammenhang zwischen x und y läßt sich auf verschiedene Arten darstellen. Oft wird in der Praxis die Abhängigkeit zwischen zwei Größen durch eine *Tabelle (Wertetafel)* angegeben. Zum Beispiel stellt folgende Tabelle eine Nachfrage-Preis-Funktion dar:

Preis x	1	2	3	4	5	6	7	8	9	10
Nachfrage y	40	38	36	34	32	30	28	26	24	22

Die Darstellung einer Funktion durch eine Wertetafel hat den Nachteil, daß sie nicht so übersichtlich ist. Die wesentlichen Merkmale des funktionalen Zusammenhangs werden meist durch eine *graphische Darstellung* besser zum Ausdruck gebracht. Man trägt in einem (x,y)-Koordinatensystem die durch die Wertetafel gegebenen Paare von (x,y)-Werten als Punkte mit den Koordinaten x und y ein und erhält durch die Verbindungslinie dieser Punkte (mit einer gewissen Genauigkeit, die von der Anzahl der eingezeichneten Punkte abhängt) eine bildliche Darstellung des funktionalen Zusammenhangs.[1] Die entstehende Kurve soll dann das *Bild* oder *Schaubild* oder *Graph* der Funktion f heißen. Aus der oben angegebenen Tabelle erhält man das in Figur 1 dargestellte Schaubild. Dabei wurden wegen einer übersichtlicheren Darstellung auf den Achsen verschiedene Maßstäbe gewählt.

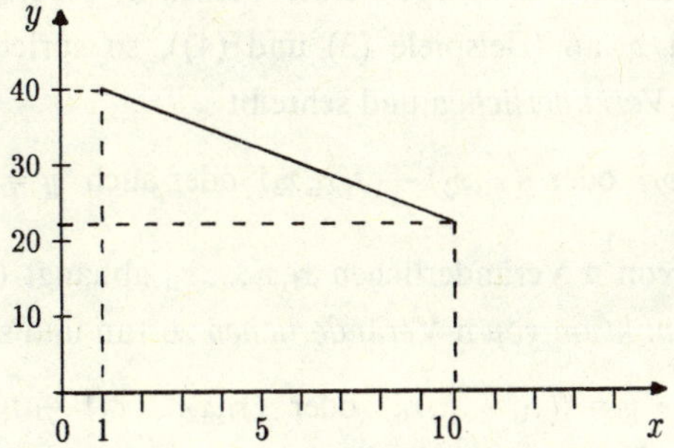

Fig. 1

Schließlich kann eine Funktion f durch eine *Funktionsgleichung* beschrieben werden (analytische Darstellung), wie zum Beispiel

(7) $x \longrightarrow f(x) = x$ oder $x \longrightarrow f(x) = x^2$ oder $x \longrightarrow f(x) = 42 - 2x$.

Setzt man für x verschiedene Werte ein, so läßt sich auf Grund der Funktionsgleichung jeweils der zugehörige Funktionswert $f(x)$ berechnen und somit dann eine Wertetafel aufstellen. Man erhält auf diese Weise für die Funktion $x \longrightarrow f(x) = 42 - 2x$

[1] Ob eine solche Verbindung der Punkte gerechtfertigt ist, hängt von der Problemstellung ab.

für $x = 0$ den Funktionswert $f(0) = 42$,
für $x = 1$ den Funktionswert $f(1) = 40$,
für $x = \frac{3}{2}$ den Funktionswert $f(\frac{3}{2}) = 39$,
für $x = a$ den Funktionswert $f(a) = 42 - 2a$ usw.

Welche Argumentwerte x dabei für eine gegebene Funktion nur zulässig sind, muß in jedem Fall angegeben werden; betrachtet man beispielsweise die Abhängigkeit des Portos y einer Paketsendung vom Gewicht x, so ist es nicht sinnvoll, für x negative Werte und Werte größer als 20 kg zuzulassen, da nur Paketsendungen bis 20 kg zulässig sind (nach den derzeit gültigen Inland-Posttarifen). Die für eine Funktion f zulässigen Argumentwerte nennt man den *Definitionsbereich* der Funktion (vgl. auch 1.2.3).

1.1.3. Hängt eine Größe y nach irgendeiner Vorschrift eindeutig von zwei Veränderlichen x_1 und x_2 ab (Beispiele (3) und (4)), so spricht man von einer *Funktion von zwei Veränderlichen* und schreibt

$(x_1,x_2) \longrightarrow y = f(x_1,x_2)$ oder $(x_1,x_2) \longrightarrow f(x_1,x_2)$ oder auch $y = f(x_1,x_2)$.[1]

Wenn y eindeutig von n Veränderlichen $x_1,x_2,\ldots,x_n$ abhängt (Beispiel (5)), hat man es mit einer *Funktion von* n *Veränderlichen* zu tun und setzt entsprechend

(8) $(x_1,x_2,\ldots,x_n) \longrightarrow y = f(x_1,x_2,\ldots,x_n)$ oder $(x_1,x_2,\ldots,x_n) \longrightarrow f(x_1,x_2,\ldots,x_n)$
oder auch $y = f(x_1,x_2,\ldots,x_n)$.

Bei $x \longrightarrow f(x)$ spricht man dann auch von einer Funktion einer Veränderlichen.[2]

Wir wollen zunächst nur Funktionen einer Veränderlichen betrachten und auf Funktionen von mehreren Veränderlichen in Abschnitt 2 zurückkommen.

---

[1] Manchmal auch $z = f(x,y)$, d.h. man ersetzt x_1 durch x, x_2 durch y und y durch z.

[2] Die Argumentwerte (x_1,x_2) einer Funktion von zwei Veränderlichen bilden ein Zahlenpaar, die Argumentwerte (x_1,x_2,x_3) einer Funktion von drei Veränderlichen ein Zahlentripel und die Argumentwerte $(x_1,x_2,\ldots,x_n)$ einer Funktion von n Veränderlichen ein n-Tupel von Zahlen. Für (8) kann man auch in vektorieller Schreibweise (vgl. 3.3.1) kurz $y = f(\mathbf{x})$ mit $\mathbf{x} = (x_1,x_2,\ldots,x_n)$ setzen.

§ 1.2. Einige Grundbegriffe der Mengenlehre – Allgemeine Definition des Funktionsbegriffs

1.2.1. Der Mengenbegriff [1] spielt in der Mathematik und vielen Anwendungen eine fundamentale Rolle.

Eine Menge ist die Zusammenfassung von bestimmten wohlunterschiedenen Dingen (Objekten) zu einem Ganzen. Es muß von einem Ding feststehen, ob es zu der Menge gehört oder nicht.
Die Dinge, die zu einer Menge gehören, nennt man die *Elemente* der Menge.
Wir bezeichnen Mengen mit $A,B,C,...,M,...$ Ist x Element der Menge A, so schreiben wir $x \in A$; gehört x nicht zu A, so wird $x \notin A$ gesetzt.

Beispiele für Mengen:

1) Die Menge A der Zahlen 1,3,5,7,9; man schreibt $A = \{1,3,5,7,9\}$.
2) Die Menge der natürlichen Zahlen $\{1,2,3,4,...\}$; man verwendet für diese Menge das Symbol $\mathbb{N}$.
3) Die Menge $\mathbb{R}$ der reellen Zahlen.
4) Die Menge B der Lösungen der Gleichung $x^2 - 4 = 0$; es ist $B = \{x_1,x_2\} = \{+2,-2\}$.
5) Die Menge M der Punkte $P = (x_1,x_2)$ in der Ebene mit der Eigenschaft $x_1^2 + x_2^2 \leq 1$. Das ist die Menge aller Punkte innerhalb und auf dem Einheitskreis. Man schreibt dann kurz $M = \{(x_1,x_2) \mid x_1^2 + x_2^2 \leq 1\}$. [2]
6) Die Menge der Studenten, die am 15. Februar 1990 an der Universität Mainz immatrikuliert waren.

Allgemein beschreibt man die Menge der Elemente x, welche eine Eigenschaft E haben, durch

$$\{x \mid x \text{ hat E}\} \quad \text{oder} \quad \{x\colon\ x \text{ hat E}\}.$$

Sind $x_1,x_2,...,x_n$ die Elemente der Menge A, so schreibt man $A = \{x_1,x_2,...,x_n\}$; es ist gleichgültig, in welcher Reihenfolge die Elemente hierbei angeordnet werden (aufzählende Beschreibung einer Menge).
Die Menge, die keine Elemente enthält, wird als *leere Menge* $\{\ \} = \emptyset$ bezeichnet.
Wir nennen eine *Menge A Teilmenge einer Menge B*, geschrieben $A \subseteq B$

---

[1] Begründer der Mengenlehre ist Georg Cantor (1845–1918).
[2] Für Punktmengen siehe § 4.3.

(auch $B \supseteq A$)[1], *wenn für jedes Element $x \in A$ auch gilt $x \in B$.*

Zwei Mengen A und B heißen *gleich* ($A = B$), wenn gilt $A \subseteq B$ und $B \subseteq A$.

Ist A Teilmenge von B und gibt es ein $b \in B$ mit $b \notin A$, so heißt A echte Teilmenge von B (geschrieben $A \subset B$) (vgl. Figur 1).

Zum Beispiel ist $\{1,2,4,6\} \subset \{1,2,3,4,5,6,8\}$ und $\mathbb{N} \subset \mathbb{R}$.

Die Schreibweise $A \not\subseteq B$ besagt, daß A *nicht Teilmenge* von B ist, d.h. es gibt (mindestens) ein $x \in A$ mit $x \notin B$.

Für jede Menge A gilt offenbar $A \subseteq A$ und $\emptyset \subseteq A$.

Die *Menge aller Teilmengen* einer Menge A (die leere Menge $\emptyset$ und A selbst mitgezählt), heißt die *Potenzmenge* von A; geschrieben $\mathfrak{P}(A)$.

Beispiel: $A = \{1,2,3\}$ hat die Potenzmenge $\mathfrak{P}(A) = \{\emptyset,\{1\},\{2\},\{3\},\{1,2\},\{1,3\},\{2,3\},\{1,2,3\}\}$.

Ist n die Anzahl der Elemente der Menge A, so ist 2^n die Elementeanzahl der Potenzmenge $\mathfrak{P}(A)$ ($n = 0,1,2...$).

Ist $A \subseteq B$, so heißt die Menge der Elemente von B, die nicht zu A gehören, die *Komplementärmenge* $\overline{A}$ von A bezüglich B; also

$$\overline{A} = \{x \in B \mid x \notin A\}.$$

Für $A = \{1,2,4,6\} \subset B = \{1,2,3,4,5,6,8\}$ ist demnach $\overline{A} = \{3,5,8\}$ (vgl. auch Figur 2).

Für $A = B$ ist $\overline{A}$ die leere Menge $\emptyset$.

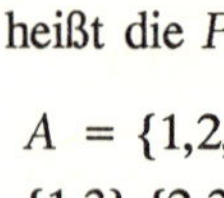

$A \subset B$

Fig. 1

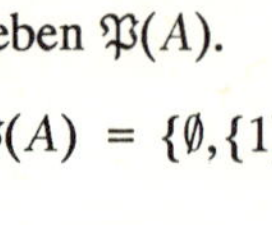

Fig. 2

Man benutzt oft eine geometrische Veranschaulichung (Euler-Venn-Diagramm): Die Mengen sind die Mengen der Punkte innerhalb der betreffenden Kurven.

Wir definieren weiter folgende Mengenoperationen:

Die Vereinigungsmenge $A \cup B$ der Mengen A und B ist die Menge der Elemente, die entweder zu A oder zu B oder zu beiden Mengen gehören; also

$$A \cup B = \{x \mid x \in A \text{ oder } x \in B \text{ (oder beides)}\}$$

(Figur 3).

---

[1] Auch $A \subseteq B$ oder $B \supseteq A$. — B heißt auch Obermenge von A.

Der Durchschnitt $A \cap B$ *der Mengen* A *und* B *ist die Menge der Elemente, die sowohl zu* A *als auch zu* B *gehören; also*

$$A \cap B = \{x \mid x \in A \text{ und } x \in B\}$$

(Figur 4).

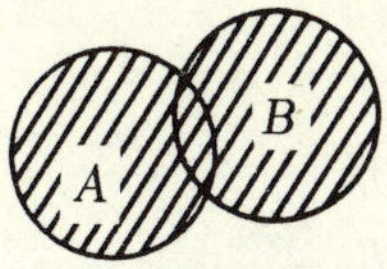

$A \cup B$

Fig. 3

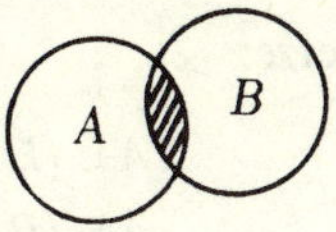

$A \cap B$

Fig. 4

Beispiele: $\{1,3,5,7,9,11\} \cup \{1,5,9,13\} = \{1,3,5,7,9,11,13\}$;
$\{1,3,5,7,9,11\} \cap \{1,5,9,13\} = \{1,5,9\}$.

Zwei Mengen A und B, deren Durchschnitt $A \cap B$ die leere Menge ist, also $A \cap B = \emptyset$, heißen *elementfremd* oder *disjunkt.*

Folgende Tabelle zeigt, ob ein Element x zur Vereinigung oder zum Durchschnitt von A und B gehört, wenn x Element von A und/oder B bzw. nicht Element von A und/oder B ist:

	A	B	$A \cup B$	$A \cap B$
x	$\in$	$\in$	$\in$	$\in$
	$\notin$	$\in$	$\in$	$\notin$
	$\in$	$\notin$	$\in$	$\notin$
	$\notin$	$\notin$	$\notin$	$\notin$

Nach diesen Definitionen lassen sich eine ganze Reihe von Aussagen für Mengen beweisen: So zum Beispiel

(1) Ist $A \subseteq B$ und $B \subseteq C$, so folgt $A \subseteq C$;

(2) $A \cup \emptyset = A$;

(3) $A \cap \emptyset = \emptyset$;

(4) $A \cup A = A$;

(5) $A \cap A = A$;

Kommutativgesetze:

(6) $A \cup B = B \cup A$;

(7) $A \cap B = B \cap A$;

Assoziativgesetze:

(8) $$(A \cup B) \cup C = A \cup (B \cup C);$$

(9) $$(A \cap B) \cap C = A \cap (B \cap C);$$

man schreibt dann einfach ohne Klammern $A \cup B \cup C$ bzw. $A \cap B \cap C$.

Distributivgesetze:

(10) $$A \cup (B \cap C) = (A \cup B) \cap (A \cup C);$$

(11) $$A \cap (B \cup C) = (A \cap B) \cup (A \cap C);$$

weiter:

(12) $$A \subseteq A \cup B;$$

(13) $$A \supseteq A \cap B.$$

Wir erwähnen noch die Beziehungen von DE MORGAN:

(14) Ist $A \subseteq C$ und $B \subseteq C$, so gilt $\overline{A \cup B} = \overline{A} \cap \overline{B}$ und $\overline{A \cap B} = \overline{A} \cup \overline{B}$, wobei jeweils die Komplementärmengen bezüglich C zu nehmen sind.

Man beweist solche Aussagen, indem man zeigt, daß jedes Element, das der links vom Gleichheitszeichen stehenden Menge M_L angehört, auch Element der rechts stehenden Menge M_R ist; damit wird gezeigt, daß $M_L \subseteq M_R$ gilt. – Dann wird umgekehrt gezeigt, daß jedes Element, das der Menge M_R angehört, auch Element der Menge M_L ist; damit wird gezeigt, daß $M_R \subseteq M_L$ gilt. – Dann muß $M_L = M_R$ sein.

So haben wir zum Beispiel als Beweis der ersten Aussage von (14):

I. Ist $x \in \overline{A \cup B}$, dann ist $x \notin A \cup B$; also ist $x \notin A$ und $x \notin B$, woraus folgt $x \in \overline{A}$ und $x \in \overline{B}$. Somit ist $x \in \overline{A} \cap \overline{B}$, also $\overline{A \cup B} \subseteq \overline{A} \cap \overline{B}$.

II. Ist $y \in \overline{A} \cap \overline{B}$, dann ist sowohl $y \in \overline{A}$ als auch $y \in \overline{B}$; d.h. es ist $y \notin A$ und $y \notin B$. Daraus folgt $y \notin A \cup B$, also $y \in \overline{A \cup B}$. Somit ist $\overline{A} \cap \overline{B} \subseteq \overline{A \cup B}$.

Damit ist die Behauptung bewiesen.

Mit einer *Mengentafel* läßt sich der Beweis folgendermaßen führen:

	A	B	$A \cup B$	$\overline{A \cup B}$	$\overline{A}$	$\overline{B}$	$\overline{A} \cap \overline{B}$
x	$\in$	$\in$	$\in$	$\notin$	$\notin$	$\notin$	$\notin$
	$\in$	$\notin$	$\in$	$\notin$	$\notin$	$\in$	$\notin$
	$\notin$	$\in$	$\in$	$\notin$	$\in$	$\notin$	$\notin$
	$\notin$	$\notin$	$\notin$	$\in$	$\in$	$\in$	$\in$

Da in dieser Tabelle die vierte und die letzte Spalte übereinstimmen, ist die Behauptung bewiesen.

Die *Differenz* $A \backslash B$ zweier Mengen ist folgendermaßen definiert:
$A \backslash B$ ist die Menge der Elemente von A, die nicht zu B gehören; also

$$A \backslash B = \{x \mid x \in A \ \textit{und} \ x \notin B\} = \{x \in A \mid x \notin B\}.$$

Man kann auch schreiben [1] $A \backslash B = A \cap \overline{B}$ (Figur 5).

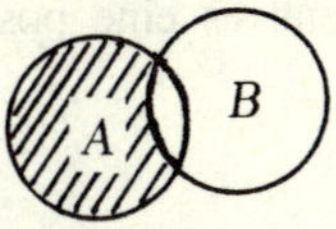

$A \backslash B$

Fig. 5

Sind die Mengen A und B elementfremd, also $A \cap B = \emptyset$, so gilt

$$A \backslash B = A \ \text{ und } \ B \backslash A = B.$$

Wir betrachten für den Rest dieser Nummer nur Mengen reeller Zahlen und geben folgende
Definitionen: Es sei A eine Menge reeller Zahlen, also $A \subseteq \mathbb{R}$. Dann heißt jede Zahl $s \in \mathbb{R}$ mit $s \geq a$ für alle Elemente $a \in A$ eine *obere Schranke* von A. Die kleinste obere Schranke von A heißt *Supremum* von A (geschrieben sup A); analog heißt jede Zahl $t \in \mathbb{R}$ mit $t \leq a$ für alle Elemente $a \in A$ eine *untere Schranke* von A. Die größte untere Schranke von A heißt *Infimum* von A (geschrieben inf A).

Gibt es kein s mit der oben genannten Eigenschaft, so setzt man formal $\sup A = +\infty$; gibt es entsprechend kein t mit der oben genannten Eigenschaft, so setzt man $\inf A = -\infty$. Damit existieren das Supremum sup A und das Infimum inf A einer Menge $A \subseteq \mathbb{R}$ immer.

Wir definieren weiterhin:

Ein Element $m \in A$ mit der Eigenschaft $m \geq a$ für alle Elemente $a \in A$ heißt *Maximum* von A (geschrieben max A); entsprechend heißt ein Element $m' \in A$ *Minimum* von A, wenn gilt $m' \leq a$ für alle Elemente $a \in A$ (geschrieben min A).

Beispiele:

1) Die Menge $A = \{1, \frac{1}{2}, \frac{1}{3}, \frac{1}{4}, \ldots\} = \{\frac{1}{n} \mid n \in \mathbb{N}\}$ hat $\sup A = 1$; $\inf A = 0$; $\max A = 1$; min A existiert nicht.

---

[1] Dazu sei $A \subseteq C$ und $B \subseteq C$ und $\overline{B}$ die Komplementärmenge von B bzgl. C.

2) Für die Menge $B = \{-1, -\frac{1}{2}, -\frac{1}{3}, \ldots, 0, \ldots, \frac{1}{3}, \frac{1}{2}, 1\} = \{\pm\frac{1}{n} \mid n \in \mathbb{N}\} \cup \{0\}$ ist $\sup A = 1$; $\inf A = -1$; $\max A = 1$; $\min A = -1$.

3) Die Menge C der reellen Zahlen x aus dem Intervall $\{2 < x < 5\}$, also $C = \{x \in \mathbb{R} \mid 2 < x < 5\}$ hat $\sup C = 5$; $\inf C = 2$; $\max C$ und $\min C$ existieren nicht.

Eine Menge A heißt *beschränkt*, wenn es eine positive Zahl K gibt, so daß $-K \leq \inf A$ und $K \geq \sup A$ ist.

1.2.2. *Abbildungen von Mengen*

Definition: *Eine Menge A heißt in eine Menge B abgebildet, wenn jedem Element $x \in A$ durch eine Vorschrift f eindeutig ein Element $y \in B$ zugeordnet wird.* Man schreibt

$$f\colon A \longrightarrow B \text{ oder } A \xrightarrow{f} B.$$

Das dem Element $x \in A$ durch f zugeordnete Element $y \in B$ heißt *Bild* von x; man schreibt dann auch $x \longrightarrow y = f(x)$ oder $y = f(x)$.

Bei der Abbildung $f\colon A \longrightarrow B$ braucht nicht jedes Element aus B Bild eines Elements aus A zu sein. Die Menge der Elemente $y \in B$, die als Bildelemente $y = f(x)$ $(x \in A)$ auftreten, also $\{y \in B \mid y = f(x); (x \in A)\}$, heißt *Bildmenge* [1], die Menge A *Definitionsbereich* [2]. Ist die Bildmenge gleich B, also $B = W_f$, so spricht man von einer Abbildung f von A *auf* B oder einer *surjektiven* Abbildung.

Geometrisch läßt sich eine Abbildung $f\colon A \longrightarrow B$ folgendermaßen veranschaulichen (Figur 6; die Mengen A und B bestehen aus den markierten Punkten); in dem Beispiel von Figur 7 ist die Menge $B = \{3,9,11,17,20\}$.

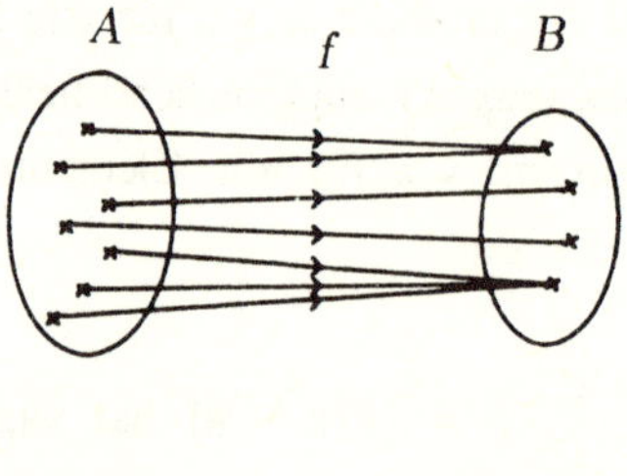

Fig. 6

[1] Oder Wertebereich; man bezeichnet diesen mit W_f.

[2] Man schreibt $A = D_f$.

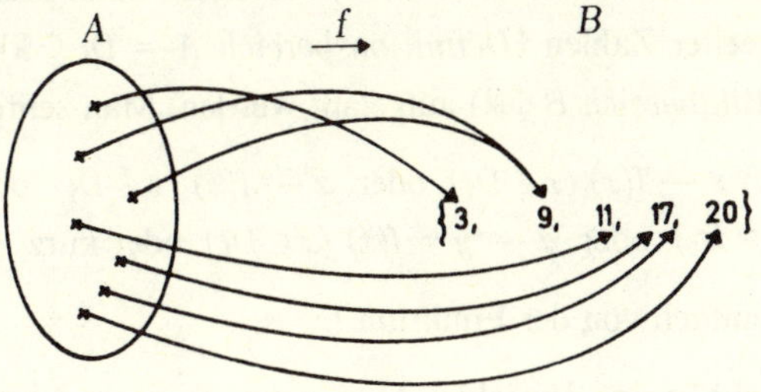

Fig. 7

Werden Elementen einer Menge A Elemente einer Menge B zugeordnet (ohne daß Eindeutigkeit vorausgesetzt wird), so spricht man von einer *Relation.*

Wir erklären weiter: *Eine Abbildung* f von A auf B (also $B = W_f$) *heißt eineindeutig (bijektiv), wenn jedem* $x \in A$ *umkehrbar eindeutig ein* $y \in B$ *zugeordnet wird;* damit wird auch jedem $y \in B$ eindeutig ein $x \in A$ zugeordnet. Diese Abbildung $B \longrightarrow A$ heißt die *Umkehrabbildung (inverse Abbildung)* von $f\colon A \longrightarrow B$ und wird mit $f^{-1}\colon B \longrightarrow A$ bezeichnet. Für die Abbildung f^{-1} ist also B der Definitionsbereich und A die Bildmenge (vgl. Figur 8).

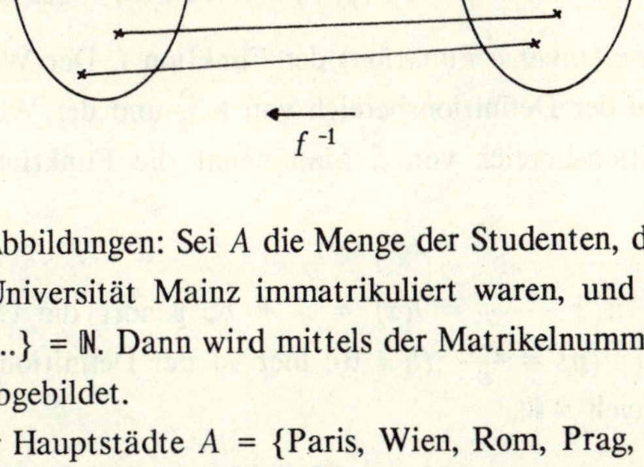

Fig. 8

Beispiele für Abbildungen: Sei A die Menge der Studenten, die am 15. Februar 1990 an der Universität Mainz immatrikuliert waren, und B die Menge der Zahlen $\{1,2,3,\ldots\} = \mathbb{N}$. Dann wird mittels der Matrikelnummer die Menge A in die Menge B abgebildet.

Die Menge der Hauptstädte A = {Paris, Wien, Rom, Prag, London} läßt sich eineindeutig auf die Menge der Staaten B = {Frankreich, Österreich, Italien, Tschechoslowakei, England} abbilden. Zu jedem Land gehört umkehrbar eindeutig eine Hauptstadt.

1.2.3. Eine (reelle) *Funktion* f einer (reellen) Variablen kann nun als *Abbildung* f einer Menge A reeller Zahlen (*Definitionsbereich* $A = D_f \subseteq \mathbb{R}$) in eine Menge B reeller Zahlen (*Bildbereich* $B \subseteq \mathbb{R}$) aufgefaßt werden. Man schreibt

f: $D_f \longrightarrow B$ oder f: $x \longrightarrow f(x)$ $(x \in D_f)$ oder $x \longrightarrow f(x)$ $(x \in D_f)$ oder
f: $x \longrightarrow y = f(x)$ $(x \in D_f)$ oder $x \longrightarrow y = f(x)$ $(x \in D_f)$ oder kurz $y = f(x)$,

und wir sprechen einfach von der Funktion f.

$x \in D_f$ ist die unabhängige Variable. Man nennt x auch *Argumentwert* und $y = f(x)$ *Funktionswert* $(y \in B)$.

Die Menge der $y \in B$, die als Funktionswerte $y = f(x)$ $(x \in D_f)$ auftreten, also $\{y \in B \mid y = f(x);\ (x \in D_f)\}$, bilden den *Wertebereich* W_f der Funktion f.

Ist der Definitionsbereich D_f einer Funktion f die Menge $\mathbb{N} = \{1,2,3,\ldots\}$ der natürlichen Zahlen, so spricht man von einer (Zahlen-)*Folge*. [1]
Eine Folge ist also gegeben durch die Folgenglieder $a_1, a_2, \ldots, a_j, \ldots$
Man schreibt auch $(a_1, a_2, \ldots, a_j, \ldots)$ und nennt a_j das *allgemeine Glied* der Folge.

Beispiele:

1) $1^2, 2^2, 3^2, \ldots, j^2, \ldots$ ist die Folge der Quadratzahlen 1,4,9,...
2) $a, a+d, a+2d, \ldots, a+jd, \ldots$ heißt eine *arithmetische Folge* $(a,d \in \mathbb{R})$ (vgl. § 7.6);
3) $a, aq, aq^2, \ldots, aq^j, \ldots$ heißt eine *geometrische Folge* $(a,q \in \mathbb{R};\ q \neq 0)$ (vgl. § 7.6).

Ist die Abbildung f: $A \longrightarrow B$ eineindeutig $(A = D_f;\ B = W_f)$, dann existiert auch die *Umkehrabbildung* f^{-1}: $B \longrightarrow A$. Wir nennen

$$f^{-1}: W_f \longrightarrow D_f, \text{ also } f^{-1}: y \longrightarrow x = f^{-1}(y)\ (y \in W_f;\ x \in D_f) \text{ oder kurz } x = f^{-1}(y)$$

die *Umkehrfunktion* (*inverse Funktion*) der Funktion f. Der Wertebereich der Funktion f ist also der Definitionsbereich von f^{-1}, und der Wertebereich von f^{-1} ist der Definitionsbereich von f. Man nennt die Funktion f dann auch *bijektiv*.

Beispiele:

1) Zur Funktion f: $x \longrightarrow y = f(x) = a + bx$ gehört die Umkehrfunktion f^{-1}: $y \longrightarrow x = f^{-1}(y) = \frac{y-a}{b}$ $(b \neq 0)$; hier ist der Definitionsbereich gleich dem Wertebereich $= \mathbb{R}$.

2) Zur Funktion f: $x \longrightarrow y = f(x) = \frac{1}{x}$ (Definitionsbereich $D_f = \{x \in \mathbb{R} \mid x \neq 0\}$)

---

[1] Es kann auch sein $D_f = \mathbb{N} \cup \{0\} = \{0,1,2,\ldots\}$. - Für $D_f = \{1,2,3,\ldots,n\}$ heißt die Folge endlich.

gehört die Umkehrfunktion f^{-1}: $y \longrightarrow x = f^{-1}(y) = \frac{1}{y}$ mit dem Definitionsbereich $\{y \in \mathbb{R} \mid y \neq 0\}$.

3) f: $x \longrightarrow y = x^{\alpha}$ $(x > 0,\ \alpha \neq 0)$ hat die Umkehrfunktion f^{-1}: $y \longrightarrow x = \sqrt[\alpha]{y} = y^{1/\alpha}$ $(y > 0)$.

Man erhält den Graphen der Umkehrfunktion f^{-1} aus dem Graphen der Funktion f, indem man diesen an der Geraden $y = x$ (Winkelhalbierende des ersten und dritten Quadranten) spiegelt.

Vermittelt eine Funktion f: $x \longrightarrow y = f(x)$ eine eineindeutige Abbildung des Definitionsbereichs D_f auf den Wertebereich W_f, so folgt aus $x_1 \neq x_2$ für die Funktionswerte $f(x_1) \neq f(x_2)$ $(x_1, x_2 \in D_f)$.

Ist f: $u \longrightarrow y = f(u)$ eine Funktion mit dem Definitionsbereich D_u und dem Wertebereich B und u: $x \longrightarrow u = u(x)$ eine Funktion mit dem Definitionsbereich D und dem Wertebereich D_u, so ist g: $x \longrightarrow y = f(u(x))$ eine Funktion mit dem Definitionsbereich D und dem Wertebereich B. Man nennt g *mittelbare Funktion* und schreibt $g = f \circ u$ (*Verknüpfung, Verkettung* von Funktionen).

Beispiel: Sei f: $u \longrightarrow y = u^5$ und u: $x \longrightarrow u = x^2 - 3$ ($D = \mathbb{R}$; $D_u = \{x \in \mathbb{R} \mid x \geq -3\}$; $B = \{y \in \mathbb{R} \mid y \geq -243\}$); daraus folgt die mittelbare Funktion g: $x \longrightarrow y = (x^2 - 3)^5$ (vgl. Figur 9).

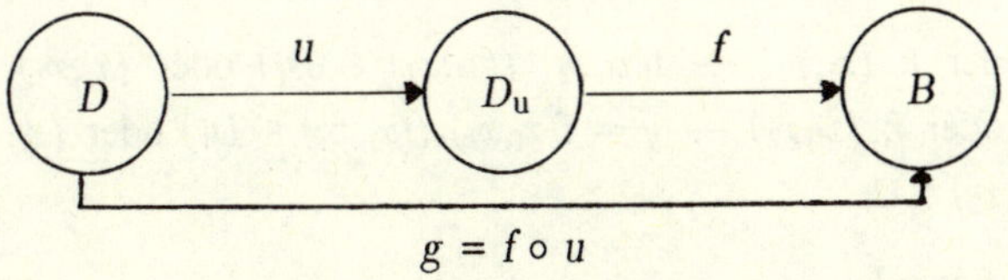

Fig. 9

Bildet man mit Hilfe der Umkehrfunktion f^{-1} einer Funktion f die mittelbare Funktion, so gilt offenbar $x \longrightarrow f^{-1}(f(x)) = x$ und $x \longrightarrow f(f^{-1}(x)) = x$.

Sind f: $x \longrightarrow f(x)$ $(x \in D_f)$ und g: $x \longrightarrow g(x)$ $(x \in D_g)$ zwei Funktionen, so versteht man unter der Summe $f + g$ die Funktion $f + g$: $x \longrightarrow f(x) + g(x)$ $(x \in D_f \cap D_g)$; entsprechend für Differenz, Produkt und Quotient[1], bei letzterem sind im Definitionsbereich noch die Werte x auszuschließen, für die $g(x) = 0$ ist. Für die Verkettung (mittelbare Funktion) $f \circ u$ der Funktion f: $x \longrightarrow f(x)$ mit der Funktion u: $x \longrightarrow u(x)$ hat man $(f \circ u)$: $x \longrightarrow f(u(x))$.

---

[1] Also $(f + g)(x) = f(x) + g(x)$; $(f - g)(x) = f(x) - g(x)$ usw.

1.2.4. Um Funktionen von mehreren Variablen in dieser allgemeinen Betrachtungsweise darzustellen, führen wir den Begriff der *Produktmenge (kartesisches Produkt)* zweier Mengen A_1 und A_2 ein:
Wir bilden aus den Elementen $a_1 \in A_1$ und $a_2 \in A_2$ alle möglichen (geordneten) *Paare* (a_1,a_2); dann verstehen wir unter dem Produkt $A_1 \times A_2$ die Menge der Paare (a_1,a_2), also

$$A_1 \times A_2 = \{(a_1,a_2) \mid a_1 \in A_1;\ a_2 \in A_2\}.$$

Zum Beispiel ist für die Mengen $A_1 = \{0,1,2,4\}$ und $A_2 = \{0,1,3\}$ das Produkt $A_1 \times A_2 = \{(0,0),(0,1),(0,3),(1,0),(1,1),(1,3),(2,0),(2,1),(2,3),(4,0),(4,1),(4,3)\}$.

Entsprechend versteht man unter dem Produkt $A_1 \times A_2 \times \ldots \times A_n$ der n Mengen $A_1,A_2,\ldots,A_n$ die Menge der (geordneten) n-*Tupel*

$$\{(a_1,a_2,\ldots,a_n) \mid a_1 \in A_1;\ a_2 \in A_2;\ldots;a_n \in A_n\}.$$

Ist speziell $A_1 = A_2 = \ldots = A_n = \mathbb{R}$, so schreibt man $A_1 \times A_2 = \mathbb{R}^2$ bzw. allgemein $A_1 \times A_2 \times \ldots \times A_n = \mathbb{R}^n$ und spricht vom 2- bzw. n-dimensionalen Raum (vgl. 4.4). [1]
Eine Funktion f von zwei Variablen kann danach als Abbildung f einer Menge $A = D_f \subseteq \mathbb{R}^2$ (A Definitionsbereich) in eine Menge $B \subseteq \mathbb{R}$ (B Bildbereich) aufgefaßt werden, und wir schreiben entsprechend wie in 1.2.3

f: $D_f \longrightarrow B$ oder f: $(x_1,x_2) \longrightarrow f(x_1,x_2)$ $((x_1,x_2) \in D_f)$ oder $(x_1,x_2) \longrightarrow f(x_1,x_2)$ $((x_1,x_2) \in D_f)$ oder f: $(x_1,x_2) \longrightarrow y = f(x_1,x_2)$ $((x_1,x_2) \in D_f)$ oder $(x_1,x_2) \longrightarrow y =$ $= f(x_1,x_2)$ $((x_1,x_2) \in D_f)$

oder kurz $y = f(x_1,x_2)$.

Analog ist eine reelle Funktion f von n reellen Variablen als Abbildung einer Menge $A = D_f \subseteq \mathbb{R}^n$ in eine Menge $B \subseteq \mathbb{R}$ darzustellen.

§ 1.3. Einige wichtige Arten von Funktionen einer Veränderlichen

1.3.1.* Am häufigsten werden lineare Beziehungen zwischen den ökonomischen Größen angenommen. Betrachten wir einige Beispiele für Funktionen von einer unabhängigen Variablen: Wir nehmen zuerst die makroökonomische Konsumfunktion (1) aus 1.1.1.*. Unterstellen wir, daß zwischen dem Gesamtverbrauch

---

[1] Entsprechend ist $A^n = A \times A \times \ldots \times A$ $(A_1 = A_2 = \ldots = A_n = A)$.

einer Volkswirtschaft und dem Volkseinkommen eine lineare Beziehung besteht, so ist die Konsumfunktion gegeben durch

(1) $$Y \longrightarrow C = \alpha_0 + \alpha_1 Y;$$

α_0 und α_1 sind Koeffizienten; α_0 wird auch absolutes Glied genannt. Eine besondere ökonomische Bedeutung hat α_1. Dieser Koeffizient gibt die marginale Konsumquote oder – in Keynesscher Ausdrucksweise – den Grenzhang zum Verbrauch an. Mathematisch handelt es sich hierbei um die Steigung der durch (1) dargestellten Geraden. Ökonomisch bedeutet α_0 jenen Teil des Volkseinkommens, der unabhängig vom Volkseinkommen verbraucht wird; man spricht in diesem Sinne auch vom autonomen Konsum oder vom Existenzminimum.

Nehmen wir noch zwei Beispiele zur Linearhypothese. Es wird angenommen, daß die Investitionen I von den Unternehmergewinnen Q bestimmt werden. Unterstellen wir einen linearen Zusammenhang, so ist die Funktion gegeben durch

(2) $$Q \longrightarrow I = \beta_0 + \beta_1 Q.$$

Hier gelten ähnliche Überlegungen wie zur Konsumfunktion.

Zu einer Linearhypothese kommt man in speziellen Fällen auch über die Logarithmen der Variablen. So wird z.B. in der Nachfragetheorie die sogenannte Marshallsche Nachfragekurve diskutiert. Bezeichnet man die mengenmäßige Nachfrage nach einem Gut mit x und den Preis dieses Gutes mit p, so ist die Marshallsche Nachfragefunktion gegeben durch

(3) $$p \longrightarrow x = \gamma_0 p^{\gamma_1},$$

wobei $\gamma_0 > 0$ und $\gamma_1 < 0$ ist, weil angenommen wird, daß bei steigenden Preisen die Nachfrage nach dem betreffenden Gut abnimmt. Es handelt sich hierbei um eine Potenzfunktion. Betrachtet man den Zusammenhang logarithmisch, so ergibt sich

(4) $$\log x = \log \gamma_0 + \gamma_1 \log p;$$

(4) ist in den Logarithmen linear.

In der Nachfrageanalyse werden auch andere Funktionsarten, wie z.B. parabolische und hyperbolische Zusammenhänge, betrachtet.

Als weiteres Beispiel möge die Kostenfunktion einer Einproduktfirma dienen.

Man unterstellt hierbei minimale Kosten, mit denen eine bestimmte Produktionsmenge hergestellt werden kann. Die Gesamtkosten K sind dann als Funktion der Ausbringungsmenge x bestimmt. Als Funktionstypen betrachtet man neben der Linearhypothese vorwiegend Parabeln zweiten und dritten Grades, also

(5) $$x \rightarrow K = a + bx + cx^2$$

und

(6) $$x \rightarrow K = a + bx - cx^2 + dx^3$$

(wegen $-cx^2$ in (6) vgl. die Rechnungen in 1.10.5.*).

Wir wenden uns nun der mathematischen Behandlung der wichtigsten Funktionstypen zu.

1.3.2. Wir betrachteten in 1.1.2 die Funktion, die gegeben ist durch

$$x \rightarrow y = f(x) = 42 - 2x;$$

die graphische Darstellung dieser Funktion liefert in einem kartesischen Koordinatensystem eine Gerade. Wir wollen nun allgemein Funktionen der Form betrachten, die gegeben sind durch

(7) $$x \rightarrow y = f(x) = a + bx$$

(mit Konstanten a und b), und zunächst den Sonderfall vorwegnehmen, in dem $a = 0$ ist, also

(8) $$x \rightarrow y = f(x) = bx$$

untersuchen.

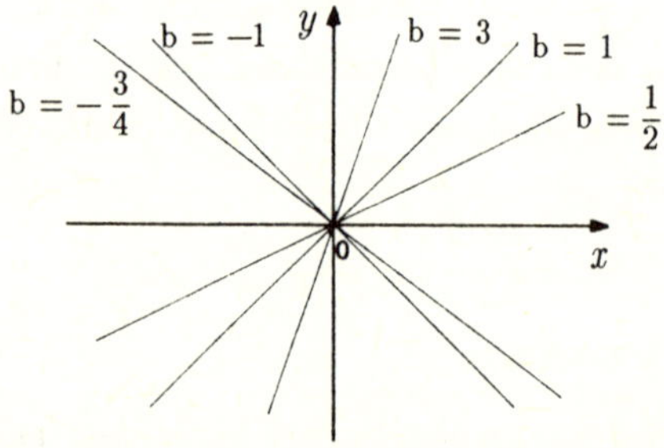

Fig. 1

Der Graph einer jeden solchen Funktion (8) ist in einem kartesischen Koordinatensystem eine Gerade durch den Koordinatenursprung 0, wobei die Lage der

Geraden durch die Zahl b bestimmt wird. In der Figur 1 sind die Geraden für $b = \frac{1}{2}, 1, 3, -1$ und $-\frac{3}{4}$ eingezeichnet. Man erkennt daraus, daß für positives b, d.h. $b > 0$, die Geraden durch den ersten und dritten Quadranten, für negatives b, d.h. $b < 0$, durch den zweiten und vierten Quadranten laufen. $b = 0$ liefert die Funktion $x \longrightarrow f(x) = 0$, deren Graph mit der x-Achse zusammenfällt. In der Wirtschaftstheorie sind zum Beispiel Funktionen $x \longrightarrow f(x) = bx$ mit b zwischen 0 und 1, d.h. $0 \leq b \leq 1$, von Bedeutung. Alle Geraden $y = bx$ mit dieser Eigenschaft verlaufen im ersten Quadranten im Winkelraum zwischen der x-Achse und der Geraden $y = x$.

Wir wählen nun einen festen Argumentwert und bezeichnen diesen mit x_0; der zugehörige Funktionswert ist $f(x_0) = bx_0$.

Ändert sich jetzt in der Funktion (8) die unabhängige Veränderliche x von dem festen Argumentwert x_0 um den Wert Δx [1], so erhält man als neuen Funktionswert $f(x_0 + \Delta x) = b(x_0 + \Delta x) = bx_0 + b\Delta x$. Demnach ändert sich der Funktionswert von $f(x_0) = bx_0$ zu $f(x_0 + \Delta x) = bx_0 + b\Delta x$, er erfährt also die Änderung

$$\Delta f = f(x_0 + \Delta x) - f(x_0) = b\Delta x.$$

In Figur 2 ist dieser Sachverhalt noch einmal bildlich dargestellt, wobei noch darauf hingewiesen werden soll, daß die Änderung des Funktionswerts hier nur abhängig ist von der Größe der Änderung Δx, nicht aber von dem zu Grunde gelegten Wert x_0.

Ist speziell $\Delta x = 1$, so beträgt die Änderung $\Delta f = f(x_0 + 1) - f(x_0) = b$.

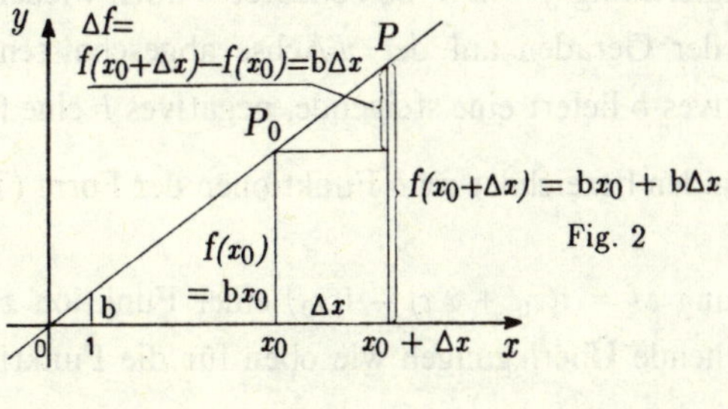

Fig. 2

---

1) Δx ist eine (positive oder negative) Zahl, also *nicht* als Produkt der Größen Δ und x aufzufassen; oft setzt man daher $\Delta x = h$.

Da also in dieser Weise durch b für die Gerade $y = bx$ die Richtung bestimmt wird, heißt b auch der *Richtungskoeffizient* oder die *Steigung* der Geraden; je größer b ist, desto steiler verläuft die Gerade.

Weil $f(1) = b$ gilt und wegen $f(2) = 2b$, $f(3) = 3b,\dots,f(t) = tb$, heißt (8) auch *direkte Proportionalität*, und b wird dabei als *Proportionalitätsfaktor* bezeichnet.

Wenden wir uns nun den Funktionen der allgemeineren Form (7) $x \longrightarrow f(x) = a + bx$ zu. Die Funktionswerte dieser Funktion gehen aus denen der Funktion (8) hervor, indem man zu diesen jeweils die Zahl a addiert. Das bedeutet geometrisch, daß der Graph der Funktion $x \longrightarrow f(x) = a + bx$ auch eine Gerade ist, die aus der Geraden $y = bx$ durch Parallelverschiebung um $|a|$ [1] in Richtung der y-Achse hervorgeht, und zwar findet die Parallelverschiebung nach oben statt, wenn $a > 0$ ist, nach unten, wenn $a < 0$ ist (Figur 3).

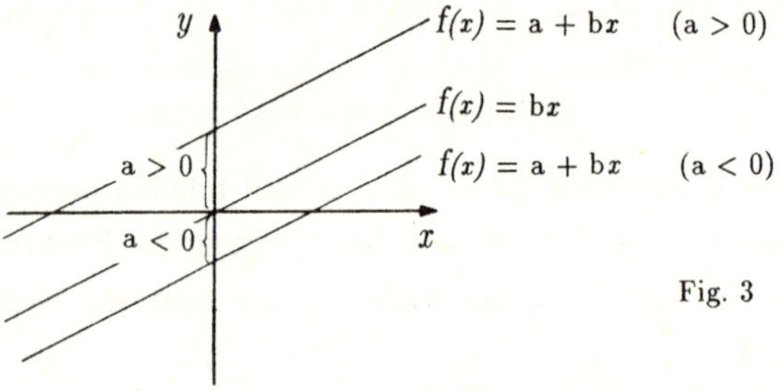

Fig. 3

In der Geradengleichung $y = a + bx$ bedeutet b auch wieder die Steigung, und a ist der von der Geraden auf der y-Achse abgeschnittene *Achsenabschnitt* (Figur 3); positives b liefert eine steigende, negatives b eine fallende Gerade.

Aus diesen Gründen bezeichnet man Funktionen der Form (7) als *lineare Funktionen.*

Für die Änderung $\Delta f = f(x_0 + \Delta x) - f(x_0)$ einer Funktion $x \longrightarrow f(x) = a + bx$ gelten entsprechende Überlegungen wie oben für die Funktion $x \longrightarrow f(x) = bx$; es ist

$$\Delta f = f(x_0 + \Delta x) - f(x_0) = [a + b(x_0 + \Delta x)] - [a + bx_0] = b\Delta x.$$

---

[1] $|a|$ bedeutet den absoluten Betrag von a; siehe dazu im Anhang 7.1.4.

Die Steigung b einer Geraden durch die zwei Punkte P_0 und P mit den Koordinaten x_0 und $y_0 = f(x_0)$ bzw. $x_0 + \Delta x$ und $y_0 + \Delta f = f(x_0 + \Delta x)$ wird daher gegeben durch

$$(9) \qquad b = \frac{\Delta f}{\Delta x} = \frac{f(x_0 + \Delta x) - f(x_0)}{\Delta x}.$$

Als Sonderfall der linearen Funktion wäre noch zu erwähnen $x \longrightarrow f(x) = a$ (es wird also in der allgemeinen Form (7) $b = 0$ gesetzt), was geometrisch eine Parallele zur x-Achse im Abstand $|a|$ bedeutet; für $a > 0$ verläuft die Parallele oberhalb, für $a < 0$ unterhalb der x-Achse.

Wird in der Funktion (7) $x \longrightarrow f(x) = a + bx$ der Wert für b festgehalten und soll a alle möglichen Werte durchlaufen, so erhält man geometrisch die Gesamtheit aller zur Geraden $y = bx$ parallelen Geraden. Man spricht dann auch von einer *Geradenschar* und nennt a den *Scharparameter* oder einfach *Parameter*. Analog kann auch b als Parameter betrachtet werden.

Schließlich sind in wirtschaftstheoretischen Untersuchungen solche Funktionen von Bedeutung, wie sie in Figur 4 dargestellt sind, die sich also stückweise aus linearen Funktionen zusammensetzen lassen (z.B. "geknickte" Nachfragekurve).

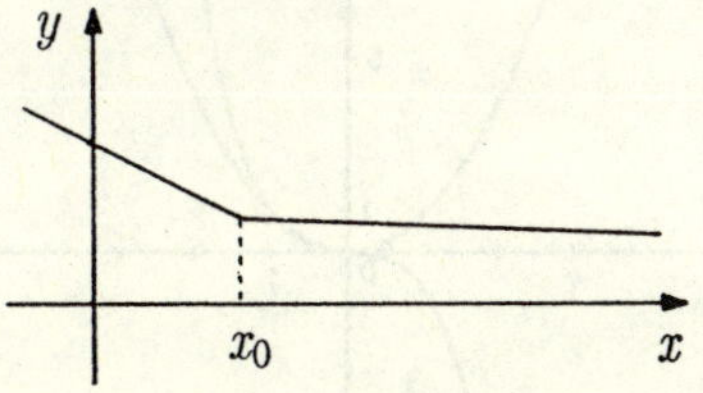

Fig. 4

Eine solche Funktion kann beschrieben werden durch

$$x \longrightarrow f(x) = \begin{cases} a + b_1(x - x_0) & \text{für } x \leq x_0 \\ a + b_2(x - x_0) & \text{für } x > x_0. \end{cases}$$

Wir sprechen hier von einer stückweise linearen Funktion.

1.3.3. Neben den linearen Funktionen spielen in den Anwendungen die *ganz-rationalen Funktionen* oder *Polynome* die wichtigste Rolle. Die einfachsten Spezialfälle dieser sind die *Potenzfunktionen*, die gegeben sind durch

$$(10) \qquad x \longrightarrow y = f(x) = x^n$$

mit positiven ganzzahligen Exponenten n. Für n = 1 erhält man die lineare Funktion $x \longrightarrow f(x) = x$, und n = 2 ergibt die *Normalparabel*

(11) $$x \longrightarrow y = f(x) = x^2,$$

n = 3 ergibt die *kubische Normalparabel*

(12) $$x \longrightarrow y = f(x) = x^3;$$

allgemein heißt (10) *Normalparabel* n-*ter Ordnung*. Die Funktionen (11) und (12) sind in Figur 5 dargestellt. Die Normalparabeln mit geradem Exponenten n liegen im ersten und zweiten Quadranten (die y-Achse ist Symmetrieachse), die mit ungeradem Exponenten n im ersten und dritten Quadranten. Der Koordinatenursprung 0 heißt der *Scheitel* der Normalparabel.

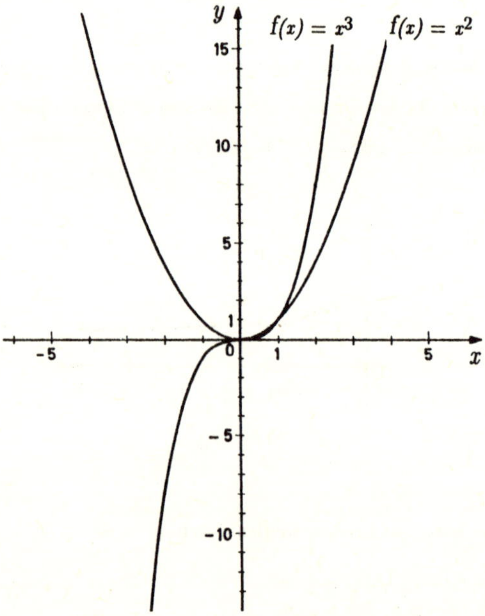

Fig. 5

Der Graph der Funktion $x \longrightarrow f(x) = ax^n$ $(a > 0)$ geht aus demjenigen der Funktion $x \longrightarrow f(x) = x^n$ hervor, indem alle Ordinaten mit demselben Faktor a multipliziert werden, was geometrisch eine Verzerrung bedeutet. Ist der Faktor $a < 0$, so bewirkt er zusätzlich eine Spiegelung an der x-Achse. In Figur 6 sind als Beispiele die Funktionen $x \longrightarrow f(x) = x^2$, $x \longrightarrow f(x) = \frac{1}{2}x^2$ und $x \longrightarrow f(x) = 1{,}5x^2$ dargestellt.

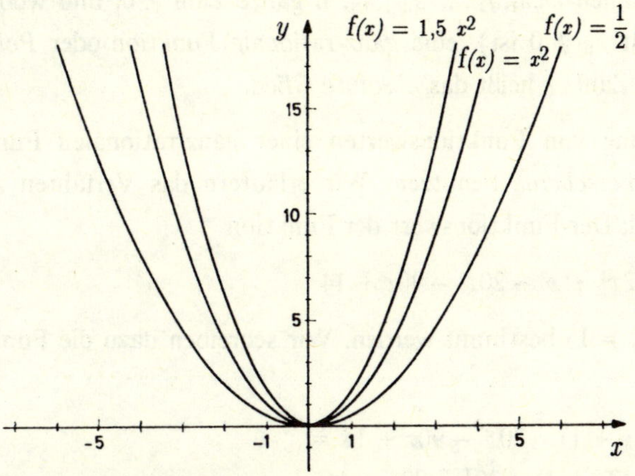

Fig. 6

Man bezeichnet Funktionen der Form

(13) $$x \longrightarrow y = f(x) = a + bx + cx^2$$

als *ganz-rationale Funktionen* oder *Polynome zweiten Grades* (Beispiel (5)), Funktionen der Form

(14) $$x \longrightarrow y = f(x) = a + bx + cx^2 + dx^3$$

als *ganz-rationale Funktionen* oder *Polynome dritten Grades* (Beispiel (6) [1]).

Dabei darf natürlich der Koeffizient der höchsten Potenz von x nicht 0 sein, d.h. es muß in (13) $c \neq 0$ und in (14) $d \neq 0$ sein. Statt vom Koeffizienten der höchsten Potenz von x spricht man auch kurz vom *höchsten Koeffizienten.*

In (13) setzt man bisweilen $a = a_0$, $b = a_1$, $c = a_2$, so daß man statt (13) hat

(13') $$x \longrightarrow y = f(x) = a_0 + a_1x + a_2x^2,$$

und entsprechend in (14) $a = a_0$, $b = a_1$, $c = a_2$, $d = a_3$, womit (14) die Gestalt

(14') $$x \longrightarrow y = f(x) = a_0 + a_1x + a_2x^2 + a_3x^3$$

erhält.

[1] (6) und (14) unterscheiden sich nur im Vorzeichen des Koeffizienten von x^2.

Allgemein ist die Funktion f, gegeben durch

(15) $$x \longrightarrow y = f(x) = a_0 + a_1x + a_2x^2 + \ldots + a_{n-1}x^{n-1} + a_nx^n$$

(mit festen Zahlen $a_0, a_1, a_2, \ldots, a_{n-1}, a_n$; n ganze Zahl ≥ 0; und wobei natürlich der Koeffizient $a_n \neq 0$ ist), eine *ganz-rationale Funktion* oder *Polynom* n-*ten Grades*.[1] Die Zahl a_0 heißt das *absolute Glied*.

Zur Berechnung von Funktionswerten einer ganz-rationalen Funktion kann man das *Hornerschema* benutzen. Wir erläutern das Verfahren zunächst an einem Beispiel: Der Funktionswert der Funktion

$$f\colon x \longrightarrow f(x) = 2x^4 + x^3 - 20x^2 - 90x + 14$$

soll für $x = x_0 = 15$ bestimmt werden. Wir schreiben dazu die Funktion um in der Form

$$\begin{aligned} f(x) &= x^3(2x+1) - 20x^2 - 90x + 14 = \\ &= x^2[x(2x+1) - 20] - 90x + 14 = \\ &= x(x[x(2x+1) - 20] - 90) + 14. \end{aligned}$$

Nun berechnet man zuerst den Funktionswert von $2x + 1$ (setzt also $x = x_0 = 15$), dann von $x(2x + 1)$, anschließend von $x[x(2x + 1) - 20]$, weiter von $x(x[x(2x + 1) - 20] - 90)$ und schließlich von $x(x[x(2x + 1) - 20] - 90) + 14$.

Diese Vorgehensweise stellt man nun noch in einem Schema folgendermaßen dar:

2	1	−20	−90	14
	↗ 30	↗ 465	↗ 6.675	↗ 98.775
2	31	445	6.585	98.789

In der ersten Zeile dieses Schemas stehen die Koeffizienten der gegebenen ganz-rationalen Funktion. Man multipliziert nun den Koeffizienten der höchsten Potenz mit $x_0 = 15$ und schreibt dieses Ergebnis unter den Koeffizienten der zweithöchsten Potenz der Funktion (in dem Schema durch einen Pfeil angedeutet); nun werden die beiden übereinander stehenden Zahlen 1 und 30 addiert. Mit der Summe 31 verfährt man dann entsprechend wie eben; usw.
Der gesuchte Funktionswert $f(15) = 98.789$ ergibt sich nun rechts am Ende des Schemas.

---

[1] (15) schreibt man auch mit dem Summenzeichen $f(x) = \sum_{i=0}^{n} a_i x^i$.

Allgemeine Darstellung des Verfahrens: Soll für die ganz-rationale Funktion

$$f\colon x \longrightarrow f(x) = a_n x^n + a_{n-1}x^{n-1} + a_{n-2}x^{n-2} + \dots + a_2x^2 + a_1x + a_0$$

der Funktionswert für $x = x_0$ berechnet werden, so bildet man

$$\begin{aligned} f(x) &= x^{n-1}(a_nx + a_{n-1}) + a_{n-2}x^{n-2} + \dots + a_2x^2 + a_1x + a_0 = \\ &= x^{n-2}[x(a_nx + a_{n-1}) + a_{n-2}] + \dots + a_2x^2 + a_1x + a_0 = \dots \end{aligned}$$

Das Schema sieht nun so aus:

$$\begin{array}{ccccccccccccc} a_n & & a_{n-1} & & a_{n-2} & \dots & a_2 & & a_1 & & a_0 & & \\ & \nearrow & a_nx_0 & \nearrow & A_{n-1}x_0 & \dots & A_3x_0 & \nearrow & A_2x_0 & \nearrow & A_1x_0 & & \\ \hline a_n & & A_{n-1} & & A_{n-2} & \dots & A_2 & & A_1 & & A_0 & = & f(x_0). \end{array}$$

Der Vorteil des Verfahrens gegenüber dem direkten Einsetzen von $x = x_0$ in die Funktion besteht darin, daß nur Multiplikationen und Additionen auszuführen und keine Potenzen zu berechnen sind.

1.3.4. Unter *gebrochen-rationalen Funktionen* versteht man Funktionen f, die als Quotient zweier ganz-rationaler Funktionen u und v entstehen, wie z.B.

(16) $$x \longrightarrow y = f(x) = \frac{1}{x},$$

(17) $$x \longrightarrow y = f(x) = \frac{1}{x^2}$$

(die Graphen dieser Funktionen findet man in Figur 7),

(18) $$x \longrightarrow y = f(x) = \frac{x}{1 + x^2},$$

(19) $$x \longrightarrow y = f(x) = \frac{x}{1 - x^2},$$

(20) $$x \longrightarrow y = f(x) = \frac{x^2 - 1}{x - 1};$$

allgemein hat eine gebrochen-rationale Funktion f die Form

$$x \longrightarrow y = f(x) = \frac{a_0 + a_1x + a_2x^2 + \dots + a_nx^n}{b_0 + b_1x + b_2x^2 + \dots + b_mx^m}$$

mit $a_n \neq 0$ und $b_m \neq 0$ (dafür können wir auch kurz $a_nb_m \neq 0$ schreiben). Beim Definitionsbereich einer gebrochen-rationalen Funktion sind jeweils die Argumentwerte x auszuschließen, für die der Nenner den Wert 0 annimmt, da durch 0 nicht dividiert werden kann. So ist in den Beispielen (16) und (17) $x = 0$ auszunehmen, in Beispiel (19) $x = +1$ und $x = -1$, in (20) $x = +1$, während in

Beispiel (18) alle reellen Zahlen x für den Definitionsbereich zulässig sind.

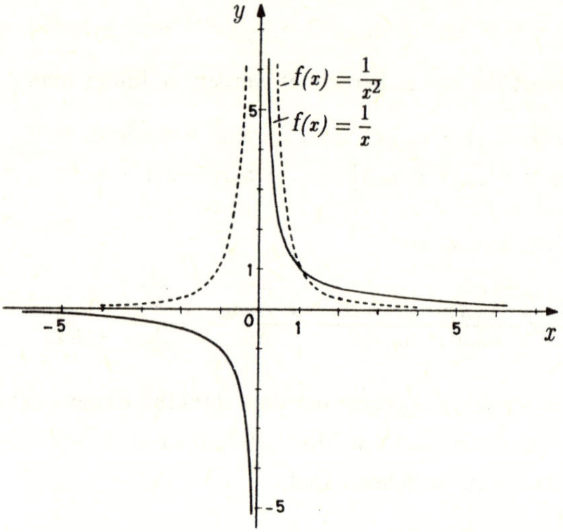

Fig. 7. Jeder der hier dargestellten Graphen besteht aus zwei verschiedenen Teilen. Die x-Achse und die y-Achse sind für beide Funktionen *Asymptoten*, denn die zugehörigen Kurven kommen den Achsen beliebig nahe, ohne diese je zu erreichen.

Für $\frac{1}{x}, \frac{1}{x^2}, \dots, \frac{1}{x^n}$ wird auch

(21) $$x^{-1}, x^{-2}, \dots, x^{-n}$$

mit negativen Hochzahlen gesetzt; die zugehörigen Graphen der Funktionen heißen *Hyperbeln*.

1.3.5. Statt $y = \frac{1}{x}$ schreibt man oft auch $xy = 1$. Bei dieser Schreibweise steht die abhängige Veränderliche y nicht auf der einen Seite der Funktionsgleichung allein, die Funktionsgleichung ist nicht, wie man sagt, nach y aufgelöst. Bei einer solchen Darstellungsweise einer Funktion spricht man von der *impliziten Form* der Funktion; ist die Funktion nach y aufgelöst, d.h. steht y auf einer Seite der Funktionsgleichung allein, so heißt die Funktion in *expliziter Form* dargestellt.

Da sich bei der impliziten Darstellung einer Funktion alle Glieder (Terme) auf die linke Seite der Funktionsgleichung stellen lassen, schreibt man für eine implizit gegebene Funktion zwischen x und y in Analogie zu (6) in 1.1.2 allgemein

$$F(x,y) = 0.$$

Aus

$$y^q = x^p \quad (x > 0,\ y > 0)$$

mit positiven ganzen Hochzahlen p und q erhält man durch Wurzelziehen die Funktion

$$x \longrightarrow y = f(x) = \sqrt[q]{x^p},$$

wofür man auch mit einem Bruch als Exponent

$$x \longrightarrow y = f(x) = x^{\frac{p}{q}} \qquad (x > 0,\ y > 0)$$

setzen kann.

Der einfachste Fall hiervon ist die Funktion $f(x) = x^{\frac{1}{2}} = \sqrt{x}$. Unter $f(x) = x^{-\frac{p}{q}}$ wollen wir in Analogie zu (21) verstehen

$$f(x) = \frac{1}{x^{\frac{p}{q}}} = \frac{1}{\sqrt[q]{x^p}} \quad (x > 0);$$

damit sind die Funktionen $x \longrightarrow y = f(x) = x^\alpha$ für positive und negative gebrochene Exponenten α erklärt (vgl. auch 1.2.3).

Für die Funktionen der Form $x \longrightarrow y = f(x) = ax^\alpha$ (Beispiel (3)) gilt ein entsprechender Zusammenhang mit der Funktion $x \longrightarrow y = f(x) = x^\alpha$ wie zwischen den Funktionen der Form $x \longrightarrow y = f(x) = x^n$ und $x \longrightarrow y = f(x) = ax^n$.
Die Funktion $x \longrightarrow y = f(x) = \sqrt{x}$ $(x > 0)$ ist die Umkehrfunktion von $x \longrightarrow y = f(x) = x^2$ $(x > 0)$; allgemein ist die Funktion $x \longrightarrow y = f(x) = \sqrt[n]{x}$ die Umkehrfunktion von $x \longrightarrow y = f(x) = x^n$.

1.3.6. Die Zeichnung des Graphen einer Funktion $x \longrightarrow y = f(x) = ax^\alpha$ ist in einem kartesischen Koordinatensystem nicht ganz einfach; die Darstellung läßt sich aber vereinfachen, wenn man - wie in (4) schon bemerkt - die Funktionsgleichung beiderseits logarithmiert, also mit dem gewöhnlichen dekadischen Logarithmus

(22) $$\log y = \log a + \alpha \log x$$

(für $x, y, a > 0$) bildet, und auf den Achsen statt x und y nun $\log x$ und $\log y$ aufträgt. Es wird also an Stelle des gewöhnlichen kartesischen Koordinatensystems ein solches mit logarithmischer Einteilung der Achsen benutzt. In einem derartigen Koordinatensystem stellt dann (22) eine Gerade dar. Nehmen wir zur Erläuterung noch ein Zahlenbeispiel: In (3) setzen wir $\gamma_0 = 100$ und

$\gamma_1 = -1{,}5$; wir betrachten also die Funktion $x \longrightarrow y = f(x) = 100\,x^{-1{,}5}$. Der Graph dieser Funktion ist in Figur 8 in einem doppeltlogarithmischen Koordinatensystem dargestellt.

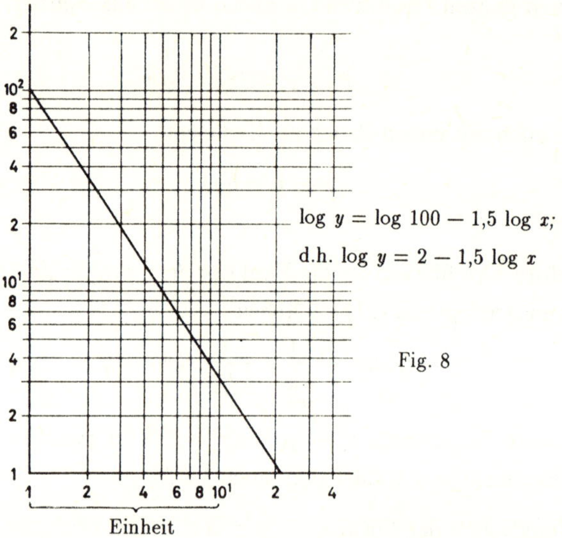

Fig. 8

1.3.7. *Nullstellen einer Funktion f.* Man definiert allgemein:

Ein Wert x_0 aus dem Definitionsbereich einer Funktion f heißt *Nullstelle*, wenn gilt $f(x_0) = 0$.

Beispiele:

1) Die ganz-rationale Funktion $f\colon x \longrightarrow y = f(x) = x^2 - x - 2$ ($x \in \mathbb{R}$) hat die Nullstellen -1 und 2.
2) Die ganz-rationale Funktion $f\colon x \longrightarrow y = f(x) = x^2 + 1$ ($x \in \mathbb{R}$) hat keine Nullstelle.
3) Die lineare Funktion $f\colon x \longrightarrow y = f(x) = a + bx$ ($b \neq 0$) hat die Nullstelle $x_0 = -\frac{a}{b}$.
4) Die gebrochen-rationale Funktion $f\colon x \longrightarrow y = f(x) = \frac{1}{1 + x^2}$ ($x \in \mathbb{R}$) hat keine Nullstelle.

§ 1.4. Grenzwerte

1.4.1. Bei der gebrochen-rationalen Funktion

$$f\colon x \longrightarrow y = f(x) = \frac{x^2 - 1}{x - 1} \tag{1}$$

mußte (vgl. (20) in 1.3.4) im Definitionsbereich $x = 1$ ausgeschlossen werden, da sonst der Nenner gleich 0 würde. Andererseits dürfen wir (1) auch schreiben

$$f\colon x \longrightarrow y = f(x) = \frac{(x+1)(x-1)}{x-1} = x + 1,$$

was für alle $x \neq 1$ gilt. Der Graph der Funktion (1) ist also eine Gerade mit einer Lücke für $x = 1$ (Figur 1). Man kann nun die Funktion (1) sinnvoll ergänzen, indem man für $x = 1$ den Funktionswert 2 festsetzt; denn wie man aus Figur 1 sieht, kommen sowohl bei der Annäherung von x an den Wert 1 von rechts als auch von links her die Funktionswerte dem Wert 2 beliebig nahe. Man sagt dann, 2 sei der Grenzwert der Funktion (1)

$$f\colon x \longrightarrow y = f(x) = \frac{x^2 - 1}{x - 1}$$

für x gegen 1 und schreibt kurz

$$\lim_{x \to 1} \frac{x^2 - 1}{x - 1} = 2$$

oder

$$\frac{x^2 - 1}{x - 1} \longrightarrow 2 \text{ für } x \longrightarrow 1.$$

Ebenso ist bei der Funktion

$$(2) \qquad f\colon x \longrightarrow y = f(x) = \frac{x^3 - x^2 - x - 2}{x - 2}$$

im Definitionsbereich $x = 2$ auszunehmen; andererseits können wir (2) umformen zu

$$f\colon x \longrightarrow y = f(x) = \frac{(x-2)(x^2 + x + 1)}{x - 2} = x^2 + x + 1 \quad (x \neq 2).$$

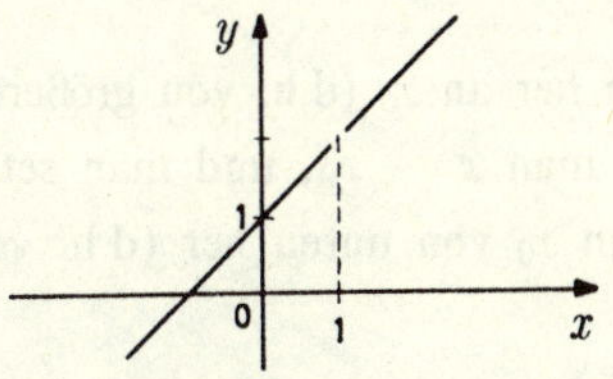

Fig. 1

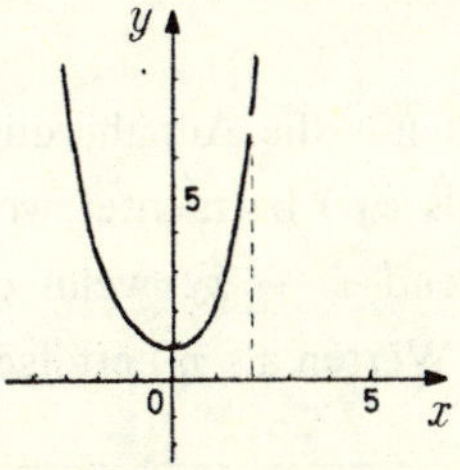

Fig. 2

Der Graph ist also hier eine Parabel mit einer Lücke für $x = 2$ (Figur 2). Auch hier können wir die Funktion für $x = 2$ sinnvoll ergänzen, indem wir für $x = 2$ den Funktionswert 7 festsetzen; denn Figur 2 zeigt, daß sich bei Annäherung von x an den Wert 2 die Funktionswerte dem Wert 7 nähern. Also ist

$$\lim_{x\to 2} \frac{x^3 - x^2 - x - 2}{x - 2} = 7.$$

Wir betrachten nun allgemein eine Funktion $f\colon x \longrightarrow y = f(x)$ und einen festen Wert $x = x_0$. Wenn bei Annäherung des Arguments x an den Wert x_0 (ohne daß x gleich x_0 wird) die Funktionswerte dieser Funktion einem Wert a beliebig nahe kommen [1], dann heißt a der *Grenzwert der Funktion f für x gegen* x_0. Das Heranrücken von x an den Wert x_0 nennt man auch einen *Grenzübergang*, sagt, die Funktionswerte der Funktion f seien *konvergent* gegen den Grenzwert a und schreibt

$$\lim_{x\to x_0} f(x) = a$$

oder

$$f(x) \longrightarrow a \quad \text{für} \quad x \longrightarrow x_0.$$

Für die graphische Darstellung der Funktion f bedeutet das, daß, wenn die Argumentwerte x auf der x-Achse an den Wert x_0 heranrücken, die Größe der Ordinaten an den Wert a beliebig nahe herankommt.

Diese verbale Einführung des Grenzwertbegriffs läßt sich durch folgende Definition exakter fassen:

Die Funktion f hat für x gegen x_0 den Grenzwert a, wenn sich zu jedem Wert $\varepsilon > 0$ eine Zahl $\delta > 0$ angeben läßt, so daß für alle x-Werte mit $|x - x_0| < \delta$ $(x \neq x_0)$ für die zugehörigen Funktionswerte f(x) gilt

$$|f(x) - a| < \varepsilon.$$

1.4.2. Soll nur die Annäherung von x von oben her an x_0 (d.h. von größeren Werten als x_0) betrachtet werden, so schreibt man $x \longrightarrow x_0^+$, und man setzt entsprechend $x \longrightarrow x_0^-$, wenn die Annäherung an x_0 von unten her (d.h. von kleineren Werten als x_0) erfolgen soll. [2]

---

[1] Oder gleich a werden.

[2] Also $\lim\limits_{x\to x_0^+}$ bedeutet $\lim\limits_{\substack{x\to x_0\\ x> x_0}}$ und $\lim\limits_{x\to x_0^-}$ entsprechend $\lim\limits_{\substack{x\to x_0\\ x< x_0}}$. Man hat auch die Schreibweisen $\lim\limits_{x\downarrow x_0}$ und $\lim\limits_{x\to x_0+0}$ für $\lim\limits_{x\to x_0^+}$ bzw. $\lim\limits_{x\uparrow x_0}$ und $\lim\limits_{x\to x_0-0}$ für $\lim\limits_{x\to x_0^-}$.

Falls bei Annäherung von x an x_0 die Funktionswerte der Funktion f über alle Schranken wachsen, sagen wir, die Funktion f habe den Grenzwert "plus unendlich" ($\lim_{x \to x_0} f(x) = +\infty$); entsprechend ist "minus unendlich" als Grenzwert zu verstehen ($\lim_{x \to x_0} f(x) = -\infty$).

Auch wenn x über alle Schranken wächst und die Funktionswerte der Funktion f kommen einem Wert a beliebig nahe, nennen wir a den Grenzwert der Funktion f für x gegen (plus) unendlich; man schreibt in diesem Fall

$$\lim_{x \to +\infty} f(x) = a$$

oder

$$f(x) \longrightarrow a \text{ für } x \longrightarrow +\infty.$$

Entsprechend ist

$$\lim_{x \to -\infty} f(x) = b$$

zu verstehen. [1]

1.4.3. Beispiele:

1) Wir betrachten für die Funktion f: $x \longrightarrow y = f(x) = \dfrac{(1 + x)^2 - 1}{x}$ den Grenzwert für x gegen 0, d.h.

$$\lim_{x \to 0} \frac{(1 + x)^2 - 1}{x}. \tag{3}$$

(Hier darf nicht x gleich 0 gesetzt werden, da dann im Nenner 0 stände.) Indem man die Klammer ausrechnet, folgt aus (3)

$$\lim_{x \to 0} \frac{2x + x^2}{x}$$

und weiter

$$\lim_{x \to 0} (2 + x).$$

Wenn sich nun x dem Wert 0 nähert, strebt die Klammer gegen den Wert 2, so daß also

---

1) $\lim\limits_{x \to +\infty} f(x) = \lim\limits_{t \to 0^+} f\left[\frac{1}{t}\right]$; $\lim\limits_{x \to -\infty} f(x) = \lim\limits_{t \to 0^-} f\left[\frac{1}{t}\right]$.

$$\lim_{x \to 0} \frac{(1 + x)^2 - 1}{x} = 2$$

ist.

2) Es ist

$$\lim_{x \to 0^+} \frac{1}{x} = +\infty,$$

denn wenn in einem Bruch der Nenner gegen 0 abnimmt, wächst der Wert des Bruchs über alle Schranken (vgl. Figur 7 in 1.3.4); entsprechend ist

$$\lim_{x \to 0^-} \frac{1}{x} = -\infty.$$

3) Weiterhin

$$\lim_{x \to +\infty} \frac{1}{x} = 0,$$

denn wenn in einem Bruch der Nenner zunimmt, nimmt der Wert des Bruchs ab (vgl. Figur 7 in 1.3.4); ebenso ist

$$\lim_{x \to -\infty} \frac{1}{x} = 0.$$

4) Schließlich

$$\lim_{x \to 0} \frac{1}{x^2} = +\infty; \ \lim_{x \to +\infty} \frac{1}{x^2} = \lim_{x \to -\infty} \frac{1}{x^2} = 0$$

(vgl. Figur 7 in 1.3.4).

1.4.4. Man beweist für Grenzwerte von Funktionen die folgenden Aussagen:

Satz 1: *Ist* $\lim\limits_{x \to x_0} f(x) = a$ *und c eine Konstante, d.h. von x unabhängig, so folgt* $\lim\limits_{x \to x_0} cf(x) = ca$.

Satz 2: *Ist* $\lim\limits_{x \to x_0} f(x) = a$ *und* $\lim\limits_{x \to x_0} g(x) = b$, *so folgt* $\lim\limits_{x \to x_0} (f+g)(x) =$ $= \lim\limits_{x \to x_0} (f(x)+g(x)) = a + b$.

Entsprechendes gilt für Differenz, Produkt und Quotient der Funktionen f und g, das letztere nur, wenn der Grenzwert des Nenners nicht gleich 0 ist.

Satz 3: *Ist* $\lim\limits_{x \to x_0} f(x) = a$ *und* $\lim\limits_{x \to x_0} g(x) = b$ *und* $f(x) \leq g(x)$ *für alle x aus einer*

Umgebung von x_0, so ist $a \leq b$.

Beweis von Satz 2 für die Summe: Nach Voraussetzung läßt sich zu jedem $\varepsilon > 0$ ein $\delta_1 > 0$ bestimmen, so daß ist

$$|f(x) - a| < \frac{\varepsilon}{2} \quad \text{für alle } x \text{ mit } |x - x_0| < \delta_1$$

und ein $\delta_2 > 0$, so daß

$$|g(x) - b| < \frac{\varepsilon}{2} \quad \text{für alle } x \text{ mit } |x - x_0| < \delta_2 \quad (x \neq x_0).$$

Dann erhalten wir mit Hilfe der Dreiecksungleichung (vgl. 7.9.3)

$|f(x) + g(x) - a - b| \leq |f(x) - a| + |g(x) - b| < \frac{\varepsilon}{2} + \frac{\varepsilon}{2} = \varepsilon$ für alle x mit $|x - x_0| < \delta$, wobei δ das Minimum von δ_1 und δ_2 ist.

1.4.5. Für Folgen, die ja als Funktionen aufgefaßt werden können, welche auf der Menge $\mathbb{N}$ der natürlichen Zahlen definiert sind, gelten für die Grenzwerte entsprechende Aussagen.

Man definiert: Eine (unendliche) Folge $(a_1, a_2, ..., a_n, ...)$ hat den *Grenzwert g*, wenn für große Indexwerte n die Folgenglieder a_n dem Wert g beliebig nahe kommen (oder gleich g sind).

Exakter läßt sich dies folgendermaßen formulieren: Die Folge $(a_1, a_2, ..., a_n, ...)$ hat den *Grenzwert g*, wenn sich zu jedem Wert $\varepsilon > 0$ eine Indexnummer N angeben läßt, so daß für alle Indizes $n > N$ gilt $|a_n - g| < \varepsilon$.

Man schreibt dann $\lim\limits_{n \to \infty} a_n = g$ oder $a_n \to g$ für $n \to \infty$ und sagt, die Folge ist *konvergent* gegen den Grenzwert g.

Ist $g = 0$, so spricht man von einer *Nullfolge*.
Hat eine Folge keinen Grenzwert g, so heißt sie *divergent*.

Beispiele:

1) $\lim\limits_{n \to \infty} \frac{1}{n} = 0.$

2) Geometrische Folge:

$\lim\limits_{n \to \infty} q^n = 0$ für $-1 < q < 1$, also für $|q| < 1$;

$\lim\limits_{n \to \infty} q^n$ existiert nicht für $|q| > 1$ und für $q = -1$ (Folge divergent);

$\lim\limits_{n \to \infty} q^n = 1$ für $q = 1$.

3) Man kann nachweisen, daß die Glieder der Folge $\left(1 + \frac{1}{n}\right)^n$ für unbeschränkt wachsendes n einem Grenzwert zustreben. Da dieser in der Mathematik und den Anwendungen von großer Wichtigkeit ist, hat man dafür eine besondere Bezeichnung eingeführt; man benutzt allgemein den Buchstaben *e*.

Wir wollen hier für einige n die Werte $\left(1 + \frac{1}{n}\right)^n$ in der folgenden Tabelle zusammenstellen:

n	$\left(1 + \frac{1}{n}\right)^n$
1	$(1 + 1)^1 = 2$
2	$\left(1 + \frac{1}{2}\right)^2 = \left(\frac{3}{2}\right)^2 = 2{,}25$
3	$\left(1 + \frac{1}{3}\right)^3 = \left(\frac{4}{3}\right)^3 = 2{,}370...$
5	$\left(1 + \frac{1}{5}\right)^5 = \left(\frac{6}{5}\right)^5 = 2{,}488...$
10	$\left(1 + \frac{1}{10}\right)^{10} = \left(\frac{11}{10}\right)^{10} = 2{,}5937..$
100	$\left(1 + \frac{1}{100}\right)^{100} = \left(\frac{101}{100}\right)^{100} = 2{,}7048...$
1000	$\left(1 + \frac{1}{1000}\right)^{1000} = \left(\frac{1001}{1000}\right)^{1000} = 2{,}7169...$
1000000	$\left(1 + \frac{1}{1000000}\right)^{1000000} = 2{,}71828...$

e ist eine Zahl zwischen 2 und 3; *e* ist ein unendlicher (nichtperiodischer) Dezimalbruch, dessen Anfangsziffern lauten

$$e = 2{,}7182818...$$

Also

$$\lim_{n\to\infty} \left(1 + \frac{1}{n}\right)^n = e = 2{,}7182818...$$

4)

$$\lim_{n\to\infty} \left(1 + \frac{x}{n}\right)^n = e^x \quad (x \in \mathbb{R}).$$

Für die Grenzwerte zweier Folgen $(a_1, a_2, ..., a_n, ...)$ und $(b_1, b_2, ..., b_n, ...)$ gelten entsprechende Aussagen wie die Sätze 1 bis 3. Wir erwähnen

Satz 1': *Ist* $\lim\limits_{n\to\infty} a_n = g$ *und c eine Konstante, so folgt* $\lim\limits_{n\to\infty} ca_n = cg$.

Satz 2': *Ist* $\lim\limits_{n\to\infty} a_n = g_1$ *und* $\lim\limits_{n\to\infty} b_n = g_2$, *so folgt* $\lim\limits_{n\to\infty}(a_n + b_n) = g_1 + g_2$.

Entsprechendes gilt für Differenz, Produkt und Quotient, das letztere nur, wenn der Grenzwert der Nennerfolge nicht gleich 0 ist.

Satz 3': *Ist* $\lim\limits_{n\to\infty} a_n = g_1$ *und* $\lim\limits_{n\to\infty} b_n = g_2$ *und gilt* $a_n \leq b_n$ *für alle Indizes* n *oberhalb einer Indexnummer N, so ist* $g_1 \leq g_2$.

Speziell für monotone Folgen lassen sich weitere Konvergenzaussagen machen. Zunächst geben wir folgende Definitionen:

Eine Folge $(a_1,a_2,\ldots,a_n,\ldots)$ heißt *monoton wachsend (steigend)*, wenn gilt $a_n \leq a_{n+1}$ für alle Indizes n. Ist $a_n \geq a_{n+1}$ für alle Indizes n, so heißt die Folge *monoton fallend*. Für $a_n < a_{n+1}$ $(a_n > a_{n+1})$ für alle Indizes n heißt die Folge *streng monoton wachsend (fallend)*.

Beispiele:

Die Folge $(1,\frac{1}{2},\frac{1}{3},\ldots,\frac{1}{n},\ldots)$ ist monoton fallend, die Folge $(0,\frac{1}{2},\frac{2}{3},\frac{3}{4},\frac{4}{5},\ldots,1-\frac{1}{n},\ldots)$ ist monoton wachsend.

Eine Folge heißt *beschränkt*, wenn es eine Zahl *K* gibt, so daß für alle Folgenglieder a_n gilt $-K < a_n < K$; also $|a_n| < K$.

Es gilt der

Satz: *Jede beschränkte monotone Folge ist konvergent; und zwar ist für eine monoton*

wachsende Folge der Grenzwert gleich dem Supremum der Menge der Folgenglieder;

fallende Folge der Grenzwert gleich dem Infimum der Menge der Folgenglieder.

Einen Beweis für diesen Satz geben wir nicht.

Beispiel: $\lim\limits_{n\to\infty} \frac{1}{n} = 0$.

§ 1.5. Stetigkeit

1.5.1. In 1.1.2 erwähnten wir als Beispiel einer Funktion die Abhängigkeit des Portos y einer Paketsendung vom Gewicht x. Ein Ausschnitt der graphischen Darstellung dieses funktionalen Zusammenhangs ist in Figur 1 wiedergegeben. Der Graph dieser Funktion hat zum Unterschied von den Graphen der ganz-rationalen Funktionen für gewisse x-Werte Sprungstellen. (Man spricht bei Funktionen der in Figur 1 dargestellten Art auch von Treppenfunktionen.) Wir nennen eine Funktion, deren Graph aus einem fortlaufenden Kurvenzug (ohne Sprungstellen) besteht, eine *stetige Funktion*, d.h. zu beliebig kleinen Änderungen [1] des Arguments gehören auch (bei festem $x = x_0$) beliebig kleine Änderungen der Funktionswerte. Diese Eigenschaft ist für obiges Beispiel, etwa für $x_0 = 5$, nicht erfüllt.

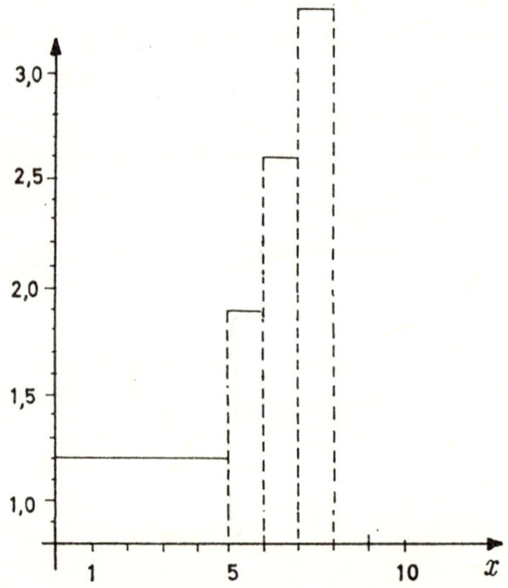

Fig. 1

Nach dieser Vorbereitung wollen wir die Stetigkeit einer Funktion so definieren:

Die Funktion f ist stetig an der Stelle x_0 [2]*, wenn sich zu jedem Wert* $\varepsilon > 0$ *eine Zahl* $\delta > 0$ *angeben läßt, so daß für alle Änderungen* $x - x_0$ *des Arguments mit*

[1] Dem absoluten Betrag nach beliebig kleine Änderungen.

[2] x_0 muß natürlich dem Definitionsbereich D_f von f angehören.

$$|x - x_0| < \delta$$

für die zugehörigen Änderungen der Funktionswerte gilt

$$|f(x) - f(x_0)| < \varepsilon.$$

Diese Definition wird durch Figur 2 verdeutlicht.

Ferner heißt eine Funktion *f stetig in einem Intervall* $I = \{a \leq x \leq b\}$, wenn f stetig ist für jedes $x_0 \in I$. (In den Randpunkten von I wird die Stetigkeit als "rechts- bzw. linksseitige Stetigkeit" verstanden.)

Beispiele:

1) Alle ganz-rationalen Funktionen sind für alle Werte $x_0 \in \mathbb{R}$ stetig.
2) Alle stückweise linearen Funktionen (ohne Sprungstellen vgl. 1.3.2) sind für alle Werte x_0 stetig.
3) Die Funktion $y = \frac{1}{x}$ ist für alle $x_0 \neq 0$ stetig.

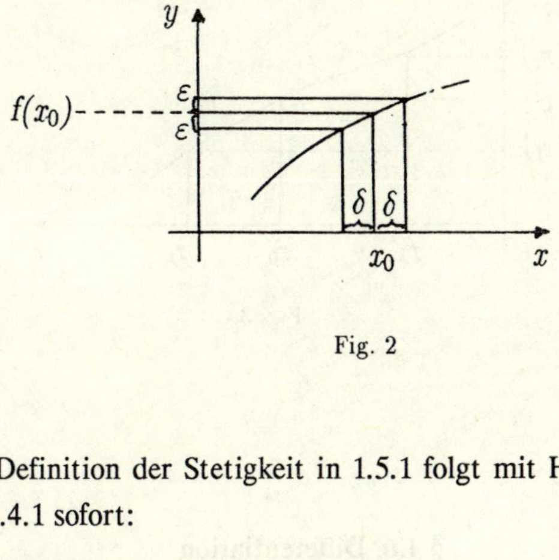

Fig. 2

1.5.2. Aus der Definition der Stetigkeit in 1.5.1 folgt mit Hilfe der Grenzwertdefinition aus 1.4.1 sofort:

Ist die Funktion f an der Stelle x_0 stetig, so gilt

$$\lim_{x \to x_0} f(x) = f(x_0)$$

oder, was dasselbe ist,

$$\lim_{h \to 0} f(x_0 + h) = f(x_0);$$

und umgekehrt.

Wir erwähnen für stetige Funktionen folgende Aussagen:

Satz 1: *Sind f und g an der Stelle x_0 stetige Funktionen, so sind auch die Summe f + g, die Differenz f − g* und *das Produkt f·g in x_0 stetig sowie der Quotient $\frac{f}{g}$, falls $g(x_0) \neq 0$ ist.*[1]

Der Beweis ergibt sich aus dem entsprechenden Satz über Grenzwerte aus 1.4.4.

Desgleichen ist die Verknüpfung (Verkettung, mittelbare Funktion) (vgl. 1.2.3) stetiger Funktionen wieder stetig.

Satz 2: *Ist die Funktion f in dem Intervall $I = \{a \leq x \leq b\}$ stetig und sind $x_1, x_2 \in I$ zwei Zahlen mit $f(x_1) \leq f(x_2)$ sowie c eine Zahl mit $f(x_1) \leq c \leq f(x_2)$, dann gibt es eine Stelle $x_0 \in I$ mit $f(x_0) = c$ (Zwischenwertsatz)* (vgl. Figur 3).

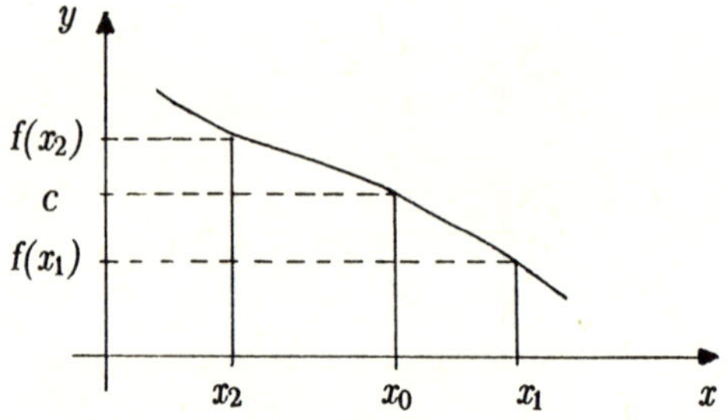

Fig. 3

§ 1.6. Differentiation

1.6.1.* Als einführendes Beispiel betrachten wir den Grenzkostenbegriff.

Wir nehmen zunächst an, daß eine Firma ihr Produkt zu DM 50.- je Stück berechnet, daß sie aber mit 1000 Stück die Grenze ihrer normalen Leistungsfähigkeit je Tag erreicht hat. Außerdem wird angenommen, daß sie ihre

---

[1] Die Summe $f + g$ ist zu verstehen als $f + g \colon x \longrightarrow f(x) + g(x)$. — Entsprechend Differenz, Produkt und Quotient (vgl. 1.2.3).

Tagesproduktion maximal auf 1250 Stück erhöhen kann, was aber nur zu progressiven Kosten möglich ist. Diese zusätzlichen 250 Stück lassen sich für 67,50 DM je Stück herstellen.

Die Kosten von DM 67,50 sind dabei die durchschnittlichen Stückkosten der über der normalen Produktion möglichen Ausbringungsmenge.

Als "Kostenkurve" benutzt man daher den Graphen einer Funktion, wie er in Figur 1 dargestellt ist.

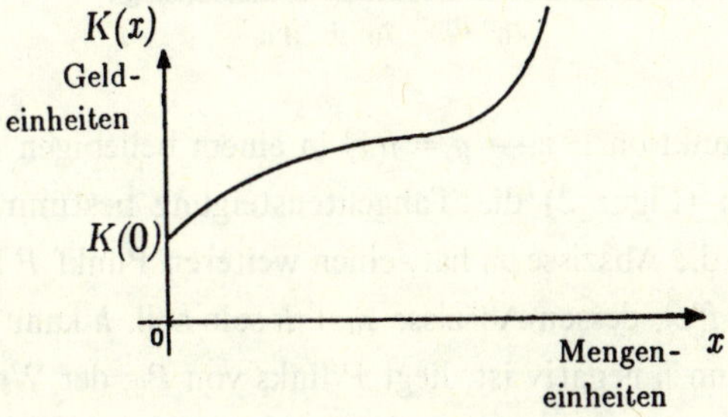

Fig. 1

Um nun den Grenzkostenbegriff einzuführen, gehen wir von Figur 1 aus:

$x \longrightarrow K(x)$ stellt eine beliebig angenommene Kostenkurve dar.

Um die Grenzkosten in einem beliebigen Punkt P_0 einer Kostenkurve zu erhalten, wählen wir noch einen weiteren Punkt P auf der Kostenkurve; zu P_0 und P gehören die Produktionsmengen x_0 und x; $K(x_0)$ und $K(x)$ sind die zugehörigen Kosten. Dann bilden wir den Kostendifferenzenquotienten

$$\frac{K(x) - K(x_0)}{x - x_0}$$

bzw., wenn wir $x - x_0 = \Delta x$ und $K(x) - K(x_0) = \Delta K$ setzen,

$$\frac{\Delta K}{\Delta x}.$$

Geometrisch ist dies die Steigung der Sekante durch P_0 und P.

Wenn jetzt x gegen x_0 strebt (bei festem x_0), d.h. Δx geht gegen 0, so strebt auch $K(x) - K(x_0) = \Delta K$ gegen 0, und wir erhalten "in der Grenze"

$$\lim_{x \to x_0} \frac{K(x) - K(x_0)}{x - x_0} = \lim_{\Delta x \to 0} \frac{\Delta K}{\Delta x} = K'(x_0) = \left.\frac{dK(x)}{dx}\right|_{x=x_0}.$$

Dieser Grenzwert des Kostendifferenzenquotienten ist der Differentialquotient;

ökonomisch stellt er die Grenzkosten bei der Produktionsmenge x_0 dar, geometrisch ist er die Steigung der Tangente an die Kostenkurve in P_0.

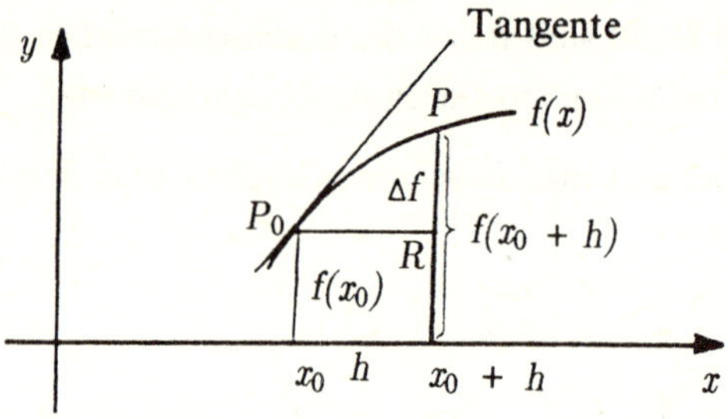

Fig. 2

1.6.2. Soll für eine Funktion f: $x \longrightarrow y = f(x)$ in einem beliebigen Punkt P_0 des zugehörigen Graphen (Figur 2) die Tangentensteigung bestimmt werden, so wählen wir, wenn P_0 die Abszisse x_0 hat, einen weiteren Punkt P auf dem Graphen von f: $x \longrightarrow y = f(x)$, dessen Abszisse $x_0 + h$ sein soll. h kann dabei positiv oder negativ sein; wenn h negativ ist, liegt P links von P_0; der Wert 0 ist für h ausgeschlossen. Nun bestimmen wir zunächst die Steigung b der Sekante $\overline{P_0P}$, d.h. der Geraden durch die Punkte P_0 und P. Indem wir das rechtwinklige Dreieck P_0RP mit den Katheten $\overline{P_0R} = h$ und $\overline{RP} = \Delta f$ betrachten und beachten, daß $\Delta f = f(x_0 + h) - f(x_0)$ ist, folgt mit (9) aus 1.3.3

$$b = \frac{f(x_0 + h) - f(x_0)}{h}.$$

Nun unterscheidet sich die Sekantensteigung b um einen gewissen Fehler ε von der Steigung t der Tangente im Punkt P_0, so daß also

$$(1) \qquad b = t + \varepsilon$$

ist (ε kann dabei positiv oder negativ oder 0 sein).

Wenn jetzt h sich 0 nähert (ohne daß h gleich 0 wird), wandert der Punkt P auf dem Graphen von f: $x \longrightarrow y = f(x)$ an den Punkt P_0 heran, wobei sich die Sekantensteigung b immer mehr der Tangentensteigung t nähert. Das heißt, daß in (1) der Fehler ε sich 0 nähern muß. Wir haben also die Tangentensteigung durch den Grenzübergang $h \longrightarrow 0$ aus der Sekantensteigung erhalten und können nun allgemein schreiben

$$t = \lim_{h \to 0} \frac{f(x_0 + h) - f(x_0)}{h}.$$

Den Quotienten

$$\frac{f(x_0 + h) - f(x_0)}{h},$$

der geometrisch die Steigung der Sekante $\overline{P_0P}$ darstellt, nennt man auch *Differenzenquotient*, und die Steigung der Tangente im Punkt P_0 heißt die *Ableitung* der Funktion $f\colon x \longrightarrow y = f(x)$ für $x = x_0$.

Nach diesen einführenden Betrachtungen geben wir für die Ableitung einer Funktion f folgende

Definition: *Wenn für die Funktion $f\colon x \longrightarrow y = f(x)$ für den (festen) Wert $x = x_0$ der Differenzenquotient*

$$\frac{f(x_0 + h) - f(x_0)}{h} \tag{2}$$

beim Grenzübergang $h \longrightarrow 0$ sich einem Grenzwert a nähert, dann heißt die Funktion f für x_0 differenzierbar und a die Ableitung der Funktion f für $x = x_0$. Es ist also

$$a = \lim_{h \to 0} \frac{f(x_0 + h) - f(x_0)}{h}, \tag{3}$$

wobei aber immer h von 0 verschieden sein muß. [1)]

Berechnen wir beispielsweise die Ableitung der Funktion $f\colon x \longrightarrow y = f(x) = x^2$ für $x_0 = 1$. Auf Grund der Definition der Ableitung haben wir zu bilden

$$\lim_{h \to 0} \frac{(1 + h)^2 - 1^2}{h} = \lim_{h \to 0} \frac{1 + 2h + h^2 - 1}{h} = \lim_{h \to 0} (2 + h) = 2$$

(vgl. hierzu 1.4.3, Beispiel 1). Also hat hier die Ableitung den Wert 2. Geometrisch bedeutet das, daß die Tangente an die Normalparabel $f\colon x \longrightarrow y = f(x) = x^2$ für $x = x_0 = 1$ die Steigung 2 hat.

Betrachten wir für dieselbe Funktion die Ableitung für $x_0 = 3$, so ergibt sich entsprechend

$$\lim_{h \to 0} \frac{(3 + h)^2 - 3^2}{h} = 6.$$

---

1) Betrachtet man beim Grenzübergang (3) nur $h > 0$ (also den Grenzwert $\lim\limits_{h \to 0^+}$), so spricht man von der ***rechtsseitigen Ableitung*** von f in x_0. Entsprechend erhält man bei $h < 0$ (also $\lim\limits_{h \to 0^-}$) die ***linksseitige Ableitung***. - Ist f in x_0 differenzierbar, so stimmen die links- und rechtsseitige Ableitung überein.

Somit hat die Ableitung von $f\colon x \longrightarrow y = f(x) = x^2$ für $x_0 = 3$ den Wert 6.

Bei den Funktionen der Form (8) in 1.3.2 $f\colon x \longrightarrow y = f(x) = bx$ haben wir für die Ableitung

$$\lim_{h\to 0} \frac{b(x_0 + h) - bx_0}{h} = \lim_{h\to 0} \frac{bh}{h} = b.$$

In diesem Beispiel ist demnach die Ableitung von x_0 unabhängig, was natürlich allgemein nicht gilt.

Da - wie die Beispiele zeigen - der Wert a der Ableitung einer Funktion von dem betrachteten Argumentwert $x = x_0$ abhängt, ist die Ableitung einer Funktion $f\colon x \longrightarrow y = f(x)$ auch wieder eine Funktion. Um den Zusammenhang mit f hervorzuheben, bezeichnet man allgemein die Ableitung mit

$f'\colon x \longrightarrow f'(x)$ oder $x \longrightarrow f'(x)$ oder $f'\colon x \longrightarrow y' = f'(x)$ oder $x \longrightarrow y' = f'(x)$ oder kurz $y' = f'(x)$,

und wir sprechen einfach von der Ableitung f'; auch die Bezeichnung $f' = Df$ wird benutzt.

Somit kann man statt (3) auch setzen

$$f'(x_0) = \lim_{h\to 0} \frac{f(x_0 + h) - f(x_0)}{h}.$$

So sind z.B. für die Funktion $f\colon x \longrightarrow y = f(x) = x^2$ die Funktionswerte der Ableitung für $x_0 = 1$ und $x_0 = 3$

$$f'(1) = 2 \text{ bzw. } f'(3) = 6.$$

Oft wird die Änderung des Arguments an Stelle von h auch mit Δx bezeichnet, so daß die Ableitung als

$$f'(x_0) = \lim_{\Delta x\to 0} \frac{f(x_0 + \Delta x) - f(x_0)}{\Delta x}$$

erscheint; oder man setzt $x_0 = x_1$ und $x_0 + h = x_2$, wobei der Differenzenquotient die Form

$$\frac{f(x_2) - f(x_1)}{x_2 - x_1}$$

erhält und durch den Grenzübergang $x_2 \longrightarrow x_1$ (d.h., daß x_2 dem Wert x_1 beliebig nahe kommt, ohne daß x_2 gleich x_1 wird), also aus

$$\lim_{x_2\to x_1} \frac{f(x_2) - f(x_1)}{x_2 - x_1} = f'(x_1),$$

die Ableitung der Funktion f für $x = x_1$ entsteht. [1]
Nicht jede Funktion besitzt für alle Werte x ihres Definitionsbereichs eine Ableitung. Sicher haben nämlich Funktionen, die nicht stetig sind, an Sprungstellen keine eindeutig festgelegte Tangente (vgl. Figur 1 in 1.5.1), also auch keine Ableitung. Ferner hat die stetige Funktion f: $x \longrightarrow y = f(x) = |x|$ für $x_0 = 0$ keine eindeutig bestimmte Tangente, also auch keine Ableitung (Figur 3).

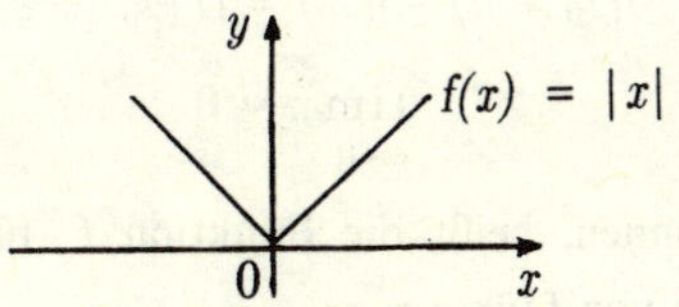

Fig. 3

1.6.3. Das Differential. Gehen wir noch einmal zurück zur Definition der Ableitung einer Funktion. Da

$$\lim_{h \to 0} \frac{f(x_0 + h) - f(x_0)}{h} = f'(x_0)$$

ist, unterscheidet sich der Differenzenquotient

$$\frac{f(x_0 + h) - f(x_0)}{h}$$

um einen Fehler ε von der Ableitung $f'(x_0)$; der Fehler ε kann dabei positiv oder negativ (oder gleich 0) sein und hängt von h ab in der Weise, daß, wenn h gegen 0 strebt, auch der Fehler ε beliebig nahe an 0 herankommt. Wir können also schreiben

$$\frac{f(x_0 + h) - f(x_0)}{h} = f'(x_0) + \varepsilon \text{ mit } \lim_{h \to 0} \varepsilon = 0$$

oder nach Multiplikation mit h

$$(4) \qquad f(x_0 + h) - f(x_0) = (f'(x_0) + \varepsilon)h \text{ mit } \lim_{h \to 0} \varepsilon = 0.$$

---

[1] x_1 und x_2 haben hier natürlich nichts mit der Bezeichnung für die Variablen bei Funktionen von mehreren Veränderlichen zu tun.

Die linke Seite hierin bedeutet die Änderung der Funktion f, wenn sich das Argument von x_0 zu $x_0 + h$ ändert. Diese Tatsachen können nun auch zur Definition der Ableitung einer Funktion benutzt werden. Wir können definieren: Wenn für eine Funktion f für einen (festen) Argumentwert $x = x_0$ die Änderungen der Funktionswerte

$$f(x_0 + h) - f(x_0)$$

in Abhängigkeit von der Änderung h des Arguments in der Form

$$f(x_0 + h) - f(x_0) = (f'(x_0) + \varepsilon)h$$

mit

$$\lim_{h \to 0} \varepsilon = 0$$

dargestellt werden können, heißt die Funktion f für x_0 differenzierbar, und $f'(x_0)$ ist die Ableitung von f für $x = x_0$.

Übrigens kann man leicht einsehen, daß mit dieser Definition die Ableitung f' einer Funktion f eindeutig erklärt ist. Nehmen wir an, es gäbe zwei Ableitungen f' und f^*, d.h. es wäre für einen Wert $x = x_0$

(5) $$f(x_0 + h) - f(x_0) = (f'(x_0) + \varepsilon)h$$

und

(6) $$f(x_0 + h) - f(x_0) = (f^*(x_0) + \delta)h,$$

wobei $\varepsilon \longrightarrow 0$ und $\delta \longrightarrow 0$, falls $h \longrightarrow 0$. Durch Subtraktion der beiden Gleichungen (5) und (6) folgt

$$0 = (f'(x_0) - f^*(x_0) + \varepsilon - \delta)h,$$

$$0 = f'(x_0) - f^*(x_0) + \varepsilon - \delta.$$

Wenn sich nun h dem Wert 0 nähert, muß auch $\varepsilon - \delta$ gegen 0 konvergieren, so daß wir erhalten

$$0 = f'(x_0) - f^*(x_0)$$

und somit

$$f'(x_0) = f^*(x_0).$$

Also ist die Ableitung eindeutig bestimmt.

Auch die Differentiationsregeln des nächsten Paragraphen lassen sich auf Grund dieser Definition herleiten.

Geometrisch läßt sich diese Definition auch so interpretieren, daß der Graph von f durch eine Gerade angenähert wird (Figur 4), die Tangente an den Graphen ist.

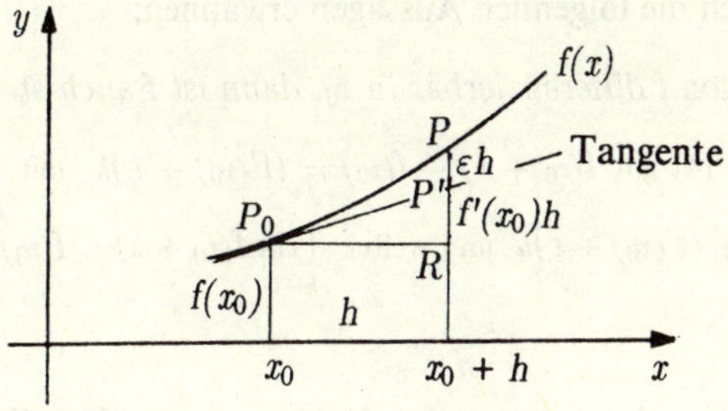

Fig. 4

In der Nähe des Berührungspunktes P_0 ist die Annäherung am besten. Die Steigung dieser Tangente wird durch den Wert $f'(x_0)$ der Ableitung für den Berührungspunkt P_0 gegeben. Näherungsweise läßt sich demnach die Änderung $f(x_0 + h) - f(x_0)$ der Funktion ersetzen durch $f'(x_0)h$; man schreitet also bei der Änderung des Arguments um h in Figur 4 nicht auf dem Graphen von P_0 nach P, sondern auf der Tangente von P_0 nach P' weiter und betrachtet hierfür die Änderung. Das Produkt $f'(x_0)h$ heißt das *Differential* der Funktion f und wird mit dy oder df bezeichnet.

Speziell für die Funktion $f\colon x \longrightarrow y = f(x) = x$ ist - wie in 1.6.2 schon bemerkt - die Ableitung $f'(x_0) = 1$, also ihr Differential $dx = 1h$. Die Ableitung f' der Funktion f erscheint hiermit nun als Quotient der Differentiale dy und dx, also

$$f' = \frac{dy}{dx} = \frac{df}{dx} = \frac{d}{dx} f,$$

und man spricht statt von der Ableitung einer Funktion auch vom *Differentialquotienten.* [1] Soll der Wert der Ableitung, also der Differentialquotient, für $x = x_0$ genommen werden, so drücken wir das - wie oben in 1.6.2 schon erwähnt - entweder durch $f'(x_0)$ oder $y'(x_0)$ oder durch

$$y'\Big|_{x=x_0} \quad \text{oder} \quad \frac{dy}{dx}\Big|_{x=x_0} \quad \text{oder} \quad \frac{df}{dx}\Big|_{x=x_0} \quad \text{oder} \quad \frac{df(x)}{dx}\Big|_{x=x_0}$$

aus. Die Bildung der Ableitung wird damit auch *Differentiation* oder *Differenzieren* genannt, und der Kalkül, der daraus erwächst, *Differentialrechnung.*

Fernerhin werden wir - wenn Verwechslungen ausgeschlossen sind - bei den Ableitungen den festen Argumentwert x_0 nicht mehr besonders hervorheben und auch diesen einfach mit x bezeichnen.

---

1) Die Schreibweise $\frac{dy}{dx}$ stammt von Leibniz; gelesen dy nach dx.

1.6.4. Wir wollen noch die folgenden Aussagen erwähnen:

Satz 1: *Ist die Funktion f differenzierbar in x_0, dann ist f auch stetig in x_0.*

Beweis: Auf Grund von (4) gilt $f(x_0 + h) - f(x_0) = (f'(x_0) + \varepsilon)h$ mit $\lim_{h \to 0} \varepsilon = 0$; also wird $f(x_0 + h) = f(x_0) + (f'(x_0) + \varepsilon)h$ und weiter $\lim_{h \to 0} f(x_0 + h) = f(x_0)$, d.h. f ist stetig in x_0.

Die Stetigkeit ist also eine notwendige Voraussetzung für die Differenzierbarkeit einer Funktion. Die Umkehrung von Satz 1 ist jedoch nicht richtig, wie das Beispiel f: $x \longrightarrow y = f(x) = |x|$ in 1.6.2 zeigt. Die Menge der differenzierbaren Funktionen ist also eine echte Teilmenge der Menge der stetigen Funktionen.

1.6.5. Der folgende *Mittelwertsatz* der Differentialrechnung wird bei vielen Untersuchungen benutzt; wir wollen ihn geometrisch herleiten.

Satz 2: *Es sei die Funktion f stetig im Intervall $\{a \leq x \leq b\}$ und differenzierbar für jedes x aus dem Intervall $\{a < x < b\}$.*

Dann gibt es (mindestens) ein ξ mit $a < \xi < b$, so daß gilt

(7) $$\frac{f(b) - f(a)}{b - a} = f'(\xi);$$

oder m.a.W.

$$f(b) = f(a) + f'(\xi)(b - a).$$

Die Ungleichung $a < \xi < b$ läßt sich auch ausdrücken durch

$$\xi = a + \vartheta(b - a) \text{ mit } 0 < \vartheta < 1.$$

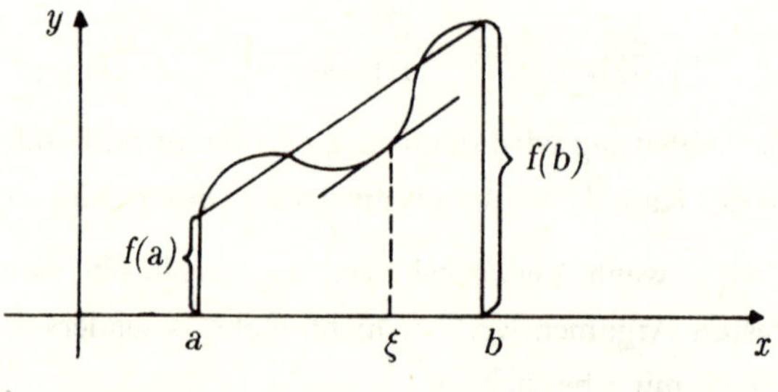

Fig. 5

Die Aussage (7) geht aus der geometrischen Bedeutung des Differenzenquotienten $\frac{f(b) - f(a)}{b - a}$ als Sekantensteigung und der geometrischen Bedeutung der

Ableitung $f'(\xi)$ als Tangentensteigung an einer Zwischenstelle ξ aus Figur 5 hervor; geometrisch interpretiert heißt dann die Behauptung des Satzes, daß es mindestens eine Stelle ξ im Intervall $\{a < x < b\}$ gibt, an der die Tangentensteigung gleich der Sekantensteigung ist, also die Tangente parallel zur Sekante läuft.

Schreibt man den Mittelwertsatz in der Form

$$f(b) - f(a) = (b - a)\, f'(\xi)$$

und setzt $a = x_0$, $b = x_0 + h$, so wird

$$f(x_0 + h) - f(x_0) = h \cdot f'(\xi);$$

die Funktionsänderung $f(x_0 + h) - f(x_0)$ wird also mit Hilfe der Ableitung der Funktion an einer Zwischenstelle ξ ausgedrückt.

Aus Satz 2 ergibt sich als Folgerung

Satz 3: *Es sei die Funktion f stetig im Intervall* $I = \{a \leq x \leq b\}$ *und* $f'(\xi) = 0$ *für jedes* $\xi \in \{a < x < b\}$.

Dann ist f in I eine Konstante.

Beweis: Ist $x \in I$ $(x \neq a)$, so gilt nach dem Mittelwertsatz (mit x an Stelle von b)

$$f(x) = f(a) + f'(\xi)(x - a)$$

mit $a < \xi < x$. Nun ist nach Voraussetzung $f'(\xi) = 0$, somit $f(x) = f(a)$, also f konstant.

1.7. Differentiationsregeln

1.7.1. Um zur Differentiation einer gegebenen Funktion nicht immer auf die Definition der Ableitung zurückgehen zu müssen, sollen nun einige Differentiationsregeln hergeleitet werden, die es gestatten, für gewisse Typen von Funktionen die Ableitung zu berechnen. Beginnen wir mit einigen speziellen Beispielen (wobei feste Argumentwerte x_0 nicht besonders hervorgehoben und auch mit x bezeichnet werden):

Um die Ableitung der Funktion $f\colon x \longrightarrow y = f(x) = x^2$ zu finden, betrachten wir in Verallgemeinerung der Beispiele von 1.6.2 den Grenzwert

$$\lim_{h \to 0} \frac{(x + h)^2 - x^2}{h} = \lim_{h \to 0} \frac{x^2 + 2xh + h^2 - x^2}{h} = \lim_{h \to 0} (2x + h) = 2x.$$

Also ist $f'\colon x \longrightarrow y' = f'(x) = 2x$ die Ableitung von $f\colon x \longrightarrow y = f(x) = x^2$.

Für die Funktion $f\colon x \longrightarrow y = f(x) = x^3$ geht man analog vor. Die Ableitung ergibt sich nun aus

$$\lim_{h\to 0}\frac{(x+h)^3 - x^3}{h} = \lim_{h\to 0}\frac{x^3 + 3x^2h + 3xh^2 + h^3 - x^3}{h} =$$
$$= \lim_{h\to 0}(3x^2 + 3xh + h^2) = 3x^2.$$

Also ist $f'\colon x \longrightarrow y' = f'(x) = 3x^2$ die Ableitung von $f\colon x \longrightarrow y = f(x) = x^3$.

Die Ableitung von $f\colon x \longrightarrow y = f(x) = x^n$ werden wir später aus Satz 3 herleiten.

In 1.6.2 wurde schon erwähnt, daß die Ableitung einer Funktion $f\colon x \longrightarrow y = f(x) = bx$ (b Konstante) $f'\colon x \longrightarrow y' = f'(x) = b$ ist, was für den Sonderfall $b = 1$ die Ableitung $f'\colon x \longrightarrow y' = f'(x) = 1$ ergibt.

Auch für eine Funktion der Form $f\colon x \longrightarrow y = f(x) = a$ (a Konstante) läßt sich die Ableitung leicht bestimmen. Der Differenzenquotient ist

$$\frac{f(x+h) - f(x)}{h} = \frac{a - a}{h} = 0,$$

also wird die Ableitung $f'\colon x \longrightarrow y' = f'(x) = 0$. Geometrisch kann man diese Ergebnisse leicht einsehen: Der Graph der Funktion $f\colon x \longrightarrow y = f(x) = a$ ist eine Parallele zur x-Achse und hat daher die Steigung 0, und $f\colon x \longrightarrow y = f(x) = bx$ stellt eine Gerade mit der Steigung b dar.

Soll die Funktion $f\colon x \longrightarrow y = f(x) = x^2 + x^3$ differenziert werden, so können wir f auffassen als Summe der beiden Funktionen $u\colon x \longrightarrow u(x) = x^2$ und $v\colon x \longrightarrow v(x) = x^3$ und versuchen, aus den schon bekannten Ableitungen von u und v die Ableitung von $f = u + v$ aufzubauen.[1] Hat man nämlich allgemein die Summe zweier Funktionen u und v, d.h. $f = u + v$ abzuleiten, so gilt für die Ableitung f' der folgende

Satz 1: *Die Ableitung der Summe zweier Funktionen u und v ist gleich der Summe der Ableitungen der einzelnen Funktionen, also in Formeln*

$$f' = (u + v)' = u' + v',$$

d.h.

$$f'\colon x \longrightarrow y' = f'(x) = (u(x) + v(x))' = u'(x) + v'(x).$$

Entsprechendes gilt für mehr als zwei Funktionen.

---

[1] Die Summe $u + v$ ist zu verstehen als $u + v\colon x \longrightarrow u(x) + v(x)$. - Entsprechend Differenz, Produkt und Quotient (vgl. 1.2.3).

Zum Beweis dieses Satzes betrachten wir für die Funktion $f = u + v$ den Differenzenquotienten

$$\frac{f(x+h)-f(x)}{h} = \frac{(u(x+h)+v(x+h))-(u(x)+v(x))}{h}.$$

Wir setzen $u(x+h) = u(x) + \Delta u$ und $v(x+h) = v(x) + \Delta v$ (Δu und Δv sind die Änderungen der Funktionen u und v, wenn sich das Argument von x zu $x + h$ ändert) und erhalten

$$\frac{(u(x)+\Delta u+v(x)+\Delta v)-(u(x)+v(x))}{h} = \frac{\Delta u}{h} + \frac{\Delta v}{h}.$$

Da $\lim\limits_{h\to 0} \frac{\Delta u}{h} = u'(x)$ und $\lim\limits_{h\to 0} \frac{\Delta v}{h} = v'(x)$ ist, folgt

$$\lim_{h\to 0} \frac{f(x+h)-f(x)}{h} = u'(x) + v'(x).$$

Also ist $f'(x) = u'(x) + v'(x)$.

Beispielsweise ist nun die Ableitung von $f\colon x \longrightarrow y = f(x) = x^2 + x^3 - 5$ gleich $f'\colon x \longrightarrow y' = f'(x) = 2x + 3x^2$.

Auch die Ableitung der Funktion af (mit einer Konstanten a) läßt sich auf die Ableitung von f zurückführen, denn es gilt

Satz 2: *Ein konstanter Faktor bleibt beim Differenzieren ungeändert, d.h. af hat die Ableitung af';*
also

$$(af)'\colon x \longrightarrow (af)'(x) = af'(x).$$

Beweis: Wir haben zu betrachten

$$\lim_{h\to 0} \frac{af(x+h)-af(x)}{h} = \lim_{h\to 0} \frac{a(f(x+h)-f(x))}{h} =$$

$$= a \lim_{h\to 0} \frac{f(x+h)-f(x)}{h} = af'(x);$$

also ist af' die Ableitung von af.

Da a eine beliebige Konstante sein kann, dürfen wir speziell $a = -1$ setzen. Demnach wird die Ableitung von $-f$ nun $(-1)f' = -f'$. Unter Benutzung von

Satz 1 folgt dann für die Ableitung von $f = u - v = u + (-v)$ sofort

$$f' = u' - v'.$$

Satz 1 gilt also auch, wenn das Wort "Summe" durch "Differenz" ersetzt wird.

Als Zusammenfassung von Satz 1 und Satz 2 haben wir

$$(au + bv)' = au' + bv'$$

(a und b Konstanten).

Um eine Regel zur Ableitung des Produkts zweier Funktionen u und v, d.h. für die Funktion $f = uv$ herzuleiten, gehen wir auch wieder vom Differenzenquotienten der Funktion f

$$\frac{f(x+h) - f(x)}{h} = \frac{u(x+h)v(x+h) - u(x)v(x)}{h} \tag{1}$$

aus. Wir formen (1) um, indem wir auf der rechten Seite $u(x+h)$ durch $u(x) + \Delta u$ und $v(x+h)$ durch $v(x) + \Delta v$ ersetzen, und erhalten

$$\frac{(u(x) + \Delta u)(v(x) + \Delta v) - u(x)v(x)}{h} =$$

$$= \frac{u(x)v(x) + \Delta u \cdot v(x) + \Delta v \cdot u(x) + \Delta u \cdot \Delta v - u(x)v(x)}{h} =$$

$$= \frac{\Delta u}{h}v(x) + \frac{\Delta v}{h}u(x) + \Delta u\frac{\Delta v}{h}. \tag{2}$$

Mit $\lim\limits_{h\to 0} \frac{\Delta u}{h} = u'(x)$ und $\lim\limits_{h\to 0} \frac{\Delta v}{h} = v'(x)$ und weil für $h \to 0$ auch die Funktionsänderung Δu gegen 0 strebt, d.h. $\lim\limits_{h\to 0} \Delta u = 0$ ist, folgt aus (2) beim Grenzübergang $h \to 0$

$$u'(x)v(x) + v'(x)u(x).$$

Fassen wir das eben hergeleitete Ergebnis zusammen in

Satz 3 *(Produktregel): Die Ableitung des Produkts zweier Funktionen u und v, also der Funktion $f = uv$, ist*

$$f' = u'v + v'u,$$

d.h.

$$f': x \to y' = f'(x) = (u(x)v(x))' = u'(x)v(x) + v'(x)u(x).$$

Zum Beispiel hat $f: x \longrightarrow y = f(x) = (x^2 + 3)\cdot(x^3 - 5)$, es entspricht also $u(x) = x^2 + 3$ und $v(x) = x^3 - 5$, die Ableitung $f': x \longrightarrow y' = f'(x) = 2x(x^3 - 5) + 3x^2(x^2 + 3) = 2x^4 - 10x + 3x^4 + 9x^2 = 5x^4 + 9x^2 - 10x$.

Oben haben wir die Funktion $f: x \longrightarrow y = f(x) = x^3$ abgeleitet; die Ableitung war $f': x \longrightarrow y' = f'(x) = 3x^2$. Mit Hilfe von Satz 3 können wir nun auch die Funktion $f: x \longrightarrow y = f(x) = x^4$ ableiten, indem wir $x^4 = x^3 \cdot x$ schreiben. Dann liefert die Produktregel

$$f': x \longrightarrow y' = f'(x) = 3x^2 \cdot x + 1 \cdot x^3 = 4x^3.$$

Entsprechend läßt sich aus der Ableitung von $f: x \longrightarrow y = f(x) = x^4$ die Ableitung von $f: x \longrightarrow y = f(x) = x^5$ berechnen; man findet $f': x \longrightarrow y' = f'(x) = 5x^4$. In dieser Weise fortfahrend, erhält man allgemein [1]

Satz 4: *Die Ableitung von* $f: x \longrightarrow y = f(x) = x^n$ (n *positive ganze Zahl) ist*

$$f': x \longrightarrow y' = f'(x) = nx^{n-1}.$$

Hiermit sind wir nun in der Lage, alle ganz-rationalen Funktionen abzuleiten. Die Funktion

$$f: x \longrightarrow y = f(x) = a_0 + a_1x + a_2x^2 + a_3x^3 + \ldots + a_nx^n$$

differenziert, ergibt

$$f': x \longrightarrow y' = f'(x) = a_1 + 2a_2x + 3a_3x^2 + \ldots + na_nx^{n-1},$$

also wieder eine ganz-rationale Funktion, aber von einem um 1 kleineren Grad als die ursprüngliche Funktion f.

Um eine Differentiationsregel für den Quotienten zweier Funktionen u und v (mit $v(x) \neq 0$), also für die Funktion

$$f = \frac{u}{v}$$

herzuleiten, differenzieren wir zunächst die Funktion $\frac{1}{v}$. Aus dem Differenzenquotienten

---

[1] Exakt wäre das durch einen Induktionsschluß zu zeigen: Sei schon bewiesen, daß $f: x \longrightarrow y = f(x) = x^{n-1}$ $(n > 1)$ die Ableitung $f': x \longrightarrow y' = f'(x) = (n-1)x^{n-2}$ hat; dann folgt für die Ableitung von $f: x \longrightarrow y = f(x) = x^n = x^{n-1} \cdot x$ auf Grund der Produktregel

$$f': x \longrightarrow y' = f'(x) = (n-1)x^{n-2} \cdot x + 1 \cdot x^{n-1} = nx^{n-1}.$$

$$\frac{1}{h}\left[\frac{1}{v(x+h)}-\frac{1}{v(x)}\right]=\frac{v(x)-v(x+h)}{h\cdot v(x+h)\cdot v(x)}=\frac{-\dfrac{v(x+h)-v(x)}{h}}{v(x+h)\cdot v(x)}$$

folgt durch den Grenzübergang $h \longrightarrow 0$ die Ableitung

$$\left(\frac{1}{v}\right)'=-\frac{v'}{(v)^2}.$$

Die Ableitung von $f=\frac{u}{v}=u\cdot\frac{1}{v}$ folgt nun mit Hilfe der Produktregel:

$$f'=u'\cdot\frac{1}{v}+u\left[-\frac{v'}{(v)^2}\right],$$

(3) $$f'=\frac{u'v-v'u}{(v)^2};$$

d.h.

$$f'\colon x\longrightarrow y'=f'(x)=\frac{u'(x)v(x)-v'(x)u(x)}{(v(x))^2}.$$

(3) heißt *Quotientenregel.*

Damit sind wir in der Lage, auch alle gebrochen-rationalen Funktionen zu differenzieren. Zum Beispiel hat $f\colon x\longrightarrow y=f(x)=\frac{x-1}{x^2+1}$ die Ableitung

$$f'\colon x\longrightarrow y'=f'(x)=\frac{1\cdot(x^2+1)-2x(x-1)}{(x^2+1)^2}=\frac{-x^2+2x+1}{(x^2+1)^2},$$

und die Ableitung von

$$f\colon x\longrightarrow y=f(x)=x^{-n}=\frac{1}{x^n}\ (n\geq 1)$$

ist

$$f'\colon x\longrightarrow y'=f'(x)=\frac{-nx^{n-1}}{x^{2n}}=-nx^{-n-1},$$

d.h. Satz 4 gilt auch, wenn n eine negative Zahl ist.

1.7.2. Eine weitere wichtige Differentiationsregel ist die *Kettenregel.* Soll beispielsweise die Funktion $f\colon x\longrightarrow y=f(x)=(x^2-3)^5$ abgeleitet werden, so wäre es sehr umständlich, wenn man zuerst die Klammer ausrechnen müßte, um dann nach den oben hergeleiteten Regeln die Ableitung zu bestimmen. Einfacher läßt sich die gegebene Funktion $f\colon x\longrightarrow y=f(x)=(x^2-3)^5$ differenzieren, wenn man $x^2-3=u(x)=u$ setzt; damit wird $f\colon x\longrightarrow y=f(x)=u^5$ eine *mittelbare Funktion* von x, weil y mittelbar über u von x abhängt. Die Änderung dieser Funktion $f\colon u\longrightarrow f(u)=u^5$ läßt sich nun wegen (4) in 1.6.3 und auf Grund von Satz 4 darstellen als

$$\Delta f = (u + \Delta u)^5 - u^5 = \left[\frac{dy}{du} + \varepsilon\right]\Delta u = (5u^4 + \varepsilon)\Delta u$$

mit $\varepsilon \longrightarrow 0$ für $\Delta u \longrightarrow 0$, und wobei - ebenfalls wegen (4) in 1.6.3 und Satz 4 -

$$\Delta u = u(x + h) - u(x) = \left[\frac{du}{dx} + \delta\right]h = (2x + \delta)h$$

mit $\delta \longrightarrow 0$ für $h \longrightarrow 0$ ist. Also wird

$$\Delta f = (5u^4 + \varepsilon)(2x + \delta)h = (5u^4 2x + 5u^4\delta + 2x\varepsilon + \varepsilon\delta)h,$$

$$\frac{\Delta f}{h} = 5u^4 2x + 5u^4\delta + 2x\varepsilon + \varepsilon\delta.$$

Weil $h \longrightarrow 0$ auch $\Delta u \longrightarrow 0$ und somit $\varepsilon \longrightarrow 0$ nach sich zieht, nähert sich der Ausdruck $5u^4\delta + 2x\varepsilon + \varepsilon\delta$ für $h \longrightarrow 0$ ebenfalls dem Wert 0. Somit ist nach dem Grenzübergang $h \longrightarrow 0$

$$f'\colon x \longrightarrow y' = f'(x) = 5u^4 2x = 5(x^2 - 3)^4 2x$$

die Ableitung von $f\colon x \longrightarrow y = f(x) = (x^2 - 3)^5$.

Ist nun allgemein eine mittelbare Funktion $f\colon u \longrightarrow y = f(u)$ mit $u\colon x \longrightarrow u = u(x)$, also $f\colon x \longrightarrow y = f(u(x))$ zu differenzieren, so läßt sich der eben geschilderte Gedankengang auch hier anwenden. Die Änderung der Funktion f läßt sich wegen (4) in 1.6.3 schreiben in der Form

$$\Delta f = f(u + \Delta u) - f(u) = \left[\frac{df(u)}{du} + \varepsilon\right]\Delta u$$

mit $\varepsilon \longrightarrow 0$ für $\Delta u \longrightarrow 0$, wobei

$$\Delta u = u(x + h) - u(x) = \left[\frac{du}{dx} + \delta\right]h$$

mit $\delta \longrightarrow 0$ für $h \longrightarrow 0$ ist. Folglich wird

$$\Delta f = \left[\frac{df(u)}{du} + \varepsilon\right]\left[\frac{du}{dx} + \delta\right]h = \left[\frac{df(u)}{du}\frac{du}{dx} + \frac{df(u)}{du}\delta + \frac{du}{dx}\varepsilon + \varepsilon\delta\right]h,$$

$$\frac{\Delta f}{h} = \frac{df(u)}{du}\frac{du}{dx} + \frac{df(u)}{du}\delta + \frac{du}{dx}\varepsilon + \varepsilon\delta.$$

Nach derselben Schlußweise wie oben strebt für $h \longrightarrow 0$ der Ausdruck

$$\frac{df(u)}{du}\delta + \frac{du}{dx}\varepsilon + \varepsilon\delta$$

gegen 0. Damit haben wir den

Satz 5 *(Kettenregel): Die Ableitung der mittelbaren Funktion* $f\colon x \longrightarrow y = f(u(x))$ *ist*

$$f'\colon x \longrightarrow y' = f'(x) = f'(u(x))\, u'(x) = \frac{df(u(x))}{du} \cdot \frac{du(x)}{dx}. \tag{4}$$

Wegen der Schreibweise

$$\frac{df}{dx} = \frac{df}{du}\frac{du}{dx}$$

oder - was dasselbe ist -

$$\frac{dy}{dx} = \frac{dy}{du}\frac{du}{dx}$$

für Formel (4) spricht man von der *Kettenregel* für die Differentiation einer mittelbaren Funktion (verketteten Funktion; vgl. 1.2.3).

Beispiele:

1) Es sei $f\colon x \longrightarrow y = f(x) = (x^3 + 2x + 5)^4$ zu differenzieren. Man setzt $x^3 + 2x + 5 = u$ und erhält nach der Kettenregel

$$f'\colon x \longrightarrow y' = \frac{dy}{dx} = \frac{dy}{du}\frac{du}{dx} = 4u^3(3x^2 + 2) = 4(x^3 + 2x + 5)^3(3x^2 + 2).$$

2) Um als Anwendung der Kettenregel die Potenzfunktion mit gebrochener Hochzahl

$$f\colon x \longrightarrow y = f(x) = x^{\frac{p}{q}} = \sqrt[q]{x^p} \tag{5}$$

abzuleiten, schreiben wir (5) in der Form

$$y^q = x^p. \tag{6}$$

Wenn man nun differenziert, ist links die Kettenregel anzuwenden, da die Veränderliche x nur mittelbar über y erscheint; man erhält also auf der linken Seite

$$\frac{d(y^q)}{dy} \cdot \frac{dy}{dx} = qy^{q-1} \cdot y'$$

und insgesamt aus (6)

$$qy^{q-1} \cdot y' = px^{p-1},$$

also

$$y' = \frac{px^{p-1}}{qy^{q-1}}.$$

Indem man $y = x^{\frac{p}{q}}$ einsetzt, folgt nach einfachen Umformungen

$$f'\colon x \longrightarrow y' = f'(x) = \frac{p}{q}\, x^{\frac{p}{q} - 1},$$

d.h. man darf in Satz 4 für n auch einen beliebigen Bruch $\frac{p}{q}$ einsetzen.

1.7.3. *Ableitung der Umkehrfunktion.* In 1.2.3 hatten wir schon den Begriff der zu einer Funktion f gehörigen Umkehrfunktion f^{-1} eingeführt. Wir fragen nun nach der Ableitung von f^{-1}. Wir bilden den Differenzenquotienten in der Form

(7) $$\frac{f^{-1}(y + k) - f^{-1}(y)}{k} = \frac{f^{-1}(y + k) - f^{-1}(y)}{(y + k) - y} \quad (k \neq 0);$$

indem wir beachten $y = f(x)$, $f^{-1}(y) = x$ und setzen $f^{-1}(y + k) = x + h$, also $y + k = f(x + h)$, erhalten wir aus (7) den Quotienten

$$\frac{(x + h) - x}{f(x + h) - f(x)} = \frac{1}{\frac{f(x + h) - f(x)}{h}}.$$

Da der Grenzübergang $k \longrightarrow 0$ den Grenzübergang $h \longrightarrow 0$ nach sich zieht ($h \neq 0$), ist

$$\lim_{k \to 0} \frac{f^{-1}(y + k) - f^{-1}(y)}{k} = \lim_{h \to 0} \frac{1}{\frac{f(x + h) - f(x)}{h}} = \frac{1}{f'(x)}.$$

Damit haben wir folgenden

Satz 6: *Die Ableitung der Umkehrfunktion* $f^{-1}\colon y \longrightarrow x = f^{-1}(y)$ *ist gegeben durch*

$$(f^{-1})'(y) = \frac{1}{f'(f^{-1}(y))} = \left.\frac{1}{f'(x)}\right|_{x=f^{-1}(y)},$$

wobei in der letzten Form für x *also* $x = f^{-1}(y)$ *einzusetzen ist, oder in anderer Schreibweise*

$$\frac{df^{-1}(y)}{dy} = \left.\frac{1}{\frac{df(x)}{dx}}\right|_{x=f^{-1}(y)}.$$

Wir betrachten als Beispiel die Funktion

$$f\colon x \longrightarrow y = f(x) = x^n \ (x > 0),$$

welche die Umkehrfunktion

$$f^{-1}\colon y \longrightarrow x = f^{-1}(y) = \sqrt[n]{y} = y^{\frac{1}{n}}$$

hat. Die Ableitung von f^{-1} ist also

$$(f^{-1})'(y) = (\sqrt[n]{y})' = \left.\frac{1}{nx^{n-1}}\right|_{x=\sqrt[n]{y}} = \frac{1}{n(\sqrt[n]{y})^{n-1}} = \frac{1}{n}\,y^{-\frac{n-1}{n}} = \frac{1}{n}\,y^{\frac{1}{n}-1}.$$

Dieses Ergebnis ist in Beispiel 2 in 1.7.2 als Spezialfall schon enthalten.

1.7.4. Zur Übung der vorstehend behandelten Differentiationsregeln geben wir einige Beispiele, wobei wir die Durchrechnung dem Leser überlassen und nur bisweilen einen Hinweis auf die benutzten Differentiationsregeln geben. (Die Schreibweise $y = f(x)$ ist zu verstehen als $f\colon x \longrightarrow y = f(x)$ und $y' = f'(x)$ als $f'\colon x \longrightarrow y' = f'(x)$.)

1) $y = (a + bx)^6$; $\quad y' = 6\,b(a + bx)^5$ (Kettenregel);

2) $y = (\frac{2}{3}x + 4x^2 - 3)^8$; $\quad y' = (\frac{2}{3}x + 4x^2 - 3)^7(\frac{16}{3} + 64x)$ (Kettenregel);

3) $y = \frac{1 - x}{1 + x}$; $\quad y' = -\frac{2}{(1 + x)^2}$ (Quotientenregel);

4) $y = (a + bx)(a - bx)$; $\quad y' = -2b^2x$;

5) $y = (a - x^2)(a - x)^2$; $\quad y' = -2a^2 + 2ax - 2a^2x + 6ax^2 - 4x^3$;

6) $y = \frac{1 + \sqrt{x}}{1 - \sqrt{x}}$; $\quad y' = \frac{1}{\sqrt{x}(1 - \sqrt{x})^2}$ (Quotientenregel);

7) $y = \frac{x^2 - 2x + 3}{x^2 + 2x - 3}$; $\quad y' = \frac{4(x^2 - 3x)}{(x^2 + 2x - 3)^2}$ (Quotientenregel);

8) $y = \frac{(a + x^2)^3}{(b - x^3)^2}$; $\quad y' = \frac{6x(a + x^2)^2(b + ax)}{(b - x^3)^3}$

(Quotientenregel und Kettenregel);

9) $y = x \cdot \sqrt{1 + x}$; $\quad y' = \frac{2 + 3x}{2\sqrt{1 + x}}$

(Produktregel und Kettenregel);

10) $y = \frac{\sqrt{a + bx}}{x}$; $\quad y' = -\frac{2a + bx}{2x^2\sqrt{a + bx}}$

(Quotientenregel und Kettenregel);

11) $y = x^{\frac{1}{3}} + (x - 2)^{\frac{1}{3}}$; $\quad y' = \frac{1}{3}(x^{-\frac{2}{3}} + (x - 2)^{-\frac{2}{3}})$.

§ 1.8. Logarithmus und Exponentialfunktion

1.8.1. Neben den ganz- und gebrochen-rationalen Funktionen zählt man auch den Logarithmus und die Exponentialfunktion zu den *elementaren Funktionen.*

Die grundlegenden Eigenschaften der Logarithmen werden im Anhang behandelt; wir stellen sie hier kurz zusammen:

(1) $$^{a}\log(uv) = {}^{a}\log u + {}^{a}\log v;$$

(2) $$^{a}\log \frac{u}{v} = {}^{a}\log u - {}^{a}\log v;$$

(3) $$^{a}\log u^{n} = n\,{}^{a}\log u.$$

Dabei bedeuten u und v beliebige positive Zahlen, n eine beliebige (reelle) Zahl; die Basis a der Logarithmen kann eine beliebige positive Zahl $\neq 1$ sein.
Wir fragen nun für die Funktion $f\colon x \longrightarrow y = f(x) = {}^{a}\log x$ nach der Ableitung. Ausgangspunkt ist der Differenzenquotient [1]

(4) $$\frac{f(x+h) - f(x)}{h} = \frac{{}^{a}\log(x+h) - {}^{a}\log x}{h} \quad (x > 0).$$

Durch Umformung von (4) mittels (2) entsteht

$$\frac{1}{h}\,{}^{a}\log\left[1 + \frac{h}{x}\right] = \frac{1}{x}\cdot\frac{x}{h}\,{}^{a}\log\left[1 + \frac{h}{x}\right]$$

$\left[\text{denn } \frac{1}{x}\cdot\frac{x}{h} = \frac{1}{h}\right]$ und nun weiter mit (3)

(5) $$\frac{1}{x}\,{}^{a}\log\left[1 + \frac{h}{x}\right]^{\frac{x}{h}}.$$

Wir setzen hierin speziell für h solche Werte ein, daß

$$\frac{h}{x} = \frac{1}{n}$$

wird mit ganzzahligen n, also $\frac{x}{h} = n$. Damit entsteht aus (5)

(6) $$\frac{1}{x}\,{}^{a}\log\left[1 + \frac{1}{n}\right]^{n}.$$

Beim Grenzübergang $h \longrightarrow 0$ nähert sich auch $\frac{h}{x}$ und damit $\frac{1}{n}$ dem Wert 0, weshalb n über alle Schranken wachsen muß (n strebt gegen unendlich), $n \longrightarrow \infty$. Es ist demnach

(7) $$\lim_{h\to 0} \frac{f(x+h) - f(x)}{h} = \lim_{n\to\infty} \frac{1}{x}\,{}^{a}\log\left[1 + \frac{1}{n}\right]^{n} = \frac{1}{x} \lim_{n\to\infty} {}^{a}\log\left[1 + \frac{1}{n}\right]^{n},$$

da $\frac{1}{x}$ von dem Grenzübergang $n \longrightarrow \infty$ nicht berührt wird (vgl. 1.4.4, Satz 1).

Wir versuchen nun, die Basis a der Logarithmen so zu bestimmen, daß

---

[1] Wir betrachten nur $h > 0$.

$$\lim_{n\to\infty} {}^{a}\log\left[1+\frac{1}{n}\right]^{n} = 1, \quad \text{d.h.}$$

(8) $${}^{a}\log\left[1+\frac{1}{n}\right]^{n} = 1+\delta$$

wird, wobei δ beliebig nahe an 0 herankommen soll, wenn n gegen unendlich strebt, also $\delta \longrightarrow 0$ für $n \longrightarrow \infty$. Daraus folgt als Bedingung für a

$$a^{1+\delta} = \left[1+\frac{1}{n}\right]^{n}$$

mit $\delta \longrightarrow 0$ für $n \longrightarrow \infty$, oder mit anderen Worten, a ist der Grenzwert, an den $\left[1+\frac{1}{n}\right]^{n}$ beliebig nahe herankommt, wenn n gegen unendlich strebt; d.h.

$$a = \lim_{n\to\infty}\left[1+\frac{1}{n}\right]^{n}.$$

Nach 1.4.5, Beispiel 3) ist dieser Grenzwert gleich $e = 2{,}7182818\ldots$

Wenn man nun speziell die Basis a der Logarithmen gleich e setzt, entsteht aus (7) mittels (8)

$$\frac{1}{x}\lim_{n\to\infty}(1+\delta) = \frac{1}{x},$$

weil $\lim\limits_{n\to\infty} \delta = 0$ war. Somit ist f': $x \longrightarrow y' = f'(x) = \frac{1}{x}$ die Ableitung von f: $x \longrightarrow y = f(x) = {}^{e}\log x$.

Für ${}^{e}\log x$ schreibt man auch $\ln x$ und spricht vom *natürlichen Logarithmus.* Der Graph der Funktion f: $x \longrightarrow y = f(x) = \ln x$ ist in Figur 1 wiedergegeben. Fassen wir das eben hergeleitete Ergebnis zusammen in

Satz 1: *Die Funktion* f: $x \longrightarrow y = f(x) = \ln x$ *hat die Ableitung* f': $x \longrightarrow y' = f'(x) = \frac{1}{x}$.

Die Ableitung der Funktion f: $x \longrightarrow y = f(x) = {}^{a}\log x$ finden wir nun, indem wir schreiben (vgl. § 7.5)

$$x = a^{y}$$

und durch Logarithmieren

$$\ln x = y \ln a,$$

$$y = \frac{\ln x}{\ln a}.$$

Wenn wir differenzieren und beachten, daß ln a eine Konstante ist, folgt als Verallgemeinerung von Satz 1

(9) $$f': x \longrightarrow y' = f'(x) = \frac{1}{\ln a}\frac{1}{x}.$$

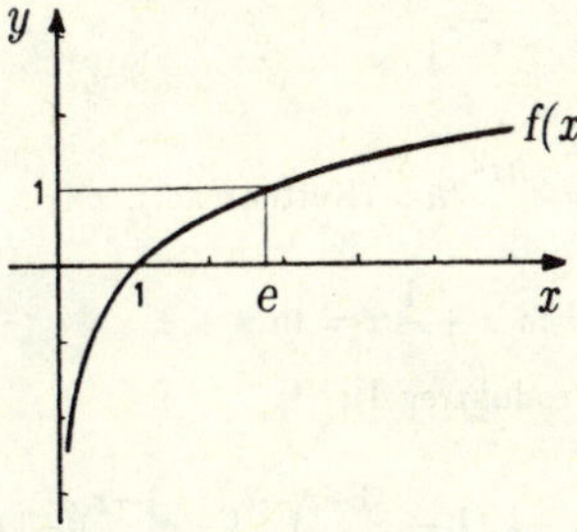

Fig. 1

Es ist $\lim_{x \to 0^+} (\ln x) = -\infty$.

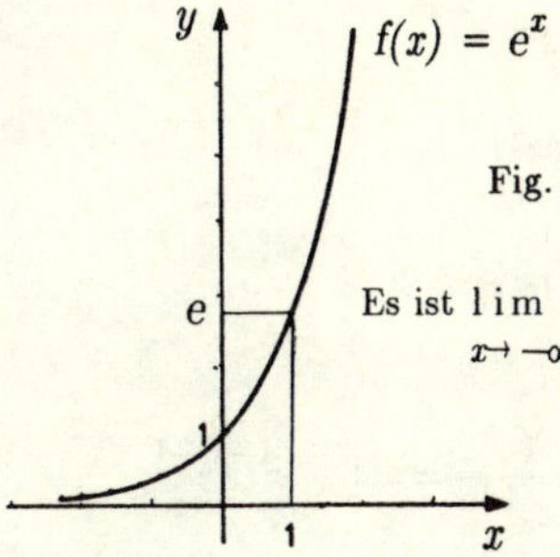

Fig. 2

Es ist $\lim_{x \to -\infty} e^x = 0$.

1.8.2. Um die Exponentialfunktion $f: x \longrightarrow y = f(x) = e^x$ (ihr Graph ist in Figur 2 dargestellt) zu differenzieren, beachten wir, daß die Exponentialfunktion die Umkehrfunktion f^{-1} des Logarithmus $f: x \longrightarrow y = f(x) = \ln x$ ist. Nach 1.7.3 erhält man die Ableitung durch

$$(f^{-1})'(y) = (e^y)' = \frac{1}{\frac{1}{f^{-1}(y)}} = f^{-1}(y) = e^y.$$

Somit haben wir

Satz 2: *Die Ableitung der Funktion* $f: x \longrightarrow y = f(x) = e^x$ *ist* $f': x \longrightarrow y' = f'(x) = e^x$.

Wir haben damit eine Funktion gefunden, die gleich ihrer Ableitung ist.

Wir bemerken, daß man für e^x auch $exp(x)$ schreibt.

Soll schließlich die Funktion $f: x \longrightarrow y = f(x) = a^x$ (mit einer beliebigen Basis $a > 0$; $a \neq 1$) differenziert werden, so erhält man durch Logarithmieren $\ln y = x \ln a$ und daraus $y = e^{x \ln a}$. Die Ableitung von $f: x \longrightarrow y = f(x) = a^x$ ist dann unter Benutzung der Kettenregel

$$f': x \longrightarrow y' = f'(x) = e^{x \ln a}(\ln a) = a^x \ln a.$$

Es sei bemerkt, daß man für $a = e$ wegen $\ln e = 1$ wieder Satz 2 erhält.

1.8.3. *Übungsbeispiele:* Differenziere (die Schreibweise $y = f(x)$ ist zu verstehen als $f\colon x \longrightarrow y = f(x)$ und $y' = f'(x)$ als $f'\colon x \longrightarrow y' = f'(x)$)

1) $y = x^2 e^x$ $\qquad y' = 2xe^x + e^x x^2 = xe^x(2 + x)$ (Produktregel);

2) $y = \dfrac{1}{e^x} = e^{-x}$; $\qquad y' = -\,e^{-x}$;

3) $y = e^{ax^2}$; $\qquad y' = e^{ax^2} 2ax$ (Kettenregel);

4) $y = x \ln x$; $\qquad y' = \ln x + \dfrac{1}{x} x = \ln x + 1$ (Produktregel);

5) $y = \dfrac{k}{1-e^{1-x}} = k(1 - e^{1-x})^{-1}$; $\qquad y' = -k\,(1 - e^{1-x})^{-2}(-\,e^{1-x})(-1)$

$$= \frac{-k}{(1-e^{1-x})^2}\, e^{1-x} \text{ (Kettenregel);}$$

6) $y = \dfrac{x}{a^x}$; $\qquad y' = \dfrac{1 \cdot a^x - (a^x \ln a)x}{a^{2x}} =$

$$= \frac{1 - x \ln a}{a^x}$$

(Quotientenregel).

§ 1.9. Die trigonometrischen Funktionen sin, cos, tan und cot

1.9.1. Wir wollen die Ableitungen dieser Funktionen bestimmen und beginnen mit der Funktion $f\colon x \longrightarrow y = f(x) = \sin x$. Das Argument x soll hier im Bogenmaß gemessen werden.

Wir schicken zwei Hilfsbetrachtungen voraus:

(A) Durch Subtraktion der Additionstheoreme für den Sinus (vgl. 7.8.5)

$$\sin(\alpha + \beta) = \sin \alpha \cos \beta + \cos \alpha \sin \beta$$

und

$$\sin(\alpha - \beta) = \sin \alpha \cos \beta - \cos \alpha \sin \beta$$

folgt

$$\sin(\alpha + \beta) - \sin(\alpha - \beta) = 2 \cos \alpha \sin \beta.$$

Setzen wir nun noch $\alpha + \beta = x + h$ und $\alpha - \beta = x$, also $\alpha = x + \dfrac{h}{2}$, $\beta = \dfrac{h}{2}$, so läßt sich die Funktionsänderung des Sinus schreiben als

(1) $$\Delta f = \sin(x + h) - \sin x = 2 \cos(x + \tfrac{h}{2}) \sin \tfrac{h}{2}.$$

(B) Wir brauchen nachher den Grenzwert $\lim\limits_{t \to 0} \frac{\sin t}{t}$.[1] Aus Figur 1 entnehmen wir, daß die Dreiecksfläche $OPR \leq$ Sektorfläche $OQR \leq$ Dreiecksfläche OQS ist; also

$$\frac{1}{2} \sin t \cos t \leq \frac{\pi \cdot 1^2}{2\pi} t \leq \frac{1}{2} \cdot 1 \cdot \tan t.$$

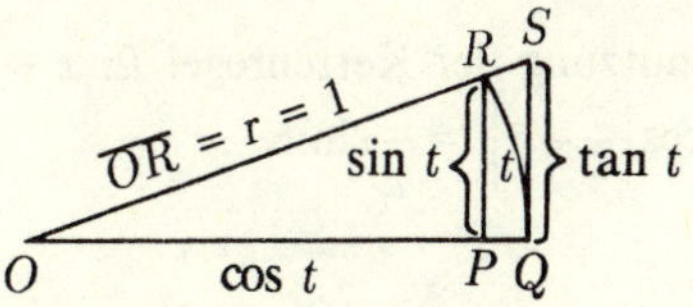

Fig. 1

Nach Division durch $\frac{1}{2} \sin t$ folgt [2]

$$\cos t \leq \frac{t}{\sin t} \leq \frac{\tan t}{\sin t} = \frac{1}{\cos t}, \quad \frac{1}{\cos t} \geq \frac{\sin t}{t} \geq \cos t.$$

Da für $t \to 0$ folgt $\cos t \to 1$, erhalten wir

(2) $$\lim_{t \to 0} \frac{\sin t}{t} = 1.$$

Nach diesen Vorbereitungen können wir die Ableitung der Funktion f: $x \to y = f(x) = \sin x$ bestimmen. Wir formen mit Hilfe von (1) den Differenzenquotienten um:

$$\frac{\Delta f}{h} = \frac{\sin(x + h) - \sin x}{h} = \frac{2}{h} \cos(x + \tfrac{h}{2}) \sin \frac{h}{2} = \cos(x + \tfrac{h}{2}) \cdot \frac{\sin \frac{h}{2}}{\frac{h}{2}}.$$

Beim Grenzübergang $h \to 0$ geht rechts der zweite Faktor gegen 1 (wie in (2) bewiesen), also ist

---

1) Wir beschränken uns auf $t > 0$; für $t < 0$ betrachte $\frac{\sin t}{t} = \frac{\sin(-t)}{-t}$ mit $-t > 0$.

2) Für $0 < t < \frac{\pi}{2}$ ist $\sin t > 0$.

$$\lim_{h\to 0}\frac{\Delta f}{h} = \lim_{h\to 0}\cos\left(x + \frac{h}{2}\right) \cdot \lim_{h\to 0}\frac{\sin\frac{h}{2}}{\frac{h}{2}} = (\cos x) \cdot 1 = \cos x.$$

Wir haben damit bewiesen

Satz 1: *Die Funktion f:* $x \longrightarrow y = f(x) = \sin x$ *hat die Ableitung* f': $x \longrightarrow y' = f'(x) = \cos x$.

1.9.2. Um die Ableitung der Funktion f: $x \longrightarrow y = f(x) = \cos x$ zu bestimmen, beachten wir die Beziehung $\cos x = \sin\left[\frac{\pi}{2} - x\right]$.

Damit wird unter Benutzung der Kettenregel f': $x \longrightarrow y' = f'(x) = (\cos x)' = \left[\sin\left[\frac{\pi}{2} - x\right]\right]' = -\cos\left[\frac{\pi}{2} - x\right] = -\sin x$,

und wir haben

Satz 2: *Die Funktion f:* $x \longrightarrow y = f(x) = \cos x$ *hat die Ableitung* f': $x \longrightarrow y' = f'(x) = -\sin x$.

1.9.3. Wir benutzen $\tan x = \frac{\sin x}{\cos x}$ und $\cot x = \frac{1}{\tan x}$ und erhalten unter Benutzung der Quotientenregel

$$f'\colon x \longrightarrow y' = f'(x) = (\tan x)' = \frac{\cos^2 x + \sin^2 x}{\cos^2 x} = \frac{1}{\cos^2 x} \quad \left(x \neq \frac{\pi}{2} + k\pi\right)$$

und

$$f'\colon x \longrightarrow y' = f'(x) = (\cot x)' = \frac{-1}{\tan^2 x \cdot \cos^2 x} = -\frac{1}{\sin^2 x} \quad (x \neq k\pi),$$

wobei $k = 0, \pm 1, \pm 2, \ldots$

1.9.4. Zum Abschluß der Behandlung der Differentiationsregeln geben wir noch einmal eine tabellarische Zusammenstellung.

Es ist die Ableitung f' der Funktion f gegeben durch

$$f'(x) = \lim_{h\to 0}\frac{f(x+h) - f(x)}{h}.$$

In der folgenden Tabelle sind die Funktionen f mit den zugehörigen Ableitungen f' angegeben:

Funktion f	mit $f(x)$	Ableitung f'	mit $f'(x)$
$u \pm v$	$u(x) \pm v(x)$	$u' \pm v'$	$u'(x) \pm v'(x)$
a f	a $f(x)$	a f'	a $f'(x)$
$u\,v$	$u(x)\,v(x)$	$u'v + v'u$	$u'(x)v(x) + v'(x)u(x)$ Produktregel
$\frac{u}{v}$	$\frac{u(x)}{v(x)}$	$\frac{u'v - v'u}{v^2}$	$\frac{u'(x)v(x) - v'(x)u(x)}{(v(x))^2}$ Quotientenregel
$f \circ u$	$(f \circ u)(x) = f(u(x))$	$(f \circ u)'$	$f'(u(x))u'(x) = \frac{df(u(x))}{du}\frac{du(x)}{dx}$ Kettenregel
f^{-1}	$f^{-1}(y)$ (Umkehrfunktion)	$(f^{-1})'$	$(f^{-1})'(y) = \frac{1}{f'(f^{-1}(y))} = \frac{1}{f'(x)}$ mit $x = f^{-1}(y)$
	$f(x) = $ a		$f'(x) = 0$
	$f(x) = $ bx		$f'(x) = $ b
	$f(x) = x^n$ (n reelle Zahl)		$f'(x) = nx^{n-1}$
	$f(x) = \ln x$		$f'(x) = \frac{1}{x}$
	$f(x) = {}^a\log x$		$f'(x) = \frac{1}{\ln a}\frac{1}{x}$
	$f(x) = e^x$		$f'(x) = e^x$
	$f(x) = a^x$		$f'(x) = a^x \ln a$
sin	$f(x) = \sin x$	cos	$f'(x) = \cos x$
cos	$f(x) = \cos x$	$-$ sin	$f'(x) = -\sin x$
tan	$f(x) = \tan x$	$\frac{1}{\cos^2}$	$f'(x) = \frac{1}{\cos^2 x} = 1 + \tan^2 x$
cot	$f(x) = \cot x$	$\frac{-1}{\sin^2}$	$f'(x) = \frac{-1}{\sin^2 x} = -1 - \cot^2 x$

§ 1.10. Maxima und Minima

1.10.1.* Wir haben bereits ein Beispiel kennengelernt, in dem der Begriff des Minimums erwähnt wurde. Bei Betrachtung der Kostenfunktionen (5) und (6) in 1.3.1.* unterstellten wir "minimale" Kosten, mit denen eine bestimmte Produktionsmenge hergestellt werden kann. Als Beispiele für die Anwendung des Maximumbegriffs können einige Zielsetzungen der Unternehmung dienen. Man nimmt z.B. an, daß der Unternehmer unter marktwirtschaftlichen Bedingungen bestrebt ist, auf das eingesetzte Kapital einen "maximalen" Gewinn zu erzielen. Auch andere Zielsetzungen können - zumindest kurzfristig - angestrebt werden. Hierbei kann es sich ebenfalls um Maximumforderungen handeln, wie z.B. um Absatzmaximierung unter der Voraussetzung, daß der Gewinn eine bestimmte Mindestgröße nicht unterschreitet, oder um Gewinnmaximierung unter der Voraussetzung, daß die augenblickliche Marktposition der Unternehmen gehalten wird.

1.10.2. Es handelt sich also bei diesen Beispielen - nun in mathematischer Ausdrucksweise - darum, für gewisse Funktionen die Lage eines Maximums oder Minimums festzustellen. Diese Begriffe sind von der graphischen Darstellung einer Funktion genommen.

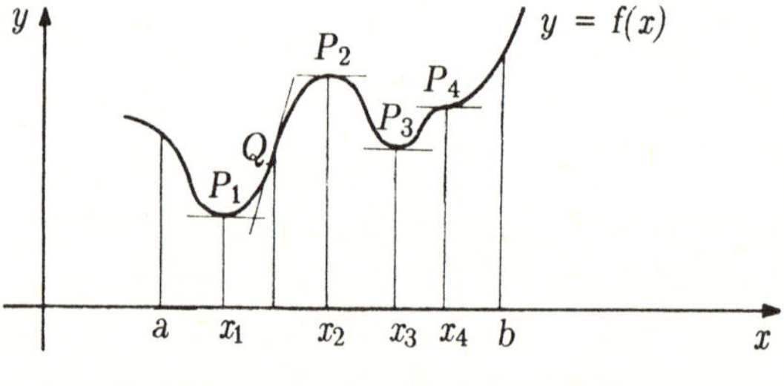

Fig. 1

So hat der Graph der in Figur 1 dargestellten Funktion f: $x \longrightarrow y = f(x)$, wenn wir die Funktionswerte für x zwischen a und b (also im Intervall $\{a \leq x \leq b\}$) betrachten [1], für $x = a$, $x = x_2$ und $x = b$ je ein Maximum und für $x = x_1$ und $x = x_3$ je ein Minimum. Ein Maximum oder Minimum verstehen wir dabei nicht als absolutes [2] Maximum oder Minimum, sondern als relatives [3] Maximum oder Minimum, d.h. in einer gewissen Umgebung des Maximums sind die

[1] Die hier betrachteten Funktionen sollen differenzierbar sein, d.h. die Graphen der Funktionen sollen überall eine Tangente besitzen.

[2] Oder globales.

[3] Oder lokales.

Funktionswerte kleiner als der Funktionswert des Maximums, und in einer gewissen Umgebung des Minimums sind die Funktionswerte größer als der des Minimums; also mit der Bezeichnung aus Figur 1 ist z.B. $f(x_2) > f(x)$, wenn x aus einer geeigneten Umgebung von x_2 genommen ist, und $f(x_3) < f(x)$, wenn x einer geeigneten Umgebung von x_3 (diese darf sicherlich nicht x_1 enthalten) angehört. Wir sprechen nun einfach von Maxima und Minima der Funktion f.

Wir wollen nun insbesondere die Maxima und Minima mit waagrechter Tangente betrachten, also in Figur 1 das Maximum für $x = x_2$ und die Minima für $x = x_1$ und $x = x_3$.[1)] (Die waagrechten Tangenten sind in Figur 1 angedeutet.)

Damit der Graph der Funktion $f\colon x \longrightarrow y = f(x)$ für einen Wert $x = x_0$ eine waagrechte Tangente besitzt, muß notwendig $f'(x_0) = 0$ sein, da die Ableitung einer Funktion jeweils die Steigung der Tangente angibt und die Steigung für alle Parallelen zur x-Achse gleich 0 ist (vgl. 1.3.2).

Nun werden aber durch die Bedingung $f'(x) = 0$ nicht nur *Extremwerte* (d.h. Maxima und Minima) der Funktion f mit waagrechter Tangente erfaßt, sondern alle Werte x, für die der Graph der Funktion eine waagrechte Tangente besitzt. Ein solcher Punkt, in dem der Graph von f zwar eine waagrechte Tangente, aber keinen Extremwert hat, wird in Figur 1 bei $x = x_4$ erreicht. Da hier für $x < x_4$ der Graph der Funktion unterhalb der waagrechten Tangente und für $x > x_4$ oberhalb der waagrechten Tangente verläuft, bezeichnet man P_4 als einen *Wendepunkt* (mit waagrechter Tangente). Der Graph wendet sich nämlich von der einen Seite der Tangente auf die andere Seite. Wenn sich allgemein der Graph von der einen Seite der Tangente auf die andere Seite der Tangente wendet (wie z.B. in Figur 1 im Punkt Q), so spricht man von einem Wendepunkt schlechthin.

Fassen wir zusammen: *Durch die Bedingung $y' = f'(x) = 0$ werden für die Funktion $f\colon x \longrightarrow y = f(x)$ die Extremwerte und Wendepunkte mit waagrechter Tangente erfaßt.*

Es kommt nun darauf an, durch weitere Bedingungen zu entscheiden, welcher der genannten Fälle vorliegt. Dazu benutzt man - wenn nicht schon auf anderem Wege eine Entscheidung getroffen werden kann - die

---

1) Andere Maxima bzw. Minima, d.h. solche mit nicht-waagrechter Tangente, sind nur an den Enden des betrachteten Intervalls, also nur für $x = a$ und $x = b$ möglich (Randextrema).

1.10.3. *höheren Ableitungen der Funktion f.* Darunter versteht man folgendes:

Die Ableitung f' der Funktion f ist - wie in 1.6.2 schon bemerkt - wieder eine Funktion. Also können wir versuchen, diese nochmals zu differenzieren. Man nennt die nun entstehende Ableitung die *zweite Ableitung (Ableitung zweiter Ordnung)* von f und schreibt dafür f'' oder kurz y'' oder $\frac{d}{dx}(\frac{dy}{dx})$ oder $\frac{d^2y}{dx^2}$. In dieser Weise fortfahrend, kommt man zur *dritten Ableitung (Ableitung dritter Ordnung)* $y''' = f'''$, *vierten Ableitung (Ableitung vierter Ordnung)* $y^{IV} = f^{IV}$,...,*n-ten Ableitung (Ableitung n-ter Ordnung)* $y^{(n)} = f^{(n)}$ der Funktion f. Die Ableitung f' der Funktion f nennt man dann auch die *erste Ableitung (Ableitung erster Ordnung).*[1)]

Die Bezeichnungen $f''(x_0)$ oder $\left.\frac{d^2y}{dx^2}\right|_{x=x_0}$, $f'''(x_0)$ oder $\left.\frac{d^3y}{dx^3}\right|_{x=x_0}$ usw. sind entsprechend wie bei den ersten Ableitungen zu verstehen.
Zum Beispiel für die Funktion f: $x \longrightarrow y = f(x) = x^4 - 2x^3 + \frac{1}{2}x - \frac{13}{6}$ wird

$$
\begin{aligned}
y' &= f'(x) = 4x^3 - 6x^2 + \frac{1}{2}, \\
y'' &= f''(x) = 12x^2 - 12x, \\
y''' &= f'''(x) = 24x - 12, \\
y^{IV} &= f^{IV}(x) = 24, \\
y^{V} &= f^{V}(x) = 0,
\end{aligned}
$$

und ebenso sind alle folgenden höheren Ableitungen gleich 0. Allgemein sind für eine ganz-rationale Funktion vom Grad n von der (n+1)-ten Ableitung an alle Ableitungen gleich 0, da bei jedem Differentiationsschritt der Grad der Funktion um 1 erniedrigt wird. Für die Funktion f: $x \longrightarrow y = f(x) = e^x$ ist nach Satz 2 in 1.8.2 also $y' = f'(x) = e^x$, $y'' = f''(x) = e^x$ usw., und f: $x \longrightarrow y = f(x) = \ln x$ hat $y' = f'(x) = \frac{1}{x}$, $y'' = f''(x) = -\frac{1}{x^2}$, $y''' = f'''(x) = \frac{2}{x^3}$, $y^{IV} = f^{IV}(x) = -\frac{6}{x^4}$ usw.

1.10.4. Mit Hilfe der ersten und höheren Ableitungen einer Funktion sind wir nun in der Lage, weitere Aussagen über den Verlauf des Graphen der Funktion f zu machen.[2)]

---

1) Außerdem setzt man oft noch $f = f^{(0)}$ und bezeichnet die Funktion selbst als die nullte Ableitung.

2) Wir setzen voraus, daß die Ableitungen f', f'',... stetig sind.

Eine Funktion f: $x \longrightarrow y = f(x)$ heißt *monoton steigend (wachsend)* in einem Intervall $I = \{a \leq x \leq b\}$, wenn für alle x' und $x'' \in I$ mit $x' < x''$ gilt

(1) $$f(x') \leq f(x'').$$

Entsprechend heißt f *monoton fallend*, wenn statt (1) gilt

(2) $$f(x') \geq f(x'').$$

Für $f(x') < f(x'')$ heißt f *streng monoton steigend;* entsprechend für $f(x') > f(x'')$ *streng monoton fallend.*

Wir bemerken hierbei, daß eine in einem Intervall I streng monotone Funktion f dort auch eine (streng monotone) Umkehrfunktion f^{-1} besitzt.

Hiernach können wir folgende Aussage machen: Ist $f'(x) > 0$ für alle $x \in I$, so ist die Funktion f im Intervall I streng monoton steigend, weil (vgl. Figur 2a) nach (4) in 1.6.3 für die Änderung der Funktion gilt

$$\Delta f = f(x+h) - f(x) = (f'(x) + \varepsilon)h$$

mit $\lim\limits_{h \to 0} \varepsilon = 0$; wegen $f'(x) > 0$ ist auch $f'(x) + \varepsilon$ für alle Werte von ε, die genügend nahe bei 0 liegen, noch positiv und damit $\Delta f = f(x+h) - f(x) = (f'(x) + \varepsilon)h$ für alle genügend kleinen $h > 0$ ebenfalls positiv. Demnach ist der Funktionswert $f(x+h)$ größer als der Funktionswert $f(x)$; ebenso überlegt man sich, daß $f(x-h) < f(x)$ ist.

Gilt $f'(x) < 0$ für alle $x \in I$, so ist f im Intervall I streng monoton fallend, weil nach einer entsprechenden Überlegung wie oben (vgl. Figur 2b) nun $\Delta f = f(x+h) - f(x)$ negativ ist für alle genügend kleinen Werte $h > 0$, also $f(x+h) < f(x)$ und $f(x-h) > f(x)$.[1)]

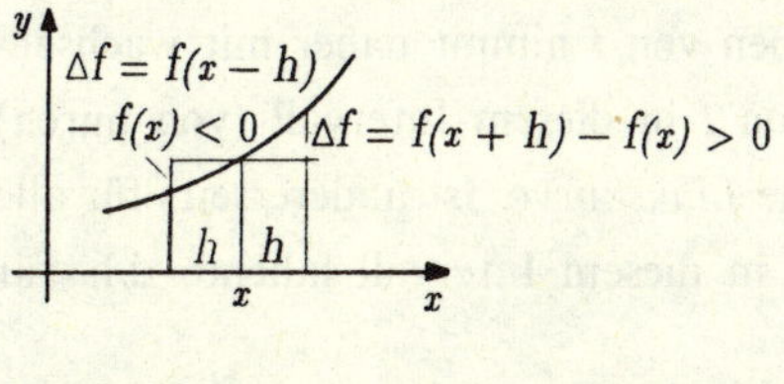

Fig. 2a

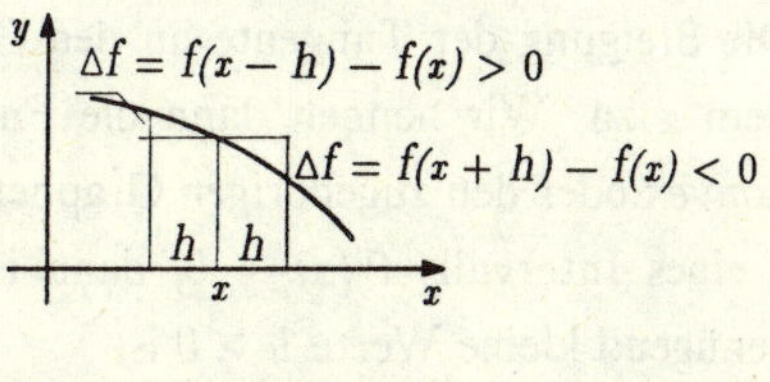

Fig. 2b

Beim Übergang vom Fallen zum Steigen gibt es also einen Wert x_1, für den die

---

1) Für $f'(x) \geq 0$ ($f'(x) \leq 0$) liegt nur Monotonie (nicht notwendig strenge Monotonie) vor.

Ableitung $f'(x_1) = 0$ ist, also einen Punkt P_1 mit waagrechter Tangente, und zwar muß in P_1 ein Minimum vorliegen (Figur 3a). Ebenso existiert für f beim Übergang vom Steigen zum Fallen ein Wert x_2, für den $f'(x_2) = 0$ ist, also ein Punkt P_2 mit waagrechter Tangente, und zwar ist es jetzt ein Maximum (Figur 3b).

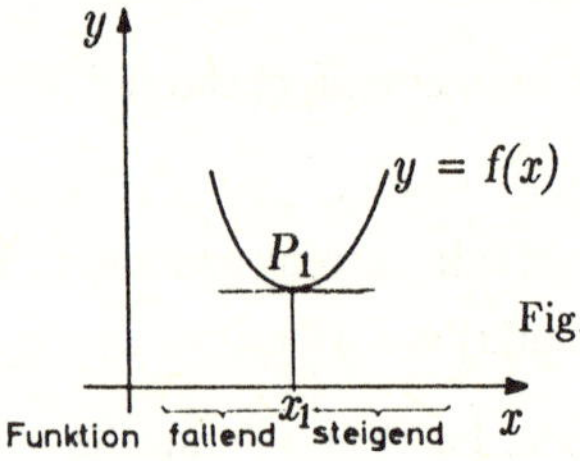

Fig. 3a

Fig. 3b

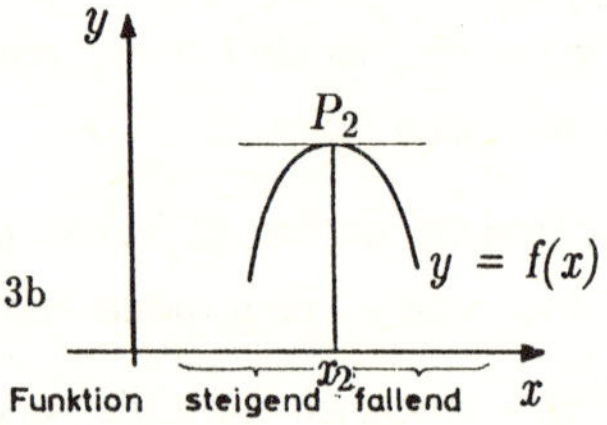

Falls für alle x eines Intervalls $f''(x) > 0$ ist, dann ist nach dem vorangehenden f' in diesem Intervall steigend (Figur 4a), d.h. für genügend kleine Werte $h > 0$ ist

(3) $$f'(x + h) - f'(x) > 0 \text{ und } f'(x - h) - f'(x) < 0.$$

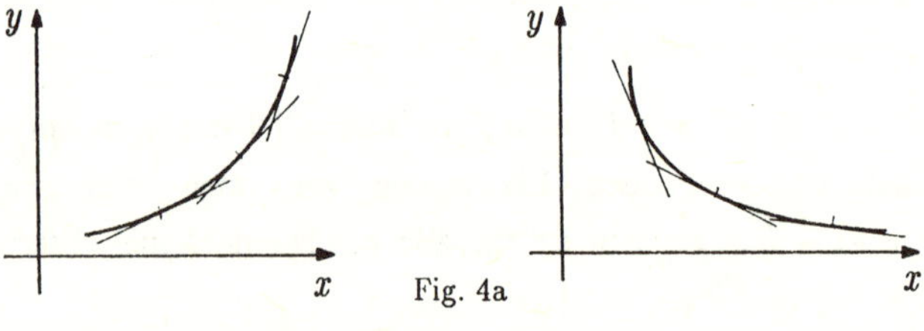

Fig. 4a

Die Steigung der Tangente an den Graphen von f nimmt daher mit wachsendem x zu. Wir nennen dann die Funktion f in diesem Intervall (von unten) *konvex* oder den zugehörigen Graphen eine *Linkskurve*. Ist andererseits für alle x eines Intervalls $f''(x) < 0$, dann ist f' in diesem Intervall fallend, d.h. für genügend kleine Werte $h > 0$ ist

(4) $$f'(x + h) - f'(x) < 0 \text{ und } f'(x - h) - f'(x) > 0.$$

Die Steigung der Tangente an den Graphen von f nimmt also mit wachsendem x ab, und die Funktion heißt in diesem Intervall (von unten) *konkav* oder der zugehörige Graph eine *Rechtskurve* (Figur 4b).

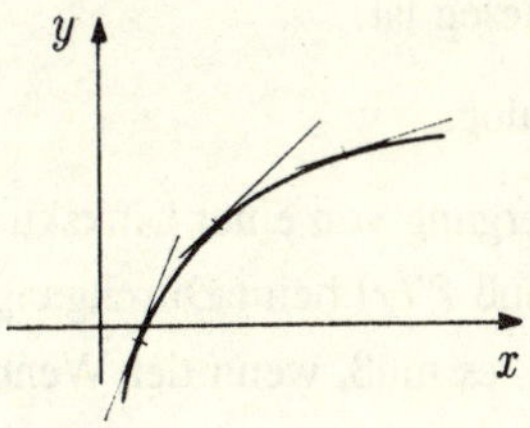

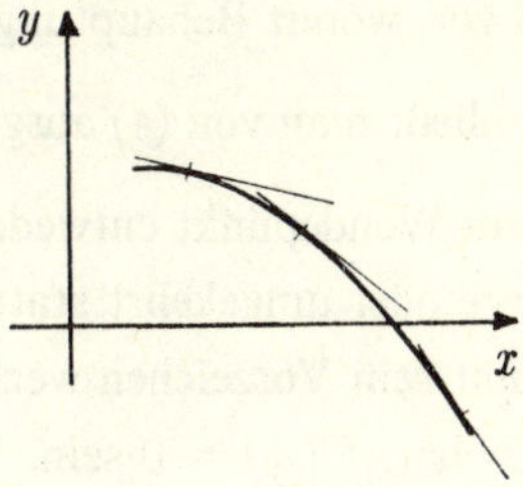

Fig. 4b

Minima entstehen nun bei dieser Betrachtungsweise im Zuge einer Linkskurve, Maxima im Zuge einer Rechtskurve, und Wendepunkte Q erscheinen als Übergang von einer Linkskurve zu einer Rechtskurve oder umgekehrt (Figur 5a–d).

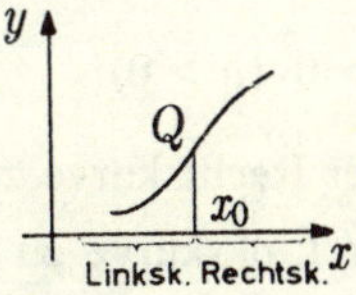

Fig. 5a

Fig. 5b

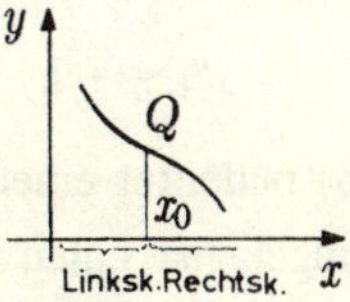

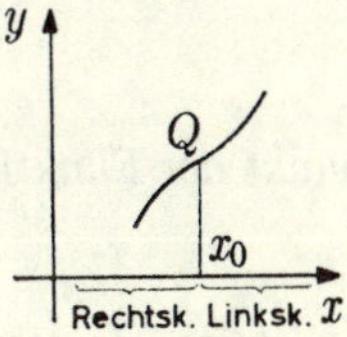

Fig. 5c

Fig. 5d

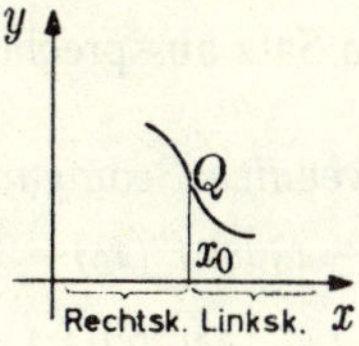

Hieraus ergibt sich nun als Folgerung:

Satz 1: *Notwendige Bedingung für einen Extremwert (Minimum bzw. Maximum) der Funktion* f: $x \longrightarrow y = f(x)$ *für* $x = x_1$ *ist* $f'(x_1) = 0$.

Wenn außerdem gilt

(A) $f''(x_1) > 0$, *so liegt für* x_1 *ein (relatives) Minimum vor;*

(B) $f''(x_1) < 0$, *so liegt für* x_1 *ein (relatives) Maximum vor.*

(A) bzw. (B) sind hinreichende Bedingungen.

Zum Beweis von (A) ist nur zu bemerken, daß wir aus (3) mit $x = x_1$, $f'(x_1) = 0$ und $h > 0$ erhalten

$$f'(x_1 + h) > 0, \quad f'(x_1 - h) < 0$$

d.h. für $x > x_1$ steigt die Funktion f, für $x < x_1$ fällt sie, also liegt bei $x = x_1$ ein Minimum vor, womit Behauptung (A) bewiesen ist.

Bei (B) schließt man von (4) ausgehend analog.

Da in einem Wendepunkt entweder ein Übergang von einer Linkskurve zu einer Rechtskurve oder umgekehrt stattfindet, muß $f''(x)$ beim Durchgang durch den Wendepunkt sein Vorzeichen wechseln, d.h. es muß, wenn der Wendepunkt die Abszisse x_0 hat, $f''(x_0) = 0$ sein. Wenn nun ferner $f'''(x_0) \neq 0$, also $f'''(x_0) > 0$ oder $f'''(x_0) < 0$ ist, ist f'' in einer Umgebung von x_0 wachsend bzw. abnehmend, also wegen $f''(x_0) = 0$

(5) $$f''(x_0 + h) > 0 \text{ und } f''(x_0 - h) < 0$$

bzw.

(6) $$f''(x_0 + h) < 0 \text{ und } f''(x_0 - h) > 0 \quad (h > 0).$$

Bedingung (5) bedeutet einen Übergang von einer Rechtskurve zu einer Linkskurve, (6) umgekehrt einen Übergang von einer Linkskurve zu einer Rechtskurve, also in beiden Fällen haben wir für x_0 einen Wendepunkt. Somit können wir folgenden Satz aussprechen:

Satz 2: *Notwendige Bedingung für einen Wendepunkt der Funktion* $f\colon x \longrightarrow y = f(x)$ *für* $x = x_0$ *ist* $f''(x_0) = 0$.

Wenn außerdem gilt $f'''(x_0) \neq 0$, *so liegt für* x_0 *wirklich ein Wendepunkt vor (hinreichende Bedingung).*

Die im zweiten Teil der Sätze 1 und 2 ausgesprochenen Bedingungen für Extremwerte bzw. Wendepunkte sind nur hinreichend, aber nicht notwendig; das bedeutet, daß ein Extremwert oder ein Wendepunkt eintreten kann, ohne daß diese Bedingungen erfüllt sind, wie etwa das Beispiel $f\colon x \longrightarrow y = f(x) = x^4$ zeigt. Diese Funktion hat die Ableitung $y' = f'(x) = 4x^3$ und die zweite Ableitung $y'' = f''(x) = 12x^2$; also wird $f'(x) = 0$ für $x = 0$. Jedoch ist auch $f''(0) = 0$, obwohl $f\colon x \longrightarrow y = f(x) = x^4$ für $x = 0$ ein Minimum hat, wie aus der graphischen Darstellung dieser Funktion (vgl. 1.2.3) sofort erkennbar ist.

1.10.5.* An Hand einiger Beispiele soll die Anwendung obiger Sätze zur Bestimmung von Maxima, Minima und Wendepunkten nun dargelegt werden:

In 1.3.1* betrachteten wir in (5) und (6) als Beispiele von Kostenfunktionen die Parabel zweiter Ordnung

$$x \longrightarrow K(x) = a + bx + cx^2$$

sowie die Parabel dritter Ordnung

$$x \longrightarrow K(x) = a + bx - cx^2 + dx^3.$$

Wir wollen diese Funktionen mit Hilfe der Sätze 1 und 2 auf Maxima, Minima und Wendepunkte untersuchen.

Wir benutzen bei den Beispielen statt $x \longrightarrow K(x) = a + bx + cx^2$ kurz die Schreibweise $K = K(x) = a + bx + cx^2$; entsprechend für die Ableitungen und in den anderen Fällen.

1) Beginnen wir mit der Parabel $K(x) = a + bx + cx^2$ $(c \neq 0)$. Für die erste und zweite Ableitung erhalten wir

$$K'(x) = b + 2cx$$

und

$$K''(x) = 2c.$$

Durch Nullsetzen von $K'(x)$ folgt

$$b + 2cx = 0,$$

$$x = -\frac{b}{2c}.$$

Die zweite Ableitung ist konstant gleich $2c$, also liefert $x = -\frac{b}{2c} = x_1$ für die Kostenfunktion $K(x) = a + bx + cx^2$ ein Minimum für $c > 0$ und ein Maximum für $c < 0$; d.h. für $c > 0$ ist die Parabel nach oben geöffnet, für $c < 0$ ist sie nach unten geöffnet. Als Kostenfunktionen sind nur Parabeln mit $c > 0$ von Bedeutung, ferner nur solche, die die positive x-Achse nicht schneiden; anders ausgedrückt bedeutet das, daß $K(x) = a + bx + cx^2$ keine positive Nullstelle haben darf (eine solche Parabel ist in Figur 6 dargestellt).

Dann darf aber die gegebene Parabel die y-Achse nicht auf ihrem negativen Teil schneiden, d.h. es muß

$$K(0) = a \geq 0$$

sein.

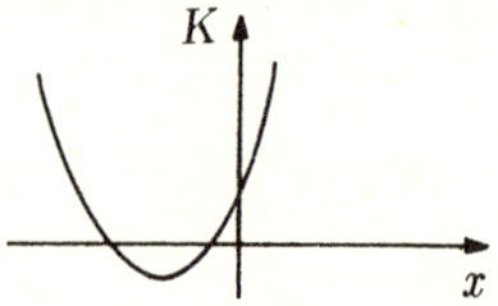

Fig. 6

2) Bei der Funktion

(7) $$K(x) = a + bx - cx^2 + dx^3$$

(mit positiven Zahlen a, b, c und d) gehen wir entsprechend vor: Wir bilden die Ableitungen

$$K'(x) = b - 2cx + 3dx^2,$$
$$K''(x) = -2c + 6dx,$$
$$K'''(x) = 6d.$$

Nullsetzen der ersten Ableitung liefert die quadratische Gleichung

(8) $$3dx^2 - 2cx + b = 0,$$

deren Lösungen (siehe § 7.3)

$$x_{1,2} = \frac{2c \pm \sqrt{4c^2 - 12bd}}{6d} = \frac{c \pm \sqrt{c^2 - 3bd}}{3d}$$

nur für $c^2 \geq 3bd$ reell sind.

I. Wir betrachten zunächst den Fall, daß $c^2 > 3bd$ ist. Setzt man x_1 bzw. x_2 in $K''(x)$ für x ein, so folgt

$$K''(x_1) = -2c + 6dx_1 = -2c + 6d\,\frac{c + \sqrt{c^2 - 3bd}}{3d} = -2c + 2(c + \sqrt{c^2 - 3bd}) > 0$$

und entsprechend

$$K''(x_2) = -2c + 6dx_2 = -2\sqrt{c^2 - 3bd} < 0.$$

Somit liegt für die Funktion (7) bei $x = x_1$ ein Minimum und bei $x = x_2$ ein Maximum vor. Die zugehörigen Funktionswerte erhält man durch Einsetzen dieser Werte in die Gleichung (7). Um die Lage des Wendepunktes festzustellen, setzen wir die zweite Ableitung gleich Null:

$$K''(x) = -2c + 6dx = 0.$$

Daraus folgt

$$x = \frac{c}{3d}.$$

Weil die dritte Ableitung nicht verschwindet, haben wir also bei $x = \frac{c}{3d} = x_0$ einen Wendepunkt. (Auf Grund der Voraussetzungen über c und d muß x_0 positiv sein.) Eine Skizze des Graphen für $c^2 > 3bd$ ist in Figur 7 dargestellt.

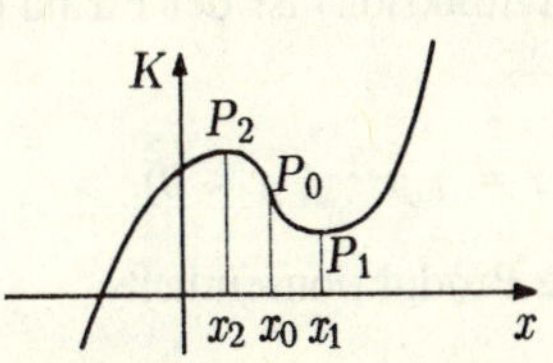

Fig. 7

II. Im Falle $c^2 = 3bd$ haben wir

$$x_1 = x_2 = \frac{c}{3d}$$

und

$$K''\left[\frac{c}{3d}\right] = -2c + 6d\,\frac{c}{3d} = 0.$$

Also liegt hier ein Wendepunkt mit waagrechter Tangente vor (Figur 8).

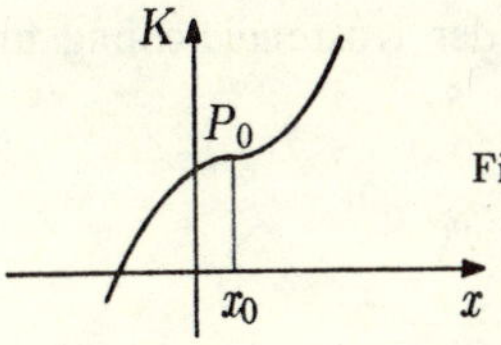

Fig. 8

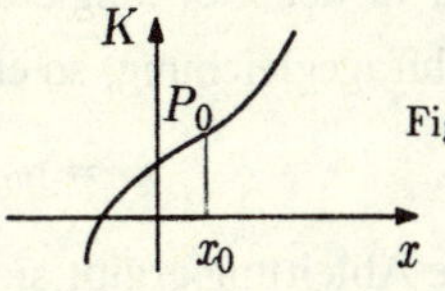

Fig. 9

III. Für $c^2 < 3bd$ hat die quadratische Gleichung (8) keine reellen Wurzeln, also die Funktion (7) kein Minimum und kein Maximum. Andererseits haben wir nach der obigen Betrachtung für $x = \frac{c}{3d} = x_0$ einen Wendepunkt, so daß nun der Graph der Funktion durch Figur 9 wiedergegeben wird.

In der Wirtschaftstheorie ist gerade dieser Fall wichtig. Man betrachtet als Kostenfunktionen also Parabeln dritten Grades

$$K(x) = a + bx - cx^2 + dx^3$$

mit positiven Zahlen a, b, c und d, die ferner der Bedingung $c^2 < 3bd$ genügen.

3) Nehmen wir als drittes Beispiel an, daß ein Monopolist ein Gut unter bekannten Kostenbedingungen herstellt. Die Gesamtkostenfunktion sei linear

$$K = K(x) = \beta_0 + \beta_1 x;$$

hierin bedeuten β_0 die fixen Kosten und β_1 die Grenzkosten. Auch die Nachfragefunktion (bzw. Preisabsatzfunktion) ist der Firma bekannt. Sie hat die uns bekannte Form (3) in 1.3.1*

$$x = \gamma_0 p^{\gamma_1} \quad (\gamma_1 < 0).$$

p bedeutet hierbei den Preis je Produktionseinheit.

Der Gewinn G wird definiert als Differenz zwischen Ertrag px und Kosten K während einer bestimmten Zeiteinheit, also

$$G = px - K.$$

Wir nehmen an, daß die Firma den Preis festsetzt; dann werden die Nachfragebedingungen den entsprechenden Absatz bestimmen. Der Gewinn zum Preis $p = p_0$ wird nun sicher dann ein Maximum, wenn

$$\frac{dG}{dp} = 0 \text{ und } \frac{d^2G}{dp^2} < 0$$

ist für $p = p_0$.

Ersetzt man in der Gewinngleichung K aus der Kostengleichung und dann x aus der Nachfragegleichung, so erhält man

$$G = \gamma_0 p^{\gamma_1+1} - \beta_0 - \gamma_0\beta_1 p^{\gamma_1}.$$

Für die erste Ableitung ergibt sich nun

(9) $$\frac{dG}{dp} = \gamma_0(\gamma_1 + 1)p^{\gamma_1} - \gamma_0\gamma_1\beta_1 p^{\gamma_1-1},$$

und Nullsetzen liefert

$$\gamma_0(\gamma_1 + 1)p^{\gamma_1} - \gamma_0\gamma_1\beta_1 p^{\gamma_1-1} = 0.$$

Für $\gamma_1 \neq -1$ entsteht daraus nach Division durch $\gamma_0(\gamma_1 + 1)p^{\gamma_1-1}$

(10) $$p = \frac{\gamma_1}{\gamma_1 + 1}\beta_1,$$

(der Fall $\gamma_1 = -1$ wird weiter unten behandelt).

Da in (10) nach Voraussetzung $\beta_1 > 0$ und $\gamma_1 < 0$ ist, muß, weil nur positive Preise p sinnvoll sind, $\gamma_1 + 1 < 0$ sein; d.h. es muß $\gamma_1 < -1$ sein.

Um festzustellen, daß in (10) wirklich ein Maximum vorliegt, bilden wir aus (9) die zweite Ableitung

$$\frac{d^2G}{dp^2} = \gamma_0\gamma_1(\gamma_1 + 1)p^{\gamma_1 - 1} - \gamma_0(\gamma_1 - 1)\gamma_1\beta_1 p^{\gamma_1 - 2}.$$

Setzt man nun hierin für p den gefundenen Wert (10) ein, so entsteht

$$\gamma_0\gamma_1(\gamma_1 + 1)\left[\frac{\gamma_1}{\gamma_1 + 1}\beta_1\right]^{\gamma_1 - 1} - \gamma_0\gamma_1(\gamma_1 - 1)\beta_1\left[\frac{\gamma_1}{\gamma_1 + 1}\beta_1\right]^{\gamma_1 - 2} =$$

$$= \gamma_0\gamma_1(\gamma_1 + 1)\left[\frac{\gamma_1}{\gamma_1 + 1}\right]^{\gamma_1 - 1}\beta_1^{\gamma_1 - 1} - \gamma_0\gamma_1(\gamma_1 - 1)\beta_1\left[\frac{\gamma_1}{\gamma_1 + 1}\right]^{\gamma_1 - 2}\beta_1^{\gamma_1 - 2} =$$

$$= \gamma_0\gamma_1\left[\frac{\gamma_1}{\gamma_1 + 1}\right]^{\gamma_1 - 2}\beta_1^{\gamma_1 - 1}\left[(\gamma_1 + 1)\left[\frac{\gamma_1}{\gamma_1 + 1}\right] - (\gamma_1 - 1)\right] =$$

$$= \gamma_0\gamma_1\left[\frac{\gamma_1}{\gamma_1 + 1}\right]^{\gamma_1 - 2}\beta_1^{\gamma_1 - 1}.$$

Hierin ist $\gamma_0 > 0$, $\gamma_1 < -1$ und damit $\gamma_1 + 1 < 0$; also wird $\frac{\gamma_1}{\gamma_1 + 1} > 0$, d.h. der Faktor $\left[\frac{\gamma_1}{\gamma_1 + 1}\right]^{\gamma_1 - 2}$ ist positiv. Ebenso ist, weil $\beta_1 > 0$ ist, $\beta_1^{\gamma_1 - 1} > 0$. Somit ist der gesamte Ausdruck

$$\gamma_0\gamma_1\left[\frac{\gamma_1}{\gamma_1 + 1}\right]^{\gamma_1 - 2}\beta_1^{\gamma_1 - 1} < 0,$$

also die zweite Ableitung $\frac{d^2G}{dp^2}$ für $p = \frac{\gamma_1}{\gamma_1 + 1}\beta_1$ negativ, und (10) liefert ein Maximum für G.

Ist $\gamma_1 = -1$, so wird die erste Ableitung

$$\frac{dG}{dp} = \gamma_0\beta_1 p^{-2}.$$

Da hierin die rechte Seite nicht 0 werden kann, kann auch $\frac{dG}{dp}$ nicht verschwinden, was bedeutet, es gibt kein Maximum (und auch kein Minimum).

4) Schließlich betrachten wir noch die in der Wirtschaftstheorie unter dem Namen "logistische Kurve" bekannte Funktion

$$f\colon x \longrightarrow y = f(x) = \frac{k}{1 + e^{F(x)}},$$

worin e die Basis der natürlichen Logarithmen und k eine positive Konstante ist. F kann eine beliebige monoton fallende Funktion (vgl. 1.10.4) sein.

Betrachtet man z.B. den Verbrauch y von Nahrungs- und Genußmitteln, so hat der Verbrauch sicher ein physiologisches Maximum k. Ist x das Einkommen, so kann also bei Erreichung des physiologischen Maximums trotz weiterer Einkommenserhöhungen nicht mehr verbraucht werden. Die Funktion eignet sich auch zur Diskussion wachstumstheoretischer Probleme. Ökonomische Wachstumsprozesse haben stets eine obere Grenze, die eventuell auch nur vorübergehend bestehen kann. In den Betrieben gibt es Grenzen, wie z.B. im technischen Bereich (Kapazität). Man kennt aber auch Grenzen, über die es sich in der Produktion nicht lohnt hinauszugehen, weil der Markt gesättigt ist.

Betrachten wir nun eine logistische Funktion, in der eine ökonomische Größe y von der Zeit t abhängig ist. Dann können wir die logistische Funktion

$$t \longrightarrow y(t) = \frac{k}{1 + e^{F(t)}}$$

schreiben.

Um die Fragestellung nicht zu komplizieren, gehen wir von der am häufigsten anzutreffenden Annahme aus, daß die Funktion F linear ist, wir betrachten also die logistische Funktion

$$\text{(11)} \qquad t \longrightarrow y = y(t) = \frac{k}{1 + e^{a_0 + a_1 t}} \quad (a_1 < 0 \text{ und } k > 0).$$

Da die Exponentialfunktion immer positiv ist, ist auch $y(t)$ immer positiv; und weil der Nenner $1 + e^{a_0 + a_1 t}$ größer ist als 1 ist, muß $y(t)$ immer kleiner als k sein; also $0 < y(t) < k$. Es interessieren uns bei dieser Funktion vor allem folgende Fragen:

a) Gibt es einen Wendepunkt?

b) Welche Koordinaten hat dieser, d.h. zu welchem Zeitpunkt wird er erreicht?

c) Wie groß ist die Steigung der Tangente im Wendepunkt? Diese Frage interessiert uns, weil das Wachstum im Wendepunkt am größten ist.

d) Welche Bedeutung hat die Konstante k?

Beantwortung der Frage a):

Notwendige Bedingung für einen Wendepunkt ist, daß die zweite Ableitung der Funktion gleich 0 wird für den betreffenden Punkt; dieser ist sicher dann ein Wendepunkt, wenn außerdem die dritte Ableitung für diesen Punkt von 0 verschieden ist. Wir bilden also zunächst unter Benutzung der Kettenregel die erste Ableitung

$$y' = -\frac{ka_1 e^{a_0+a_1 t}}{(1 + e^{a_0+a_1 t})^2} =$$

(12)
$$= -\frac{k}{1 + e^{a_0+a_1 t}} \cdot \frac{a_1 e^{a_0+a_1 t}}{1 + e^{a_0+a_1 t}}.$$

Auf Grund von (11) folgt

$$\frac{k}{y} = 1 + e^{a_0+a_1 t}$$

und

$$\frac{k}{y} - 1 = e^{a_0+a_1 t}.$$

Infolgedessen wird aus (12)

$$y' = -\frac{ya_1(\frac{k}{y} - 1)}{\frac{k}{y}} =$$

$$= -\frac{a_1 y(k - y)}{k}.$$

Da $a_1 < 0$, $k > 0$, $y > 0$ und $y < k$, also $k - y > 0$ ist, folgt $y' > 0$, d.h. die logistische Funktion (11) ist eine monoton steigende Funktion.

Für die zweite Ableitung erhalten wir nun aus y' unter Benutzung der Produktregel

$$y'' = -\frac{a_1}{k}\,(y'(k - y) + y(-y')) = -\frac{a_1}{k}\,y'(k - 2y)$$

und für die dritte Ableitung

(13)
$$y''' = -\frac{a_1}{k}\,(y''k - 2yy'' - 2y'^2).$$

Aus der notwendigen Bedingung $y'' = 0$ für einen Wendepunkt ergibt sich also die Gleichung

$$-\frac{a_1}{k}\,y'(k - 2y) = 0$$

und, weil y' nicht 0 werden kann, folgert man

$$k - 2y = 0,$$

$$y = \frac{k}{2}.$$

Wenn nun y''' für $y = \frac{k}{2}$ von 0 verschieden ist, dann liegt für $y = \frac{k}{2}$ ein Wendepunkt vor. Setzt man, um dies zu zeigen, $y = \frac{k}{2}$ in (13) ein, so wird, weil $y'' = 0$ ist für $y = \frac{k}{2}$,

$$y'''\Big|_{y=\frac{k}{2}} = -\frac{a_1}{k}(-2y'^2)\Big|_{y=\frac{k}{2}}$$

und somit

$$y''' \neq 0,$$

da, wie oben schon bemerkt, y' nicht 0 werden kann.

Beantwortung der Frage b):

Dazu ist $y = \frac{k}{2}$ in (11) einzusetzen. Also wird

$$\frac{k}{2} = \frac{k}{1 + e^{a_0 + a_1 t}},$$

$$1 + e^{a_0 + a_1 t} = 2,$$

$$e^{a_0 + a_1 t} = 1$$

und durch Logarithmieren

$$(a_0 + a_1 t) \ln e = \ln 1,$$

$$a_0 + a_1 t = 0$$

(da $\ln e = 1$ und $\ln 1 = 0$ ist), also

$$t = -\frac{a_0}{a_1}.$$

Damit sind die Koordinaten des Wendepunkts $t = -\frac{a_0}{a_1}$, $y = \frac{k}{2}$.

Beantwortung der Frage c):

Es war

$$y' = -\frac{a_1 y(k - y)}{k}.$$

Durch Einsetzen von $y = \frac{k}{2}$ ergibt sich

$$y'\Big|_{y=\frac{k}{2}} = -\frac{a_1\frac{k}{2}(k-\frac{k}{2})}{k} = $$
$$= -\frac{a_1\frac{k^2}{4}}{k} = $$
$$= -\frac{a_1 k}{4}.$$

Beantwortung der Frage d):

Wächst in
$$y(t) = \frac{k}{1 + e^{a_0+a_1 t}}$$

t über alle Schranken, dann unterschreitet (weil $a_1 < 0$ ist) der Ausdruck $a_0 + a_1 t$ jede vorgegebene Schranke, und daher nähert sich (vgl. Figur 2 in 1.8.1) $e^{a_0+a_1 t}$ dem Wert 0, d.h. also

$$\lim_{t\to\infty} e^{a_0+a_1 t} = 0.$$

Ferner wird dann

$$\lim_{t\to\infty} \frac{k}{1 + e^{a_0+a_1 t}} = k;$$

also ist k die obere Schranke, der sich die Funktion $y = \frac{k}{1 + e^{a_0+a_1 t}}$ asymptotisch nähert, ohne diesen Wert zu erreichen oder zu überschreiten.

Mit Hilfe der Antworten auf die Fragen a) bis d) ist in Figur 10 der Graph der Funktion $t \longrightarrow y = \frac{k}{1 + e^{a_0+a_1 t}}$ skizziert. Setzt man in (11) den Parameter $a_0 = 0$, so erhält man
$$y = \frac{k}{1 + e^{a_1 t}}.$$

In diesem Fall liegt der Wendepunkt auf der y-Achse.

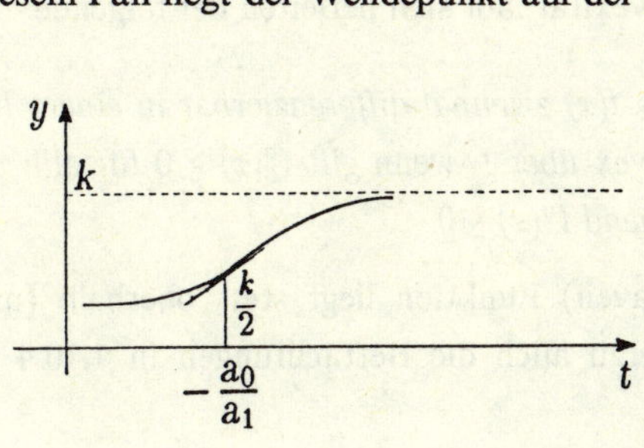

Fig. 10.

(Hier ist $a_0 > 0$ angenommen.)

§ 1.11. Konvexe und konkave Funktionen

1.11.1. Wir nennen eine Funktion $f\colon x \longrightarrow y = f(x)$ konvex in dem Intervall $I = \{a \leq x \leq b\}$, wenn (vgl. Figur 1) für je zwei Werte $x_1, x_2 \in I$ $(x_1 \neq x_2)$ die Sehne zwischen den Punkten $P_1 = (x_1, f(x_1))$ und $P_2 = (x_2, f(x_2))$ immer oberhalb des Graphen von f liegt.

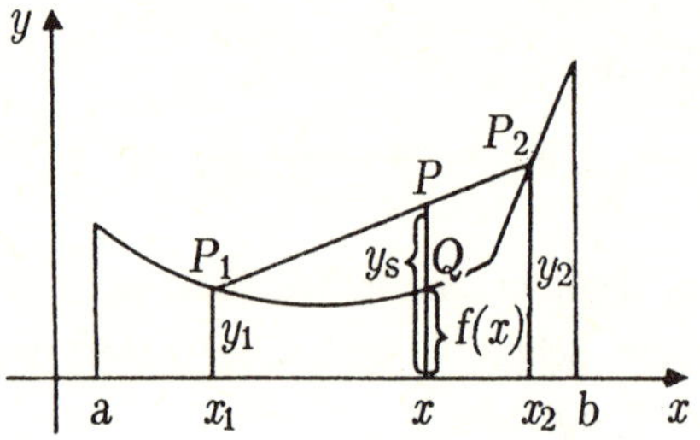

Fig. 1

Die Gleichung der Sehne $\overline{P_1P_2}$ hat die Form (siehe 4.2.3; $y_1 = f(x_1)$, $y_2 = f(x_2)$)

$$\begin{cases} x = \lambda x_1 + (1-\lambda)x_2 \\ y_s = \lambda y_1 + (1-\lambda)y_2 \quad (0 \leq \lambda \leq 1). \end{cases}$$

Damit nun der Punkt P immer oberhalb von Q liegt (Figur 1), muß $y_s \geq f(x)$ sein. Wir definieren daher: *Die Funktion $f\colon x \longrightarrow y = f(x)$ heißt konvex in dem Intervall $I = \{a \leq x \leq b\}$, wenn gilt*

(1) $$f(\lambda x_1 + (1-\lambda)x_2) \leq \lambda f(x_1) + (1-\lambda) f(x_2)$$

für beliebige

$$x_1, x_2 \in I \; (x_1 \neq x_2) \text{ und alle } 0 < \lambda < 1.$$

Gilt in (1) das $<$-Zeichen, so heißt die Funktion *streng konvex.*

Ferner heißt eine Funktion $g\colon x \longrightarrow y = g(x)$ *konkav*, wenn $f = -g$ konvex ist. Aus der obigen Definition der Konvexität läßt sich herleiten der folgende

Satz: *Sei eine Funktion $f\colon x \longrightarrow y = f(x)$ zweimal differenzierbar in einem Intervall I. Dann ist f genau dann konvex über I, wenn gilt $f''(x) \geq 0$ für alle $x \in I$. Für konkave Funktionen entsprechend $f''(x) \leq 0$.*

Der Graph einer konvexen (konkaven) Funktion liegt stets oberhalb (unterhalb) seiner Tangenten. Siehe hierzu auch die Betrachtungen in 1.10.4 über Links-und Rechtskurven.

Beispiele:

1) $f\colon x \longrightarrow y = f(x) = x^2$ ist (streng) konvex in $I = \{-\infty < x < +\infty\} = \mathbb{R}$;
2) $f\colon x \longrightarrow y = f(x) = x^3$ ist (streng) konvex in $I = \{0 \leq x < +\infty\}$;
3) $f\colon x \longrightarrow y = f(x) = e^x$ ist (streng) konvex in $I = \mathbb{R}$.

§ 1.12. Die Regel von de L'Hospital

1.12.1. Als weitere Anwendung der Differentialrechnung betrachten wir die Bestimmung von Grenzwerten mit Hilfe der Regel von de L'Hospital.

Ist $f\colon x \longrightarrow f(x)$ eine Funktion mit $f(a) = 0$ und $g\colon x \longrightarrow g(x)$ eine Funktion mit $g(a) = 0$, dann fragen wir nach dem Grenzwert

$$\lim_{x \to a} \frac{f(x)}{g(x)}. \tag{1}$$

Man spricht hier von einem *unbestimmten Ausdruck* der Form $"\frac{0}{0}"$.

Zur Bestimmung des Grenzwertes (1) betrachten wir [1] (mit $h \neq 0$ und daher $g(a + h) \neq 0$) den Quotienten

$$\frac{f(a + h)}{g(a + h)} = \frac{f(a + h) - f(a)}{g(a + h) - g(a)} \quad (\text{da } f(a) = g(a) = 0 \text{ ist})$$

und weiter

$$\frac{f(a + h)}{g(a + h)} = \frac{\frac{1}{h}\,(f(a + h) - f(a))}{\frac{1}{h}\,(g(a + h) - g(a))}.$$

Statt des Grenzübergangs $x \longrightarrow a$ haben wir nun den Grenzübergang $h \longrightarrow 0$ zu betrachten; also

$$\lim_{x \to a} \frac{f(x)}{g(x)} = \lim_{h \to 0} \frac{f(a + h)}{g(a + h)} = \lim_{h \to 0} \frac{\frac{1}{h}\,(f(a + h) - f(a))}{\frac{1}{h}\,(g(a + h) - g(a))} =$$

$$= \frac{\lim\limits_{h \to 0} \frac{1}{h}\,(f(a + h) - f(a))}{\lim\limits_{h \to 0} \frac{1}{h}\,(g(a + h) - g(a))} = \frac{f'(a)}{g'(a)}.$$

---

[1] Es sollen f und g stetig differenzierbar und $g'(x) \neq 0$ sein in einer Umgebung von a. Dann ist g in einer Umgebung von a eine monoton fallende oder steigende Funktion, also $g(x) \neq 0$ in einer Umgebung von a mit Ausnahme von $x = a$.

Wir können also schreiben

(2) $$\lim_{x \to a} \frac{f(x)}{g(x)} = \lim_{x \to a} \frac{f'(a)}{g'(a)} .$$

(Existiert der Grenzwert auf der rechten Seite, so existiert auch der Grenzwert links.)

Formel (2) ist die Regel von de L'Hospital zur Bestimmung von Grenzwerten. Dabei ist der Grenzwert $\lim_{x \to a} \frac{f'(x)}{g'(x)}$ eventuell leichter zu bestimmen als der ursprüngliche Grenzwert. Unter Umständen wird man dieses Verfahren auch mehrmals anwenden und $\lim_{x \to a} \frac{f''(x)}{g''(x)}$ usw. betrachten. [1]

Beispiele:

a) $\lim_{x \to 1} \frac{x^p - 1}{x^q - 1} = \lim_{x \to 1} \frac{px^{p-1}}{qx^{q-1}} = \lim_{x \to 1} \frac{p}{q} x^{p-q} = \frac{p}{q}$ $(q \neq 0)$;

b) $\lim_{x \to 0} \frac{a^x - b^x}{x} = \lim_{x \to 0} \frac{a^x \ln a - b^x \ln b}{1} = \ln a - \ln b = \ln \frac{a}{b}$ $(a,b > 0)$;

c) $\lim_{x \to 2} \frac{x^2 - 3x + 2}{x^2 - 5x + 6} = \lim_{x \to 2} \frac{2x - 3}{2x - 5} = \frac{1}{-1} = -1$;

d) $\lim_{x \to 0} \frac{x}{\ln(1+x)} = \lim_{x \to 0} \frac{1}{\frac{1}{1 + x}} = 1.$

1.12.2. *Erweiterungen der Regel von de L'Hospital:*

(I) Ist beim Grenzübergang $x \longrightarrow +\infty$ sowohl $\lim_{x \to +\infty} f(x) = 0$ als auch $\lim_{x \to +\infty} g(x) = 0$, so wird

$$\lim_{x \to +\infty} \frac{f(x)}{g(x)} = \lim_{t \to 0^+} \frac{f(\frac{1}{t})}{g(\frac{1}{t})} = \lim_{t \to 0^+} \frac{f'(\frac{1}{t}) \cdot (-\frac{1}{t^2})}{g'(\frac{1}{t}) \cdot (-\frac{1}{t^2})} = \lim_{x \to +\infty} \frac{f'(x)}{g'(x)} .$$

Entsprechend beim Grenzübergang $x \to -\infty$.

(II) Gilt beim Grenzübergang $x \longrightarrow a$ sowohl $\lim_{x \to a} f(x) = \pm \infty$ als auch

[1] Die Regel von de L'Hospital gilt auch für Grenzwerte $\lim_{x \to a^+}$ und $\lim_{x \to a^-}$.

$\lim\limits_{x \to a} g(x) = \pm\infty$, so spricht man von einem unbestimmten Ausdruck der Form $"\frac{\pm\infty}{\pm\infty}"$. (Dabei darf a auch $\pm\infty$ sein.) Man bildet

$$\lim_{x \to a} \frac{f(x)}{g(x)} = \lim_{x \to a} \frac{\frac{1}{g(x)}}{\frac{1}{f(x)}},$$

wobei der letztere Ausdruck von der Form $"\frac{0}{0}"$ ist; durch Anwendung der de L'Hospitalschen Regel wird dann

$$\lim_{x \to a} \frac{f(x)}{g(x)} = \lim_{x \to a} \frac{\left(\frac{1}{g(x)}\right)'}{\left(\frac{1}{f(x)}\right)'} = \lim_{x \to a} \frac{\frac{g'(x)}{g^2(x)}}{\frac{f'(x)}{f^2(x)}} = \lim_{x \to a} \frac{f^2(x) g'(x)}{g^2(x) f'(x)} = \lim_{x \to a} \frac{f^2(x)}{g^2(x)} \cdot \lim_{x \to a} \frac{g'(x)}{f'(x)};$$

somit

$$\lim_{x \to a} \frac{f(x) \cdot g^2(x)}{g(x) \cdot f^2(x)} = \lim_{x \to a} \frac{g'(x)}{f'(x)}; \quad \lim_{x \to a} \frac{f(x)}{g(x)} = \frac{f'(x)}{g'(x)}.$$

Beispiele:

1) $$\lim_{x \to \infty} \frac{x^2}{e^x} = \lim_{x \to \infty} \frac{2x}{e^x} = \lim_{x \to \infty} \frac{2}{e^x} = 0$$

(zweimalige Anwendung der Regel von de L'Hospital);

2) $$\lim_{x \to \infty} \frac{\ln x}{x^n} = \lim_{x \to \infty} \frac{\frac{1}{x}}{n x^{n-1}} = \lim_{x \to \infty} \frac{1}{n x^n} = 0 \quad (n > 0).$$

§ 1.13. Integralrechnung

1.13.1.* In der Theorie des Wirtschaftswachstums z.B. ist die Anwendung des Integrals notwendig, wenn man die makroökonomischen Prozesse kontinuierlich auffaßt. Auch die Betriebswirtschaftslehre bedient sich heute der Integralrechnung in zunehmendem Maße, und hier insbesondere auf ihrem speziellen Gebiet der Unternehmensforschung (Operations Research). Dieser Paragraph soll auch als Vorbereitung zur Behandlung von Differentialgleichungen (Abschnitt 6) dienen.

1.13.2. Das bestimmte Integral. Zur Einführung des Integralbegriffs wollen wir von dem geometrischen Problem ausgehen, die Fläche, d.h. den Flächeninhalt F der Fläche zwischen dem Graphen einer gegebenen Funktion f: $x \longrightarrow y = f(x)$, der x-Achse und den zu den x-Werten a und b (wobei $a < b$ sein soll) gehörigen Ordinaten $y_P = f(a)$ und $y_Q = f(b)$ zu bestimmen (Figur 1).

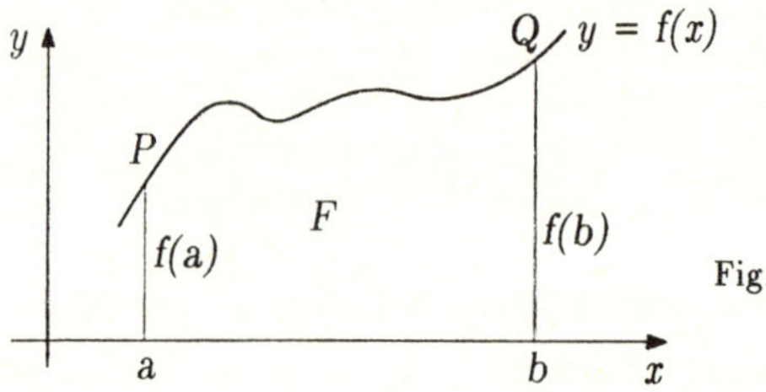

Fig. 1

Die Funktionen f, die wir hier bei unseren Betrachtungen zunächst nur zulassen, sollen stetig sein und auch keine negativen Funktionswerte annehmen, also es soll $f(x) \geq 0$ gelten für alle x zwischen a und b. Da wir die gesuchte Fläche F im allgemeinen nicht direkt berechnen können, wollen wir die Fläche F zwischen zwei anderen Flächen einschließen, d.h. wir wollen die Fläche F durch andere Flächen, deren Inhalt wir leichter bestimmen können, approximieren. Zu diesem Zweck unterteilen wir das Intervall zwischen a und b auf der x-Achse, also das Intervall $\{a \leq x \leq b\}$, in n Teile; die Teilpunkte beschreiben wir durch die x-Werte $x_1, x_2, \ldots, x_{n-1}$ und setzen ferner $a = x_0$ und $b = x_n$. Dabei soll $x_0 < x_1 < x_2 < \ldots < x_{n-1} < x_n$ sein. Weiter seien die einzelnen Längen der Teilintervalle $x_1 - x_0 = d_1$, $x_2 - x_1 = d_2$, $x_3 - x_2 = d_3, \ldots, x_n - x_{n-1} = d_n$.

Wir haben somit $d_1 + d_2 + \ldots + d_n = b - a$.

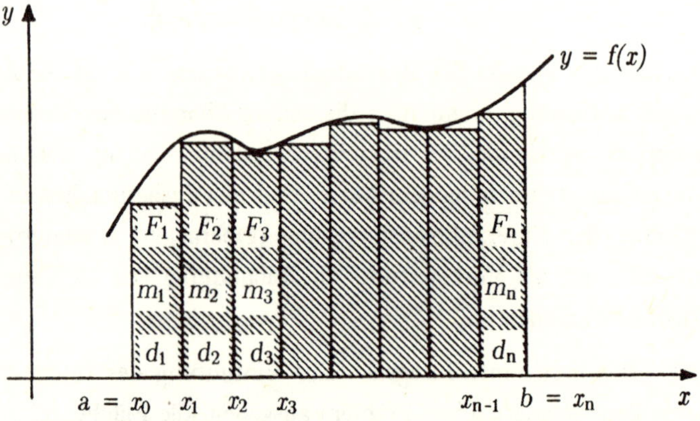

Fig. 2

Ferner sei für die Funktion $f\colon x \longrightarrow y = f(x)$

m_1 das Minimum der Funktionswerte, wenn x dem ersten Teilintervall $\{x_0 \leq x \leq x_1\}$ angehört;

m_2 das Minimum der Funktionswerte, wenn x dem zweiten Teilintervall $\{x_1 \leq x \leq x_2\}$ angehört;

$\vdots$

m_n das Minimum der Funktionswerte, wenn x dem n-ten Teilintervall $\{x_{n-1} \leq x \leq x_n\}$ angehört (Figur 2).

Die Rechtecke (Rechtecksflächen) $F_1 = d_1 m_1$, $F_2 = d_2 m_2, \ldots, F_n = d_n m_n$ liegen dann - wie aus Figur 2 ersichtlich - alle unterhalb des Graphen von $f\colon x \longrightarrow y = f(x)$, so daß wir durch die Summe aller dieser Rechtecksflächen

$$(1) \quad F_1 + F_2 + \ldots + F_n = d_1 m_1 + d_2 m_2 + \ldots + d_n m_n = \sum_{i=1}^{n} F_i = \sum_{i=1}^{n} d_i m_i$$

von unten her eine Annäherung an die gesuchte Fläche F haben (in Figur 2 schraffiert).

Entsprechend bezeichnen wir für die Funktion f mit

M_1 das Maximum der Funktionswerte, wenn x dem ersten Teilintervall $\{x_0 \leq x \leq x_1\}$ angehört;

M_2 das Maximum der Funktionswerte, wenn x dem zweiten Teilintervall $\{x_1 \leq x \leq x_2\}$ angehört;

$\vdots$

M_n das Maximum der Funktionswerte, wenn x dem n-ten Teilintervall $\{x_{n-1} \leq x \leq x_n\}$ angehört (Figur 3).

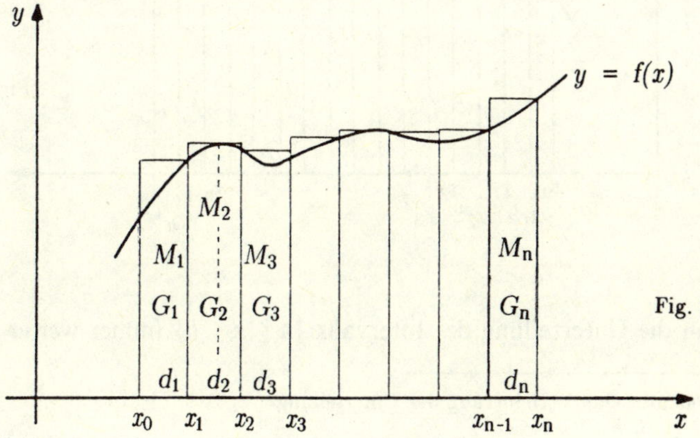

Fig. 3

Analog zu den Betrachtungen von oben ist dann die Rechteckssumme

$$(2)\quad G_1 + G_2 + \ldots + G_n = d_1M_1 + d_2M_2 + \ldots + d_nM_n = \sum_{i=1}^{n} G_i = \sum_{i=1}^{n} d_iM_i$$

größer als der gesuchte Flächeninhalt F. Somit haben wir durch die beiden Rechteckssummen (1) und (2) die Fläche F zwischen zwei Schranken eingeschlossen, so daß wir schreiben können

$$\sum_{i=1}^{n} F_i = \sum_{i=1}^{n} d_im_i \leq F \leq \sum_{i=1}^{n} G_i = \sum_{i=1}^{n} d_iM_i.$$

Die Summe (1) wird auch Untersumme U, die Summe (2) Obersumme O der Funktion $f\colon x \longrightarrow y = f(x)$ genannt; also die gesuchte Fläche F ist zwischen Untersumme und Obersumme eingegrenzt.

Wird nun die Anzahl n der Teilintervalle durch Einschaltung neuer Teilpunkte $x_1', x_2', \ldots$ [1] vergrößert, so kann der Wert der Untersumme U nur zunehmen und der Wert der Obersumme O nur abnehmen; denn bei einer feineren Unterteilung des Intervalls $\{a \leq x \leq b\}$ nähert sich die Untersumme U von unten her besser an die Fläche F an und die Obersumme O besser von oben her. Für die Untersumme wird dies in Figur 4 veranschaulicht; die neuen Teilpunkte sind durch die x-Werte x_1', x_2', x_3',...,x_n' bezeichnet; die Flächenstücke, um die die Untersumme bei der Verfeinerung der Unterteilung wächst, sind schraffiert.

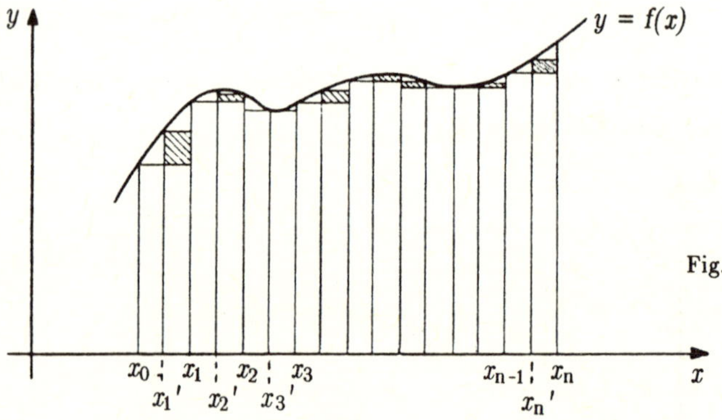

Fig. 4

Wird nun die Unterteilung des Intervalls $\{a \leq x \leq b\}$ immer weiter verfeinert,

[1] Dies bedeutet eine Verfeinerung der Unterteilung.

d.h. strebt die Anzahl n der Teilpunkte gegen unendlich und strebt dabei gleichzeitig die Maximallänge d der einzelnen Teilintervalle gegen 0, so nähern sich, wie man aus Figur 4 ersieht, die Untersummen von unten her und die Obersummen von oben her der Fläche F immer mehr an; wir erhalten also den Inhalt der Fläche F sowohl als Grenzwert der Untersummen U als auch als Grenzwert der Obersummen O.

Hiernach treffen wir allgemein für beliebige Funktionen $f\colon x \longrightarrow y = f(x)$ folgende

Definition: *Es seien $x = a$ und $x = b$ zwei Argumente der Funktion f mit $a < b$, und es sollen wie oben $m_1, m_2, m_3, \ldots, m_n$ die Minima (Infima) sowie $M_1, M_2, M_3, \ldots, M_n$ die Maxima (Suprema) der Funktion $f\colon x \longrightarrow y = f(x)$ in den einzelnen Teilintervallen $\{x_{i-1} < x \leq x_i\}$ bei der Unterteilung des Intervalls $\{a \leq x \leq b\}$ in n Teile bedeuten.* [1] *Streben dann für immer feiner werdende Unterteilungen des Intervalls $\{a \leq x \leq b\}$ (d.h. die Anzahl der Teilpunkte wächst über alle Schranken und die Maximallänge d der einzelnen Teilintervalle geht gegen 0) die zugehörigen Untersummen U und die Obersummen O gegen denselben Grenzwert, so heißt dieser das bestimmte Integral der Funktion $f\colon x \longrightarrow y = f(x)$ von a bis b, und wir schreiben dafür*

$$\int_a^b f(x)dx.$$

Die Funktion f heißt dann über das Intervall $\{a \leq x \leq b\}$ *integrierbar.*

Daß sich die Untersummen und die Obersummen für stetige Funktionen demselben Grenzwert nähern, läßt sich allgemein beweisen; wir verzichten hier auf diese Herleitung und berufen uns auf die Anschauung (vgl. Figur 4).

Das bestimmte Integral erscheint somit als Grenzwert einer Summe. a heißt *untere Integrationsgrenze, b obere Integrationsgrenze,* das Intervall $\{a \leq x \leq b\}$ *Integrationsintervall, f(x)* bzw. f der *Integrand* und x die *Integrationsveränderliche.* [2]

Bemerkungen: 1) Nimmt die Funktion f auch negative Funktionswerte an, so

---

[1] Dabei soll natürlich das Intervall $\{a \leq x \leq b\}$ dem Definitionsbereich der Funktion f angehören, und die Funktionswerte $f(x)$ sollen beschränkt bleiben.

[2] Das Integralzeichen $\int$ ist ein stilisiertes S und erinnert an das Wort Summe (Untersumme, Obersumme).

werden einige Minima m_i oder auch einige Maxima M_i negativ; unter Umständen werden dabei die Untersumme U und die Obersumme O insgesamt negativ.

2) Es ist gleichgültig, mit welchem Buchstaben die Integrationsveränderliche bezeichnet wird, d.h.

$$\int_a^b f(x)dx = \int_a^b f(t)dt = \int_a^b f(\xi)d\xi.$$

1.13.3. Wir wollen noch einmal den Integralbegriff speziell für monotone stetige Funktionen betrachten. Es sei die Funktion $f\colon x \longrightarrow y = f(x)$ definiert im Intervall $I = \{a \leq x \leq b\}$ und monoton wachsend in I, d.h. $f(x') \leq f(x'')$ für alle x' und $x'' \in I$ mit $x' < x''$. (Der Fall, daß f monoton fällt, verläuft entsprechend.)

Wir unterteilen das Intervall $\{a \leq x \leq b\}$ durch die Teilpunkte $a = x_0 < x_1 < < x_2 < \ldots < x_{n-1} < x_n = b$ und setzen $x_1 - x_0 = d_1$, $x_2 - x_1 = d_2, \ldots, x_i - x_{i-1} = = d_i, \ldots, x_n - x_{n-1} = d_n$.

Dann bilden wir zu dieser Zerlegung von I die Unter- und die Obersumme. Da die Minima (Infima) m_i der Funktionswerte in den linken Endpunkten und die Maxima (Suprema) M_i in den rechten Endpunkten der Teilintervalle angenommen werden, erhalten wir die Untersumme

$$U = \sum_{i=1}^{n} d_i m_i = \sum_{i=1}^{n} d_i f(x_{i-1})$$

und die Obersumme

$$O = \sum_{i=1}^{n} d_i M_i = \sum_{i=1}^{n} d_i f(x_i).$$

Dabei ist stets $O \geq U$.

Wir bilden weiter

$$O - U = \sum_{i=1}^{n} d_i(f(x_i) - f(x_{i-1}));$$

sei d das Maximum der Differenzen d_i, also $\max\limits_{i=1,\ldots,n} d_i = d$; dann ist

$$O - U \leq \sum_{i=1}^{n} d\cdot(f(x_i) - f(x_{i-1})) =$$

$$= d\cdot \sum_{i=1}^{n} (f(x_i) - f(x_{i-1})) = d\cdot(f(x_n) - f(x_0)) = d\cdot(f(b) - f(a)).$$

Für $d \longrightarrow 0$ folgt $O - U \longrightarrow 0$, da $f(b) - f(a)$ eine Konstante ist.

Nun kann durch Einschalten neuer Teilpunkte die Obersumme O nur abnehmen und die Untersumme U nur zunehmen.

Beweis: Sei $x_{i-1} < z < x_i$ und O^* bzw. U^* die Obersumme bzw. die Untersumme zu der Zerlegung $x_0 < x_1 < \ldots x_{i-1} < z < x_i < \ldots < x_n$ des Intervalls I.

Dann wird

$$O = \sum_{i=1}^{n} d_i f(x_i) = \ldots + d_{i-1}f(x_{i-1}) + d_i f(x_i) + d_{i+1}f(x_{i+1}) + \ldots =$$
$$= \ldots + d_{i-1}f(x_{i-1}) + ((z - x_{i-1}) + (x_i - z))f(x_i) + d_{i+1}f(x_{i+1}) + \ldots =$$
$$= \ldots + d_{i-1}f(x_{i-1}) + (z - x_{i-1})f(x_i) + (x_i - z)f(x_i) + d_{i+1}f(x_{i+1}) + \ldots \geq$$
$$\geq \ldots + d_{i-1}f(x_{i-1}) + (z - x_{i-1})f(z) + (x_i - z)f(x_i) + d_{i+1}f(x_{i+1}) + \ldots = O^*$$

und

$$U = \sum_{i=1}^{n} d_i f(x_{i-1}) = \ldots + d_{i-1}f(x_{i-2}) + d_i f(x_{i-1}) + d_{i+1}f(x_i) + \ldots =$$
$$= \ldots + d_{i-1}f(x_{i-2}) + ((z - x_{i-1}) + (x_i - z))f(x_{i-1}) + d_{i+1}f(x_i) + \ldots =$$
$$= \ldots + d_{i-1}f(x_{i-2}) + (z - x_{i-1})f(x_{i-1}) + (x_i - z)f(x_{i-1}) + d_{i+1}f(x_i) + \ldots \leq$$
$$\leq \ldots + d_{i-1}f(x_{i-2}) + (z - x_{i-1})f(x_{i-1}) + (x_i - z)f(z) + d_{i+1}f(x_i) + \ldots = U^*.$$

Folglich wird

$$\lim_{d \to 0} O = \lim_{d \to 0} U = \int_a^b f(x)dx.$$

1.13.4. Wir wollen untersuchen, ob wir zur Berechnung eines Integrals auch beliebige Funktionswerte des Integranden $f\colon x \longrightarrow y = f(x)$ aus den einzelnen Teilintervallen benutzen können.

Es sei dazu f im Intervall $\{a \leq x \leq b\}$ stetig und

y_1 ein beliebiger Funktionswert $f(x)$ der Funktion f, wenn x dem ersten Teilintervall $\{x_0 \leq x \leq x_1\}$ angehört;

y_2 ein beliebiger Funktionswert $f(x)$ der Funktion f, wenn x dem zweiten Teilintervall $\{x_0 \leq x \leq x_2\}$ angehört;

....

y_n ein beliebiger Funktionswert $f(x)$ der Funktion f, wenn x dem n-ten Teilintervall $\{x_0 \leq x \leq x_n\}$ angehört.

Also gilt dann $m_1 \leq y_1 \leq M_1$, $m_2 \leq y_2 \leq M_2$, ..., $m_n \leq y_n \leq M_n$ und somit

$d_1 m_1 \leq d_1 y_1 \leq d_1 M_1$, $d_2 m_2 \leq d_2 y_2 \leq d_2 M_2$, ..., $d_n m_n \leq d_n y_n \leq d_n M_n$, so daß die *Zwischensumme*

$$S = d_1 y_1 + d_2 y_2 + \ldots + d_n y_n = \sum_{i=1}^{n} d_i y_i$$

zwischen der Untersumme U und der Obersumme O liegt, d.h. es ist

$$U \leq S \leq O.$$

Mit d bezeichnen wir wieder die Maximallänge der einzelnen Teilintervalle; also $d = \max\limits_{i=1,\ldots,n} d_i$. Wenn nun bei dem Grenzübergang $d \to 0$ die Untersummen U und die Obersummen O sich dem Wert des Integrals $\int_a^b f(x)dx$ nähern, müssen sich auch die Zwischensummen S (da diese immer zwischen U und O liegen) dem Integralwert nähern, d.h. es muß gelten

$$\lim_{d \to 0} S = \int_a^b f(x)dx.$$

Man darf somit bei stetigen Funktionen f zur Berechnung eines Integrals auch beliebige Zwischensummen S benutzen.

1.13.5. Wir treffen für die Integrale noch einige Festsetzungen, die sich bei der Formulierung vieler Aussagen als nützlich erweisen:

(3) $$\int_a^a f(x)dx = 0;$$

(4) $$\int_a^b f(x)dx = -\int_b^a f(x)dx \quad (a < b).$$

Aus der Darstellung des bestimmten Integrals als Fläche folgt (vgl. Figur 5)

(5) $$\int_a^b f(x)dx + \int_b^c f(x)dx = \int_a^c f(x)dx.$$

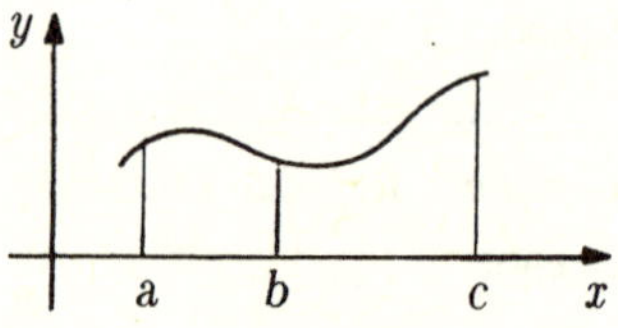

Fig. 5

Ein bestimmtes Integral mit Unter- und Obersummen oder mit Zwischensummen zu bestimmen, ist recht umständlich. Wir wollen deshalb noch einen anderen Weg zur Berechnung bestimmter Integrale kennenlernen. Dazu werden wir den Begriff des unbestimmten Integrals und der Stammfunktion einführen. Unter- und Obersummen mit dem anschließenden Grenzübergang dienen im wesentlichen zur Definition des bestimmten Integrals; nur in besonderen Fällen wird man bei der Berechnung bestimmter Integrale auf diese Definition zurückgehen.

1.13.6. Das unbestimmte Integral. In § 1.6 hatten wir die Ableitung $f'\colon x \longrightarrow y' = f'(x)$ einer gegebenen Funktion $f\colon x \longrightarrow y = f(x)$ kennengelernt und anschließend verschiedene Differentiationsregeln aufgestellt. Wir kehren nun diese Fragestellung um, indem wir zu einer gegebenen Ableitung die ursprüngliche Funktion suchen wollen. Beispielsweise gehört

zu der Ableitung $y' = 2x$ die Funktion $y = x^2$,
zu der Ableitung $y' = 10$ die Funktion $y = 10x$,
zu der Ableitung $y' = 0$ die Funktion $y = c = \text{const.}$; [1]

die Probe erhalten wir jeweils durch Differenzieren der rechts stehenden Funktion. Die gestellte Aufgabe ist jedoch nicht eindeutig lösbar, denn zu der Ableitung $y' = 2x$ gehört als ursprüngliche Funktion auch $y = x^2 + c$, wobei c eine beliebige Konstante ist.

Allgemein lautet also unsere Fragestellung: Ist eine Funktion $f\colon x \longrightarrow y = f(x)$ gegeben, so suchen wir Funktionen $I\colon x \longrightarrow y = I(x)$ mit der Eigenschaft

(6) $$I'(x) = f(x)$$

für alle x eines gewissen Intervalls. Man nennt I eine *Stammfunktion* zu f.

Die Menge aller Stammfunktionen einer Funktion f heißt das *unbestimmte Integral* von f und man schreibt dafür

$$\int f(x)dx.$$

$f(x)$ bzw. f heißt *Integrand.*

Die Ableitung der Stammfunktion ist demnach gleich dem Integranden.

---

[1] D.h., daß die Ableitung für alle x gleich 0 ist.

Wegen (6) wird durch die Funktionswerte des Integranden f für jeden Argumentwert x die Steigung einer Stammfunktion I gegeben. Das bedeutet geometrisch, daß $f(x)$ für jeden x-Wert ein *Richtungselement (Linienelement)* für die durch eine Stammfunktion $I\colon x \longrightarrow y = I(x)$ dargestellte Kurve vorgibt (Figur 6).

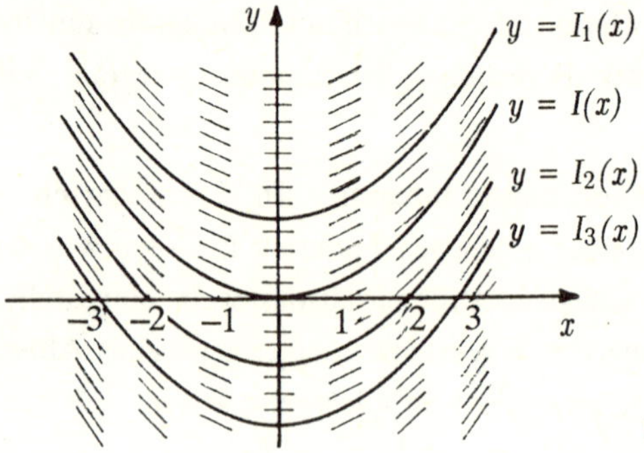

Fig. 6

x	0	1	2	3	-1	-2	-3
$f(x)$	0	$\frac{1}{2}$	1	$\frac{3}{2}$	$-\frac{1}{2}$	-1	$-\frac{3}{2}$

In einem Koordinatensystem dargestellt, erhalten dann alle Punkte mit der gleichen Abszisse x, also alle Punkte auf vertikalen Geraden, Linienelemente derselben Richtung. Da damit jeder Punkt der Ebene ein Richtungselement trägt, spricht man von einem *Richtungsfeld.* Der Graph einer Stammfunktion I muß nun in jedem Punkt die dort vorgeschriebene Richtung haben, er muß also in das Richtungsfeld "hineinpassen". Man nennt solche Kurven dann auch *Integralkurven* des Richtungsfeldes. In Figur 6 ist das Richtungsfeld zum Integranden $f(x) = \frac{x}{2}$ gezeichnet; aus der darunterstehenden Wertetafel sind die Richtungen (Steigungen) der Linienelemente entnommen. Man erhält - wie man aus Figur 6 sieht - verschiedene Stammfunktionen I, I_1, I_2, ..., deren Graphen alle durch Parallelverschiebung senkrecht zur x-Achse auseinander hervorgehen, d.h. es muß sein $I_1(x) = I(x) + c_1$, $I_2(x) = I(x) + c_2$,... Die Gesamtheit der Integralkurven bildet eine *Kurvenschar*. Dieses graphische Verfahren zur Bestimmung von Stammfunktionen ist immer möglich.

Allgemein gilt der

Satz 1: *Sind* $I\colon x \longrightarrow I(x)$ und $I_1\colon x \longrightarrow I_1(x)$ *Stammfunktionen zur Funktion* f, *so unterscheiden sich* I *und* I_1 *um eine additive Konstante* c *(Integrationskonstante),* *d.h. es ist* [1]

$$I(x) = I_1(x) + c.$$

Zum Beweis beachten wir, daß $I'(x) = f(x)$ und $I_1'(x) = f(x)$ ist, also

$$I'(x) - I_1'(x) = 0$$

gilt. [2] Dafür können wir auch schreiben

$$(I(x) - I_1(x))' = 0,$$

da die Ableitung der Differenz zweier Funktionen gleich der Differenz der Ableitungen der einzelnen Funktionen ist. Daraus folgt, daß die Differenz $I(x) - I_1(x)$ eine Konstante c sein muß, also

$$I(x) - I_1(x) = c,$$
$$I(x) = I_1(x) + c.$$

Durch Umkehrung von Differentiationsregeln erhält man eine Reihe von Integrationsregeln. Wir wollen nennen

(7) $$\int (u(x) + v(x))dx = \int u(x)dx + \int v(x)dx$$
(Umkehrung von Satz 1 in § 1.7);

(8) $$\int af(x)dx = a\int f(x)dx \quad \text{(a Konstante)}$$
(Umkehrung von Satz 2 in § 1.7);

als Zusammenfassung von (7) und (8) haben wir

(9) $$\int (au(x) + bv(x))dx = a\int u(x)dx + b\int v(x)dx \quad (a \text{ und } b \text{ Konstante});$$

(10) $$\int x^n dx = \frac{x^{n+1}}{n+1} \quad (n \in \mathbb{R};\ n \neq -1)$$
(Umkehrung von Satz 4 in § 1.7);

für n = 0 ergibt sich hieraus der Spezialfall

$$\int x^0 dx = \int 1 dx = \int dx = x;$$

da Regel (10) für den Exponenten n = –1 nicht gilt, müssen wir den Fall n = –1 gesondert behandeln:

---

[1] und [2] Für alle x eines geeigneten Intervalls.

(11) $$\int x^{-1}dx = \int \frac{1}{x}dx = \ln x \text{ für } x > 0$$

(Umkehrung von Satz 1 in § 1.8);

(11a) $$\int x^{-1}dx = \int \frac{1}{x}dx = \ln(-x) \text{ für } x < 0;$$ [1]

(12) $$\int e^x dx = e^x$$

(Umkehrung von Satz 2 in § 1.8);

(13) $$\int \sin x\, dx = -\cos x;$$

(14) $$\int \cos x\, dx = \sin x;$$

(15) $$\int \frac{1}{\cos^2 x}\, dx = \tan x;$$

(16) $$\int \frac{1}{\sin^2 x}\, dx = -\cot x;$$

(Umkehrung der Differentiationsformeln aus § 1.9);

dabei sind in (10) bis (16) noch beliebige Integrationskonstanten c hinzuzufügen. In Worten bedeutet (7), daß das Integral über die Summe zweier Funktionen gleich der Summe der Integrale über die einzelnen Funktionen ist. Entsprechendes gilt auch für die Summe von mehr als zwei Funktionen sowie für die Differenz zweier Funktionen. Regel (8) besagt, daß ein konstanter Faktor vor das Integral gezogen werden darf. Einen Beweis für die Regeln (10) bis (16) erhält man jeweils durch Differentiation der rechts stehenden Funktionen.

Die eingangs erwähnten Beispiele zur Integration, die wir durch Probieren gelöst hatten, lassen sich nun mit Hilfe dieser Regeln systematisch behandeln: Etwa

$$\int 2x dx = 2\int x dx = 2\int x^1 dx = 2\,\frac{x^{1+1}}{1+1} + c = x^2 + c$$

(mit Regel (8) und (10)) oder

---

[1] Die Integration von x^{-1} muß für $x > 0$ und $x < 0$ getrennt behandelt werden, da der (natürliche) Logarithmus nur für positive Argumentwerte erklärt ist. - Die beiden Formeln (11) und (11a) lassen sich in einer Formel zusammenfassen zu

(11b) $$\int x^{-1}dx = \int \frac{1}{x}dx = \ln|x| \quad (x \neq 0).$$

$$\int 10dx = 10\int dx = 10\int x^0 dx = 10\,\frac{x^{0+1}}{0+1} + c = 10x + c.$$

Allgemein sind wir auf Grund der Regeln in der Lage, alle ganz-rationalen Funktionen $f\colon x \longrightarrow y = f(x) = a_0 + a_1x + a_2x^2 + \ldots + a_nx^n$ (vgl. 1.3.3) zu integrieren; es ist

$$\int(a_0 + a_1x + a_2x^2 + \ldots + a_nx^n)dx = a_0x + a_1\frac{x^2}{2} + a_2\frac{x^3}{3} + \ldots + a_n\,\frac{x^{n+1}}{n+1} + c.$$

Durch Umkehrung der Produktregel der Differentiation (§1.7) erhält man die Regel der *partiellen Integration:* Es gilt (für alle x, für die u' und v' existieren)

(17) $$\int u'(x)\cdot v(x)dx = u(x)\cdot v(x) - \int v'(x)\cdot u(x)dx.$$

Man nennt diese Regel partielle Integration, weil das links stehende Integral mit Hilfe eines Integrals auf der rechten Seite ausgedrückt, also das linke Integral nicht vollständig ausgerechnet wird. Dabei ist das rechte Integral unter Umständen leichter zu berechnen als das linke Integral.

Beweis: Aus der Produktregel $(u(x)\cdot v(x))' = u'(x)\cdot v(x) + v'(x)\cdot u(x)$ folgt

$$\int(u(x)\cdot v(x))'dx = \int u'(x)\cdot v(x)dx + \int v'(x)\cdot u(x)dx;$$

das linke Integral hierin ist gleich $u(x)\cdot v(x)$, also folgt durch Umordnen Formel (17).

Beispiele: Man berechne durch partielle Integration die folgenden Integrale:

1) $\int xe^x dx$; 2) $\int \ln x\, dx \quad (x > 0)$.

Lösung:

1) Wir fassen e^x als $u'(x)$ und x als $v(x)$ auf. Damit wird

$$\int xe^x dx = xe^x - \int 1\cdot e^x dx = xe^x - e^x.$$

2) Wir schreiben $\int \ln x\, dx = \int 1\cdot \ln x\, dx$ und fassen 1 als $u'(x)$ und $\ln x$ als $v(x)$ auf. Folglich ist

$$\int \ln x\, dx = x\ln x - \int x\cdot\frac{1}{x}\,dx = x\ln x - \int dx = x\ln x - x.$$

Dabei sind noch Integrationskonstanten hinzuzusetzen.

Eine weitere wichtige Integrationsregel erhält man aus der Umkehrung der Kettenregel für die Differentiation einer mittelbaren Funktion (§ 1.7):

In dem Integral $\int f(x)dx$ führt man eine Substitution $x = u(t)$ aus, wobei die Umkehrsubstitution (Umkehrfunktion) $t = u^{-1}(x)$ existieren soll. Dann ist

$$\int f(x)dx = \int f(u(t))u'(t)dt,$$

wobei auf der rechten Seite mittels $t = u^{-1}(x)$ die Substitution wieder rückgängig zu machen ist.

Beispiele:

1) In dem Integral $\int (ax + b)^n dx$ $(a \neq 0;\ n \in \mathbb{R};\ n \neq -1)$ führt man die Substitution $ax + b = t$ aus (dies ist gleichbedeutend mit $x = \frac{t-b}{a}$); damit wird

$$\int (ax + b)^n dx = \int t^n (\tfrac{1}{a}) dt = \frac{1}{a}\frac{t^{n+1}}{n + 1} = \frac{(ax + b)^{n+1}}{a(n + 1)}.$$

2) Nach dem gleichen Verfahren erhält man

$$\int \frac{1}{ax + b}\,dx = \frac{1}{a}\ln|ax + b| \quad (x \neq -\tfrac{b}{a})$$

und

$$\int e^{ax+b} dx = \frac{1}{a} e^{ax+b} \quad (a \neq 0).$$

3) In dem Integral $\int \frac{e^x - 1}{e^x + 1}\,dx$ führt man die Substitution $x = \ln t$ $(t > 0)$ aus (dies ist gleichbedeutend mit $t = e^x$); damit wird

$$\int \frac{e^x - 1}{e^x + 1}\,dx = \int \frac{t - 1}{t + 1}\cdot\frac{1}{t}\,dt = \int (\frac{2}{t + 1} - \frac{1}{t})\,dt =$$

$$= 2\ln(t + 1) - \ln t = 2\ln(e^x + 1) - \ln(e^x) = 2\ln(e^x + 1) - x.$$

In den Beispielen sind jeweils noch Integrationskonstanten c hinzuzufügen.

Es gibt aber auch Integrale, die mit Hilfe elementarer Funktionen nicht auswertbar sind, wie z.B. $\int e^{-x^2}dx$ oder $\int \frac{e^x}{x}\,dx$. Solche Integrale geben Anlaß, neue Funktionstypen einzuführen.

Zusammenstellung der Integrationsregeln:

$\int (u(x) \pm v(x))dx = \int u(x)dx \pm \int v(x)dx;$

$\int af(x)dx = a\int f(x)dx;$

$\int u'(x)v(x)dx = u(x)v(x) - \int u(x)v'(x)dx$ (partielle Integration);

$\int f(x)dx = \int f(u(t))u'(t)dt$ mit $t = u^{-1}(x)$ (Integration durch Substitution);

$\int x^n dx = \frac{x^{n+1}}{n + 1} + c \quad (n \neq -1);$

speziell: $\int dx = x + c;$

$\int x^{-1}dx = \int \frac{1}{x}\,dx = \ln|x| + c = \begin{cases} \ln x + c & \text{für } x > 0 \\ \ln(-x) + c & \text{für } x < 0; \end{cases}$

$\int e^x dx = e^x + c;$

$\int \sin x\,dx = -\cos x + c;$

$\int \cos x\,dx = \sin x + c;$

$\int \frac{1}{\cos^2 x}\,dx = \tan x + c;$

$\int \frac{1}{\sin^2 x}\,dx = -\cot x + c;$

c ist dabei die Integrationskonstante.

1.13.7. Einige weitere Beispiele unbestimmter Integrale wollen wir angeben und die nähere Durchrechnung dem Leser überlassen:

1) $\int (3x^6 + 4x^3 - x^2 + 2)dx = \frac{3}{7}x^7 + x^4 - \frac{x^3}{3} + 2x;$

2) $\int \frac{2}{x}\,dx = 2\ln|x| = \ln x^2 \quad (x \neq 0);$

3) $\int \sqrt{x}\,dx = \int x^{\frac{1}{2}}\,dx = \frac{2}{3}x^{\frac{3}{2}} = \frac{2}{3}\sqrt{x^3};$

4) $\int \frac{x^2 - 1}{x}\,dx = \int \left[x - \frac{1}{x}\right]dx = \frac{x^2}{2} - \ln|x| \quad (x \neq 0).$

Man bestätigt durch Differenzieren ($a, b, c > 0$):

5) $\int a^x dx = \frac{1}{\ln a}a^x;$

6) $\int (ax + b)^n dx = \frac{1}{a(n + 1)}(ax + b)^{n+1} \quad (n \neq -1);$

7) $\int (ax + b)^{-1} dx = = \frac{1}{a}\ln|ax + b| \quad (ax + b \neq 0);$

8) $\int x(ax + b)^n dx = \frac{1}{a^2(n + 2)}(ax + b)^{n+2} - \frac{b}{a^2(n + 1)}(ax + b)^{n+1}$

$(n \neq -1, \neq -2);$

9) $\int x^2 e^{ax} dx = e^{ax}\left[\frac{x^2}{a} - \frac{2x}{a^2} + \frac{2}{a^3}\right]$;

10) $\int x^n e^{ax} dx = \frac{1}{a} x^n e^{ax} - \frac{n}{a} \int x^{n-1} e^{ax} dx$;

11) $\int \frac{dx}{ce^{ax} + b} = \frac{x}{b} - \frac{1}{ab} \ln(ce^{ax} + b)$;

12) $\int \frac{e^{ax}}{ce^{ax} + b} dx = \frac{1}{ac} \ln(ce^{ax} + b)$;

13) $\int xe^{ax^2} dx = \frac{1}{2a} e^{ax^2}$;

14) $\int \frac{f'(x)}{f(x)} dx = \ln|f(x)|$ $(f(x) \neq 0)$.

Hierbei sind jeweils noch Integrationskonstanten hinzuzufügen.

1.13.8. Zusammenhang zwischen bestimmtem und unbestimmtem Integral. In dem bestimmten Integral $\int_a^b f(x)dx$ [1] dürfen wir, wie in 1.13.2 schon festgestellt, die Integrationsveränderliche statt mit x auch mit t bezeichnen, wir können also statt des obigen Integrals auch schreiben

$$\int_a^b f(t)dt.$$

Neben diesem Integral wollen wir nun das Integral

$$\int_a^x f(t)dt \tag{18}$$

betrachten, bei dem die obere Integrationsgrenze x als veränderlich angesehen wird.

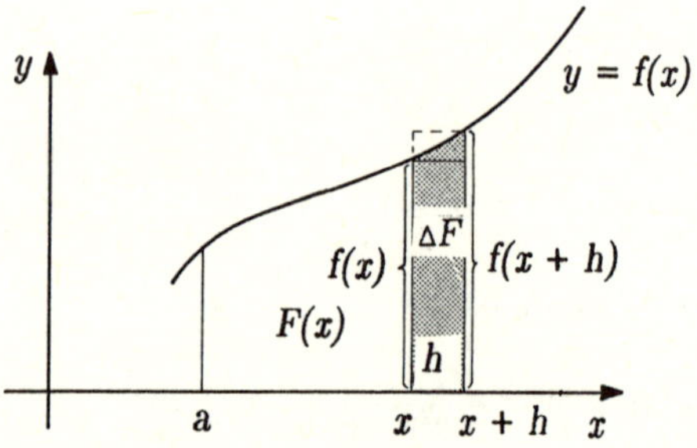

Fig. 7

Wir nehmen hier $f(x) \geq 0$ an.

[1] Der Integrand f soll stetig sein im Intervall $\{a \leq x \leq b\}$.

Weil hier der Buchstabe x zur Bezeichnung der oberen Integrationsgrenze benutzt wurde, mußten wir oben die neue Integrationsveränderliche t einführen, um nicht x in doppelter Bedeutung zu haben. Geometrisch stellt das Integral (18) die Fläche F zwischen dem Graphen der Funktion f und der x-Achse zwischen den Grenzen a und x dar (Figur 7). Die Größe dieser Fläche - die Flächenstücke oberhalb der x-Achse positiv und die Flächenstücke unterhalb der x-Achse negativ gezählt - hängt natürlich von x ab, d.h. die Größe dieser Fläche ist eine Funktion von x, und wir schreiben daher $F\colon x \longrightarrow F(x)$ und sprechen von der Flächenfunktion. Zum Beispiel ist der Funktionswert dieser Funktion F für $x = a$

$$F(a) = \int_a^a f(t)dt = 0 \tag{19}$$

und für $x = b$

$$F(b) = \int_a^b f(t)dt. \tag{20}$$

Wir wollen nun die Ableitung der Flächenfunktion F bestimmmen und betrachten dazu die Änderung der Funktion

$$\Delta F = F(x + h) - F(x).$$

Der Einfachheit halber nehmen wir für unsere Überlegungen an, daß die Funktion f des Integranden monoton steigend ist [1], und wir betrachten nur positive Werte für h (wie in Figur 7 dargestellt). [2] Dann ist

$$\Delta F = F(x + h) - F(x) = \int_a^{x+h} f(t)dt - \int_a^x f(t)dt = \int_x^{x+h} f(t)dt,$$

und weiter wird auf Grund der Definition des Integrals

$$f(x)h \leq \int_x^{x+h} f(t)dt = \Delta F \leq f(x + h)h.$$

Daraus folgt nach Division durch h

$$f(x) \leq \frac{\Delta F}{h} \leq f(x + h). \tag{21}$$

Der Differenzenquotient $\frac{\Delta F}{h}$ ist somit zwischen den beiden Werten $f(x)$ und

---

1) D.h. $f(x') \leq f(x'')$ für $x' < x''$.

2) Für eine fallende Funktion f bzw. für negative h verlaufen die Überlegungen entsprechend.

$f(x + h)$ eingegrenzt. Wenn nun h gegen 0 strebt, nähert sich in (21) die rechte Seite $f(x + h)$ wegen der Stetigkeit dem Wert $f(x)$, während die linke Seite $f(x)$ von dem Grenzübergang überhaupt nicht berührt wird, so daß wir erhalten

$$f(x) \leq \lim_{h \to 0} \frac{\Delta F}{h} \leq \lim_{h \to 0} f(x + h) = f(x).$$

Dann muß aber

$$\lim_{h \to 0} \frac{\Delta F}{h} = f(x)$$

sein, d.h.

$$\frac{d}{dx} F(x) = \frac{d}{dx} \int_a^x f(t)dt = f(x).$$

In Worten bedeutet dies, daß die Ableitung der Flächenfunktion F an der Stelle x gleich dem Integranden $f(x)$ ist, also daß die Funktion F eine Stammfunktion zum Integranden f ist.

Ist nun I irgendeine Stammfunktion zu f, dann unterscheiden sich I und F nach Satz 1 nur in einer additiven Konstanten c (Integrationskonstante), d.h.

$$F(x) = I(x) + c, \tag{22}$$

und es kommt nun darauf an, die Konstante c zu ermitteln. Wir setzen dazu in (22) $x = a$ und erhalten dann

$$F(a) = I(a) + c$$

und wegen (19)

$$0 = I(a) + c,$$
$$c = -I(a).$$

Somit wird

$$F(x) = I(x) - I(a).$$

Setzt man nun hierin $x = b$, so erhalten wir

$$F(b) = I(b) - I(a)$$

und wegen (20)

$$\int_a^b f(x)dx = I(b) - I(a).$$

Damit haben wir zur Berechnung eines bestimmten Integrals $\int_a^b f(x)dx$ den folgenden wichtigen

Satz 2: *Man kann ein bestimmtes Integral* $\int_a^b f(x)dx$ *berechnen, indem man zum Integranden f eine Stammfunktion I sucht (unbestimmt integriert) und die Differenz I(b) – I(a) der Funktionswerte der Stammfunktion an der oberen und der unteren Integrationsgrenze bildet.*

Für die Differenz der Funktionswerte $I(b) - I(a)$ schreibt man auch oft $I(x)\Big|_a^b$, so daß also

$$\int_a^b f(x)dx = I(b) - I(a) = I(x)\Big|_a^b$$

ist.[1])

Ist beispielsweise das Integral $\int_{-1}^4 2x^4 dx$ zu berechnen, so integrieren wir zuerst unbestimmt

$$\int 2x^4 dx = 2\int x^4 dx = 2\,\frac{x^5}{5} + c$$

und haben also in $I(x) = 2\,\frac{x^5}{5}$ eine Stammfunktion zum Integranden $2x^4$. Mit Hilfe des obigen Satzes erhalten wir demnach

$$\int_{-1}^4 2x^4 dx = 2\,\frac{x^5}{5}\Big|_{-1}^4 = 2\cdot\frac{4^5}{5} - 2\cdot\frac{(-1)^5}{5} = 2\cdot\frac{1024}{5} - 2\cdot\frac{-1}{5} = \frac{2048}{5} + \frac{2}{5} = 410.$$

Ferner lassen sich aus Satz 2 neben den schon erwähnten Regeln (3), (4) und (5) die folgenden Integrationsregeln unschwer herleiten:

(23) $$\int_a^b (f(x) + g(x))dx = \int_a^b f(x)dx + \int_a^b g(x)dx;$$

(24) $$\int_a^b sf(x)dx = s\int_a^b f(x)dx \quad (s \text{ Konstante}).$$

Zum Beweis von (23) muß man nur beachten, daß, wenn I eine Stammfunktion zu f und I_1 eine Stammfunktion zu g ist, die Summe $I + I_1$ eine Stammfunktion zu $f + g$ ist. Zum Nachweis von (24) benutzt man die Tatsache, daß, wenn I eine Stammfunktion zu f ist, sI eine Stammfunktion zu sf ist.

Die Regel der partiellen Integration liefert für bestimmte Integrale

---

1) Auch die Schreibweise $I(b) - I(a) = \big[(I(x)\big]_a^b$ oder $I(x)\Big|_{x=a}^{x=b}$ ist gebräuchlich.

$$\int_a^b (u'(x)v(x))dx = [u(x)v(x)]_a^b - \int_a^b (v'(x)u(x))dx.$$

1.13.9. Weitere Beispiele für bestimmte Integrale:

1) $$\int_0^1 x^2 dx = \frac{x^3}{3}\bigg|_0^1 = \frac{1}{3} - \frac{0}{3} = \frac{1}{3}.$$

Geometrisch stellt dieses Integral die Fläche zwischen der Parabel $f\colon x \longrightarrow y = f(x) = x^2$ und der x-Achse zwischen den Grenzen 0 und 1 dar.

2) $$\int_{-2a}^{+2a} x^3 dx = \frac{x^4}{4}\bigg|_{-2a}^{+2a} = \frac{16a^4}{4} - \frac{16a^4}{4} = 0.$$

Der Wert 0 dieses Integrals läßt sich geometrisch so erklären, daß die durch das Integral repräsentierte Fläche oberhalb der x-Achse ebenso groß ist wie die Fläche unterhalb der x-Achse (Figur 8), und da beide mit entgegengesetztem Vorzeichen gezählt werden, heben sie sich auf.

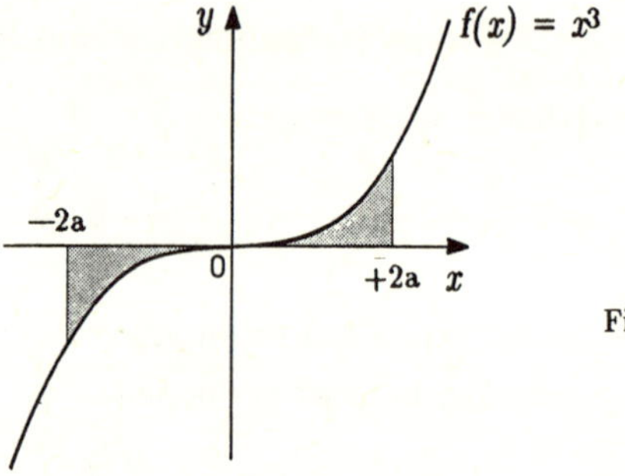

Fig. 8

3) $$\int_1^2 \frac{1}{x} dx = \ln x\bigg|_1^2 = \ln 2 - \ln 1 = \ln 2, \text{ da } \ln 1 = 0 \text{ ist.}$$ [1]

4) $$\int_0^1 e^x dx = e^x\bigg|_0^1 = e^1 - e^0 = e - 1.$$

5) $$\int_{-1}^{+1} (2x^4 - x^3 + 6x^2 - 1)dx = \left[2\frac{x^5}{5} - \frac{x^4}{4} + 6\frac{x^3}{3} - x\right]\bigg|_{-1}^{+1} =$$

$$= \left[\frac{2}{5} - \frac{1}{4} + 2 - 1\right] - \left[-\frac{2}{5} - \frac{1}{4} - 2 + 1\right] = \frac{4}{5} + 2 = \frac{14}{5}.$$

---

[1] Man kann die Funktion natürlicher Logarithmus auch definieren durch $\ln x = \int_1^x \frac{1}{t}\, dt$ $(x > 0)$.

1.13.10. Der Mittelwertsatz der Integralrechnung. *Ist die Funktion $f: x \longrightarrow y = f(x)$ stetig im Intervall $I = \{a \leq x \leq b\}$, so gibt es (mindestens) eine Stelle $x_0 \in I$, so daß gilt*

$$\int_a^b f(x)dx = (b - a)f(x_0).$$

Wir beschränken uns darauf, diesen Satz für Funktionen f mit $f(x) \geq 0$ für alle $x \in I$ geometrisch plausibel zu machen (Figur 9).

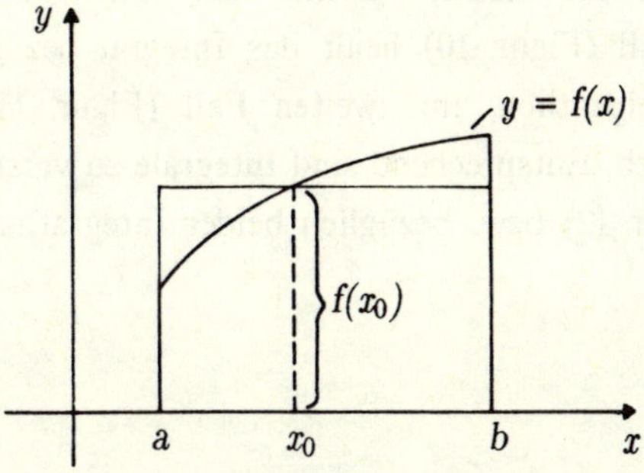

Fig. 9

Wir betrachten $\int_a^b f(x)dx$ als Fläche F unter dem Graphen von $f: x \longrightarrow y = f(x)$. Dann sagt der Mittelwertsatz der Integralrechnung aus, daß es im Integrationsintervall I eine Stelle x_0 gibt, so daß F gleich der Rechtecksfläche mit der Länge $b - a$ und der Breite $f(x_0)$ ist.

Beispiel:

$\int_{-3}^{6} x^2dx = 81$; der Wert x_0 bestimmt sich aus $(b - a)f(x_0) = 9x_0^2 = 81$, also $x_0 = \pm 3$.

Die zugehörige Rechtecksfläche ist $(b - a)f(x_0) = 9 \cdot 9 = 81$.

1.13.11. Uneigentliche Integrale. Das bestimmte Integral $\int_a^b f(x)dx$ läßt sich - wie in 1.13.2 dargelegt - geometrisch interpretieren als die Fläche zwischen dem Graphen des Integranden f und der x-Achse zwischen den Grenzen $x = a$ und $x = b > a$ (wobei Flächen oberhalb der x-Achse positiv und Flächen unterhalb der x-Achse negativ gezählt werden). Wir hatten dabei angenommen, daß die betrachteten Flächen nicht bis ins Unendliche reichen. Diese Verallgemeinerung wollen wir nun in unsere Betrachtungen auch einschließen; daß die durch ein Integral gegebene Fläche bis ins Unendliche reicht, kann dadurch eintreten, daß die obere Integrationsgrenze b über alle Schranken wächst, d.h., daß b gegen Unendlich strebt (Figur 10) oder daß die Funktion f des Integranden zum Beispiel bei Annäherung des Arguments x gegen die obere Integrationsgrenze b über alle Schranken wächst (Figur 11). Wenn die durch ein Integral gegebene Fläche bis ins Unendliche reicht, spricht man von einem *uneigentlichen Integral;* im ersten Fall (Figur 10) heißt das Integral bezüglich der oberen Integrationsgrenze uneigentlich, im zweiten Fall (Figur 11) bezüglich des Integranden uneigentlich. Entsprechend sind Integrale zu verstehen, die bezüglich der unteren (Figur 12) bzw. bezüglich beider Integrationsgrenzen (Figur 13) uneigentlich sind.

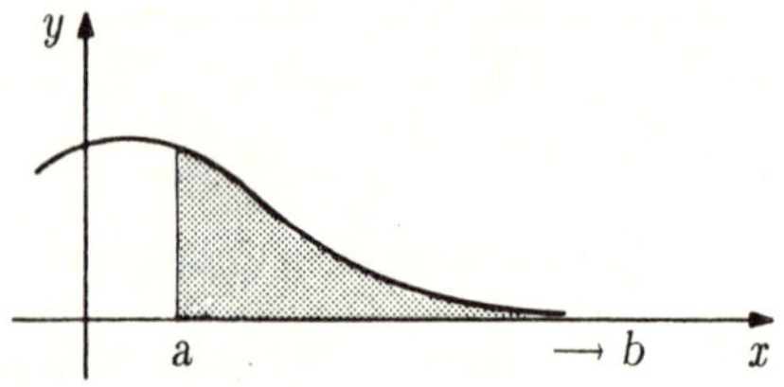

Fig. 10

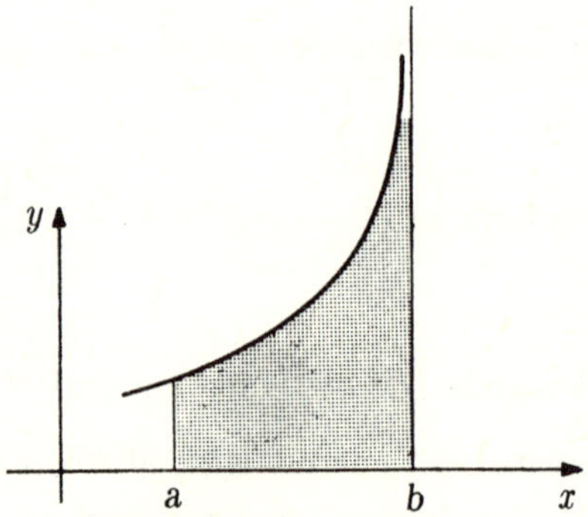

Fig. 11

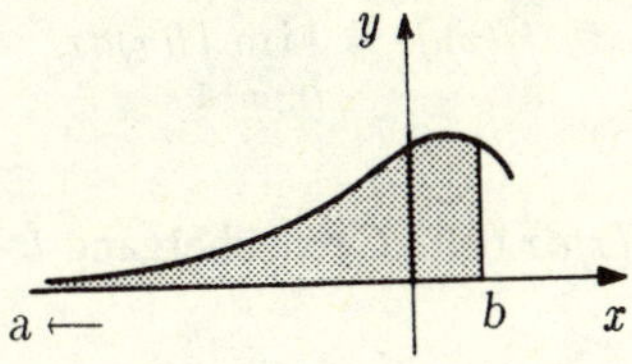

Fig. 12

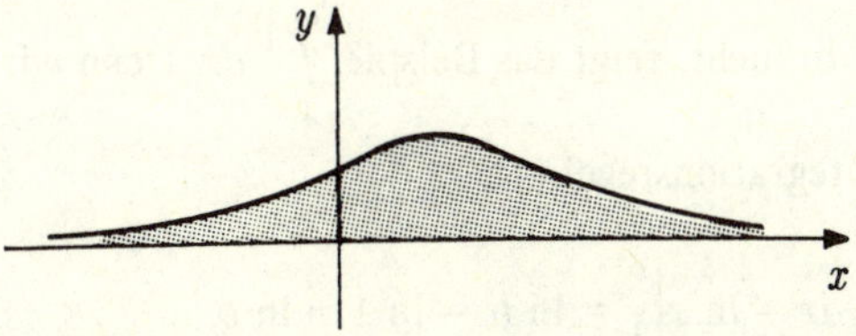

Fig. 13

Wir wollen uns hier hauptsächlich mit bezüglich der oberen Integrationsgrenze uneigentlichen Integralen befassen. Gehen wir als Beispiel von dem (gewöhnlichen) Integral $\int\limits_1^b \frac{1}{x^2}\,dx$ aus. Auf Grund von Satz 2 und Integrationsregel (10) erhalten wir für dieses Integral

$$\int\limits_1^b \frac{1}{x^2}\,dx = \int\limits_1^b x^{-2}dx = \frac{x^{-2+1}}{-2+1}\Bigg|_1^b = \frac{b^{-1}}{-1} - \frac{1^{-1}}{-1} = -\frac{1}{b} + 1.$$

Wächst nun hierin b über alle Schranken, d.h. $b \to \infty$, so strebt $\frac{1}{b}$ gegen 0, also es nähert sich das Integral $\int\limits_1^b \frac{1}{x^2}\,dx$ dem Wert 1. Wir beschreiben diesen Sachverhalt in Formeln durch

$$\lim_{b\to\infty} \int\limits_1^b \frac{1}{x^2}\,dx = \lim_{b\to\infty} \left(-\frac{1}{b} + 1\right) = 1$$

und setzen kurz

$$\lim_{b\to\infty} \int\limits_1^b \frac{1}{x^2}\,dx = \int\limits_1^\infty \frac{1}{x^2}\,dx.$$

Allgemein versteht man unter dem uneigentlichen Integral $\int\limits_a^\infty f(x)dx$ den Grenzwert (sofern er existiert), dem sich das Integral $\int\limits_a^b f(x)dx$ nähert, wenn die obere Integrationsgrenze b über alle Schranken wächst, d.h.

(25) $$\int_a^\infty f(x)dx = \lim_{b\to\infty} \int_a^b f(x)dx.$$

Daß sich das Integral $\int_a^b f(x)dx$ beim Grenzübergang $b \longrightarrow \infty$ nicht in jedem Fall einem Grenzwert nähert, daß also das uneigentliche Integral $\int_a^\infty f(x)dx$ - wie man sagt - nicht zu existieren braucht, zeigt das Beispiel $\int_1^\infty \frac{1}{x}\,dx$. Denn wir haben auf Grund von Satz 2 und Integrationsregel (11)

$$\int_1^b \frac{1}{x}\,dx = \ln x\Big|_1^b = \ln b - \ln 1 = \ln b,$$

da $\ln 1 = 0$ ist. Weil aber die Funktion $f\colon x \longrightarrow f(x) = \ln x$ für unbegrenzt wachsendes x über alle Schranken wächst (vgl. Figur 1 in 1.8.1), folgt

$$\int_1^\infty \frac{1}{x}\,dx = \lim_{b\to\infty} \int_1^b \frac{1}{x}\,dx = \lim_{b\to\infty} \ln b = \infty;$$

also existiert das betrachtete uneigentliche Integral nicht.

Aus Figur 10 ist leicht ersichtlich, daß für die Existenz des uneigentlichen Integrals $\int_a^\infty f(x)dx$ die für $x \geq a$ monoton fallende Funktion f des Integranden für unbegrenzt wachsendes x sich notwendigerweise hinreichend stark der x-Achse nähern muß. Die Annäherung der Funktion $f\colon x \longrightarrow f(x) = \frac{1}{x}$ genügte also nicht.

In der Statistik spielt das uneigentliche Integral $\int_0^\infty e^{-x^2}dx$ eine große Rolle. Dieses Integral läßt sich mit elementaren Integrationsformeln nicht auswerten; man findet dafür den Wert $\frac{\sqrt{\pi}}{2}$ ($\pi = 3{,}1415...$), auf dessen Herleitung wir hier jedoch nicht eingehen wollen.

Analog zu (25) erklärt man bezüglich der unteren Integrationsgrenze bzw. bezüglich beider Integrationsgrenzen uneigentliche Integrale:

$$\int_{-\infty}^{b} f(x)dx = \lim_{a \to -\infty} \int_{a}^{b} f(x)dx$$

und

$$\int_{-\infty}^{+\infty} f(x)dx = \int_{c}^{\infty} f(x)dx + \int_{-\infty}^{c} f(x)dx$$

mit einer beliebigen festen Integrationsgrenze c. Natürlich ist auch bei diesen uneigentlichen Integralen immer nachzuprüfen, ob sie existieren.

Zum Beispiel ist

$$\int_{-\infty}^{+\infty} e^{-x^2} dx = \int_{0}^{\infty} e^{-x^2} dx + \int_{-\infty}^{0} e^{-x^2} dx = \frac{\sqrt{\pi}}{2} + \frac{\sqrt{\pi}}{2} = \sqrt{\pi}.$$

§ 1.14. Unendliche Reihen

1.14.1. Bisher waren nur Summen

$$a_0 + a_1 + a_2 + \dots + a_n = \sum_{i=0}^{n} a_i$$

mit endlich vielen Summanden a_i erklärt.

Unter einer unendlichen Reihe versteht man jetzt eine Summe mit unendlich vielen Summanden, also

(1) $$a_0 + a_1 + a_2 + \dots + a_i + \dots$$

a_i heißt das *allgemeine Glied* der Reihe, und statt (1) schreibt man auch symbolisch mit dem Summenzeichen

(2) $$\sum_{i=0}^{\infty} a_i.$$

Was soll man nun unter dem Summenwert einer solchen unendlichen Reihe verstehen? Wir bilden dazu die endlichen Summen

$$S_0 = a_0,$$
$$S_1 = a_0 + a_1,$$
$$S_2 = a_0 + a_1 + a_2,$$
....
$$S_n = a_0 + a_1 + a_2 + \dots + a_n = \sum_{i=0}^{n} a_i;$$

man bezeichnet diese als *Teilsummen* oder *Partialsummen* der Reihe (1). Wenn nun die Folge der Partialsummen S_n für $n \longrightarrow \infty$ einem (endlichen) Grenzwert S zustrebt, d.h.

konvergiert [1], dann heißt auch die unendliche Reihe (1) *konvergent* und S ihre Summe.

Wir können demnach schreiben

$$S = \lim_{n\to\infty} S_n$$

bzw.

$$a_0 + a_1 + a_2 + \dots + a_i + \dots = S \text{ bzw. } \sum_{i=0}^{\infty} a_i = S.$$

Wenn die Folge der Partialsummen nicht einem Grenzwert zustrebt, also nicht konvergiert, dann ist auch die unendliche Reihe nicht konvergent, und man spricht von einer *divergenten* Reihe.

Die Konvergenz einer unendlichen Reihe läßt sich auch folgendermaßen ausdrücken:

Definition: *Eine unendliche Reihe* $\sum_{i=0}^{\infty} a_i$ *heißt konvergent zur Summe* S*, wenn es zu jeder Zahl* $\varepsilon > 0$ *eine Zahl* N *gibt, so daß für alle* $n \geq N$ *gilt*

$$|S_n - S| < \varepsilon,$$

oder in anderer Schreibweise

$$\left|\sum_{i=0}^{n} a_i - S\right| < \varepsilon.$$

Als *notwendige Konvergenzbedingung* der Reihe $\sum_{i=0}^{\infty} a_i$ haben wir den

Satz:
$$\lim_{i\to\infty} a_i = 0,$$

d.h. das allgemeine Glied a_i der Reihe muß gegen 0 gehen.

Beweis: Sei $\sum_{i=0}^{\infty} a_i = S$; dann ist

$$\lim_{n\to\infty} S_n = \lim_{n\to\infty} (a_0 + a_1 + \dots + a_{n-1} + a_n) = S$$

und ebenso

$$\lim_{n\to\infty} S_{n-1} = \lim_{n\to\infty} (a_0 + a_1 + \dots + a_{n-1}) = S.$$

Folglich haben wir $0 = \lim_{n\to\infty} S_n - \lim_{n\to\infty} S_{n-1} = \lim_{n\to\infty} (S_n - S_{n-1}) = \lim_{n\to\infty} a_n$.

---

[1] Für Grenzwerte von Folgen siehe 1.4.5.

Diese Bedingung ist nur notwendig, aber nicht hinreichend, wie das Beispiel der *harmonischen Reihe* $\sum_{i=0}^{\infty} \frac{1}{i}$ zeigt, die, wie man beweisen kann, divergent ist.

Als wichtiges Beispiel für eine unendliche Reihe wollen wir nun die unendliche geometrische Reihe

$$(3) \qquad 1 + q + q^2 + \dots + q^i + \dots = \sum_{i=0}^{\infty} q^i$$

betrachten. Es wäre also im Vergleich zur Bezeichnung bei Reihe (1) zu setzen $a_0 = 1$, $a_1 = q$, $a_2 = q^2$, ..., $a_i = q^i$. (Wir haben als charakteristische Eigenschaft einer geometrischen Reihe $\frac{a_{i+1}}{a_i} = q$ (i = 0,1,2,3,...).) Die Partialsummen lauten hier

$$S_0 = 1,$$
$$S_1 = 1 + q,$$
$$S_2 = 1 + q + q^2,$$
$$\dots\dots\dots\dots$$
$$S_n = 1 + q + q^2 + \dots + q^n,$$

und unter Verwendung der Summenformel für eine endliche geometrische Reihe (S_n hat n + 1 Summanden) entsteht mit einfachen Umformungen

$$S_n = \frac{1 - q^{n+1}}{1 - q} = \frac{1}{1 - q} - \frac{q^{n+1}}{1 - q} \quad (q \neq 1).$$

Für $|q| < 1$, d.h. $-1 < q < +1$, strebt $q^{n+1} \longrightarrow 0$ für $n \longrightarrow \infty$, also auch $\frac{q^{n+1}}{1 - q} \longrightarrow 0$ für $n \longrightarrow \infty$ (vgl. 1.4.2), so daß

$$\lim_{n \to \infty} S_n = \lim_{n \to \infty} \left[\frac{1}{1 - q} - \frac{q^{n+1}}{1 - q}\right] = \frac{1}{1 - q}$$

ist.

Für $|q| > 1$, d.h. $q < -1$ oder $q > +1$, ist q^{n+1} nicht konvergent für $n \longrightarrow \infty$, und somit streben auch die Folgen der Partialsummen keinem endlichen Grenzwert zu. $q = 1$ liefert in (3) die Reihe 1 + 1 + 1 + ..., und $q = -1$ ergibt 1 − 1 + 1 − 1 + ...; auch diese Reihen sind nicht konvergent.

Demnach haben wir folgenden

Satz: *Für* $|q| < 1$ *ist die unendliche geometrische Reihe* (3) *konvergent, und* $S = \frac{1}{1 - q}$ *ist ihre Summe, also*

(4) $$1 + q + q^2 + \dots + q^i + \dots = \frac{1}{1-q}.$$

Für $|q| \geq 1$, *d.h.* $q \leq -1$ *oder* $q \geq +1$, *ist die unendliche geometrische Reihe* (3) *divergent.*

Faßt man in der Reihe (4) q als veränderlich auf und setzt, um dies anzudeuten, $q = x$, so haben wir

(5) $$1 + x + x^2 + \dots + x^i + \dots = \frac{1}{1-x}.$$

Das heißt m. a. W., daß die Funktion $f\colon x \longrightarrow \frac{1}{1-x}$ für $|x| < 1$ als unendliche Reihe $1 + x + x^2 + \dots + x^i + \dots$ dargestellt werden kann.

Sind nun allgemein in einer unendlichen Reihe die einzelnen Glieder Funktionen f_i, so haben wir eine Reihe der Form

(6) $$f_0(x) + f_1(x) + f_2(x) + \dots + f_i(x) + \dots = \sum_{i=0}^{\infty} f_i(x).$$

In (5) ist speziell $f_0(x) = 1$, $f_1(x) = x$, $f_2(x) = x^2, \dots, f_i(x) = x^i, \dots$ Setzt man nun in (6) für x einen festen Wert x_0 ein, so erhält man eine unendliche Reihe mit konstanten Gliedern, also eine unendliche Reihe der Form (1). Die Menge derjenigen Werte $x = x_0$, für die die Reihe (6) konvergiert, heißt der *Konvergenzbereich* der Reihe. Die Summe der Reihe (6) ist natürlich von x abhängig, also eine Funktion f, und wir können schreiben

(7) $$f_0(x) + f_1(x) + f_2(x) + \dots + f_i(x) + \dots = f(x).$$

In (5) ist also speziell $f(x) = \frac{1}{1-x}$ und der Konvergenzbereich von (5) ist das Intervall $\{-1 < x < 1\}$.

Für uns wird der Sonderfall wichtig sein, wo $f_0(x) = a_0$, $f_1(x) = a_1 x$, $f_2(x) = a_2 x^2, \dots$, $f_i(x) = a_i x^i, \dots$ mit Koeffizienten $a_0, a_1, a_2, \dots, a_i, \dots$ ist; wir haben dann also statt (7) speziell eine Reihe der Form

(8) $$a_0 + a_1 x + a_2 x^2 + \dots + a_i x^i + \dots = f(x).$$

Man spricht hier von einer *Potenzreihe.* Statt (8) schreibt man auch kurz mit dem Summenzeichen

$$\sum_{i=0}^{\infty} a_i x^i = f(x).$$

Wir wollen statt (8) noch etwas allgemeiner betrachten $f_0(x) = a_0$, $f_1(x) = a_1(x - a)$, $f_2(x) = a_2(x - a)^2, \dots, f_i(x) = a_i(x - a)^i, \dots$ mit Koeffizienten $a_0, a_1, a_2, \dots, a_i, \dots$ und $a \in \mathbb{R}$; damit haben wir dann eine Reihe der Form

(9) $a_0 + a_1(x-a) + a_2(x-a)^2 + ... + a_i(x-a)^i + ... = \sum_{i=0}^{\infty} a_i(x-a)^i = f(x).$

Setzt man in (9) $a = 0$, so erhält man die Reihe (8).[1]

Hierfür gelten entsprechende Bemerkungen hinsichtlich der Konvergenz wie oben.[2]

Wir wollen nun die Frage umgekehrt stellen, zu einer gegebenen Funktion f eine Potenzreihe der Form (9) zu suchen, so daß diese Potenzreihe die Summe $f(x)$ hat.

Man sagt dann, daß man die Funktion f in eine Potenzreihe entwickelt. Man nennt (8) die Entwicklung in eine *Maclaurinsche Reihe* und (9) die Entwicklung in eine *Taylor-Reihe.*

Es kommt nun darauf an, die Koeffizienten a_i zu bestimmen. Wir machen einen Ansatz

(10) $$f(x) = a_0 + a_1(x-a) + a_2(x-a)^2 + a_3(x-a)^3 + ... + a_i(x-a)^i + ...$$

mit noch unbekannten Koeffizienten a_0, a_1, a_2,..., a_i,... Wir setzen in (10) $x = a$ ein und erhalten $f(a) = a_0$. Somit haben wir in (10) den ersten Koeffizienten schon bestimmt.

Indem man (10) beiderseits differenziert,[3] folgt

(11) $$f'(x) = a_1 + 2a_2(x-a) + 3a_3(x-a)^2 + ... + ia_i(x-a)^{i-1} + ...$$

Hierin $x = a$ eingesetzt liefert $f'(a) = a_1$.

Wenn man nun (11) nochmals differenziert, also die Ableitung zweiter Ordnung von (10) bildet, entsteht

(12) $$f''(x) = 2a_2 + 3\cdot 2a_3(x-a) + ... + i(i-1)\, a_i(x-a)^{i-2} + ...;$$

$x = a$ eingesetzt liefert $f''(a) = 2a_2$, also $a_2 = \frac{f''(a)}{2}$.

Die Ableitung dritter Ordnung von (10)

$$f'''(x) = 3\cdot 2a_3 + ... + i(i-1)(i-2)\, a_i(x-a)^{i-3} + ...$$

entsteht durch Differentiation von (12); $x = a$ eingesetzt liefert $f'''(a) = 3\cdot 2a_3$, also $a_3 = \frac{f'''(a)}{3\cdot 2}$, wofür wir auch $a_3 = \frac{f'''(a)}{3!}$ schreiben können.

---

[1] Für die Schreibweise mit dem Summenzeichen ist in (8) und (9) zu setzen $0^0 = 1$.

[2] Ohne Beweis sei bemerkt, daß der Konvergenzbereich einer Potenzreihe ein Intervall ist. Die halbe Länge dieses Intervalls heißt Konvergenzradius.

[3] Wir wenden die bekannten Differentiationsregeln auf Potenzreihen (Summen mit unendlich vielen Gliedern) an, obwohl eigentlich noch zu untersuchen wäre, ob dies erlaubt ist. - Die Funktion f soll Ableitungen jeder beliebigen Ordnung besitzen.

In dieser Weise fortfahrend, entsteht bei der i-ten Ableitung von (10)

$f^{(i)}(x) = i(i-1)(i-2) \dots 2a_i +$ Glieder, die $(x-a)$ enthalten;

$x = a$ eingesetzt liefert $f^{(i)}(a) = i(i-1)(i-2) \dots 2a_i = i! \cdot a_i$, also $a_i = \frac{f^{(i)}(a)}{i!}$.

Wenn man nun in (10) für $a_0, a_1, a_2, a_3, \dots, a_i, \dots$ die eben bestimmten Werte einsetzt, folgt

$$f(x) = f(a) + f'(a)(x-a) + \frac{f''(a)}{2}(x-a)^2 + \frac{f'''(a)}{3!}(x-a)^3 + \dots + \\ + \frac{f^{(i)}(a)}{i!}(x-a)^i + \dots$$

Indem wir schließlich noch beachten, daß $\frac{1}{2}$ als $\frac{1}{2!}$ und 1 als $\frac{1}{1!}$ aufgefaßt werden kann, lautet die zu f gehörige Potenzreihe bei der Entwicklung nach Potenzen von $(x-a)$

$$(13) \qquad f(x) = f(a) + \frac{f'(a)}{1!}(x-a) + \frac{f''(a)}{2!}(x-a)^2 + \frac{f'''(a)}{3!}(x-a)^3 + \dots + \\ + \frac{f^{(i)}(a)}{i!}(x-a)^i + \dots$$

Da man $0! = 1$ definiert und $f^{(0)} = f$ setzt, läßt sich (13) auch schreiben als

$$f(x) = \sum_{i=0}^{\infty} \frac{f^{(i)}(a)}{i!}(x-a)^i.$$

Wir haben damit folgenden

Satz: *Die Taylor-Reihenentwicklung der Funktion $f: x \longrightarrow f(x)$ um die Stelle (den Punkt) a lautet*

$$f(x) = \sum_{i=0}^{\infty} \frac{f^{(i)}(a)}{i!}(x-a)^i = f(a) + \frac{f'(a)}{1!}(x-a) + \frac{f''(a)}{2!}(x-a)^2 + \frac{f'''(a)}{3!}(x-a)^3 + \dots$$

Setzt man hierin $a = 0$, so erhält man die Entwicklung in eine Maclaurinsche Reihe

$$f(x) = \sum_{i=0}^{\infty} \frac{f^{(i)}(0)}{i!}x^i = f(0) + \frac{f'(0)}{1!}x + \frac{f''(0)}{2!}x^2 + \frac{f'''(0)}{3!}x^3 + \dots$$

Für welche x solche Reihen konvergieren und ob sie dort auch die Funktion f darstellen, ist jeweils noch besonders zu untersuchen.

Beispiele:

1) Betrachten wir $f(x) = e^x$ und $a = 0$ und berücksichtigen, daß e^x bei der Differentiation ungeändert bleibt sowie $e^0 = 1$, dann erhalten wir

$$(14) \qquad e^x = 1 + \frac{x}{1!} + \frac{x^2}{2!} + \frac{x^3}{3!} + \dots + \frac{x^i}{i!} + \dots = \sum_{i=0}^{\infty} \frac{x^i}{i!}.$$

Dies gilt für alle $x \in \mathbb{R}$.

Setzt man hierin $x = 1$, so entsteht die Reihenentwicklung für e

$$e = 1 + \frac{1}{1!} + \frac{1}{2!} + \frac{1}{3!} + \dots + \frac{1}{i!} + \dots = \sum_{i=0}^{\infty} \frac{1}{i!}.$$

2) Wir wollen als zweites Beispiel $f(x) = (1 + x)^n$ $(n \in \mathbb{N})$ entwickeln, wobei wir auch wieder $a = 0$ wählen.

Die Ableitungen sind gegeben durch $f'(x) = n(1 + x)^{n-1}$, $f''(x) = n(n - 1)(1 + x)^{n-2}$, $f'''(x) = n(n - 1)(n - 2)(1 + x)^{n-3}, \dots, f^{(i)}(x) = n(n - 1) \dots (n - i + 1)(1 + x)^{n-i}, \dots,$ $f^{(n)}(x) = n(n - 1) \dots 2 \cdot 1$ und $f^{(n+1)}(x) = 0 = f^{(n+2)}(x) = \dots$

Damit wird auf Grund von (13)

$$(15) \qquad (1 + x)^n = 1 + \frac{n}{1!} x + \frac{n(n-1)}{2!} x^2 + \frac{n(n-1)(n-2)}{3!} x^3 + \dots + \frac{n(n-1)\dots(n-i+1)}{i!} x^i + \dots + \frac{n(n-1)\dots 2 \cdot 1}{n!} x^n.$$

Dies gilt für alle $x \in \mathbb{R}$.

Wir setzen (vgl. 7.8.2)

$$\frac{n}{1!} = \begin{bmatrix} n \\ 1 \end{bmatrix}, \frac{n(n-1)}{2!} = \begin{bmatrix} n \\ 2 \end{bmatrix}, \frac{n(n-1)(n-2)}{3!} = \begin{bmatrix} n \\ 2 \end{bmatrix}, \dots,$$

$$\frac{n(n-1)\dots(n-i+1)}{i!} = \begin{bmatrix} n \\ i \end{bmatrix}, \dots, \frac{n(n-1)\dots 2 \cdot 1}{n!} = \begin{bmatrix} n \\ n \end{bmatrix} \text{ sowie } \begin{bmatrix} n \\ 0 \end{bmatrix} = 1.$$

Diese Symbole $\begin{bmatrix} n \\ 0 \end{bmatrix}, \begin{bmatrix} n \\ 1 \end{bmatrix}, \begin{bmatrix} n \\ 2 \end{bmatrix}, \dots, \begin{bmatrix} n \\ n \end{bmatrix}$ heißen *Binomialkoeffizienten* (vgl. 7.8.2).

Damit wird aus (15)

$$(16) \qquad (1 + x)^n = \begin{bmatrix} n \\ 0 \end{bmatrix} + \begin{bmatrix} n \\ 1 \end{bmatrix} x + \begin{bmatrix} n \\ 2 \end{bmatrix} x^2 + \dots + \begin{bmatrix} n \\ i \end{bmatrix} x^i + \dots + \begin{bmatrix} n \\ n \end{bmatrix} x^n = \sum_{i=0}^{n} \begin{bmatrix} n \\ i \end{bmatrix} x^i.$$

Setzt man in (15) $x = \frac{q}{p}$ $(p \neq 0)$ und multipliziert mit p^n, so entsteht der *Binomische Satz*

$$(p + q)^n = \begin{bmatrix} n \\ 0 \end{bmatrix} p^n + \begin{bmatrix} n \\ 1 \end{bmatrix} p^{n-1} q + \begin{bmatrix} n \\ 2 \end{bmatrix} p^{n-2} q^2 + \dots + \begin{bmatrix} n \\ i \end{bmatrix} p^{n-i} q^i + \dots + \begin{bmatrix} n \\ n \end{bmatrix} q^n =$$

$$= \sum_{i=0}^{n} \begin{bmatrix} n \\ i \end{bmatrix} p^{n-i} q^i.$$

Für den Spezialfall $n = 2$ erhält man

$$(p + q)^2 = \begin{bmatrix} 2 \\ 0 \end{bmatrix} p^2 + \begin{bmatrix} 2 \\ 1 \end{bmatrix} pq + \begin{bmatrix} 2 \\ 2 \end{bmatrix} q^2 = p^2 + 2pq + q^2$$

und für n = 3

$$(p+q)^3 = \begin{bmatrix}3\\0\end{bmatrix} p^3 + \begin{bmatrix}3\\1\end{bmatrix} p^2q + \begin{bmatrix}3\\2\end{bmatrix} pq^2 + \begin{bmatrix}3\\3\end{bmatrix} q^3 = p^3 + 3p^2q + 3pq^2 + q^3.$$

1.14.2. Wir wollen noch die für die Anwendungen wichtige Frage erörtern, welchen Fehler man begeht, wenn man eine unendliche Reihe durch eine ihrer Partialsummen S_n (also durch eine endliche Summe) ersetzt. Natürlich hängt dieser Fehler davon ab, wieviele Glieder die Partialsumme enthält, d.h. der Fehler hängt von n ab, und wir bezeichnen diesen daher mit R_n; wir haben also

$$S = S_n + R_n.$$

Für die unendliche geometrische Reihe (3) wird dann

$$\frac{1}{1-q} = (1 + q + q^2 + ... + q^n) + R_n,$$

$$\frac{1}{1-q} = \frac{1-q^{n+1}}{1-q} + R_n,$$

also

$$R_n = \frac{q^{n+1}}{1-q}.$$

Für $|q| < 1$ nähern sich mit wachsendem n die Werte q^{n+1} dem Wert 0, also strebt

$$R_n = \frac{q^{n+1}}{1-q} \longrightarrow 0 \quad \text{für} \quad n \longrightarrow \infty.$$

Bei der Potenzreihenentwicklung von $f(x) = \frac{1}{1-x}$ hängt der Rest $R_n = \frac{x^{n+1}}{1-x}$ natürlich von x ab, und wir schreiben $R_n = R_n(x)$. Für $|x| < 1$ haben wir analog $R_n(x) = \frac{x^{n+1}}{1-x} \longrightarrow 0$ für $n \longrightarrow \infty$.

Sei nun allgemein $f\colon x \longrightarrow f(x)$ eine Funktion, die (n+1)-mal differenzierbar ist und für die die (n+1)-te Ableitung $f^{(n+1)}$ stetig ist. Für

$$f(x) = f(a) + \frac{f'(a)}{1!}(x-a) + \frac{f''(a)}{2!}(x-a)^2 + ... + \frac{f^{(n)}(a)}{n!}(x-a)^n + R_n(x)$$

gilt dann (wie wir hier nicht beweisen wollen)

$$R_n(x) = \frac{f^{(n+1)}(\xi)}{(n+1)!}(x-a)^{n+1},$$

wobei ξ eine Zahl zwischen a und x ist.

ABSCHNITT 2

Funktionen von mehreren Veränderlichen

§ 2.1. Beispiele und Darstellungsmöglichkeiten für Funktionen von mehreren Veränderlichen

2.1.1.* Einige Beispiele für ökonomische Hypothesen in Form einer Funktion von mehreren Veränderlichen wurden bereits in 1.1.1* genannt (vgl. (3), (4), (5)). Dabei sind nur *statische* Beziehungen behandelt worden, d.h. Beziehungen zwischen den relevanten Variablen, in denen sich die Werte der Variablen auf den gleichen Zeitpunkt oder auf die gleiche Zeitperiode beziehen. Um dies deutlich zu machen, sollen die Variablen mit einem Zeitindex t (Parameter) versehen werden; $t = 1,2,3,...$ kann hierbei die Bedeutung von Zeitpunkten oder Zeitperioden [1] haben. Wir können also z.B. die statische Beziehung (4) von 1.1.1* in der Form

$$I_t = f(Q_t, i_t)$$

schreiben, worin I_t die Nettoinvestitionen der Periode t, Q_t die Gewinne der Periode t und i_t der Zinssatz der Periode t bedeuten (t wird dabei nicht als Veränderliche aufgefaßt).

Ein anderes Beispiel für eine statische Beziehung ist die Konsumfunktion

(1) $$C_t = f(L_t, Q_t);$$

es handelt sich hier ebenfalls um eine Funktion von zwei Veränderlichen, in der C_t den privaten Konsum, L_t die kontraktbestimmten Einkommen und Q_t die Gewinne der Zeitperiode t bedeuten.

2.1.2.* Der zeitliche Ablauf eines Wirtschaftssystems wird aber nicht allein mit Hilfe statischer Beziehungen erklärt. Die moderne Wirtschaftstheorie verwendet in zunehmendem Maße dynamische Beziehungen, d.h. Beziehungen zwischen den relevanten Variablen, in denen sich die Werte der Variablen nicht alle auf den gleichen Zeitpunkt oder auf die gleiche Periode beziehen.

Als erstes Beispiel soll hier eine Hypothese über die determinierenden Größen der Investitionsschwankungen dienen. In der Wirtschaftstheorie wird u.a. die Annahme gemacht, daß die Investitionen I der Periode t von den Gewinnen Q

[1] Die Länge der Zeitperiode (z.B. ein Monat, ein Vierteljahr, ein halbes Jahr) soll uns im Rahmen der theoretischen Betrachtungen nicht interessieren.

der vorhergehenden Periode $t - 1$, vom Kapitalstock K der Periode $t - 1$ und vom Zinssatz i in der Periode t abhängen.

Die entsprechende Funktion ist gegeben durch

(2) $$I_t = f(Q_{t-1}, K_{t-1}, i_t).$$

Diese dynamische Beziehung ist also eine Funktion von drei Veränderlichen.

Betrachten wir als weiteres typisches Beispiel für eine Funktion mit "lag"-Variablen [1] eine Hypothese über die determinierenden Faktoren der realen Konsumausgaben. Auf Grund theoretischer Erwägungen und ökonometrischer Untersuchungen läßt sich folgende plausible Linearhypothese vertreten:

(3) $$C_t = \alpha_0 + \alpha_1 Y_t + \alpha_2 C_{t-1},$$

worin C_t die realen Konsumausgaben der Periode t, Y_t das verfügbare Realeinkommen der Periode t, C_{t-1} die realen Konsumausgaben der zeitlich davorliegenden Periode $t - 1$ bedeuten und α_0, α_1, α_2 positive Koeffizienten sind. Durch die "lag"-Variable C_{t-1} werden die Konsumgewohnheiten zum Ausdruck gebracht; denn, abgesehen von dem Ausnahmefall plötzlicher, ruckartiger Veränderungen, von denen ein Wirtschaftssystem betroffen werden kann, werden sich die Konsumenten auf Einkommensänderungen nach und nach durch fortgesetzte kleine Anpassungen neu ausrichten. Die Verbrauchergewohnheiten wirken dadurch stabilisierend. (3) ist als Funktion der zwei Veränderlichen $x_1 = Y_t$ und $x_2 = C_{t-1}$ aufzufassen; t ist dabei als Parameter zu betrachten.

2.1.3. Funktionen von mehreren Veränderlichen haben wir in 1.1.3 schon erklärt und Bezeichnungsweisen eingeführt. Argument, Funktionswert, Definitionsbereich und Stetigkeit haben dabei analoge Bedeutung wie bei Funktionen einer Veränderlichen. Wir wollen nun - entsprechend wie bei Funktionen von einer Veränderlichen - verschiedene Darstellungsmöglichkeiten des funktionalen Zusammenhangs bei Funktionen von mehreren Veränderlichen besprechen. Dabei werden wir uns vornehmlich auf Funktionen $f\colon (x_1,x_2) \longrightarrow y = f(x_1,x_2)$ der zwei Veränderlichen x_1 und x_2 beschränken.

Zur *tabellarischen Darstellung* einer solchen Funktion $f\colon (x_1,x_2) \longrightarrow y = f(x_1,x_2)$ benutzt man entweder eine einfache Tabelle oder besser eine Tabelle mit doppeltem Eingang, wie an Hand des folgenden Beispiels dargelegt wird. In der ersten Tabelle gehört zu jedem Paar übereinanderstehender Argumentwerte

[1] Alle Größen, die aus vorhergehenden Perioden als gegeben betrachtet werden, nennt man "lag"-Variable.

x_1 und x_2 der darunterstehende Funktionswert $y = f(x_1, x_2)$.

x_1	0	1	0	3	2	-1
x_2	0	0	1	-1	3	3
y	0	1	2	1	8	5

Tab. 1

Bei der zweiten Form der tabellarischen Darstellung gilt für jede Zeile der davorstehende Argumentwert x_1 und für jede Spalte der darüberstehende Argumentwert x_2; der zu zwei gegebenen Argumentwerten x_1 und x_2 gehörige Funktionswert $f(x_1, x_2)$ wird dann am Schnittpunkt der betreffenden Zeile und Spalte eingetragen. So sind z.B. aus der obigen Tabelle die Funktionswerte $f(3, -1) = 1$, $f(2,3) = 8$, $f(-1,3) = 5$.

x_1 \ x_2	0	1	2	3	-1	-2
0	0	2	4	6	-2	-4
1	1	3	5	7	1	3
2	2	4	6	8	0	-2
3	3	5	7	9	1	-1
-1	-1	1	3	5	-3	-5
-2	-2	0	2	4	-4	-6

Tab. 2

Die *graphische Darstellung* einer Funktion $f: (x_1, x_2) \longrightarrow y = f(x_1, x_2)$ der zwei Veränderlichen x_1 und x_2 geschieht in einem räumlichen Koordinatensystem (vgl. 7.2.3) mit einer x_1-, einer x_2- und einer y-Achse. In Figur 1 sind solche Koordinatensysteme perspektivisch dargestellt.

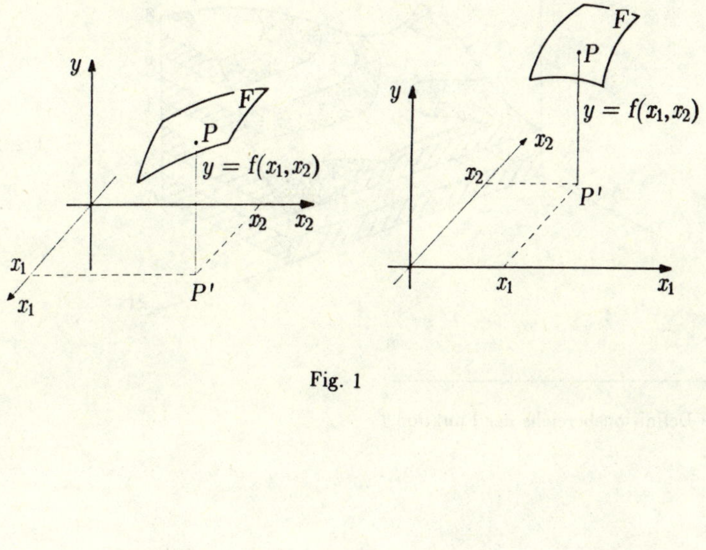

Fig. 1

Zu jedem Paar (x_1,x_2) von Werten der Veränderlichen x_1 und x_2 gehört ein Punkt P' in der durch die x_1- und x_2-Achse gebildeten horizontalen (x_1,x_2)-Ebene. Der zugehörige Funktionswert $f(x_1,x_2)$ wird dann senkrecht dazu im Punkt P' aufgetragen gemäß seinem Vorzeichen; und zwar, wenn dieses positiv ist, nach oben bzw., wenn es negativ ist, nach unten. Dadurch erhalten wir einen Punkt P im dreidimensionalen Raum. Wenn nun x_1 und x_2 (unabhängig voneinander) alle möglichen Werte [1] durchlaufen, bildet die Gesamtheit der Punkte P allgemein eine *Fläche* F im Raum (in Figur 1 ist ein Ausschnitt dieser Fläche dargestellt). Wir sagen, daß diese Fläche durch die Funktion dargestellt wird; diese Fläche heißt der *Graph* der Funktion f.

Der einfachste Fall ist, daß eine Ebene entsteht. Allgemein kann durch eine Funktion f von zwei Veränderlichen eine Fläche mit Berggipfeln und Tälern dargestellt werden.

Die Fläche F, die durch eine Funktion f: $(x_1,x_2) \longrightarrow y = f(x_1,x_2)$ dargestellt wird, also der Graph der Funktion f, läßt sich auch durch *Höhenlinien* beschreiben, wie sie bei Landkarten benutzt werden. Man schneidet dazu die Fläche mit Ebenen, die zur waagrechten (x_1,x_2)-Ebene parallel sind. Die so entstehenden Schnittlinien werden dann (parallel zur y-Achse) in die (x_1,x_2)-Ebene projiziert. Das bedeutet, daß man die Schnittlinien der Fläche F mit Ebenen $y = c$ (c Konstante) bildet und diese dann in die (x_1,x_2)-Ebene projiziert. Dieses Vorgehen wird in Figur 2a - c noch einmal dargestellt.

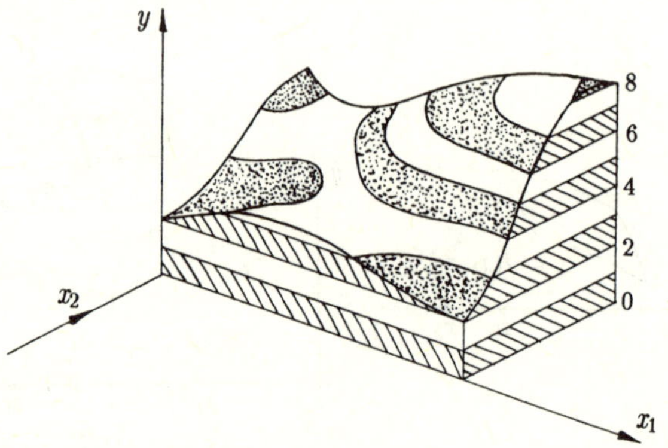

Fig. 2a

---

[1] Des Definitionsbereichs der Funktion f.

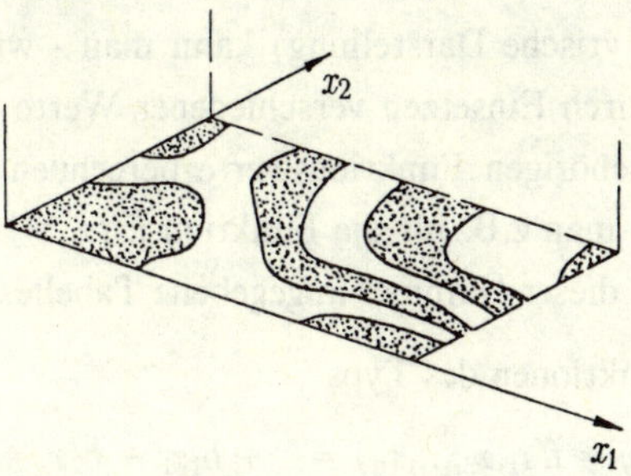

Fig. 2b

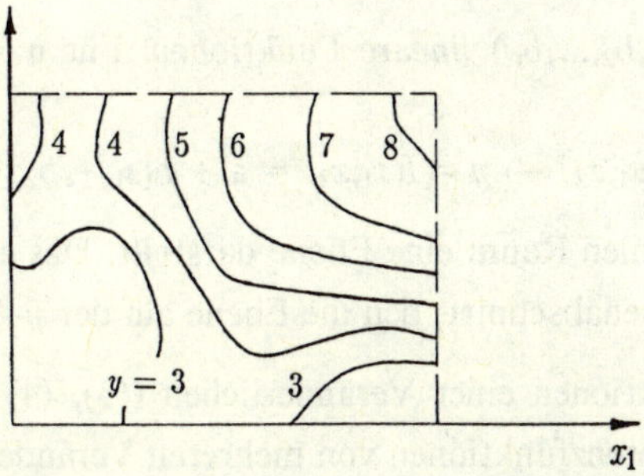

Fig. 2c

Nehmen wir als Beispiel die Funktion f: $(x_1,x_2) \longrightarrow y = f(x_1,x_2) = x_1^2 + x_2^2$. Da $x_1^2 \geq 0$ und $x_2^2 \geq 0$ sind, muß auch $y = f(x_1,x_2) \geq 0$ sein. Es genügt also, die Fläche F mit Ebenen $y = c$ $(c > 0)$ zu schneiden. Das Minimum (der Tiefpunkt) der Fläche F wird für $x_1 = 0$, $x_2 = 0$ erreicht, und die Projektionen der Schnitte mit Ebenen $y = c$ sind konzentrische Kreise um den Nullpunkt mit den Radien $\sqrt{c}$ (Figur 3).

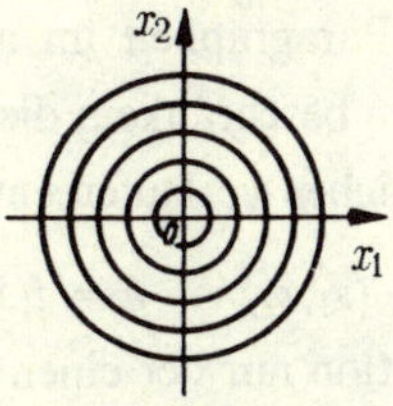

Fig. 3

Eine anschauliche graphische Darstellung von Funktionen von mehr als zwei Veränderlichen ist nicht mehr möglich, da hierzu mindestens vier Koordinatenachsen nötig sind, die paarweise aufeinander senkrecht stehen, d.h. man muß vier- und noch höherdimensionale Räume benutzen.

Aus der Darstellung einer Funktion von mehreren Veränderlichen durch eine *Funktionsgleichung* (analytische Darstellung) kann man - wie bei Funktionen einer Veränderlichen - durch Einsetzen verschiedener Werte für die Veränderlichen $x_1, x_2, ..., x_n$ die zugehörigen Funktionswerte berechnen und in einer Tabelle anordnen. So erhält man z.B. für die Funktion $f\colon (x_1,x_2) \longrightarrow y = f(x_1,x_2) = x_1 + 2x_2$ die zu Anfang dieser Nummer angegebene Tabelle.

Man nennt allgemein Funktionen des Typs

$$f\colon (x_1,x_2,...,x_n) \longrightarrow y = f(x_1,x_2,...,x_n) = a + b_1x_1 + b_2x_2 + ... + b_nx_n$$

(mit Konstanten $a, b_1, b_2, ..., b_n$) *lineare Funktionen*. Für $n = 2$ haben wir speziell

$$f\colon (x_1,x_2) \longrightarrow y = f(x_1,x_2) = a + b_1x_1 + b_2x_2$$

was im dreidimensionalen Raum eine Ebene darstellt. Das absolute Glied a bedeutet dabei den Achsenabschnitt, den die Ebene auf der y-Achse abschneidet.

Ähnlich wie bei Funktionen einer Veränderlichen ((3), (4) und (22) in § 1.3) kann man auch bei Potenzfunktionen von mehreren Veränderlichen

$$f\colon (x_1,x_2,...,x_n) \longrightarrow y = f(x_1,x_2,...,x_n) = a x_1^{\alpha_1} x_2^{\alpha_2} ... x_n^{\alpha_n}$$

(für $x_1, x_2, ..., x_n, a > 0$) durch Logarithmieren den in den Logarithmen linearen Zusammenhang

$$\log y = \log a + \alpha_1 \log x_1 + \alpha_2 \log x_2 + ... + \alpha_n \log x_n$$

herstellen.

§ 2.2. Partielle Ableitungen – Das totale Differential

2.2.1. Wir wollen uns in diesem Paragraphen im allgemeinen auch nur auf Funktionen von zwei Veränderlichen beschränken; die Betrachtungen für Funktionen von mehr als zwei Veränderlichen verlaufen entsprechend.

Betrachtet man in der Funktion $f\colon (x_1,x_2) \longrightarrow y = f(x_1,x_2)$ die Veränderliche x_2 als konstant, so hat man eine Funktion nur der einen Veränderlichen x_1, für die man nach § 1.6 die Ableitung bilden kann. Man nennt die so entstehende Ableitung die *partielle Ableitung* von $f\colon (x_1,x_2) \longrightarrow y = f(x_1,x_2)$ nach x_1 und schreibt dafür

$$f_{x_1}\colon (x_1,x_2) \longrightarrow f_{x_1}(x_1,x_2) \text{ oder } (x_1,x_2) \longrightarrow f_{x_1}(x_1,x_2) \text{ oder } \frac{\partial f(x_1,x_2)}{\partial x_1} \text{ oder } \frac{\partial}{\partial x_1} f(x_1,x_2)$$

oder kurz $\frac{\partial f}{\partial x_1}$ oder $\frac{\partial y}{\partial x_1}$.

Wir können also die partielle Ableitung $f_{x_1}(x_1,x_2)$ gemäß den Definitionen aus § 1.6 darstellen entweder als [1]

$$f_{x_1}(x_1,x_2) = \lim_{h\to 0} \frac{f(x_1 + h,x_2) - f(x_1,x_2)}{h} = \lim_{h\to 0} \frac{\Delta_1 f}{h}$$

oder mit Hilfe der Änderung der Funktion durch

(1) $$\Delta_1 f = f(x_1 + h,x_2) - f(x_1,x_2) = (f_{x_1}(x_1,x_2) + \varepsilon_1)h$$

mit $\lim\limits_{h\to 0} \varepsilon_1 = 0$.

Entsprechend kann man x_1 in der Funktion $f\colon (x_1,x_2) \longrightarrow y = f(x_1,x_2)$ als konstant betrachten; man hat dann eine Funktion der einen Veränderlichen x_2, für die sich ebenfalls im gewöhnlichen Sinn die Ableitung bestimmen läßt. Man spricht nun von der partiellen Ableitung von $f\colon (x_1,x_2) \longrightarrow y = f(x_1,x_2)$ nach x_2 und schreibt analog zu der obigen partiellen Ableitung nach x_1 jetzt

$f_{x_2}\colon (x_1,x_2) \longrightarrow f_{x_2}(x_1,x_2)$ oder $(x_1,x_2) \longrightarrow f_{x_2}(x_1,x_2)$ oder $\frac{\partial f(x_1,x_2)}{\partial x_2}$ oder $\frac{\partial}{\partial x_2} f(x_1,x_2)$
oder kurz $\frac{\partial f}{\partial x_2}$ oder $\frac{\partial y}{\partial x_2}$.

Entsprechend wie oben können wir schreiben [2]

$$f_{x_2}(x_1,x_2) = \lim_{k\to 0} \frac{f(x_1,x_2 + k) - f(x_1,x_2)}{k} = \lim_{k\to 0} \frac{\Delta_2 f}{k}$$

oder

(2) $$\Delta_2 f = f(x_1,x_2 + k) - f(x_1,x_2) = (f_{x_2}(x_1,x_2) + \varepsilon_2)k$$

mit $\lim\limits_{k\to 0} \varepsilon_2 = 0$.

Ist als Beispiel die lineare Funktion $f\colon (x_1,x_2) \longrightarrow y = f(x_1,x_2) = x_1 + 2x_2$ gegeben, so ist $\frac{\partial f}{\partial x_1} = 1$ und $\frac{\partial f}{\partial x_2} = 2$, und die Funktion $f\colon (x_1,x_2) \longrightarrow y = f(x_1,x_2) = x_1^2 x_2 + 2e^{x_2}$ hat die partiellen Ableitungen $\frac{\partial f}{\partial x_1} = 2x_1x_2$ und $\frac{\partial f}{\partial x_2} = x_1^2 + 2e^{x_2}$.

Geometrisch haben die partiellen Ableitungen einer Funktion von zwei

---

[1] und [2] Falls der Grenzwert existiert. Existiert dieser Grenzwert nicht, so existiert auch die partielle Ableitung nicht.

Veränderlichen folgende Bedeutung: Durch die Funktion f: $(x_1,x_2) \longrightarrow y = f(x_1,x_2)$ wird nach den Ausführungen des vorangehenden Paragraphen im dreidimensionalen Raum eine Fläche F dargestellt. Wenn nun in der Funktion etwa x_2 konstant gehalten wird, so bedeutet das anschaulich, daß die Fläche F durch eine vertikale Ebene E, die zur x_1- und y-Achse parallel ist, geschnitten wird (Figur 1); dabei entsteht in dieser Ebene E eine Kurve K, deren Gleichung (wegen x_2 konstant) eine Funktion nur zwischen x_1 und y ist. Durch die partielle Ableitung $f_{x_1}(x_1,x_2)$ wird nun die Steigung dieser Kurve gegeben.

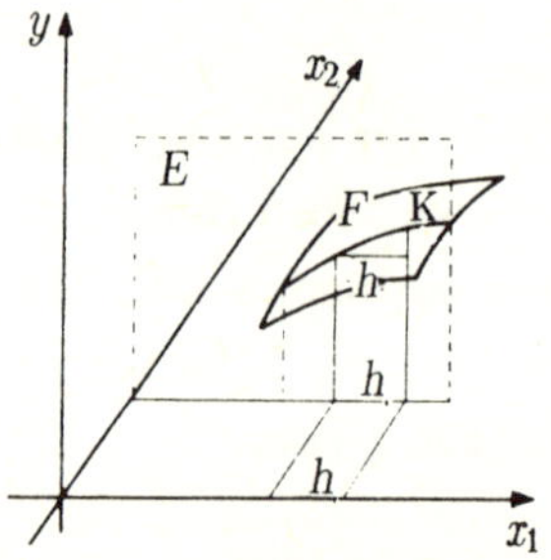

Fig. 1

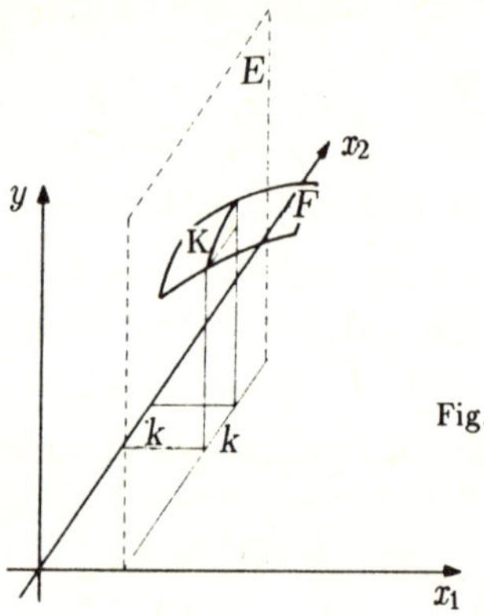

Fig. 2

Eine entsprechende anschauliche Bedeutung erhält man für $f_{x_2}(x_1,x_2)$, wenn man eine Fläche F mit einer Ebene E schneidet, die zur x_2- und y-Achse parallel ist (Figur 2).

Für Funktionen f: $(x_1,x_2,...,x_n) \longrightarrow y = f(x_1,x_2,...,x_n)$ von n Veränderlichen werden die partiellen Ableitungen analog definiert: Werden in der Funktion f: $(x_1,x_2,...,x_n) \longrightarrow y = f(x_1,x_2,...,x_n)$ die Veränderlichen $x_2,...,x_n$ konstant gehalten, so hat man eine Funktion der einen Veränderlichen x_1, deren Ableitung mit f_{x_1}: $(x_1,x_2,...,x_n) \longrightarrow f_{x_1}(x_1,x_2,...,x_n)$ oder $(x_1,x_2,...,x_n) \longrightarrow f_{x_1}(x_1,x_2,...,x_n)$ oder kurz $\frac{\partial f}{\partial x_1}$ oder $\frac{\partial y}{\partial x_1}$ bezeichnet wird und partielle Ableitung von f: $(x_1,x_2,...,x_n) \longrightarrow y = f(x_1,x_2,...,x_n)$ nach x_1 heißt. Werden allgemein in der Funktion f: $(x_1,x_2,...,x_n) \longrightarrow y = f(x_1,x_2,...,x_n)$ alle Veränderlichen außer x_i $(1 \leq i \leq n)$ als konstant betrachtet, so erhält man entsprechend eine Funktion der einen Veränderlichen x_i, deren Ableitung die partielle Ableitung

f_{x_i}: $(x_1,x_2,...,x_n) \longrightarrow f_{x_i}(x_1,x_2,...,x_n) = \frac{\partial f}{\partial x_i} = \frac{\partial y}{\partial x_i}$ von f: $(x_1,x_2,...,x_n) \longrightarrow y = f(x_1,x_2,...,x_n)$ nach x_i liefert. Eine Funktion von n Veränderlichen hat also allgemein n partielle Ableitungen.

Eine geometrische Veranschaulichung der partiellen Ableitungen von Funktionen von mehr als zwei Veränderlichen ist nicht mehr möglich.

2.2.2. Ebenso wie man bei Funktionen einer Veränderlichen Ableitungen höherer Ordnung definiert, lassen sich auch bei Funktionen von mehreren Veränderlichen partielle Ableitungen höherer Ordnung einführen. Wir werden dabei zunächst auch nur Funktionen $f\colon (x_1,x_2) \longrightarrow y = f(x_1,x_2)$ von zwei Veränderlichen betrachten. Da die partiellen Ableitungen $\frac{\partial f}{\partial x_1}$ und $\frac{\partial f}{\partial x_2}$ auch wieder Funktionen von x_1 und x_2 sind, kann man für diese etwa wieder die partiellen Ableitungen bilden und erhält so

(3) $\frac{\partial}{\partial x_1}\left[\frac{\partial f}{\partial x_1}\right] = \frac{\partial^2 f}{\partial x_1^2}$, (4) $\frac{\partial}{\partial x_1}\left[\frac{\partial f}{\partial x_2}\right] = \frac{\partial^2 f}{\partial x_1 \partial x_2}$,

(5) $\frac{\partial}{\partial x_2}\left[\frac{\partial f}{\partial x_1}\right] = \frac{\partial^2 f}{\partial x_2 \partial x_1}$, (6) $\frac{\partial}{\partial x_2}\left[\frac{\partial f}{\partial x_2}\right] = \frac{\partial^2 f}{\partial x_2^2}$,

wobei man statt des Buchstabens f auch y setzen kann. Man schreibt statt (3) manchmal auch $(f_{x_1})_{x_1} = f_{x_1x_1}$, statt (4) $(f_{x_2})_{x_1} = f_{x_2x_1}$, statt (5) $(f_{x_1})_{x_2} = f_{x_1x_2}$ und statt (6) $(f_{x_2})_{x_2} = f_{x_2x_2}$ und nennt diese Ableitungen (3) bis (6) *partielle Ableitungen zweiter Ordnung* (zweite Ableitungen). Die Ableitungen (4) und (5) heißen *gemischte partielle Ableitungen* zweiter Ordnung.

Die Erklärungen und Bezeichnungen für partielle Ableitungen dritter, vierter,... Ordnung erfolgen nun analog. Es soll genügen, daß wir dies an einem Beispiel erläutern:

Sei die Funktion $f\colon(x_1,x_2) \longrightarrow y = f(x_1,x_2) = x_1^2x_2 + 2e^{x_2}$ gegeben. Dann ist

$$\frac{\partial f}{\partial x_1} = 2x_1x_2, \qquad \frac{\partial f}{\partial x_2} = x_1^2 + 2e^{x_2}, \qquad \frac{\partial^2 f}{\partial x_1^2} = 2x_2,$$

$$\frac{\partial^2 f}{\partial x_1 \partial x_2} = 2x_1, \qquad \frac{\partial^2 f}{\partial x_2 \partial x_1} = 2x_1, \qquad \frac{\partial^2 f}{\partial x_2^2} = 2e^{x_2},$$

$$\frac{\partial^3 f}{\partial x_1^3} = 0, \qquad \frac{\partial^3 f}{\partial x_1^2 \partial x_2} = \frac{\partial}{\partial x_1}\left[\frac{\partial^2 f}{\partial x_1 \partial x_2}\right] = 2,$$

$$\frac{\partial^3 f}{\partial x_1 \partial x_2 \partial x_1} = \frac{\partial}{\partial x_1}\left[\frac{\partial^2 f}{\partial x_2 \partial x_1}\right] = 2, \qquad \frac{\partial^3 f}{\partial x_2 \partial x_1^2} = \frac{\partial}{\partial x_2}\left[\frac{\partial^2 f}{\partial x_1^2}\right] = 2,$$

$$\frac{\partial^3 f}{\partial x_1 \partial x_2^2} = \frac{\partial}{\partial x_1}\left[\frac{\partial^2 f}{\partial x_2^2}\right] = 0, \qquad \frac{\partial^3 f}{\partial x_2 \partial x_1 \partial x_2} = \frac{\partial}{\partial x_2}\left[\frac{\partial^2 f}{\partial x_1 \partial x_2}\right] = 0,$$

$$\frac{\partial^3 f}{\partial x_2^2 \partial x_1} = \frac{\partial}{\partial x_2}\left[\frac{\partial^2 f}{\partial x_2 \partial x_1}\right] = 0, \qquad \frac{\partial^3 f}{\partial x_2^3} = 2e^{x_2}.$$

Bei diesem Beispiel stimmen die gemischten partiellen Ableitungen zweiter und auch höherer Ordnung überein. Diese Aussage gilt sehr allgemein [1], wie aber hier nicht bewiesen werden soll.

Ganz analog werden nun auch partielle Ableitungen höherer Ordnung für Funktionen von mehr als zwei Veränderlichen erklärt.

2.2.3. Mit Hilfe der partiellen Ableitungen lassen sich - wie in (1) und (2) schon angedeutet - die Änderungen [2]

$$\Delta_1 f = f(x_1 + h, x_2) - f(x_1, x_2)$$

bzw.

$$\Delta_2 f = f(x_1, x_2 + k) - f(x_1, x_2)$$

der Funktion f: $(x_1,x_2) \longrightarrow y = f(x_1,x_2)$ ausdrücken als

(7) $$\Delta_1 f = (f_{x_1}(x_1,x_2) + \delta_1)h = f_{x_1}(x_1,x_2)h + \delta_1 h$$

bzw.

(8) $$\Delta_2 f = (f_{x_2}(x_1,x_2) + \delta_2)k = f_{x_2}(x_1,x_2)k + \delta_2 k$$

mit $\delta_1 \longrightarrow 0$ für $h \longrightarrow 0$ und $\delta_2 \longrightarrow 0$ für $k \longrightarrow 0$.

Eine beliebige Änderung der Funktion f:$(x_1,x_2) \longrightarrow y = f(x_1,x_2)$, wo der Argumentwert x_1 um h und der Argumentwert x_2 um k geändert wird (vgl. Figur 3), läßt sich nun darstellen als

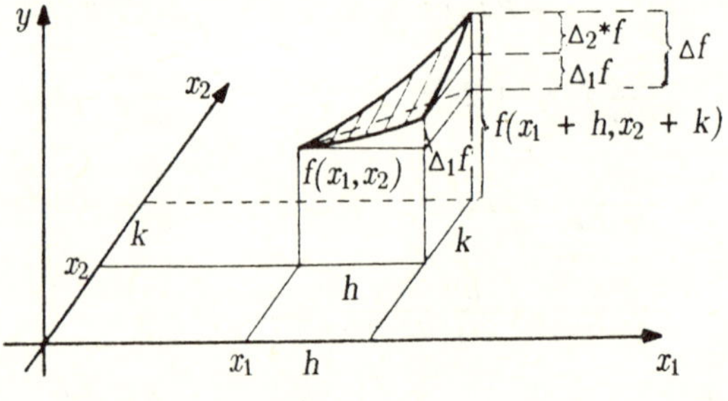

Fig. 3

---

[1] Man muß die Stetigkeit der gemischten partiellen Ableitungen der Funktion f voraussetzen.

[2] Unter x_1 und x_2 sind dabei feste Argumentwerte zu verstehen.

(9) $$\Delta f = f(x_1 + h, x_2 + k) - f(x_1, x_2) = \Delta_1 f + \Delta_2^* f,$$

wobei

$$\Delta_1 f = f(x_1 + h, x_2) - f(x_1, x_2)$$

und

$$\Delta_2^* f = f(x_1 + h, x_2 + k) - f(x_1 + h, x_2)$$

ist.[1]

Hierin können wir nun wegen (7) schreiben

(10) $$\Delta_1 f = f_{x_1}(x_1, x_2)h + \delta_1 h$$

und wegen (8) - indem man dort x_1 durch $x_1 + h$ ersetzt -

(11) $$\Delta^*_2 f = f_{x_2}(x_1 + h, x_2)k + \delta_2 k$$

mit $\delta_1 \longrightarrow 0$ für $h \longrightarrow 0$ und $\delta_2 \longrightarrow 0$ für $k \longrightarrow 0$.

Ersetzt man in (11) $f_{x_2}(x_1 + h, x_2)$ durch $f_{x_2}(x_1, x_2)$, so begeht man einen Fehler δ, der sich 0 nähert, wenn h gegen 0 geht, es ist also

$$f_{x_2}(x_1 + h, x_2) = f_{x_2}(x_1, x_2) + \delta$$

mit $\delta \longrightarrow 0$ für $h \longrightarrow 0$.[2] Somit wird aus (11)

(12) $$\Delta_2^* f = f_{x_2}(x_1, x_2)k + \delta k + \delta_2 k$$

mit $\delta \longrightarrow 0$ für $h \longrightarrow 0$ und $\delta_2 \longrightarrow 0$ für $k \longrightarrow 0$.

Indem man (10) und (12) in (9) einsetzt, erhält man

$$\Delta f = f_{x_1}(x_1, x_2)h + f_{x_2}(x_1, x_2)k + \delta_1 h + (\delta + \delta_2)k$$

mit $\delta_1 \longrightarrow 0$ und $\delta \longrightarrow 0$ für $h \longrightarrow 0$ und $\delta_2 \longrightarrow 0$ für $k \longrightarrow 0$, wofür wir auch, wenn δ_1 durch ε_1 und $\delta + \delta_2$ durch ε_2 ersetzt werden,

(13) $$\Delta f = f_{x_1}(x_1, x_2)h + f_{x_2}(x_1, x_2)k + \varepsilon_1 h + \varepsilon_2 k$$

mit $\varepsilon_1 \longrightarrow 0$ und $\varepsilon_2 \longrightarrow 0$ für $h \longrightarrow 0$ und $k \rightarrow 0$ schreiben können.

Ausschlaggebend für die Funktionsänderung ist also die Summe $f_{x_1} h + f_{x_2} k = \frac{\partial f}{\partial x_1} h + \frac{\partial f}{\partial x_2} k$, wobei hier die Argumentwerte bei den partiellen Ableitungen

---

[1] $\Delta_2^* f$ ist auch eine Funktionsänderung beim Fortschreiten nur in x_2-Richtung, stimmt aber nicht mit $\Delta_2 f$ überein.

[2] Wir benutzen hierbei die Stetigkeit der partiellen Ableitung f_{x_2} an der Stelle (x_1, x_2).

nicht besonders hervorgehoben wurden. Man bezeichnet diese Summe als *totales* oder *vollständiges Differential* der Funktion f und schreibt in Analogie zu 1.6.3

(14) $$dy = df = f_{x_1}h + f_{x_2}k = \frac{\partial f}{\partial x_1}h + \frac{\partial f}{\partial x_2}k.$$

Oft drückt man die Änderungen h und k der Argumentwerte x_1 und x_2 auch durch Δx_1 und Δx_2 bzw. durch dx_1 und dx_2 (vgl. 1.6.3) aus, so daß (14) die Form

$$dy = df = f_{x_1}\Delta x_1 + f_{x_2}\Delta x_2 = \frac{\partial f}{\partial x_1}\Delta x_1 + \frac{\partial f}{\partial x_2}\Delta x_2$$

bzw.

$$dy = df = f_{x_1}dx_1 + f_{x_2}dx_2 = \frac{\partial f}{\partial x_1}dx_1 + \frac{\partial f}{\partial x_2}dx_2$$

erhält. Hiermit können wir die Funktionsänderung Δf annähern durch df, also $\Delta f \approx df$ setzen. Für $k = \Delta x_2 = dx_2 = 0$ wird $df = f_{x_1}dx_1 = \frac{\partial f}{\partial x_1}dx_1$, d.h. man hat die Änderung der Funktion beim Fortschreiten in x_1-Richtung; entsprechendes gilt mit $h = \Delta x_1 = dx_1 = 0$ für die x_2-Richtung.

Ebenso wie für Funktionen von zwei Veränderlichen definiert man das totale Differential für Funktionen f: $(x_1,x_2,...,x_n) \longrightarrow y = f(x_1,x_2,...,x_n)$ von n Veränderlichen als

$$dy = df = f_{x_1}dx_1 + f_{x_2}dx_2 + ... + f_{x_n}dx_n = \frac{\partial f}{\partial x_1}dx_1 + \frac{\partial f}{\partial x_2}dx_2 + ... + \frac{\partial f}{\partial x_n}dx_n.$$

Auch hier wird eine Funktionsänderung Δf durch das totale Differential approximiert.

2.2.4.* Als Beispiel für partielle Ableitungen soll die in der Wirtschaftstheorie häufig behandelte Cobb-Douglas-Funktion

(15) $$(m_1,m_2,...,m_n) \longrightarrow x = \alpha_0 m_1^{\alpha_1} m_2^{\alpha_2} ... m_n^{\alpha_n}$$

mit

(16) $$0 < \alpha_i < 1 \quad (i = 1,2,...,n)$$

dienen. (Dabei sind $m_1,m_2,...,m_n$ die unabhängigen Veränderlichen.)

Ihre Eigenschaften als homogene Funktion werden in 2.4 dargestellt.

Die partielle Ableitung nach m_1 (Grenzproduktivität des Faktors m_1) ist

$$\frac{\partial x}{\partial m_1} = \alpha_0 \alpha_1 m_1^{\alpha_1 - 1} m_2^{\alpha_2} \dots m_n^{\alpha_n}$$

$$= \alpha_0 \alpha_1 \frac{m_1^{\alpha_1}}{m_1} \cdot m_2^{\alpha_2} \dots m_n^{\alpha_n};$$

mit (15) folgt dann

$$\frac{\partial x}{\partial m_1} = \alpha_1 \frac{x}{m_1},$$

also

$$\alpha_1 = \frac{\partial x}{\partial m_1} \cdot \frac{m_1}{x}. \tag{17}$$

Da (17) als Elastizitätskoeffizient definiert wird [1], spricht man auch von der Produktionselastizität des Produktionsfaktors m_1.

Allgemein ist die Grenzproduktivität des Faktors m_j

$$\frac{\partial x}{\partial m_j} = \alpha_j \frac{x}{m_j}$$

und die Produktionselastizität

$$\alpha_j = \frac{\partial x}{\partial m_j} \cdot \frac{m_j}{x}, \quad j = 1,2,\dots,n.$$

Betrachtet man außerdem die zweiten Ableitungen, so können diese nicht positiv sein (Gesetz des abnehmenden Ertragszuwachses); denn aus

$$\frac{\partial x}{\partial m_j} = \alpha_j \frac{x}{m_j}$$

entsteht nach der Quotientenregel

$$\frac{\partial^2 x}{\partial m_j^2} = \alpha_j \cdot \frac{\alpha_j (x/m_j)\, m_j - x}{m_j^2} = \alpha_j \frac{(\alpha_j - 1)\, x}{m_j^2},$$

und hierin ist wegen (16) der Faktor $(\alpha_j - 1)$ als einziger negativ, d.h.

$$\frac{\partial^2 x}{\partial m_j^2} = \alpha_j \frac{(\alpha_j - 1)\, x}{m_j^2} < 0 \quad \text{für } j = 1,2.\dots,n.$$

2.2.5. Weitere Beispiele zur Differentiation von Funktionen von mehreren Veränderlichen.

(Die Schreibweise $y = f(x_1,x_2)$ ist zu verstehen als f: $(x_1,x_2) \longrightarrow y = f(x_1,x_2)$ und $\frac{\partial y}{\partial x_1}$ als f_{x_1}: $(x_1,x_2) \longrightarrow f_{x_1}(x_1,x_2) = \frac{\partial f(x_1,x_2)}{\partial x_1}$; entsprechend in den anderen Fällen.)

---

[1] Zum Begriff des Elastizitätskoeffizienten siehe § 2.5.

1) $y = x_1^m x_2^n;$

$$\frac{\partial y}{\partial x_1} = m x_1^{m-1} x_2^n; \quad \frac{\partial y}{\partial x_2} = n x_1^m x_2^{n-1};$$

$$\frac{\partial^2 y}{\partial x_1^2} = m(m-1) x_1^{m-2} x_2^n; \quad \frac{\partial^2 y}{\partial x_1 \partial x_2} = mn x_1^{m-1} x_2^{n-1};$$

$$\frac{\partial^2 y}{\partial x_2^2} = n(n-1) x_1^m x_2^{n-2}.$$

2) $y = -3x_1^2 + x_1 e^{x_2};$

$$\frac{\partial y}{\partial x_1} = -6x_1 + e^{x_2}; \quad \frac{\partial y}{\partial x_2} = x_1 e^{x_2};$$

$$\frac{\partial^2 y}{\partial x_1^2} = -6; \quad \frac{\partial^2 y}{\partial x_1 \partial x_2} = e^{x_2}; \quad \frac{\partial^2 y}{\partial x_2^2} = x_1 e^{x_2}.$$

3) $y = \sqrt{\frac{x_1}{x_2}};$

$$\frac{\partial y}{\partial x_1} = \frac{1}{2\sqrt{x_1 x_2}}; \quad \frac{\partial y}{\partial x_2} = -\frac{1}{2}\sqrt{\frac{x_1}{x_2^3}};$$

$$\frac{\partial^2 y}{\partial x_1^2} = -\frac{1}{4\sqrt{x_1^3 x_2}}; \quad \frac{\partial^2 y}{\partial x_1 \partial x_2} = -\frac{1}{4\sqrt{x_1 x_2^3}};$$

$$\frac{\partial^2 y}{\partial x_2^2} = \frac{3}{4}\sqrt{\frac{x_1}{x_2^5}}.$$

4) $y = e^{a x_1^2 + b x_1 x_2 + c x_2^2};$

$$\frac{\partial y}{\partial x_1} = (2a x_1 + b x_2) y; \quad \frac{\partial y}{\partial x_2} = (b x_1 + 2c x_2) y;$$

$$\frac{\partial^2 y}{\partial x_1^2} = 2ay + (2a x_1 + b x_2)^2 y;$$

$$\frac{\partial^2 y}{\partial x_1 \partial x_2} = by + (2a x_1 + b x_2)(b x_1 + 2c x_2) y;$$

$$\frac{\partial^2 y}{\partial x_2^2} = 2cy + (b x_1 + 2c x_2)^2 y.$$

5) $y = a + b_1 x_1 + b_2 x_2 + \ldots + b_n x_n;$

$$\frac{\partial y}{\partial x_i} = b_i \qquad (i = 1,2,\ldots,n).$$

6) $$\frac{\partial \left[\sum_{i=1}^{4} 2^i x_i \right]}{\partial x_j} = 2^j \quad (j = 1,2,3,4).$$

2.2.6. In der Funktion f: $(x_1,x_2) \longrightarrow y = f(x_1,x_2)$ sollen nun x_1 und x_2 Funktionen von t sein; also $t \longrightarrow x_1 = u(t)$ und $t \longrightarrow x_2 = v(t)$. Wir können somit schreiben f: $t \longrightarrow f(u(t),v(t))$ und von einer mittelbaren (verketteten) Funktion von t sprechen. Wir fragen nach der Ableitung f': $t \longrightarrow f'(t)$, also nach $\frac{df}{dt}$.[1)]

---

1) f soll stetige partielle Ableitungen besitzen und u und v sollen differenzierbar sein.

Dazu haben wir vom Differenzenquotienten $\frac{\Delta f}{\Delta t}$ den Grenzwert $\lim\limits_{\Delta t \to 0} \frac{\Delta f}{\Delta t}$ zu bilden.[1]) Die Funktionsänderung Δf drücken wir mit Hilfe des totalen Differentials aus als

$$\Delta f = \frac{\partial f}{\partial x_1} \cdot \Delta x_1 + \frac{\partial f}{\partial x_2} \cdot \Delta x_2 + \varepsilon_1 \Delta x_1 + \varepsilon_2 \Delta x_2$$

mit $\varepsilon_1 \longrightarrow 0$ und $\varepsilon_2 \longrightarrow 0$ für $\Delta x_1 \longrightarrow 0$ und $\Delta x_2 \longrightarrow 0$. Damit wird

$$\frac{\Delta f}{\Delta t} = \frac{\partial f}{\partial x_1} \cdot \frac{\Delta x_1}{\Delta t} + \frac{\partial f}{\partial x_2} \cdot \frac{\Delta x_2}{\Delta t} + \varepsilon_1 \frac{\Delta x_1}{\Delta t} + \varepsilon_2 \frac{\Delta x_2}{\Delta t} .$$

Beim Grenzübergang $\Delta t \longrightarrow 0$ streben die Differenzenquotienten gegen die entsprechenden Ableitungen, und zwar

$$\frac{\Delta f}{\Delta t} \longrightarrow \frac{df}{dt}, \quad \frac{\Delta x_1}{\Delta t} \longrightarrow \frac{dx_1}{dt} = \frac{du}{dt}, \quad \frac{\Delta x_2}{\Delta t} \longrightarrow \frac{dx_2}{dt} = \frac{dv}{dt} .$$

Außerdem streben für $\Delta t \longrightarrow 0$ auch $\Delta x_1 \longrightarrow 0$ und $\Delta x_2 \longrightarrow 0$, weswegen auch $\varepsilon_1 \longrightarrow 0$ und $\varepsilon_2 \longrightarrow 0$ gehen.

$\frac{\partial f}{\partial x_1}$ und $\frac{\partial f}{\partial x_2}$ werden von dem Grenzübergang $\Delta t \longrightarrow 0$ nicht beeinflußt.

Somit erhalten wir die Formel

$$\frac{df}{dt} = \frac{\partial f}{\partial x_1} \cdot \frac{dx_1}{dt} + \frac{\partial f}{\partial x_2} \cdot \frac{dx_2}{dt} = \frac{\partial y}{\partial x_1} \cdot \frac{dx_1}{dt} + \frac{\partial y}{\partial x_2} \cdot \frac{dx_2}{dt}$$

Bemerkung: Entsprechend gilt für

f: $(x_1, x_2, \ldots, x_n) \longrightarrow y = f(x_1, x_2, \ldots, x_n)$, wobei x_i Funktionen mit $t \longrightarrow x_i = x_i(t)$ $(i=1,2,\ldots,n)$ sind

$$\frac{df}{dt} = \sum_{i=1}^{n} \frac{\partial f}{\partial x_i} \cdot \frac{dx_i}{dt} .$$

Ist speziell $f(x_1, x_2) = x_1 \cdot x_2 = u(t) \cdot v(t)$, so wird

$$\frac{df}{dt} = \frac{\partial f}{\partial x_1} \cdot \frac{du}{dt} + \frac{\partial f}{\partial x_2} \cdot \frac{dv}{dt} = x_2 \cdot \frac{du}{dt} + x_1 \cdot \frac{dv}{dt} = v(t) \cdot u'(t) + u(t) \cdot v'(t)$$

Produktregel.

Für $f(x_1, x_2) = \frac{x_1}{x_2} = \frac{u(t)}{v(t)}$ wird

$$\frac{df}{dt} = \frac{1}{x_2} \cdot \frac{du}{dt} - \frac{x_1}{x_2^2} \cdot \frac{dv}{dt} = \frac{1}{x_2} u'(t) - \frac{x_1}{x_2^2} v'(t) =$$

$$= \frac{x_2 \cdot u'(t) - x_1 \cdot v'(t)}{x_2^2} = \frac{v(t) \cdot u'(t) - u(t) \cdot v'(t)}{v^2(t)}$$

Quotientenregel.

---

[1]) Daß der Wert t und damit auch x_1 und x_2 konstant gehalten werden, heben wir in der Bezeichnung nicht besonders hervor.

§ 2.3. Maxima und Minima bei Funktionen von mehreren Veränderlichen

2.3.1.* Bei der Darstellung der Kostenfunktion in 1.3.1* wurden minimale Kosten unterstellt, mit denen eine bestimmte Produktionsmenge hergestellt werden kann. Eine besondere Aufgabe besteht nun darin, für jede Produktionsmenge die Minimalkosten-Kombination zu bestimmen. Als Beispiel soll die Einproduktunternehmung dienen.

Bezeichnen wir die Preise der eingesetzten Produktionsfaktoren $m_1, m_2, \ldots, m_n$ mit $p_1, p_2, \ldots, p_n$, so können wir für die Kostenfunktion

(1) $$K = m_1 p_1 + m_2 p_2 + \ldots + m_n p_n + k$$

schreiben, worin k noch andere Kosten, wie z.B. Kosten für Werbung, Steuern usw., sind. Die funktionale Beziehung zwischen der Produktionsmenge x und den Mengen der Produktionsfaktoren, die nötig sind, um die Produktionsmenge in einer bestimmten Zeiteinheit zu realisieren, sei gegeben durch

(2) $$x = x(m_1, m_2, \ldots, m_n).$$

(2) wird Produktionsfunktion genannt.

Gesucht wird jene Kombination der Produktionsfaktoren, bei der die Kosten K ein Minimum werden. Das ist nun eine Minimumaufgabe mit einer Nebenbedingung.

Betrachten wir noch ein Beispiel aus der Theorie des Haushalts. In der mikroökonomischen Theorie des Haushalts geht man u.a. von der Annahme aus, daß für den Haushalt eine Nutzenfunktion gegeben sei durch

(3) $$u = u(x_1, x_2, \ldots, x_n),$$

wobei der Nutzen u vom Verbrauch von n Gütern mit den Mengen $x_1, x_2, \ldots, x_n$ abhängig ist. Es wird außerdem angenommen, daß der Haushalt ein Nutzenmaximum im Rahmen seiner Gesamtausgaben, die seinem Einkommen y gleich sind, anstrebt. Die Gesamtausgaben sind

(4) $$x_1 p_1 + x_2 p_2 + \ldots + x_n p_n = y,$$

worin $p_1, p_2, \ldots, p_n$ die Preise der in den Begehrkreis des Haushalts fallenden Güter sind. Die Gleichung (4) kann auch

$$\sum_{i=1}^{n} p_i x_i = y$$

geschrieben werden.

Es handelt sich in diesem Fall um ein Maximum mit Nebenbedingung, denn den Annahmen zufolge maximiert der Haushalt seine Nutzenfunktion (3)

$$(x_1,x_2,\dots,x_n) \longrightarrow u = u(x_1,x_2,\dots,x_n)$$

im Hinblick auf die Gleichung (4)

$$\sum_{i=1}^{n} p_i x_i = y.$$

Marktpreise und Einkommen werden hierbei vom Haushalt als vorgegeben betrachtet.

2.3.2. Die Untersuchung der Maxima und Minima für Funktionen von mehreren Veränderlichen soll zunächst auch nur auf Funktionen von zwei Veränderlichen beschränkt werden; für Funktionen von mehr als zwei Veränderlichen werden wir die Ergebnisse anschließend erwähnen.

Die Funktion f: $(x_1,x_2) \longrightarrow y = f(x_1,x_2)$ stellt, wie in 2.1.3 schon erläutert, eine Fläche im Raum dar.[1] Wir sagen, f habe ein *Maximum*, wo diese Fläche einen "Berggipfel" erreicht, und sie habe ein *Minimum*, wo sie eine "Senke" hat. Das bedeutet, daß die Funktionswerte in einer gewissen Umgebung des Maximums kleiner sind als der Funktionswert des Maximums selbst und die Funktionswerte in einer gewissen Umgebung des Minimums größer sind als der Funktionswert des Minimums. Die Tangenten, und damit auch die *Tangentialebene* an die durch f dargestellte Fläche, müssen also bei einem Maximum und einem Minimum horizontal verlaufen (Figur 1).

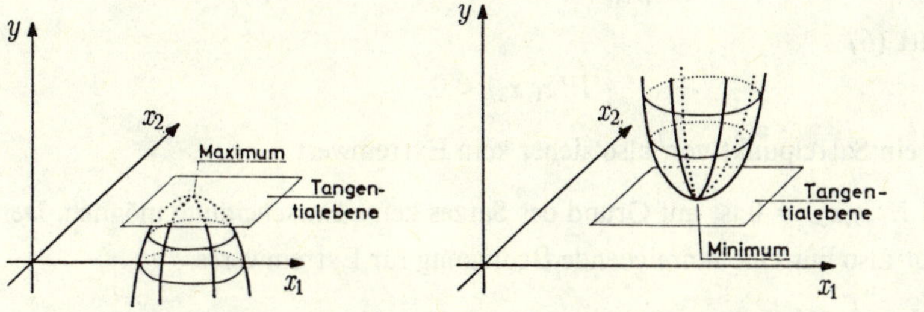

Fig. 1

Das heißt, daß in einem Maximum und in einem Minimum die Steigung der Funktion in x_1-Richtung und in x_2-Richtung gleich 0, also $\frac{\partial f}{\partial x_1} = 0$ und $\frac{\partial f}{\partial x_2} = 0$ ist. Als *notwendige Bedingung* für das Eintreten eines Maximums oder Minimums an der Stelle $(x_1,x_2) = (\hat{x}_1,\hat{x}_2)$ muß also

[1] Wir setzen voraus, daß f stetige Ableitungen erster und zweiter Ordnung besitzt.

(5) $$\frac{\partial f}{\partial x_1} = 0 \text{ und } \frac{\partial f}{\partial x_2} = 0$$

erfüllt sein.

Nun werden aber durch die Bedingung (5) nicht nur Maxima und Minima der Funktion f erfaßt, sondern (vgl. 1.10.2 bei Funktionen einer Veränderlichen) alle Punkte $(\hat{x}_1, \hat{x}_2)$ mit waagrechter Tangentialebene.[1] Um sicher zu gehen, durch (5) nur Maxima und Minima zu erfassen, müssen also noch weitere Bedingungen hinzukommen. Wir wollen das Ergebnis in dem folgenden Satz angeben:

Satz: *Wenn für die (festen) Argumentwerte* $(\hat{x}_1, \hat{x}_2)$ *für die partiellen Ableitungen der Funktion* $f: (x_1, x_2) \longrightarrow y = f(x_1, x_2)$ *gilt* $\frac{\partial f(\hat{x}_1, \hat{x}_2)}{\partial x_1} = f_{x_1}(\hat{x}_1, \hat{x}_2) = 0$ *und* $\frac{\partial f(\hat{x}_1, \hat{x}_2)}{\partial x_2} = f_{x_2}(\hat{x}_1, \hat{x}_2) = 0$ *sowie*[2]

(6) $$H(\hat{x}_1, \hat{x}_2) = \frac{\partial^2 f(\hat{x}_1, \hat{x}_2)}{\partial x_1^2} \cdot \frac{\partial^2 f(\hat{x}_1, \hat{x}_2)}{\partial x_2^2} - \left[\frac{\partial^2 f(\hat{x}_1, \hat{x}_2)}{\partial x_1 \partial x_2}\right]^2 =$$
$$= f_{x_1 x_1}(\hat{x}_1, \hat{x}_2) \cdot f_{x_2 x_2}(\hat{x}_1, \hat{x}_2) - \left[f_{x_1 x_2}(\hat{x}_1, \hat{x}_2)\right]^2 > 0,$$

dann hat die Funktion f *für* $(\hat{x}_1, \hat{x}_2)$ *ein Maximum oder ein Minimum; und zwar liegt ein*

(A) Minimum vor, wenn $\frac{\partial^2 f(\hat{x}_1, \hat{x}_2)}{\partial x_1^2} > 0$ *(dann ist auch* $\frac{\partial^2 f(\hat{x}_1, \hat{x}_2)}{\partial x_2^2} > 0$*)*

(B) Maximum vor, wenn $\frac{\partial^2 f(\hat{x}_1, \hat{x}_2)}{\partial x_1^2} < 0$ *(dann ist auch* $\frac{\partial^2 f(\hat{x}_1, \hat{x}_2)}{\partial x_2^2} < 0$*).*[3]

Gilt statt (6)

$$H(\hat{x}_1, \hat{x}_2) < 0,$$

so liegt ein Sattelpunkt vor, also sicher kein Extremwert.

Im Fall $H(\hat{x}_1, \hat{x}_2) = 0$ ist auf Grund des Satzes keine Entscheidung möglich. Der Satz gibt also nur eine hinreichende Bedingung für Extremwerte.

---

[1] Beispielsweise hat man im höchsten Punkt eines Gebirgspasses auch eine waagrechte Tangentialebene, obwohl kein Maximum (Berggipfel) und kein Minimum (Talsenke) vorliegt, man hat einen Sattelpunkt.

[2] Die zweiten partiellen Ableitungen von f sollen stetig sein.

[3] Der Fall, daß $\frac{\partial^2 f}{\partial x_1^2}$ und $\frac{\partial^2 f}{\partial x_2^2}$ verschiedenes Vorzeichen haben, kann für einen Extremwert nicht eintreten, da sonst Bedingung (6) verletzt wäre.

Auf eine Begründung dieses Satzes verzichten wir.

Beispiele:

1) Die Funktion f: $(x_1,x_2) \longrightarrow y = f(x_1,x_2) = x_1^2 + x_2^2$ ist definiert für alle $x_1,x_2 \in \mathbb{R}$; die Funktionswerte $f(x_1,x_2)$ können aber wegen $x_1^2 \geq 0$ und $x_2^2 \geq 0$ nicht negativ sein. Zur Extremwertbestimmung bilden wir

$$\frac{\partial f(x_1,x_2)}{\partial x_1} = f_{x_1}(x_1,x_2) = 2x_1 \text{ und } \frac{\partial f(x_1,x_2)}{\partial x_2} = f_{x_2}(x_1,x_2) = 2x_2.$$

Die notwendige Bedingung $\frac{\partial f(x_1,x_2)}{\partial x_1} = 0$ und $\frac{\partial f(x_1,x_2)}{\partial x_2} = 0$ für Extremwerte liefert das Gleichungssystem

$$\begin{cases} 2x_1 = 0 \\ 2x_2 = 0; \end{cases}$$

die Lösung lautet $x_1 = 0$; $x_2 = 0$. Also kann für $(\hat{x}_1,\hat{x}_2) = (0,0)$ ein Extremwert vorliegen. Wir untersuchen die hinreichende Bedingung: Mit den zweiten partiellen Ableitungen

$$\frac{\partial^2 f(x_1,x_2)}{\partial x_1^2} = 2, \quad \frac{\partial^2 f(x_1,x_2)}{\partial x_2^2} = 2, \quad \frac{\partial^2 f(x_1,x_2)}{\partial x_1 \partial x_2} = 0$$

wird

$$H(x_1,x_2) = \frac{\partial^2 f(x_1,x_2)}{\partial x_1^2} \cdot \frac{\partial^2 f(x_1,x_2)}{\partial x_2^2} - \left[\frac{\partial^2 f(x_1,x_2)}{\partial x_1 \partial x_2}\right]^2 = 4 - 0 = H(\hat{x}_1,\hat{x}_2) > 0;$$

also hat die Funktion für $(\hat{x}_1,\hat{x}_2) = (0,0)$ einen Extremwert, und zwar ein Minimum, da $\frac{\partial^2 f}{\partial x_1^2} = 2 > 0$ ist.

2) Die Funktion f: $(x_1,x_2) \longrightarrow y = f(x_1,x_2) = x_1^2 + x_2^3 - 2x_1x_2 + 1$ ist definiert für alle $x_1,x_2 \in \mathbb{R}$; der Wertebereich der Funktion ist $\mathbb{R}$, da $f(0,x_2) = x_2^3 + 1$ Werte in ganz $\mathbb{R}$ annimmt.

Die partiellen Ableitungen lauten

$$\frac{\partial f(x_1,x_2)}{\partial x_1} = f_{x_1}(x_1,x_2) = 2x_1 - 2x_2 \text{ und } \frac{\partial f(x_1,x_2)}{\partial x_2} = f_{x_2}(x_1,x_2) = 3x_2^2 - 2x_1.$$

Die notwendige Bedingung für Extremwerte liefert das Gleichungssystem

$$\begin{cases} 2x_1 - 2x_2 = 0 \\ -2x_1 + 3x_2^2 = 0 \end{cases}$$

(dies ist kein lineares Gleichungssystem). Die Lösung erhält man folgendermaßen: Aus der ersten Gleichung folgt $x_1 = x_2$; dies in die zweite Gleichung eingesetzt liefert

$$-2x_1 + 3x_1^2 = 0;$$
$$x_1(3x_1 - 2) = 0;$$

daraus folgt $x_1 = 0$ und $x_1 = \frac{2}{3}$.

Somit erhalten wir als Lösung des Gleichungssystems $x_1 = x_2 = 0$ und $x_1 = x_2 = \frac{2}{3}$. Also kommen für Extremwerte in Frage $(\hat{x}_1,\hat{x}_2) = (0,0)$ und $(\hat{x}_1,\hat{x}_2) = (\frac{2}{3},\frac{2}{3})$.

Wir untersuchen die hinreichende Bedingung und bilden zunächst die partiellen Ableitungen

$$\frac{\partial^2 f(x_1,x_2)}{\partial x_1^2} = 2, \quad \frac{\partial^2 f(x_1,x_2)}{\partial x_2^2} = 6x_2, \quad \frac{\partial^2 f(x_1,x_2)}{\partial x_1 \partial x_2} = -2$$

und daraus

$$H(x_1,x_2) = \frac{\partial^2 f(x_1,x_2)}{\partial x_1^2} \cdot \frac{\partial^2 f(x_1,x_2)}{\partial x_2^2} - \left[\frac{\partial^2 f(x_1,x_2)}{\partial x_1 \partial x_2}\right]^2 = 2 \cdot 6x_2 - (-2)^2 = 12x_2 - 4.$$

Wegen $H(0,0) = -4$ liegt also in $(\hat{x}_1,\hat{x}_2) = (0,0)$ kein Extremwert vor; wegen $H(\frac{2}{3},\frac{2}{3}) = 4 > 0$ haben wir für $(\hat{x}_1,\hat{x}_2) = (\frac{2}{3},\frac{2}{3})$ einen Extremwert und zwar ein Minimum, da $\frac{\partial^2 f(\frac{2}{3},\frac{2}{3})}{\partial x_1^2} = 2 > 0$ ist.

3) Die Funktion f: $(x_1,x_2) \longrightarrow y = f(x_1,x_2) = x_1^3 + x_1^4 + x_2^2$ ist definiert für alle $x_1,x_2 \in \mathbb{R}$.

Die partiellen Ableitungen sind

$$\frac{\partial f(x_1,x_2)}{\partial x_1} = 3x_1^2 + 4x_1^3 = x_1^2(3 + 4x_1) \text{ und } \frac{\partial f(x_1,x_2)}{\partial x_2} = 2x_2.$$

Aus der notwendigen Bedingung für Extremwerte $\frac{\partial f(x_1,x_2)}{\partial x_1} = 0$ und $\frac{\partial f(x_1,x_2)}{\partial x_2} = 0$ erhält man das Gleichungssystem

$$\begin{cases} x_1^2\,(3 + 4x_1) = 0 \\ 2x_2 = 0. \end{cases}$$

Aus der zweiten Gleichung folgt $x_2 = 0$ und aus der ersten Gleichung $x_1 = 0$ und (indem man die Klammer gleich 0 setzt) $x_1 = -\frac{3}{4}$. Damit kommen für

Extremwerte in Frage $(\hat{x}_1,\hat{x}_2) = (0,0)$ und $(\hat{x}_1,\hat{x}_2) = (-\frac{3}{4},0)$.

Für die hinreichende Bedingung erhalten wir mit

$$\frac{\partial^2 f(x_1,x_2)}{\partial x_1{}^2} = 6x_1 + 12x_1^2 = 6x_1(1 + 2x_1); \quad \frac{\partial^2 f(x_1,x_2)}{\partial x_2{}^2} = 2; \quad \frac{\partial^2 f(x_1,x_2)}{\partial x_1 \partial x_2} = 0$$

nun

$$H(x_1,x_2) = \frac{\partial^2 f(x_1,x_2)}{\partial x_1{}^2} \cdot \frac{\partial^2 f(x_1,x_2)}{\partial x_2{}^2} - \left[\frac{\partial^2 f(x_1,x_2)}{\partial x_1 \partial x_2}\right]^2 = 12x_1(1 + 2x_1) - 0.$$

Da $H(0,0) = 0$ ist, kann für $(\hat{x}_1,\hat{x}_2) = (0,0)$ auf Grund des Satzes keine Entscheidung getroffen werden; wegen $H(-\frac{3}{4},0) = -9\,(1 - \frac{3}{2}) = \frac{9}{2} > 0$ liegt für $(\hat{x}_1,\hat{x}_2) = (-\frac{3}{4},0)$ ein Extremwert vor, und zwar ein Minimum, da $\frac{\partial^2 f(x_1,x_2)}{\partial x_2{}^2} =$

$$= \frac{\partial^2 f(-\frac{3}{4},0)}{\partial x_2{}^2} = 2 \text{ ist.}$$

Die Entscheidung im Fall $(\hat{x}_1,\hat{x}_2) = (0,0)$ kann man folgendermaßen treffen: Es ist $f(0,0) = 0$ und

$$f(x_1,0) = x_1{}^3 + x_1{}^4 = x_1{}^3(1 + x_1) > 0 \quad \text{für } x_1 > 0 \text{ (und für } x_1 < -1),$$
$$f(x_1,0) = x_1{}^3(1 + x_1) < 0 \quad \text{für } -1 < x_1 < 0.$$

Also liegt in $(0,0)$ kein Extremwert vor.

Sind bei einer Funktion $f\colon (x_1,x_2,\ldots,x_n) \longrightarrow y = f(x_1,x_2,\ldots,x_n)$ von n Veränderlichen Maxima und Minima zu bestimmen, so müssen als notwendige Bedingung alle partiellen Ableitungen $\frac{\partial f}{\partial x_i}$ (i = 1,2,...,n) an der Stelle eines Maxiums bzw. Minimums gleich 0 sein. (Für hinreichende Bedingungen siehe 2.3.7.)

2.3.3. Sollen für die Funktion $f\colon (x_1,x_2) \longrightarrow y = f(x_1,x_2)$ Maxima und Minima bestimmt werden, wobei nur die Argumentwerte x_1 und x_2 zugelassen sind, die einer Nebenbedingung - etwa einer Gleichung $g(x_1,x_2) = 0$ - genügen, so spricht man von *Maxima* und *Minima* (oder einfach von Extremwerten) *mit* (einer) *Nebenbedingung*. Es genügt dabei, daß wir die rechte Seite der Gleichung der Nebenbedingung gleich 0 annehmen, denn die Glieder einer Gleichung lassen sich immer alle auf die linke Seite der Gleichung stellen. Etwa kann die Gleichung $x_1{}^2 + x_2{}^2 - 1 = 0$ als Nebenbedingung auftreten. Beispiele aus der Wirtschaftstheorie für Maxima und Minima mit Nebenbedingung wurden in 2.3.1* schon genannt.

Geometrisch bedeutet die Bestimmung der Maxima der Funktion f unter der Nebenbedingung $g(x_1,x_2) = 0$ folgendes: Der Graph von f ist eine Fläche F im Raum und $g(x_1,x_2) = 0$ (wobei sich $g(x_1,x_2) = 0$ eventuell explizit schreiben läßt als $x_2 = \varphi(x_1)$) eine Kurve K in der waagrechten (x_1,x_2)-Ebene (Figur 2).

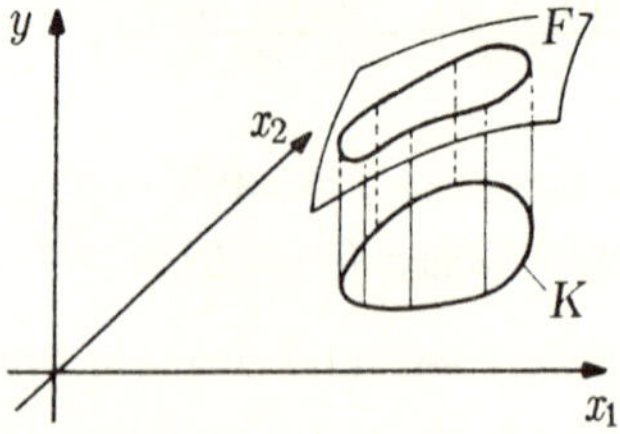

Fig. 2

Bei der Frage nach den Maxima der Funktion f unter der Nebenbedingung $g(x_1,x_2) = 0$ sind nun die Maxima der Funktionswerte $f(x_1,x_2)$ zu bestimmen, die über der Kurve K liegen. Entsprechend lassen sich Minima mit Nebenbedingung veranschaulichen.[1]

2.3.4.* Wir wollen nun die Verfahren zur Bestimmung von Extremwerten unter einer Nebenbedingung an Hand von Beispielen darlegen.

1) Betrachten wir im Anschluß an (1) und (2) die Kostenfunktion

$$K = m_1 p_1 + m_2 p_2 + k \tag{7}$$

und als Produktionsfunktion speziell [2]

$$x = x(m_1,m_2) = \alpha_0 m_1^{\alpha_1} m_2^{\alpha_2}, \text{ d.h. } x - x(m_1,m_2) = x - \alpha_0 m_1^{\alpha_1} m_2^{\alpha_2} = 0 \tag{8}$$

mit konstanten positiven Größen $p_1, p_2, k, x, \alpha_0, \alpha_1$ und α_2.

Ohne Beschränkung der Allgemeinheit können wir $\alpha_1 + \alpha_2 = 1$ annehmen; ist nämlich $\alpha_1 + \alpha_2 = \delta \neq 1$,, so bilden wir aus (8)

$$x^{\frac{1}{\delta}} = \alpha_0^{\frac{1}{\delta}} m_1^{\frac{\alpha_1}{\delta}} m_2^{\frac{\alpha_2}{\delta}}$$

mit neuen Konstanten $x^{\frac{1}{\delta}} = x^*$, $\alpha_0^{\frac{1}{\delta}} = \alpha_0^*$, $\frac{\alpha_1}{\delta} = \alpha_1^*$ und $\frac{\alpha_2}{\delta} = \alpha_2^*$, wobei jetzt

---

[1] Wir setzen voraus, daß auch g stetige partielle Ableitungen erster und zweiter Ordnung besitzt. f wird in diesem Zusammenhang auch *Zielfunktion* genannt.

[2] m_1 bedeutet etwa die Menge des eingesetzten Kapitals, m_2 die Menge der eingesetzten Arbeit.

gilt $\alpha_1{}^* + \alpha_2{}^* = \frac{\alpha_1}{\delta} + \frac{\alpha_2}{\delta} = 1$. Es sollen nun die Minima der Funktion (7) unter der Nebenbedingung (8) bestimmt werden.

Dabei wählen wir zunächst das Verfahren, daß wir mit Hilfe der Nebenbedingung in der Funktion $f: (x_1,x_2) \longrightarrow y = f(x_1,x_2)$ eine Veränderliche, etwa x_2 durch x_1 ausdrücken und somit eine Funktion der einen Veränderlichen x_1 erhalten, für die sich nach der Methode von § 1.10 die Extremwerte berechnen lassen. An zweiter Stelle behandeln wir die sog. Lagrangesche Multiplikatormethode; es wird sich dabei herausstellen, daß diese hinsichtlich des geringeren Rechenaufwands dem erstgenannten Verfahren überlegen ist.

Indem man (8) nach der Veränderlichen m_1 auflöst, erhält man

(9) $$m_1 = \left[\frac{x}{\alpha_0 m_2{}^{\alpha_2}}\right]^{\frac{1}{\alpha_1}} = \sqrt[\alpha_1]{\frac{x}{\alpha_0}} \cdot m_2{}^{-\frac{\alpha_2}{\alpha_1}};$$

Einsetzen dieses Wertes für m_1 in Gleichung (7) liefert

$$K = \sqrt[\alpha_1]{\frac{x}{\alpha_0}} \cdot m_2{}^{-\frac{\alpha_2}{\alpha_1}} p_1 + m_2 p_2 + k$$

mit der einen Veränderlichen m_2. Hierfür lassen sich nun nach den Methoden von § 1.10 die Minima bestimmen, indem man die erste Ableitung

$$\frac{dK}{dm_2} = \sqrt[\alpha_1]{\frac{x}{\alpha_0}} \left[-\frac{\alpha_2}{\alpha_1}\right] m_2{}^{-\frac{\alpha_2}{\alpha_1}-1} p_1 + p_2$$

gleich 0 setzt und aus der so entstehenden Gleichung

(10) $$\sqrt[\alpha_1]{\frac{x}{\alpha_0}} \left[-\frac{\alpha_2}{\alpha_1}\right] m_2{}^{-\frac{\alpha_2}{\alpha_1}-1} p_1 + p_2 = 0$$

m_2 berechnet. Wenn wir beachten, daß $\alpha_1 + \alpha_2 = 1$ ist, läßt sich

$$-\frac{\alpha_2}{\alpha_1} - 1 = \frac{-(\alpha_2 + \alpha_1)}{\alpha_1} = -\frac{1}{\alpha_1}$$

schreiben, so daß

$$\frac{dK}{dm_2} = \sqrt[\alpha_1]{\frac{x}{\alpha_0}} \left[-\frac{\alpha_2}{\alpha_1}\right] m_2{}^{-\frac{1}{\alpha_1}} p_1 + p_2$$

wird und (10) die Form

$$\sqrt[\alpha_1]{\frac{x}{\alpha_0}} \left[-\frac{\alpha_2}{\alpha_1}\right] m_2{}^{-\frac{1}{\alpha_1}} p_1 + p_2 = 0$$

annimmt. Weiter erhalten wir hieraus

$$m_2^{-\frac{1}{\alpha_1}} = \frac{p_2\alpha_1 \sqrt[\alpha_1]{\alpha_0}}{p_1\alpha_2 \sqrt[\alpha_1]{x}},$$

(11) $$m_2 = \left[\frac{p_1\alpha_2 \sqrt[\alpha_1]{x}}{p_2\alpha_1 \sqrt[\alpha_1]{\alpha_0}}\right]^{\alpha_1} = \left[\frac{p_1\alpha_2}{p_2\alpha_1}\right]^{\alpha_1} \frac{x}{\alpha_0}.$$

Durch Einsetzen dieses Wertes (11) für m_2 in Gleichung (9) folgt

$$m_1 = \sqrt[\alpha_1]{\frac{x}{\alpha_0}}\left[\left[\frac{p_1\alpha_2}{p_2\alpha_1}\right]^{\alpha_1} \frac{x}{\alpha_0}\right]^{-\frac{\alpha_2}{\alpha_1}} =$$

$$= \left[\frac{x}{\alpha_0}\right]^{\frac{1}{\alpha_1}} \left[\frac{p_1\alpha_2}{p_2\alpha_1}\right]^{-\alpha_2} \left[\frac{x}{\alpha_0}\right]^{-\frac{\alpha_2}{\alpha_1}} =$$

$$= \left[\frac{x}{\alpha_0}\right]^{\frac{1}{\alpha_1} - \frac{\alpha_2}{\alpha_1}} \left[\frac{p_2\alpha_1}{p_1\alpha_2}\right]^{\alpha_2} =$$

$$= \frac{x}{\alpha_0}\left[\frac{p_2\alpha_1}{p_1\alpha_2}\right]^{\alpha_2},$$

denn

$$\frac{1}{\alpha_1} - \frac{\alpha_2}{\alpha_1} = \frac{1 - \alpha_2}{\alpha_1} = \frac{\alpha_1}{\alpha_1} = 1.$$

Also kommt $(\hat{m}_1, \hat{m}_2) = \left[\frac{x}{\alpha_0}\left[\frac{p_2\alpha_1}{p_1\alpha_2}\right]^{\alpha_2}, \frac{x}{\alpha_0}\left[\frac{p_1\alpha_2}{p_2\alpha_1}\right]^{\alpha_1}\right]$ für einen Extremwert in Frage.

Den Nachweis, daß es sich hierbei um ein Minimum handelt, erbringen wir, indem wir die zweite Ableitung

$$\frac{d^2 K}{dm_2{}^2} = \sqrt[\alpha_1]{\frac{x}{\alpha_0}} \left[-\frac{\alpha_2}{\alpha_1}\right]\left[-\frac{1}{\alpha_1}\right] m_2^{-\frac{1}{\alpha_1} - 1} p_1 =$$

$$= \sqrt[\alpha_1]{\frac{x}{\alpha_0}} \frac{\alpha_2}{\alpha_1{}^2} m_2^{-\frac{1 + \alpha_1}{\alpha_1}} p_1$$

bilden, für m_2 den Wert (11) einsetzen und erkennen, daß der so entstehende Ausdruck

$$\sqrt[\alpha_1]{\frac{x}{\alpha_0}} \frac{\alpha_2}{\alpha_1{}^2}\left[\frac{p_1\alpha_2}{p_2\alpha_1}\right]^{-1-\alpha_1} \left[\frac{x}{\alpha_0}\right]^{-\frac{1 + \alpha_1}{\alpha_1}} p_1 > 0$$

ist, da alle Faktoren positiv sind.

Die Entscheidung, daß hier ein Minimum vorliegt, hätte man auch ohne Rechnung direkt aus der Fragestellung oder ihrer geometrischen Veranschaulichung im Raum herleiten können. [1)]

Diese etwas umständliche Rechnung läßt sich vermeiden, wenn man das Lagrangesche Multiplikatorverfahren anwendet und folgendermaßen vorgeht: Wir bilden die Lagrange-Funktion L, gegeben durch

$$L(m_1,m_2,\lambda) = K + \lambda(x - x(m_1,m_2)) = m_1p_1 + m_2p_2 + k + \lambda(x - \alpha_0 m_1^{\alpha_1}\, m_2^{\alpha_2})$$

mit einer weiteren Veränderlichen λ (dem Lagrange-Multiplikator). Statt nun das Minimum der Kostenfunktion unter der Nebenbedingung zu bestimmen, betrachten wir das Minimum der Funktion L, d.h. es müssen als notwendige Bedingung die partiellen Ableitungen $\frac{\partial L}{\partial m_1}$, $\frac{\partial L}{\partial m_2}$ und $\frac{\partial L}{\partial \lambda}$ gleich 0 gesetzt werden. Für diese findet man

$$\frac{\partial L}{\partial m_1} = \frac{\partial K}{\partial m_1} + \lambda\,\frac{\partial(x - x(m_1,m_2))}{\partial m_1} = p_1 - \lambda\alpha_0\alpha_1 m_1^{\alpha_1-1} m_2^{\alpha_2},$$

$$\frac{\partial L}{\partial m_2} = \frac{\partial K}{\partial m_2} + \lambda\,\frac{\partial(x - x(m_1,m_2))}{\partial m_2} = p_2 - \lambda\alpha_0 m_1^{\alpha_1}\, \alpha_2 m_2^{\alpha_2-1},$$

$$\frac{\partial L}{\partial \lambda} = x - \alpha_0 m_1^{\alpha_1} m_2^{\alpha_2}$$

und erhält daraus die Gleichungen

(12) $$p_1 - \lambda\alpha_0\alpha_1 m_1^{\alpha_1-1}\, m_2^{\alpha_2} = 0,$$

(13) $$p_2 - \lambda\alpha_0\alpha_2 m_1^{\alpha_1}\, m_2^{\alpha_2-1} = 0,$$

(14) $$x - \alpha_0 m_1^{\alpha_1}\, m_2^{\alpha_2} = 0.$$

Wir haben also die drei Gleichungen (12), (13) und (14) für die drei Unbekannten m_1, m_2 und λ. Gleichung (14) liefert die Nebenbedingung (8). Indem wir Gleichung (12) mit $\alpha_2 m_1$ und Gleichung (13) mit $\alpha_1 m_2$ multiplizieren und anschließend die zweite Gleichung von der ersten subtrahieren, folgt

---

1) Ist allgemein $\alpha_1 + \alpha_2 = \delta$, so wird

$$\hat{m}_1 = \left[\frac{x}{\alpha_0}\left[\frac{p_2\alpha_1}{p_1\alpha_2}\right]^{\alpha_2}\right]^{\frac{1}{\delta}}, \quad \hat{m}_2 = \left[\frac{x}{\alpha_0}\left[\frac{p_1\alpha_2}{p_2\alpha_1}\right]^{\alpha_2}\right]^{\frac{1}{\delta}}.$$

$$p_1\alpha_2 m_1 - p_2\alpha_1 m_2 = 0$$

und weiter

$$m_1 = \frac{p_2\alpha_1 m_2}{p_1\alpha_2}.$$

Dieser Wert in Gleichung (14) eingesetzt liefert

$$x - \alpha_0\left[\frac{p_2\alpha_1 m_2}{p_1\alpha_2}\right]^{\alpha_1} m_2^{\alpha_2} = 0,$$

$$m_2^{\alpha_1+\alpha_2} = \frac{x}{\alpha_0}\left[\frac{p_1\alpha_2}{p_2\alpha_1}\right]^{\alpha_1}$$

und wegen $\alpha_1 + \alpha_2 = 1$

$$m_2 = \frac{x}{\alpha_0}\left[\frac{p_1\alpha_2}{p_2\alpha_1}\right]^{\alpha_1} = \hat{m}_2.$$

Ebenso erhält man den Wert für $\hat{m}_1$.

Das Lagrangesche Multiplikatorverfahren liefert die Werte von m_1 und m_2, die für ein Minimum in Frage kommen. Ob hier wirklich ein Minimum vorliegt, muß man wieder durch eine gesonderte Betrachtung feststellen.

2) Sind für die Funktion

$$f\colon (x_1,x_2) \longrightarrow y = f(x_1,x_2) = x_1^2 - x_2^2 + x_1x_2 + 5x_1$$

die Extremwerte unter der Nebenbedingung $x_1 - 2x_2 = 0$ zu bestimmen, so hat man beim Einsetzungsverfahren folgendermaßen vorzugehen: Aus der Nebenbedingung hat man sofort $x_1 = 2x_2$, und dies in die Funktion eingesetzt liefert

$$f(2x_2,x_2) = (2x_2)^2 - x_2^2 + 2x_2^2 + 10x_2 = 5x_2^2 + 10x_2,$$

also eine Funktion φ einer Veränderlichen. Nullsetzen der Ableitung φ' dieser Funktion φ (notwendige Bedingung für einen Extremwert) liefert

$$10x_2 + 10 = 0; \quad x_2 = -1;$$

damit wird $x_1 = -2$. Also kann ein Extremwert vorliegen für $(\hat{x}_1, \hat{x}_2) = (-2, -1)$.

Durch die hinreichende Bedingung kann die Art des Extremwerts entschieden werden: Da die zweite Ableitung φ'' der Funktion φ gleich $10 > 0$ ist, muß ein Minimum vorliegen.

Für das Lagrange-Verfahren hat man die Lagrange-Funktion L mit

$$L(x_1,x_2,\lambda) = x_1^2 - x_2^2 + x_1x_2 + 5x_1 + \lambda(x_1 - 2x_2)$$

zu bilden. Nullsetzen der partiellen Ableitungen liefert die Gleichungen

$$\frac{\partial L}{\partial x_1} = 2x_1 + x_2 + 5 + \lambda = 0$$

$$\frac{\partial L}{\partial x_2} = -2x_2 + x_1 - 2\lambda = 0$$

$$\frac{\partial L}{\partial \lambda} = x_1 - 2x_2 = 0.$$

Indem man von der zweiten Gleichung die dritte Gleichung subtrahiert, folgt $\lambda = 0$; durch Addition der mit 2 multiplizierten ersten Gleichung und der dritten Gleichung erhält man

$5x_1 + 10 = 0$; $x_1 = -2$; damit weiter aus der dritten Gleichung $x_2 = -1$.

Also kommt für einen Extremwert in Frage $(\hat{x}_1,\hat{x}_2) = (-2, -1)$.

2.3.5. Sind allgemein für eine Funktion f: $(x_1,x_2) \longrightarrow y = f(x_1,x_2)$ Extremwerte unter einer Nebenbedingung $g(x_1,x_2) = 0$ zu bestimmen, so betrachtet man die Lagrange-Funktion L, gegeben durch

$$L(x_1,x_2,\lambda) = f(x_1,x_2) + \lambda g(x_1,x_2)$$

und bestimmt für diese die Extremwerte ohne Nebenbedingung, d.h. man hat als notwendige Bedingung für Extremwerte

$$(15) \quad \frac{\partial L}{\partial x_1} = \frac{\partial f}{\partial x_1} + \lambda\frac{\partial g}{\partial x_1} = 0, \quad \frac{\partial L}{\partial x_2} = \frac{\partial f}{\partial x_2} + \lambda\frac{\partial g}{\partial x_2} = 0, \quad \frac{\partial L}{\partial \lambda} = g(x_1,x_2) = 0.$$

(Dabei liefert die letzte Gleichung wieder die Nebenbedingung $g(x_1,x_2) = 0$.) Aus den Gleichungen (15) berechnet man dann die Koordinaten $\hat{x}_1,\hat{x}_2$ der Punkte, welche für Extremwerte in Frage kommen.

Bei einer Funktion f: $(x_1,x_2,...,x_n) \longrightarrow y = f(x_1,x_2,...,x_n)$ von n Variablen und einer Nebenbedingung $g(x_1,x_2,...,x_n) = 0$ bildet man entsprechend

$$L(x_1,x_2,...,x_n,\lambda) = f(x_1,x_2,...,x_n) + \lambda g(x_1,x_2,...,x_n)$$

und hat statt (15) die n + 1 Gleichungen

$$\frac{\partial L}{\partial x_1} = \frac{\partial L}{\partial x_2} = ... = \frac{\partial L}{\partial x_n} = \frac{\partial L}{\partial \lambda} = 0,$$

woraus die Koordinaten $\hat{x}_1,\hat{x}_2,...,\hat{x}_n$ für Extremwerte bestimmt werden.

2.3.6. Bei der Bestimmung von Extremwerten mit mehreren Nebenbedingungen kann man auch das Lagrangesche Multiplikatorverfahren anwenden. Wir wollen hier das Verfahren für die Funktion

$f\colon (x_1,x_2,\ldots,x_n) \longrightarrow y = f(x_1,x_2,\ldots,x_n)$ (n $\geq$ 3) mit zwei Nebenbedingungen $g(x_1,x_2,\ldots,x_n) = 0$ und $h(x_1,x_2,\ldots,x_n) = 0$ erläutern. Man bildet mit den zusätzlichen Variablen λ und μ die Lagrange-Funktion L, gegeben durch

$$L(x_1,x_2,\ldots,x_n,\lambda,\mu) = f(x_1,x_2,\ldots,x_n) + \lambda g(x_1,x_2,\ldots,x_n) + \mu h(x_1,x_2,\ldots,x_n),$$

und bestimmt für diese die Extremwerte. Dazu hat man die partiellen Ableitungen gleich 0 zu setzen:

$$\text{(16)} \quad \begin{cases} \dfrac{\partial L}{\partial x_1} = \dfrac{\partial f}{\partial x_1} + \lambda \dfrac{\partial g}{\partial x_1} + \mu \dfrac{\partial h}{\partial x_1} = 0; \\ \dfrac{\partial L}{\partial x_2} = \dfrac{\partial f}{\partial x_2} + \lambda \dfrac{\partial g}{\partial x_2} + \mu \dfrac{\partial h}{\partial x_2} = 0; \\ \quad \cdots\cdots\cdots\cdots \\ \dfrac{\partial L}{\partial x_n} = \dfrac{\partial f}{\partial x_n} + \lambda \dfrac{\partial g}{\partial x_n} + \mu \dfrac{\partial h}{\partial x_n} = 0; \\ \dfrac{\partial L}{\partial \lambda} = g(x_1, x_2, \ldots, x_n) = 0; \\ \dfrac{\partial L}{\partial \mu} = h(x_1, x_2, \ldots, x_n) = 0; \end{cases}$$

(Die beiden letzten dieser n + 2 Gleichungen sind die Nebenbedingungen.) Nun hat man aus (16) die Koordinaten $\hat{x}_1,\hat{x}_2,\ldots,\hat{x}_n$ der Punkte, welche für die Extremwerte in Frage kommen, zu berechnen.

Bei mehr als zwei Nebenbedingungen verfährt man analog. Bei k-Nebenbedingungen hat man dann k Lagrange-Multiplikatoren $\lambda_1,\lambda_2,\ldots,\lambda_k$ zu benutzen.

2.3.7. In 2.3.2 haben wir als notwendige Bedingung für einen Extremwert einer Funktion $f\colon (x_1,x_2) \longrightarrow y = f(x_1,x_2)$ formuliert [1)]

$$\text{(5)} \qquad \frac{\partial f}{\partial x_1} = 0 \text{ und } \frac{\partial f}{\partial x_2} = 0$$

und als hinreichende Bedingung [2)]

$$\text{(6)} \qquad \frac{\partial^2 f}{\partial x_1^2}\cdot\frac{\partial^2 f}{\partial x_2^2} - \left[\frac{\partial^2 f}{\partial x_1 \partial x_2}\right]^2 > 0$$

sowie

---

1) Wir lassen die Argumente $\hat{x}_1,\hat{x}_2$ weg.

2) Die zweiten partiellen Ableitungen von f sollen stetig sein.

(A) $\frac{\partial^2 f}{\partial x_1^2} > 0$ (und $\frac{\partial^2 f}{\partial x_2^2} > 0$) für ein Minimum,

(B) $\frac{\partial^2 f}{\partial x_1^2} < 0$ (und $\frac{\partial^2 f}{\partial x_2^2} < 0$) für ein Maximum.

Die Bedingungen (6) und (A) bzw. (6) und (B) lassen sich nun folgendermaßen zusammenfassen: Wir betrachten die *Hesse-Determinante* (vgl. § 3.5)

$$H = \begin{vmatrix} \frac{\partial^2 f}{\partial x_1^2} & \frac{\partial^2 f}{\partial x_1 \partial x_2} \\ \frac{\partial^2 f}{\partial x_2 \partial x_1} & \frac{\partial^2 f}{\partial x_2^2} \end{vmatrix} = \frac{\partial^2 f}{\partial x_1^2}\frac{\partial^2 f}{\partial x_2^2} - \left[\frac{\partial^2 f}{\partial x_1 \partial x_2}\right]^2.$$

Ferner setzen wir

$$H_1 = \frac{\partial^2 f}{\partial x_1^2}.$$

Die Bedingungen (6) und (A) bzw. (6) und (B) lassen sich dann wie folgt schreiben:

(A) *Wenn an der Stelle $(\hat{x}_1, \hat{x}_2)$ gilt $H_1 > 0$ und $H > 0$, liegt ein Minimum vor.*

(B) *Wenn $H_1 < 0$ und $H > 0$ ist, liegt ein Maximum vor.*

Diese Betrachtungsweise mit der Hesse-Determinante ist besonders dann nützlich, wenn man Funktionen von mehr als zwei Veränderlichen hat. Damit eine Funktion $f\colon (x_1, x_2, x_3) \longrightarrow y = f(x_1, x_2, x_3)$ an einer Stelle $(\hat{x}_1, \hat{x}_2, \hat{x}_3)$ einen Extremwert hat, müssen dort die notwendigen Bedingungen [1)]

(17) $$\frac{\partial f}{\partial x_1} = 0, \quad \frac{\partial f}{\partial x_2} = 0, \quad \frac{\partial f}{\partial x_3} = 0$$

erfüllt sein. Es liegt

(A) ein Minimum vor, wenn für die betreffende Stelle $(\hat{x}_1, \hat{x}_2, \hat{x}_3)$

$$H_1 = \frac{\partial^2 f}{\partial x_1^2} > 0, \quad H_2 = \begin{vmatrix} \frac{\partial^2 f}{\partial x_1^2} & \frac{\partial^2 f}{\partial x_1 \partial x_2} \\ \frac{\partial^2 f}{\partial x_2 \partial x_1} & \frac{\partial^2 f}{\partial x_2^2} \end{vmatrix} > 0 \quad \text{und}$$

$$H = \begin{vmatrix} \frac{\partial^2 f}{\partial x_1^2} & \frac{\partial^2 f}{\partial x_1 \partial x_2} & \frac{\partial^2 f}{\partial x_1 \partial x_3} \\ \frac{\partial^2 f}{\partial x_2 \partial x_1} & \frac{\partial^2 f}{\partial x_2^2} & \frac{\partial^2 f}{\partial x_2 \partial x_3} \\ \frac{\partial^2 f}{\partial x_3 \partial x_1} & \frac{\partial^2 f}{\partial x_3 \partial x_2} & \frac{\partial^2 f}{\partial x_3^2} \end{vmatrix} > 0,$$

---

1) Wir lassen die Argumente $\hat{x}_1, \hat{x}_2, \hat{x}_3$ weg.

(B) ein Maximum vor, wenn für die betreffende Stelle $(\hat{x}_1,\hat{x}_2,\hat{x}_3)$

$$H_1 < 0, \quad H_2 > 0, \quad H < 0$$

ist.

H_1 und H_2 sind also "Unterdeterminanten" von H (sog. "Hauptunterdeterminanten").

Damit allgemeine eine Funktion $f\colon (x_1,x_2,\ldots,x_n) \longrightarrow y = f(x_1,x_2,\ldots,x_n)$ an einer Stelle $(\hat{x}_1,\hat{x}_2,\ldots,\hat{x}_n)$ einen Extremwert hat, müssen dort die notwendigen Bedingungen [1)]

(18)
$$\frac{\partial f}{\partial x_1} = 0, \frac{\partial f}{\partial x_2} = 0,\ldots, \frac{\partial f}{\partial x_n} = 0$$

erfüllt sein. Um eine hinreichende Bedingung zu formulieren, betrachten wir von der Hesse-Determinante

$$H = \begin{vmatrix} \frac{\partial^2 f}{\partial {x_1}^2} & \frac{\partial^2 f}{\partial x_1 \partial x_2} & \cdots & \frac{\partial^2 f}{\partial x_1 \partial x_n} \\ \frac{\partial^2 f}{\partial x_2 \partial x_1} & \frac{\partial^2 f}{\partial {x_2}^2} & \cdots & \frac{\partial^2 f}{\partial x_2 \partial x_n} \\ & \cdots\cdots & & \\ \frac{\partial^2 f}{\partial x_n \partial x_1} & \frac{\partial^2 f}{\partial x_n \partial x_2} & \cdots & \frac{\partial^2 f}{\partial {x_n}^2} \end{vmatrix} = \left| \frac{\partial^2 f}{\partial x_i \partial x_k} \right| \quad (i,k = 1,2,\ldots,n)$$

die Hauptunterdeterminnanten H_i, die aus H durch Weglassen der letzten (n–i) Zeilen und (n–i) Spalten (i = 1,2,...,n–1) hervorgehen. Es liegt nun

(A) *ein Minimum vor, wenn für die betreffende Stelle* $(\hat{x}_1,\hat{x}_2,\ldots,\hat{x}_n)$

$$H_1 > 0,\ H_2 > 0,\ldots,\ H_{n-1} > 0,\ H > 0;$$

(B) *ein Maximum vor, wenn für die betreffende Stelle* $(\hat{x}_1,\hat{x}_2,\ldots,\hat{x}_n)$

$$H_1 < 0,\ H_2 > 0,\ H_3 < 0,\ldots$$

gilt, also wenn die Vorzeichen alternieren. (Es muß demnach für ein Maximum $H > 0$ sein, wenn n eine gerade Zahl, $H < 0$ sein, wenn n eine ungerade Zahl ist, was man auch durch $H(-1)^n > 0$ ausdrücken kann.)

Die Regeln für n = 2 und n = 3 sind in der allgemeinen Formulierung enthalten. Auf einen allgemeinen Beweis verzichten wir.

Die notwendigen Bedingungen (5), (17) und (18) werden in der Literatur bisweilen auch *Bedingungen erster Ordnung*, die hinreichenden Bedingungen *(A)* und *(B)* mit der Hesse-Determinante *Bedingungen zweiter Ordnung* genannt.

2.3.8. Zur Formulierung einer hinreichenden Bedingung (Bedingung zweiter Ordnung) bei der Bestimmung von Extremwerten für eine Funktion $f\colon (x_1,x_2) \longrightarrow y = f(x_1,x_2)$ mit einer

---

1) Wir lassen die Argumentwerte $\hat{x}_1,\hat{x}_2,\ldots,\hat{x}_n$ weg.

Nebenbedingung $g(x_1,x_2) = 0$ betrachtet man mit der Lagrangefunktion $L(x_1,x_2,\lambda)$ die "geränderte" Hesse-Determinante [1)]

$$\text{(19)} \qquad H^* = \begin{vmatrix} \frac{\partial^2 L}{\partial \lambda^2} & \frac{\partial^2 L}{\partial \lambda \partial x_1} & \frac{\partial^2 L}{\partial \lambda \partial x_2} \\ \frac{\partial^2 L}{\partial x_1 \partial \lambda} & \frac{\partial^2 L}{\partial x_1{}^2} & \frac{\partial^2 L}{\partial x_1 \partial x_2} \\ \frac{\partial^2 L}{\partial x_2 \partial \lambda} & \frac{\partial^2 L}{\partial x_2 \partial x_1} & \frac{\partial^2 L}{\partial x_2{}^2} \end{vmatrix}$$

Hierin wird bei der Differentiation

$$\frac{\partial^2 L}{\partial x_1 \partial \lambda} = \frac{\partial^2 L}{\partial \lambda \partial x_1} = \frac{\partial g}{\partial x_1}\,; \quad \frac{\partial^2 L}{\partial x_2 \partial \lambda} = \frac{\partial^2 L}{\partial \lambda \partial x_2} = \frac{\partial g}{\partial x_2}\,; \quad \frac{\partial^2 L}{\partial \lambda^2} = 0,$$

wie man leicht nachrechnet. Man kann also auch schreiben

$$H^* = \begin{vmatrix} 0 & \frac{\partial g}{\partial x_1} & \frac{\partial g}{\partial x_2} \\ \frac{\partial g}{\partial x_1} & \frac{\partial^2 L}{\partial x_1{}^2} & \frac{\partial^2 L}{\partial x_1 \partial x_2} \\ \frac{\partial g}{\partial x_2} & \frac{\partial^2 L}{\partial x_2 \partial x_1} & \frac{\partial^2 L}{\partial x_2{}^2} \end{vmatrix}.$$

(A) Nun liegt ein Maximum vor, wenn an der Stelle $(\hat{x}_1, \hat{x}_2)$ gilt $H^* > 0$;

(B) es liegt ein Minimum vor, wenn $H^* < 0$ ist. [2)]

Entsprechend wie oben verlaufen die Betrachtungen für eine Funktion

$$f\colon (x_1,x_2,...,x_n) \longrightarrow y = f(x_1,x_2,...,x_n)$$

mit einer Nebenbedingung

$$g(x_1,x_2,...,x_n) = 0.$$

[1)] Die zweiten partiellen Ableitungen von L sollen stetig sein.

[2)] Indem man in der Form (19) für H^* durch zwei Spaltenvertauschungen die 1. Spalte an die letzte Stelle bringt und dann durch zwei Zeilenvertauschungen die 1. Zeile an die letzte Stelle bringt, erhält man

$$\text{(20)} \qquad H^* = \begin{vmatrix} \frac{\partial^2 L}{\partial x_1{}^2} & \frac{\partial^2 L}{\partial x_1 \partial x_2} & \frac{\partial^2 L}{\partial x_1 \partial \lambda} \\ \frac{\partial^2 L}{\partial x_2 \partial x_1} & \frac{\partial^2 L}{\partial x_2{}^2} & \frac{\partial^2 L}{\partial x_2 \partial \lambda} \\ \frac{\partial^2 L}{\partial \lambda \partial x_1} & \frac{\partial^2 L}{\partial \lambda \partial x_2} & \frac{\partial^2 L}{\partial \lambda^2} \end{vmatrix}.$$

Da insgesamt 4 Vertauschungen vorgenommen werden und diese 4 Vorzeichenwechsel bewirken, gilt, daß (20) gleich H^* ist.

Die geänderte Hesse-Determinante hat nun mit der Lagrange-Funktion $L(x_1,x_2,\ldots,x_n,\lambda)$ die Form

$$H^* = \begin{vmatrix} \frac{\partial^2 L}{\partial\lambda^2} & \frac{\partial^2 L}{\partial\lambda\partial x_1} & \frac{\partial^2 L}{\partial\lambda\partial x_2} & \cdots & \frac{\partial^2 L}{\partial\lambda\partial x_n} \\ \frac{\partial^2 L}{\partial x_1\partial\lambda} & & & & \\ \frac{\partial^2 L}{\partial x_2\partial\lambda} & & \frac{\partial^2 L}{\partial x_i\partial x_k} & & \\ \vdots & & & & \\ \frac{\partial^2 L}{\partial x_n\partial\lambda} & & & & \end{vmatrix} \quad \begin{matrix}(1 \leq i \leq n; \\ 1 \leq k \leq n);\end{matrix}$$

außerdem braucht man die Hauptunterdeterminanten $H_2^*,H_3^*,\ldots,H_i^*$, die durch Weglassen der letzten n–2 bzw. n–3 bzw. n–i Zeilen und Spalten aus H^* hervorgehen.

Die hinreichende Bedingung (Bedingung zweiter Ordnung) lautet nun:

(A) Es liegt ein Minimum vor, wenn an der Stelle $(\hat{x}_1,\hat{x}_2,\ldots,\hat{x}_n)$

$$H_2^* < 0,\ H_3^* < 0,\ldots,\ H^* < 0;$$

(B) es liegt ein Maximum vor, wenn

$$H_2^* > 0,\ H_3^* < 0,\ H_4^* > 0,\ldots$$

ist.

2.3.9.* Wir kommen nun zurück auf das in 2.3.1.* angesprochene Nutzenmaximierungsverhalten eines Haushalts. Dabei beschränken wir uns auf den Fall zweier Güter. Die Nutzenfunktion ist dann gegeben durch

$$u = u(x_1,x_2).$$

Wir erhalten daraus eine Indifferenzkurve (Kurve konstanten Nutzens), indem wir $u = c =$ = const. setzen. Die Steigung der Indifferenzkurve ergibt sich durch Differentiation von

$$u = c = u(x_1,x_2)$$

nach x_1:

$$0 = u_{x_1} + u_{x_2}\frac{dx_2}{dx_1},$$

(21) $$\frac{dx_2}{dx_1} = -\frac{u_{x_1}}{u_{x_2}} = -\frac{u_{x_1}(x_1,x_2)}{u_{x_2}(x_1,x_2)}$$

mit $u_{x_1}, u_{x_2} > 0$ als Grenznutzen der beiden Güter.

Wir bestimmen nun Bedingungen für das Nutzenmaximum. Dazu ist die Nutzenfunktion im Hinblick auf die Budgetgleichung

$$y = p_1x_1 + p_2x_2$$

zu maximieren. Die Lagrangefunktion L ist gegeben durch

$$L(x_1,x_2,\lambda) = U(x_1,x_2) + \lambda(y - p_1x_1 - p_2x_2).$$

Die für das Nutzenmaximum notwendigen Bedingungen sind somit

$$\frac{\partial L}{\partial x_1} = U_{x_1} - \lambda p_1 = 0,$$

$$\frac{\partial L}{\partial x_2} = U_{x_2} - \lambda p_2 = 0,$$

$$\frac{\partial L}{\partial \lambda} = y - p_1x_1 - p_2x_2 = 0.$$

Da wir uns hier nur für das Grenznutzen- bzw. Preisverhältnis interessieren wollen, betrachten wir nur die ersten beiden Gleichungen. Wir erhalten durch Division

$$\frac{U_{x_1}}{U_{x_2}} = \frac{p_1}{p_2},$$

also mit (21)

$$\frac{U_{x_1}}{U_{x_2}} = \frac{p_1}{p_2} = -\frac{dx_2}{dx_1}\,; \tag{22}$$

daraus folgt, daß der Quotient von Grenznutzen und Preis im Nutzenmaximum für beide Güter gleich sein muß.

Wir betrachten nun die Bedingung 2. Ordnung für ein Nutzenmaximum. Die geänderte Hesse-Determinante ist

$$H^* = \begin{vmatrix} 0 & -p_1 & -p_2 \\ -p_1 & U_{x_1x_1} & U_{x_1x_2} \\ -p_2 & U_{x_2x_1} & U_{x_2x_2} \end{vmatrix} = 2p_1p_2U_{x_1x_2} - p_1^2U_{x_2x_2} - p_2^2U_{x_1x_1}.$$

Für ein Nutzenmaximum muß also sein

$$H^* = 2p_1p_2U_{x_1x_2} - p_1^2U_{x_2x_2} - p_2^2U_{x_1x_1} > 0.$$

Es ist nun zu untersuchen, unter welchen Bedingungen $H^* > 0$ erfüllt ist.

Differentiation von (21) nach x_1 liefert

$$\frac{d^2x_2}{dx_1^2} = \frac{d}{dx_1}\left[\frac{-U_{x_1}(x_1,x_2)}{U_{x_2}(x_1,x_2)}\right] = -\frac{1}{U_{x_2}^{\,2}}\left[U_{x_2}\left[U_{x_1x_1} + U_{x_1x_2}\frac{dx_2}{dx_1}\right] - U_{x_1}\left[U_{x_2x_1} + U_{x_2x_2}\frac{dx_2}{dx_1}\right]\right].$$

Mit (22) haben wir weiterhin

$$\frac{d^2x_2}{dx_1^2} = -\frac{1}{u_{x_2}^2}\left[\left[u_{x_1x_1} - u_{x_1x_2}\frac{p_1}{p_2}\right]u_{x_2} - \frac{p_1}{p_2}u_{x_2}\left[u_{x_2x_1} - u_{x_2x_2}\frac{p_1}{p_2}\right]\right]$$

$$= -\frac{1}{u_{x_2}}\left[u_{x_1x_1} - u_{x_1x_2}\frac{p_1}{p_2} - u_{x_2x_1}\frac{p_1}{p_2} + u_{x_2x_2}\left[\frac{p_1}{p_2}\right]^2\right]$$

$$= -\frac{1}{u_{x_2}p_2^2}\left(p_2^2u_{x_1x_1} - p_1p_2u_{x_1x_2} - p_1p_2u_{x_2x_1} + p_1^2u_{x_2x_2}\right)$$

$$= \frac{2p_1p_2u_{x_1x_2} - p_1^2u_{x_2x_2} - p_2^2u_{x_1x_1}}{u_{x_2}p_2^2} = \frac{H^*}{u_{x_2}p_2^2}.$$

Also

$$H^* = \frac{d^2x_2}{dx_1^2}u_{x_2}p_2^2.$$

Wegen $u_{x_2}p_2^2 > 0$ ist die Bedingung 2. Ordnung ($H^* > 0$) also genau dann erfüllt, wenn gilt $d^2x_2/dx_1^2 > 0$, die Indifferenzkurven also konvex sind (vgl. §1.11).

2.3.10. Als weitere Anwendung wollen wir die *Methode der kleinsten Quadrate* behandeln. Wir wollen von folgender Fragestellung ausgehen: Bei einer Untersuchung der Abhängigkeit einer Größe y von einer Größe x erhält man eine Reihe von Paaren zugehöriger Werte $(x_1,y_1),(x_2,y_2),...,(x_k,y_k)$. Diese stellen in einem (x,y)-Koordinatensystem Punkte $P_1,P_2,...,P_k$ dar (Figur 3).[1)]

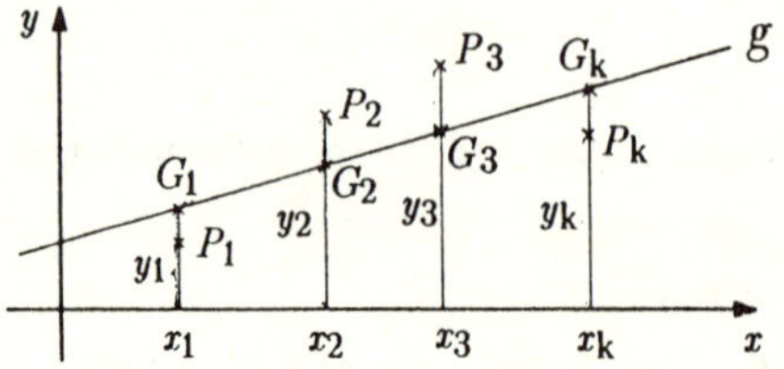

Fig. 3

Nun ist etwa aus anderen theoretischen Überlegungen schon bekannt, daß zwischen x und y ein linearer Zusammenhang bestehen muß, d.h. theoretisch müßten die Punkte $P_1,P_2,...,P_k$ in Figur 3 auf einer Geraden liegen. Praktisch streuen aber diese Punkte um eine gerade Linie. Nun soll also durch diesen "Schwarm" von Punkten "möglichst günstig" eine Gerade g gelegt werden; dabei ist dieses "möglichst günstig" noch zu präzisieren.

Seien $G_1,G_2,...,G_k$ die Punkte auf der Geraden g, die dieselben Abszissenwerte (x-Werte) haben wie die Punkte $P_1,P_2,...,P_k$. Die entsprechenden Punkte P_i und G_i (i = 1,2,...,k)

---

1) $P_1,P_2,...,P_k$ bilden also ein k-Tupel von Punkten.

liegen also in Figur 3 senkrecht übereinander. Dann bezeichnen wir mit

f_1 die Differenz der Ordinaten von P_1 und G_1,

f_2 die Differenz der Ordinaten von P_2 und G_2,

allgemein ist also

f_i die Differenz der Ordinaten von P_i und G_i (i = 1,2,...,k).

Hat die Gerade g die Gleichung $y = a + bx$ (mit noch unbestimmten Werten a und b), so wird

$$y_1 - f_1 = a + bx_1, \text{ d.h. } y_1 - a - bx_1 = f_1;$$

$$y_2 - f_2 = a + bx_2, \text{ d.h. } y_2 - a - bx_2 = f_2;$$

allgemein

$$y_i - f_i = a + bx_i, \text{ d.h. } y_i - a - bx_i = f_i \quad (i = 1,2,...,k).$$

Die Differenzen f_i hängen dabei von der Lage der Geraden g, also von a und b ab und können positiv, negativ oder eventuell auch 0 sein.

Nun sollen die Koeffizienten a und b in der Geradengleichung für g so bestimmt werden, daß die Summe der Quadrate der Größen f_i, also

$$f_1^2 + f_2^2 + ... + f_k^2 = \sum_{i=1}^{k} f_i^2$$

möglichst klein wird. - Damit ist auch die Bezeichnung Methode der kleinsten Quadrate verständlich.- Wir haben

$$\sum_{i=1}^{k} f_i^2 = \sum_{i=1}^{k} (y_i - a - bx_i)^2.$$

Die Summe der Quadrate $\sum_{i=1}^{k} f_i^2$ ist also eine Funktion von den zwei Variablen a und b, und wir schreiben $\sum_{i=1}^{k} f_i^2 = F(a,b)$; natürlich kann dann $F(a,b)$ nicht negativ werden. Soll nun die Summe der Quadrate möglichst klein werden, so bedeutet das, daß die Funktion F ein Minimum erreichen muß (in Abhängigkeit von a und b). Also müssen auf Grund des allgemeinen Satzes als notwendige Bedingungen

$$\frac{\partial F}{\partial a} = 0 \quad \text{und} \quad \frac{\partial F}{\partial b} = 0$$

erfüllt werden. Wir erhalten unter Benutzung der Kettenregel

$$\frac{\partial F}{\partial a} = \frac{\partial \sum_{i=1}^{k} f_i^2}{\partial a} = \sum_{i=1}^{k} 2(y_i - a - bx_i)(-1);$$

$$\frac{\partial F}{\partial b} = \frac{\partial \sum_{i=1}^{k} f_i^2}{\partial b} = \sum_{i=1}^{k} 2(y_i - a - bx_i)(-x_i).$$

Durch Nullsetzen dieser beiden partiellen Ableitungen erhalten wir für a und b nach einfachen Umformungen die zwei Gleichungen

$$\begin{cases} ka + b\sum_{i=1}^{k} x_i = \sum_{i=1}^{k} y_i \\ a\sum_{i=1}^{k} x_i + b\sum_{i=1}^{k} x_i^2 = \sum_{i=1}^{k} x_i y_i. \end{cases}$$

Nach der Cramerschen Regel (siehe 3.5.1) erhält man

$$a = \frac{\begin{vmatrix} \sum_{i=1}^{k} y_i & \sum_{i=1}^{k} x_i \\ \sum_{i=1}^{k} x_i y_i & \sum_{i=1}^{k} x_i^2 \end{vmatrix}}{\begin{vmatrix} k & \sum_{i=1}^{k} x_i \\ \sum_{i=1}^{k} x_i & \sum_{i=1}^{k} x_i^2 \end{vmatrix}} = \frac{\sum_{i=1}^{k} x_i^2 \sum_{i=1}^{k} y_i - \sum_{i=1}^{k} x_i \sum_{i=1}^{k} x_i y_i}{k \sum_{i=1}^{k} x_i^2 - \left[\sum_{i=1}^{k} x_i\right]^2},$$

$$b = \frac{\begin{vmatrix} k & \sum_{i=1}^{k} y_i \\ \sum_{i=1}^{k} x_i & \sum_{i=1}^{k} x_i y_i \end{vmatrix}}{\begin{vmatrix} k & \sum_{i=1}^{k} x_i \\ \sum_{i=1}^{k} x_i & \sum_{i=1}^{k} x_i^2 \end{vmatrix}} = \frac{k \sum_{i=1}^{k} x_i y_i - \sum_{i=1}^{k} x_i \sum_{i=1}^{k} y_i}{k \sum_{i=1}^{k} x_i^2 - \left[\sum_{i=1}^{k} x_i\right]^2},$$

falls die Nennerdeterminante von 0 verschieden ist. Mit diesen Werten für a und b erreicht die Funktion F auch wirklich ein Minimum, weil $F(a,b) \geq 0$ ist und auf Grund der Fragestellung ein Minimum existieren muß.

Ist allgemein zu k (n + 1)-Tupeln von Zahlen $(x_{11},x_{12},\ldots,x_{1n};y_1)$, $(x_{21},x_{22},\ldots,x_{2n};y_2)$, ..., $(x_{k1},x_{k2},\ldots,x_{kn};y_k)$, die wir als Punkte $P_1,P_2,\ldots,P_k$ im (n + 1)-dimensionalen Raum deuten können (vgl. § 4.5), eine lineare Funktion $y = a + b_1x_1 + b_2x_2 + \ldots + b_nx_n$ zu bestimmen, für die die Quadrate der Unterschiede zwischen $a + b_1x_{i1} + b_2x_{i2} + \ldots + b_nx_{in}$ und y_i (i = 1,2,...,k) möglichst klein werden sollen, so setzen wir entsprechend wie oben

$$f_i = y_i - a - b_1x_{i1} - b_2x_{i2} - \ldots - b_nx_{in} = y_i - a - \sum_{j=1}^{n} b_jx_{ij} \quad (i = 1,2,\ldots,k)$$

und sorgen dafür, daß

$$\sum_{i=1}^{k} f_i^2 = \sum_{i=1}^{k}\left[y_i - a - \sum_{j=1}^{n} b_jx_{ij}\right]^2 = F(a,b_1,b_2,\ldots,b_n)$$

ein Minimum erreicht. Wir haben dazu

$$\frac{\partial F}{\partial a} = -2\sum_{i=1}^{k}\left[y_i - a - \sum_{j=1}^{n} b_jx_{ij}\right] \quad \text{und} \quad \frac{\partial F}{\partial b_t} = -2\sum_{i=1}^{k}\left[y_i - a - \sum_{j=1}^{n} b_jx_{ij}\right]x_{it}$$

($t = 1,2,\ldots,n$) gleich 0 zu setzen. Das liefert $n + 1$ Gleichungen für die $n + 1$ Unbekannten $a,b_1,b_2,\ldots,b_n$

$$\begin{cases} \sum_{i=1}^{k}\left[y_i - a - \sum_{i=1}^{n} b_jx_{ij}\right] = 0 \\ \sum_{i=1}^{k}\left[y_i - a - \sum_{i=1}^{n} b_jx_{ij}\right]x_{it} = 0 \quad (t = 1,2,\ldots,n). \end{cases}$$

Durch leichte Umformungen folgt

$$\begin{cases} ka + \sum_{i=1}^{k}\sum_{j=1}^{n} b_jx_{ij} = \sum_{i=1}^{k} y_i \\ a\sum_{i=1}^{k} x_{it} + \sum_{i=1}^{k}\sum_{j=1}^{n} b_jx_{ij}x_{it} = \sum_{i=1}^{k} x_{it}y_i, \end{cases}$$

$$\begin{cases} ka + \sum_{j=1}^{n} b_j \sum_{i=1}^{k} x_{ij} = \sum_{i=1}^{k} y_i \\ a\sum_{i=1}^{k} x_{it} + \sum_{j=1}^{n} b_j \sum_{i=1}^{k} x_{ij}x_{it} = \sum_{i=1}^{k} x_{it}y_i \quad (t = 1,2,\ldots,n). \end{cases}$$

Ist die Determinante der Koeffizientenmatrix dieses Gleichungssystems

$$D = \begin{vmatrix} k & \sum_{i=1}^{k} x_{i1} & \sum_{i=1}^{k} x_{i2} & \cdots & \sum_{i=1}^{k} x_{in} \\ \sum_{i=1}^{k} x_{i1} & \sum_{i=1}^{k} x_{i1}^2 & \sum_{i=1}^{k} x_{i1}x_{i2} & \cdots & \sum_{i=1}^{k} x_{i1}x_{in} \\ \sum_{i=1}^{k} x_{i2} & \sum_{i=1}^{k} x_{i2}x_{i1} & \sum_{i=1}^{k} x_{i2}^2 & \cdots & \sum_{i=1}^{k} x_{i2}x_{in} \\ \cdots & \cdots & \cdots & \cdots & \cdots \\ \sum_{i=1}^{k} x_{in} & \sum_{i=1}^{k} x_{in}x_{i1} & \sum_{i=1}^{k} x_{in}x_{i2} & \cdots & \sum_{i=1}^{k} x_{in}^2 \end{vmatrix}$$

von 0 verschieden, so erhält man nach der Cramerschen Regel (vgl. 3.8.1)

$$a = \frac{\begin{vmatrix} \sum_{i=1}^{k} y_i & \sum_{i=1}^{k} x_{i1} & \sum_{i=1}^{k} x_{i2} & \cdots & \sum_{i=1}^{k} x_{in} \\ \sum_{i=1}^{k} x_{i1} y_i & \sum_{i=1}^{k} x_{i1}^2 & \sum_{i=1}^{k} x_{i1} x_{i2} & \cdots & \sum_{i=1}^{k} x_{i1} x_{in} \\ \sum_{i=1}^{k} x_{i2} y_i & \sum_{i=1}^{k} x_{i2} x_{i1} & \sum_{i=1}^{k} x_{i2}^2 & \cdots & \sum_{i=1}^{k} x_{i2} x_{in} \\ \cdots & \cdots & \cdots & \cdots & \cdots \\ \sum_{i=1}^{k} x_{in} y_i & \sum_{i=1}^{k} x_{in} x_{i1} & \sum_{i=1}^{k} x_{in} x_{i2} & \cdots & \sum_{i=1}^{k} x_{in}^2 \end{vmatrix}}{D},$$

$$b_j = \frac{\begin{vmatrix} k & \cdots & \overbrace{\sum_{i=1}^{k} y_i}^{(j+1)\text{-te Spalte}} & \cdots & \sum_{i=1}^{k} x_{in} \\ \sum_{i=1}^{k} x_{i1} & \cdots & \sum_{i=1}^{k} x_{i1} y_i & \cdots & \sum_{i=1}^{k} x_{i1} x_{in} \\ \sum_{i=1}^{k} x_{i2} & \cdots & \sum_{i=1}^{k} x_{i2} y_i & \cdots & \sum_{i=1}^{k} x_{i2} x_{in} \\ & & \cdots & & \\ \sum_{i=1}^{k} x_{in} & \cdots & \sum_{i=1}^{k} x_{in} y_i & \cdots & \sum_{i=1}^{k} x_{in}^2 \end{vmatrix}}{D} \quad (j = 1,2,\ldots,n).$$

§ 2.4. Homogene Funktionen

2.4.1.* Die homogenen Funktionen haben in der Wirtschaftsforschung ein beachtliches Anwendungsfeld. Als Beispiel soll eine homogene Produktionsfunktion betrachtet werden. Eine Produktionsfunktion stellt allgemein einen funktionalen Zusammenhang zwischen den verwendeten Mengen $m_1,m_2,\ldots,m_n$ von Produktionsfaktoren und der Menge x des Endprodukts dar (vgl. (2) in 2.3.1*).

Am häufigsten wird die Cobb-Douglas-Funktion diskutiert. Es wurde diese Art der Produktionsfunktion bereits in 2.2.4* eingeführt, wobei aber ihre besonderen Eigenschaften als spezielle homogene Produktionsfunktion nicht behandelt wurden.

In ihrer allgemeinen Form lautet die Cobb-Douglas-Funktion

(1) $(m_1,m_2,\ldots,m_n) \longrightarrow x = \alpha_0 m_1^{\alpha_1} m_2^{\alpha_2} \ldots m_n^{\alpha_n}$ $(m_1,m_2,\ldots,m_n$ positiv).

Die α_i (i = 0,1,...,n) sind Parameter, unter denen die Potenzexponenten $\alpha_1, \alpha_2, ..., \alpha_n$ wirtschaftstheoretisch die Bedeutung von Produktionselastizitäten haben (z.B. Produktionselastizität der Arbeit, Produktionselastizität des Kapitals usw.). Normalerweise sind die Produktionselastizitäten und auch α_0 im ökonomisch relevanten Definitionsbereich positiv, also

(2) $$\alpha_i > 0 \quad (i = 0,1,2,...,n).$$

Die Cobb-Douglas-Funktion hat nun, wenn die Bedingung

(3) $$\alpha_1 + \alpha_2 + ... + \alpha_n = \sum_{i=1}^{n} \alpha_i = 1$$

erfüllt ist, die besondere Eigenschaft, daß mit jeder beliebigen Zahl $\lambda > 0$ gilt

$$\lambda x = \alpha_0(\lambda m_1)^{\alpha_1} \cdot (\lambda m_2)^{\alpha_2} ... (\lambda m_n)^{\alpha_n}.$$

Man nennt eine Funktion, welche diese Eigenschaft besitzt, *linear homogen* oder *homogen vom ersten Grad* (siehe hierzu 2.4.2).

Man ersieht hieraus, daß z.B. bei Verdoppelung der Mengen der Produktionsfaktoren sich auch die Menge des Endprodukts verdoppelt; oder allgemein: wenn alle Faktormengen im Verhältnis 1:λ verändert werden, so verändert sich die Endproduktmenge ebenfalls im Verhältnis 1:λ.

Eine solche homogene Produktionsfunktion vom ersten Grad bedeutet wirtschaftstheoretisch daß bei vollständiger Konkurrenz unterschiedliche Betriebsgrößen gleich ergiebig sind.[1)]

Faßt man alle Produktionsfaktoren in den beiden Kategorien Arbeit A und Kapital K zusammen, so können wir die Produktionsfunktion

(4) $$(A,K) \rightarrow x = \alpha_0 \, A^{\alpha_1} K^{\alpha_2}$$

---

1) Im anglo-amerikanischen Sprachbereich nennt man diesen Fall "constant returns to scale".

Es stehen in der Theorie auch die Möglichkeiten zunehmender und abnehmender Erträge zur Diskussion. Wenn $\sum_{i=1}^{n} \alpha_i > 1$ ist, so bedeutet dies, daß bei Verdoppluung aller Faktormengen die Menge des Endprodukts sich mehr als verdoppelt - "increasing returns to scale".

Ist hingegen $\sum_{i=1}^{n} \alpha_i < 1$, so wird bei Verdopplung der Faktormengen die Menge des Endprodukts sich weniger als doppelt soviel verändern - "decreasing returns to scale."

schreiben. Diese spezielle Cobb-Douglas-Funktion steht in der Wirtschaftstheorie häufig zur Diskussion.

Mit $\alpha_1 + \alpha_2 = 1$ können wir für (4)

(5) $$(A,K) \longrightarrow x = \alpha_0 \, A^{\alpha_1} K^{1-\alpha_1}$$

schreiben.

Die vorausgegangenen ökonomischen Betrachtungen zur Verwendung homogener Funktionen in der Wirtschaftstheorie sollen nun in mathematischer Hinsicht ergänzt werden.

2.4.2. Man nennt ein Funktion $f\colon (x_1,x_2,\ldots,x_n) \longrightarrow y = f(x_1,x_2,\ldots,x_n)$ von n Veränderlichen *homogen vom Grad* r (wobei r eine beliebige reelle Zahl sein kann), wenn die Funktion f für alle $\lambda > 0$ und beliebige $x_1,x_2,\ldots,x_n$ die Bedingung

(6) $$f(\lambda x_1,\lambda x_2,\ldots,\lambda x_n) = \lambda^r f(x_1,x_2,\ldots,x_n)$$

erfüllt.[1] Für die Anwendung in der Wirtschaftstheorie sind besonders die homogenen Funktionen vom Grad r = 1 wichtig, also die Funktionen f, die an Stelle von (6) speziell der Bedingung

(7) $$f(\lambda x_1,\lambda x_2,\ldots,\lambda x_n) = \lambda f(x_1,x_2,\ldots,x_n)$$

genügen.

Einige Beispiele sollen die Definition erläutern:

1) Die (lineare) Funktion $f\colon (x_1,x_2) \longrightarrow y = f(x_1,x_2) = b_1x_1 + b_2x_2$ ist homogen vom Grad r = 1, denn

$$f(\lambda x_1,\lambda x_2) = b_1(\lambda x_1) + b_2(\lambda x_2) = \lambda(b_1x_1 + b_2x_2) = \lambda f(x_1,x_2).$$

2) Ebenso ist die oben betrachtete Cobb-Douglas-Funktion $f\colon (m_1,m_2,\ldots,m_n) \longrightarrow x = f(m_1,m_2,\ldots,m_n) = \alpha_0 m_1^{\alpha_1} m_2^{\alpha_2} \ldots m_n^{\alpha_n}$ (mit $\alpha_1 + \alpha_2 + \ldots + \alpha_n = 1$) homogen vom Grad r = 1, weil

$$\begin{aligned} f(\lambda m_1,\lambda m_2,\ldots,\lambda m_n) &= \alpha_0(\lambda m_1)^{\alpha_1}(\lambda m_2)^{\alpha_2} \ldots (\lambda m_n)^{\alpha_n} = \\ &= \alpha_0 \lambda^{\alpha_1+\alpha_2+\ldots+\alpha_n} m_1^{\alpha_1} m_2^{\alpha_2} \ldots m_n^{\alpha_n} = \\ &= \alpha_0 \lambda m_1^{\alpha_1} m_2^{\alpha_2} \ldots m_n^{\alpha_n} = \lambda f(m_1,m_2,\ldots,m_n) \end{aligned}$$

---

[1] Sofern die Argumentwerte dem Definitionsbereich der Funktion angehören.

gilt. - Für $\alpha_1 + \alpha_2 + ... + \alpha_n = r$ ist die Cobb-Douglas-Funktion homogen vom Grad r.

3) Die Funktion f: $(x_1,x_2) \longrightarrow y = f(x_1,x_2) = ax_1^3 + bx_1^2x_2 + cx_2^3$ ist homogen vom Grad 3, denn

$$\begin{aligned} f(\lambda x_1,\lambda x_2) &= a(\lambda x_1)^3 + b(\lambda x_1)^2(\lambda x_2) + c(\lambda x_2)^3 = \\ &= a\lambda^3x_1^3 + b\lambda^2x_1^2\lambda x_2 + c\lambda^3x_2^3 = \\ &= \lambda^3(ax_1^3 + bx_1^2x_2 + cx_2^3) = \lambda^3 f(x_1,x_2). \end{aligned}$$

4) Desgleichen ist auch die Funktion f: $x \longrightarrow y = f(x) = ax^3$ (der einen Veränderlichen x) homogen vom Grad 3, denn

$$f(\lambda x) = a(\lambda x)^3 = \lambda^3ax^3 = \lambda^3f(x);$$

allgemein ist die Funktion f: $x \longrightarrow y = f(x) = ax^n$ homogen vom Grad n.

5) f: $(x_1,x_2) \longrightarrow y = f(x_1,x_2) = \dfrac{x_1^2 - x_2^2}{x_1^2 + x_2^2}$ $((x_1,x_2) \neq (0,0))$ ist homogen vom Grad 0, da

$$f(\lambda x_1,\lambda x_2) = \frac{(\lambda x_1)^2 - (\lambda x_2)^2}{(\lambda x_1)^2 + (\lambda x_2)^2} = \frac{\lambda^2(x_1^2 - x_2^2)}{\lambda^2(x_1^2 + x_2^2)} = \lambda^0\,\frac{x_1^2 - x_2^2}{x_1^2 + x_2^2} = \lambda^0\, f(x_1,x_2)$$

ist.

6) Die Funktion f: $(x_1,x_2) \longrightarrow y = f(x_1,x_2) = \dfrac{x_1^2}{x_2^3}$ $(x_2 \neq 0)$ ist homogen vom Grad $r = -1$, denn

$$f(\lambda x_1,\lambda x_2) = \frac{(\lambda x_1)^2}{(\lambda x_2)^3} = \frac{\lambda^2x_1^2}{\lambda^3x_2^3} = \lambda^{-1}\,\frac{x_1^2}{x_2^3} = \lambda^{-1}f(x_1,x_2).$$

7) Ein Beispiel einer Funktion, die nicht homogen ist, haben wir in f: $(x_1,x_2) \longrightarrow$ $\longrightarrow y = f(x_1,x_2) = a + b_1x_1 + b_2x_2$, wobei a eine beliebige von 0 verschiedene Zahl ist (für $a = 0$ erhalten wir das oben erstgenannte Beispiel einer homogenen Funktion), denn es ist

$$f(\lambda x_1,\lambda x_2) = a + b_1(\lambda x_1) + b_2(\lambda x_2) = a + \lambda b_1x_1 + \lambda b_2x_2,$$

aber

$$\lambda^r f(x_1,x_2) = \lambda^r a + \lambda^r b_1x_1 + \lambda^r b_2x_2.$$

Statt homogen vom Grad $r = 1$ nennt man eine Funktion auch *linearhomogen*. Das Wort linear bezieht sich hierbei allein auf die Homogenität; die Funktion selbst braucht nicht linear zu sein, wie Beispiel 2 zeigt.

Setzt man in einer homogenen Funktion f: $(x_1,x_2,...,x_n) \longrightarrow y = f(x_1,x_2,...,x_n)$ vom Grad r $\neq$ 0, für die $x_1 = x_2 = ... = x_n = 0$ dem Definitionsbereich der Funktion angehört, alle Argumentwerte $x_1 = x_2 = ... = x_n = 0$, so wird

$$f(\lambda \cdot 0, \lambda \cdot 0, ..., \lambda \cdot 0) = f(0,0,...,0) = \lambda^r f(0,0,...,0),$$

also

$$f(0,0,...,0)(1 - \lambda^r) = 0$$

für beliebiges λ. Da hierin wegen r $\neq$ 0 die Klammer $1 - \lambda^r \neq 0$ ist (für $|\lambda| \neq 1$), muß

$$f(0,0,...,0) = 0$$

sein.

Eine homogene Funktion läßt sich mit Hilfe ihrer partiellen Ableitungen ausdrücken auf Grund des folgenden

Satzes: *Ist die Funktion* f: $(x_1,x_2,...,x_n) \longrightarrow y = f(x_1,x_2,...,x_n)$ *homogen vom Grad* r, *so ist* [1]

(8) $$\mathrm{r}f(x_1,x_2,...,x_n) = \frac{\partial f(x_1,...,x_n)}{\partial x_1} x_1 + \frac{\partial f(x_1,...,x_n)}{\partial x_2} x_2 + ... + \frac{\partial f(x_1,...,x_n)}{\partial x_n} x_n.$$

Dieser Satz wird Eulerscher [2] Homogenitätssatz genannt.

Die Gleichung (8) ist für homogene Funktionen charakteristisch, d.h. aus der Gültigkeit dieser Gleichung folgt auch die Homogenität der Funktion f.

Auf einen Beweis dieses Satzes wollen wir hier verzichten und uns damit begnügen, ihn für einige Spezialfälle nachzuprüfen:

1) Für das oben erstgenannte Beispiel mit $f(x_1,x_2) = b_1x_1 + b_2x_2$ einer homogenen Funktion vom Grad r = 1 ist $\frac{\partial f(x_1,x_2)}{\partial x_1} = b_1$, $\frac{\partial f(x_1,x_2)}{\partial x_2} = b_2$, also folgt

$$\frac{\partial f(x_1,x_2)}{\partial x_1} x_1 + \frac{\partial f(x_1,x_2)}{\partial x_2} x_2 = b_1x_1 + b_2x_2 = f(x_1,x_2),$$

d.h. Gleichung (8).

2) Für die Cobb-Douglas-Funktion mit $x = f(m_1,m_2,...,m_n) = \alpha_0 m_1^{\alpha_1} m_2^{\alpha_2} ... m_n^{\alpha_n}$ haben wir - wie in 2.2.4* gezeigt wurde - für die partiellen Ableitungen $\frac{\partial f(m_1,...,m_n)}{\partial m_i} = \alpha_i \frac{x}{m_i}$ (i = 1,2,...,n), so daß

---

[1] Die partiellen Ableitungen der Funktion f sollen stetig sein.

[2] L. Euler, Mathematiker, 1707 — 1783.

$$\frac{\partial f(m_1, ..., m_n)}{\partial m_1} m_1 + \frac{\partial f(m_1, ..., m_n)}{\partial m_2} m_2 + ... + \frac{\partial f(m_1, ..., m_n)}{\partial m_n} m_n =$$
$$= \alpha_1 \frac{x}{m_1} \cdot m_1 + \alpha_2 \frac{x}{m_2} \cdot m_2 + ... + \alpha_n \frac{x}{m_n} \cdot m_n = (\alpha_1 + \alpha_2 + ... + \alpha_n)x = x$$

entsteht (wenn $\alpha_1 + \alpha_2 + ... + \alpha_n = 1$ vorausgesetzt wird), also ebenfalls (8).

3) Das Beispiel mit $f(x_1,x_2) = ax_1^3 + bx_1^2x_2 + cx_2^3$ einer homogenen Funktion vom Grad 3 liefert die partiellen Ableitungen

$$\frac{\partial f(x_1, x_2)}{\partial x_1} = 3ax_1^2 + 2bx_1x_2, \quad \frac{\partial f(x_1, x_2)}{\partial x_2} = bx_1^2 + 3cx_2^2,$$

und dies weiter

$$\frac{\partial f(x_1, x_2)}{\partial x_1} x_1 + \frac{\partial f(x_1, x_2)}{\partial x_2} x_2 = 3ax_1^3 + 2bx_1^2x_2 + bx_1^2x_2 + 3cx_2^3 =$$
$$= 3(ax_1^3 + bx_1^2x_2 + cx_2^3) = 3 \cdot f(x_1,x_2),$$

d.h. Gleichung (8) mit r = 3.

§ 2.5.* Der Elastizitätsbegriff

2.5.1.* Unter der Elastizität $\eta_{y,x}$ einer Größe y im Hinblick auf eine Größe x versteht man das Verhältnis der relativen (oder prozentualen) Änderung von y zur relativen (oder prozentualen) Änderung von x, wobei x als verursachende Größe (unabhängige Veränderliche) angenommen wird. Wenn die relativen Änderungen der Wirtschaftsgrößen x und $y = y(x)$

$$\frac{\Delta y}{y} = \frac{y(x + \Delta x) - y(x)}{y(x)} \quad \text{und} \quad \frac{\Delta x}{x} \quad (\Delta x \neq 0)$$

sind, dann läßt sich die Elastizität laut Definition durch das Verhältnis

$$(1) \qquad \frac{\Delta y}{y} : \frac{\Delta x}{x} = \frac{\Delta y}{\Delta x} \cdot \frac{x}{y} = \frac{y(x + \Delta x) - y(x)}{\Delta(x)} \cdot \frac{x}{y(x)}$$

messen.

Ist die Elastizität größer als 1, so spricht man von einer elastischen Größe, ist sie gleich 1, so handelt es sich um proportionale Änderungen, ist sie kleiner als 1, so spricht man von einer unelastischen Größe.

Die Formel (1) wird kaum verwendet, weil der Wert der Elastizität dann von den Intervallen Δx und Δy abhängig ist.

Mit einer ähnlichen Situation hatten wir es schon bei der Betrachtung der Grenzkosten zu tun.

Entsprechend wie dort lassen wir in (1) Δx gegen 0 gehen; dann strebt das Verhältnis dem Grenzwert

$$\lim_{\Delta x \to 0} \frac{\Delta y}{\Delta x} \cdot \frac{x}{y} = \frac{dy}{dx} \cdot \frac{x}{y}$$

zu. Die endgültige Definition der Elastizität lautet somit

(2) $$\eta_{y,x} = \frac{dy}{dx} \cdot \frac{x}{y}.$$

2.5.2.* Als Beispiel sollen drei Hypothesen aus der Nachfragetheorie dienen. Als Wirtschaftsgrößen seien die nachgefragte Menge y eines Gutes und dessen Preis x je Mengeneinheit betrachtet.

1) Wir nehmen an, daß zwischen den beiden Größen ein linearer Zusammenhang

(3) $$y = \alpha_0 + \alpha_1 x$$

besteht mit $\alpha_1 < 0$. (Wegen $\alpha_0 > 0$ ist es sinnvoll zu beschränken $0 \leq x \leq -\frac{\alpha_0}{\alpha_1}$.) Um die Elastizität $\eta_{y,x}$ der Nachfrage zu bestimmen, bilden wir aus (3) die Ableitung $\frac{dy}{dx} = \alpha_1$. Laut Definition der Elastizität erhält man

$$\eta_{y,x} = \alpha_1 \frac{x}{y}.$$

Man spricht in diesem Fall von der "Nachfrageelastizität im Hinblick auf Preisänderungen". Hin und wieder findet man hierfür auch die Bezeichnung "Preiselastizität der Nachfrage".

2) Es wird ein hyperbolischer Zusammenhang von der Form

(4) $$y = \frac{1}{\beta_0 + \beta_1 x}$$

angenommen. Hierbei soll $\beta_1 > 0$ sein $(-\frac{\beta_0}{\beta_1} < x < \infty)$. Für die Ableitung von (4) erhalten wir

$$\frac{dy}{dx} = -\beta_1(\beta_0 + \beta_1 x)^{-2}$$

und für die Elastizität der Nachfrage

$$\eta_{y,x} = -\frac{\beta_1 x}{(\beta_0 + \beta_1 x)^2 y}.$$

Da wegen (4)

$$y(\beta_0 + \beta_1 x) = 1$$

ist, folgt schließlich

$$\eta_{y,x} = -\frac{\beta_1 x}{\beta_0 + \beta_1 x}.$$

3) Als drittes Beispiel soll die uns bekannte Nachfragefunktion (vgl. (3) in 1.3.1*)

(5) $$y = \gamma_0 x^{\gamma_1} \ (\gamma_1 < 0)$$

dienen. Die Ableitung ergibt

$$\frac{dy}{dx} = \gamma_0 \gamma_1 x^{\gamma_1 - 1}.$$

Für die Elastizität erhalten wir

$$\eta_{y,x} = \frac{dy}{dx} \cdot \frac{x}{y} = \frac{\gamma_0 \gamma_1 x^{\gamma_1 - 1} \cdot x}{\gamma_0 x^{\gamma_1}},$$

$$\eta_{y,x} = \gamma_1 x^{\gamma_1 - 1} \cdot x \cdot x^{-\gamma_1} = \gamma_1 x^0,$$

und schließlich

$$\eta_{y,x} = \gamma_1.$$

Die Elastizität ist konstant und gleich γ_1. Kurven mit konstanter Elastizität nennt man isoelastisch.

Es gilt nun allgemein die Formel

(6) $$\eta_{y,x} = \frac{dy}{dx} \cdot \frac{x}{y} = \frac{d(\ln y)}{d(\ln x)}$$

(Quotient der betreffenden Differentiale).

Zum Beweis schreiben wir die Definition (2) in der Form

$$\eta_{y,x} = \frac{dy}{y} : \frac{dx}{x}.$$

Nach den Regeln der Differentialrechnung (vgl. § 1.8) ist $\frac{d(\ln y)}{dy} = \frac{1}{y}$, also $\frac{dy}{y} = d(\ln y)$, und $\frac{d(\ln x)}{dx} = \frac{1}{x}$, also $\frac{dx}{x} = d(\ln x)$, wobei ln den natürlichen Logarithmus bedeutet.

Da der Übergang von den natürlichen Logarithmen zu den Logarithmen mit der Basis 10 nach der Regel $\ln y = \ln 10 \log y$ erfolgt, ist auch die Gleichung

(7) $$\eta_{y,x} = \frac{d(\log y)}{d(\log x)}$$

erfüllt. (Beziehung (7) gilt auch mit den Logarithmen zu einer beliebigen Basis a.)

2.5.3.* Hängt eine Wirtschaftsgröße y von mehreren Größen $x_1, x_2, \ldots, x_n$ ab, so lassen sich die "partiellen Elastizitäten"

(8) $$\eta_{y,x_i} = \frac{\partial y}{\partial x_i} \cdot \frac{x_i}{y} = \frac{\partial(\log\, y)}{\partial(\log\, x_i)} \; (i = 1,2,...,n)$$

bestimmen.

Am häufigsten werden lineare Zusammenhänge der bekannten Form

$$y = f(x_1,x_2,...,x_n) = \beta_0 + \beta_1 x_1 + \beta_2 x_2 + ... + \beta_n x_n$$

angenommen.

Nehmen wir als Beispiel eine Angebotsgleichung.

Das mengenmäßige Angebot y eines Gutes sei vom Preis x_1 dieses Gutes je Mengeneinheit und von den Produktionskosten x_2 des Gutes je Mengeneinheit linear abhängig. Aus der entsprechenden Angebotsgleichung

$$y = \beta_0 + \beta_1 x_1 + \beta_2 x_2$$

lassen sich die beiden partiellen Elastizitäten

$$\eta_{y,x_1} = \beta_1 \frac{x_1}{y} \text{ und } \eta_{y,x_2} = \beta_2 \frac{x_2}{y}$$

bestimmen.

Die partielle Angebotselastizität im Hinblick auf den Preis wird auch "partielle Preiselastizität des Angebots" genannt, und die partielle Angebotselastizität im Hinblick auf die Kosten kann auch als "Kostenelastizität des Angebots" bezeichnet werden. Neben den linearen Zusammenhängen zwischen einer Wirtschaftsgröße und mehreren "erklärenden" Variablen spielen auch, wie bereits dargelegt, Potenzfunktionen eine bedeutende Rolle. Für die Potenzfunktion (Produktionsfunktion)

$$y = \gamma_0 x_1^{\gamma_1} x_2^{\gamma_2} \ldots x_n^{\gamma_n} \; (\gamma_0 > 0)$$

sind die partiellen Elastizitäten der Produktionsmenge y im Hinblick auf die eingesetzten Mengen der Produktionsmittel $x_1,x_2,...,x_n$

$$\eta_{y,x_i} = \gamma_i \; (i = 1,2,...,n).$$

Die genaue Ausrechnung können wir uns auf Grund unserer bisherigen Darlegungen in dieser Richtung ersparen.

ABSCHNITT 3

Lineare Algebra

§ 3.1.* Wirtschaftstheoretische Modelle

3.1.1.* In der Wirtschaftstheorie versucht man, das Wirtschaftsgeschehen durch ein System simultaner wirtschaftstheoretischer Beziehungen, die auch "strukturelle Relationen" genannt werden, zu beschreiben und zu erklären. Einen solchen Komplex "struktureller Relationen" nennt man System, Struktur oder *Modell.*

In einem mathematisch formulierten wirtschaftstheoretischen Modell unterscheidet man drei Gruppen von Variablen:
Endogene, exogene und vorbestimmte Variable.

Endogen sind alle gegenseitig voneinander abhängigen wirtschaftlichen Grössen. Sie werden innerhalb des Systems, oder besser durch das System bestimmt, wie z.B. Preise, Verbrauchsausgaben, Investitionsausgaben, Einkommen usw.

Die *exogenen* Variablen, die auch Daten genannt werden, bestimmen die endogenen Größen, sie selbst aber werden nicht durch endogene Variable beeinflußt. Nehmen wir als Beispiel die Temperatur. Die Temperaturen sind nicht von ökonomischen Größen abhängig, sie beeinflussen aber die ökonomischen Entscheidungen der Wirtschaftseinheiten. So bestimmen z.B. die Temperaturen die Ernte, und die Ernte beeinflußt den Preis:

$$\text{Temperatur} \longrightarrow \text{Ernte} \longrightarrow \text{Preis.}$$

Vorbestimmt können endogene und exogene Variable sein. Es sind die "lag"-Variablen. Man betrachtet auch die exogenen Variablen ganz allgemein, d.h. mit und ohne "lag" als vorbestimmte oder "bekannte" Größen. In der Wirtschaftstheorie bezeichnet man die exogenen Variablen ohne "lag" oft als *autonom* (z.B. autonomer Konsum, autonome Investitionen, autonomer Import).

3.1.2.* In einem Modell unterscheidet man verschiedene Arten von Gleichungen:

a) Definitionsgleichungen,

b) Institutionelle Gleichungen,

c) Technische Gleichungen,
d) Verhaltens- und Reaktionsgleichungen.

a) Definitionsgleichungen

Definitionsgleichungen drücken nichts anderes als eine Abmachung bezüglich unserer Begriffsverwendung aus.

Als Beispiele für Definitionen seien genannt:

1) $U = px$ (Umsatz = Preis × Menge);
2) $K = K_{-1} + I$; wobei
   K = Kapitalstock am Ende der Periode,
   K_{-1} = Kapitalstock am Ende der Vorperiode,
   I = Nettoinvestition;
3) $Y = C + I + Exp - Imp$; wobei
   Y = Nettosozialprodukt zu Marktpreisen,
   C = privater plus staatlicher Konsum,
   I = private plus staatliche Nettoinvestition,
   Exp = Export,
   Imp = Import.

b) Institutionelle Gleichungen

Als Beispiel mag die institutionelle Beziehung zwischen der Höhe des Steueraufkommens T eines Staates und dem Nettosozialprodukt Y zu Marktpreisen dienen. Die Steuern T lassen sich als eine Funktion von Y betrachten; da der Staat die Steuerbemessungsgrundlagen und die Steuersätze festsetzt, ist zum Beispiel $T = \lambda Y$, worin λ eine vorgegebene Größe ist.

c) Technische Gleichungen

Diese Art haben wir zum Beispiel bereits in Form der Produktionsfunktionen kennengelernt.

d) Verhaltens- und Reaktionsgleichungen

Die Verhaltensgleichungen beschreiben in einem makroökonomischen Modell die Reaktion einer Gruppe von Einzelwirtschaftern auf gegebene Umstände. Es sei an dieser Stelle nur an die verschiedenen betrachteten Hypothesen der Konsumfunktion, der Investitionsfunktion, der Angebots- und Nachfragefunktion erinnert.

3.1.3.* Im makroökonomischen Bereich operiert man vorwiegend mit linearen Hypothesen. Als erstes Beispiel sei ein sehr einfaches makroökonomisches Modell betrachtet.

Bezeichnen wir den privaten Konsum der Periode t mit C_t, die privaten Nettoinvestitionen der Periode t mit I_t und die Ausgaben des Staates für Konsum und Investitionen der Periode t mit G_t, so wird das Volkseinkommen zu Marktpreisen der Periode t gegeben durch

(1) $$Y_t = C_t + I_t + G_t.$$

Der Saldo der Zahlungsbilanz (Export – Import) wird, um die Darstellung nicht zu komplizieren, als ausgeglichen vorausgesetzt, d.h. es wird weder ein Export- noch ein Importüberschuß angenommen. Als Verhaltensgleichung soll eine Hypothese über die Konsumfunktion eingeführt werden. Es wird angenommen, daß der private Konsum C_t eine lineare Funktion von Y_t ist; also

(2) $$C_t = \alpha_0 + \alpha_1 Y_t.$$

Das System besteht aus 2 Gleichungen mit 2 Unbekannten, denn die Größen I_t und G_t sollen als exogen behandelt werden.

Somit können wir schreiben

(3) $$\begin{cases} Y_t = C_t + I_t + G_t \\ C_t = \alpha_0 + \alpha_1 Y_t \\ I_t = \text{exogen} \\ G_t = \text{exogen}, \end{cases}$$

und man erhält

$$\begin{cases} Y_t = \dfrac{\alpha_0}{1-\alpha_1} + \dfrac{1}{1-\alpha_1} I_t + \dfrac{1}{1-\alpha_1} G_t \\ C_t = \dfrac{\alpha_0}{1-\alpha_1} + \dfrac{\alpha_1}{1-\alpha_1} I_t + \dfrac{\alpha_1}{1-\alpha_1} G_t \quad (\alpha_1 \neq 1). \end{cases}$$

Betrachten wir ein anderes einfaches Modell:

(4) $$\begin{cases} C_t = \alpha_0 + \alpha_1 Y_t + \alpha_2 C_{t-1} & \text{(Konsumfunktion)} \\ I_t = \beta_0 + \beta_1 Y_t + \beta_2 Z_t & \text{(Investitionsfunktion)} \\ Y_t = C_t + I_t + G_t & \text{(Definition wie im Modell (3))} \\ C_{t-1} = \text{endogene lag-Variable} & \\ Z_t = \text{exogen} & \\ G_t = \text{exogen.} & \end{cases}$$

Im Unterschied zum Modell (3) ist die Konsumfunktion durch Berücksichtigung der Konsumgewohnheiten C_{t-1} ergänzt worden. Außerdem werden die Investitionen nicht als exogen behandelt. Als determinierende Größen der Investitionsausgaben werden das Nettosozialprodukt (Volkseinkommen) Y_t zu Marktpreisen und die Preisänderungen für Investitionsgüter $Z_t = P_t - P_{t-1}$ (P = Preisindex für Investitionsgüter) angenommen, wobei Z_t eine exogene Größe ist.

Wenn wir nun - wie im Modell (3) - die Staatsausgaben G_t als exogen betrachten, so enthält das System (4) die zwei endogenen Größen Z_t und G_t. Das System kann nun nach den endogenen Variablen aufgelöst werden; dies ergibt

$$\begin{cases} C_t = \dfrac{\beta_2\alpha_1}{1-\alpha_1-\beta_1} Z_t + \dfrac{\alpha_1}{1-\alpha_1-\beta_1} G_t + \dfrac{(1-\beta_1)\alpha_2}{1-\alpha_1-\beta_1} C_{t-1} + \alpha_0' \\ I_t = \dfrac{\beta_2(1-\alpha_1)}{1-\alpha_1-\beta_1} Z_t + \dfrac{\beta_1}{1-\alpha_1-\beta_1} G_t + \dfrac{\alpha_2\beta_1}{1-\alpha_1-\beta_1} C_{t-1} + \beta_0' \\ Y_t = \dfrac{\beta_2}{1-\alpha_1-\beta_1} Z_t + \dfrac{1}{1-\alpha_1-\beta_1} G_t + \dfrac{\alpha_2}{1-\alpha_1-\beta_1} C_{t-1} + \gamma_0' \end{cases}$$

(α_0', β_0', γ_0' sind gewisse Rechenausdrücke der Koeffizienten des Systems (4)).

3.1.4.* Als letztes Beispiel betrachten wir Leontiefs Input-Output-System; es ist ein Instrument zur analytischen Behandlung der quantitativen Struktur der inter-industriellen Verflechtungen der Gesamtwirtschaft. Sein Modell ist zwar auch makroökonomischer Natur, es unterscheidet sich jedoch von den üblichen makroökonomischen Modellen dadurch, daß sein Schwerpunkt im Studium der im Produktionsbereich der Gesamtwirtschaft fließenden Kreislaufströme liegt. Leontief geht nicht von Einzelwirtschaften, sondern von Aggregaten aus, die als "Industrien" bzw. "Sektoren" bezeichnet werden. Eine andere wesentliche Eigenschaft des Systems besteht in der Linearität seiner Gleichungen. Betrachten wir zunächst die Input-Output-Tabelle des Systems:

Der in Mengeneinheiten gemessene jährliche Output eines Sektors (einer Industrie) i wird mit X_i und die jährlichen Lieferungen des Sektors i an den Sektor k mit x_{ik} bezeichnet. Die autonome Nachfrage nach dem Produkt des Sektors i sei y_i (z.B. Konsum oder Investition). Für $i = 1,2,...,m + 1$ Sektoren [1] ergibt sich dann folgende Tabelle:

[1] Der $(m + 1)$-te Sektor ist die "autonome Nachfrage".

Käufe / Verkäufe	1	2	3 ...	k ...	m	Autonome Nachfrage	Gesamter Output
1	x_{11}	x_{12}	x_{13}	x_{1k}	x_{1m}	y_1	X_1
2	x_{21}	x_{22}	x_{23}	x_{2k}	x_{2m}	y_2	X_2
3	x_{31}	x_{32}	x_{33}	x_{3k}	x_{3m}	y_3	X_3
...		....				...	...
i	x_{i1}	x_{i2}	x_{i3}	x_{ik}	x_{im}	y_i	X_i
...		....				...	...
m	x_{m1}	x_{m2}	x_{m3}	x_{mk}	x_{mm}	y_m	X_m

Zur Beschreibung der Input-Output-Struktur einer Industrie werden die "technischen Koeffizienten" (Produktionskoeffizienten oder auch technische Input-Koeffizienten) eingeführt. Es wird angenommen, daß jeder Inputstrom x_{ik} in einem konstanten proportionalen Verhältnis zur Gesamtproduktion des Sektors k steht, also

(5) $$x_{ik} = a_{ik}X_k \quad (i,k = 1,2,...,m).$$

Schreibt man

$$a_{ik} = \frac{x_{ik}}{X_k},$$

so ersieht man hieraus, daß a_{ik} die zur Produktion einer Mengeneinheit des Gutes k erforderliche Menge des Gutes i angibt.

Aus der Tabelle ergibt sich nun folgendes Gleichungssystem:

(6) $$\begin{cases} X_1 - x_{11} - x_{12} - \ldots - x_{1k} - \ldots - x_{1m} = y_1 \\ \ldots\ldots\ldots \\ -x_{i1} - x_{i2} - \ldots + X_i - x_{ik} - \ldots - x_{im} = y_i \\ \ldots\ldots\ldots \\ -x_{m1} - x_{m2} - \ldots - x_{mk} - \ldots + X_m - x_{mm} = y_m. \end{cases}$$

Unter Verwendung von (5) geht das System (6) über in

$$\begin{cases} (1 - a_{11})X_1 - \ldots - a_{1k}X_k - \ldots - a_{1m}X_m = y_1 \\ \ldots\ldots\ldots\ldots\ldots\ldots \\ -a_{i1}X_1 - \ldots + (1 - a_{ik})X_k - \ldots - a_{im}X_m = y_i \\ \ldots\ldots\ldots\ldots\ldots\ldots \\ -a_{m1}X_1 - \ldots - a_{mk}X_k - \ldots + (1 - a_{mm})X_m = y_m. \end{cases}$$

Es handelt sich hierbei um ein inhomogenes Gleichungssystem mit m Gleichungen und m Unbekannten.

Löst man das System nach $X_1, X_2, \ldots, X_m$ auf, so erhält man

$$(7) \quad \begin{cases} X_1 = A_{11}y_1 + A_{12}y_2 + \ldots + A_{1m}y_m \\ X_2 = A_{21}y_1 + A_{22}y_2 + \ldots + A_{2m}y_m \\ \cdots\cdots\cdots\cdots\cdots\cdots\cdots\cdots \\ X_m = A_{m1}y_1 + A_{m2}y_2 + \ldots + A_{mm}y_m \end{cases}$$

mit gewissen Koeffizienten A_{ik} (i,k = 1,2,...,m).

Aus (7) läßt sich also die Produktion errechnen, die irgendein Sektor erreichen muß, wenn der Verbrauch des autonomen Sektors ("Autonome Nachfrage") gegeben ist.

§ 3.2. Allgemeines über Gleichungen und Gleichungssysteme

3.2.1. Eine Gleichung (Bestimmungsgleichung) enthält allgemein die Aufgabe, eine oder mehrere *Unbekannte* zu bestimmen. Dabei bezeichnet man die Unbekannten meist mit den Buchstaben $x, y, z, t, x_1, x_2, x_3, \ldots$ Ist beispielsweise die Gleichung

$$(1) \qquad 3x - 2 = 5x + 6$$

vorgelegt, so folgt nach den bekannten elementaren Regeln zur Auflösung einer Gleichung (ersten Grades mit einer Unbekannten)

$$x = -4.$$

Einsetzen dieser Lösung auf der linken Seite der Gleichung liefert

$$3(-4) - 2 = -14$$

und auf der rechten Seite

$$5(-4) + 6 = -14,$$

also den gleichen Wert (Probe für die Gleichung (1)). Man sagt auch, daß der Wert -4 die Gleichung (1) erfüllt.

In der Gleichung

$$(2) \qquad x^2 + 2x - 3 = 0$$

tritt die Unbekannte x auch in der zweiten Potenz x^2 auf, während in Gleichung (1) die Unbekannte x nur in der ersten Potenz vorkam. Man nennt daher Gleichungen der Art (1) *Gleichungen ersten Grades* oder *lineare Gleichungen* und Gleichungen von der Form (2) *Gleichungen zweiten Grades* oder *quadrati-*

sche Gleichungen. Ebenso spricht man von Gleichungen dritten, vierten,... Grades, wenn die Unbekannte x in der dritten, vierten,... (und keiner höheren) Potenz auftritt.

Die Lösung einer quadratischen Gleichung wird im Anhang behandelt. Man erhält danach aus Gleichung (2) die beiden Lösungen (Wurzeln)

$$x_1 = 1 \text{ und } x_2 = -3.$$

Durch Einsetzen des Wertes x_1 bzw. des Wertes x_2 für die Unbekannte x in Gleichung (2) folgt die Probe.

Allgemein versteht man unter einer linearen Gleichung eine Gleichung der Form

$$(3) \qquad a_1x_1 + a_2x_2 + a_3x_3 + \ldots + a_nx_n = b;$$

dabei bedeuten $x_1,x_2,x_3,\ldots,x_n$ $(n \geq 1)$ die Unbekannten, und $a_1,a_2,a_3,\ldots,a_n$ sind bekannte Zahlen. Man nennt $a_1,a_2,a_3,\ldots,a_n$ auch die Koeffizienten. [1] Gleichung (3) läßt sich kürzer mit Hilfe des Summenzeichens schreiben als

$$\sum_{i=1}^{n} a_ix_i = b.$$

Zum Beispiel ist also

$$(4) \qquad 2x_1 + x_2 = 3$$

eine lineare Gleichung in den zwei Unbekannten x_1, x_2 und

$$(5) \qquad 3x_1 + 7x_2 - \frac{2}{3}x_3 = 6$$

eine lineare Gleichung in den drei Unbekannten x_1, x_2 und x_3. Für $n = 1$ erhält man aus (3) eine lineare Gleichung in einer Unbekannten, die man dann auch in der Form $ax = b$ schreibt.

Wir wollen (5) etwas genauer betrachten. Als Lösung kann man angeben (wie man durch Einsetzen der entsprechenden Werte für x_1, x_2 und x_3 in Gleichung (5) sofort bestätigt)

$$x_1 = 1,\ x_2 = 0,\ x_3 = -\frac{9}{2}$$

oder $\quad x_1 = \frac{1}{3},\ x_2 = 1,\ x_3 = 3$

oder $\quad x_1 = 0,\ x_2 = 2,\ x_3 = 12$

---

1) Den Fall, daß alle Koeffizienten $a_i = 0$ sind $(i = 1,2,3,\ldots,n)$ wollen wir hier nicht betrachten.

usw. Man sagt dann auch, die drei Werte $x_1 = 1$, $x_2 = 0$, $x_3 = -\frac{9}{2}$ bilden das Zahlentripel [1] $(x_1,x_2,x_3) = (1,0,-\frac{9}{2})$ und dieses ist Lösung der linearen Gleichung (5); ebenso sind auch die Zahlentripel $(x_1,x_2,x_3) = (\frac{1}{3},1,3)$ und $(x_1,x_2,x_3) = (0,2,12)$ Lösungen der Gleichung (5). Jedoch ist zum Beispiel das Zahlentripel $(x_1,x_2,x_3) = (1,1,3)$ keine Lösung von Gleichung (5), denn setzt man für x_1,x_2,x_3 die entsprechenden Werte ein, so erhält man auf der linken Seite von (5)

$$3 \cdot 1 + 7 \cdot 1 - \frac{2}{3} \cdot 3 = 8,$$

die rechte Seite von (5) ist aber gleich 6. Allgemein lassen sich unendlich viele Zahlentripel (x_1,x_2,x_3) angeben, die Lösung von (5) sind; man braucht dazu in (5) etwa nur x_1 und x_2 beliebig festzusetzen und dann x_3 aus der so entstehenden Gleichung für diese eine Unbekannte x_3 auszurechnen. Setzt man beispielsweise $x_1 = 1$ und $x_2 = 1$, so hat man für die Unbekannte x_3 die Gleichung

$$3 \cdot 1 + 7 \cdot 1 - \frac{2}{3} x_3 = 6,$$

woraus folgt

$$x_3 = 6;$$

also ist das Zahlentripel $(x_1,x_2,x_3) = (1,1,6)$ Lösung von Gleichung (5).

Entsprechend kann man jeweils die Werte für x_1 und x_2, die eine Lösung der Gleichung (4) bilden, als Zahlenpaar auffassen.

3.2.2. Beispiele für *Systeme von linearen Gleichungen* haben wir in

(6)
$$\begin{cases} 2x_1 - x_2 = 3 \\ x_1 - x_2 = 1 \end{cases}$$

bzw.

(7)
$$\begin{cases} 3x_1 + 7x_2 - \frac{2}{3} x_3 = 6 \\ -8x_1 + 4x_2 = 0 \\ 6x_1 - x_2 + x_3 = 4. \end{cases}$$

Die Unbekannten soll man hieraus so bestimmen, daß alle Gleichungen des Systems erfüllt werden.

Zur Lösung eines solchen Gleichungssystems kann man so vorgehen, daß man aus einer Gleichung eine Unbekannte durch die anderen ausdrückt und diesen Ausdruck dann für jene Unbekannte in die restlichen Gleichungen einsetzt. Man erhält dabei ein Gleichungssystem, das eine Gleichung und eine Unbekannte weniger enthält als das ursprüng-

---

[1] Nach 3.3.1 sprechen wir auch vom Lösungsvektor.

lich gegebene Gleichungssystem (*Elimination* einer Unbekannten). In dieser Weise fortfahrend, läßt sich sukzessive die Anzahl der Unbekannten und der Gleichungen reduzieren. Bei der Anwendung dieses Lösungsverfahrens auf das obige Gleichungssystem (7) wird man etwa mit Hilfe der zweiten Gleichung die Unbekannte x_2 durch x_1 ausdrücken; man erhält dabei

$$x_2 = 2x_1. \tag{8}$$

Setzt man $2x_1$ an Stelle von x_2 in die erste und dritte Gleichung von (7) ein, so folgt

$$\begin{cases} 3x_1 + 7\cdot 2x_1 - \frac{2}{3}\,x_3 = 6 \\ 6x_1 - \quad 2x_1 + \quad x_3 = 4 \end{cases}$$

und damit

$$\begin{cases} 17x_1 - \frac{2}{3}\,x_3 = 6 \\ 4x_1 + \quad x_3 = 4, \end{cases} \tag{9}$$

also ein Gleichungssystem mit zwei Gleichungen für die zwei Unbekannten x_1 und x_3. Nun läßt sich hierin aus der zweiten Gleichung x_3 ausdrücken als

$$x_3 = 4 - 4x_1. \tag{10}$$

Dies in die erste Gleichung von (9) eingesetzt liefert

$$17x_1 - \frac{2}{3}(4 - 4x_1) = 6$$

und schließlich

$$x_1 = \frac{26}{59}\,.$$

Benutzt man diese Lösung für x_1 in (8) und (10), so folgt

$$x_2 = \frac{52}{59} \text{ und } x_3 = \frac{132}{59}\,.$$

Wir erhalten also als Lösung des Gleichungssystems (7) das Zahlentripel $(x_1,x_2,x_3) = \left[\frac{26}{59}, \frac{52}{59}, \frac{132}{59}\right]$, und diese Lösung ist eindeutig bestimmt. Zur Probe muß man hier die Lösung in jede der drei Gleichungen von (7) einsetzen und prüfen, ob alle drei Gleichungen erfüllt werden.

Um in einem Gleichungssystem die Anzahl der Gleichungen und der Unbekannten zu reduzieren, benutzt man außer der oben beschriebenen Eliminationsmethode auch das Verfahren, daß man durch geeignete Umformung und anschließende Addition zweier (oder mehrerer) Gleichungen eine Unbekannte zum Verschwinden bringt. Multipliziert man nämlich beispielsweise in dem Gleichungssystem (9) die erste Gleichung mit 4 und die zweite mit –17, so erhält man die beiden Gleichungen

$$\begin{cases} 68x_1 - \dfrac{8}{3}x_3 = 24 \\ -68x_1 - 17\,x_3 = -68. \end{cases}$$

Addition dieser beiden Gleichungen liefert

$$-\frac{59}{3}x_3 = -44,$$

$$x_3 = \frac{132}{59}\,.$$

Setzt man dieses Ergebnis noch in eine der beiden Gleichungen von (9) ein, so folgt wie oben

$$x_1 = \frac{26}{59}\,.$$

Nicht jedes Gleichungssystem besitzt eine Lösung. Betrachten wir etwa das System

(11) $$\begin{cases} 2x + 3y = 5 \\ 4x + 6y = 7 \end{cases}$$

und nehmen an, es gäbe Lösungswerte x_0 und y_0, d.h. ein Zahlenpaar $(x,y) = (x_0,y_0)$, welches das Gleichungssystem erfüllt, dann wäre also

(12) $$2x_0 + 3y_0 = 5$$

und

(13) $$4x_0 + 6y_0 = 7.$$

Aus (12) folgt durch Multiplikation mit 2

$$4x_0 + 6y_0 = 10,$$

was aber (13) widerspricht. Somit kann das Gleichungssystem (11) keine Lösung besitzen.

Die Menge der Lösungen einer Gleichung bzw. eines Gleichungssystems heißt *Lösungsmenge*; sie wird oft mit L bezeichnet.

So ist für Gleichung (1) die Lösungsmenge $L = \{-4\}$, Gleichung (2) hat die Lösungsmenge $L = \{1, -3\}$, Gleichung (5) hat eine unendliche Lösungsmenge und für das Gleichungssystem (11) ist die Lösungsmenge $L = \emptyset$ (leere Menge).

Zwei Gleichungen (Gleichungssysteme) heißen *äquivalent* (über der Menge $\mathbb{R}$ der reellen Zahlen), wenn die zugehörigen Lösungsmengen (in $\mathbb{R}$) gleich sind. Zum Beispiel sind die Gleichungssysteme

$$\begin{cases} 2x_1 - x_2 = 3 \\ x_1 - x_2 = 1 \end{cases} \quad \text{und} \quad \begin{cases} x_1 - \frac{1}{2}x_2 = \frac{3}{2} \\ 3x_1 - 2\,x_2 = 4 \end{cases}$$

äquivalent, denn beide haben die Lösungsmenge $L = \{(x_1,x_2) = (2,1)\}$, wie man sofort nachprüft.

Entsprechend ist die Äquivalenz von Gleichungen (Gleichungssystemen) über einer Menge M (statt $\mathbb{R}$) definiert.

Eine Umformung einer Gleichung (eines Gleichungssystems) heißt äquivalent, wenn die ursprüngliche Gleichung (das ursprüngliche Gleichungssystem) und die umgeformte Gleichung (das umgeformte Gleichungssystem) äquivalent sind.

Man hat folgende Aussagen:

Wird bei einer Gleichung auf beiden Seiten des Gleichheitszeichens die gleiche Größe addiert (oder subtrahiert), so ist dies eine äquivalente Umformung.

Die Multiplikation einer Gleichung mit einer Zahl $\neq 0$ ist eine äquivalente Umformung.

Wird in einem Gleichungssystem die Reihenfolge der Gleichungen geändert, so ist dies eine äquivalente Umformung.

Wird in einem Gleichungssystem zu einer Gleichung des Systems eine beliebige andere Gleichung des Systems addiert (oder subtrahiert), so ist dies eine äquivalente Umformung.

Keine äquivalente Umformung einer Gleichung ist das Wurzelziehen.

Beispiel: $(3x)^2 = (-3x)^2$ hat als Lösungsmenge $L = \mathbb{R}$, aber $3x = -3x$ hat als Lösungsmenge $L = \{0\}$.

3.2.3. Um allgemein ein Gleichungssystem von m linearen Gleichungen mit n Unbekannten $x_1, x_2, x_3, \ldots, x_n$ $(m \geq 1,\ n \geq 1)$ aufzuschreiben, bedient man sich bei den Koeffizienten der Unbekannten der Darstellung mit *Doppelindizes* statt verschiedene Buchstaben zu benutzen. Man setzt

$$(14)\quad \begin{cases} a_{11}x_1 + a_{12}x_2 + a_{13}x_3 + \ldots + a_{1n}x_n = b_1 \\ a_{21}x_1 + a_{22}x_2 + a_{23}x_3 + \ldots + a_{2n}x_n = b_2 \\ a_{31}x_1 + a_{32}x_2 + a_{33}x_3 + \ldots + a_{3n}x_n = b_3 \\ \ldots\ldots\ldots\ldots\ldots\ldots\ldots\ldots\ldots\ldots\ldots \\ a_{m1}x_1 + a_{m2}x_2 + a_{m3}x_3 + \ldots + a_{mn}x_n = b_m, \end{cases}$$

wobei

$a_{11}, a_{12}, a_{13}, \ldots, a_{1n}$, $a_{21}, a_{22}, a_{23}, \ldots, a_{2n}$, $a_{31}, a_{32}, a_{33}, \ldots, a_{3n}, \ldots$, $a_{m1}, a_{m2}, a_{m3}, \ldots, a_{mn}$ und $b_1, b_2, b_3, \ldots, b_m$ gewisse Zahlen sind.[1] Der erste Index bei den Doppelindizes gibt die *Zeilennummer* in dem Gleichungssystem, der zweite Index die *Spaltennummer* (Kolonnennummer) an. In jeder Zeile stimmen somit die ersten Indizes alle überein, in jeder Spalte die zweiten Indizes.[2] Für zwei Gleichungen mit zwei Unbekannten (d.h. m = n = 2) hat man nun die allgemeine Darstellung

$$(15) \qquad \begin{cases} a_{11}x_1 + a_{12}x_2 = b_1 \\ a_{21}x_1 + a_{22}x_2 = b_2 \end{cases}$$

und für drei Gleichungen mit drei Unbekannten (d.h. m = n = 3)

$$(16) \qquad \begin{cases} a_{11}x_1 + a_{12}x_2 + a_{13}x_3 = b_1 \\ a_{21}x_1 + a_{22}x_2 + a_{23}x_3 = b_2 \\ a_{31}x_1 + a_{32}x_2 + a_{33}x_3 = b_3. \end{cases}$$

3.3. Matrizen und Vektoren

3.3.1. Schreibt man in einem Gleichungssystem nur die Koeffizienten der Unbekannten $x_1, x_2, x_3, \ldots, x_n$ auf, so erhält man bei (15) in 3.2.3 die Koeffiziententafel

$$(1) \qquad \begin{bmatrix} a_{11} & a_{12} \\ a_{21} & a_{22} \end{bmatrix}$$

bzw. bei Gleichungssystem (16) in 3.2.3

$$(2) \qquad \begin{bmatrix} a_{11} & a_{12} & a_{13} \\ a_{21} & a_{22} & a_{23} \\ a_{31} & a_{32} & a_{33} \end{bmatrix}$$

und allgemein bei Gleichungssystem (14) in 3.2.3 das Schema

$$(3) \qquad \begin{bmatrix} a_{11} & a_{12} & a_{13} \ldots a_{1n} \\ a_{21} & a_{22} & a_{23} \ldots a_{2n} \\ \ldots\ldots & \ldots\ldots & \ldots\ldots\ldots \\ a_{m1} & a_{m2} & a_{m3} \ldots a_{mn} \end{bmatrix}.$$

Man nennt ein Schema von m·n Zahlen, die in Rechtecksform mit m Zeilen und n Spalten (Kolonnen) angeordnet sind, eine (m × n)-Matrix. Die m·n Zahlen $a_{11}, a_{12}, a_{13}, \ldots, a_{1n}$, $a_{21}, a_{22}, a_{23}, \ldots, a_{mn}$ heißen auch die *Elemente* (*Einträge*) der Matrix.

---

1) Man liest: a_{11} als "a eins-eins", a_{12} als "a eins-zwei", a_{13} als "a eins-drei",..., a_{1n} als "a eins-n", a_{21} als "a zwei-eins", a_{22} als "a zwei-zwei" usw.

2) Mit dem Summenzeichen geschrieben erhält (14) die Form $\sum_{k=1}^{n} a_{ik}x_k = b_i$ (i = 1,2,...,m).

Zum Beispiel ist

$$\begin{bmatrix} 1 & 3 \\ -4 & \frac{1}{8} \end{bmatrix}$$

eine (2 × 2)-Matrix und

$$\begin{bmatrix} 1{,}42 & 0 & -8 \\ 0 & 1 & 0 \end{bmatrix}$$

eine (2 × 3)-Matrix.[1)]

Die Stellung eines jeden Elements in der Matrix ist wesentlich. So sind zwei Matrizen genau dann als gleich zu bezeichnen, wenn an entsprechenden Plätzen gleiche Elemente (Zahlen) stehen.

In der Matrix (3) steht in der i-ten Zeile in der k-ten Spalte das *allgemeine Element* a_{ik}. Dabei kann der erste Index i (Zeilenindex) alle ganzen Zahlen 1,2,3,...,m und der zweite Index k (Spaltenindex) alle ganzen Zahlen 1,2,3,...,n annehmen; man schreibt hierfür auch einfach $\{1 \leq i \leq m;\ 1 \leq k \leq n\}$ und spricht vom Laufbereich der Indizes. Für die Matrix (3) werden wir nun auch kurz

$$(a_{ik})_{i=1,2,\ldots,m;\ k=1,2,\ldots,n} \text{ oder } (a_{ik})\ \{1 \leq i \leq m;\ 1 \leq k \leq n\}$$

setzen.

Man nennt (1) bzw. (2) bzw. (3) die *Koeffizientenmatrix* des Gleichungssystems (15) bzw. (16) bzw. (14) in 3.2.3.

Aus der einen linearen Gleichung (3) in 3.2.1 erhält man die Koeffizientenmatrix

$$(a_1\ a_2\ a_3 \ldots a_n),$$

die nur aus einer Zeile besteht ((1 × n)-Matrix). Ebenso bildet die rechte Seite des Gleichungssystems (14) in 3.2.3 die Matrix

$$\begin{bmatrix} b_1 \\ b_2 \\ \vdots \\ b_m \end{bmatrix},$$

die nur aus einer Spalte besteht ((m × 1)-Matrix). Man nennt Matrizen, die aus einer Zeile (einer Spalte) bestehen, auch *Zeilen- (Spalten-)vektoren* oder

---

1) Statt (m × n)-Matrix sagt man auch (m,n)-Matrix.

einfach *Vektoren*, die zugehörigen Elemente die *Komponenten* des Vektors. (Bei Zeilenvektoren werden wir manchmal auch - um Verwechslungen auszuschließen - zwischen die Komponenten Kommata oder Strichpunkte setzen.) So können Zahlenpaare als Vektoren mit zwei Komponenten und Zahlentripel als Vektoren mit drei Komponenten aufgefaßt werden.

Auch Vektoren beschreiben wir durch ihr allgemeines Element und setzen kurz

$$(a_1 \ \ a_2 \ \ a_3 \dots a_n) = (a_k) \ \ \{1 \leq k \leq n\}.$$

Matrizen bezeichnen wir mit großen Buchstaben **A**,**B**,**C**,..., Vektoren mit kleinen Buchstaben **a**,**b**,**c**,**x**,**y**,...

Zwei Matrizen **A** und **B** heißen *gleichartig*, wenn sie in Zeilenzahl m und Spaltenzahl n übereinstimmen, also **A** und **B** beide (m × n)-Matrizen sind.

3.3.2. Eine Matrix können wir uns aus Zeilenvektoren oder Spaltenvektoren zusammengesetzt denken. So bilden die Zeilenvektoren

$$\mathbf{a}_1 = (a_{11} \ \ a_{12}) \text{ und } \mathbf{a}_2 = (a_{21} \ \ a_{22})$$

die Matrix (1) bzw. die Zeilenvektoren

$$\begin{aligned} \mathbf{a}_1 &= (a_{11} \ \ a_{12} \ \ a_{13}), \\ \mathbf{a}_2 &= (a_{21} \ \ a_{22} \ \ a_{23}), \\ \mathbf{a}_3 &= (a_{31} \ \ a_{32} \ \ a_{33}) \end{aligned}$$

die Matrix (2) und allgemein die Zeilenvektoren

$$\begin{aligned} \mathbf{a}_1 &= (a_{11} \ \ a_{12} \ \ a_{13} \dots a_{1n}), \\ \mathbf{a}_2 &= (a_{21} \ \ a_{22} \ \ a_{23} \dots a_{2n}), \\ \mathbf{a}_3 &= (a_{31} \ \ a_{32} \ \ a_{33} \dots a_{3n}), \\ &\dots\dots\dots\dots\dots\dots \\ \mathbf{a}_m &= (a_{m1} \ \ a_{m2} \ \ a_{m3} \dots a_{mn}) \end{aligned}$$

die Matrix (3). Ebenso bilden die Spaltenvektoren

$$\mathbf{u}_1 = \begin{bmatrix} a_{11} \\ a_{21} \end{bmatrix} \text{ und } \mathbf{u}_2 = \begin{bmatrix} a_{12} \\ a_{22} \end{bmatrix}$$

die Matrix (1) bzw. die Spaltenvektoren

$$\mathbf{u}_1 = \begin{bmatrix} a_{11} \\ a_{21} \\ a_{31} \end{bmatrix}, \ \mathbf{u}_2 = \begin{bmatrix} a_{12} \\ a_{22} \\ a_{32} \end{bmatrix}, \ \mathbf{u}_3 = \begin{bmatrix} a_{13} \\ a_{23} \\ a_{33} \end{bmatrix}$$

die Matrix (2) und allgemein

$$\mathbf{u}_1 = \begin{bmatrix} a_{11} \\ a_{21} \\ a_{31} \\ \vdots \\ a_{m1} \end{bmatrix}, \quad \mathbf{u}_2 = \begin{bmatrix} a_{12} \\ a_{22} \\ a_{32} \\ \vdots \\ a_{m2} \end{bmatrix}, \quad \mathbf{u}_3 = \begin{bmatrix} a_{13} \\ a_{23} \\ a_{33} \\ \vdots \\ a_{m3} \end{bmatrix}, \ldots, \mathbf{u}_n = \begin{bmatrix} a_{1n} \\ a_{2n} \\ a_{3n} \\ \vdots \\ a_{mn} \end{bmatrix}$$

die Matrix (3). Zum Beispiel schreiben wir hiermit die Matrix (3) auch in der Form

$$\mathbf{A} = \begin{bmatrix} \mathbf{a}_1 \\ \mathbf{a}_2 \\ \mathbf{a}_3 \\ \vdots \\ \mathbf{a}_m \end{bmatrix} \quad \text{bzw.} \quad \mathbf{A} = (\mathbf{u}_1 \ \mathbf{u}_2 \ \mathbf{u}_3 \ldots \mathbf{u}_n).$$

3.3.3. Einige Sonderfälle von Matrizen sind hervorzuheben:

Eine Matrix, deren Elemente sämtlich gleich 0 sind, bezeichnet man als *Nullmatrix* $\mathbf{0}$, bzw., wenn sie nur aus einer Zeile oder einer Spalte besteht, als *Nullvektor* $\mathbf{o}$.

Eine Matrix, bei der die Zeilenzahl m mit der Spaltenzahl n übereinstimmt, heißt *quadratisch*.

Bei einer quadratischen $(n \times n)$-Matrix bilden die Elemente $a_{11}, a_{22}, a_{33}, \ldots, a_{nn}$ die *Hauptdiagonale*.

Eine quadratische Matrix, bei der die Elemente der Hauptdiagonale alle gleich 1, sonst aber gleich 0 sind, heißt *Einheitsmatrix* und wird mit $\mathbf{E}$ bezeichnet;[1] im Fall n = 3 ist also die Einheitsmatrix

$$\mathbf{E} = \begin{bmatrix} 1 & 0 & 0 \\ 0 & 1 & 0 \\ 0 & 0 & 1 \end{bmatrix}.$$

Eine quadratische Matrix $\mathbf{A}$, bei der alle Elemente, die nicht auf der Hauptdiagonalen stehen, gleich 0 sind, heißt eine *Diagonalmatrix;* also es gilt $a_{ik} = 0$ für $i \neq k$.

Schließlich nennt man eine quadratische Matrix, deren Elemente unterhalb oder oberhalb der Hauptdiagonale alle gleich 0 sind, eine *Dreiecksmatrix*.

---

1) Man kann schreiben $\mathbf{E} = (e_{ik}) \quad \{1 \leq i \leq n;\ 1 \leq k \leq n\}$ mit

$$e_{ik} = \begin{cases} 1 \text{ für } i = k \\ 0 \text{ sonst.} \end{cases}$$

Zum Beispiel ist

$$\mathbf{A} = \begin{bmatrix} 2 & 0 & 0 & 0 \\ 1 & 4 & 0 & 0 \\ 6 & -1 & 8 & 0 \\ \frac{1}{2} & 0 & 5 & -3 \end{bmatrix}$$

eine (4 × 4)-Dreiecksmatrix.

3.3.4. Macht man in einer Matrix **A** die Zeilen zu Spalten, so erhält man die zu **A** *transponierte Matrix*, die man mit **A'** bezeichnet.[1] Für die Matrix

$$\mathbf{A} = \begin{bmatrix} 1{,}42 & 0 & -8 \\ 0 & 1 & 0 \end{bmatrix}$$

wird

$$\mathbf{A}' = \begin{bmatrix} 1{,}42 & 0 \\ 0 & 1 \\ -8 & 0 \end{bmatrix},$$

und allgemein für die Matrix (3)

$$\mathbf{A} = \begin{bmatrix} a_{11} & a_{12} & a_{13} \ldots a_{1n} \\ a_{21} & a_{22} & a_{23} \ldots a_{2n} \\ a_{31} & a_{32} & a_{33} \ldots a_{3n} \\ \ldots & \ldots & \ldots \\ a_{m1} & a_{m2} & a_{m3} \ldots a_{mn} \end{bmatrix}$$

ist also

$$\mathbf{A}' = \begin{bmatrix} a_{11} & a_{21} & a_{31} \ldots a_{m1} \\ a_{12} & a_{22} & a_{32} \ldots a_{m2} \\ a_{13} & a_{23} & a_{33} \ldots a_{m3} \\ \ldots & \ldots & \ldots \\ a_{1n} & a_{2n} & a_{3n} \ldots a_{mn} \end{bmatrix}.$$

Mit anderen Worten bedeutet der Übergang von einer Matrix **A** zur transponierten Matrix **A'**, daß die Zeilenvektoren von **A** zu Spaltenvektoren werden und die Spaltenvektoren von **A** zu Zeilenvektoren. Ist **A** eine (m × n)-Matrix, dann ist **A'** eine (n × m)-Matrix. Besteht eine Matrix nur aus einer Zeile oder Spalte, d.h. liegt ein Zeilenvektor

$$\mathbf{a} = (a_1 \;\; a_2 \;\; a_3 \ldots a_n)$$

bzw. ein Spaltenvektor

$$\mathbf{u} = \begin{bmatrix} u_1 \\ u_2 \\ \vdots \\ u_m \end{bmatrix}$$

---

[1] Manchmal auch $\mathbf{A}^T$.

vor, dann wird

$$\mathbf{a}' = \begin{bmatrix} a_1 \\ a_2 \\ a_3 \\ \cdot \\ \cdot \\ \cdot \\ a_n \end{bmatrix} \quad \text{bzw.} \quad \mathbf{u}' = (u_1 \;\; u_2 \;\; u_3 \ldots u_m).$$

Offenbar führt zweimaliges Transponieren einer Matrix wieder zur ursprünglichen Matrix zurück, es gilt also

$$(\mathbf{A}')' = \mathbf{A}.$$

Eine Matrix **A**, die mit ihrer transponierten **A**′ übereinstimmt, heißt *symmetrisch.* (Notwendigerweise muß dann **A** quadratisch sein.)

Beispiel:

$$\begin{bmatrix} 3 & 0 & \frac{1}{2} \\ 0 & -1 & -6 \\ \frac{1}{2} & -6 & 2 \end{bmatrix}.$$

Man erkennt, daß in einer symmetrischen Matrix zur Hauptdiagonalen symmetrisch dieselben Zahlen stehen. Das bedeutet, in einer symmetrischen Matrix

$$\mathbf{A} = (a_{ik}) \quad \{1 \le i \le n;\ 1 \le k \le n\}$$

gilt für das allgemeine Element

$$a_{ik} = a_{ki}.$$

Eine Matrix **A**, für die $\mathbf{A}' = -\mathbf{A}$ gilt, heißt *schiefsymmetrisch.*

§ 3.4. Das Rechnen mit Vektoren und Matrizen

3.4.1. Wir wollen zuerst die Erklärungen und Regeln für das Rechnen mit Vektoren geben und diese dann für Matrizen verallgemeinern.

Definition 1: *Unter der Summe* $\mathbf{a} + \mathbf{b}$ *zweier gleichartiger Vektoren* **a** *und* **b** (d.h. zweier Zeilenvektoren oder zweier Spaltenvektoren mit gleicher Komponentenzahl) *versteht man den Vektor* **c**, *dessen Komponenten durch Addition der entsprechenden Komponenten der Vektoren* **a** *und* **b** *hervorgehen, also für die Vektoren*

(1) $$\mathbf{a} = (a_1 \;\; a_2 \;\; a_3 \ldots a_n) \quad \text{und} \quad \mathbf{b} = (b_1 \;\; b_2 \;\; b_3 \ldots b_n)$$

den Vektor

$$\mathbf{c} = \mathbf{a} + \mathbf{b} = (a_1 + b_1 \;\; a_2 + b_2 \;\; a_3 + b_3 \ldots a_n + b_n).$$

Analog ist für Spaltenvektoren zu formulieren.

So hat man zum Beispiel für die Vektoren $\mathbf{a} = (3 \;\; 7 \; -\frac{2}{3})$ und $\mathbf{b} = (-8 \;\; 4 \;\; 0)$ die Summe $\mathbf{c} = \mathbf{a} + \mathbf{b} = (-5 \;\; 11 \;\; -\frac{2}{3})$.

Definition 2: *Ist s eine beliebige Zahl und* $\mathbf{a}$ *ein Vektor, dann ist* $s\mathbf{a}$ *oder* $\mathbf{a}s$ *der Vektor, dessen Komponenten durch Multiplikation der Komponenten des ursprünglichen Vektors* $\mathbf{a}$ *mit s hervorgehen; also für den Vektor*

$$\mathbf{a} = (a_1 \;\; a_2 \;\; a_3 \ldots a_n)$$

ist

$$s\mathbf{a} = \mathbf{a}s = (sa_1 \;\; sa_2 \;\; sa_3 \ldots sa_n).$$

Für Spaltenvektoren hat man wieder analog zu formulieren.

Zum Beispiel mit $\mathbf{a} = (3 \;\; 7 \;\; -\frac{2}{3})$ und $s = -3$ folgt $(-3)\,\mathbf{a} = (-9 \;\; -21 \;\; 2)$.

Für den Vektor $(-1)\mathbf{a}$ schreibt man einfach $-\mathbf{a}$ und für $\mathbf{b} + (-1)\mathbf{a}$ kurz $\mathbf{b} - \mathbf{a}$. Mit der Komponentenschreibweise wird also

$$\begin{aligned} \mathbf{b} - \mathbf{a} &= (b_1 \;\; b_2 \;\; b_2 \ldots b_n) + (-1)(a_1 \;\; a_2 \;\; a_3 \ldots a_n) = \\ &= (b_1 \;\; b_2 \;\; b_2 \ldots b_n) + (-a_1 \;\; -a_2 \;\; -a_3 \ldots -a_n) = \\ &= (b_1 - a_1 \;\; b_2 - a_2 \;\; b_3 - a_3 \ldots b_n - a_n). \end{aligned}$$

Hiernach erkennt man leicht, daß $\mathbf{a} + (\mathbf{b} - \mathbf{a}) = \mathbf{b}$ gilt, d.h., daß $\mathbf{b} - \mathbf{a}$ der Vektor ist, der zu $\mathbf{a}$ addiert, $\mathbf{b}$ ergibt. Damit haben wir also auch eine *Subtraktion* für (gleichartige) Vektoren eingeführt. $\mathbf{b} - \mathbf{a}$ heißt die *Differenz* von $\mathbf{b}$ und $\mathbf{a}$.

Für diese Rechenoperationen mit Vektoren gelten ähnliche Rechenregeln, wie man sie vom Rechnen mit reellen Zahlen kennt. So ist

(2) $$\mathbf{a} + \mathbf{b} = \mathbf{b} + \mathbf{a}$$

(kommutatives Gesetz der Addition);

(3) $$\mathbf{a} + (\mathbf{b} + \mathbf{c}) = (\mathbf{a} + \mathbf{b}) + \mathbf{c},$$

wofür man dann auch ohne Klammern einfach $\mathbf{a} + \mathbf{b} + \mathbf{c}$ schreibt (assoziatives Gesetz der Addition);

(4) $$(s + t)\mathbf{a} = s\mathbf{a} + t\mathbf{a};$$

(5) $$s(\mathbf{a} + \mathbf{b}) = s\mathbf{a} + s\mathbf{b};$$

(6) $$s(t\mathbf{a}) = (st)\mathbf{a}.$$

Die Richtigkeit dieser Regeln beruht einfach darauf, daß die entsprechenden Rechenoperationen an den Komponenten der Vektoren auszuführen sind, und für das Rechnen mit reellen Zahlen gelten die Regeln.

So erhalten wir mit den Vektoren $\mathbf{a} = (a_k)$, $\mathbf{b} = (b_k)$ und $\mathbf{c} = (c_k)$ $\{1 \leq k \leq n\}$ zum Beispiel als Beweis von (3)

$$\mathbf{a} + (\mathbf{b} + \mathbf{c}) = (a_k + (b_k + c_k)) = ((a_k + b_k) + c_k) = (\mathbf{a} + \mathbf{b}) + \mathbf{c};$$

als Beweis von (5)

$$s(\mathbf{a} + \mathbf{b}) = (s(a_k + b_k)) = (sa_k + sb_k) = s\mathbf{a} + s\mathbf{b}.$$

Hiernach können wir nun das Gleichungssystem (14) in 3.2.3 einfacher schreiben als

$$\text{(7)} \qquad \mathbf{u}_1x_1 + \mathbf{u}_2x_2 + \mathbf{u}_3x_3 + \ldots + \mathbf{u}_nx_n = \mathbf{b},$$

wobei $\mathbf{u}_1,\mathbf{u}_2,\mathbf{u}_3,\ldots,\mathbf{u}_n$ die Spaltenvektoren der Koeffizientenmatrix $\mathbf{A}$ des Gleichungssystems (14) und

$$\mathbf{b} = \begin{bmatrix} b_1 \\ b_2 \\ b_3 \\ \vdots \\ b_m \end{bmatrix}$$

der Spaltenvektor gebildet durch die rechte Seite des Gleichungssystems (14) in 3.2.3 sind. Statt (7) läßt sich dann auch kürzer mit Hilfe des Summenzeichens setzen

$$\sum_{k=1}^{n} \mathbf{u}_k x_k = \mathbf{b}.$$

3.4.2. Auch ein Produkt zweier Vektoren wollen wir einführen:

Definition 3: *Ist* $\mathbf{a} = (a_1\ a_2\ \ldots\ a_n)$ *ein Zeilenvektor und*

$$\mathbf{b} = \begin{bmatrix} b_1 \\ b_2 \\ b_3 \\ \vdots \\ b_n \end{bmatrix}$$

ein Spaltenvektor [1] *mit* n *Elementen, dann versteht man unter dem Produkt* **a b** *dieser beiden Vektoren die Zahl*

[1] Also $\mathbf{b}' = (b_1\ b_2\ \ldots\ b_n)$.

$$a_1b_1 + a_2b_2 + a_3b_3 + \ldots + a_nb_n = \sum_{k=1}^{n} a_kb_k.$$

Das Produkt **a b** der Vektoren **a** und **b** ist also eine einzige Zahl (man spricht daher auch vom *skalaren Produkt* [1]). Zum Beispiel mit den Vektoren **a** = $= (3 \quad 7 \quad -\frac{2}{3})$ und **b**′ = (– 8 4 0) (**b**′ ist der transponierte Vektor des Spaltenvektors **b**) erhält man

$$\mathbf{a}\,\mathbf{b} = -24 + 28 + 0 = 4,$$

und die Vektoren **a** = (4 2) und **b**′ = (3 – 6) liefern das Produkt

$$\mathbf{a}\,\mathbf{b} = 12 - 12 = 0.$$

Ferner kann man die linke Seite $a_1x_1 + a_2x_2 + a_3x_3 + \ldots + a_nx_n$ der linearen Gleichung (3) in 3.2.1 nun auffassen als das Produkt der Vektoren **a** und **x** mit

$$\mathbf{a} = (a_1 \quad a_2 \quad a_3 \; \ldots \; a_n) \text{ und } \mathbf{x}' = (x_1 \quad x_2 \quad x_3 \ldots x_n),$$

so daß (3) in 3.2.1 jetzt kürzer geschrieben werden kann als

$$\mathbf{a}\,\mathbf{x} = b.$$

Für das Produkt von Vektoren [2] gelten auch wieder ähnliche Rechenregeln wie für das Rechnen mit reellen Zahlen. Wir wollen erwähnen:

(8) $$\mathbf{a}\,\mathbf{b} = \mathbf{b}'\,\mathbf{a}';$$

(9) $$\mathbf{a}\,(\mathbf{b} + \mathbf{c}) = \mathbf{a}\,\mathbf{b} + \mathbf{a}\,\mathbf{c}$$

(distributives Gesetz);

(10) $$s\,(\mathbf{a}\,\mathbf{b}) = (s\,\mathbf{a})\mathbf{b} = \mathbf{a}(s\,\mathbf{b}).$$

Die Beweise für (8) bis (10) ergeben sich leicht, wenn man auf Definition 3 zurückgeht und bei (9) und (10) die Definitionen 1 und 2 benutzt. Zum Beispiel Beweis für (8):

$$\mathbf{a}\,\mathbf{b} = \sum_{k=1}^{n} a_kb_k = \sum_{k=1}^{n} b_ka_k = \mathbf{b}'\mathbf{a}';$$

Beweis für (9):

$$\mathbf{a}(\mathbf{b} + \mathbf{c}) = \sum_{k=1}^{n} a_k(b_k + c_k) = \sum_{k=1}^{n} (a_kb_k + a_kc_k) = \sum_{k=1}^{n} a_kb_k + \sum_{k=1}^{n} a_kc_k = \mathbf{a}\,\mathbf{b} + \mathbf{a}\,\mathbf{c}.$$

Wir setzen noch $\mathbf{a}\,\mathbf{a}' = \mathbf{a}^2$ (wenn **a** ein Zeilenvektor ist), also auf Grund von

---

[1] Vgl. 4.2.4.

[2] **a** Zeilenvektor, **b** und **c** Spaltenvektoren.

Definition 3 wird

$$\mathbf{a}^2 = a_1^2 + a_2^2 + \ldots + a_n^2 = \sum_{k=1}^{n} a_k^2.$$

Es ist stets [1] $\mathbf{a}^2 \geq 0$. Man nennt $\sqrt{\mathbf{a}^2}$ den *Betrag* des Vektors **a** und schreibt $|\mathbf{a}|$.

Es ist stets $|\mathbf{a}| \geq 0$ und $|\mathbf{a}| = 0$ genau dann, wenn **a** der Nullvektor **o** ist.

Zwei Zeilenvektoren **a** und **b** heißen *orthogonal*, wenn das skalare Produkt $\mathbf{a}\,\mathbf{b}' = 0$ ist; entsprechend heißen zwei Spaltenvektoren **a** und **b** orthogonal, wenn $\mathbf{a}'\mathbf{b} = 0$ ist.

3.4.3. Indem wir uns Matrizen als aus Zeilen- oder Spaltenvektoren zusammengesetzt denken können, läßt sich das Rechnen mit Matrizen auf das Rechnen mit Vektoren zurückführen. Analog zu Definition 1 formulieren wir

Definition 4: *Unter der Summe* **A** + **B** *zweier gleichartiger Matrizen* **A** *und* **B** *versteht man die Matrix* **C**, *deren Zeilen- (Spalten-)Vektoren durch Addition der entsprechenden der Matrix* **A** *und der der Matrix* **B** *hervorgehen. Das heißt also, daß die Elemente der Matrix* **C** *durch Addition der entsprechenden Elemente der Matrix* **A** *und der Matrix* **B** *entstehen.*

Für die Matrizen

$$\mathbf{A} = \begin{bmatrix} 1{,}42 & 0 & -8 \\ 0 & 1 & 0 \end{bmatrix} \quad \text{und} \quad \mathbf{B} = \begin{bmatrix} 2 & -\frac{1}{2} & 4 \\ 1 & 0 & -2 \end{bmatrix}$$

ist somit die Summe

$$\mathbf{C} = \mathbf{A} + \mathbf{B} = \begin{bmatrix} 3{,}42 & -\frac{1}{2} & -4 \\ 1 & 1 & -2 \end{bmatrix},$$

währenddem die Matrizen

$$\mathbf{A} = \begin{bmatrix} 1{,}42 & 0 & -8 \\ 0 & 1 & 0 \end{bmatrix} \quad \text{und} \quad \mathbf{B} = \begin{bmatrix} 2 & -\frac{1}{2} \\ 1 & 0 \end{bmatrix}$$

nicht addiert werden können, da sie nicht gleichartig sind. Allgemein liefert die Summe der $(m \times n)$-Matrizen

$$\mathbf{A} = \begin{bmatrix} \mathbf{a}_1 \\ \mathbf{a}_2 \\ \mathbf{a}_3 \\ \vdots \\ \mathbf{a}_m \end{bmatrix} = (a_{ik}) \quad \text{und} \quad \mathbf{B} = \begin{bmatrix} \mathbf{b}_1 \\ \mathbf{b}_2 \\ \mathbf{b}_3 \\ \vdots \\ \mathbf{b}_m \end{bmatrix} = (b_{ik})$$

[1] Falls **a** ein Vektor mit reellen Elementen ist.

die Matrix

$$\mathbf{C} = \mathbf{A} + \mathbf{B} = \begin{bmatrix} \mathbf{a}_1 + \mathbf{b}_1 \\ \mathbf{a}_2 + \mathbf{b}_2 \\ \mathbf{a}_3 + \mathbf{b}_3 \\ \vdots \quad \vdots \\ \mathbf{a}_m + \mathbf{b}_m \end{bmatrix} = (a_{ik} + b_{ik}) \quad \{1 \leq i \leq m;\ 1 \leq k \leq n\},$$

wobei also die Zeilenvektoren von **A** mit $\mathbf{a}_1,\mathbf{a}_2,\mathbf{a},\ldots,\mathbf{a}_m$ und die von **B** mit $\mathbf{b}_1,\mathbf{b}_2,\mathbf{b}_3,\ldots,\mathbf{b}_m$ bzw. das allgemeine Element von **A** mit a_{ik} und das von **B** mit b_{ik} bezeichnet wurden.

Definition 5: *Ist s eine beliebige Zahl und* **A** *eine Matrix, dann bedeutet s***A** *die Matrix, deren Zeilenvektoren durch Multiplikation der Zeilenvektoren der ursprünglichen Matrix* **A** *mit s entstehen. D.h. also, daß die Elemente der Matrix s***A** *aus denen der Matrix* **A** *durch Multiplikation mit s hervorgehen.*

Zum Beispiel für die Matrix

$$\mathbf{A} = \begin{bmatrix} 1{,}42 & 0 & -8 \\ 0 & 1 & 0 \end{bmatrix}$$

und $s = -3$ erhalten wir

$$(-3)\,\mathbf{A} = \begin{bmatrix} -4{,}26 & 0 & 24 \\ 0 & -3 & 0 \end{bmatrix},$$

und allgemein liefert eine Matrix **A**, wenn ihre Zeilenvektoren mit $\mathbf{a}_1,\mathbf{a}_2,\mathbf{a}_3,\ldots,\mathbf{a}_m$ bzw. ihr allgemeines Element mit a_{ik} bezeichnet werden

$$s\mathbf{A} = \begin{bmatrix} s\mathbf{a}_1 \\ s\mathbf{a}_2 \\ s\mathbf{a}_3 \\ \vdots \\ s\mathbf{a}_m \end{bmatrix} = (sa_{ik}) \quad \{1 \leq i \leq m;\ 1 \leq k \leq n\}.$$

Für die Matrix (– 1)**A** schreibt man einfach – **A** und für **B** + (– 1)**A** kurz **B** – **A**. In der Schreibweise mit den allgemeinen Elementen wird also

$$\mathbf{B} - \mathbf{A} = (b_{ik} - a_{ik}) \quad \{1 \leq i \leq m;\ 1 \leq k \leq n\}.$$

Hiernach erkennt man leicht, daß **A** + (**B** – **A**) = **B** gilt, d.h., daß **B** – **A** die Matrix ist, die zu **A** addiert, **B** ergibt. Damit haben wir also auch eine Subtraktion für (gleichartige) Matrizen eingeführt. **B** – **A** heißt die *Differenz* von **B** und **A**.

Analog zu den Regeln (2) bis (6) hat man nun

(11) $$\mathbf{A} + \mathbf{B} = \mathbf{B} + \mathbf{A}$$

(kommutatives Gesetz der Addition);

$$\text{(12)} \qquad \mathbf{A} + (\mathbf{B} + \mathbf{C}) = (\mathbf{A} + \mathbf{B}) + \mathbf{C} = \mathbf{A} + \mathbf{B} + \mathbf{C}$$

(assoziatives Gesetz der Addition);

$$\text{(13)} \qquad (s + t)\mathbf{A} = s\mathbf{A} + t\mathbf{A};$$

$$\text{(14)} \qquad s\,(\mathbf{A} + \mathbf{B}) = s\mathbf{A} + s\mathbf{B};$$

$$\text{(15)} \qquad s\,(t\mathbf{A}) = (st)\mathbf{A}.$$

Zum Beweis dieser Regeln ist nur zu bemerken, daß die entsprechenden Rechenoperationen an den Zeilenvektoren bzw. den allgemeinen Elementen der Matrizen auszuführen sind, und für diese gelten die Rechenregeln. Damit können die Beweise für die Regeln (2) bis (6) wörtlich übertragen werden.

Ferner sei erwähnt

$$(\mathbf{A} + \mathbf{B})' = \mathbf{A}' + \mathbf{B}' \quad \text{und} \quad (s\mathbf{A})' = s\mathbf{A}'.$$

3.4.4. Das *Produkt* zweier Matrizen **A** und **B** wird nur erklärt, wenn die Spaltenzahl des ersten Faktors **A** mit der Zeilenzahl des zweiten Faktors **B** übereinstimmt. Wir denken uns dazu nach 3.3.2 die (m × n)-Matrix **A** aus den Zeilenvektoren

$$\begin{aligned} \mathbf{a}_1 &= (a_{11} \;\; a_{12} \;\; a_{13} \dots a_{1n}), \\ \mathbf{a}_2 &= (a_{21} \;\; a_{22} \;\; a_{23} \dots a_{2n}), \\ \mathbf{a}_3 &= (a_{31} \;\; a_{32} \;\; a_{33} \dots a_{3n}), \\ &\dots\dots\dots\dots\dots\dots \\ \mathbf{a}_m &= (a_{m1} \;\; a_{m2} \;\; a_{m3} \dots a_{mn}) \end{aligned}$$

oder allgemein

$$\mathbf{a}_i = (a_{i1} \;\; a_{i2} \;\; a_{i3} \dots a_{in}) \quad \{1 \leq i \leq m\}$$

und die (n × l)-Matrix **B** aus den Spaltenvektoren

$$\mathbf{v}_1 = \begin{bmatrix} b_{11} \\ b_{21} \\ b_{31} \\ \vdots \\ b_{n1} \end{bmatrix}, \quad \mathbf{v}_2 = \begin{bmatrix} b_{12} \\ b_{22} \\ b_{32} \\ \vdots \\ b_{n2} \end{bmatrix}, \quad \mathbf{v}_3 = \begin{bmatrix} b_{13} \\ b_{23} \\ b_{33} \\ \vdots \\ b_{n3} \end{bmatrix}, \dots, \quad \mathbf{v}_l = \begin{bmatrix} b_{1l} \\ b_{2l} \\ b_{3l} \\ \vdots \\ b_{nl} \end{bmatrix},$$

oder allgemein

$$\mathbf{v}_k = \begin{bmatrix} b_{1k} \\ b_{2k} \\ b_{3k} \\ \vdots \\ b_{nk} \end{bmatrix} \quad \{1 \leq k \leq l\}$$

zusammengesetzt. Dann erklären wir

Definition 6: *Unter dem Produkt* **AB** *dieser beiden Matrizen* **A** *und* **B** *versteht* *man die* (m × l)*-Matrix* **C**, *deren allgemeines Element*

$$c_{ik} = \mathbf{a}_i\mathbf{v}_k \quad \{1 \leq i \leq m;\ 1 \leq k \leq l\}$$

ist.

D.h. auf Grund von Definition 3 ist

$$c_{ik} = \sum_{j=1}^{n} a_{ij}b_{jk} \quad \{1 \leq i \leq m;\ 1 \leq k \leq l\}.$$

Das Produkt zweier Matrizen wird hiermit also zurückgeführt auf Produkte von Vektoren, und wir wollen noch einmal hervorheben, daß das Produkt zweier Matrizen **A** und **B** nur dann gebildet werden kann, wenn die Spaltenzahl der Matrix **A** (des ersten Faktors) gleich der Zeilenzahl der Matrix **B** (des zweiten Faktors) ist.

Ist etwa speziell die Matrix **A** gleich dem Vektor $\mathbf{a} = (a_1 \quad a_2 \quad a_3)$ und die Matrix

$$\mathbf{B} = \begin{bmatrix} b_{11} & b_{12} \\ b_{21} & b_{22} \\ b_{31} & b_{32} \end{bmatrix} = (\mathbf{v}_1 \quad \mathbf{v}_2),$$

so ist

$$\mathbf{aB} = (\mathbf{av}_1\ \mathbf{av}_2) = (a_1b_{11} + a_2b_{21} + a_3b_{31} \quad a_1b_{12} + a_2b_{22} + a_3b_{32}),$$

also ein Vektor mit zwei Komponenten.

So erhalten wir zum Beispiel als Produkt der Matrizen

$$\mathbf{A} = \begin{bmatrix} 1{,}42 & 0 & -8 \\ 0 & 1 & 0 \end{bmatrix} \quad \text{und} \quad \mathbf{B} = \begin{bmatrix} 2 & 1 \\ -\frac{1}{2} & 0 \\ 4 & -2 \end{bmatrix}$$

die Matrix

$$\mathbf{AB} = \begin{bmatrix} -29{,}16 & 17{,}42 \\ -\frac{1}{2} & 0 \end{bmatrix},$$

währenddem das Produkt

$$\mathbf{BA} = \begin{bmatrix} 2{,}84 & 1 & -16 \\ -0{,}71 & 0 & 4 \\ 5{,}68 & -2 & -32 \end{bmatrix}$$

liefert. Für die Matrizen

$$\mathbf{A} = \begin{bmatrix} 1{,}42 & 0 & -8 \\ 0 & 1 & 0 \end{bmatrix} \quad \text{und} \quad \mathbf{B} = \begin{bmatrix} 2 & 1 & 0 \\ -\frac{1}{2} & 0 & 1 \\ 4 & -2 & 0 \end{bmatrix}$$

folgt das Produkt

$$\mathbf{AB} = \begin{bmatrix} -29{,}16 & 17{,}42 & 0 \\ -\frac{1}{2} & 0 & 1 \end{bmatrix},$$

jedoch kann das Produkt **BA** in diesem Fall nicht gebildet werden, denn die Spaltenzahl des ersten Faktors **B** ist 3, und die Zeilenzahl des zweiten Faktors **A** ist 2, stimmen also nicht überein.

Sind die Matrizen **A** und **B** quadratisch mit derselben Zeilen- (Spalten-)zahl, so können beide Produkte **AB** und **BA** gebildet werden. Zum Beispiel mit

$$\mathbf{A} = \begin{bmatrix} 2 & 0 & 1 \\ 3 & 6 & 4 \\ 0 & -2 & 3 \end{bmatrix} \quad \text{und} \quad \mathbf{B} = \begin{bmatrix} 2 & 1 & 0 \\ -\frac{1}{2} & 0 & 1 \\ 4 & -2 & 0 \end{bmatrix}$$

erhält man die Produkte

$$(16) \qquad \mathbf{AB} = \begin{bmatrix} 8 & 0 & 0 \\ 19 & -5 & 6 \\ 13 & -6 & -2 \end{bmatrix} \quad \text{und} \quad (17) \qquad \mathbf{BA} = \begin{bmatrix} 7 & 6 & 6 \\ -1 & -2 & 2\frac{1}{2} \\ 2 & -12 & -4 \end{bmatrix}.$$

Wie die Beispiele (16) und (17) zeigen, gilt auch für quadratische Matrizen das kommutative Gesetz **AB** = **BA** nicht.

Ist speziell die Matrix **A** ein Spaltenvektor **a** mit n Elementen (eine (n × 1)-Matrix), und die Matrix **B** ein Zeilenvektor **b** mit n Elementen (eine (1 × n)-Matrix), also

$$\mathbf{a} = \begin{bmatrix} a_1 \\ a_2 \\ \vdots \\ a_n \end{bmatrix} \quad \text{und } \mathbf{b} = (b_1 \;\; b_2 \ldots b_n),$$

so ist das Produkt

$$\mathbf{ab} = \begin{bmatrix} a_1 \\ a_2 \\ \vdots \\ a_n \end{bmatrix} (b_1 \;\; b_2 \ldots b_n) = \begin{bmatrix} a_1 b_1 & a_1 b_2 \ldots a_1 b_n \\ a_2 b_1 & a_2 b_2 \ldots a_2 b_n \\ \ldots\ldots & \ldots\ldots \\ a_n b_1 & a_n b_2 \ldots a_n b_n \end{bmatrix},$$

also eine (n × n)-Matrix.[1)]

1) Es sei noch einmal darauf hingewiesen, daß das in 3.4.2 eingeführte skalare Produkt eines Zeilenvektors mit einem Spaltenvektor eine reelle Zahl ist.

Zur numerischen Berechnung des Produkts zweier Matrizen **A** und **B** benutzt man das folgende Schema (*Falksches Schema*), es soll am Produkt (16) erläutert werden:

$$
\begin{array}{c|c}
 & \left.\begin{matrix} 2 & 1 & 0 \\ -\frac{1}{2} & 0 & 1 \\ 4 & -2 & 0 \end{matrix}\right] = \mathbf{B} \\
\hline
\mathbf{A} = \left[\begin{matrix} 2 & 0 & 1 \\ 3 & 6 & 4 \\ 0 & -2 & 3 \end{matrix}\right. & \left.\begin{matrix} 8 & 0 & 0 \\ 19 & -5 & 6 \\ 13 & -6 & -2 \end{matrix}\right] = \mathbf{AB}.
\end{array}
$$

3.4.5. Die folgenden Regeln über die Multiplikation von Matrizen wollen wir erwähnen:

(18) $$\mathbf{A}(\mathbf{BC}) = (\mathbf{AB})\mathbf{C},$$

wofür man auch einfach ohne Klammern **ABC** schreibt (assoziatives Gesetz der Multiplikation);

(19) $$\mathbf{A}(\mathbf{B} + \mathbf{C}) = \mathbf{AB} + \mathbf{AC}$$

(distributives Gesetz);

(20) $$(\mathbf{A} + \mathbf{B})\mathbf{C} = \mathbf{AC} + \mathbf{BC}$$

(distributives Gesetz);

(21) $$s(\mathbf{AB}) = (s\mathbf{A})\mathbf{B} = \mathbf{A}(s\mathbf{B});$$

(22) $$\mathbf{AE} = \mathbf{A} \text{ und } \mathbf{EB} = \mathbf{B},$$

wenn **E** die Einheitsmatrix bedeutet;

(23) $$(\mathbf{AB})' = \mathbf{B}'\mathbf{A}'$$

und allgemein

$$(\mathbf{A}_1\mathbf{A}_2 \ldots \mathbf{A}_t)' = \mathbf{A}_t'\mathbf{A}_{t-1}' \ldots \mathbf{A}_1'.$$

Diese Aussagen gelten natürlich alle unter der Annahme, daß die betreffenden Summen und Produkte definiert sind, was für quadratische $(n \times n)$-Matrizen sicher der Fall ist.

Wegen (18) können wir nun auch bilden $\mathbf{ABCD} = (\mathbf{AB})(\mathbf{CD}) = ((\mathbf{AB})\mathbf{C})\mathbf{D}$ usw.

Beispiel zu (18):

$$\mathbf{A} = \begin{bmatrix} 2 & 1 & 0 \\ -1 & 0 & 1 \end{bmatrix}; \ \mathbf{B} = \begin{bmatrix} 3 & 0 \\ 1 & 1 \\ -1 & 0 \end{bmatrix}; \ \mathbf{C} = \begin{bmatrix} -1 & 1 \\ 2 & 3 \end{bmatrix}.$$

Dann wird

$$\mathbf{BC} = \begin{bmatrix} -3 & 3 \\ 1 & 4 \\ 1 & -1 \end{bmatrix}; \ \mathbf{A(BC)} = \begin{bmatrix} -5 & 10 \\ 4 & -4 \end{bmatrix};$$

$$\mathbf{AB} = \begin{bmatrix} 7 & 1 \\ -4 & 0 \end{bmatrix}; \ \mathbf{(AB)C} = \begin{bmatrix} -5 & 10 \\ 4 & -4 \end{bmatrix}.$$

Zum Beweis von (18) gehen wir davon aus, daß **A** eine (m × n)-Matrix mit dem allgemeinen Element a_{ik}, **B** eine (n × l)-Matrix mit dem allgemeinen Element b_{ik} und **C** eine (l × p)-Matrix mit dem allgemeinen Element c_{ik} ist. Wir setzen die (m × l)-Matrix $\mathbf{AB} = \mathbf{S} = (s_{ij})$ mit

$$s_{ij} = \sum_{u=1}^{n} a_{iu} b_{uj} \quad (1 \le i \le m;\ 1 \le j \le l);$$

dann wird $\mathbf{(AB)C} = \mathbf{SC}$ eine (m × p)-Matrix mit dem allgemeinen Element

$$\sum_{v=1}^{l} s_{iv} c_{vk} = \sum_{v=1}^{l} \Big(\sum_{u=1}^{n} a_{iu} b_{uv} \Big) c_{vk}.$$

Setzen wir andererseits die (n × p)-Matrix $\mathbf{(BC)} = \mathbf{T} = (t_{jk})$ mit

$$t_{jk} = \sum_{v=1}^{l} b_{jv} c_{vk} \quad (1 \le j \le n;\ 1 \le k \le p);$$

dann wird $\mathbf{A(BC)} = \mathbf{AT}$ eine (m × p)-Matrix mit dem allgemeinen Element

$$\sum_{u=1}^{n} a_{iu} t_{uk} = \sum_{u=1}^{n} a_{iu} \Big(\sum_{v=1}^{l} b_{uv} c_{vk} \Big) =$$

$$= \sum_{v=1}^{l} \sum_{u=1}^{n} a_{iu} b_{uv} c_{vk} = \sum_{v=1}^{l} \Big(\sum_{u=1}^{n} a_{iu} b_{uv} \Big) c_{vk}.$$

Also gilt $\mathbf{SC} = \mathbf{AT}$, d.h. es ist $\mathbf{(AB)C} = \mathbf{A(BC)}$.

Die Beweise von (19) und (21) ergeben sich sofort, wenn die (m × n)-Matrix

$$\mathbf{A} = \begin{bmatrix} \mathbf{a}_1 \\ \mathbf{a}_2 \\ \vdots \\ \mathbf{a}_n \end{bmatrix} = [\mathbf{a}_i] \quad \{1 \le i \le m\}$$

und die (m × l)-Matrizen

$$\mathbf{B} = (\mathbf{v}_1 \ \mathbf{v}_2 \ldots \mathbf{v}_l) = (\mathbf{v}_k) \text{ bzw. } \mathbf{C} = (\mathbf{w}_1 \ \mathbf{w}_2 \ldots \mathbf{w}_l) = (\mathbf{w}_k) \quad \{1 \le k \le l\}$$

mit ihren Zeilen- bzw. Spaltenvektoren eingesetzt werden. Für (19) folgt nämlich

$$\mathbf{A}(\mathbf{B} + \mathbf{C}) = (\mathbf{a}_i(\mathbf{v}_k + \mathbf{w}_k)) = (\mathbf{a}_i\mathbf{v}_k + \mathbf{a}_i\mathbf{w}_k) = (\mathbf{a}_i\mathbf{v}_k) + (\mathbf{a}_i\mathbf{w}_k) = \mathbf{AB} + \mathbf{AC}.$$

Für (21) haben wir

$$s(\mathbf{AB}) = s(\mathbf{a}_i\mathbf{v}_k) = ((s\mathbf{a}_i)\mathbf{v}_k) = (s\mathbf{A})\mathbf{B}$$

oder

$$s(\mathbf{AB}) = s(\mathbf{a}_i\mathbf{v}_k) = (\mathbf{a}_i(s\mathbf{v}_k)) = \mathbf{A}(s\mathbf{B}).$$

Der Beweis von (20) verläuft analog zu dem von (19) mit (m × n)-Matrizen **A** und **B** und einer (n × l)-Matrix **C**.[1]

Beweis zu (22): Die Zeilen- bzw. Spaltenvektoren der (m × n)-Matrix **A** bzw. der (n × l)-Matrix **B** bezeichnen wir wie im Beweis zu (19); ferner setzen wir die Einheitsmatrix

$$\mathbf{E} = \begin{bmatrix} 1 & 0 & \cdots & 0 \\ 0 & 1 & & \\ \vdots & & \ddots & \\ 0 & & & 1 \end{bmatrix} = \begin{bmatrix} \mathbf{e}_1 \\ \mathbf{e}_2 \\ \vdots \\ \mathbf{e}_n \end{bmatrix} = (\mathbf{t}_1 \; \mathbf{t}_2 \ldots \mathbf{t}_n)$$

mit ihren Zeilen- bzw. Spaltenvektoren. Dann folgt

$$\mathbf{AE} = (\mathbf{a}_i\mathbf{t}_k) = ((a_{i1}a_{i2}\ldots a_{ik}\ldots a_{in})(0\ldots0 \underset{\substack{\uparrow\\ \text{k-te Komponente}}}{1} 0\ldots0)') = (a_{ik}) \quad \{1 \leq i \leq m;\ 1 \leq k \leq n\},$$

also

$$\mathbf{AE} = \mathbf{A},$$

und

$$\mathbf{EB} = (\mathbf{e}_i\mathbf{v}_k) = ((0\ldots0 \underset{\substack{\uparrow\\ \text{i-te Komponente}}}{1} 0\ldots0)(b_{1k}b_{2k}\ldots b_{ik}\ldots b_{nk})') = (b_{ik}) \quad \{1 \leq i \leq n;\ 1 \leq k \leq l\},$$

also

$$\mathbf{EB} = \mathbf{B}.$$

Übrigens ist die (n × n)-Einheitsmatrix **E** die einzige Matrix, die (22) für alle (m × n)-Matrizen **A** und alle (n × l)-Matrizen **B** erfüllt. Angenommen nämlich, es gäbe noch eine weitere (notwendigerweise quadratische (n × n)-Matrix **E*** mit dieser Eigenschaft, dann wäre neben (22) auch

(24) $$\mathbf{AE}^* = \mathbf{A} \text{ und } \mathbf{E}^*\mathbf{B} = \mathbf{B}.$$

Setzt man in (22) **A** = **B** = **E*** und in (24) **A** = **B** = **E**, so folgt

---

[1] (19) und (20) müssen getrennt betrachtet werden, da die Multiplikation zweier Matrizen nicht kommutativ ist.

$$\mathbf{E^*E} = \mathbf{E^*} \text{ und } \mathbf{EE^*} = \mathbf{E^*}$$

und

$$\mathbf{EE^*} = \mathbf{E} \text{ und } \mathbf{E^*E} = \mathbf{E},$$

was $\mathbf{E} = \mathbf{E^*}$ bedeutet.

Beweis von (23): Ist

$$\mathbf{A} = \begin{bmatrix} \mathbf{a}_1 \\ \mathbf{a}_2 \\ \vdots \\ \mathbf{a}_m \end{bmatrix}$$

eine (m × n)-Matrix und

$$\mathbf{B} = (\mathbf{v}_1 \;\; \mathbf{v}_2 \ldots \mathbf{v}_l)$$

eine (n × l)-Matrix, so ist

$$\mathbf{AB} = (\mathbf{a}_i\mathbf{v}_k) = (c_{ik}) \;\; \{1 \leq i \leq m;\; 1 \leq k \leq l\}$$

und damit

$$(\mathbf{AB})' = (c_{ki}) = (\mathbf{a}_k\mathbf{v}_i) \;\; \{1 \leq k \leq l;\; 1 \leq i \leq m\}.$$

Andererseits haben wir die (n × m)-Matrix

$$\mathbf{A}' = (\mathbf{a}_1{}'\mathbf{a}_2{}' \ldots \mathbf{a}_m{}')$$

mit ihren Spaltenvektoren und die (l × n)-Matrix

$$\mathbf{B}' = \begin{bmatrix} \mathbf{v}_1{}' \\ \mathbf{v}_2{}' \\ \vdots \\ \mathbf{v}_m{}' \end{bmatrix}$$

mit ihren Zeilenvektoren. Damit wird

$$\mathbf{B}'\mathbf{A}' = (\mathbf{v}_i{}'\mathbf{a}_k{}') = (\mathbf{a}_k\mathbf{v}_i) \;\; \{1 \leq k \leq l;\; 1 \leq i \leq m\}.$$

was mit der Matrix $(\mathbf{AB})'$ übereinstimmt.

Beispiel zu (23): Für die Matrizen

$$\mathbf{A} = \begin{bmatrix} 1{,}42 & 0 & -8 \\ 0 & 1 & 0 \end{bmatrix} \text{ und } \mathbf{B} = \begin{bmatrix} 2 & 1 \\ -\frac{1}{2} & 0 \\ 4 & -2 \end{bmatrix}$$

hatten wir in 3.4.4 das Produkt

$$\mathbf{AB} = \begin{bmatrix} -29{,}16 & 17{,}42 \\ -\frac{1}{2} & 0 \end{bmatrix}$$

berechnet; also wird

$$(\mathbf{AB})' = \begin{bmatrix} -29{,}16 & -\frac{1}{2} \\ 17{,}42 & 0 \end{bmatrix}.$$

Ferner haben wir

$$\mathbf{A}' = \begin{bmatrix} 1{,}42 & 0 \\ 0 & 1 \\ -8 & 0 \end{bmatrix}, \quad \mathbf{B}' = \begin{bmatrix} 2 & -\frac{1}{2} & 4 \\ 1 & 0 & -2 \end{bmatrix}$$

und

$$\mathbf{B}'\mathbf{A}' = \begin{bmatrix} -29{,}16 & -\frac{1}{2} \\ 17{,}42 & 0 \end{bmatrix}.$$

Die Nullmatrix **0** und die Einheitsmatrix **E** spielen für das Rechnen mit Matrizen dieselbe Rolle wie die Zahlen 0 und 1 beim Rechnen mit reellen Zahlen; Addition der Nullmatrix und Multiplikation mit der Einheitsmatrix ändern eine Matrix **A** nicht.

Man setzt noch bei quadratischen Matrizen $\mathbf{AA} = \mathbf{A}^2$, $\mathbf{AA}^2 = \mathbf{A}^2\mathbf{A} = \mathbf{A}^3$ usw. und $\mathbf{A}^1 = \mathbf{A}$ sowie $\mathbf{A}^0 = \mathbf{E}$.

Wir geben ferner folgende

Definition: Wenn es zu einer quadratischen Matrix **A** eine Matrix **Z** gibt, so daß

$$\mathbf{AZ} = \mathbf{E} \text{ und } \mathbf{ZA} = \mathbf{E}$$

gilt, heißt **Z** die zu **A** *inverse Matrix;* **Z** ist dann notwendigerweise auch quadratisch, und man schreibt $\mathbf{Z} = \mathbf{A}^{-1}$.

Wir zeigen, daß die Matrix **Z** (wenn sie existiert) eindeutig bestimmt ist.

Angenommen, es gäbe zu einer Matrix **A** neben **Z** noch eine weitere Matrix **Z*** mit den Eigenschaften

$$\mathbf{AZ}^* = \mathbf{E} \text{ und } \mathbf{Z}^*\mathbf{A} = \mathbf{E},$$

dann würde durch Multiplikation der ersten Beziehung von links her mit **Z** folgen

$$\mathbf{Z}(\mathbf{AZ}^*) = \mathbf{ZE},$$

und mit (18)

$$(\mathbf{ZA})\mathbf{Z}^* = \mathbf{ZE}.$$

Weil aber auch **ZA** = **E** war, haben wir

$$\mathbf{EZ^*} = \mathbf{ZE}$$

und somit

$$\mathbf{Z^*} = \mathbf{Z}.$$

Mit Hilfe der Matrizenmultiplikation läßt sich nun das Gleichungssystem (14) in 3.2.3 kürzer schreiben als

$$\mathbf{Ax} = \mathbf{b}, \tag{25}$$

wobei

$$\mathbf{A} = (a_{ik}) \ \{1 \le i \le m;\ 1 \le k \le n\}$$

die Koeffizientenmatrix des Gleichungssystems bedeutet, und die Spaltenvektoren

$$\begin{bmatrix} x_1 \\ x_2 \\ x_3 \\ \vdots \\ x_n \end{bmatrix} = \mathbf{x} \ \text{und} \ \begin{bmatrix} b_1 \\ b_2 \\ b_3 \\ \vdots \\ b_m \end{bmatrix} = \mathbf{b}$$

gesetzt wurden.

§ 3.5. Zwei Gleichungen mit zwei Unbekannten und drei Gleichungen mit drei Unbekannten – (2 × 2)- und (3 × 3)-Determinanten

3.5.1. Wir kehren nun wieder zu der in 3.2.2 angeschnittenen Frage zurück, Systeme von linearen Gleichungen zu lösen. Dabei wollen wir den einfachsten Fall vorwegnehmen und mit einem System von zwei Gleichungen mit zwei Unbekannten beginnen. Wir legen für dieses Gleichungssystem die Form

$$\begin{cases} a_{11}x_1 + a_{12}x_2 = b_1 \\ a_{21}x_1 + a_{22}x_2 = b_2 \end{cases}$$

zugrunde. Multiplizieren wir die erste der beiden Gleichungen mit a_{22} und die zweite mit $(-a_{12})$, so erhalten wir das neue Gleichungssystem

$$\begin{cases} a_{11}a_{22}x_1 + a_{12}a_{22}x_2 = a_{22}b_1 \\ -a_{12}a_{21}x_1 - a_{12}a_{22}x_2 = -a_{12}b_2, \end{cases}$$

dessen Lösungen unter den Lösungen des ursprünglichen Systems enthalten sind.

Addition dieser Gleichungen liefert

$$a_{11}a_{22}x_1 - a_{12}a_{21}x_1 = a_{22}b_1 - a_{12}b,$$

(1) $$x_1(a_{11}a_{22} - a_{12}a_{21}) = a_{22}b_1 - a_{12}b_2,$$

es fällt also das Glied mit x_2 weg. Wenn nun die Klammer $(a_{11}a_{22} - a_{12}a_{21})$ nicht gleich 0 ist, können wir durch diesen Wert dividieren und erhalten

(2) $$x_1 = \frac{a_{22}b_1 - a_{12}b_2}{a_{11}a_{22} - a_{12}a_{21}}.$$

Ebenso folgt, wenn wir die erste der beiden obigen Gleichungen mit $(-a_{21})$ und die zweite mit a_{11} multiplizieren, das neue Gleichungssystem

$$\begin{cases} -a_{11}a_{21}x_1 - a_{12}a_{21}x_2 = -a_{21}b_1 \\ a_{11}a_{21}x_1 + a_{11}a_{22}x_2 = a_{11}b_2. \end{cases}$$

Addition läßt nun das Glied mit x_1 wegfallen und liefert

(3) $$x_2(a_{11}a_{22} - a_{12}a_{21}) = a_{11}b_2 - a_{21}b_1,$$

woraus man durch Division

(4) $$x_2 = \frac{a_{11}b_2 - a_{21}b_1}{a_{11}a_{22} - a_{12}a_{21}}$$

erhält, falls die Klammer $(a_{11}a_{22} - a_{12}a_{21}) \neq 0$ ist.

Bei der Lösung des Gleichungssystems kommt es also darauf an, daß der aus den Koeffizienten gebildete Ausdruck

(5) $$a_{11}a_{22} - a_{12}a_{21}$$

nicht gleich 0 ist. Man nennt diesen Ausdruck (5) die *Determinante D* der Matrix

$$\mathbf{A} = \begin{bmatrix} a_{11} & a_{12} \\ a_{21} & a_{22} \end{bmatrix} = (a_{ik}) \ \{1 \leq i \leq 2; 1 \leq k \leq 2\}$$

(**A** ist die Koeffizientenmatrix des Gleichungssystems, weswegen D auch die *Koeffizientendeterminante* des Gleichungssystems heißt) und schreibt

$D = \det \mathbf{A}$ oder $|\mathbf{A}|$ oder $\det\begin{bmatrix} a_{11} & a_{12} \\ a_{21} & a_{22} \end{bmatrix}$ oder $\begin{vmatrix} a_{11} & a_{12} \\ a_{21} & a_{22} \end{vmatrix}$ oder $\det(a_{ik})$ oder $\det\begin{bmatrix} \mathbf{a}_1 \\ \mathbf{a}_2 \end{bmatrix}$ bzw. $\det(\mathbf{u}_1 \ \mathbf{u}_2)$,

wenn nach 3.3.2 die Zeilenvektoren der Matrix **A** mit $\mathbf{a}_1$ und $\mathbf{a}_2$ bzw. die Spaltenvektoren von **A** mit $\mathbf{u}_1$ und $\mathbf{u}_2$ bezeichnet werden.

Die Determinante einer quadratischen (2×2)-Matrix - man spricht auch von (2×2)-Determinanten - ist also ein wohlbestimmter Wert, der sich ergibt, wenn man vom Produkt $a_{11}a_{22}$ der Elemente der Hauptdiagonale das Produkt $a_{12}a_{21}$ der beiden anderen Elemente subtrahiert. Zum Beispiel ist also

$$\begin{vmatrix} 4 & -2 \\ 1 & 3 \end{vmatrix} = 4\cdot 3 - 1\cdot(-2) = 14,$$

$$\begin{vmatrix} 4 & -2 \\ 2 & -1 \end{vmatrix} = 4\cdot(-1) - 2\cdot(-2) = 0.$$

Auch die rechten Seiten der Gleichungen (1) und (3) können wir als Determinanten auffassen, nämlich

$$a_{22}b_1 - a_{12}b_2 = \begin{vmatrix} b_1 & a_{12} \\ b_2 & a_{22} \end{vmatrix} = D_1$$

und

$$a_{11}b_2 - a_{21}b_1 = \begin{vmatrix} a_{11} & b_1 \\ a_{21} & b_2 \end{vmatrix} = D_2,$$

so daß wir statt (1) und (3) auch schreiben können

(6) $$x_1\cdot\begin{vmatrix} a_{11} & a_{12} \\ a_{21} & a_{22} \end{vmatrix} = \begin{vmatrix} b_1 & a_{12} \\ b_2 & a_{22} \end{vmatrix} \quad \text{oder} \quad x_1\cdot D = D_1$$

und

(7) $$x_2\cdot\begin{vmatrix} a_{11} & a_{12} \\ a_{21} & a_{22} \end{vmatrix} = \begin{vmatrix} a_{11} & b_1 \\ a_{21} & b_2 \end{vmatrix} \quad \text{oder} \quad x_2\cdot D = D_2$$

bzw. statt (2) und (4)

(8) $$x_1 = \frac{\begin{vmatrix} b_1 & a_{12} \\ b_2 & a_{22} \end{vmatrix}}{\begin{vmatrix} a_{11} & a_{12} \\ a_{21} & a_{22} \end{vmatrix}} \quad \text{oder} \quad x_1 = \frac{D_1}{D}$$

und

(9) $$x_2 = \frac{\begin{vmatrix} a_{11} & b_1 \\ a_{21} & b_2 \end{vmatrix}}{\begin{vmatrix} a_{11} & a_{12} \\ a_{21} & a_{22} \end{vmatrix}} \quad \text{oder} \quad x_2 = \frac{D_2}{D},$$

sofern

$$D = \begin{vmatrix} a_{11} & a_{12} \\ a_{21} & a_{22} \end{vmatrix} \neq 0 \text{ ist.}$$

Durch Einsetzen von (8) und (9) in das ursprüngliche Gleichungssystem bestätigt man, daß (8) und (9) auch Lösung des ursprünglichen Systems ist:

$$a_{11}\frac{D_1}{D} + a_{12}\frac{D_2}{D} = a_{11}\frac{b_1a_{22} - a_{12}b_2}{D} + a_{12}\frac{a_{11}b_2 - b_1a_{21}}{D} = \frac{b_1(a_{11}a_{22} - a_{12}a_{21})}{D} =$$
$$= \frac{b_1 D}{D} = b_1;$$

$$a_{21}\frac{D_1}{D} + a_{22}\frac{D_2}{D} = a_{21}\frac{b_1a_{22} - a_{12}b_2}{D} + a_{22}\frac{a_{11}b_2 - b_1a_{21}}{D} = \frac{b_2(a_{11}a_{22} - a_{12}a_{21})}{D} =$$
$$= \frac{b_2 D}{D} = b_2.$$

Man nennt (8) und (9) die *Cramersche Regel* [1] zur Lösung eines Gleichungssystems (von zwei Gleichungen mit zwei Unbekannten); die Lösungswerte x_1 und x_2 sind hierdurch eindeutig bestimmt.

Zum Beispiel hat das Gleichungssystem (vgl. (9) in 3.2.2)

$$\begin{cases} 17x - \frac{2}{3}\,y = 6 \\ 4x + \quad y = 4 \end{cases}$$

die Koeffizientendeterminante

$$D = \begin{vmatrix} 17 & -\frac{2}{3} \\ 4 & 1 \end{vmatrix} = 17 \cdot 1 - 4 \cdot (-\tfrac{2}{3}) = 19\tfrac{2}{3} \neq 0.$$

Also folgt nach der Cramerschen Regel

$$x = \frac{\begin{vmatrix} 6 & -\frac{2}{3} \\ 4 & 1 \end{vmatrix}}{D} = \frac{8\frac{2}{3}}{19\frac{2}{3}} = \frac{26}{59}$$

und

$$y = \frac{\begin{vmatrix} 17 & 6 \\ 4 & 4 \end{vmatrix}}{D} = \frac{44}{19\frac{2}{3}} = \frac{132}{59}.$$

Schreibt man das Gleichungssystem

$$\begin{cases} a_{11}x_1 + a_{12}x_2 = b_1 \\ a_{21}x_1 + a_{22}x_2 = b_2 \end{cases}$$

nach (7) in 3.4.1 in der Form

$$\mathbf{u}_1 x_1 + \mathbf{u}_2 x_2 = \mathbf{b},$$

wobei also $\mathbf{u}_1$ und $\mathbf{u}_2$ die Spaltenvektoren der Koeffizientenmatrix

$$\begin{bmatrix} a_{11} & a_{12} \\ a_{21} & a_{22} \end{bmatrix}$$

und der Spaltenvektor

$$\mathbf{b} = \begin{bmatrix} b_1 \\ b_2 \end{bmatrix}$$

die rechte Seite des Gleichungssystems bedeutet, so wird (6) und (7) zu

(6′) $$x_1 \det(\mathbf{u}_1 \;\; \mathbf{u}_2) = \det(\mathbf{b} \;\; \mathbf{u}_2)$$

und

---

[1] Gabriel Cramer, schweizer Mathematiker, 1704 – 1752.

(7′) $$x_2 \det(\mathbf{u}_1\ \mathbf{u}_2) = \det(\mathbf{u}_1\ \mathbf{b})$$

bzw. (8) und (9) zu

(8′) $$x_1 = \frac{\det(\mathbf{b}\ \ \mathbf{u}_2)}{\det(\mathbf{u}_1\ \ \mathbf{u}_2)}$$

und

(9′) $$x_2 = \frac{\det(\mathbf{u}_1\ \ \mathbf{b})}{\det(\mathbf{u}_1\ \ \mathbf{u}_2)},$$

sofern $D = \det(\mathbf{u}_1\ \mathbf{u}_2) \neq 0$ ist.

3.5.2. Wir wollen noch einige Regeln über Determinanten von (2 × 2)-Matrizen zusammenstellen, zu deren Formulierung wir auch Vektoren benutzen.

Bei Vertauschung der Spalten ändert die Determinante ihr Vorzeichen; also

(10) $$\det\begin{bmatrix} a_{12} & a_{11} \\ a_{22} & a_{21} \end{bmatrix} = -\det\begin{bmatrix} a_{11} & a_{12} \\ a_{21} & a_{22} \end{bmatrix}$$

oder in Vektorschreibweise

$$\det(\mathbf{u}_2\ \mathbf{u}_1) = -\det(\mathbf{u}_1\ \mathbf{u}_2).$$

Hieraus läßt sich folgern:

Eine Determinante mit zwei gleichen Spalten ist gleich 0; also

(11) $$\det\begin{bmatrix} a_{11} & a_{11} \\ a_{21} & a_{21} \end{bmatrix} = 0$$

oder in der Vektorschreibweise

$$\det(\mathbf{u}_1\ \mathbf{u}_1) = 0.$$

Wird eine Spalte mit einer Zahl s multipliziert, so multipliziert sich auch die Determinante mit s; also (für die erste Spalte formliert)

(12) $$\det\begin{bmatrix} sa_{11} & a_{12} \\ sa_{21} & a_{22} \end{bmatrix} = s\det\begin{bmatrix} a_{11} & a_{12} \\ a_{21} & a_{22} \end{bmatrix}$$

oder in Vektorschreibweise

$$\det(s\mathbf{u}_1\ \mathbf{u}_2) = s\det(\mathbf{u}_1\ \mathbf{u}_2).$$

(13) $$\det\begin{bmatrix} a'_{11} + a''_{11} & a_{12} \\ a'_{21} + a''_{21} & a_{22} \end{bmatrix} = \det\begin{bmatrix} a'_{11} & a_{12} \\ a'_{21} & a_{22} \end{bmatrix} + \det\begin{bmatrix} a''_{11} & a_{12} \\ a''_{21} & a_{22} \end{bmatrix}$$

oder in Vektorschreibweise

$$\det(\mathbf{u}'_1 + \mathbf{u}''_1\ \mathbf{u}_2) = \det(\mathbf{u}'_1\ \mathbf{u}_2) + \det(\mathbf{u}''_1\ \mathbf{u}_2),$$

d.h. also, daß hier auf der linken Seite der erste Spaltenvektor die Summe der beiden Spaltenvektoren $\mathbf{u}'_1$ und $\mathbf{u}''_1$ ist. Aus (13), (12) und (11) folgt:

Man darf zu einer Spalte ein beliebiges Vielfaches einer anderen Spalte addieren, ohne daß dabei die Determinante ihren Wert ändert; also

(14) $$\det\begin{bmatrix} a_{11} + sa_{12} & a_{12} \\ a_{21} + sa_{22} & a_{22} \end{bmatrix} = \det\begin{bmatrix} a_{11} & a_{12} \\ a_{21} & a_{22} \end{bmatrix}$$

oder in Vektorschreibweise

$$\det(\mathbf{u}_1 + s\mathbf{u}_2 \;\; \mathbf{u}_2) = \det(\mathbf{u}_1 \;\; \mathbf{u}_2).$$

Wegen Regel (10) gelten die Regeln (12) bis (14) auch für den zweiten Spaltenvektor $\mathbf{u}_2$.

Ferner gilt

(15) $$\det\begin{bmatrix} a_{11} & a_{12} \\ a_{21} & a_{22} \end{bmatrix} = \det\begin{bmatrix} a_{11} & a_{21} \\ a_{12} & a_{22} \end{bmatrix},$$

d.h. $\det \mathbf{A} = \det \mathbf{A}'$ ($\mathbf{A}'$ transponierte Matrix von $\mathbf{A}$).[1)]

Auf Grund von Regel (15) gelten die Regeln (10) bis (14) analog auch für Zeilenvektoren.

Die Beweise für diese Regeln lassen sich durch Ausrechnen der betreffenden Determinanten leicht erbringen. Zum Beispiel für Regel (10) hat man

$$\det(\mathbf{u}_2 \;\; \mathbf{u}_1) = \begin{vmatrix} a_{12} & a_{11} \\ a_{22} & a_{21} \end{vmatrix} = a_{12}a_{21} - a_{11}a_{22} = -(a_{11}a_{22} - a_{12}a_{21}) =$$

$$= -\begin{vmatrix} a_{11} & a_{12} \\ a_{21} & a_{22} \end{vmatrix} = -\det(\mathbf{u}_1 \;\; \mathbf{u}_2);$$

entsprechend rechnet man auch (13) nach:

$$\det(\mathbf{u}'_1 + \mathbf{u}''_1 \;\; \mathbf{u}_2) = \begin{vmatrix} a'_{11} + a''_{11} & a_{12} \\ a'_{21} + a''_{21} & a_{22} \end{vmatrix} = (a'_{11} + a''_{11})a_{22} - a_{12}(a'_{21} + a''_{21}) =$$

$$= a'_{11}a_{22} - a_{12}a'_{21} + a''_{11}a_{22} - a_{12}a''_{21} = \begin{vmatrix} a'_{11} & a_{12} \\ a'_{21} & a_{22} \end{vmatrix} + \begin{vmatrix} a''_{11} & a_{12} \\ a''_{21} & a_{22} \end{vmatrix} =$$

$$= \det(\mathbf{u}'_1 \;\; \mathbf{u}_2) + \det(\mathbf{u}''_1 \;\; \mathbf{u}_2).$$

Mit Hilfe der Regeln (10) bis (15) kann man oft die Berechnung einer Determinante vereinfachen. Hat man beispielsweise

$$D = \begin{vmatrix} 153 & 155 \\ 79 & 80 \end{vmatrix}$$

zu berechnen, so kann man wegen (14) schreiben

---

1) Mit den Zeilenvektoren der Matrix $\mathbf{A}$ läßt sich (15) so ausdrücken: $\det\begin{bmatrix} \mathbf{a}_1 \\ \mathbf{a}_2 \end{bmatrix} = \det(\mathbf{a}'_1 \;\; \mathbf{a}'_2)$.

$$D = \begin{vmatrix} 153 + (-1)\,155 & 155 \\ 79 + (-1)\;\;80 & 80 \end{vmatrix} = \begin{vmatrix} -2 & 155 \\ -1 & 80 \end{vmatrix}$$

und weiter mit (12)

$$D = -\begin{vmatrix} 2 & 155 \\ 1 & 80 \end{vmatrix} = -(160 - 155) = -5.$$

3.5.3. Wir wollen nun drei Gleichungen mit drei Unbekannten behandeln und dazu die allgemeine Form

$$\begin{cases} a_{11}x_1 + a_{12}x_2 + a_{13}x_3 = b_1 \\ a_{21}x_1 + a_{22}x_2 + a_{23}x_3 = b_2 \\ a_{31}x_1 + a_{32}x_2 + a_{33}x_3 = b_3 \end{cases}$$

benutzen.

Die zweite und dritte dieser Gleichungen formen wir um zu [1]

$$\begin{cases} a_{22}x_2 + a_{23}x_3 = b_2 - a_{21}x_1 \\ a_{32}x_2 + a_{33}x_3 = b_3 - a_{31}x_1. \end{cases}$$

Dann folgt hieraus nach (6) und (7) und mit Hilfe von Regel (13) und (12)

$$(16) \qquad x_2 \begin{vmatrix} a_{22} & a_{23} \\ a_{32} & a_{33} \end{vmatrix} = \begin{vmatrix} b_2 - a_{21}x_1 & a_{23} \\ b_3 - a_{31}x_1 & a_{33} \end{vmatrix} = \begin{vmatrix} b_2 & a_{23} \\ b_3 & a_{33} \end{vmatrix} - x_1 \begin{vmatrix} a_{21} & a_{23} \\ a_{31} & a_{33} \end{vmatrix}$$

sowie

$$(17) \qquad x_3 \begin{vmatrix} a_{22} & a_{23} \\ a_{32} & a_{33} \end{vmatrix} = \begin{vmatrix} a_{22} & b_2 - a_{21}x_1 \\ a_{32} & b_3 - a_{31}x_1 \end{vmatrix} = \begin{vmatrix} a_{22} & b_2 \\ a_{32} & b_3 \end{vmatrix} - x_1 \begin{vmatrix} a_{22} & a_{21} \\ a_{32} & a_{31} \end{vmatrix}.$$

Wir multiplizieren andererseits die erste Gleichung des obigen Gleichungssystems mit

$$D^* = \begin{vmatrix} a_{22} & a_{23} \\ a_{32} & a_{33} \end{vmatrix}$$

und erhalten

$$a_{11}x_1D^* + a_{12}x_2D^* + a_{13}x_3D^* = b_1D^*;$$

indem wir hierin x_2D^* und x_3D^* mit Hilfe von (16) bzw. (17) ausdrücken, folgt

$$a_{11}x_1 \begin{vmatrix} a_{22} & a_{23} \\ a_{32} & a_{33} \end{vmatrix} + a_{12} \begin{vmatrix} b_2 & a_{23} \\ b_3 & a_{33} \end{vmatrix} - a_{12}x_1 \begin{vmatrix} a_{21} & a_{23} \\ a_{31} & a_{33} \end{vmatrix} + a_{13} \begin{vmatrix} a_{22} & b_2 \\ a_{32} & b_3 \end{vmatrix} -$$

$$- a_{13}x_1 \begin{vmatrix} a_{22} & a_{21} \\ a_{32} & a_{31} \end{vmatrix} = b_1 \begin{vmatrix} a_{22} & a_{23} \\ a_{32} & a_{33} \end{vmatrix}$$

und umgeformt

$$x_1 \left[a_{11} \begin{vmatrix} a_{22} & a_{23} \\ a_{32} & a_{33} \end{vmatrix} - a_{12} \begin{vmatrix} a_{21} & a_{23} \\ a_{31} & a_{33} \end{vmatrix} - a_{13} \begin{vmatrix} a_{22} & a_{21} \\ a_{32} & a_{31} \end{vmatrix} \right] =$$

$$= b_1 \begin{vmatrix} a_{22} & a_{23} \\ a_{32} & a_{33} \end{vmatrix} - a_{12} \begin{vmatrix} b_2 & a_{23} \\ b_3 & a_{33} \end{vmatrix} - a_{13} \begin{vmatrix} a_{22} & b_2 \\ a_{32} & b_3 \end{vmatrix}.$$

---

[1] Wobei wir annehmen, daß das Gleichungssystem überhaupt eine Lösung besitzt.

Wir vertauschen im dritten Glied der Klammer auf der linken Seite und im dritten Glied der rechten Seite in den Determinanten die Spalten, wobei sich nach Regel (10) das Vorzeichen der Determinanten ändert, und erhalten schließlich

$$(18) \qquad x_1\left[a_{11}\begin{vmatrix} a_{22} & a_{23} \\ a_{32} & a_{33} \end{vmatrix} - a_{12}\begin{vmatrix} a_{21} & a_{23} \\ a_{31} & a_{33} \end{vmatrix} + a_{13}\begin{vmatrix} a_{21} & a_{22} \\ a_{31} & a_{32} \end{vmatrix}\right] =$$

$$= b_1\begin{vmatrix} a_{22} & a_{23} \\ a_{32} & a_{33} \end{vmatrix} - a_{12}\begin{vmatrix} b_2 & a_{23} \\ b_3 & a_{33} \end{vmatrix} + a_{13}\begin{vmatrix} b_2 & a_{22} \\ b_3 & a_{32} \end{vmatrix}.$$

Nun definieren wir die Klammer auf der linken Seite von (18)

$$a_{11}\begin{vmatrix} a_{22} & a_{23} \\ a_{32} & a_{33} \end{vmatrix} - a_{12}\begin{vmatrix} a_{21} & a_{23} \\ a_{31} & a_{33} \end{vmatrix} + a_{13}\begin{vmatrix} a_{21} & a_{22} \\ a_{31} & a_{32} \end{vmatrix}$$

als Determinante D der quadratischen (3×3)-Matrix

$$\mathbf{A} = \begin{bmatrix} a_{11} & a_{12} & a_{13} \\ a_{21} & a_{22} & a_{23} \\ a_{31} & a_{32} & a_{33} \end{bmatrix} = (a_{ik}) \quad \{1 \le i \le 3;\ 1 \le k \le 3\}$$

(das ist die Koeffizientenmatrix des Gleichungssystems und D somit die Koeffizientendeterminante) und sprechen von einer (3×3)-Determinante.

Man schreibt analog zu den Bezeichnungen für Determinanten von (2×2)-Matrizen u.a.

$$D = \det\begin{bmatrix} a_{11} & a_{12} & a_{13} \\ a_{21} & a_{22} & a_{23} \\ a_{31} & a_{32} & a_{33} \end{bmatrix} = \begin{vmatrix} a_{11} & a_{12} & a_{13} \\ a_{21} & a_{22} & a_{23} \\ a_{31} & a_{32} & a_{33} \end{vmatrix} = \det\begin{bmatrix} \mathbf{a}_1 \\ \mathbf{a}_2 \\ \mathbf{a}_3 \end{bmatrix} = \det(\mathbf{u}_1\ \ \mathbf{u}_2\ \ \mathbf{u}_3),$$

wenn die Zeilenvektoren der Matrix **A** mit $\mathbf{a}_1$, $\mathbf{a}_2$, $\mathbf{a}_3$ bzw. die Spaltenvektoren von **A** mit $\mathbf{u}_1$, $\mathbf{u}_2$, $\mathbf{u}_3$ bezeichnet werden.

Ebenso läßt sich in (18) die rechte Seite als Determinante D_1 der Matrix

$$\begin{bmatrix} b_1 & a_{12} & a_{13} \\ b_2 & a_{22} & a_{23} \\ b_3 & a_{32} & a_{33} \end{bmatrix} = (\mathbf{b}\ \ \mathbf{u}_2\ \ \mathbf{u}_3)$$

auffassen (wobei also durch den Spaltenvektor **b** die rechte Seite des Gleichungssystems bezeichnet wurde). Dann können wir statt (18) auch schreiben

$$x_1\begin{vmatrix} a_{11} & a_{12} & a_{13} \\ a_{21} & a_{22} & a_{23} \\ a_{31} & a_{32} & a_{33} \end{vmatrix} = \begin{vmatrix} b_1 & a_{12} & a_{13} \\ b_2 & a_{22} & a_{23} \\ b_3 & a_{32} & a_{33} \end{vmatrix},$$

also $x_1 \cdot \det(\mathbf{u}_1\ \ \mathbf{u}_2\ \ \mathbf{u}_3) = \det(\mathbf{b}\ \ \mathbf{u}_2\ \ \mathbf{u}_3)$ oder $x_1 \cdot D = D_1$, und es ergibt sich

(19) $$x_1 = \frac{\begin{vmatrix} b_1 & a_{12} & a_{13} \\ b_2 & a_{22} & a_{23} \\ b_3 & a_{32} & a_{33} \end{vmatrix}}{\begin{vmatrix} a_{11} & a_{12} & a_{13} \\ a_{21} & a_{22} & a_{23} \\ a_{31} & a_{32} & a_{33} \end{vmatrix}} = \frac{\det(\mathbf{b} \quad \mathbf{u}_2 \quad \mathbf{u}_3)}{\det(\mathbf{u}_1 \quad \mathbf{u}_2 \quad \mathbf{u}_3)} = \frac{D_1}{D},$$

sofern $D = \begin{vmatrix} a_{11} & a_{12} & a_{13} \\ a_{21} & a_{22} & a_{23} \\ a_{31} & a_{32} & a_{33} \end{vmatrix} = \det(\mathbf{u}_1 \quad \mathbf{u}_2 \quad \mathbf{u}_3) \neq 0$ ist.

Entsprechend erhält man

(20) $$x_2 = \frac{\det(\mathbf{u}_1 \quad \mathbf{b} \quad \mathbf{u}_3)}{\det(\mathbf{u}_1 \quad \mathbf{u}_2 \quad \mathbf{u}_3)} = \frac{D_2}{D} \text{ und } x_3 = \frac{\det(\mathbf{u}_1 \quad \mathbf{u}_2 \quad \mathbf{b})}{\det(\mathbf{u}_1 \quad \mathbf{u}_2 \quad \mathbf{u}_3)} = \frac{D_3}{D},$$

falls $D = \det(\mathbf{u}_1 \quad \mathbf{u}_2 \quad \mathbf{u}_3) \neq 0$ ist.[1]

Somit haben wir folgendes Ergebnis: Das Gleichungssystem

$$\begin{cases} a_{11}x_1 + a_{12}x_2 + a_{13}x_3 = b_1 \\ a_{21}x_1 + a_{22}x_2 + a_{23}x_3 = b_2 \\ a_{31}x_1 + a_{32}x_2 + a_{33}x_3 = b_3 \end{cases}$$

hat, wenn die Koeffizientendeterminante

$$D = \begin{vmatrix} a_{11} & a_{12} & a_{13} \\ a_{21} & a_{22} & a_{23} \\ a_{31} & a_{32} & a_{33} \end{vmatrix} \neq 0$$

ist, als Lösung

$$x_1 = \frac{D_1}{D} = \frac{\begin{vmatrix} b_1 & a_{12} & a_{13} \\ b_2 & a_{22} & a_{23} \\ b_3 & a_{32} & a_{33} \end{vmatrix}}{\begin{vmatrix} a_{11} & a_{12} & a_{13} \\ a_{21} & a_{22} & a_{23} \\ a_{31} & a_{32} & a_{33} \end{vmatrix}}, \quad x_2 = \frac{D_2}{D} = \frac{\begin{vmatrix} a_{11} & b_1 & a_{13} \\ a_{21} & b_2 & a_{23} \\ a_{31} & b_3 & a_{33} \end{vmatrix}}{\begin{vmatrix} a_{11} & a_{12} & a_{13} \\ a_{21} & a_{22} & a_{23} \\ a_{31} & a_{32} & a_{33} \end{vmatrix}},$$

$$x_3 = \frac{D_3}{D} = \frac{\begin{vmatrix} a_{11} & a_{12} & b_1 \\ a_{21} & a_{22} & b_2 \\ a_{31} & a_{32} & b_3 \end{vmatrix}}{\begin{vmatrix} a_{11} & a_{12} & a_{13} \\ a_{21} & a_{22} & a_{23} \\ a_{31} & a_{32} & a_{33} \end{vmatrix}}.$$

Benutzt man für das Gleichungssystem die Vektordarstellung

$$\mathbf{u}_1 x_1 + \mathbf{u}_2 x_2 + \mathbf{u}_3 x_3 = \mathbf{b},$$

[1] Durch Einsetzen bestätigt man, daß man damit auch eine Lösung des ursprünglichen Systems hat.

so erhält die Lösung die Form

$$x_1 = \frac{\det(\mathbf{b} \quad \mathbf{u}_2 \quad \mathbf{u}_3)}{\det(\mathbf{u}_1 \quad \mathbf{u}_2 \quad \mathbf{u}_3)}, \quad x_2 = \frac{\det(\mathbf{u}_1 \quad \mathbf{b} \quad \mathbf{u}_3)}{\det(\mathbf{u}_1 \quad \mathbf{u}_2 \quad \mathbf{u}_3)}, \quad x_3 = \frac{\det(\mathbf{u}_1 \quad \mathbf{u}_2 \quad \mathbf{b})}{\det(\mathbf{u}_1 \quad \mathbf{u}_2 \quad \mathbf{u}_3)},$$

falls $\det(\mathbf{u}_1 \quad \mathbf{u}_2 \quad \mathbf{u}_3) \neq 0$ ist.

Zusammenfassend kann man also sagen, daß bei der Lösung x_k (k = 1,2,3) die Zählerdeterminante D_k dadurch aus der Koeffizientendeterminante $D = \det(\mathbf{u}_1 \quad \mathbf{u}_2 \quad \mathbf{u}_3)$ hervorgeht, daß man hierin den k-ten Spaltenvektor $\mathbf{u}_k$ durch die rechte Seite $\mathbf{b}$ des Gleichungssystems ersetzt. Damit haben wir die *Cramersche Regel* für drei Gleichungen mit drei Unbekannten.

Als Beispiel soll das Gleichungssystem (7) aus 3.2.2

$$\begin{cases} 3x_1 + 7x_2 - \frac{2}{3}x_3 = 6 \\ -8x_1 + 4x_2 \phantom{- \frac{2}{3}x_3} = 0 \\ 6x_1 - x_2 + \phantom{\frac{2}{3}}x_3 = 4 \end{cases}$$

- dessen Lösung wir aus 3.2.2 schon kennen - noch einmal mit Hilfe von Determinanten gelöst werden. Die Koeffizientendeterminante ist hier

$$D = \begin{vmatrix} 3 & 7 & -\frac{2}{3} \\ -8 & 4 & 0 \\ 6 & -1 & 1 \end{vmatrix} = 3\begin{vmatrix} 4 & 0 \\ -1 & 1 \end{vmatrix} - 7\begin{vmatrix} -8 & 0 \\ 6 & 1 \end{vmatrix} - \frac{2}{3}\begin{vmatrix} -8 & 4 \\ 6 & -1 \end{vmatrix} =$$
$$= 3\cdot 4 - 7\cdot(-8) - \frac{2}{3}(8 - 24) = \frac{236}{3} \neq 0;$$

damit folgt als Lösung

$$x_1 = \frac{\begin{vmatrix} 6 & 7 & -\frac{2}{3} \\ 0 & 4 & 0 \\ 4 & -1 & 1 \end{vmatrix}}{D} = \frac{6\cdot 4 - 7\cdot 0 - \frac{2}{3}(-16)}{\frac{236}{3}} = \frac{26}{59},$$

$$x_2 = \frac{\begin{vmatrix} 3 & 6 & -\frac{2}{3} \\ -8 & 0 & 0 \\ 6 & 4 & 1 \end{vmatrix}}{D} = \frac{52}{59}, \quad x_3 = \frac{\begin{vmatrix} 3 & 7 & 6 \\ -8 & 4 & 0 \\ 6 & -1 & 4 \end{vmatrix}}{D} = \frac{132}{59}.$$

3.5.4. Die Determinante D einer (3 × 3)-Matrix

$$\mathbf{A} = \begin{bmatrix} a_{11} & a_{12} & a_{13} \\ a_{21} & a_{22} & a_{23} \\ a_{31} & a_{32} & a_{33} \end{bmatrix}$$

war erklärt worden als

$$D = a_{11}\begin{vmatrix} a_{22} & a_{23} \\ a_{32} & a_{33} \end{vmatrix} - a_{12}\begin{vmatrix} a_{21} & a_{23} \\ a_{31} & a_{33} \end{vmatrix} + a_{13}\begin{vmatrix} a_{21} & a_{22} \\ a_{31} & a_{32} \end{vmatrix}; \tag{21}$$

sie ist also die durch (21) wohlbestimmte Zahl. Die in (21) auftretenden (2 × 2)-Determinanten nennt man auch *Unterdeterminanten* der Matrix **A**. Rechnet man in (21) noch diese Unterdeterminanten aus, so folgt

$$D = a_{11}(a_{22}a_{33} - a_{23}a_{32}) - a_{12}(a_{21}a_{33} - a_{23}a_{31}) + a_{13}(a_{21}a_{32} - a_{22}a_{31}) =$$
$$= a_{11}a_{22}a_{33} + a_{12}a_{23}a_{31} + a_{13}a_{21}a_{32} - a_{11}a_{23}a_{32} - a_{12}a_{21}a_{33} - a_{13}a_{22}a_{31}.$$

Man erhält also einen Ausdruck mit sechs Gliedern, von denen jedes Produkt von drei Elementen der Matrix ist.

Zur Berechnung der Determinante einer (3 × 3)-Matrix hat man damit auch folgende Regel:[1] Man schreibt rechts neben die gegebene Matrix **A** noch einmal die erste Spalte und die zweite Spalte, also

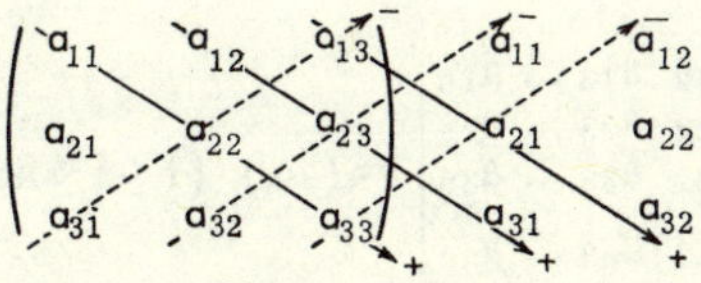

Fig. 1

Dann bildet man die drei Produkte der Zahlen in den drei Schrägzeilen von links oben nach rechts unten (Figur 1) und versieht diese mit +-Zeichen, ferner die drei Produkte der Zahlen in den drei Schrägzeilen von links unten nach rechts oben (Figur 1) und versieht diese mit − -Zeichen. Man erhält so die Glieder der Determinante von **A**.

Zum Beispiel zur Berechnung der Determinante

$$\begin{vmatrix} 4 & 2 & 1 \\ 4 & 5 & 19 \\ 1 & 1 & 3 \end{vmatrix}$$

schreibt man

$$\begin{bmatrix} 4 & 2 & 1 \\ 4 & 5 & 19 \\ 1 & 1 & 3 \end{bmatrix} \begin{matrix} 4 & 2 \\ 4 & 5 \\ 1 & 1 \end{matrix}$$

und erhält somit

[1] Diese ist auch unter dem Namen *Sarrussche Regel* bekannt.

$$60 + 38 + 4 - 5 - 76 - 24 = -3.$$

Für Determinanten von (3 × 3)-Matrizen gelten entsprechende Regeln wie für Determinanten von (2 × 2)-Matrizen die Regeln (10) bis (15); sie sollen hier nicht noch einmal formuliert werden, da wir sie ohnehin im nächsten Paragraphen allgemein für Determinanten von (n × n)-Matrizen aussprechen.

3.6. Determinanten von (n × n)-Matrizen

3.6.1. Die Lösung von zwei Gleichungen mit zwei Unbekannten bzw. drei Gleichungen mit drei Unbekannten führte uns auf Determinanten von (2 × 2)- bzw. (3 × 3)-Matrizen. Dabei hatten wir Determinanten von (3 × 3)-Matrizen mit Hilfe von Determinanten von (2 × 2)-Matrizen erklärt. Wir geben nun folgende Definition:

Unter der Determinante D der (n × n)-*Matrix* (n ≥ 3)

$$\mathbf{A} = \begin{bmatrix} a_{11} & a_{12} & a_{13} \ldots a_{1n} \\ a_{21} & a_{22} & a_{23} \ldots a_{2n} \\ a_{31} & a_{32} & a_{33} \ldots a_{3n} \\ \ldots & \ldots & \\ a_{n1} & a_{n2} & a_{n3} \ldots a_{nn} \end{bmatrix} = (a_{ik}) \quad \{1 \leq i \leq n;\ 1 \leq k \leq n\}$$

verteht man den Ausdruck

(1) $$D = a_{11}D_{11} - a_{12}D_{12} + a_{13}D_{13} - + \ldots + (-1)^{n-1}a_{1n}D_{1n},$$

wobei allgemein D_{1k} die Determinante der (n–1 × n–1)–Matrix bedeutet, die aus der Matrix **A** durch Weglassen der ersten Zeile und der k-ten Spalte entsteht (k = 1,2,3,..., n), d.h.

$$D_{1k} = \begin{vmatrix} a_{21} & a_{22} & a_{23} \ldots a_{2,k-1} & a_{2,k+1} \ldots a_{2n} \\ a_{31} & a_{32} & a_{33} \ldots a_{3,k-1} & a_{3,k+1} \ldots a_{3n} \\ \ldots & \ldots & \ldots \\ a_{n1} & a_{n2} & a_{n3} \ldots a_{n,k-1} & a_{n,k+1} \ldots a_{nn} \end{vmatrix}.$$

Die Determinanten D_{1k} sind also Determinanten von (n–1 × n–1)-Matrizen, und man nennt diese Determinanten D_{1k} auch *Unterdeterminanten* der Matrix **A**. Statt von der Determinante einer (n × n)-Matrix spricht man auch von einer (n × n)-Determinante.

Man kann (1) kürzer mit Hilfe des Summenzeichens schreiben als

$$D = \sum_{k=1}^{n} (-1)^{k-1} a_{1k} D_{1k}.$$

Man spricht hier auch von einer rekursiven Definition für Determinanten.

Die frühere Definition der Determinante einer (3 × 3)-Matrix ordnet sich nun in diese allgemeine Definition ein, da wir

$$\begin{vmatrix} a_{11} & a_{12} & a_{13} \\ a_{21} & a_{22} & a_{23} \\ a_{31} & a_{32} & a_{33} \end{vmatrix} = a_{11}\begin{vmatrix} a_{22} & a_{23} \\ a_{32} & a_{33} \end{vmatrix} - a_{12}\begin{vmatrix} a_{21} & a_{23} \\ a_{31} & a_{33} \end{vmatrix} + a_{13}\begin{vmatrix} a_{21} & a_{22} \\ a_{31} & a_{32} \end{vmatrix} =$$

$$= a_{11}D_{11} - a_{12}D_{12} + a_{13}D_{13}$$

schreiben können.[1)]

Es soll noch einmal bemerkt werden, daß Determinanten nur für quadratische Matrizen erklärt wurden, und daß eine Determinante ein durch die Elemente der Matrix auf Grund von bestimmten Rechenoperationen wohlbestimmter Wert ist.

Die Bezeichnung für Determinanten von (n × n)-Matrizen trifft man entsprechend wie für Determinanten von (2 × 2)- und (3 × 3)-Matrizen; man schreibt

$$D = \det \mathbf{A} \text{ oder } |\mathbf{A}| \text{ oder } \det(a_{ik}) \text{ oder } \det\begin{bmatrix} a_{11} & a_{12} & a_{13} & \dots & a_{1n} \\ a_{21} & a_{22} & a_{23} & \dots & a_{2n} \\ a_{31} & a_{32} & a_{33} & \dots & a_{3n} \\ \dots & \dots & \dots & & \dots \\ a_{n1} & a_{n2} & a_{n3} & \dots & a_{nn} \end{bmatrix} \text{ oder}$$

$$\begin{vmatrix} a_{11} & a_{12} & a_{13} & \dots & a_{1n} \\ a_{21} & a_{22} & a_{23} & \dots & a_{2n} \\ a_{31} & a_{32} & a_{33} & \dots & a_{3n} \\ \dots & \dots & \dots & & \dots \\ a_{n1} & a_{n2} & a_{n3} & \dots & a_{nn} \end{vmatrix} \text{ oder } \det\begin{bmatrix} \mathbf{a}_1 \\ \mathbf{a}_2 \\ \mathbf{a}_3 \\ \vdots \\ \mathbf{a}_n \end{bmatrix} \text{ oder } \det(\mathbf{u}_1\ \mathbf{u}_2\ \mathbf{u}_3 \dots \mathbf{u}_n),$$

wenn $\mathbf{a}_i$ (i = 1,2,3,...,n) die Zeilenvektoren und $\mathbf{u}_k$ (k = 1,2,3,...,n) die Spaltenvektoren der Matrix **A** bedeuten.

Zum Beispiel ist also

$$D = \begin{vmatrix} 1 & 2 & -7 & -6 \\ 3 & 4 & 2 & 1 \\ -2 & 4 & 5 & 19 \\ 0 & 1 & 1 & 3 \end{vmatrix} = 1\cdot D_{11} - 2\cdot D_{12} - 7\cdot D_{13} + 6\cdot D_{14} =$$

$$= 1\begin{vmatrix} 4 & 2 & 1 \\ 4 & 5 & 19 \\ 1 & 1 & 3 \end{vmatrix} - 2\begin{vmatrix} 3 & 2 & 1 \\ -2 & 5 & 19 \\ 0 & 1 & 3 \end{vmatrix} - 7\begin{vmatrix} 3 & 4 & 1 \\ -2 & 4 & 19 \\ 0 & 1 & 3 \end{vmatrix} + 6\begin{vmatrix} 3 & 4 & 2 \\ -2 & 4 & 5 \\ 0 & 1 & 1 \end{vmatrix}.$$

Für die entstehenden Unterdeterminanten findet man (z.B. nach der

[1)] Die Determinante einer (1 × 1)-Matrix $\mathbf{A} = (a)$ setzt man $\det(a) = a$.

Sarrusschen Regel) $D_{11} = -3$, $D_{12} = -2$, $D_{13} = 1$, $D_{14} = 1$, also ist $D = 0$.

3.6.2. Im übrigen gelten für Determinanten von (n × n)-Matrizen entsprechende Regeln wie (10) bis (15) in 3.5.2 für Determinanten von (2 × 2)-Matrizen. Wir wollen diese Regeln, ohne auf Beweise einzugehen,[1] allgemein formulieren:

(2) Werden in einer Matrix **A** zwei Spalten miteinander vertauscht, dann ändert die Determinante ihr Vorzeichen; d.h.

$$\det(\mathbf{u}_1\ \mathbf{u}_2 \ldots \mathbf{u}_j \ldots \mathbf{u}_k \ldots \mathbf{u}_n) = -\det(\mathbf{u}_1\ \mathbf{u}_2 \ldots \mathbf{u}_k \ldots \mathbf{u}_j \ldots \mathbf{u}_n).$$

(3) Stimmen in einer Matrix **A** zwei Spalten überein, so ist ihre Determinante gleich 0; d.h.

$\det(\mathbf{u}_1\ \mathbf{u}_2\ \mathbf{u}_3 \ldots \mathbf{u}_n) = 0$, wenn $\mathbf{u}_j = \mathbf{u}_k$ für mindestens ein Paar j,k mit $j \neq k$.

(4) Wird in einer Matrix **A** eine Spalte mit einer Zahl s multipliziert, dann multipliziert sich auch die Determinante der Matrix **A** mit s; d.h.

$$\det(\mathbf{u}_1\ \mathbf{u}_2 \ldots \mathbf{u}_{k-1}\ s\mathbf{u}_k\ \mathbf{u}_{k+1} \ldots \mathbf{u}_n) = s \det(\mathbf{u}_1\ \mathbf{u}_2 \ldots \mathbf{u}_{k-1}\ \mathbf{u}_k\ \mathbf{u}_{k+1} \ldots \mathbf{u}_n).$$

(5) $\det(\mathbf{u}_1\ \mathbf{u}_2 \ldots \mathbf{u}_{k-1}\ \mathbf{u}'_k + \mathbf{u}''_k\ \mathbf{u}_{k+1} \ldots \mathbf{u}_n) =$
$= \det(\mathbf{u}_1\ \mathbf{u}_2 \ldots \mathbf{u}_{k-1}\ \mathbf{u}'_k\ \mathbf{u}_{k+1} \ldots \mathbf{u}_n) +$
$+ \det(\mathbf{u}_1\ \mathbf{u}_2 \ldots \mathbf{u}_{k-1}\ \mathbf{u}''_k\ \mathbf{u}_{k+1} \ldots \mathbf{u}_n)$;

d.h. also, daß hier auf der linken Seite der k-te Spaltenvektor die Summe der beiden Spaltenvektoren $\mathbf{u}'_k$ und $\mathbf{u}''_k$ ist.

(6) $\det(\mathbf{u}_1\ \mathbf{u}_2 \ldots \mathbf{u}_{k-1}\ \mathbf{u}_k + (s_1\mathbf{u}_1 + s_2\mathbf{u}_2 + \ldots + s_{k-1}\mathbf{u}_{k-1} + s_{k+1}\mathbf{u}_{k+1} + \ldots$
$+ s_n\mathbf{u}_n)\ \mathbf{u}_{k+1} \ldots \mathbf{u}_n) = \det(\mathbf{u}_1\ \mathbf{u}_2 \ldots \mathbf{u}_{k-1}\ \mathbf{u}_k\ \mathbf{u}_{k+1} \ldots \mathbf{u}_n)$;

der Wert einer Determinante ändert sich also nicht, wenn man zu einer Spalte beliebige Vielfache der anderen Spalten addiert.

Definiert man für die (gleichartigen) Vektoren $\mathbf{u}_1, \mathbf{u}_2, \ldots, \mathbf{u}_n$ den Ausdruck

$$\mathbf{x} = s_1\mathbf{u}_1 + s_2\mathbf{u}_2 + \ldots + s_n\mathbf{u}_n = \sum_{i=1}^{n} s_i\mathbf{u}_i$$

mit beliebigen Zahlen s_i als *Linearkombination* [2] dieser Vektoren, so läßt sich (6) auch folgendermaßen aussprechen:

---

[1] Zum Beweis kann man das Prinzip der vollständigen Induktion benutzen.

[2] Vgl. 3.14.1.

Der Wert einer Determinante ändert sich nicht, wenn man zu einer Spalte eine beliebige Linearkombination der übrigen Spalten addiert.

Weiter gilt

(7) det **A** = det **A**′ (**A**′ transponierte Matrix von **A**).

Hiermit gelten die Regeln (2) bis (6) auch entsprechend für Zeilen statt Spalten.

Diese Regeln leisten bei der Berechnung von Determinanten gute Dienste. Um zum Beispiel die oben schon betrachtete Determinante

$$D = \begin{vmatrix} 1 & 2 & -7 & -6 \\ 3 & 4 & 2 & 1 \\ -2 & 4 & 5 & 19 \\ 0 & 1 & 1 & 3 \end{vmatrix}$$

zu berechnen, transponiert man etwa zuerst und addiert dann das (– 3)-fache der ersten Spalte zur zweiten Spalte und das 2-fache der ersten Spalte zur dritten Spalte, so daß man unter Benutzung von (6)

$$D = \begin{vmatrix} 1 & 3 & -2 & 0 \\ 2 & 4 & 4 & 1 \\ -7 & 2 & 5 & 1 \\ -6 & 1 & 19 & 3 \end{vmatrix} = \begin{vmatrix} 1 & 0 & 0 & 0 \\ 3 & -2 & 8 & 1 \\ -7 & 23 & -9 & 1 \\ -6 & 19 & 7 & 3 \end{vmatrix}$$

erhält. Auf Grund der Definition (1) der Determinante folgt daraus

$$D = \begin{vmatrix} -2 & 8 & 1 \\ 23 & -9 & 1 \\ 19 & 7 & 3 \end{vmatrix}.$$

Durch Anwendung von (2) können wir weiter schreiben

$$D = -\begin{vmatrix} 1 & 8 & -2 \\ 1 & -9 & 23 \\ 3 & 7 & 19 \end{vmatrix}.$$

Indem man wieder transponiert und dann das (– 1)-fache der ersten Spalte zur zweiten Spalte und das (– 3)-fache der ersten Spalte zur dritten Spalte addiert, folgt

$$D = -\begin{vmatrix} 1 & 1 & 3 \\ 8 & -9 & 7 \\ -2 & 23 & 19 \end{vmatrix} = -\begin{vmatrix} 1 & 0 & 0 \\ 8 & -17 & -17 \\ -2 & 25 & 25 \end{vmatrix} = 0$$

wegen (3).

3.6.3. Wir geben noch einige weitere Beispiele von Determinanten, wobei wir aber die genauere Durchführung dem Leser überlassen.

1) $$\begin{vmatrix} a_{11} & 0 & 0 \\ a_{21} & a_{22} & a_{23} \\ a_{31} & a_{32} & a_{33} \end{vmatrix} = a_{11} \begin{vmatrix} a_{22} & a_{23} \\ a_{32} & a_{33} \end{vmatrix}.$$

2) $$\begin{vmatrix} 30 & 0 & 2 \\ 36 & 15 & 0 \\ 24 & 7 & 3 \end{vmatrix} = 6 \begin{vmatrix} 5 & 0 & 2 \\ 6 & 15 & 0 \\ 4 & 7 & 3 \end{vmatrix} = 6\cdot 3 \begin{vmatrix} 5 & 0 & 2 \\ 2 & 5 & 0 \\ 4 & 7 & 3 \end{vmatrix} =$$
$$= 6\cdot 3\,(5\cdot 15 + 2\,(14 - 20)) = 1134.$$

3) $$\begin{vmatrix} 4 & 12 & 1 \\ -2 & -6 & -7 \\ 5 & 15 & 3 \end{vmatrix} = 3 \begin{vmatrix} 4 & 4 & 1 \\ -2 & -2 & -7 \\ 5 & 5 & 3 \end{vmatrix} = 3\cdot 0 = 0.$$

4) $$\begin{vmatrix} 7 & 6 & 4 \\ 3 & -2 & 1 \\ 0 & 4 & 0 \end{vmatrix} = - \begin{vmatrix} 0 & 4 & 0 \\ 3 & -2 & 1 \\ 7 & 6 & 4 \end{vmatrix} = 4 \begin{vmatrix} 3 & 1 \\ 7 & 4 \end{vmatrix} = 20.$$

5) $$\begin{vmatrix} 3 & 7 & -6 \\ -8 & 4 & 0 \\ 6 & -1 & 1 \end{vmatrix} = - \begin{vmatrix} -8 & 4 & 0 \\ 3 & 7 & -6 \\ 6 & -1 & 1 \end{vmatrix} = -4 \begin{vmatrix} -2 & 1 & 0 \\ 3 & 7 & -6 \\ 6 & -1 & 1 \end{vmatrix} =$$
$$= -4 \begin{vmatrix} -2+2\cdot 1 & 1 & 0 \\ 3+2\cdot 7 & 7 & -6 \\ 6+2(-1) & -1 & 1 \end{vmatrix} = -4 \begin{vmatrix} 0 & 1 & 0 \\ 17 & 7 & -6 \\ 4 & -1 & 1 \end{vmatrix} =$$
$$= -4\,(-1)(17 + 24) = 164.$$

6) $$\begin{vmatrix} 0 & 1 & 1 \\ 1 & 0 & 1 \\ 1 & 1 & 0 \end{vmatrix} = 2.$$

7) Determinante einer Dreiecksmatrix:

$$\begin{vmatrix} a_{11} & a_{12} & a_{13} \\ 0 & a_{22} & a_{23} \\ 0 & 0 & a_{33} \end{vmatrix} = \begin{vmatrix} a_{11} & 0 & 0 \\ a_{21} & a_{22} & 0 \\ a_{31} & a_{32} & a_{33} \end{vmatrix} = a_{11}a_{22}a_{33}.$$

Allgemein gilt: Die Determinante einer Dreiecksmatrix ist gleich dem Produkt der Elemente der Hauptdiagonale.

8) $$\begin{vmatrix} 1 & 2 & 1 & 2 \\ 1 & -1 & 4 & 5 \\ 1 & 1 & 1 & 2 \\ 0 & 3 & 5 & 2 \end{vmatrix} = \begin{vmatrix} 1 & 1 & 1 & 0 \\ 2 & -1 & 1 & 3 \\ 1 & 4 & 1 & 5 \\ 2 & 5 & 2 & 2 \end{vmatrix} = \begin{vmatrix} 1 & 0 & 0 & 0 \\ 2 & -3 & -1 & 3 \\ 1 & 3 & 0 & 5 \\ 2 & 3 & 0 & 2 \end{vmatrix} =$$
$$= \begin{vmatrix} -3 & -1 & 3 \\ 3 & 0 & 5 \\ 3 & 0 & 2 \end{vmatrix} = - \begin{vmatrix} -1 & -3 & 3 \\ 0 & 3 & 5 \\ 0 & 3 & 2 \end{vmatrix} = - \begin{vmatrix} -1 & 0 & 0 \\ -3 & 3 & 3 \\ 3 & 5 & 2 \end{vmatrix} = \begin{vmatrix} 3 & 3 \\ 5 & 2 \end{vmatrix} = -9.$$

9) $$\begin{vmatrix} 1 & 0 & 0 & 0 \ldots 0 \\ 0 & 1 & 0 & 0 \ldots 0 \\ 0 & 0 & 1 & 0 \ldots 0 \\ & \cdots\cdots & & \\ 0 & 0 & 0 & 0 \ldots 1 \end{vmatrix}$$ = 1, d.h. die Determinante der Einheitsmatrix **E** ist gleich 1.

3.6.4. Multipliziert man nach der in 3.4.4 eingeführten Multiplikation zwei $(n \times n)$-Matrizen **A** und **B** miteinander, so gilt für die Determinante der Produktmatrix **AB** (**AB** ist dann auch eine $(n \times n)$-Matrix) die Regel

$$\det(\mathbf{AB}) = \det(\mathbf{BA}) = (\det \mathbf{A})(\det \mathbf{B}). \tag{8}$$

Auf einen Beweis von (8) wollen wir verzichten.

Beispiel mit $n = 3$: Für die Matrizen

$$\mathbf{A} = \begin{bmatrix} 2 & 0 & 1 \\ 3 & 6 & 4 \\ 0 & -2 & 3 \end{bmatrix} \text{ und } \mathbf{B} = \begin{bmatrix} 2 & 1 & 0 \\ -\frac{1}{2} & 0 & 1 \\ 4 & -2 & 0 \end{bmatrix}$$

war (siehe (16) in 3.4.4) das Produkt

$$\mathbf{AB} = \begin{bmatrix} 8 & 0 & 0 \\ 19 & -5 & 6 \\ 13 & -6 & -2 \end{bmatrix}.$$

Für die zugehörigen Determinanten erhält man

$$|\mathbf{A}| = 46; \ |\mathbf{B}| = 8; \ |\mathbf{AB}| = 368;$$

also

$$|\mathbf{AB}| = 368 = 46 \cdot 8 = |\mathbf{A}| \ |\mathbf{B}|.$$

§ 3.7. Entwicklung einer Determinante nach einer beliebigen Zeile oder Spalte

3.7.1. Die Determinante D einer $(n \times n)$-Matrix

$$\mathbf{A} = \begin{bmatrix} a_{11} & a_{12} & a_{13} \dots a_{1n} \\ a_{21} & a_{22} & a_{23} \dots a_{2n} \\ & \dots\dots & \\ a_{n1} & a_{n2} & a_{n3} \dots a_{nn} \end{bmatrix}$$

hatten wir durch

$$D = a_{11}D_{11} - a_{12}D_{12} + a_{13}D_{13} - + \dots + (-1)^{n-1}a_{1n}D_{1n} \tag{1}$$

eingeführt, wobei D_{1k} allgemein die Unterdeterminante war, die aus **A** durch Weglassen der ersten Zeile und k-ten Spalte entstand; mit Hilfe der Zeilenvektoren der Matrix **A** können wir auch schreiben

$$D = \det \mathbf{A} = \det \begin{bmatrix} \mathbf{a}_1 \\ \mathbf{a}_2 \\ \vdots \\ \mathbf{a}_n \end{bmatrix}.$$

Wir formen nun die Determinante D um, indem wir die i-te Zeile sukzessive mit der gerade darüberstehenden Zeile vertauschen, bis sie an die Stelle der ersten Zeile kommt, d.h. wir bilden unter Benutzung der Regeln von 3.6.2

$$D = \det \begin{bmatrix} a_1 \\ \vdots \\ a_{i-1} \\ a_i \\ a_{i+1} \\ \vdots \\ a_n \end{bmatrix} = -\det \begin{bmatrix} a_1 \\ \vdots \\ a_i \\ a_{i-1} \\ a_{i+1} \\ \vdots \\ a_n \end{bmatrix} = +\det \begin{bmatrix} a_1 \\ \vdots \\ a_i \\ a_{i-2} \\ a_{i-1} \\ a_{i+1} \\ \vdots \\ a_n \end{bmatrix} = \dots = (-1)^{i-1} \det \begin{bmatrix} a_i \\ a_1 \\ \vdots \\ a_{i-1} \\ a_{i+1} \\ \vdots \\ a_n \end{bmatrix},$$

da i — 1 Vertauschungen nötig sind. Auf Grund der Definition einer (n × n)-Determinante wird

$$\det \begin{bmatrix} a_i \\ a_1 \\ \vdots \\ a_{i-1} \\ a_{i+1} \\ \vdots \\ a_n \end{bmatrix} = \det \begin{bmatrix} a_{i1} & a_{i2} & a_{i3} & \dots & a_{in} \\ a_{11} & a_{12} & a_{13} & \dots & a_{1n} \\ & & \dots\dots & & \\ a_{i-1,1} & a_{i-1,2} & a_{i-1,3} & \dots & a_{i-1,n} \\ a_{i+1,1} & a_{i+1,2} & a_{i+1,3} & \dots & a_{i+1,n} \\ & & \dots\dots & & \\ a_{n1} & a_{n2} & a_{n3} & \dots & a_{nn} \end{bmatrix} =$$

$$= a_{i1}D_{i1} - a_{i2}D_{i2} + a_{i3}D_{i3} - + \dots + (-1)^{n-1}a_{in}D_{in} =$$

$$= \sum_{k=1}^{n} (-1)^{k-1} a_{ik} D_{ik},$$

wobei allgemein

$$D_{ik} = \begin{vmatrix} a_{11} & a_{12} & a_{13} & \dots & a_{1,k-1} & a_{1,k+1} & \dots & a_{1n} \\ & & & \dots & & & & \\ a_{i-1,1} & a_{i-1,2} & a_{i-1,3} & \dots & a_{i-1,k-1} & a_{i-1,k+1} & \dots & a_{i-1,n} \\ a_{i+1,1} & a_{i+1,2} & a_{i+1,3} & \dots & a_{i+1,k-1} & a_{i+1,k+1} & \dots & a_{i+1,n} \\ & & & \dots & & & & \\ a_{n1} & a_{n2} & a_{n3} & \dots & a_{n,k-1} & a_{n,k+1} & \dots & a_{nn} \end{vmatrix} \quad (1 \leq i \leq n;\ 1 \leq k \leq n)$$

ist. D_{ik} ist also die Determinante der (n—1 × n—1)-Matrix, die aus der Matrix **A** durch Weglassen der i-ten Zeile und k-ten Spalte entsteht. Somit haben wir

$$D = (-1)^{i-1} \sum_{k=1}^{n} (-1)^{k-1} a_{ik} D_{ik} = \sum_{k=1}^{n} (-1)^{i+k-2} a_{ik} D_{ik}$$

und, weil $(-1)^{i+k-2} = (-1)^{i+k}$ ist,

(2) $$D = \sum_{k=1}^{n} (-1)^{i+k} a_{ik} D_{ik} \quad (i = 1,2,\dots, n).$$

Für i = 1 erhält man hieraus die Definition einer Determinante aus 3.6.1.

Man bezeichnet eine Determinante D_{ik} $(1 \leq i \leq n;\ 1 \leq k \leq n)$ auch als *Unterdeterminante*

oder *Minor* der (n × n)-Matrix **A**. Da die Matrix **A** aus n Zeilen und n Spalten besteht, gibt es n^2 Minoren, d.h. ebenso viele Minoren D_{ik} wie Elemente a_{ik} in **A**.
Den Ausdruck

$$(-1)^{i+k} D_{ik} = A_{ik}$$

bezeichnet man als *algebraisches Komplement* oder *Kofaktor* des Elements a_{ik}.

Die Vorzeichenrelation zwischen den Unterdeterminanten und den algebraischen Komplementen wird durch das folgende quadratische Schema von n Zeilen und n Spalten wiedergegeben (Figur 1).

$$\begin{matrix} + & - & + & - & + & \ldots \\ - & + & - & + & - & \ldots \\ + & - & + & - & + & \ldots \\ - & + & - & + & - & \ldots \\ & & \cdots\cdots & & & \end{matrix}$$

Fig. 1

Damit können wir (2) auch schreiben als

(3) $$D = \sum_{k=1}^{n} a_{ik} A_{ik} \quad (i = 1,2,\ldots, n).$$

(3) ist die Entwicklung einer Determinante nach der i-ten Zeile.

Wegen des Satzes (7) in 3.6.2 für Determinanten kann man statt (3) auch schreiben

(4) $$D = \sum_{i=1}^{n} a_{ik} A_{ik} \quad (k = 1,2,\ldots, n);$$

Entwicklung nach der k-ten Spalte.

Beispiel: Entwicklung der Determinante

$$D = \begin{vmatrix} 1 & 2 & -7 & -6 \\ 3 & 4 & 2 & 1 \\ -2 & 4 & 5 & 19 \\ 0 & 1 & 1 & 3 \end{vmatrix}$$

nach der 3. Zeile:

$$D = a_{31}A_{31} + a_{32}A_{32} + a_{33}A_{33} + a_{34}A_{34} =$$
$$= a_{31}D_{31} - a_{32}D_{32} + a_{33}D_{33} - a_{34}D_{34} =$$

$$= -2 \begin{vmatrix} 2 & -7 & -6 \\ 4 & 2 & 1 \\ 1 & 1 & 3 \end{vmatrix} - 4 \begin{vmatrix} 1 & -7 & -6 \\ 3 & 2 & 1 \\ 0 & 1 & 3 \end{vmatrix} + 5 \begin{vmatrix} 1 & 2 & -6 \\ 3 & 4 & 1 \\ 0 & 1 & 3 \end{vmatrix} -$$

$$- 19 \begin{vmatrix} 1 & 2 & -7 \\ 3 & 4 & 2 \\ 0 & 1 & 1 \end{vmatrix} =$$

$$= -2\cdot 75 - 4\cdot 50 + 5(-25) - 19(-25) = 0.$$

Entwicklung dieser Determinante nach der 2. Spalte:

$$D = a_{12}A_{12} + a_{22}A_{22} + a_{32}A_{32} + a_{42}A_{42} =$$
$$= -a_{12}D_{12} + a_{22}D_{22} - a_{32}D_{32} + a_{42}D_{42} =$$
$$= -2\begin{vmatrix} 3 & 2 & 1 \\ -2 & 5 & 19 \\ 0 & 1 & 3 \end{vmatrix} + 4\begin{vmatrix} 1 & -7 & -6 \\ -2 & 5 & 19 \\ 0 & 1 & 3 \end{vmatrix} - 4\begin{vmatrix} 1 & -7 & -6 \\ 3 & 2 & 1 \\ 0 & 1 & 3 \end{vmatrix} +$$
$$+1\begin{vmatrix} 1 & -7 & -6 \\ 3 & 2 & 1 \\ -2 & 5 & 19 \end{vmatrix} =$$
$$= -2(-2) + 4(-34) - 4\cdot 50 + 1\cdot 332 = 0.$$

Schließlich erwähnen wir noch folgende Aussagen:

$$\sum_{k=1}^{n} a_{ik}A_{jk} = 0 \quad \text{für } i \neq j;\ i,j = 1,\dots, n$$

und

$$\sum_{i=1}^{n} a_{ik}A_{il} = 0 \quad \text{für } k \neq l;\ k,l = 1,\dots, n.$$

Beispiel: Wir nehmen die Matrix aus dem obigen Beispiel und i = 2, j = 4. Dann entsteht

$$\sum_{k=1}^{4} a_{2k}A_{4k} = a_{21}A_{41} + a_{22}A_{42} + a_{23}A_{43} + a_{24}A_{44} =$$
$$= -a_{21}D_{41} + a_{22}D_{42} - a_{23}D_{43} + a_{24}D_{44} =$$
$$= -3\begin{vmatrix} 2 & -7 & -6 \\ 4 & 2 & 1 \\ 4 & 5 & 19 \end{vmatrix} + 4\begin{vmatrix} 1 & -7 & -6 \\ 3 & 2 & 1 \\ -2 & 5 & 19 \end{vmatrix} -$$
$$-2\begin{vmatrix} 1 & 2 & -6 \\ 3 & 4 & 1 \\ -2 & 4 & 19 \end{vmatrix} + 1\begin{vmatrix} 1 & 2 & -7 \\ 3 & 4 & 2 \\ -2 & 4 & 5 \end{vmatrix} =$$
$$= -3\cdot 498 + 4\cdot 332 + (-2)(-166) - 166 = 0.$$

Betrachten wir für die zweite Formel die gleiche Matrix und k = 3, l = 1. Dann entsteht

$$\sum_{i=1}^{4} a_{i3}A_{i1} = a_{13}A_{11} + a_{23}A_{21} + a_{33}A_{31} + a_{43}A_{41} =$$
$$= a_{13}D_{11} - a_{23}D_{21} + a_{33}D_{31} - a_{43}D_{41} =$$
$$= (-7)\begin{vmatrix} 4 & 2 & 1 \\ 4 & 5 & 19 \\ 1 & 1 & 3 \end{vmatrix} - 2\begin{vmatrix} 2 & -7 & -6 \\ 4 & 5 & 19 \\ 1 & 1 & 3 \end{vmatrix} +$$

$$+5\begin{vmatrix}2 & -7 & -6\\ 4 & 2 & 1\\ 1 & 1 & 3\end{vmatrix} - 1\begin{vmatrix}2 & -7 & -6\\ 4 & 2 & 1\\ 4 & 5 & 19\end{vmatrix} =$$

$$= -7\cdot(-3) + (-2)(-51) + 5\cdot 75 - 498 = 0.$$

§ 3.8. n Gleichungen mit n Unbekannten

3.8.1. Für ein Gleichungssystem von n Gleichungen mit n Unbekannten (n ≥ 2) legen wir die allgemeine Form

$$(1)\quad \begin{cases} a_{11}x_1 + a_{12}x_2 + a_{13}x_3 + \ldots + a_{1n}x_n = b_1 \\ a_{21}x_1 + a_{22}x_2 + a_{23}x_3 + \ldots + a_{2n}x_n = b_2 \\ a_{31}x_1 + a_{32}x_2 + a_{33}x_3 + \ldots + a_{3n}x_n = b_3 \\ \ldots\ldots\ldots \\ a_{n1}x_1 + a_{n2}x_2 + a_{n3}x_3 + \ldots + a_{nn}x_n = b_n \end{cases}$$

zugrunde. Die Spaltenvektoren der (quadratischen) Koeffizientenmatrix

$$\mathbf{A} = \begin{bmatrix} a_{11} & a_{12} & a_{13} & \ldots & a_{1n} \\ a_{21} & a_{22} & a_{23} & \ldots & a_{2n} \\ a_{31} & a_{32} & a_{33} & \ldots & a_{3n} \\ & & \ldots\ldots & & \\ a_{n1} & a_{n2} & a_{n3} & \ldots & a_{nn} \end{bmatrix}$$

bezeichnen wir mit $\mathbf{u}_1, \mathbf{u}_2, \mathbf{u}_3, \ldots, \mathbf{u}_n$ und mit

$$\mathbf{b} = \begin{bmatrix} b_1 \\ b_2 \\ b_3 \\ \vdots \\ b_n \end{bmatrix}$$

den Spaltenvektor, der durch die rechte Seite des Gleichungssystems (1) gebildet wird.[1] Dann gilt - entsprechend wie für zwei Gleichungen mit zwei Unbekannten und drei Gleichungen mit drei Unbekannten - für die Lösung

$$x_1 = \frac{\det(\mathbf{b} \quad \mathbf{u}_2 \quad \mathbf{u}_3 \ \ldots \ \mathbf{u}_n)}{\det(\mathbf{u}_1 \quad \mathbf{u}_2 \quad \mathbf{u}_3 \ \ldots \ \mathbf{u}_n)} = \frac{D_1}{D},$$

---

1) Das Gleichungssystem (1) läßt sich dann (vgl. (7) in 3.4.1 und (25) in 3.4.5) auch schreiben als

$$\mathbf{u}_1x_1 + \mathbf{u}_2x_2 + \mathbf{u}_3x_3 + \ldots + \mathbf{u}_nx_n = \mathbf{b}$$

bzw. als $\mathbf{Ax} = \mathbf{b}$.

$\mathbf{x} = \begin{bmatrix} x_1 \\ x_2 \\ \vdots \\ x_n \end{bmatrix}$ heißt Vektor der Unbekannten oder auch Lösungsvektor.

$$x_2 = \frac{\det(\mathbf{u}_1 \quad \mathbf{b} \quad \mathbf{u}_3 \ldots \mathbf{u}_n)}{\det(\mathbf{u}_1 \quad \mathbf{u}_2 \quad \mathbf{u}_3 \ldots \mathbf{u}_n)} = \frac{D_2}{D},$$

$$x_3 = \frac{\det(\mathbf{u}_1 \quad \mathbf{u}_2 \quad \mathbf{b} \quad \mathbf{u}_4 \ldots \mathbf{u}_n)}{\det(\mathbf{u}_1 \quad \mathbf{u}_2 \quad \mathbf{u}_3 \quad \mathbf{u}_4 \ldots \mathbf{u}_n)} = \frac{D_3}{D}$$

....

und allgemein

$$x_k = \frac{\det(\mathbf{u}_1 \quad \mathbf{u}_2 \quad \mathbf{u}_3 \ldots \mathbf{u}_{k-1} \quad \mathbf{b} \quad \mathbf{u}_{k+1} \ldots \mathbf{u}_n)}{\det(\mathbf{u}_1 \quad \mathbf{u}_2 \quad \mathbf{u}_3 \ldots \mathbf{u}_{k-1} \quad \mathbf{u}_k \quad \mathbf{u}_{k+1} \ldots \mathbf{u}_n)} = \frac{D_k}{D}$$

($k = 1,2,3,\ldots, n$), falls die Koeffizientendeterminante

$$D = \det \mathbf{A} = \det(\mathbf{u}_1 \quad \mathbf{u}_2 \quad \mathbf{u}_3 \ldots \mathbf{u}_n) \neq 0$$

ist. Bei der Lösung x_k geht also die Zählerdeterminante D_k dadurch aus der Nennerdeterminante (Koeffizientendeterminante) D hervor, daß in dieser der k-te Spaltenvektor $\mathbf{u}_k$ durch den Spaltenvektor $\mathbf{b}$ ersetzt wird. Damit haben wir allgemein die *Cramersche Regel*. Die Lösung des Gleichungssystems (1) wird dadurch eindeutig bestimmt.

Auf einen Beweis der Cramerschen Regel wollen wir verzichten und statt dessen als Beispiel das folgende Gleichungssystem mit Hilfe von Determinanten lösen:

$$\begin{cases} x_1 - x_2 + x_3 - x_4 = 1 \\ 2x_1 + 3x_3 = 4 \\ x_1 + x_2 + x_3 + x_4 = 3 \\ x_1 + 3x_2 + 9x_3 + 27x_4 = 53. \end{cases}$$

Die Koeffizientendeterminante

$$D = \begin{vmatrix} 1 & -1 & 1 & -1 \\ 2 & 0 & 3 & 0 \\ 1 & 1 & 1 & 1 \\ 1 & 3 & 9 & 27 \end{vmatrix}$$

dieses Gleichungssystems ist $D = -48$.

Die Koeffizientendeterminante ist also von 0 verschieden, wir können die Cramersche Regel zur Lösung des Gleichungssystems anwenden. Man erhält

$$x_1 = \frac{\begin{vmatrix} 1 & -1 & 1 & -1 \\ 4 & 0 & 3 & 0 \\ 3 & 1 & 1 & 1 \\ 53 & 3 & 9 & 27 \end{vmatrix}}{-48}, \qquad x_2 = \frac{\begin{vmatrix} 1 & 1 & 1 & -1 \\ 2 & 4 & 3 & 0 \\ 1 & 3 & 1 & 1 \\ 3 & 53 & 9 & 27 \end{vmatrix}}{-48},$$

$$x_3 = \frac{\begin{vmatrix} 1 & -1 & 1 & -1 \\ 2 & 0 & 4 & 0 \\ 1 & 1 & 3 & 1 \\ 1 & 3 & 53 & 27 \end{vmatrix}}{-48}, \quad x_4 = \frac{\begin{vmatrix} 1 & -1 & 1 & 1 \\ 2 & 0 & 3 & 4 \\ 1 & 1 & 1 & 3 \\ 1 & 3 & 9 & 53 \end{vmatrix}}{-48}.$$

Indem man nun die Zählerdeterminanten berechnet, folgt

$$x_1 = 2, \quad x_2 = -1, \quad x_3 = 0, \quad x_4 = 2.$$

Wir machen die Probe:

$$\begin{aligned} 2 + 1 + 0 - 2 &= 1 \\ 4 \quad + 0 \quad &= 4 \\ 2 - 1 + 0 + 2 &= 3 \\ 2 - 3 + 0 + 54 &= 53. \end{aligned}$$

3.8.2. Ein Gleichungssystem, bei dem auf der rechten Seite lauter Nullen stehen, heißt *homogenes*, andernfalls *inhomogenes Gleichungssystem*. Ein homogenes Gleichungssystem kann also kurz

$$\mathbf{Ax} = \mathbf{o} \quad (\mathbf{o} \text{ Nullvektor})$$

geschrieben werden. Ein homogenes Gleichungssystem von n Gleichungen mit n Unbekannten $x_1, x_2, x_3, \ldots, x_n$, für das die Koeffizientendeterminante nicht verschwindet, hat nach der Cramerschen Regel nur die Lösung $x_1 = x_2 = x_3 = \ldots = x_n = 0$ (triviale Lösung)[1].

Damit also ein homogenes Gleichungssystem von n Gleichungen mit n Unbekannten eine nicht-triviale Lösung hat, muß notwendigerweise seine Koeffizientendeterminante gleich 0 sein.

§ 3.9. m Gleichungen mit n Unbekannten - Der Rang einer Matrix

3.9.1. Um die Frage nach der Lösbarkeit eines Gleichungssystems von m Gleichungen mit n Unbekannten zu beantworten, brauchen wir den Begriff des Rangs einer Matrix. Damit wird auch der Fall behandelt, daß für ein Gleichungssystem von n Gleichungen mit n Unbekannten die Koeffizientendeterminante verschwindet, die Cramersche Regel also zur Lösung nicht angewandt werden kann.

---

[1] Also Lösungsvektor $\mathbf{x} = \mathbf{o}$.

Wir führen zunächst den Rang einer $(m \times n)$-Matrix **A** ein:

Die aus einer Matrix **A** durch Weglassen von Zeilen und/oder Spalten entstehenden Matrizen nennt man *Teilmatrizen* oder *Untermatrizen* von **A**.

Läßt man in der $(m \times n)$-Matrix **A** jetzt $m - r$ Zeilen und $n - r$ Spalten weg $(r = 1,2,...)$, so entsteht eine quadratische $(r \times r)$-Teilmatrix von **A**.

Ist nun die Determinante irgend einer $(r \times r)$-Teilmatrix von **A** von 0 verschieden und

a) $r = m$ oder $r = n$, so ist r der Rang der Matrix **A**;

b) $r < m$ und $r < n$ und die Determinante aller $(r+1 \times r+1)$-Teilmatrizen von **A** gleich 0, so ist r der Rang von **A**.

Der Rang einer Matrix **A** ist also die maximale Zeilenanzahl (Spaltenanzahl) der quadratischen Teilmatrizen von **A** mit von 0 verschiedener Determinante.

Während Determinanten nur für quadratische Matrizen erklärt waren, ist also der Rang für jede Matrix **A** erklärt. Er ist nur dann gleich 0, wenn **A** die Nullmatrix ist, sonst eine positive ganze Zahl. Eine Matrix, bei der z.B. alle Elemente außer einem einzigen gleich 0 sind, ist vom Rang 1. Hat eine quadratische $(n \times n)$-Matrix eine von 0 verschiedene Determinante, so ist ihr Rang gleich n.

Beispiele: 1) Die Matrizen

$$\mathbf{A}_1 = \begin{bmatrix} 1 & 1 & 1 & 0 \\ 2 & 1 & 0 & 1 \end{bmatrix} \text{ und } \mathbf{A}_2 = \begin{bmatrix} 3 & 1 & 1 & 0 \\ 3 & 1 & 0 & 1 \end{bmatrix}$$

haben beide den Rang $r = 2$; denn für $\mathbf{A}_1$ ist z.B. die Determinante der Teilmatrix

$$\begin{bmatrix} 1 & 1 \\ 2 & 1 \end{bmatrix}$$

von 0 verschieden; für $\mathbf{A}_2$ ist zwar die Determinante der Teilmatrix

$$\begin{bmatrix} 3 & 1 \\ 3 & 1 \end{bmatrix}$$

gleich 0, aber z.B. die der Teilmatrix

$$\begin{bmatrix} 1 & 1 \\ 1 & 0 \end{bmatrix}$$

von 0 verschieden.

2)
$$A_3 = \begin{bmatrix} 1 & 0 & 0 & 1 \\ 0 & 1 & 0 & 0 \\ 0 & 0 & 1 & 0 \\ 0 & 1 & 1 & 0 \end{bmatrix}$$

hat den Rang r = 3; denn $|A_3| = 0$ (weil die erste und vierte Spalte von A_3 übereinstimmen), d.h. r < 4, jedoch hat die Determinante der Matrix, die aus A_3 durch Weglassen der vierten Spalte und der vierten Zeile entsteht (Einheitsmatrix), den Wert $1 \neq 0$.

3) Der Rang der Matrix

$$A_4 = \begin{bmatrix} 2 & 0 & 1 & 0 & 1 \\ 2 & 0 & -1 & 0 & 1 \\ 0 & 1 & 0 & 1 & 1 \\ 0 & 1 & 0 & -1 & 1 \end{bmatrix}$$

ist gleich 4, denn die Determinante der Matrix, die aus A_4 durch Weglassen der fünften Spalte hervorgeht, ist $-8 \neq 0$.

Zur Bestimmung des Rangs einer Matrix kann man folgende Regeln benutzen:

(1) *Vertauschung von Spalten oder Vertauschung von Zeilen ändert den Rang einer Matrix nicht*, da sich hierbei nur das Vorzeichen der Unterdeterminanten ändern kann.

(2) *Multiplikation von Spalten oder Zeilen mit Zahlen ≠ 0 ändert den Rang einer Matrix nicht*, da hierbei die Unterdeterminanten mit Zahlen ≠ 0 multipliziert werden.

(3) *Addition einer Linearkombination von anderen Spalten zu einer Spalte ändert den Rang einer Matrix nicht (entsprechend für Zeilen)*, da auch hierbei das Verschwinden bzw. Nichtverschwinden von Unterdeterminanten nicht geändert wird.

(4) *Weglassen von Spalten (Zeilen) mit lauter Elementen 0 ändert den Rang einer Matrix nicht.*

(5) *Transponieren einer Matrix ändert den Rang nicht; d.h. Rang* **A** = *Rang* **A**'.

Man nennt die Umformungen (1) bis (5) auch *elementare Umformungen. Sie lassen den Rang einer Matrix unverändert.*

Wir nehmen noch einmal zur Illustration das Beispiel 3 von oben (Rang wird durch Rg abgekürzt):

$$\mathrm{Rg}\begin{bmatrix}2&0&1&0&1\\2&0&-1&0&1\\0&1&0&1&1\\0&1&0&-1&1\end{bmatrix}=\mathrm{Rg}\begin{bmatrix}1&0&1&0&1\\1&0&-1&0&1\\0&1&0&1&1\\0&1&0&-1&1\end{bmatrix}=$$

$$=\mathrm{Rg}\begin{bmatrix}1&0&1&0&1\\0&0&-2&0&0\\0&1&0&1&1\\0&1&0&-1&1\end{bmatrix}=\mathrm{Rg}\begin{bmatrix}1&0&1&0&1\\0&0&1&0&0\\0&1&0&1&1\\0&1&0&-1&1\end{bmatrix}=$$

$$=\mathrm{Rg}\begin{bmatrix}1&0&0&0&1\\0&0&1&0&0\\0&1&0&1&1\\0&1&0&-1&1\end{bmatrix}=\mathrm{Rg}\begin{bmatrix}1&0&0&0&1\\0&1&0&0&0\\0&0&1&1&1\\0&0&1&-1&1\end{bmatrix}=$$

$$=\mathrm{Rg}\begin{bmatrix}1&0&0&0&1\\0&1&0&0&0\\0&0&1&1&1\\0&0&0&-2&0\end{bmatrix}.$$

Die ersten vier 4 Spaltenvektoren bilden hier eine Dreiecksmatrix mit von 0 verschiedener Determinante, also ist der Rang der gegebenen Matrix 4.

Durch elementare Umformungen wird also die gegebene Matrix so umgeformt, daß man den Rang der neuen Matrix leicht erkennt. Dies bedeutet eine Vereinfachung der Rangbestimmung einer Matrix gegenüber der Rangbestimmung auf Grund der ursprünglichen Definition. Nur in einfachen Fällen wird man den Rang mit Hilfe der ursprünglichen Definition bestimmen, im allgemeinen wird dieses Vorgehen zu aufwendig.

Über den Rang einer (m × n)-Matrix **A** nennen wir noch folgende Aussagen (Rang einer Matrix durch Rg abgekürzt):

(6) Der Rang von **A** ist höchstens gleich dem Minimum der Zeilen- und Spaltenzahl von **A**; also Rg **A** ≤ min(m,n).

Gilt Rg **A** = min(m,n), so heißt **A** von *vollem Rang*.

Hat **A** vollen Rang, so heißt **A** *regulär*, andernfalls *singulär* (statt von regulär spricht man auch von nicht-singulär).

(7) Ist **A** eine Teilmatrix von **B** (d.h. **A** geht aus **B** durch Weglassen von Zeilen und/oder Spalten hervor), so gilt Rg **A** ≤ Rg **B**.

(8) Rg(**A** + **B**) ≤ Rg **A** + Rg **B**.

(9) Rg(**AB**) ≤ min(Rg **A**, Rg **B**).

(10) $\text{Rg}(\mathbf{AA}') = \text{Rg}\,\mathbf{A}$.

3.9.2. Wir wollen nun Gleichungssysteme von m linearen Gleichungen mit n Unbekannten betrachten. Zuerst einige Beispiele zur Orientierung:

1) Das Gleichungssystem

(11) $$\begin{cases} 2x + 3y = 5 \\ 4x + 6y = 7 \end{cases}$$

hat - wie in 3.2.2 schon festgestellt - keine Lösung. Seine Koeffizientendeterminante ist gleich 0.

2) Hingegen hat das Gleichungssystem

(12) $$\begin{cases} 2x + 3y = 5 \\ 4x + 6y = 10, \end{cases}$$

dessen Koeffizientendeterminante ebenfalls 0 ist, Lösungen, z.B. $x = 1$, $y = 1$ oder $x = -2$, $y = 3$. Obwohl die Koeffizientendeterminante gleich 0 ist, kann ein Gleichungssystem Lösungen besitzen.

Vergleicht man das Gleichungssystem (12) mit dem Gleichungssystem (11), so sieht man, daß in (12) eigentlich nur eine Gleichung vorliegt, denn die zweite Gleichung von (12) geht aus der ersten Gleichung von (12) durch Multiplikation mit 2 hervor, währenddem die Gleichungen des Gleichungssystems (11) sich widersprechen, denn die linken Seiten von (11) stehen in einer anderen Vielfachheit zueinander als die rechten Seiten.

3) Das Gleichungssystem

(13) $$\begin{cases} 2x - y + 4z = 1 \\ 6x + 12z = 6 \end{cases}$$

hat als Lösungen z.B. $x = 1$, $y = 1$, $z = 0$ oder $x = 0$, $y = 1$, $z = \frac{1}{2}$. Man kann hier die Unbekannte x oder die Unbekannte z willkürlich wählen, die übrigen zwei Unbekannten lassen sich dann nach der Cramerschen Regel eindeutig bestimmen, da die Koeffizientendeterminante des verbleibenden Gleichungssystems jeweils von 0 verschieden ist. (Wenn man y willkürlich wählt, entsteht ein Gleichungssystem mit der Koeffizientendeterminante 0.)

4) Andererseits hat

(14) $$\begin{cases} 2x - y + 4z = 1 \\ 6x - 3y + 12z = 6 \end{cases}$$

keine Lösung. Gäbe es nämlich Lösungswerte (x_0, y_0, z_0), so wäre auf Grund der ersten Gleichung von (14)

$$2x_0 - y_0 + 4z_0 = 1;$$

durch Multiplikation mit 3 folgt $6x_0 - 3y_0 + 12z_0 = 3$, was aber der zweiten Gleichung von (14) widerspricht. Also kann es keine Lösung (x_0, y_0, z_0) für (14) geben.

Bei (14) liegt ein ähnlicher Fall vor wie bei Gleichungssystem (11), daß sich die Gleichungen widersprechen; denn dividiert man die zweite Gleichung von (14) durch 3, so entsteht $2x - y + 4z = 2$, was mit der ersten Gleichung nicht vereinbar ist. Die linken Seiten von (14) stehen in einer anderen Vielfachheit zueinander als die rechten Seiten. Würde man in (14) eine Unbekannte willkürlich festsetzen, so wäre jeweils die Determinante des verbleibenden Gleichungssystems gleich 0.

Die Lösbarkeit eines solchen Gleichungssystems muß also damit zusammenhängen, ob gewisse Teilmatrizen, die man aus der Koeffizientenmatrix des Gleichungssystems herausgreift, eine von 0 verschiedene Determinante haben oder nicht.

Wir zeigen zunächst die folgende Aussage:

Satz 1: *Hat ein lineares Gleichungssystem zwei verschiedene Lösungen, so besitzt es unendlich viele verschiedene Lösungen.*

Beweis: Wir benutzen für die Darstellung des Gleichungssystems die Matrizenschreibweise; mit der Koeffizientenmatrix **A**, dem (Spalten-)Vektor **x** der Unbekannten und dem (Spalten-)Vektor **b** der rechten Seite des Gleichungssystems haben wir also

$$\mathbf{A}\mathbf{x} = \mathbf{b}. \tag{15}$$

Hat nun das Gleichungssystem (15) die Lösungsvektoren $\mathbf{x}_1$ und $\mathbf{x}_2$ $(\mathbf{x}_1 \neq \mathbf{x}_2)$, so zeigen wir, daß auch

$$\mathbf{x}_0 = \mathbf{x}_1 + s\,(\mathbf{x}_1 - \mathbf{x}_2) \quad (s \in \mathbb{R} \text{ beliebig})$$

Lösung des Gleichungssystems ist. Durch Einsetzen folgt

$$\begin{aligned}\mathbf{A}\mathbf{x}_0 &= \mathbf{A}(\mathbf{x}_1 + s\,(\mathbf{x}_1 - \mathbf{x}_2)) = \mathbf{A}((1 + s)\,\mathbf{x}_1 - s\mathbf{x}_2) = \\ &= (1 + s)\,\mathbf{A}\mathbf{x}_1 - s\,\mathbf{A}\mathbf{x}_2 = (1 + s)\mathbf{b} - s\,\mathbf{b} = \mathbf{b}.\end{aligned}$$

Also ist auch $\mathbf{x}_0$ Lösungsvektor des Gleichungssystems.

Da $\mathbf{x}_1 \neq \mathbf{x}_2$, also $\mathbf{x}_1 - \mathbf{x}_2 \neq \mathbf{o}$ (**o** Nullvektor) ist, und *s* beliebig war, erhält man unendlich viele Lösungen $\mathbf{x}_0$, die voneinander verschieden sind.

Es gilt nun folgender

Satz 2: *Das Gleichungssystem*

$$\begin{cases} a_{11}x_1 + a_{12}x_2 + a_{13}x_3 + \ldots + a_{1n}x_n = b_1 \\ a_{21}x_1 + a_{22}x_2 + a_{23}x_3 + \ldots + a_{2n}x_n = b_2 \\ a_{31}x_1 + a_{32}x_2 + a_{33}x_3 + \ldots + a_{3n}x_n = b_3 \\ \ldots\ldots\ldots \\ a_{m1}x_1 + a_{m2}x_2 + a_{m3}x_3 + \ldots + a_{mn}x_n = b_m, \end{cases}$$

wofür wir nach (7) in 3.4.1 mit den Spaltenvektoren $\mathbf{u}_1, \mathbf{u}_2, \mathbf{u}_3, \ldots, \mathbf{u}_n$ und **b** auch kürzer schreiben können

$$\mathbf{u}_1x_1 + \mathbf{u}_2x_2 + \mathbf{u}_3x_3 + \ldots + \mathbf{u}_nx_n = \mathbf{b},$$

ist genau dann lösbar, wenn die Koeffizientenmatrix

$$\mathbf{A} = (\mathbf{u}_1\ \mathbf{u}_2\ \mathbf{u}_3 \ldots \mathbf{u}_n)$$

denselben Rang hat wie die um die rechte Seite des Gleichungssystems erweiterte (Koeffizienten-)Matrix

$$\mathbf{A}^* = \begin{bmatrix} a_{11} & a_{12} & a_{13} \ldots a_{1n} & b_1 \\ a_{21} & a_{22} & a_{23} \ldots a_{2n} & b_2 \\ a_{31} & a_{32} & a_{33} \ldots a_{3n} & b_3 \\ \ldots\ldots\ldots \\ a_{m1} & a_{m2} & a_{m3} \ldots a_{mn} & b_m \end{bmatrix} = (\mathbf{u}_1\ \mathbf{u}_2\ \mathbf{u}_3 \ldots \mathbf{u}_n\ \mathbf{b}),$$

also wenn Rg **A** = Rg **A*** *ist.*[1)]

Ist der Rang der Matrix **A** *und der Matrix* **A*** *gleich* r, *dann sind von den* n *Unbekannten gewisse (geeignete)* n − r *Unbekannte willkürlich wählbar; die restlichen* r *Unbekannten werden durch die Cramersche Regel (eindeutig) bestimmt.*

Natürlich ist der Rang von **A** ≤ Rang von **A***, denn **A** ist Teilmatrix von **A***.

Auf einen Beweis dieses Satzes wollen wir verzichten und statt dessen die Aussage an Beispielen erläutern.

1) Die Koeffizientenmatrix des Gleichungssystems

---

1) Wir schreiben auch, da sich **A*** aus der Matrix **A** und dem Spaltenvektor **b** zusammensetzt, **A*** = (**A b**).

$$\begin{cases} x + y + z = 3 \\ 2x + y + v = 4, \end{cases}$$

ist

$$\mathbf{A}_1 = \begin{bmatrix} 1 & 1 & 1 & 0 \\ 2 & 1 & 0 & 1 \end{bmatrix}$$

und hat - wie oben schon festgestellt - den Rang 2. Der Rang der erweiterten Matrix

$$\mathbf{A}_1^* = \begin{bmatrix} 1 & 1 & 1 & 0 & 3 \\ 2 & 1 & 0 & 1 & 4 \end{bmatrix}$$

ist dann ebenfalls 2 und das Gleichungssystem nach dem allgemeinen Satz lösbar. Da in $\mathbf{A}_1$ jede Teilmatrix, die durch Weglassen zweier Spalten entsteht, eine von 0 verschiedene Determinante hat, können je zwei Unbekannte willkürlich festgesetzt werden, die restlichen zwei Unbekannten werden dann nach der Cramerschen Regel (eindeutig) bestimmt.

Wenn man

willkürlich festsetzt	so bleibt das Gleichungssystem	und man hat als Lösung
$z = z_0,\ v = v_0$	$\begin{cases} x + y = 3 - z_0 \\ 2x + y = 4 - v_0 \end{cases}$	$x = 1 + z_0 - v_0$ $y = 2 - 2z_0 + v_0$
$y = y_0,\ v = v_0$	$\begin{cases} x + z = 3 - y_0 \\ 2x = 4 - y_0 - v_0 \end{cases}$	$x = 2 - \frac{y_0}{2} - \frac{v_0}{2}$ $z = 1 - \frac{y_0}{2} + \frac{v_0}{2}$
$x = x_0,\ v = v_0$	$\begin{cases} y + z = 3 - x_0 \\ y = 4 - 2x_0 - v_0 \end{cases}$	$y = 4 - 2x_0 - v_0$ $z = -1 + x_0 + v_0$
$y = y_0,\ z = z_0$	$\begin{cases} x = 3 - y_0 - z_0 \\ 2x + v = 4 - y_0 \end{cases}$	$x = 3 - y_0 - z_0$ $v = -2 + y_0 + 2z_0$
$x = x_0,\ z = z_0$	$\begin{cases} y = 3 - x_0 - z_0 \\ y + v = 4 - 2x_0 \end{cases}$	$y = 3 - x_0 - z_0$ $v = 1 - x_0 + z_0$
$x = x_0,\ y = y_0$	$\begin{cases} z = 3 - x_0 - y_0 \\ v = 4 - 2x_0 - y_0 \end{cases}$	$z = 3 - x_0 - y_0$ $v = 4 - 2x_0 - y_0$

Wenn man speziell

festsetzt	so bleibt das Gleichungssystem	und man hat als Lösung
$z = v = 0$	$\begin{cases} x + y = 3 \\ 2x + y = 4 \end{cases}$	$x = 1, y = 2$
$y = v = 0$	$\begin{cases} x + z = 3 \\ 2x = 4 \end{cases}$	$x = 2, z = 1$
$x = v = 0$	$\begin{cases} y + z = 3 \\ y = 4 \end{cases}$	$y = 4, z = -1$
$y = z = 0$	$\begin{cases} x = 3 \\ 2x + v = 4 \end{cases}$	$x = 3, v = -2$
$x = z = 0$	$\begin{cases} y = 3 \\ y + v = 4 \end{cases}$	$y = 3, v = 1$
$x = y = 0$	$\begin{cases} z = 3 \\ v = 4 \end{cases}$	$z = 3, v = 4.$

2) Die Koeffizientenmatrix des Gleichungssystems

$$\begin{cases} 3x + y + z = 3 \\ 3x + y + v = 4, \end{cases}$$

also

$$\mathbf{A}_2 = \begin{bmatrix} 3 & 1 & 1 & 0 \\ 3 & 1 & 0 & 1 \end{bmatrix}$$

hat ebenfalls den Rang 2, und damit hat auch die erweiterte Matrix

$$\mathbf{A}_2^* = \begin{bmatrix} 3 & 1 & 1 & 0 & 3 \\ 3 & 1 & 0 & 1 & 4 \end{bmatrix}$$

den Rang 2. Also ist das Gleichungssystem nach dem allgemeinen Satz 2 lösbar. Da in $\mathbf{A}_2$ die Teilmatrizen

$$\begin{bmatrix} 3 & 1 \\ 3 & 0 \end{bmatrix}, \begin{bmatrix} 3 & 0 \\ 3 & 1 \end{bmatrix}, \begin{bmatrix} 1 & 1 \\ 1 & 0 \end{bmatrix}, \begin{bmatrix} 1 & 0 \\ 1 & 1 \end{bmatrix}, \begin{bmatrix} 1 & 0 \\ 0 & 1 \end{bmatrix}$$

von 0 verschiedene Determinanten haben, die Determinante der Teilmatrix

$$\begin{bmatrix} 3 & 1 \\ 3 & 1 \end{bmatrix}$$

aber gleich 0 ist, können je zwei Unbekannte mit Ausnahme der Kombination z, v willkürlich festgesetzt werden, die restlichen zwei Unbekannten werden dann nach der Cramerschen Regel (eindeutig) bestimmt.

Wenn man

willkürlich festsetzt	so bleibt das Gleichungssystem	und man hat als Lösung
$y = y_0,\ v = v_0$	$\begin{cases} 3x + z = 3 - y_0 \\ 3x \quad\ = 4 - y_0 - v_0 \end{cases}$	$x = \frac{4}{3} - \frac{y_0}{3} - \frac{v_0}{3}$ $z = -1 + v_0$
$x = x_0,\ v = v_0$	$\begin{cases} y + z = 3 - 3x_0 \\ y \quad\ = 4 - 3x_0 - v_0 \end{cases}$	$y = 4 - 3x_0 - v_0$ $z = -1 + v_0$
$y = y_0,\ z = z_0$	$\begin{cases} 3x \quad\ = 3 - y_0 - z_0 \\ 3x + v = 4 - y_0 \end{cases}$	$x = 1 - \frac{y_0}{3} - \frac{z_0}{3}$ $v = 1 + z_0$
$x = x_0,\ z = z_0$	$\begin{cases} y \quad\ = 3 - 3x_0 - z_0 \\ y + v = 4 - 3x_0 \end{cases}$	$y = 3 - 3x_0 - z_0$ $v = 1 + z_0$
$x = x_0,\ y = y_0$	$\begin{cases} z = 3 - 3x_0 - y_0 \\ v = 4 - 3x_0 - y_0 \end{cases}$	$z = 3 - 3x_0 - y_0$ $v = 4 - 3x_0 + y_0$
$z = z_0,\ v = v_0$	$\begin{cases} 3x + y = 3 - z_0 \\ 3x + y = 4 - v_0 \end{cases}$	wofür es keine Lösung geben kann

3) Die Koeffizientenmatrix $\mathbf{A}_4$ des Gleichungssystems

$$(16) \qquad \begin{cases} 2x + z + v = 0 \\ 2x - z + v = 1 \\ y + u + v = 0 \\ y - u + v = 0 \end{cases}$$

hat - wie in 3.9.1 in Beispiel 3 schon festgestellt - den Rang 4. Der Rang der erweiterten Matrix

$$\mathbf{A}_4^* = \begin{bmatrix} 2 & 0 & 1 & 0 & 1 & 0 \\ 2 & 0 & -1 & 0 & 1 & 1 \\ 0 & 1 & 0 & 1 & 1 & 0 \\ 0 & 1 & 0 & -1 & 1 & 0 \end{bmatrix}$$

muß dann ebenfalls 4 sein. Also ist nach dem allgemeinen Satz 2 das Gleichungssystem lösbar.

Da in der Koeffizientenmatrix $\mathbf{A}_4$ des Gleichungssystems die Teilmatrix, die durch Weglassen der fünften Spalte aus $\mathbf{A}_4$ hervorging, eine von 0 verschiedene

Determinante liefert (wie oben bei der Bestimmung des Rangs von $\mathbf{A}_4$ festgestellt wurde), kann die zur fünften Spalte gehörige Unbekannte v willkürlich gleich v_0 gewählt werden; zur Bestimmung der restlichen Unbekannten x, y, z, u formen wir das Gleichungssystem (16) um zu

$$(17)\qquad \begin{cases} 2x + z = -v_0 \\ 2x - z = 1 - v_0 \\ y + u = -v_0 \\ y - u = -v_0. \end{cases}$$

Die Lösung kann man nun zwar nach der Cramerschen Regel berechnen, einfacher schließt man aber wie folgt: Indem man in (17) die ersten beiden Gleichungen addiert, erhält man

$$4x = 1 - 2v_0$$
$$x = \frac{1}{4} - \frac{v_0}{2},$$

ebenso erhält man durch Subtraktion dieser beiden Gleichungen

$$2z = -1$$
$$z = -\frac{1}{2}.$$

Analog findet man durch Addition bzw. Subtraktion der dritten und vierten Gleichung

$$y = -v_0, \; u = 0.$$

Für v_0 dürfen dabei beliebige Zahlen eingesetzt werden.

4) Nun können wir auch verstehen, warum das Gleichungssystem

$$\begin{cases} 2x + 3y = 5 \\ 4x + 6y = 7 \end{cases}$$

keine Lösung hat. Die Determinante der Koeffizientenmatrix

$$\mathbf{A} = \begin{bmatrix} 2 & 3 \\ 4 & 6 \end{bmatrix}$$

ist gleich 0, also hat $\mathbf{A}$ den Rang 1, während der Rang der erweiterten Matrix

$$\mathbf{A}^* = \begin{bmatrix} 2 & 3 & 5 \\ 4 & 6 & 7 \end{bmatrix}$$

gleich 2 ist, denn die Determinante der Teilmatrix

$$\begin{bmatrix} 3 & 5 \\ 6 & 7 \end{bmatrix}$$

von $\mathbf{A}^*$ ist gleich $-9 \neq 0$. Also kann das obige Gleichungssystem auf Grund des allgemeinen Satzes keine Lösung haben.

§ 3.10. Homogene Gleichungssysteme

3.10.1. Ein *homogenes* Gleichungssystem (vgl. 3.8.2)

$$\begin{cases} a_{11}x_1 + a_{12}x_2 + \dots + a_{1n}x_n = 0 \\ a_{21}x_1 + a_{22}x_2 + \dots + a_{2n}x_n = 0 \\ \quad \dots\dots \\ a_{m1}x_1 + a_{m2}x_2 + \dots + a_{mn}x_n = 0 \end{cases}$$

lautet in Matrizenform also

(1) $$\mathbf{Ax} = \mathbf{o} \quad (\mathbf{o} \text{ Nullvektor});$$

ein inhomogenes Gleichungssystem ist

(2) $$\mathbf{Ax} = \mathbf{b} \ \text{ mit } \ \mathbf{b} \neq \mathbf{o}.$$

Es gilt:

Ein homogenes Gleichungssystem hat sicher die Lösung $x_1 = x_2 = \dots = x_n = 0$, also $\mathbf{x} = \mathbf{o}$, wie man durch Einsetzen sofort bestätigt; man nennt diese auch die *triviale Lösung* des Gleichungssystems.

Es gilt weiterhin

Satz 1: *Ein homogenes Gleichungssystem* $\mathbf{Ax} = \mathbf{o}$ *von* m *Gleichungen mit* n *Unbekannten besitzt genau dann eine nicht-triviale Lösung, wenn der Rang* r *der Koeffizientenmatrix* $\mathbf{A}$ *kleiner als* n *ist.*

Daß das Gleichungssystem dann eine nicht-triviale Lösung besitzt, folgt sofort aus Satz 2 in 3.9.2; ist nämlich $r > n$, so sind gewisse $n - r > 0$ Unbekannte willkürlich wählbar, und diese kann man dann von 0 verschieden wählen.

Für den Sonderfall, daß die Anzahl der Gleichungen mit der Anzahl der Unbekannten übereinstimmt, also $m = n$ ist, läßt sich die Aussage von Satz 1 folgendermaßen formulieren (vgl. 3.8.2):

Satz 2: *Ein homogenes Gleichungssystem* $\mathbf{Ax} = \mathbf{o}$ *von* n *Gleichungen mit* n *Unbekannten besitzt genau dann eine nicht-triviale Lösung, wenn die Koeffizientendeterminante* $D = \det \mathbf{A} = 0$ *ist.*

Beweis: Wenn $D \neq 0$ ist, hat das Gleichungssystem nach der Cramerschen Regel eine eindeutig bestimmte Lösung, und dies kann dann nur die triviale Lösung $\mathbf{x} = \mathbf{o}$ sein. Für $D = 0$ ist der Rang der Koeffizientenmatrix $\mathbf{A}$ des Gleichungssystems kleiner als n; also ist, nach Satz 2 in 3.9.2, mindestens eine Unbekannte x_k willkürlich wählbar, d.h. man kann $x_k \neq 0$ wählen.

3.10.2. Eine Lösung eines Gleichungssystems heißt *allgemeine (generelle)* Lösung, wenn jede Lösung des Gleichungssystems durch spezielle Wahl von Parametern aus dieser hervorgeht. Einzelne Lösungen heißen auch *spezielle (partikuläre)* Lösungen.

Es gilt: Ist $\mathbf{x}_1$ eine spezielle Lösung des inhomogenen Systems (2) und $\mathbf{x}_0$ die allgemeine Lösung des zu (2) gehörigen homogenen Systems (1), so ist $\mathbf{x}_1 + \mathbf{x}_0$ die allgemeine Lösung von (2).

Daß $\mathbf{x}_1 + \mathbf{x}_0$ Lösung des inhomogenen Systems (2) ist, rechnet man leicht nach (wir benutzen die Matrizenschreibweise):

$$\mathbf{A}(\mathbf{x}_1 + \mathbf{x}_0) = \mathbf{A}\mathbf{x}_1 + \mathbf{A}\mathbf{x}_0 = \mathbf{b} + \mathbf{o} = \mathbf{b}.$$

§ 3.11. Die inverse Matrix

3.11.1. In 3.4.5 hatten wir schon darauf hingewiesen, daß bei der Multiplikation von Matrizen die Einheitsmatrix

$$\mathbf{E} = \begin{bmatrix} 1 & 0 & 0 \ldots 0 \\ 0 & 1 & 0 \ldots 0 \\ 0 & 0 & 1 \ldots 0 \\ \multicolumn{3}{c}{\ldots\ldots\ldots} \\ 0 & 0 & 0 \ldots 1 \end{bmatrix},$$

also die Matrix, bei der in der Hauptdiagonalen lauter Einsen und sonst lauter Nullen stehen, dieselbe Rolle spielt wie die Zahl 1 bei der Multiplikation reeller Zahlen; es ist nämlich (vgl. (22) in 3.4.5) für jede Matrix **A** mit n Spalten

$$(1) \qquad \mathbf{AE} = \mathbf{A}$$

und für jede Matrix **B** mit n Zeilen

$$(2) \qquad \mathbf{EB} = \mathbf{B},$$

wenn **E** die quadratische (n × n)-Einheitsmatrix ist.

Ist auch **A** eine quadratische (n × n)-Matrix, so gilt

$$\mathbf{AE} = \mathbf{EA} = \mathbf{A},$$

denn beide Produkte **AE** und **EA** können in diesem Fall gebildet werden.

Ferner hatten wir in 3.4.5 auch schon den Begriff der zu einer quadratischen

Matrix **A** inversen Matrix $\mathbf{Z} = \mathbf{A}^{-1}$ eingeführt: Es gelten für $\mathbf{A}^{-1}$ die Bedingungen

$$\mathbf{A}\,\mathbf{A}^{-1} = \mathbf{E} \text{ und } \mathbf{A}^{-1}\mathbf{A} = \mathbf{E},$$

und $\mathbf{A}^{-1}$ ist ebenfalls quadratisch und eindeutig bestimmt.

Schließlich hatten wir auch bemerkt, daß ein Gleichungssystem (14) aus 3.2.3 von n Gleichungen mit n Unbekannten (vgl. (25) in 3.4.5) kürzer in der Form

$$\mathbf{A}\mathbf{x} = \mathbf{b} \tag{3}$$

mit einer quadratischen Matrix **A** geschrieben werden kann.

Multipliziert man nun die (Matrizen-)Gleichung (3) von links mit der zur Matrix **A** inversen Matrix $\mathbf{A}^{-1}$, so entsteht

$$\mathbf{A}^{-1}(\mathbf{A}\mathbf{x}) = \mathbf{A}^{-1}\mathbf{b}$$

und mit der Regel (18) aus 3.4.5

$$(\mathbf{A}^{-1}\mathbf{A})\mathbf{x} = \mathbf{A}^{-1}\mathbf{b}.$$

Da aber auf Grund der Definition der inversen Matrix $\mathbf{A}^{-1}$ das Produkt $\mathbf{A}^{-1}\mathbf{A}$ = **E** ist, folgt

$$\mathbf{E}\mathbf{x} = \mathbf{A}^{-1}\mathbf{b},$$

d.h.

$$\mathbf{x} = \mathbf{A}^{-1}\mathbf{b}. \tag{4}$$

Das Produkt $\mathbf{A}^{-1}\mathbf{b}$ auf der rechten Seite dieser Gleichung ist ein Spaltenvektor mit n Elementen, und diese entsprechen den Elementen $x_1, x_2, x_3, \ldots, x_n$ des Vektors **x**. Die Lösung eines Gleichungssystems von n Gleichungen mit n Unbekannten kann demnach als erledigt angesehen werden, wenn die zur Koeffizientenmatrix **A** inverse Matrix $\mathbf{A}^{-1}$ bekannt ist.

Die Bestimmung der zu einer quadratischen Matrix **A** inversen Matrix $\mathbf{A}^{-1}$ ist also im Zusammenhang mit der Auflösung von Gleichungssystemen eine wichtige Aufgabe. Wir wollen uns dieser Fragestellung nun zuwenden.

3.11.2. Weil

$$\mathbf{A}\,\mathbf{A}^{-1} = \mathbf{E}$$

und det **E** = 1 ist, folgt mit Hilfe von Regel (8) aus 3.6.4 $(\det \mathbf{A})(\det \mathbf{A}^{-1}) = 1$.

Diese Beziehung kann nur bestehen, wenn $\det \mathbf{A} \neq 0$ ist, d.h. $\det \mathbf{A} \neq 0$ ist eine notwendige Voraussetzung, damit es zur quadratischen Matrix **A** eine inverse

Matrix $\mathbf{A}^{-1}$ gibt. Man nennt eine quadratische Matrix **A**, deren Determinante von 0 verschieden ist, *regulär* oder *nicht-singulär* (andernfalls heißt die Matrix **A** singulär).[1]

Um im konkreten Fall die inverse Matrix $\mathbf{A}^{-1}$ zu bestimmen, kann man auf die Definition der inversen Matrix zurückgehen. Soll zum Beispiel für die Matrix

$$\mathbf{A} = \begin{bmatrix} 3 & 7 & -\frac{2}{3} \\ -8 & 4 & 0 \\ 6 & -1 & 1 \end{bmatrix},$$

deren Determinante - wie in 3.5.3 gezeigt wurde - gleich $\frac{236}{3}$, also von 0 verschieden ist, die inverse Matrix berechnet werden, so setzen wir

$$\mathbf{A}^{-1} = \mathbf{Z} = \begin{bmatrix} z_{11} & z_{12} & z_{13} \\ z_{21} & z_{22} & z_{23} \\ z_{31} & z_{32} & z_{33} \end{bmatrix}$$

und erhalten wegen $\mathbf{A}\,\mathbf{A}^{-1} = \mathbf{E}$

$$\begin{bmatrix} 3 & 7 & -\frac{2}{3} \\ -8 & 4 & 0 \\ 6 & -1 & 1 \end{bmatrix} \begin{bmatrix} z_{11} & z_{12} & z_{13} \\ z_{21} & z_{22} & z_{23} \\ z_{31} & z_{32} & z_{33} \end{bmatrix} = \begin{bmatrix} 1 & 0 & 0 \\ 0 & 1 & 0 \\ 0 & 0 & 1 \end{bmatrix}.$$

Indem man links die erste Spalte der Produktmatrix ausrechnet und mit den entsprechenden Elementen der Einheitsmatrix rechts gleichsetzt, folgen die Gleichungen

$$\begin{cases} 3z_{11} + 7z_{21} - \frac{2}{3}z_{31} = 1 \\ -8z_{11} + 4z_{21} = 0 \\ 6z_{11} - z_{21} + z_{31} = 0 \end{cases}$$

für die drei Unbekannten z_{11}, z_{21} und z_{31}. Da die Koeffizientenmatrix dieses Gleichungssystems mit der Matrix **A** übereinstimmt und deren Determinante von 0 verschieden ist, besitzt obiges Gleichungssystem nach der Cramerschen Regel eine eindeutig bestimmte Lösung. Man findet

$$z_{11} = \frac{3}{59}, \quad z_{21} = \frac{6}{59}, \quad z_{31} = -\frac{12}{59}.$$

Wenn man entsprechend die zweite und dritte Spalte der Produktmatrix ausrechnet und mit den entsprechenden Elementen der Einheitsmatrix rechts gleichsetzt, erhält man jeweils drei Gleichungen für die Unbekannten z_{12}, z_{22}, z_{23} bzw. z_{13}, z_{23}, z_{33}. Es ergibt sich

$$z_{12} = -\frac{19}{236}, \quad z_{22} = \frac{21}{236}, \quad z_{32} = \frac{135}{236}$$

---

1) Dies ist ein Sonderfall des Begriffs regulär in 3.9.1.

und

$$z_{13} = \frac{2}{59}, \quad z_{23} = \frac{4}{59}, \quad z_{33} = \frac{51}{59};$$

somit ist

$$\mathbf{A}^{-1} = \begin{bmatrix} \frac{3}{59} & -\frac{19}{236} & \frac{2}{59} \\ \frac{6}{59} & \frac{21}{236} & \frac{4}{59} \\ -\frac{12}{59} & \frac{135}{236} & \frac{51}{59} \end{bmatrix}.$$

Die Probe erhalten wir, indem wir die Produkte $\mathbf{AA}^{-1}$ und $\mathbf{A}^{-1}\mathbf{A}$ bilden; in beiden Fällen muß sich die Einheitsmatrix **E** ergeben. (Es würde übrigens - wie wir hier auch nicht beweisen wollen - genügen, nur eines dieser beiden Produkte zu überprüfen.)

Die Gleichungssysteme zur Bestimmung der Elemente z_{ik} der inversen Matrix $\mathbf{A}^{-1}$ haben als Koeffizientenmatrix die Matrix **A**. Ist also det **A** $\neq 0$, d.h. **A** regulär, so sind die z_{ik} nach der Cramerschen Regel eindeutig bestimmt.

Zusammenfassend haben wir also folgendes allgemeine Ergebnis:

Satz: *Genau dann, wenn die quadratische Matrix* **A** *regulär ist, gibt es dazu eine (eindeutig bestimmte) inverse Matrix* $\mathbf{A}^{-1}$.

Wir erwähnen ferner den folgenden Zusammenhang:

Es gilt mit den algebraischen Komplementen A_{ik} der Elemente a_{ik} der Matrix **A** für die zu **A** inverse Matrix

$$\mathbf{A}^{-1} = \frac{1}{\det \mathbf{A}} \begin{bmatrix} A_{11} & A_{21} & \dots & A_{n1} \\ A_{12} & A_{22} & \dots & A_{n2} \\ & & \dots\dots & \\ A_{1n} & A_{2n} & \dots & A_{nn} \end{bmatrix}.$$

Auf einen Beweis dieser Beziehung verzichten wir.

Für (2 × 2)-Matrizen $\mathbf{A} = \begin{bmatrix} a_{11} & a_{12} \\ a_{21} & a_{22} \end{bmatrix}$ liefert dies speziell

$$\mathbf{A}^{-1} = \frac{1}{a_{11}a_{22} - a_{12}a_{21}} \begin{bmatrix} a_{22} & -a_{12} \\ -a_{21} & a_{11} \end{bmatrix}.$$

3.11.3. Wir hatten oben dargelegt, daß ein Gleichungssystem von n Gleichungen mit n Unbekannten, das in Matrizenform als

$$\mathbf{Ax} = \mathbf{b}$$

geschrieben werden kann, die Lösung

$$\mathbf{x} = \mathbf{A}^{-1}\mathbf{b}$$

besitzt. Diese Methode zur Gleichungsauflösung ist immer dann möglich, wenn die zur Koeffizientenmatrix **A** inverse Matrix $\mathbf{A}^{-1}$ gebildet werden kann, d.h. wenn **A** regulär ist.

Betrachten wir als Beispiel das Gleichungssystem

$$\begin{cases} 3x_1 + 7x_2 - \frac{2}{3}x_3 = 6 \\ -8x_1 + 4x_2 \qquad = 0 \\ 6x_1 - x_2 + x_3 = 4, \end{cases}$$

dessen Lösung wir in 3.2.2 bzw. in 3.5.3 auf andere Art schon bestimmt haben. Für die Matrizenschreibweise ist

$$\mathbf{A} = \begin{bmatrix} 3 & 7 & -\frac{2}{3} \\ -8 & 4 & 0 \\ 6 & -1 & 1 \end{bmatrix}, \quad \mathbf{x} = \begin{bmatrix} x_1 \\ x_2 \\ x_3 \end{bmatrix} \quad \text{und} \quad \mathbf{b} = \begin{bmatrix} 6 \\ 0 \\ 4 \end{bmatrix},$$

so daß also obiges Gleichungssystem in der Form

$$\begin{bmatrix} 3 & 7 & -\frac{2}{3} \\ -8 & 4 & 0 \\ 6 & -1 & 1 \end{bmatrix} \begin{bmatrix} x_1 \\ x_2 \\ x_3 \end{bmatrix} = \begin{bmatrix} 6 \\ 0 \\ 4 \end{bmatrix},$$

dagestellt werden kann. Die Koeffizientenmatrix **A** ist regulär und hat nach 3.11.2 die inverse Matrix

$$\mathbf{A}^{-1} = \begin{bmatrix} \frac{3}{59} & -\frac{19}{236} & \frac{2}{59} \\ \frac{6}{59} & \frac{21}{236} & \frac{4}{59} \\ -\frac{12}{59} & \frac{135}{236} & \frac{51}{59} \end{bmatrix}.$$

Also folgt für die Lösung

$$\mathbf{x} = \begin{bmatrix} x_1 \\ x_2 \\ x_3 \end{bmatrix} = \begin{bmatrix} \frac{3}{59} & -\frac{19}{236} & \frac{2}{59} \\ \frac{6}{59} & \frac{21}{236} & \frac{4}{59} \\ -\frac{12}{59} & \frac{135}{236} & \frac{51}{59} \end{bmatrix} \begin{bmatrix} 6 \\ 0 \\ 4 \end{bmatrix} = \begin{bmatrix} \frac{26}{59} \\ \frac{52}{59} \\ \frac{132}{59} \end{bmatrix},$$

d.h.

$$x_1 = \frac{26}{59}, \quad x_2 = \frac{52}{59}, \quad x_3 = \frac{132}{59}.$$

3.11.4. Soll nun allgemeiner zu zwei gegebenen quadratischen (n × n)-Matrizen **A** und **B**, wobei **A** regulär ist, eine (n × n)-Matrix **X** so bestimmt werden, daß die Matrizengleichung

(5) $$\mathbf{AX} = \mathbf{B}$$

gilt, so können wir auch diese Aufgabe mit Hilfe der zur Matrix **A** inversen Matrix $\mathbf{A}^{-1}$ lösen. Wir multiplizieren (5) von links mit $\mathbf{A}^{-1}$ und erhalten

$$\mathbf{A}^{-1}(\mathbf{A\,X}) = \mathbf{A}^{-1}\mathbf{B}$$

und mit Regel (18) aus 3.4.5

$$(\mathbf{A}^{-1}\mathbf{A})\mathbf{X} = \mathbf{A}^{-1}\mathbf{B};$$

wegen $\mathbf{A}^{-1}\mathbf{A} = \mathbf{E}$ und $\mathbf{E\,X} = \mathbf{X}$ folgt dann

$$\mathbf{X} = \mathbf{A}^{-1}\mathbf{B}.$$

Entsprechend geht man zur Lösung der Matrizengleichung

(6) $$\mathbf{Y\,A} = \mathbf{B}$$

(mit regulärem **A**) vor.[1] Man multipliziert (6) von rechts mit $\mathbf{A}^{-1}$ und erhält dann durch entsprechende Schlüsse wie oben

$$\mathbf{Y} = \mathbf{B\,A}^{-1}.$$

3.11.5. Einige weitere Sätze über inverse Matrizen wollen wir erwähnen:

Satz 1: $\mathbf{E}^{-1} = \mathbf{E}$ (**E** *Einheitsmatrix*).

Beweis: Es ist $\mathbf{E\,E} = \mathbf{E}$.

Satz 2: $(\mathbf{A}^{-1})^{-1} = \mathbf{A}$ (*falls* **A** *regulär*);

d.h. die inverse Matrix von $\mathbf{A}^{-1}$ *ist wieder die ursprüngliche Matrix* **A**.

Beweis: Es ist $\mathbf{A}^{-1}\mathbf{A} = \mathbf{A\,A}^{-1} = \mathbf{E}$.

Satz 3: *Ist* **A** *eine reguläre quadratische Matrix, dann gilt für die inverse Matrix der zu* **A** *transponierten Matrix* $\mathbf{A}'$

$$(\mathbf{A}')^{-1} = (\mathbf{A}^{-1})'.$$

Beweis: Es ist unter Benutzung von (23) aus 3.4.5

$$\mathbf{A}'(\mathbf{A}^{-1})' = (\mathbf{A}^{-1}\mathbf{A})' = \mathbf{E}' = \mathbf{E}$$

und ebenso

$$(\mathbf{A}^{-1})'\mathbf{A}' = (\mathbf{A\,A}^{-1})' = \mathbf{E}' = \mathbf{E}.$$

---

[1] Die Matrizengleichungen (5) und (6) müssen getrennt behandelt werden, da man sie im allgemeinen nicht ineinander überführen kann; es gilt nämlich allgemein nicht $\mathbf{AX} = \mathbf{XA}$.

Satz 4: $(s\,\mathbf{A})^{-1} = s^{-1}\,\mathbf{A}^{-1}$.

Soll vom Produkt **AB** zweier quadratischer regulärer (n × n)-Matrizen **A** und **B** die inverse Matrix gebildet werden, so gilt folgender

Satz 5: $(\mathbf{A}\,\mathbf{B})^{-1} = \mathbf{B}^{-1}\,\mathbf{A}^{-1}$;

die inverse Matrix des Proukts **A B** *ist also gleich dem Produkt der inversen Matrizen* $\mathbf{B}^{-1}$ *und* $\mathbf{A}^{-1}$.

Beweis: Es ist

$$(\mathbf{A}\,\mathbf{B})(\mathbf{B}^{-1}\,\mathbf{A}^{-1}) = \mathbf{A}(\mathbf{B}\,\mathbf{B}^{-1})\,\mathbf{A}^{-1} = \mathbf{A}\,\mathbf{E}\,\mathbf{A}^{-1} = \mathbf{A}\,\mathbf{A}^{-1} = \mathbf{E}$$

(**E** Einheitsmatrix) und ebenso

$$(\mathbf{B}^{-1}\,\mathbf{A}^{-1})(\mathbf{A}\,\mathbf{B}) = \mathbf{B}^{-1}(\mathbf{A}^{-1}\,\mathbf{A})\,\mathbf{B} = \mathbf{B}^{-1}\mathbf{E}\,\mathbf{B} = \mathbf{B}^{-1}\mathbf{B} = \mathbf{E},$$

d.h. $\mathbf{B}^{-1}\,\mathbf{A}^{-1}$ ist die inverse Matrix zu **A B**.

Analog verifiziert man als Verallgemeinerung des obigen Satzes den

Satz 6: $(\mathbf{A}_1\,\mathbf{A}_2\,\ldots\,\mathbf{A}_t)^{-1} = \mathbf{A}_t^{-1}\ldots\mathbf{A}_2^{-1}\,\mathbf{A}_1^{-1}$.

Beweis:

$$\begin{aligned}&(\mathbf{A}_1\,\mathbf{A}_2\,\ldots\,\mathbf{A}_{t-1}\mathbf{A}_t)(\mathbf{A}_t^{-1}\mathbf{A}^{-1}{}_{t-1}\ldots\mathbf{A}_2^{-1}\mathbf{A}_1^{-1}) =\\ &= (\mathbf{A}_1\,\mathbf{A}_2\ldots\mathbf{A}_{t-1})(\mathbf{A}_t\,\mathbf{A}_t^{-1})(\mathbf{A}^{-1}{}_{t-1}\ldots\mathbf{A}_2^{-1}\mathbf{A}_1^{-1}) =\\ &= (\mathbf{A}_1\,\mathbf{A}_2\ldots\mathbf{A}_{t-1})(\mathbf{A}^{-1}{}_{t-1}\ldots\mathbf{A}_2^{-1}\mathbf{A}_1^{-1}),\end{aligned}$$

da $\mathbf{A}_t\,\mathbf{A}_t^{-1} = \mathbf{E}$ ist; in dieser Weise fortfahrend erhält man nach $t-2$ Schritten

$$(\mathbf{A}_1\,\mathbf{A}_2)(\mathbf{A}_2^{-1}\mathbf{A}_1^{-1}) = \mathbf{A}_1(\mathbf{A}_2\,\mathbf{A}_2^{-1})\mathbf{A}_1^{-1} = \mathbf{A}_1\,\mathbf{A}_1^{-1} = \mathbf{E}.$$

Für das Produkt

$$(\mathbf{A}_t^{-1}\ldots\mathbf{A}_2^{-1}\mathbf{A}_1^{-1})(\mathbf{A}_1\,\mathbf{A}_2\ldots\mathbf{A}_t)$$

verfährt man entsprechend.

Satz 7:

$$\begin{bmatrix} a_{11} & 0 & \ldots & 0 \\ 0 & a_{22} & & \\ \vdots & & \ddots & \\ 0 & & & a_{nn} \end{bmatrix}^{-1} = \begin{bmatrix} a_{11}^{-1} & 0 & \ldots & 0 \\ 0 & a_{22}^{-1} & & \\ \vdots & & \ddots & \\ 0 & & & a_{nn}^{-1} \end{bmatrix}.$$

3.12. Der Gauß-Algorithmus

3.12.1. Ein *Algorithmus* ist allgemein ein systematisches Verfahren, um die Lösung einer Aufgabe, etwa unter Wiederholung (Iteration) bestimmter Rechenschritte, zu bestimmen.

Wir betrachten zunächst ein algorithmisches Verfahren zur numerischen Lösung von linearen Gleichungssystemen. Das hier dargestellte Verfahren ist eine einfache Variante des *Gauß-Algorithmus.* Es besteht in der systematischen Elimination von Unbekannten in einem Gleichungssystem, indem man Gleichungen des Systems in geeigneter Weise umformt und addiert, womit man äquivalente Gleichungssysteme erhält.

Wir betrachten zunächst ein Gleichungssystem von n Gleichungen mit n Unbekannten. Sei also gegeben das Gleichungssystem

$$(1)\quad \begin{cases} a_{11}x_1 + a_{12}x_2 + a_{13}x_3 + \dots + a_{1n}x_n = b_1 \\ a_{21}x_1 + a_{22}x_2 + a_{23}x_3 + \dots + a_{2n}x_n = b_2 \\ a_{31}x_1 + a_{32}x_2 + a_{33}x_3 + \dots + a_{3n}x_n = b_3 \\ \quad\dots\dots\dots \\ a_{n1}x_1 + a_{n2}x_2 + a_{n3}x_3 + \dots + a_{nn}x_n = b_n. \end{cases}$$

Dabei ist gewiß einer der Koeffizienten $a_{11}, a_{21}, \dots, a_{n1}$ von 0 verschieden, denn sonst würde die Unbekannte x_1 in dem Gleichungssystem gar nicht auftreten. Wir nehmen an, es sei $a_{11} \neq 0$ (andernfalls ändert man die Reihenfolge der Gleichungen des Gleichungssystems).

Man multipliziert nun die 1. Gleichung des Systems mit $-\frac{a_{21}}{a_{11}}$ und addiert diese dann zur 2. Gleichung;

dann multipliziert man die 1. Gleichung mit $-\frac{a_{31}}{a_{11}}$ und addiert diese dann zur 3. Gleichung; usw.; schließlich multipliziert man die 1. Gleichung mit $-\frac{a_{n1}}{a_{11}}$ und addiert diese dann zur n-ten Gleichung; man erhält damit neben der ersten Gleichung von (1) ein Gleichungssystem von $n-1$ Gleichungen, in dem nur noch die $n-1$ Unbekannten $x_2, \dots, x_n$ vorkommen; also

$$(1')\quad \begin{cases} a_{11}\,x_1 + a_{12}\,x_2 + a_{13}\,x_3 + \dots + a_{1n}\,x_n = b_1 \\ \qquad\qquad a'_{22}x_2 + a'_{23}x_3 + \dots + a'_{2n}x_n = b'_2 \\ \qquad\qquad a'_{32}x_2 + a'_{33}x_3 + \dots + a'_{3n}x_n = b'_3 \\ \qquad\qquad\quad \dots\dots\dots \\ \qquad\qquad a'_{n2}x_2 + a'_{n3}x_3 + \dots + a'_{nn}x_n = b'_n \end{cases}$$

mit $a'_{jk} = a_{jk} - \frac{a_{j1}}{a_{11}}\,a_{1k}$; $b'_j = b_j - \frac{a_{j1}}{a_{11}}\,b_1$ $(j = 2, \dots, n)$.

Dann wird für das System aus der 2. bis n-ten Gleichung entsprechend verfahren und x_2 eliminiert; man erhält dann neben der ersten und der zweiten Gleichung von (1') ein Gleichungssystem von $n-2$ Gleichungen in den $n-2$ Unbekannten $x_3, \dots, x_n$. In dieser Weise fortfahrend erhält man schließlich aus dem System (1) nach n – 1 Schritten ein System der Gestalt

$$\begin{cases} a_{11}\, x_1 + a_{12}\, x_2 + a_{13}\, x_3 + \ldots + a_{1n}\, x_n = b_1 \\ \qquad a'_{22} x_2 + a'_{23} x_3 + \ldots + a'_{2n} x_n = b'_2 \\ \qquad\qquad a''_{33} x_3 + \ldots + a''_{3n} x_n = b''_3 \\ \qquad\qquad \ldots\ldots\ldots \\ \qquad\qquad\qquad a_{nn}^{(n-1)}\, x_n = b_n^{(n-1)}. \end{cases}$$

Damit ist $x_n = \dfrac{b_n^{(n-1)}}{a_{nn}^{(n-1)}}$, falls $a_{nn}^{(n-1)} \neq 0$; nun werden von unten her der Reihe nach die Unbekannten $x_{n-1}, \ldots, x_2, x_1$ bestimmt, indem man schon berechnete Unbekannte in die darüber stehende Gleichung einsetzt.

Beispiel (wir setzen $x_1 = x$, $x_2 = y$, $x_3 = z$):

$$\begin{cases} x + 3y + 2z = 13 \\ 2x + y + 5z = 13 \\ 3x + 5y + 7z = 33. \end{cases}$$

Wir multiplizieren zunächst die 1. Gleichung mit (– 2) und addieren diese zur 2. Gleichung, dann multiplizieren wir die 1. Gleichung mit (– 3) und addieren diese zur 3. Gleichung; dann entsteht das neue Gleichungssystem

$$\begin{cases} x + 3y + 2z = 13 \\ \quad -5y + z = -13 \\ \quad -4y + z = -6. \end{cases}$$

Nun multiplizieren wir die 2. Gleichung dieses Systems mit $(-\frac{4}{5})$ und addieren diese zur 3. Gleichung dieses Systems; dann entsteht das System

$$\begin{cases} x + 3y + 2z = 13 \\ \quad -5y + z = -13 \\ \qquad \frac{1}{5}z = \frac{22}{5}. \end{cases}$$

Damit wird $z = 22$; dies in die vorletzte Gleichung eingesetzt liefert $y = 7$; schließlich folgt damit aus der ersten Gleichung $x = -52$.

Bemerkung: Falls im Verlauf des Algorithmus in der Diagonale der linken Seite Koeffizienten 0 auftreten, ist unter Umständen die Reihenfolge der Gleichungen in dem System zu ändern (Zeilenvertauschung); oder es ist durch geeignete Addition von Gleichungen an die betreffende Stelle ein Koeffizient $\neq 0$ zu bringen.

Beispiel:

$$\begin{cases} x + 3y + 2z = 13 \\ 2x + 6y + 5z = 13 \\ 3x + 5y + 7z = 33; \end{cases}$$

$$\begin{cases} x + 3y + 2z = 13 \\ z = -13 \\ -4y + z = -6; \end{cases}$$

$$\begin{cases} x + 3y + 2z = 13 \\ -4y + z = -6 \\ z = -13; \end{cases}$$

damit hat man $z = -13$; $y = -\frac{7}{4}$; $x = \frac{177}{4}$.

3.12.2. Entsprechend kann der Gauß-Algorithmus auch angewandt werden, wenn die Anzahl m der Gleichungen nicht mit der Anzahl n der Unbekannten übereinstimmt; also wenn $m \neq n$ ist.

Wir nehmen als Beispiel folgendes Gleichungssystem von zwei Gleichungen mit drei Unbekannten:

$$\begin{cases} x + 3y + 2z = 13 \\ 3x + 5y + 7z = 33. \end{cases}$$

Wir multiplizieren die 1. Gleichung mit (– 3) und addieren diese zur 2. Gleichung; es entsteht das neue Gleichungssystem

$$\begin{cases} x + 3y + 2z = 13 \\ -4y + z = -6, \end{cases}$$

und dieses ist äquivalent mit

$$\begin{cases} x + 3y = 13 - 2z \\ -4y = -6 - z. \end{cases}$$

Damit folgt aus der zweiten Gleichung

$$y = \frac{3}{2} + \frac{z}{4},$$

und dies in die erste Geichung eingesetzt liefert

$$x = \frac{17}{2} - \frac{11}{4} z.$$

Dabei darf $z = z_0$ beleibig gewählt werden, so daß man die Lösung

$$x = \frac{17}{2} - \frac{11}{4} z_0, \quad y = \frac{3}{2} + \frac{z_0}{4}$$

hat.

3.12.3. Das Verfahren läßt sich nun weiter schematisieren, indem man nur das Schema der Koeffizienten des Gleichungssystems und die rechte Seite des Gleichungssystems aufschreibt.

Wir beschränken uns zunächst auch nur auf den Fall von n Gleichungen mit n

Unbekannten. Man bildet also die "erweiterte" Koeffizientenmatrix

$$(2) \qquad \begin{bmatrix} a_{11} & a_{12} \dots a_{1n} & \vdots & b_1 \\ a_{21} & a_{22} \dots a_{2n} & \vdots & b_2 \\ a_{31} & a_{32} \dots a_{3n} & \vdots & b_3 \\ & \dots\dots & \vdots & \\ a_{n1} & a_{n2} \dots a_{nn} & \vdots & b_n \end{bmatrix} = (\mathbf{A} \vdots \mathbf{b}).$$

Durch elementare Zeilenumformungen, das sind

a) Vertauschung von Zeilen;

b) Multiplikation von Zeilen mit Zahlen $\neq 0$;

c) Addition eines beliebigen Vielfachen einer Zeile zu einer anderen Zeile,

versucht man nun im linken Teil von (2) die $(n \times n)$-Einheitsmatrix herzustellen; indem man auf der rechten Seite jeweils die gleichen Umformungen vornimmt, bedeutet das, daß man in äquivalente Gleichungssysteme umformt. Ist durch solche Umformungen aus (2) die Gestalt

$$\begin{bmatrix} 1 & 0 & 0 \dots 0 & \vdots & b_1^* \\ 0 & 1 & 0 \dots 0 & \vdots & b_2^* \\ 0 & 0 & 1 \dots 0 & \vdots & b_3^* \\ & & \dots\dots & \vdots & \\ 0 & 0 & 0 \dots 1 & \vdots & b_n^* \end{bmatrix}$$

hergestellt, so kann man daraus direkt als Lösung des Gleichungssystems $x_1 = b_1^*$, $x_2 = b_2^*$, $x_3 = b_3^*$, ..., $x_n = b_n^*$ ablesen.

Wir nehmen das erste Beispiel aus 3.12.1 noch einmal vor. Das zugehörige Schema lautet also

$$\begin{bmatrix} 1 & 3 & 2 & \vdots & 13 \\ 2 & 1 & 5 & \vdots & 13 \\ 3 & 5 & 7 & \vdots & 33 \end{bmatrix}.$$

Nun werden elementare Zeilenumformungen, wie sie oben genannt wurden, vorgenommen, um im linken Teil des Schemas die (3×3)-Einheitsmatrix herzustellen. Zunächst wird man das (-2)-fache der ersten Zeile zur zweiten Zeile und das (-3)-fache der ersten Zeile zur dritten Zeile addieren.[1] Im folgenden sind die elementaren Zeilenumformungen, die Additionen bzw. Subtraktionen von Zeilen benutzen, durch Pfeile angedeutet; die Multiplikation einer Zeile mit einer Zahl s wird durch Dahintersetzen dieser Zahl s gekennzeichnet:

---

[1] D.h. das 2-fache der ersten Zeile von der zweiten Zeile und das 3-fache der ersten Zeile von der dritten Zeile subtrahieren.

$$\begin{bmatrix} 1 & 3 & 2 & \vdots & 13 \\ 2 & 1 & 5 & \vdots & 13 \\ 3 & 5 & 7 & \vdots & 33 \end{bmatrix}$$

$$\begin{bmatrix} 1 & 3 & 2 & \vdots & 13 \\ 0 & -5 & 1 & \vdots & -13 \\ 0 & -4 & 1 & \vdots & -6 \end{bmatrix} \quad | \cdot (-\tfrac{1}{5})$$

$$\begin{bmatrix} 1 & 3 & 2 & \vdots & 13 \\ 0 & 1 & -\frac{1}{5} & \vdots & \frac{13}{5} \\ 0 & -4 & 1 & \vdots & -6 \end{bmatrix}$$

$$\begin{bmatrix} 1 & 0 & \frac{13}{5} & \vdots & \frac{26}{5} \\ 0 & 1 & -\frac{1}{5} & \vdots & \frac{13}{5} \\ 0 & 0 & \frac{1}{5} & \vdots & \frac{22}{5} \end{bmatrix}$$

$$\begin{bmatrix} 1 & 0 & 0 & \vdots & -52 \\ 0 & 1 & 0 & \vdots & 7 \\ 0 & 0 & \frac{1}{5} & \vdots & \frac{22}{5} \end{bmatrix} \quad | \cdot 5$$

$$\begin{bmatrix} 1 & 0 & 0 & \vdots & -52 \\ 0 & 1 & 0 & \vdots & 7 \\ 0 & 0 & 1 & \vdots & 22 \end{bmatrix}$$

Links steht die (3×3)-Einheitsmatrix. Demnach hat man als Lösung $x = -52$, $y = 7$, $z = 22$.

3.12.4. Auch wenn in einem Gleichungssystem die Anzahl der Gleichungen und die Anzahl der Unbekannten nicht übereinstimmt, läßt sich zur Lösung das in 3.12.3 beschriebene schematische Verfahren des Gauß-Algorithmus anwenden. Wir nehmen zur Illustration das Beispiel aus 3.12.2

$$\begin{aligned} x + 3y + 2z &= 13 \\ 3x + 5y + 7z &= 33. \end{aligned}$$

Man nimmt folgende Umformungen vor:

$$\begin{bmatrix} 1 & 3 & 2 & \vdots & 13 \\ 3 & 5 & 7 & \vdots & 33 \end{bmatrix}$$

$$\begin{bmatrix} 1 & 3 & 2 & \vdots & 13 \\ 0 & -4 & 1 & \vdots & -6 \end{bmatrix} \quad | \cdot (-\tfrac{1}{4})$$

$$\begin{bmatrix} 1 & 3 & 2 & \vdots & 13 \\ 0 & 1 & -\frac{1}{4} & \vdots & \frac{3}{2} \end{bmatrix}$$

$$\begin{bmatrix} 1 & 0 & \frac{11}{4} & \vdots & \frac{17}{2} \\ 0 & 1 & -\frac{1}{4} & \vdots & \frac{3}{2} \end{bmatrix}.$$

Am Anfang erscheint links die (2 × 2)-Einheitsmatrix. Die Lösung lautet damit

$$x = \frac{17}{2} - \frac{11}{4} z_0, \quad y = \frac{3}{2} + \frac{z_0}{4},$$

wobei z_0 beliebig gewählt werden darf.

Für das Gleichungssystem

$$\begin{cases} 3x - 6y + 6z = 12 \\ 2x + y - 3z = 0 \\ 5x \phantom{{}+ 6y} - 4z = 4 \end{cases}$$

sieht das Verfahren folgendermaßen aus:

$$\begin{bmatrix} 3 & -6 & 6 & \vdots & 12 \\ 2 & 1 & -3 & \vdots & 0 \\ 5 & 0 & -4 & \vdots & 4 \end{bmatrix} \Big| \cdot \frac{1}{3}$$

$$\begin{bmatrix} 1 & -2 & 2 & \vdots & 4 \\ 2 & 1 & -3 & \vdots & 0 \\ 5 & 0 & -4 & \vdots & 4 \end{bmatrix}$$

$$\begin{bmatrix} 1 & -2 & 2 & \vdots & 4 \\ 0 & 5 & -7 & \vdots & -8 \\ 0 & 10 & -14 & \vdots & -16 \end{bmatrix}$$

$$\begin{bmatrix} 1 & -2 & 2 & \vdots & 4 \\ 0 & 5 & -7 & \vdots & -8 \\ 0 & 0 & 0 & \vdots & 0 \end{bmatrix} \Big| \cdot \frac{1}{5}$$

die letzte Zeile kann hierbei weggelassen werden, denn sie bedeutet die Gleichung $0 \cdot x + 0 \cdot y + 0 \cdot z = 0$; also bleibt

$$\begin{bmatrix} 1 & -2 & 2 & \vdots & 4 \\ 0 & 1 & -\frac{7}{5} & \vdots & -\frac{8}{5} \end{bmatrix}$$

$$\begin{bmatrix} 1 & 0 & -\frac{4}{5} & \vdots & \frac{4}{5} \\ 0 & 1 & -\frac{7}{5} & \vdots & -\frac{8}{5} \end{bmatrix}.$$

Am Anfang steht links die (2 × 2)-Einheitsmatrix. Die Lösung ist damit

$$x = \frac{4}{5} + \frac{4}{5} z_0, \quad y = -\frac{8}{5} + \frac{7}{5} z_0.$$

Wie man in anderen Fällen verfährt, in denen die Anzahl der Gleichungen größer ist als die Anzahl n der Unbekannten, sollen folgende Beispiele illustrieren: Zu

$$\begin{cases} x + 3y + 2z = 13 \\ x + 4y + 2z = 20 \\ 2x + y + 5z = 13 \\ 3x + 5y + 7z = 33 \\ 5x + 11y + 11z = 59 \end{cases}$$

bildet man das Schema

$$\begin{bmatrix} 1 & 3 & 2 & \vdots & 13 \\ 1 & 4 & 2 & \vdots & 20 \\ 2 & 1 & 5 & \vdots & 13 \\ 3 & 5 & 7 & \vdots & 33 \\ 5 & 11 & 11 & \vdots & 59 \end{bmatrix}$$

$$\begin{bmatrix} 1 & 3 & 2 & \vdots & 13 \\ 0 & 1 & 0 & \vdots & 7 \\ 0 & -5 & 1 & \vdots & -13 \\ 0 & -4 & 1 & \vdots & -6 \\ 0 & -4 & 1 & \vdots & -6 \end{bmatrix};$$

hierin stimmt die letzte Zeile mit der vorletzten Zeile überein (d.h. die letzte Gleichung stimmt mit der vorletzten Gleichung des entsprechenden Systems überein). Also kann die letzte Zeile in diesem Schema (d.h. die letzte Gleichung des Systems) weggelassen werden:

$$\begin{bmatrix} 1 & 3 & 2 & \vdots & 13 \\ 0 & 1 & 0 & \vdots & 7 \\ 0 & -5 & 1 & \vdots & -13 \\ 0 & -4 & 1 & \vdots & -6 \end{bmatrix}$$

$$\begin{bmatrix} 1 & 0 & 2 & \vdots & -8 \\ 0 & 1 & 0 & \vdots & 7 \\ 0 & 0 & 1 & \vdots & 22 \\ 0 & 0 & 1 & \vdots & 22 \end{bmatrix};$$

aus dem gleichen Grund wie oben kann man hierin die letzte Zeile weglassen:

$$\begin{bmatrix} 1 & 0 & 2 & \vdots & -8 \\ 0 & 1 & 0 & \vdots & 7 \\ 0 & 0 & 1 & \vdots & 22 \end{bmatrix}$$

$$\begin{bmatrix} 1 & 0 & 0 & \vdots & -52 \\ 0 & 1 & 0 & \vdots & 7 \\ 0 & 0 & 1 & \vdots & 22 \end{bmatrix};$$

also $x = -52, \quad y = 7, \quad z = 22.$

$$\begin{cases} x + 3y + 2z = 13 \\ x + 4y + 2z = 20 \\ 2x + y + 5z = 13 \\ 3x + 5y + 7z = 33 \\ 5x + 11y + 11z = 0; \end{cases}$$

man bildet

$$\begin{bmatrix} 1 & 3 & 2 & \vdots & 13 \\ 1 & 4 & 2 & \vdots & 20 \\ 2 & 1 & 5 & \vdots & 13 \\ 3 & 5 & 7 & \vdots & 33 \\ 5 & 11 & 11 & \vdots & 0 \end{bmatrix}$$

$$\begin{bmatrix} 1 & 3 & 2 & \vdots & 13 \\ 0 & 1 & 0 & \vdots & 7 \\ 0 & -5 & 1 & \vdots & -13 \\ 0 & -4 & 1 & \vdots & -6 \\ 0 & -4 & 1 & \vdots & -65 \end{bmatrix}.$$

Hierin bedeuten die beiden letzten Zeilen einen Widerspruch, denn es kann nicht gleichzeitig gelten

$$0 \cdot x - 4y + 1 \cdot z = -6 \quad \text{und} \quad 0 \cdot x - 4y + 1 \cdot z = -65;$$

also besitzt das Gleichungssystem keine Lösung.

3.12.5. Für das Gleichungssystem (vgl. 3.9.2)

$$(3) \qquad \begin{cases} 2x + 3y = 5 \\ 4x + 6y = 7 \end{cases}$$

sieht das zugehörige Schema folgendermaßen aus:

$$\begin{bmatrix} 2 & 3 & \vdots & 5 \\ 4 & 6 & \vdots & 7 \end{bmatrix};$$

Anwendung elementarer Zeilenumformungen liefert

$$\begin{bmatrix} 1 & \frac{3}{2} & \vdots & \frac{5}{2} \\ 4 & 6 & \vdots & 7 \end{bmatrix}$$

$$\begin{bmatrix} 1 & \frac{3}{2} & \vdots & \frac{5}{2} \\ 0 & 0 & \vdots & -3 \end{bmatrix}.$$

Die letzte Zeile hierin bedeutet einen Widerspruch, denn $0 \cdot x + 0 \cdot y \neq -3$; also kann das Gleichungssystem (3) keine Lösung besitzen.

Für das Gleichungssystem

$$(4)\qquad \begin{cases} x + 3y + 2z - u = 13 \\ 2x + y + 5z + 2u = 13 \\ 4x + 7y + 9z = 33 \end{cases}$$

hat man das Schema mit den elementaren Zeilenumformungen

$$\left[\begin{array}{cccc:c} 1 & 3 & 2 & -1 & 13 \\ 2 & 1 & 5 & 2 & 13 \\ 4 & 7 & 9 & 0 & 33 \end{array}\right]$$

$$\left[\begin{array}{cccc:c} 1 & 3 & 2 & -1 & 13 \\ 0 & -5 & 1 & 4 & -13 \\ 0 & -5 & 1 & 4 & -19 \end{array}\right].$$

Man braucht nun den Algorithmus nicht weiter fortzusezen, denn die beiden letzten Zeilen bedeuten schon einen Widerspruch; es kann nämlich nicht gleichzeitig gelten

$$0 \cdot x - 5y + 1z + 4u = -13 \text{ und } 0 \cdot x - 5y + 1z + 4u = -19;$$

also besitzt das Gleichungssystem (4) keine Lösung.

3.12.6. *Der Gauß-Algorithmus zur Bestimmung der inversen Matrix*

Die Bestimmung der inversen Matrix $\mathbf{A}^{-1}$ zu einer gegebenen (n × n)-Matrix **A** (siehe 3.4.5 und § 3.11) läßt sich auch in der Form des Gauß-Algorithmus durchführen. Ist die (n × n)-Matrix

$$\mathbf{A} = \begin{bmatrix} a_{11} & a_{12} \dots a_{1n} \\ a_{21} & a_{22} \dots a_{2n} \\ a_{31} & a_{32} \dots a_{3n} \\ \dots & \dots \\ a_{n1} & a_{n2} \dots a_{nn} \end{bmatrix},$$

so bildet man das Schema

$$\mathbf{A} = \left[\begin{array}{cc:cccc} a_{11} & a_{12} \dots a_{1n} & 1 & 0 & 0 \dots 0 \\ a_{21} & a_{22} \dots a_{2n} & 0 & 1 & 0 \dots 0 \\ a_{31} & a_{32} \dots a_{3n} & 0 & 0 & 1 \dots 0 \\ \dots & \dots & & \dots & \\ a_{n1} & a_{n2} \dots a_{nn} & 0 & 0 & 0 \dots 1 \end{array}\right],$$

aus n Zeilen und 2n Spalten, das also im linken Teil aus der Matrix **A** und im rechten Teil aus der (n × n)-Einheitsmatrix besteht. Durch elementare Zeilenumformungen (siehe 3.12.3) versucht man nun links die (n × n)-Einheitsmatrix herzustellen; indem man im rechten Teil jeweils die gleichen Umformungen vornimmt, erhält man rechts die inverse Matrix $\mathbf{A}^{-1}$.

Wir betrachten folgende Beispiele (die elementaren Zeilenumformungen werden wie in 3.12.3 gekennzeichnet):

1) $$\mathbf{A} = \begin{bmatrix} 1 & 0 & 1 \\ 2 & 2 & 3 \\ 1 & 1 & 2 \end{bmatrix};$$

man bildet

$$\left[\begin{array}{ccc:ccc} 1 & 0 & 1 & 1 & 0 & 0 \\ 2 & 2 & 3 & 0 & 1 & 0 \\ 1 & 1 & 2 & 0 & 0 & 1 \end{array}\right]$$

$$\left[\begin{array}{ccc:ccc} 1 & 0 & 1 & 1 & 0 & 0 \\ 0 & 2 & 1 & -2 & 1 & 0 \\ 0 & 1 & 1 & -1 & 0 & 1 \end{array}\right] \begin{array}{l} \\ \big| \cdot \frac{1}{2} \\ \\ \end{array}$$

$$\left[\begin{array}{ccc:ccc} 1 & 0 & 1 & 1 & 0 & 0 \\ 0 & 1 & \frac{1}{2} & -1 & \frac{1}{2} & 0 \\ 0 & 1 & 1 & -1 & 0 & 1 \end{array}\right]$$

$$\left[\begin{array}{ccc:ccc} 1 & 0 & 1 & 1 & 0 & 0 \\ 0 & 1 & \frac{1}{2} & -1 & \frac{1}{2} & 0 \\ 0 & 0 & \frac{1}{2} & 0 & -\frac{1}{2} & 1 \end{array}\right] \begin{array}{l} \\ \\ \big| \cdot 2 \end{array}$$

$$\left[\begin{array}{ccc:ccc} 1 & 0 & 1 & 1 & 0 & 0 \\ 0 & 1 & \frac{1}{2} & -1 & \frac{1}{2} & 0 \\ 0 & 0 & 1 & 0 & -1 & 2 \end{array}\right]$$

$$\left[\begin{array}{ccc:ccc} 1 & 0 & 0 & 1 & 1 & -2 \\ 0 & 1 & 0 & -1 & 1 & -1 \\ 0 & 0 & 1 & 0 & -1 & 2 \end{array}\right],$$

also ist

$$\mathbf{A}^{-1} = \begin{bmatrix} 1 & 1 & -2 \\ -1 & 1 & -1 \\ 0 & -1 & 2 \end{bmatrix}.$$

2) $$\mathbf{A} = \begin{bmatrix} 0 & -1 \\ 3 & 1 \end{bmatrix};$$

$$\left[\begin{array}{cc:cc} 0 & -1 & 1 & 0 \\ 3 & 1 & 0 & 1 \end{array}\right]$$

$$\left[\begin{array}{cc:cc} 3 & 1 & 0 & 1 \\ 0 & -1 & 1 & 0 \end{array}\right] \quad \text{(Zeilenvertauschung).}$$

Weiter entsprechend wie oben; es folgt $\mathbf{A}^{-1} = \begin{bmatrix} \frac{1}{3} & \frac{1}{3} \\ -1 & 0 \end{bmatrix}$.

Bemerkung: Ist die Matrix **A** singulär, existiert also keine Inverse zu **A**, dann ist es bei diesem Verfahren nicht möglich, links die Einheitsmatrix herzustellen.

Beispiel: $\mathbf{A} = \begin{bmatrix} 2 & 1 \\ 6 & 3 \end{bmatrix}$;

$$\left[\begin{array}{cc:cc} 2 & 1 & 1 & 0 \\ 6 & 3 & 0 & 1 \end{array}\right] \;\Big|\cdot\frac{1}{2}$$

$$\left[\begin{array}{cc:cc} 1 & \frac{1}{2} & \frac{1}{2} & 0 \\ 6 & 3 & 0 & 1 \end{array}\right]$$

$$\left[\begin{array}{cc:cc} 1 & \frac{1}{2} & \frac{1}{2} & 0 \\ 0 & 0 & 3 & 1 \end{array}\right].$$

§ 3.13.* Anwendungen in der Wirtschaftstheorie

3.13.1* Wir kommen wieder zurück auf das Modell (4) aus 3.1.3*, das wir in der Form

$$\begin{cases} C_t - \alpha_1 Y_t = \alpha_0 + \alpha_2 C_{t-1} \\ \quad - \beta_1 Y_t + I_t = \beta_0 + \beta_2 Z_t \\ - C_t + Y_t - I_t = G_t \end{cases}$$

schreiben und stellen dazu mit Hilfe der Cramerschen Regel die reduzierte Form her, d.h. wir lösen dieses Gleichungssystem nach C_t, Y_t und I_t auf. Da wir nur die Fälle betrachten, in denen die Koeffizientendeterminante

$$D = \begin{vmatrix} 1 & -\alpha_1 & 0 \\ 0 & -\beta_1 & 1 \\ -1 & 1 & -1 \end{vmatrix} = \alpha_1 + \beta_1 - 1 \neq 0$$

ist, erhalten wir nach der Cramerschen Regel

$$C_t = \frac{\begin{vmatrix} \alpha_0 + \alpha_2 C_{t-1} & -\alpha_1 & 0 \\ \beta_0 + \beta_2 Z_t & -\beta_1 & 1 \\ G_t & 1 & -1 \end{vmatrix}}{\alpha_1 + \beta_1 - 1} =$$

$$= \frac{(\alpha_0 + \alpha_2 C_{t-1})(\beta_1 - 1) + \alpha_1(-\beta_0 - \beta_2 Z_t - G_t)}{\alpha_1 + \beta_1 - 1} =$$

$$= \frac{\alpha_0(\beta_1 - 1) - \alpha_1\beta_0}{\alpha_1 + \beta_1 - 1} + \frac{\alpha_2(\beta_1 - 1)}{\alpha_1 + \beta_1 - 1} C_{t-1} - \frac{\alpha_1\beta_2}{\alpha_1 + \beta_1 - 1} Z_t -$$

$$- \frac{\alpha_1}{\alpha_1 + \beta_1 - 1} G_t;$$

$$Y_t = \frac{\begin{vmatrix} 1 & \alpha_0 + \alpha_2 C_{t-1} & 0 \\ 0 & \beta_0 + \beta_2 Z_t & 1 \\ -1 & G_t & -1 \end{vmatrix}}{\alpha_1 + \beta_1 - 1} =$$

$$= \frac{-\alpha_0 - \beta_0}{\alpha_1 + \beta_1 - 1} + \frac{-\beta_2}{\alpha_1 + \beta_1 - 1} Z_t - \frac{1}{\alpha_1 + \beta_1 - 1} G_t -$$

$$- \frac{\alpha_2}{\alpha_1 + \beta_1 - 1} C_{t-1};$$

$$I_t = \frac{\begin{vmatrix} 1 & -\alpha_1 & \alpha_0 + \alpha_2 C_{t-1} \\ 0 & -\beta_1 & \beta_0 + \beta_2 Z_t \\ -1 & 1 & G_t \end{vmatrix}}{\alpha_1 + \beta_1 - 1} =$$

$$= \frac{\beta_0(\alpha_1 - 1) - \alpha_0\beta_1}{\alpha_1 + \beta_1 - 1} + \frac{\beta_2(\alpha_1 - 1)}{\alpha_1 + \beta_1 - 1} Z_t - \frac{\beta_1}{\alpha_1 + \beta_1 - 1} G_t -$$

$$- \frac{\alpha_2\beta_1}{\alpha_1 + \beta_1 - 1} C_{t-1}.$$

3.13.2* Beispiel zur Input-Output-Analyse

Tab. 1. Input-Output-Tabelle (in Mrd. DM)

Käufe / Verkäufe	Sektor 1	2	3	Endnachfrage: Konsum: Haushalte	Staat	Bruttoinvestition + Lager	Export	Gesamter Output
Sektor 1	4	26	1	10	1	1	5	48
Sektor 2	1	41	5	45	7	29	17	145
Sektor 3	3	12	6	27	13	1	3	65
Import	10	8	1	—	—	—	—	19
Wertschöpfung + Abschreibungen + indirekte Steuern − Subventionen	30	58	52	—	—	—	—	140
Gesamter Input	48	145	65	82	21	31	25	417

Es sollen die Auswirkungen einer 17,65-prozentigen Exportsteigerung von Gütern der Fertigungsindustrie (Sektor 2) auf die Input-Output-Struktur untersucht werden. Wir sehen jetzt einmal davon ab, daß Exportänderungen zu Einkommensänderungen führen, die ihrerseits Konsum und Investition beeinflussen. Es wird außerdem angenommen, daß die Preise sich nicht ändern und die technischen Koeffizienten konstant sind. Wir können nun unsere Fragestellung deutlicher in einer Tabelle zum Ausdruck bringen (vgl. Tab. 2):

Tab. 2

Käufe / Verkäufe	Sektor 1	Sektor 2	Sektor 3	Endnachfrage: Konsum: Haushalte	Endnachfrage: Konsum: Staat	Endnachfrage: Bruttoinvestition + Lager	Endnachfrage: Export	Gesamter Output
Sektor 1	x_{11}	x_{12}	x_{13}	10	1	1	5	X_1
Sektor 2	x_{21}	x_{22}	x_{23}	45	7	29	20	X_2
Sektor 3	x_{31}	x_{32}	x_{33}	27	13	1	3	X_3
Import	x_{41}	x_{42}	x_{43}	—	—	—	—	
Wertschöpfung + Abschreibungen + indirekte Steuern – Subventionen	x_{51}	x_{52}	x_{53}	—	—	—	—	
Gesamter Input	X_1	X_2	X_3	82	21	31	28	

Es sind zunächst die Produktionsniveaus X_1, X_2 und X_3 zu bestimmen. Sind diese bekannt, so lassen sich auch die Inputs, die Importe und das Bruttosozialprodukt errechnen.

Da der gesamte Output eines Sektors der Summe seiner Inputs gleich ist, lassen sich in unserem Fall drei Gleichungen aufstellen:

$$\begin{cases} x_{11} + x_{12} + x_{13} + 17 = X_1 \\ x_{21} + x_{22} + x_{23} + 101 = X_2 \\ x_{31} + x_{32} + x_{33} + 44 = X_3. \end{cases}$$

Unter Verwendung von

$$x_{ik} = a_{ik} X_k \quad (i,k = 1,2,3)$$

(vgl. 3.1.4*) geht das Gleichungssystem über in das System

$$\begin{cases} (1 - a_{11})X_1 - a_{12}X_2 - a_{13}X_3 = 17 \\ -a_{21}X_1 + (1 - a_{22})X_2 - a_{23}X_3 = 101 \\ -a_{31}X_1 - a_{32}X_2 + (1 - a_{33})X_3 = 44. \end{cases}$$

Der nächste Schritt besteht in der Berechnung der technischen Koeffizienten a_{ik} auf Grund der gegebenen Daten. Wir geben nur einige Beispiele zur Berechnung der Koeffizienten:

$$a_{11} = \frac{x_{11}}{X_1} = \frac{4}{48}; \quad a_{12} = \frac{x_{12}}{X_2} = \frac{26}{145};$$

$$a_{23} = \frac{x_{23}}{X_3} = \frac{5}{65}; \quad a_{31} = \frac{x_{31}}{X_1} = \frac{3}{48}.$$

Nach Berechnung der technischen Koeffizienten läßt sich das Gleichungssystem in der Form

$$\left\{\begin{array}{rcrcrl} \frac{44}{48} X_1 & - & \frac{26}{145} X_2 & - & \frac{1}{65} X_3 & = 17 \\ -\frac{1}{48} X_1 & + & \frac{104}{145} X_2 & - & \frac{5}{65} X_3 & = 101 \\ -\frac{3}{48} X_1 & - & \frac{12}{145} X_2 & + & \frac{59}{65} X_3 & = 44 \end{array}\right.$$

schreiben. Durch Auflösen nach X_1, X_2, X_3 (etwa nach dem Gauß-Algorithmus) erhält man

$$X_1 = 48{,}84; \quad X_2 = 149{,}25; \quad X_3 = 65{,}53.$$

Aus den Ergebnissen läßt sich nunmehr die neue Input-Output-Tabelle aufstellen (vgl. Tab. 3).

Tab. 3

Käufe / Verkäufe	Sektor 1	Sektor 2	Sektor 3	Endnachfrage: Konsum: Haushalte	Konsum: Staat	Bruttoinvestition + Lager	Export	Gesamter Output
Sektor 1	4,07	26,75	1,01	10	1	1	5	48,84
Sektor 2	1,53	42,20	5,14	45	7	29	20	149,25
Sektor 3	3,05	12,05	6,04	27	13	1	3	65,53
Import	10,18	8,21	1,01	—	—	—	—	19,40
Wertschöpfung + Abschreibungen + indirekte Steuern – Subventionen	30,59	59,66	52,29	—	—	—	—	142,54
Gesamter Input	48,84	149,25	65,53	82	21	31	28,04	425,54

Bei numerischen Rechnungen - etwa mit dem Gauß-Algorithmus - können Rundungsfehler auftreten. In der Tabelle sind nur zwei Dezimalstellen angegeben.

3.13.3.* Ein Betrieb hat drei Abteilungen (Kostenstellen) A_1, A_2 und A_3. Dort stellt er in der Zeiteinheit $E_1 = 1\,000$, $E_2 = 2\,000$ und $E_3 = 3\,000$ Erzeugniseinheiten her. Die Kosten von A_1 waren $a_1 = 47\,000$; die von A_2 waren $a_2 = 78\,000$; die von A_3 waren $a_3 = 46\,000$ DM.

Von diesen Kosten entfielen für Arbeiten in A_1 60%, an Kosten für A_2 30% und für A_3 10% auf die jeweils dort produzierten Stücke.

In der Abteilung A_2 konnte man 50% der Kosten direkt den dort produzierten 2 000 Einheiten zurechnen, 20% waren für A_1 und 30% für A_3 aufgewendet worden. In der Abteilung A_3 schließlich fielen auf die dort erstellten 3 000 Produkte 70% der Kosten, 10% fielen für A_1 und 20% für A_2 an.

Wie hoch sind nun die Erzeugnisse von A_1, A_2 und A_3?

Das Kostenproblem kann durch ein simultanes Gleichungssystem gelöst werden. Hierbei stellen x_1, x_2 und x_3 die fiktiven Stellenkosten dar.

Durch diese Fragestellung werden wir auf das folgende Gleichungssystem geführt:

$$\begin{cases} x_1 - 0{,}2\,x_2 - 0{,}1\,x_3 = 47\,000 \\ -0{,}3\,x_1 + x_2 - 0{,}2\,x_3 = 78\,000 \\ -0{,}1\,x_1 - 0{,}3\,x_2 + x_3 = 46\,000. \end{cases}$$

Man berechnet als Lösung

$$x_1 = 80\,000; \quad x_2 = 120\,000; \quad x_3 = 90\,000.$$

Aus den oben bezeichneten fiktiven Kostenstellen ergibt sich somit als richtige Kostenumlage:

$$\begin{aligned} &\text{Gesamtkosten für Fertigung in } A_1 = 60\% \text{ von } x_1 = 48\,000 \text{ DM} \\ &\text{Gesamtkosten für Fertigung in } A_2 = 50\% \text{ von } x_2 = 60\,000 \text{ DM} \\ &\text{Gesamtkosten für Fertigung in } A_3 = 70\% \text{ von } x_3 = \underline{63\,000 \text{ DM}} \\ &\hphantom{\text{Gesamtkosten für Fertigung in } A_3 = 70\% \text{ von } x_3 = } \overline{171\,000 \text{ DM.}} \end{aligned}$$

Diese Summe muß natürlich mit der Summe der oben gegebenen Kosten a_1, a_2 und a_3 übereinstimmen. Als Einzelkosten ergeben sich dann:

für A_1 $\frac{48\,000}{1\,000} = 48.-$ DM; für A_2 $\frac{60\,000}{2\,000} = 30.-$ DM; für A_3 $\frac{63\,000}{3\,000} = 21.-$ DM.

Eine einfache Zurechnung der direkten Stellenkosten a_1, a_2 und a_3 hätte ergeben: $A_1 = 47.-$ DM; $A_2 = 39.-$ DM; $A_3 = = 15{,}33.-$ DM.

3.13.4.* Ein Verkehrsunternehmen stellt mit seinen Transportmitteln 1, 2 und 3 drei Leistungen in einer Periode in den Mengen $b_1 = 120$ Werteinheiten, $b_2 = 90$ Werteinheiten, $b_3 = 160$ Werteinheiten für den Markt her.

An der Bereitstellung dieser Leistungen sind die Löhne [1] bei den einzelnen Transportmitteln mit $a_{11} = -3\,000$ DM, $a_{12} = -4\,000$ DM bzw. $a_{13} = -5\,000$ DM sowie Betriebsmittel Typ I mit $a_{21} = -20$ t, $a_{22} = -50$ t bzw. $a_{23} = -80$ t und Betriebsmittel Typ II mit $a_{31} = 0$ t, $a_{32} = -20$ t bzw. $a_{33} = -30$ t beteiligt. Das Flußbild (Figur 1) gibt graphisch an, wie die Kosten verteilt sind und wie die Leistungen erbracht werden.

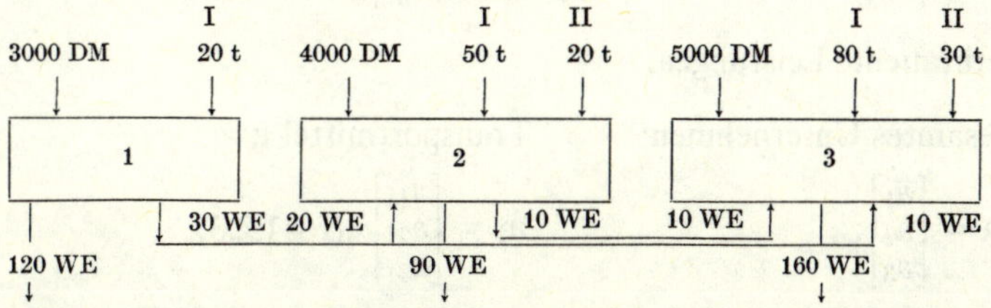

Fig. 1

Die Bilanztabelle (Tab. 4) stellt die Daten systematisch zusammen. Die bereitgestellten Leistungen erscheinen mit positivem Vorzeichen, die Kosten erscheinen mit negativem Vorzeichen.

Tab. 4 *Bilanztabelle*

	Abgabe an den Markt	Transportmittel 1	2	3	Einheit
Endleistung des 1. Transp.M	$b_1 = 120$	$b_{11} = 150$	$b_{12} = -20$	$b_{13} = -10$	WE
Endleistung des 2. Transp.M.	$b_2 = 90$	$b_{21} = 0$	$b_{22} = 100$	$b_{23} = -10$	WE
Endleistung des 3. Transp.M.	$b_3 = 160$	$b_{31} = 0$	$b_{32} = 0$	$b_{33} = 160$	WE
	gesamt				
Lohnkosten	$a_1 = -12000$	$a_{11} = -3000$	$a_{12} = -4000$	$a_{13} = -5000$	DM
Betriebsmittel Typ I	$a_2 = -150$	$a_{21} = -20$	$a_{22} = -50$	$a_{23} = -80$	t
Betriebsmittel Typ II	$a_3 = -60$	$a_{31} = 0$	$a_{32} = -20$	$a_{33} = -30$	t

[1] Diese sind als Ausgaben negativ zu nehmen.

Die im Unternehmen insgesamt verbrauchten Leistungen sowie die insgesamt bereitgestellten Leistungen sind auf die drei Transportmittel 1,2,3 aufgeteilt.

Wir wollen die Gewinne g_1, g_2 und g_3 der einzelnen Transportmittel berechnen.

Zur Darstellung der Leistungen der einzelnen Transportmittel benutzen wir gleich die Vektorschreibweise:

a) bereitgestellte Leistungen:

gesamtes Unternehmen: Transportmittel i:

$$\mathbf{b} = \begin{bmatrix} b_1 \\ b_2 \\ b_3 \end{bmatrix}; \qquad \mathbf{b}_i = \begin{bmatrix} b_{1i} \\ b_{2i} \\ b_{3i} \end{bmatrix} \quad (i = 1,2,3);$$

b) verbrauchte Leistungen:

gesamtes Unternehmen: Transportmittel i:

$$\mathbf{a} = \begin{bmatrix} a_1 \\ a_2 \\ a_3 \end{bmatrix}; \qquad \mathbf{a}_i = \begin{bmatrix} a_{1i} \\ a_{2i} \\ a_{3i} \end{bmatrix} \quad (i = 1,2,3).$$

Für unser Beispiel ist also mit Zahlen:

$$\mathbf{b} = \begin{bmatrix} 120 \\ 90 \\ 160 \end{bmatrix}; \ \mathbf{b}_1 = \begin{bmatrix} 150 \\ 0 \\ 0 \end{bmatrix}; \ \mathbf{b}_2 = \begin{bmatrix} -20 \\ 100 \\ 0 \end{bmatrix}; \ \mathbf{b}_3 = \begin{bmatrix} -10 \\ -10 \\ 160 \end{bmatrix};$$

$$\mathbf{a} = \begin{bmatrix} -12000 \\ -150 \\ -50 \end{bmatrix}; \ \mathbf{a}_1 = \begin{bmatrix} -3000 \\ -20 \\ 0 \end{bmatrix}; \ \mathbf{a}_2 = \begin{bmatrix} -4000 \\ -50 \\ -20 \end{bmatrix}; \ \mathbf{a}_3 = \begin{bmatrix} -5000 \\ -80 \\ -30 \end{bmatrix}.$$

Um diese Größen bewerten zu können, müssen deren Preise je Einheit bekannt sein.

Zu den Leistungen	a_1	a_2	a_3	b_1	b_2	b_3
seien die Preise p_{a_1} bzw. p_{b_1}	1	900	800	300	180	1100
mit den Einheiten	DM	DM/t	DM/t	DM/WE	DM/WE	DM/WE [1]

Die Preise fassen wir zu Zeilenvektoren (Preisvektoren) zusammen:

$$\mathbf{y}_a = (p_{a_1} \ p_{a_2} \ p_{a_3})$$

und

[1] Bei den Rechnungen lassen wir die Einheiten weg.

$$\mathbf{y}_b = (p_{b_1}\ p_{b_2}\ p_{b_3}).$$

Wenn wir die Zahlen unseres Beispiels einsetzen, ist also

$$\mathbf{y}_a = (\ 1\ \ 900\ \ 800),$$

$$\mathbf{y}_b = (300\ \ 180\ \ 1100).$$

Der Gesamterlös E errechnet sich aus der Summe der Produkte von Leistungen und deren Preisen. Es ergibt sich

$$E = \mathbf{y}_b\mathbf{b} = p_{b_1} \cdot b_1 + p_{b_2} \cdot b_2 + p_{b_3} \cdot b_3 =$$

$$= (300\ \ 180\ \ 1100)\begin{bmatrix} 120 \\ 90 \\ 160 \end{bmatrix} = 228\,200.$$

Der Aufwand A errechnet sich analog aus der Summe der Produkte von Kosten und deren Preisen. Es ergibt sich

$$A = \mathbf{y}_a\mathbf{a} = p_{a_1} \cdot a_1 + p_{a_2} \cdot a_2 + p_{a_3} \cdot a_3 =$$

$$= (1\ \ 900\ \ 800)\begin{bmatrix} -12\,000 \\ -\quad 150 \\ -\quad 50 \end{bmatrix} = -187\,000.$$

Der Gesamtgewinn ist somit

$$G = E + A = \mathbf{y}_b\mathbf{b} + \mathbf{y}_a\mathbf{a}$$

(der Aufwand wird addiert, da dieser in der Rechnung als negative Größe geführt wird), also

$$G = 228\,200 + (-187\,000) = 41\,200.$$

Die Vektoren der Leistungen und Kosten setzen sich aus der Summe der betreffenden Vektoren der einzelnen Transportmittel zusammen. Es ist

$$\mathbf{a} = \mathbf{a}_1 + \mathbf{a}_2 + \mathbf{a}_3,$$

$$\mathbf{b} = \mathbf{b}_1 + \mathbf{b}_2 + \mathbf{b}_3.$$

Die Aufwendungen an Lohnkosten und Betriebsmittel werden auf die einzelnen Transportmittel umgelegt. Betrachtet man also $\mathbf{a}_1$, $\mathbf{a}_2$ und $\mathbf{a}_3$ als die Spaltenvektoren einer Matrix, so erhält man die Matrix der Aufwendungen

$$\mathbf{A} = \begin{bmatrix} a_{11} & a_{12} & a_{13} \\ a_{21} & a_{22} & a_{23} \\ a_{31} & a_{32} & a_{33} \end{bmatrix} = \begin{bmatrix} -3000 & -4000 & -5000 \\ -20 & -50 & -80 \\ 0 & -20 & -30 \end{bmatrix}.$$

Verfahren wir für die Vektoren $\mathbf{b}_1$, $\mathbf{b}_2$ und $\mathbf{b}_3$ entsprechend, so erhalten wir die Matrix

$$\mathbf{B} = \begin{bmatrix} b_{11} & b_{12} & b_{13} \\ b_{21} & b_{22} & b_{23} \\ b_{31} & b_{32} & b_{33} \end{bmatrix} = \begin{bmatrix} 150 & -20 & -10 \\ 0 & 100 & -10 \\ 0 & 0 & 160 \end{bmatrix}.$$

Mit diesen Matrizen der Aufwendungen und Erlöse lassen sich die Gewinne der einzelnen Transportmittel bestimmen.

Es setzt sich der Gesamtgewinn zusammen aus $G = g_1 + g_2 + g_3$, wobei g_i der Gewinn des Transportmittels i (i = 1, 2, 3) war.

Führen wir noch den Gewinnvektor $\mathbf{g} = (g_1 \;\; g_2 \;\; g_3)$ ein, so wird die Summe der Produkte der Einzelpreise der Aufwendungen mit der Matrix der Aufwendungen und Einzelpreise der Erlöse mit der Matrix der Erlöse gleich dem Gewinnvektor, also

$$\mathbf{g} = (g_1 \;\; g_2 \;\; g_3) = \mathbf{y}_b\mathbf{B} + \mathbf{y}_a\mathbf{A},$$

wobei **B** die Matrix der Leistungen und **A** die Matrix der Aufwendungen ist. Für unser Beispiel haben wir also

$$\mathbf{g} = (300 \;\; 180 \;\; 1100)\begin{bmatrix} 100 & -20 & -10 \\ 0 & 100 & -10 \\ 0 & 0 & 160 \end{bmatrix} +$$

$$+ (1 \;\; 900 \;\; 800)\begin{bmatrix} -3000 & -4000 & -5000 \\ -20 & -50 & -80 \\ 0 & 20 & 30 \end{bmatrix} =$$

$$= (45\,000 \;\; 12\,000 \;\; 171\,200) +$$

$$+ (-21\,000 \;\; -65\,000 \;\; -101\,000) =$$

$$= (24\,000 \;\; -53\,000 \;\; 70\,200).$$

Somit wird $g_1 = 24\,000$, $g_2 = -53\,000$ und $g_3 = 70\,200$ und $G = g_1 + g_2 + g_3 = 41\,200$.

Die Komponenten des Gewinnvektors liefern also die Gewinne der einzelnen Transportmittel. Man sieht, daß das Transportmittel 2 mit Verlust arbeitet, was sich in der negativen Komponente ausdrückt.

Um darzustellen, wie die einzelnen Kostenarten auf die drei Transportmittel verteilt sind bzw. welche Endleistungen die einzelnen Transportmittel erbracht haben, sollen die Erlöse bzw. Aufwendungen auf die Kostenträger und Kostenarten aufgeschlüsselt werden. Zu diesem Zweck führen wir die Matrizen

$$\mathbf{P}_a = \begin{bmatrix} p_{a_1} & 0 & 0 \\ 0 & p_{a_2} & 0 \\ 0 & 0 & p_{a_3} \end{bmatrix} \text{ und } \mathbf{P}_b = \begin{bmatrix} p_{b_1} & 0 & 0 \\ 0 & p_{b_2} & 0 \\ 0 & 0 & p_{b_3} \end{bmatrix}$$

ein. Dann bilden wir die Produkte

$$\mathbf{P}_a\mathbf{A} = \begin{bmatrix} p_{a_1}a_{11} & p_{a_1}a_{12} & p_{a_1}a_{13} \\ p_{a_2}a_{21} & p_{a_2}a_{22} & p_{a_2}a_{23} \\ p_{a_3}a_{31} & p_{a_3}a_{23} & p_{a_3}a_{33} \end{bmatrix}$$

und

$$\mathbf{P}_b\mathbf{B} = \begin{bmatrix} p_{b_1}b_{11} & p_{b_1}b_{12} & p_{b_1}b_{13} \\ p_{b_2}b_{21} & p_{b_2}b_{22} & p_{b_2}b_{23} \\ p_{b_3}b_{31} & p_{b_3}b_{23} & p_{b_3}b_{33} \end{bmatrix},$$

was für unser Beispiel

$$\mathbf{P}_a\mathbf{A} = \begin{bmatrix} -\ 3\,000 & -\ 4\,000 & -\ 5\,000 \\ -\ 18\,000 & -\ 45\,000 & -\ 72\,000 \\ 0 & -\ 16\,000 & -\ 24\,000 \end{bmatrix}$$

und

$$\mathbf{P}_b\mathbf{B} = \begin{bmatrix} 45\,000 & -\ 6000 & -\ 3000 \\ 0 & 18\,000 & -\ 1800 \\ 0 & 0 & 176\,000 \end{bmatrix}$$

ergibt.

§ 3.14. Lineare Abhängigkeit und Unabhängigkeit

3.14.1. Wir betrachten k Spaltenvektoren $\mathbf{x}_1, \mathbf{x}_2, \ldots, \mathbf{x}_k$ mit je n Elementen und schreiben mit Doppelindizes

$$\mathbf{x}_1 = \begin{bmatrix} a_{11} \\ a_{21} \\ \vdots \\ a_{n1} \end{bmatrix}, \quad \mathbf{x}_2 = \begin{bmatrix} a_{12} \\ a_{22} \\ \vdots \\ a_{n2} \end{bmatrix}, \ldots, \mathbf{x}_k = \begin{bmatrix} a_{1k} \\ a_{2k} \\ \vdots \\ a_{nk} \end{bmatrix}.$$

Man sagt dann auch, $\mathbf{x}, \mathbf{x}_1, \mathbf{x}_2, \ldots, \mathbf{x}_k$ sind Vektoren aus dem n-dimensionalen Raum $\mathbb{R}^n$, und man schreibt $\mathbf{x}, \mathbf{x}_1, \mathbf{x}_2, \ldots, \mathbf{x}_k \in \mathbb{R}^n$.

Wir geben nun folgende

Definition: *Jeder Vektor* $\mathbf{x}$, *der sich darstellen läßt als*

$$\mathbf{x} = s_1\mathbf{x}_1 + s_2\mathbf{x}_2 + \ldots + s_k\mathbf{x}_k = \sum_{i=1}^{k} s_i\mathbf{x}_i$$

mit Zahlen $s_i \in \mathbb{R}$ *heißt eine Linearkombination von* $\mathbf{x}_1, \mathbf{x}_2, \ldots, \mathbf{x}_k$ (vgl. 3.6.2).

$\mathbf{x}$ *ist dann auch ein Spaltenvektor mit* n *Elementen.*

Entsprechend definiert man für k Zeilenvektoren mit je n Elementen.

Beispiel: Für die Vektoren

$$\mathbf{x}_1 = \begin{bmatrix} 1 \\ 2 \\ 0 \end{bmatrix}, \quad \mathbf{x}_2 = \begin{bmatrix} 0 \\ 1 \\ 1 \end{bmatrix}, \quad \mathbf{x}_3 = \begin{bmatrix} 1 \\ 4 \\ 2 \end{bmatrix} \in \mathbb{R}^3$$

erhalten wir mit $s_1 = 3$, $s_2 = (-1)$, $s_3 = 1$ die Linearkombination

$$\mathbf{x} = 3\mathbf{x}_1 + (-1)\mathbf{x}_2 + 1\mathbf{x}_3 = \begin{bmatrix} 3 \\ 6 \\ 0 \end{bmatrix} - \begin{bmatrix} 0 \\ 1 \\ 1 \end{bmatrix} + \begin{bmatrix} 1 \\ 4 \\ 2 \end{bmatrix} = \begin{bmatrix} 4 \\ 9 \\ 1 \end{bmatrix};$$

mit $s_1 = 1$, $s_2 = 2$, $s_3 = -1$ folgt

$$\mathbf{x} = 1\mathbf{x}_1 + 2\mathbf{x}_2 + (-1)\mathbf{x}_3 = \begin{bmatrix} 1 \\ 2 \\ 0 \end{bmatrix} + \begin{bmatrix} 0 \\ 2 \\ 2 \end{bmatrix} - \begin{bmatrix} 1 \\ 4 \\ 2 \end{bmatrix} = \begin{bmatrix} 0 \\ 0 \\ 0 \end{bmatrix} = \mathbf{o},$$

aber auch mit $s_1 = 0$, $s_2 = 0$, $s_3 = 0$ erhalten wir als Linearkombination den Nullvektor $\mathbf{o}$.

Allgemein erhält man für k Vektoren durch die Linearkombination mit $s_1 = s_2 = \ldots = s_k = 0$ in jedem Fall den Nullvektor $\mathbf{o}$, d.h. der Nullvektor $\mathbf{o}$ ist in jedem Fall in der Menge der Linearkombinationen der Vektoren $\mathbf{x}_1, \mathbf{x}_2, \ldots, \mathbf{x}_k$ enthalten. Das gibt zu folgender Definition Anlaß:

Definition: *Die* k *Vektoren* $\mathbf{x}_1, \mathbf{x}_2, \ldots, \mathbf{x}_k$ *heißen linear unabhängig, wenn der Nullvektor* $\mathbf{o}$ *als Linearkombination dieser Vektoren nur mit* $s_1 = s_2 = \ldots s_k = 0$ *dargestellt werden kann; also wenn aus*

$$s_1\mathbf{x}_1 + s_2\mathbf{x}_2 + \ldots + s_k\mathbf{x}_k = \mathbf{o}$$

folgt $s_1 = s_2 = \ldots = s_k = 0$.

Andernfalls heißen die Vektoren linear *abhängig.*

Beispiel: Die Vektoren

$$\mathbf{x}_1 = \begin{bmatrix} 1 \\ 0 \\ 0 \\ 1 \end{bmatrix}, \quad \mathbf{x}_2 = \begin{bmatrix} 0 \\ 2 \\ 0 \\ 1 \end{bmatrix}, \quad \mathbf{x}_3 = \begin{bmatrix} 0 \\ 0 \\ 3 \\ 0 \end{bmatrix} \in \mathbb{R}^4$$

sind linear unabhängig, denn betrachten wir die Menge der Linearkombinationen

$$s_1\mathbf{x}_1 + s_2\mathbf{x}_2 + s_3\mathbf{x}_3 = s_1\begin{bmatrix}1\\0\\0\\1\end{bmatrix} + s_2\begin{bmatrix}0\\2\\0\\1\end{bmatrix} + s_3\begin{bmatrix}0\\0\\3\\0\end{bmatrix} =$$

$$= \begin{bmatrix}s_1\\0\\0\\s_1\end{bmatrix} + \begin{bmatrix}0\\2s_2\\0\\s_2\end{bmatrix} + \begin{bmatrix}0\\0\\3s_3\\0\end{bmatrix} = \begin{bmatrix}s_1\\2s_2\\3s_3\\s_1+s_2\end{bmatrix},$$

so kann hierbei nur dann der Nullvektor **o** entstehen, wenn $s_1 = s_2 = s_3 = 0$ ist. Also sind die Vektoren $\mathbf{x}_1, \mathbf{x}_2, \mathbf{x}_3$ linear unabhängig.

Analog definiert man auch Linearkombination und lineare Abhängigkeit bzw. Unabhängigkeit für gleichartige Matrizen:

Die k (m × n)-Matrizen $\mathbf{A}_1, \mathbf{A}_2, \dots, \mathbf{A}_k$ heißen linear unabhängig, wenn die (m × n)-Nullmatrix **0** als Linearkombination dieser Matrizen nur mit $s_1 = s_2 = \dots = s_k = 0$ dargestellt werden kann; also wenn aus

$$s_1\mathbf{A}_1 + s_2\mathbf{A}_2 + \dots + s_k\mathbf{A}_k = \mathbf{0}$$

folgt $s_1 = s_2 = \dots = s_k = 0$.

Es gilt der

Satz 1: *Sind die* k *Vektoren* [1] $\mathbf{x}_1, \mathbf{x}_2, \dots, \mathbf{x}_k$ *linear abhängig, so ist wenigstens einer unter ihnen eine Linearkombination der übrigen.*

Beweis: Nach Voraussetzung muß gelten

(1) $$s_1\mathbf{x}_1 + s_2\mathbf{x}_2 + \dots + s_k\mathbf{x}_k = \mathbf{o},$$

wobei mindestens ein $s_j \neq 0$ ist. Sei etwa $s_1 \neq 0$. Dann können wir (1) durch s_1 dividieren und erhalten

$$\mathbf{x}_1 + \frac{s_2}{s_1}\mathbf{x}_2 + \dots + \frac{s_k}{s_1}\mathbf{x}_k = \mathbf{o},$$

$$\mathbf{x}_1 = -\frac{s_2}{s_1}\mathbf{x}_2 - \dots - \frac{s_k}{s_1}\mathbf{x}_k,$$

also ist $\mathbf{x}_1$ Linearkombination der übrigen Vektoren $\mathbf{x}_2, \dots, \mathbf{x}_k$.

Bemerkung: Satz 1 sagt nun nicht, daß jeder der k linear abhängigen Vektoren $\mathbf{x}_1, \dots, \mathbf{x}_k$ eine Linearkombination der übrigen ist. Beispiel: Die vier Vektoren

$$\mathbf{x}_1 = \begin{bmatrix}1\\0\\0\end{bmatrix},\ \mathbf{x}_2 = \begin{bmatrix}0\\1\\0\end{bmatrix},\ \mathbf{x}_3 = \begin{bmatrix}0\\0\\1\end{bmatrix},\ \mathbf{x}_4 = \mathbf{x}_1 = \begin{bmatrix}1\\0\\0\end{bmatrix} \in \mathbb{R}^3$$

[1] Entsprechende Aussagen zu den folgenden Sätzen gelten auch für (m × n)-Matrizen.

sind linear abhängig. Aber sicher ist $\mathbf{x}_2$ keine Linearkombination der übrigen. Auch die Umkehrung von Satz 1 ist richtig:

Satz 2: *Ist der Vektor* $\mathbf{x}$ *eine Linearkombination der Vektoren* $\mathbf{x}_2, \ldots, \mathbf{x}_k$, *so sind die Vektoren* $\mathbf{x}, \mathbf{x}_2, \ldots, \mathbf{x}_k$ *linear abhängig.*

Beweis: Nach Voraussetzung ist

$$\mathbf{x} = s_2\mathbf{x}_2 + \ldots + s_k\mathbf{x}_k.$$

Dann folgt

$$-\mathbf{x} + s_2\mathbf{x}_2 + \ldots + s_k\mathbf{x}_k = \mathbf{o},$$

$$(-1)\mathbf{x} + s_2\mathbf{x}_2 + \ldots + s_k\mathbf{x}_k = \mathbf{o}.$$

Hierin ist $s_1 = -1 \neq 0$, d.h. die Vektoren $\mathbf{x}, \mathbf{x}_2, \ldots, \mathbf{x}_k$ sind linear abhängig.

Ferner nennen wir

Satz 3: *Kommt unter den Vektoren* $\mathbf{x}_1, \mathbf{x}_2, \ldots, \mathbf{x}_k$ *der Nullvektor* $\mathbf{o}$ *vor, so sind die Vektoren linear abhängig.*

Beweis: Sei etwa $\mathbf{x}_1 = \mathbf{o}$. Dann gilt sicher

$$1 \cdot \mathbf{o} + 0 \cdot \mathbf{x}_2 + \ldots + 0 \cdot \mathbf{x}_k = \mathbf{o},$$

d.h. in dieser Linearkombination ist $s_1 = 1$, $s_2 = \ldots = s_k = 0$. Also sind die Vektoren $\mathbf{o}, \mathbf{x}_2, \ldots, \mathbf{x}_k$ linear abhängig.

3.14.2. Es ist die Frage, wie man allgemein die lineare Abhängigkeit bzw. Unabhängigkeit von gegebenen k Vektoren feststellen kann.

Wir betrachten zuerst den Fall, wo $k = n$ Spaltenvektoren aus $\mathbb{R}^n$ gegeben sind[1]; es ist also zu untersuchen, ob

$$(2) \qquad s_1\mathbf{x}_1 + s_2\mathbf{x}_2 + \ldots + s_n\mathbf{x}_n = \mathbf{o}$$

nur mit $s_1 = s_2 = \ldots = s_n = 0$ gilt. (2) ist das homogene Gleichungssystem (zur Bezeichnung vgl. 3.14.1)

$$\begin{cases} s_1a_{11} + s_2a_{12} + \ldots + s_na_{1n} = 0 \\ s_1a_{21} + s_2a_{22} + \ldots + s_na_{2n} = 0 \\ \vdots \\ s_1a_{n1} + s_2a_{n2} + \ldots + s_na_{nn} = 0 \end{cases}$$

für die Unbekannten $s_1, s_2, \ldots, s_n$. Dieses hat nach der Cramerschen Regel genau

1) Entsprechend für Zeilenvektoren.

dann nur die Lösung $s_1 = s_2 = \ldots = s_n = 0$ (triviale Lösung), wenn die Koeffizientendeterminante

$$\det \begin{bmatrix} a_{11} & a_{12} \ldots a_{1n} \\ a_{21} & a_{22} \ldots a_{2n} \\ \vdots & \\ a_{n1} & a_{n2} \ldots a_{nn} \end{bmatrix} = \det(\mathbf{x}_1\ \mathbf{x}_2 \ldots \mathbf{x}_n) \neq 0$$

ist. Also haben wir folgenden

Satz 4: *Die* n *Spaltenvektoren* $\mathbf{x}_1, \mathbf{x}_2, \ldots, \mathbf{x}_n \in \mathbb{R}^n$ *sind genau dann linear unabhängig, wenn die aus ihnen gebildete Determinante* $\det(\mathbf{x}_1\ \mathbf{x}_2 \ldots \mathbf{x}_n) \neq 0$ *ist.*[1)]

Beispiele: 1) Die Vektoren (Einheitsvektoren)

$$\mathbf{e}_1 = \begin{bmatrix} 1 \\ 0 \\ 0 \end{bmatrix},\ \mathbf{e}_2 = \begin{bmatrix} 0 \\ 1 \\ 0 \end{bmatrix},\ \mathbf{e}_3 = \begin{bmatrix} 0 \\ 0 \\ 1 \end{bmatrix} \in \mathbb{R}^3$$

sind linear unabhängig, weil

$$\begin{bmatrix} 1 & 0 & 0 \\ 0 & 1 & 0 \\ 0 & 0 & 1 \end{bmatrix} = 1 \neq 0$$

ist. Entsprechendes gilt für die Einheitsvektoren im $\mathbb{R}^n$.

2) Die Vektoren

$$\mathbf{x}_1 = \begin{bmatrix} 1 \\ 3 \\ -2 \\ 0 \end{bmatrix},\ \mathbf{x}_2 = \begin{bmatrix} 2 \\ 4 \\ 4 \\ 1 \end{bmatrix},\ \mathbf{x}_3 = \begin{bmatrix} -7 \\ 2 \\ 5 \\ 1 \end{bmatrix},\ \mathbf{x}_4 = \begin{bmatrix} -6 \\ 1 \\ 19 \\ 3 \end{bmatrix} \in \mathbb{R}^4$$

sind linear abhängig, weil

$$\begin{bmatrix} 1 & 2 & -7 & -6 \\ 3 & 4 & 2 & 1 \\ -2 & 4 & 5 & 19 \\ 0 & 1 & 1 & 3 \end{bmatrix} = 0$$

ist. (Zur Berechnung der Determinante vgl. 3.6.2).

Nun betrachten wir allgemein k Spaltenvektoren $\mathbf{x}_1, \mathbf{x}_2, \ldots, \mathbf{x}_k \in \mathbb{R}^n$

Es gilt

Satz 5: *Die* k *Spaltenvektoren* $\mathbf{x}_1, \mathbf{x}_2, \ldots, \mathbf{x}_k \in \mathbb{R}^n$ *sind genau dann linear abhängig, wenn der Rang* r *der Matrix*

---

1) Entsprechend für Zeilenvektoren.

(3) $$\mathbf{A} = (\mathbf{x}_1\ \mathbf{x}_2 \dots \mathbf{x}_k) = \begin{bmatrix} a_{11} & a_{12} \dots & a_{1k} \\ a_{21} & a_{22} \dots & a_{2k} \\ \vdots & \vdots & \vdots \\ a_{n1} & a_{n2} \dots & a_{nk} \end{bmatrix}$$

kleiner als k *ist* [1]*; also wenn gilt* $r = \text{Rg}\,\mathbf{A} < k$.

Beweis: a) Sei $r < k$. Schreibt man entsprechend wie oben das der Bedingung

(4) $$s_1\mathbf{x}_1 + s_2\mathbf{x}_2 + \dots + s_k\mathbf{x}_k = \mathbf{o}$$

zugehörige homogene Gleichungssystem auf, so sind gewisse $k - r \geq 1$ Unbekannte s_i willkürlich wählbar, man kann also sicher in (4) mindestens ein $s_i \neq 0$ wählen. Somit sind die Vektoren $\mathbf{x}_1, \mathbf{x}_2, \dots, \mathbf{x}_k$ linear abhängig.

b) Seien die Vektoren $\mathbf{x}_1, \mathbf{x}_2, \dots, \mathbf{x}_k$ linear abhängig. Dann ist das Gleichungssystem (4) lösbar, wobei mindestens ein $s_i \neq 0$; also gibt es neben der trivialen Lösung sicher noch eine weitere Lösung. Somit muß $r < k$ sein, da sonst (d.h. für $r = k$) keine Unbekannte s_i willkürlich wählbar ist, also alle $s_i = 0$ sind.

Weil der Rang r der Matrix (3) höchstens gleich n sein kann (die Matrix (3) hat nämlich n Zeilen), folgert man aus Satz 5 sofort

Satz 6: *Für* $k > n$ *sind* k *Vektoren aus* $\mathbb{R}^n$ *stets linear abhängig.*

Ohne Beweis wollen wir erwähnen

Satz 7: *Der Rang r einer Matrix* **A** *ist gleich der Maximalzahl linear unabhängiger Spaltenvektoren von* **A** *(ebenso für Zeilenvektoren).*

Schließlich sei erwähnt

Satz 8: *Sind* $\mathbf{x}_1, \mathbf{x}_2, \dots, \mathbf{x}_n$ n *linear unabhängige Vektoren aus* $\mathbb{R}^n$*, so läßt sich jeder Vektor* $\mathbf{x} \in \mathbb{R}^n$ *eindeutig als Linearkombination*

$$\mathbf{x} = s_1\mathbf{x}_1 + s_2\mathbf{x}_2 + \dots + s_n\mathbf{x}_n$$

von $\mathbf{x}_1, \mathbf{x}_2, \dots, \mathbf{x}_n$ *schreiben. Man nennt daher die Vektoren* $\mathbf{x}_1, \mathbf{x}_2, \dots, \mathbf{x}_n$ *eine Basis der Vektoren von* $\mathbb{R}^n$.

Zum Beispiel bilden die n Einheitsvektoren des $\mathbb{R}^n$ eine Basis für $\mathbb{R}^n$.

Beweis: Die n+1 Vektoren $\mathbf{x}, \mathbf{x}_1, \mathbf{x}_2, \dots, \mathbf{x}_n \in \mathbb{R}^n$ sind nach Satz 6 linear abhängig. Somit gibt es Zahlen $s_0, s_1, s_2, \dots, s_n$ mit

---

[1] Entsprechend für Zeilenvektoren.

(5) $$s_0\mathbf{x} + s_1\mathbf{x}_1 + s_2\mathbf{x}_2 + \ldots + s_n\mathbf{x}_n = \mathbf{o},$$

wobei nicht alle s_i (i = 0,1,2,..., n) gleich 0 sind. In (5) ist aber sicher $s_0 \neq 0$, denn sonst wäre schon

$$s_1\mathbf{x}_1 + s_2\mathbf{x}_2 + \ldots + s_n\mathbf{x}_n = \mathbf{o},$$

wobei mindestens ein s_i (i = 0,1,2,..., n) von 0 verschieden wäre, was aber der vorausgesetzten linearen Unabhängigkeit der n Vektoren $\mathbf{x}_1, \mathbf{x}_2, \ldots, \mathbf{x}_n$ widerspräche. Dann können wir (5) durch s_0 dividieren und erhalten

$$\mathbf{x} + \frac{s_1}{s_0}\mathbf{x}_1 + \frac{s_2}{s_0}\mathbf{x}_2 + \ldots + \frac{s_n}{s_0}\mathbf{x}_n = \mathbf{o},$$

$$\mathbf{x} = -\frac{s_1}{s_0}\mathbf{x}_1 - \frac{s_2}{s_0}\mathbf{x}_2 - \ldots - \frac{s_n}{s_0}\mathbf{x}_n,$$

d.h. $\mathbf{x}$ ist Linearkombination von $\mathbf{x}_1, \mathbf{x}_2, \ldots, \mathbf{x}_n$.

Die Eindeutigkeit der Darstellung (5) erkennt man so: Angenommen, es gäbe neben

$$\mathbf{x} = \alpha_1\mathbf{x}_1 + \alpha_2\mathbf{x}_2 + \ldots + \alpha_n\mathbf{x}_n$$

noch die Darstellung

$$\mathbf{x} = \beta_1\mathbf{x}_1 + \beta_2\mathbf{x}_2 + \ldots + \beta_n\mathbf{x}_n,$$

so folgt durch Subtraktion

(6) $$\mathbf{o} = (\alpha_1 - \beta_1)\mathbf{x}_1 + (\alpha_2 - \beta_2)\mathbf{x}_2 + \ldots + (\alpha_n - \beta_n)\mathbf{x}_n.$$

Weil aber nach Voraussetzung $\mathbf{x}_1, \mathbf{x}_2, \ldots, \mathbf{x}_n$ linear unabhängig waren, kann (6) nur mit $\alpha_1 - \beta_1 = \alpha_2 - \beta_2 = \ldots = \alpha_n - \beta_n = 0$ gelten. Also muß $\alpha_1 = \beta_1, \alpha_2 = \beta_2, \ldots, \alpha_n = \beta_n$ sein.

§ 3.15. Der Vektorraum

3.15.1 Für viele Untersuchungen ist es nützlich, den Begriff des *Vektorraums* einzuführen. Man trifft folgende Definition:

Es sei $\mathbb{R}$ die Menge der reellen Zahlen.

Dann *definieren* wir: Eine Menge $V \neq \emptyset$ heißt *Vektorraum* (über $\mathbb{R}$), wenn

(I) in V eine Verknüpfung (genannt "Addition") definiert ist, d.h. zu je zwei Elementen $\mathbf{a},\mathbf{b} \in V$ ist genau ein Element $\mathbf{y} \in V$ zugeordnet; man schreibt $\mathbf{y} = \mathbf{a} + \mathbf{b}$;

(II) eine Verknüpfung zwischen den Elementen von $\mathbb{R}$ und den Elementen von V (genannt "Skalar-Multiplikation" oder kurz "Multiplikation") definiert ist, d.h. zu jedem Element $s \in \mathbb{R}$ und jedem Element $\mathbf{a} \in V$ ist genau ein Element $\mathbf{z} \in V$ zugeordnet; man schreibt $\mathbf{z} = s\mathbf{a}$ oder $\mathbf{z} = \mathbf{a}s$;

ferner sollen für alle Elemente $\mathbf{a},\mathbf{b},\mathbf{c} \in V$ und alle Elemmente $s,t \in \mathbb{R}$ folgende Eigenschaften gelten:

(A) $(\mathbf{a} + \mathbf{b}) + \mathbf{c} = \mathbf{a} + (\mathbf{b} + \mathbf{c})$;

(B) $\mathbf{a} + \mathbf{b} = \mathbf{b} + \mathbf{a}$

(C) die Gleichung $\mathbf{a} + \mathbf{x} = \mathbf{b}$ ist für alle $\mathbf{a},\mathbf{b} \in V$ mit $\mathbf{x} \in V$ lösbar; d.h. es gibt ein $\mathbf{x} \in V$ mit $\mathbf{a} + \mathbf{x} = \mathbf{b}$; man schreibt $\mathbf{x} = \mathbf{b} - \mathbf{a}$ (die Addition ist also in V umkehrbar);

(D) $s(\mathbf{a} + \mathbf{b}) = s\mathbf{a} + s\mathbf{b}$;

(E) $(s + t)\mathbf{a} = s\mathbf{a} + t\mathbf{a}$;

(F) $(st)\mathbf{a} = s(t\mathbf{a})$;

(G) $1\mathbf{a} = \mathbf{a}$.

Die Elemente von V heißen Vektoren.[1)]

Bemerkungen: 1) Die Eigenschaft (C) läßt sich auch ersetzen durch die beiden Eigenschaften

(C') es gibt ein Element $\mathbf{o} \in V$ mit $\mathbf{a} + \mathbf{o} = \mathbf{a}$ für alle $\mathbf{a} \in V$;

(C") es gibt zu jedem Element $\mathbf{a} \in V$ ein Element $\mathbf{a}^* \in V$, so daß gilt $\mathbf{a} + \mathbf{a}^* = \mathbf{o}$; man schreibt $\mathbf{a}^* = -\mathbf{a}$.

2) Die in (C) geforderte Lösung $\mathbf{x}$ ist eindeutig bestimmt; gäbe es nämlich neben $\mathbf{x}$ noch eine weitere Lösung $\mathbf{x}'$, so wäre $\mathbf{a} + \mathbf{x} = \mathbf{b}$ und $\mathbf{a} + \mathbf{x}' = \mathbf{b}$; daraus folgt $\mathbf{x} = \mathbf{b} - \mathbf{a} = \mathbf{x}'$, also $\mathbf{x} = \mathbf{x}'$.

Beispiele:

1. Die Menge aller $(1 \times n)$-Matrizen (= Menge aller Zeilenvektoren) ist ein Vektorraum V (ebenso die Menge aller Spaltenvektoren). Die "Addition" in V ist gegeben durch die Addition der Vektoren, die "Multiplikation" durch die Multiplikation von Vektoren mit Skalaren (reellen Zahlen).
2. Die Menge der $(m \times n)$-Matrizen ist ein Vektorraum.
3. Die Menge der Lösungsvektoren $\mathbf{x}$ eines homogenen Gleichungssystems ist ein Vektorraum.
4. Die Menge der linearen Funktionen f: $x \longrightarrow a + bx$ $(x \in \mathbb{R})$ bildet einen Vektorraum,

---

1) Man kann die "Addition" als Abbildung der Produktmenge (vgl. 1.2.4) $V \times V \longrightarrow V$ und die "Multiplikation" als Abbildung der Produktmenge $\mathbb{R} \times V \longrightarrow V$ auffassen.

wenn die Addition für f_1: $x \longrightarrow a_1 + b_1x$, f_2: $x \longrightarrow a_2 + b_2x$ erklärt ist durch

$$f_1 + f_2: x \longrightarrow (a_1 + a_2) + (b_1 + b_2)x$$

und die Multiplikation durch

$$sf: x \longrightarrow sa + (sb)x.$$

5. Die Menge der im Intervall $\{0 \leq x \leq 1\}$ differenzierbaren Funktionen bildet einen Vektorraum, wenn die Addition für f_1: $x \longrightarrow f_1(x)$, f_2: $x \longrightarrow f_2(x)$ erklärt wird durch

$$f_1 + f_2: x \longrightarrow f_1(x) + f_2(x)$$

und die Multiplikation für f: $x \longrightarrow f(x)$ durch

$$s\,f: x \longrightarrow s\,f(x).$$

Die Begriffe Linearkombination, lineare Abhängigkeit und Unabhängigkeit werden allgemein für Vektoren eines Vektorraums entsprechend wie in 3.14.1 eingeführt. Die Maximalzahl r linear unabhängiger Vektoren [1] eines Vektorraums *V* heißt die *Dimension* von *V*.

Der n-dimensionale Raum $\mathbb{R}^n$ (siehe § 4.4) ist ein Vektorraum der Dimension n.

[1] D.h. es gibt r Vektoren in *V*, die linear unabhängig sind, aber je r+1 Vektoren aus *V* sind linear abhängig.

ABSCHNITT 4

Geometrische Anwendungen der Vektorrechnung und lineare Optimierung

§ 4.1.* Beispiele aus der Wirtschaftstheorie für die lineare Optimierung [1]

4.1.1.* Bevor wir mit der geometrischen Darstellung der Vektorrechnung beginnen, wollen wir einige Beispiele für die Problemstellung der linearen Optimierung skizzieren. Auf die Durchführung der linearen Optimierung kommen wir in § 4.5 zurück.

1) Einer gewissen Organisationseinheit mögen begrenzte Mittel zur Erreichung bestimmter Ziele zur Verfügung stehen. So verfügt z.B. jede Unternehmung über notwendige Grundlagen zur Erstellung einer Leistung, das sind die technischen Voraussetzungen, die Organisationsmöglichkeiten und die finanziellen Gegebenheiten; die Mittel, mit denen sie arbeitet, sind begrenzt. Innerhalb dieser Grenzen hat die Unternehmung jedoch Freiheit in der Wahl von Kombinationsmöglichkeiten ihrer Mittel, die sie zur Erreichung ihrer Ziele - z.B. Gewinnmaximierung - einsetzt.

Die Grundfrage lautet also: Mit welchem bestmöglichen - optimalen - Einsatz der Mittel können gegebene Ziele erreicht werden, wenn bestimmte Grenzbedingungen (Nebenbedingungen) zu beachten sind? Es geht m.a.W. im Hinblick auf eine Zielstellung um die optimale Anwendung der verfügbaren Mittel unter gegebenen Bedingungen.

Wir nehmen nun an, daß eine Unternehmung zwei Güter I und II herstellt mit vier Produktionsfaktoren A_1, A_2, A_3, A_4. Die Faktormengen sind begrenzt. Die Begrenzungen seien b_1, b_2, b_3, b_4. Zur Erzeugung einer Einheit des Gutes I benötigt sie von den vier Faktoren die Mengen a_{11}, a_{21}, a_{31}, a_{41} und zur Erzeugung einer Einheit von II die Mengen a_{12}, a_{22}, a_{32}, a_{42}.

Welche Mengen x_1 und x_2 der Güter I und II sind zu produzieren, damit der Gewinn maximiert wird? Der Stückgewinn des Gutes I betrage p_1 DM, und der des Gutes II betrage p_2 DM. Für die Gewinngleichung können wir somit

$$G = p_1x_1 + p_2x_2$$

schreiben. Diese Gewinngleichung ist zu maximieren, wobei zu berücksichtigen

---

[1] Man findet hierfür u.a. auch die Bezeichnungen lineare Programmierung, lineare Planungsrechnung, Linearplanung, lineare Programmplanung.

ist, daß nur bestimmte Mengen b_1, b_2, b_3, b_4 der Produktionsfaktoren A_1, A_2, A_3 und A_4 zur Verfügung stehen. Unter der Voraussetzung, daß nur lineare Beziehungen bestehen, läßt sich nun das Problem folgendermaßen formulieren:

Gesucht sind die Werte x_1 und x_2, für die

$$G = p_1x_1 + p_2x_2$$

maximal wird, unter den Nebenbedingungen

$$\begin{cases} a_{11}x_1 + a_{12}x_2 \leq b_1 \\ a_{21}x_1 + a_{22}x_2 \leq b_2 \\ a_{31}x_1 + a_{32}x_2 \leq b_3 \\ a_{41}x_1 + a_{42}x_2 \leq b_4, \end{cases}$$

wobei außerdem $x_1 \geq 0$ und $x_2 \geq 0$ ist, weil es keine negativen Produktmengen geben kann.

2) Betrachten wir noch ein anderes Beispiel zur Bestimmung des optimalen Produktionsprogrammes einer Firma für eine bestimmte Produktionsperiode. Wir nehmen an, daß die Firma vier Produkte mit den Mengen x_1, x_2, x_3 und x_4 herstellt, für die sie die Stückgewinne $p_1 = 6,-$ DM, $p_2 = 5,50$ DM, $p_3 = 9,-$ DM und $p_4 = 8,-$ DM je Einheit erzielt.

Die Leistung wird mit Hilfe von drei Produktionsfaktoren - Arbeit A_1, Maschinen und Energie A_2, Material A_3 - erstellt, die maximal mit $b_1 = 15$, $b_2 = 120$ und $b_3 = 100$ Mengeneinheiten in der betrachteten Produktionsperiode zur Verfügung stehen. Die zur Erzeugung einer Einheit von x_1, x_2, x_3 und x_4 erforderlichen Mengen von Arbeit A_1, Maschinen und Energie A_2 und Material A_3 stellen wir in der folgenden Tabelle zusammen.

	x_1	x_2	x_3	x_4
A_1	1	1	1	1
A_2	7	5	3	2
A_3	3	5	10	15

Die Aufgabe lautet in diesem Fall: Maximierung des Gewinns

$$G = 6x_1 + 5{,}5x_2 + 9x_3 + 8x_4$$

unter den Nebenbedingungen

$$\begin{cases} x_1 + x_2 + x_3 + x_4 \leq 15 \\ 7x_1 + 5x_2 + 3x_3 + 2x_4 \leq 120 \\ 3x_1 + 5x_2 + 10x_3 + 15x_4 \leq 100 \end{cases}$$

wobei $x_1 \geq 0$, $x_2 \geq 0$, $x_3 \geq 0$, $x_4 \geq 0$ sind.

In den beiden Beispielen ging es um ein Maximierungsproblem. Der Gewinn wurde unter gegebenen Nebenbedingungen maximiert.

3) Wir betrachten jetzt ein Beispiel für ein Minimumproblem.

Es soll eine optimale Verteilung der Importmenge eines Gutes für ein Jahr und für das gesamte Gebiet einer Wirtschaftsgemeinschaft verschiedener Staaten auf die einzelnen Lieferländer ermittelt werden. Die Fragestellung führt also dazu, die Werte der Gesamtimporte zu minimieren. Als Nebenbedingung sind u.a. Produktionskapazitäten, Lieferkapazitäten, vertragliche Begrenzungen zu berücksichtigen.

Die Gleichung für das einzelne Importland lautet

$$Imp_k = \sum_{i=1}^{m} q_{ik} p_{ik},$$

wobei die einzelnen Größen folgende Bedeutung haben:

k = Importländer ($k = 1,2,\ldots, n$),
i = Lieferländer ($i = 1,2,\ldots, m$),
q_{ik} = Menge des Gutes, das vom Lieferland i zum Importland k gehandelt wird,
p_{ik} = Preis (Importkosten) je Einheit der Gütermenge q_{ik},
Imp_k = Summe aller Importe des Importlandes k (wertmäßig).

Die Aufgabe besteht nun darin, den Gesamtwert der Importe zu einem Minimum zu machen, d.h.

$$Imp = \sum_{k=1}^{n} Imp_k = \sum_{i=1}^{n} \sum_{i=1}^{m} q_{ik} p_{ik}$$

zu minimieren unter gewissen Einschränkungen für q_{ik}.

§ 4.2. Vektoren

4.2.1. In 3.3.1 hatten wir den Vektorbegriff rein algebraisch schon eingeführt. Hier wollen wir unabhängig davon Vektoren unter geometrischem Aspekt betrachten. Bei den folgenden Überlegungen wollen wir uns der Einfachheit halber wegen der bildlichen Darstellung auf Vektoren in der Ebene (also im zweidimensionalen Raum $\mathbb{R}^2$) beschränken, obwohl die Ergebnisse auch für Vektoren im dreidimensionalen Raum $\mathbb{R}^3$ und allgemein für Vektoren im n-dimensionalen Raum $\mathbb{R}^n$ (vgl. 4.5) gelten.

Unter einem Vektor wollen wir eine *Strecke*, die *mit einer Richtung* versehen ist, verstehen. Die Länge der Strecke heißt die Länge des Vektors, und die Richtung wird durch eine Pfeilspitze angedeutet [1] (Figur 1). Vektoren bezeichnen wir mit kleinen Buchstaben **a**, **b**, **c**, **x**, **y** usw.

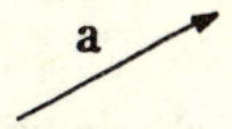

Fig. 1

Zwei Vektoren **a** und **b** heißen *gleich*, wenn sie in Länge und Richtung übereinstimmen. (Man darf also einen Vektor parallel verschieben.)

Die *Summe* zweier Vektoren **a** und **b** wird gebildet, indem man diese so parallel verschiebt, bis sie zueinander die Lage wie in Figur 2 dargestellt haben; der Vektor **c** ist dann die Summe **a** + **b**.

Aus Figur 3 sieht man, daß gilt

(1) $\mathbf{a} + \mathbf{b} = \mathbf{b} + \mathbf{a}$ (kommutatives Gesetz).

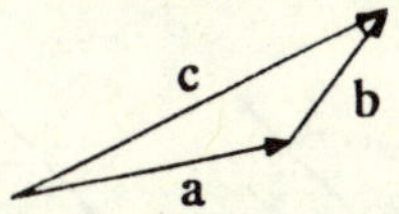

Fig. 2

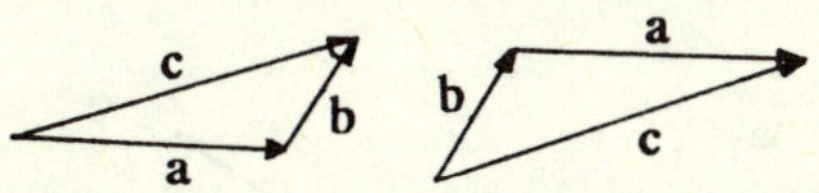

Fig. 3

Figur 4 zeigt die Gültigkeit der Regel

(2) $(\mathbf{a} + \mathbf{b}) + \mathbf{c} = \mathbf{a} + (\mathbf{b} + \mathbf{c})$ (assoziatives Gesetz).

Zuerst bildet man die Summe **a** + **b** (in Figur 4 gestrichelt gezeichnet) und addiert dazu den Vektor **c**; die Summe ist in Figur 4 mit **d** bezeichnet. Dann bildet man die Summe **b** + **c** (in Figur 4 strich-punktiert gezeichnet); durch die Summe **a** + (**b** + **c**) kommt man zum selben Vektor **d** wie oben.

[1] Genauer: Die Richtung des Vektors wird durch die Richtung der Strecke mit ihrem Durchlaufsinn, der durch eine Pfeilspitze angedeutet ist, gegeben.

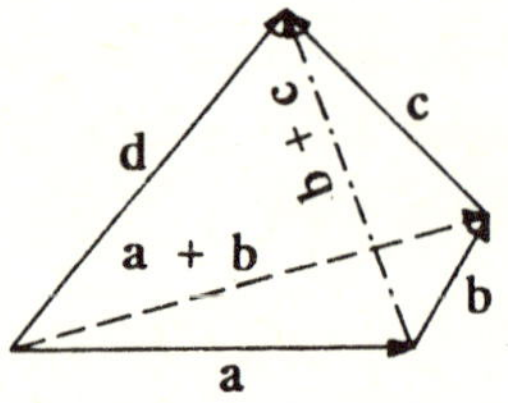

Fig. 4

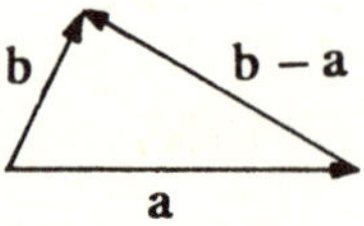

Fig. 5

Statt (**a** + **b**) + **c** oder **a** + (**b** + **c**) schreibt man dann auch kurz ohne Klammern **a** + **b** + **c**. Entsprechend können wir die Summe **a** + **b** + **c** + **d** zum Beispiel auffassen als (**a** + **b**) + (**c** + **d**).

Die *Differenz* zweier Vektoren wird als Umkehrung der Addition erklärt: Die Differenz **b** – **a** der Vektoren **b** und **a** ist der Vektor, der zu **a** addiert, **b** ergibt. (Figur 5). Wir haben also **a** + (**b** – **a**) = **b**.

Vielfaches eines Vektors.[1] Unter dem *s*-fachen des Vektors **a** (*s* positive reelle Zahl) - geschrieben *s***a** - versteht man den Vektor, der dieselbe Richtung wie **a** und die *s*-fache Länge von **a** hat (Figur 6). Vektoren gleicher Richtung sind also Vielfache voneinander.

Man definiert – **a** als den Vektor derselben Länge wie **a**, aber mit der entgegengesetzten Richtung (Figur 7).

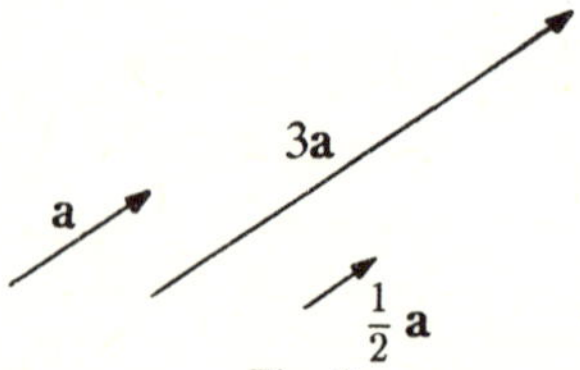

Fig. 6

Fig. 7

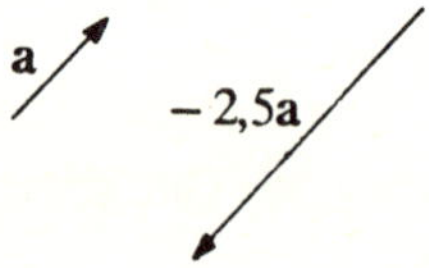

Fig. 8

Dann verstehen wir unter *s***a** bei negativem *s* den Vektor (– *s*)(– **a**). (– *s* ist dann eine positive Zahl.) In Figur 8 ist – 2,5**a** dargestellt.

Endlich führen wir noch den Nullvektor 0**a** = **o** ein; er hat die Länge 0 und keine bestimmte Richtung.

---

[1] Man spricht auch von der Multiplikation eines Vektors mit einer Zahl bzw. von der Multiplikation eines Vektors mit einem Skalar, da Zahlen im Gegensatz zu Vektoren auch als *Skalare* (*skalare Größen*) bezeichnet werden.

Wir erwähnen die Regeln:

$$(3)\qquad (s+t)\mathbf{a} = s\mathbf{a} + t\mathbf{a};$$
$$(4)\qquad s(\mathbf{a}+\mathbf{b}) = s\mathbf{a} + s\mathbf{b};$$
$$(5)\qquad s(t\mathbf{a}) = (st)\mathbf{a}.$$

Um z.B. (4) einzusehen, benutzen wir Figur 9; den Vektor $s(\mathbf{a}+\mathbf{b})$ können wir sowohl als s-faches von $\mathbf{a}+\mathbf{b}$ als auch als Summe der beiden Vektoren $s\mathbf{a}$ und $s\mathbf{b}$ auffassen .

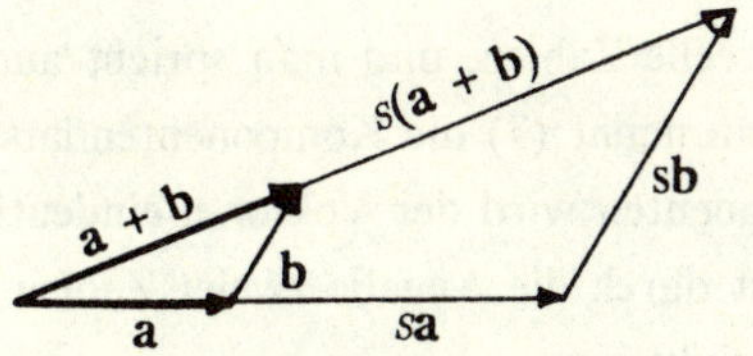

Fig. 9

Die oben eingeführte Differenz $\mathbf{b} - \mathbf{a}$ läßt sich auch darstellen als $\mathbf{b} + (-\mathbf{a})$, d.h. die Differenz zweier Vektoren läßt sich auf eine Summe zurückführen.

$\mathbf{b} + (-\mathbf{a})$ und $\mathbf{b} - \mathbf{a}$ stimmen in Länge und Richtung überein.

Die Länge eines Vektors $\mathbf{a}$ wird auch als *Betrag* des Vektors $\mathbf{a}$ bezeichnet, und man schreibt $|\mathbf{a}|$.

4.2.2. *Komponentendarstellung von Vektoren.* Wir betrachten einen beliebigen Vektor $\mathbf{a}$ in einem kartesischen Koordinatensystem mit einer x_1- und einer x_2-Achse. Wir verschieben $\mathbf{a}$ so parallel, daß $\mathbf{a}$ im Koordinatenursprung 0 beginnend mit seiner Richtung von 0 weg weist (Figur 10).

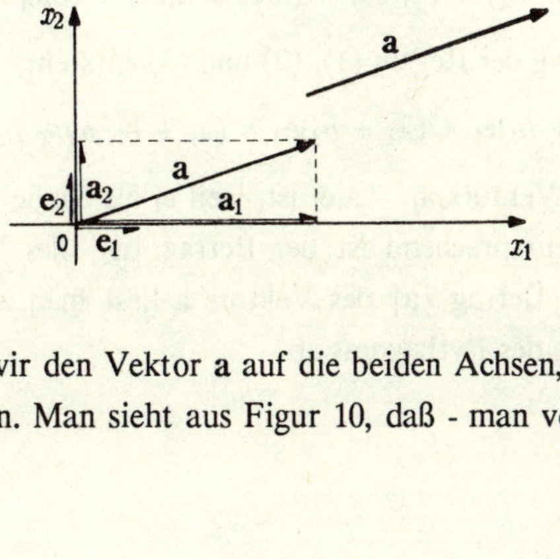

Fig. 10

Dann projizieren wir den Vektor $\mathbf{a}$ auf die beiden Achsen, wobei die Vektoren $\mathbf{a}_1$ und $\mathbf{a}_2$ entstehen. Man sieht aus Figur 10, daß - man verschiebt den Vektor

$\mathbf{a}_2$ parallel nach rechts an die Spitze von $\mathbf{a}_1$ - die Summe

$$\mathbf{a}_1 + \mathbf{a}_2 = \mathbf{a} \tag{6}$$

ist. Außerdem führen wir auf den Achsen die beiden *Einheitsvektoren* $\mathbf{e}_1$ und $\mathbf{e}_2$ ein; diese weisen vom Koordinatenursprung 0 zu den Punkten mit den Koordinaten (1,0) bzw. (0,1). Nun können wir $\mathbf{a}_1$ als Vielfaches des Einheitsvektors $\mathbf{e}_1$ und $\mathbf{a}_2$ als Vielfaches von $\mathbf{e}_2$ auffassen, also $\mathbf{a}_1 = a_1\mathbf{e}_1$ und $\mathbf{a}_2 = a_2\mathbf{e}_2$ mit gewissen Zahlen a_1 und a_2 schreiben. Dann folgt wegen (6) die Darstellung

$$\mathbf{a} = a_1\mathbf{e}_1 + a_2\mathbf{e}_2. \tag{7}$$

Hierin sind a_1 und a_2 reelle Zahlen, und man spricht auch von *Komponenten* des Vektors $\mathbf{a}$, bzw. man nennt (7) die Komponentendarstellung von $\mathbf{a}$. Durch die Angabe der Komponenten wird der Vektor $\mathbf{a}$ eindeutig bestimmt, d.h. ein Vektor in der Ebene ist durch die Angabe zweier Zahlen (eines Zahlenpaares) festgelegt, und man schreibt kurz

$$\mathbf{a} = (a_1,a_2) \quad \text{oder} \quad \mathbf{a} = \begin{bmatrix} a_1 \\ a_2 \end{bmatrix}.$$

($\mathbf{a}$ als Zeilenvektor bzw. als Spaltenvektor geschrieben.)

Mit Hilfe der Komponentendarstellung der beiden Vektoren $\mathbf{a} = (a_1,a_2)$ und $\mathbf{b} = (b_1,b_2)$ lassen sich Summe, Differenz und Vielfaches von Vektoren folgendermaßen ausdrücken:

$$\mathbf{a} + \mathbf{b} = (a_1,a_2) + (b_1,b_2) = (a_1 + b_1,\ a_2 + b_2); \tag{8}$$

$$\mathbf{b} - \mathbf{a} = (b_1,b_2) - (a_1,a_2) = (b_1 - a_1,\ b_2 - a_2); \tag{9}$$

$$s\mathbf{a} = s(a_1,a_2) = (sa_1,\ sa_2). \tag{10}$$

Um z.B. (8) einzusehen, schreiben wir

$$\mathbf{a} + \mathbf{b} = (a_1,a_2) + (b_1,b_2) = (a_1\mathbf{e}_1 + a_2\mathbf{e}_2) + (b_1\mathbf{e}_1 + b_2\mathbf{e}_2),$$

und unter Verwendung der Regeln (1), (2) und (3) entsteht

$$(a_1 + b_1)\mathbf{e}_1 + (a_2 + b_2)\mathbf{e}_2 = (a_1 + b_1,\ a_2 + b_2).$$

Der Betrag $|\mathbf{a}_1|$ des Vektors $\mathbf{a}_1 = a_1\mathbf{e}_1$ ist, weil $\mathbf{e}_1$ als Einheitsvektor die Länge 1 hat, gleich $|a_1|$; entsprechend ist der Betrag $|\mathbf{a}_2|$ des Vektors $\mathbf{a}_2 = a_2\mathbf{e}_2$ gleich $|a_2|$. Für den Betrag $|\mathbf{a}|$ des Vektors $\mathbf{a}$ liest man aus Figur 10 unter Benutzung des Satzes des Pythagoras ab

$$|\mathbf{a}|^2 = |\mathbf{a}_1|^2 + |\mathbf{a}_2|^2 = |a_1|^2 + |a_2|^2;$$

da $|a_1|^2 = a_1^2$ und $|a_2|^2 = a_2^2$ ist, können wir auch schreiben

$$|\mathbf{a}|^2 = a_1^2 + a_2^2,$$

$$|\mathbf{a}| = \sqrt{a_1^2 + a_2^2}.$$

(Weil der Betrag eines Vektors als Länge keine negative Zahl sein kann, kann nur die positive Quadratwurzel genommen werden.)

Man nennt einen Vektor **a** *kleiner oder gleich* einem Vektor **b**, geschrieben $\mathbf{a} \leq \mathbf{b}$, wenn für die Komponenten der Vektoren $a_1 \leq b_1$ und $a_2 \leq b_2$ gilt. - Um dies geometrisch zu interpretieren, trägt man wie in Figur 10 die beiden Vektoren **a** und **b** in einem Koordinatensystem ein (Figur 11); das durch die Projektionen von **a** gebildete Rechteck muß dann innerhalb des von den Projektionen von **b** gebildeten Rechtecks liegen.

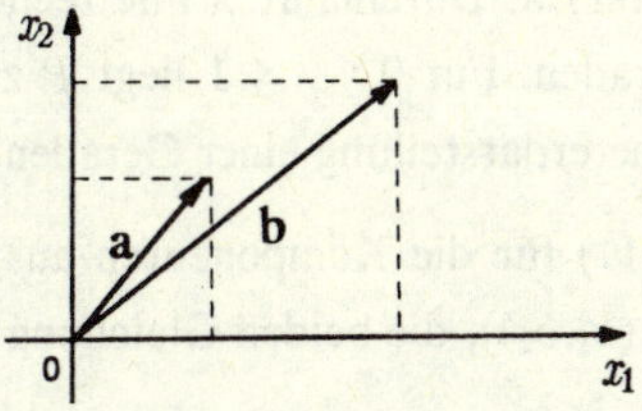

Fig. 11

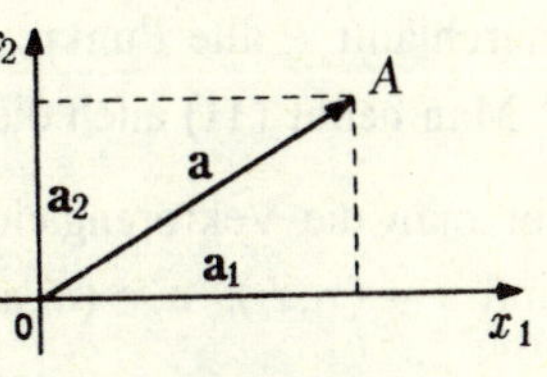

Fig. 12

Für Vektoren im dreidimensionalen Raum $\mathbb{R}^3$ hat man analog zu (7)

$$\mathbf{a} = a_1\mathbf{e}_1 + a_2\mathbf{e}_2 + a_3\mathbf{e}_3$$

und damit die Darstellung $\mathbf{a} = (a_1, a_2, a_3)$ bzw. $\mathbf{a} = \begin{bmatrix} a_1 \\ a_2 \\ a_3 \end{bmatrix}$.

Ferner ist dann $|\mathbf{a}| = \sqrt{a_1^2 + a_2^2 + a_3^3}$ und $\mathbf{a} \leq \mathbf{b}$, wenn $a_1 \leq b_1$ und $a_2 \leq b_2$ und $a_3 \leq b_3$ ist.[1]

4.2.3. Wir wollen nun Vektoren dazu benutzen, geometrische Objekte darzustellen. Punkte in der Ebene lassen sich bekanntlich durch Koordinaten beschreiben. Hat etwa ein Punkt A die Koordinaten (a_1, a_2), so können wir diese auch als Komponenten des Vektors **a**, der vom Koordinatenursprung 0 aus zum Punkt A weist, auffassen (Figur 12).

---

[1] Mit $\mathbf{a} \leq \mathbf{b}$ ist gleichbedeutend $\mathbf{b} - \mathbf{a} \geq \mathbf{o}$ (d.h. $b_i - a_i \geq 0$ für $i = 1,2,3$).

Punkte in der Ebene lassen sich also auch in dieser Weise durch Vektoren festlegen, und man spricht von *Ortsvektoren.* Ob wir dabei das Zahlenpaar (a_1,a_2) als Koordinaten des Punktes A oder als Komponenten des Ortsvektors $\mathbf{a}$ auffassen, steht uns völlig frei.

Betrachten wir nun eine Gerade in der Ebene. Diese kann festgelegt werden durch zwei Punkte A und B, wobei A durch den Ortsvektor $\mathbf{a}$ und B durch den Ortsvektor $\mathbf{b}$ erreicht wird (Figur 13). Der Vektor, der vom Punkt A zum Punkt B reicht, wird durch $\mathbf{v} = \mathbf{b} - \mathbf{a}$ dargestellt; der Vektor $\mathbf{v}$ liegt also in Richtung der Geraden. Ist P ein beliebiger Punkt auf der Geraden und $\mathbf{x}$ der zugehörige Ortsvektor, dann muß, wie aus Figur 13 hervorgeht, $\mathbf{x}$ die Summe von $\mathbf{a}$ und einem geeigneten Vielfachen von $\mathbf{v}$ sein. Wir können schreiben

$$\mathbf{x} = \mathbf{a} + \lambda\mathbf{v},$$

$$\mathbf{x} = \mathbf{a} + \lambda(\mathbf{b} - \mathbf{a}) \tag{11}$$

mit einem geeigneten Faktor (Parameter) λ. Durchläuft λ alle reellen Zahlen, dann durchläuft P alle Punkte der Geraden. Für $0 \leq \lambda \leq 1$ liegt P zwischen A und B. Man nennt (11) auch die Parameterdarstellung einer Geraden.

Schreibt man die Vektorengleichung (11) für die Komponenten aus, so erhält man (mit $\mathbf{x} = (x_1,x_2)$, $\mathbf{a} = (a_1,a_2)$, $\mathbf{b} = (b_1,b_2)$), die beiden Gleichungen

$$\begin{cases} x_1 = a_1 + \lambda(b_1 - a_1) \\ x_2 = a_2 + \lambda(b_2 - a_2) \end{cases}$$

und umgeformt

$$\begin{cases} x_1 - a_1 = \lambda(b_1 - a_1) \\ x_2 - a_2 = \lambda(b_2 - a_2). \end{cases}$$

Dividiert man [1] die zweite dieser beiden Gleichungen durch die erste, so fällt der Parameter λ heraus, und wir haben

$$\frac{x_2 - a_2}{x_1 - a_1} = \frac{b_2 - a_2}{b_1 - a_1}, \tag{12}$$

die bekannte Gleichung einer Geraden durch die zwei Punkte A und B mit den Koordinaten (a_1,a_2) bzw. (b_1,b_2).

Außerdem schreibt man (11) oft um als

---

[1] Bei $x_1 \neq a_1$.

$$\mathbf{x} = (1-\lambda)\mathbf{a} + \lambda\mathbf{b}$$

oder

$$\mathbf{x} = \lambda_1\mathbf{a} + \lambda_2\mathbf{b},$$

wobei $1-\lambda = \lambda_1$ und $\lambda = \lambda_2$ gesetzt wurde, d.h. es gilt $\lambda_1 + \lambda_2 = 1$.

Betrachtet man in Figur 13 nur die Punkte der Verbindungsstrecke von *A* und *B*, so gilt - wie schon oben erwähnt - die Beschränkung $0 \leq \lambda \leq 1$; für $\lambda = 0$ erhält man in (11) $\mathbf{x} = \mathbf{a}$, also den Punkt *A* der Geraden, und $\lambda = 1$ liefert $\mathbf{x} = \mathbf{b}$, d.h. den Punkt *B* der Geraden.

Für die Form

$$\mathbf{x} = \lambda_1\mathbf{a} + \lambda_2\mathbf{b} \quad \text{mit} \quad \lambda_1 + \lambda_2 = 1$$

hat man dann zusätzlich also noch $\lambda_i \geq 0$ $(i = 1,2)$.

Faßt man *A* und *B* mit ihren Ortsvektoren **a** und **b** als Punkte im dreidimensionalen Raum auf, so gilt (11) ebenso (Gleichung einer Geraden im dreidimensionalen Raum).

Eine Ebene im dreidimensionalen Raum ist durch drei Punkte *A*, *B* und *C*, die nicht auf einer Geraden liegen, eindeutig bestimmt; seien **a**, **b** und **c** die zugehörigen Ortsvektoren und **x** der Ortsvektor eines beliebigen Punktes auf der durch *A*, *B* und *C* bestimmten Ebene. Dann gilt die Ebenengleichung

$$\mathbf{x} = \mathbf{a} + \lambda(\mathbf{b}-\mathbf{a}) + \mu(\mathbf{c}-\mathbf{b})$$

mit reellen Zahlen (Parametern) λ und μ.

Sei *P* mit den Koordinaten (x_1,x_2,x_3) ein Punkt im dreidimensionalen Raum $\mathbb{R}^3$. Dann heißt der Punkt P^* mit den Koordinaten $(x_1,x_2,0)$ die Projektion des Punktes *P* in die (x_1,x_2)-Ebene.

Entsprechend definiert man für Vektoren: Sei $\mathbf{a} = (a_1,a_2,a_3)$ ein Vektor im dreidimensionalen Raum $\mathbb{R}^3$. Dann heißt der Vektor $\mathbf{a}^* = (a_1,a_2,0)$ die Projektion des Vektors **a** in die (x_1,x_2)-Ebene.

Ist allgemein $P = (x_1,x_2,\ldots, x_{n-1},x_n)$ ein Punkt im n-dimensionalen Raum $\mathbb{R}^n$ (siehe 4.4.1). Dann heißt der Punkt P^* mit den Koordinaten $(x_1,x_2,\ldots, x_{n-1},0)$ die Projektion des Punktes *P* in den $(n-1)$-dimensionalen Unterraum; analog für Vektoren $\mathbf{a} = (a_1,a_2,\ldots, a_{n-1},a_n)$ aus $\mathbb{R}^n$.

4.2.4. Wir wollen noch eine andere Form der Geradengleichung kennenlernen, die sog. *Hessesche Form.* Dazu brauchen wir das *skalare Produkt* (oder *innere Produkt*) zweier Vektoren. Seine Definition lautet:

Das skalare Produkt **a·b** *der beiden Vektoren* **a** *und* **b** *ist das Produkt der Längen (Beträge) der beiden Vektoren* **a** *und* **b** *und des Kosinus des von beiden Vektoren eingeschlossenen Winkels.*[1]

Wird der Winkel zwischen den Vektoren **a** und **b** mit (**a**,**b**) bezeichnet (Figur 14), so können wir schreiben

$$\mathbf{a}\cdot\mathbf{b} = |\mathbf{a}|\,|\mathbf{b}|\cos(\mathbf{a},\mathbf{b}). \tag{13}$$

Dabei ist $0 \leq (\mathbf{a},\mathbf{b}) \leq \pi = 180^\circ$.

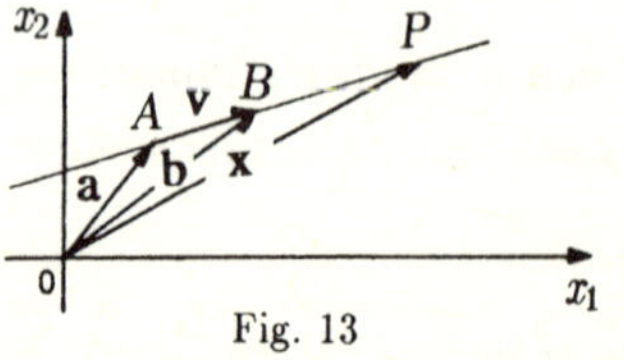

Fig. 13

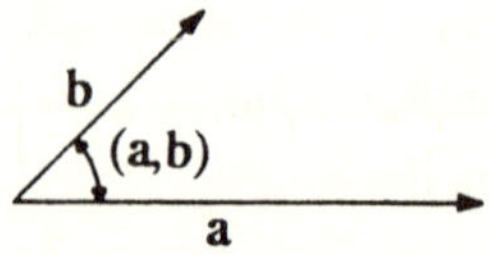

Fig. 14

Das so definierte Produkt zweier Vektoren ist also eine wohlbestimmte Zahl (ein Skalar) und kein Vektor, womit auch der Name "skalares Produkt" erklärt ist.

Wenn der Winkel (**a**,**b**) zwischen 0 und $\frac{\pi}{2} = 90^\circ$ liegt (also ein spitzer Winkel ist), dann ist cos (**a**,**b**) positiv, also auch das skalare Produkt **a·b** positiv. Für (**a**,**b**) zwischen $\frac{\pi}{2} = 90^\circ$ und $\pi = 180^\circ$ (also wenn (**a**,**b**) ein stumpfer Winkel ist), wird cos (**a**,**b**) negativ, also auch das skalare Produkt **a·b** negativ. Wichtig, um besonders hervorgehoben zu werden, ist noch der Fall, wo **a** und **b** aufeinander senkrecht stehen, d.h. wo $(\mathbf{a},\mathbf{b}) = \frac{\pi}{2} = 90^\circ$ ist. Wegen $\cos\frac{\pi}{2} = 0$ folgt in diesem Fall, daß das skalare Produkt $\mathbf{a}\cdot\mathbf{b} = 0$ ist.

Beim skalaren Produkt **a·a** ist der Winkel $(\mathbf{a},\mathbf{a}) = 0$ und, da $\cos 0 = 1$ ist, wird

---

[1] Zum Unterschied des Produkts **ab** eines Zeilenvektors **a** mit einem Spaltenvektor **b** (siehe 3.4.2) schreiben wir hier das Produkt mit einem Punkt **a·b**.

(14) $$\mathbf{a}\cdot\mathbf{a} = |\mathbf{a}|\,|\mathbf{a}|\,\cos 0 = |\mathbf{a}|^2$$

man schreibt auch $\mathbf{a}\cdot\mathbf{a} = \mathbf{a}^2$.

Wir wollen die Definition des skalaren Produkts umformen, was für manche Zwecke nützlich ist: Aus Figur 15 ist ersichtlich, daß das Produkt $|\mathbf{b}|\,\cos(\mathbf{a},\mathbf{b})$ als die Projektion des Vektors **b** auf die Richtung des Vektors **a** aufgefaßt werden kann. Damit können wir auch sagen: $\mathbf{a}\cdot\mathbf{b}$ ist das Produkt aus der Länge (Betrag) des Vektors **a** und der Projektion des Vektors **b** auf die Richtung des Vektors **a**.

Rechenregeln für das skalare Produkt:

(15) $$\mathbf{a}\cdot\mathbf{b} = \mathbf{b}\cdot\mathbf{a};$$

(16) $$\mathbf{a}\cdot(\mathbf{b}+\mathbf{c}) = \mathbf{a}\cdot\mathbf{b} + \mathbf{a}\cdot\mathbf{c};$$

(17) $$(s\mathbf{a})\cdot\mathbf{b} = s(\mathbf{a}\cdot\mathbf{b}) = s\,\mathbf{a}\cdot\mathbf{b}.$$

Die Richtigkeit von (15) und (17) folgt sofort aus der Definition (13).

Zum Beweis von (16) benutzen wir Figur 16. Man sieht daraus, daß die Summe aus der Projektion des Vektors **b** auf die Richtung von **a** und der Projektion des Vektors **c** auf die Richtung von **a** gleich ist der Projektion des Vektors $\mathbf{b}+\mathbf{c}$ auf die Richtung von **a**. Das heißt, wir haben

$$|\mathbf{b}|\,\cos(\mathbf{a},\mathbf{b}) + |\mathbf{c}|\,\cos(\mathbf{a},\mathbf{c}) = |\mathbf{b}+\mathbf{c}|\,\cos(\mathbf{a},\mathbf{b}+\mathbf{c}).$$

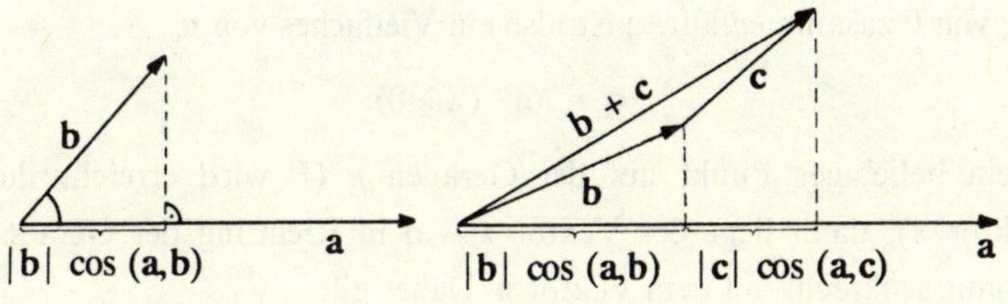

Fig. 15 Fig. 16

Daraus folgt

$$|\mathbf{a}|\,|\mathbf{b}|\,\cos(\mathbf{a},\mathbf{b}) + |\mathbf{a}|\,|\mathbf{c}|\,\cos(\mathbf{a},\mathbf{c}) = |\mathbf{a}|\,|\mathbf{b}+\mathbf{c}|\,\cos(\mathbf{a},\mathbf{b}+\mathbf{c}),$$

also

$$\mathbf{a}\cdot\mathbf{b} + \mathbf{a}\cdot\mathbf{c} = \mathbf{a}\cdot(\mathbf{b}+\mathbf{c}),$$

womit (16) bewiesen ist.

Als Anwendung dieser Regeln wollen wir das skalare Produkt mit Hilfe der Komponenten der beiden Vektoren **a** und **b** darstellen. Es sei $\mathbf{a} = a_1\mathbf{e}_1 + a_2\mathbf{e}_2$ und $\mathbf{b} = b_1\mathbf{e}_1 + b_2\mathbf{e}_2$. Dann wird

$$\mathbf{a}\cdot\mathbf{b} = (a_1\mathbf{e}_1 + a_2\mathbf{e}_2)\cdot(b_1\mathbf{e}_1 + b_2\mathbf{e}_2) =$$
$$= a_1b_1\mathbf{e}_1^2 + a_1b_2\mathbf{e}_1\cdot\mathbf{e}_2 + a_2b_1\mathbf{e}_2\cdot\mathbf{e}_1 + a_2b_2\mathbf{e}_2^2.$$

Nun ist aber nach (14)

$$\mathbf{e}_1^2 = |\mathbf{e}_1|^2 = 1 \quad \text{und} \quad \mathbf{e}_2^2 = |\mathbf{e}_2|^2 = 1$$

($\mathbf{e}_1$ und $\mathbf{e}_2$ sind Einheitsvektoren), und

$$\mathbf{e}_1\cdot\mathbf{e}_2 = \mathbf{e}_2\cdot\mathbf{e}_1 = 0,$$

da die beiden Vektoren aufeinander senkrecht stehen. Somit bleibt

$$\mathbf{a}\cdot\mathbf{b} = a_1b_1 + a_2b_2. \tag{18}$$

Schreibt man nun noch **a** als Zeilenvektor $\mathbf{a} = (a_1,a_2)$ und **b** als Spaltenvektor $\mathbf{b} = \begin{bmatrix} b_1 \\ b_2 \end{bmatrix}$, so erhält man die in 3.4.2 definierte Form des skalaren Produkts zweier Vektoren.

4.2.5. Nun sind wir in der Lage, die *Hessesche Form* einer Geradengleichung aufzustellen. In Figur 17 bedeutet **n** einen Vektor vom Betrag 1 (d.h. $|\mathbf{n}| = 1$), der auf der Geraden g senkrecht steht und vom Koordinatenursprung 0 weg weist, und **q** ist der Vektor, der von 0 weg weisend mit dem Abstand der Geraden g von 0 zusammenfällt. **q** ist also ein Vielfaches von **n**,

$$\mathbf{q} = \lambda\mathbf{n} \quad (\lambda \geq 0). \tag{19}$$

Ist P ein beliebiger Punkt auf der Geraden g (P wird erreicht durch den Ortsvektor **x**), dann liegt der Vektor $\mathbf{x} - \mathbf{q}$ in Richtung der Geraden g und steht somit senkrecht auf dem Vektor **n**. Daher gilt

$$(\mathbf{x} - \mathbf{q})\cdot\mathbf{n} = 0$$

und mit (19)

$$(\mathbf{x} - \lambda\mathbf{n})\cdot\mathbf{n} = 0.$$

Daraus folgt

$$\mathbf{x}\cdot\mathbf{n} - \lambda\mathbf{n}^2 = 0$$

und wegen $|\mathbf{n}| = 1$ und (14)

$$\mathbf{x}\cdot\mathbf{n} - \lambda = 0,$$

(20) $$\mathbf{x}\cdot\mathbf{n} = \lambda.$$

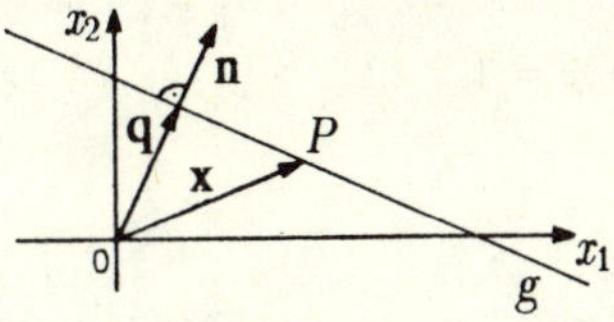

Fig.17

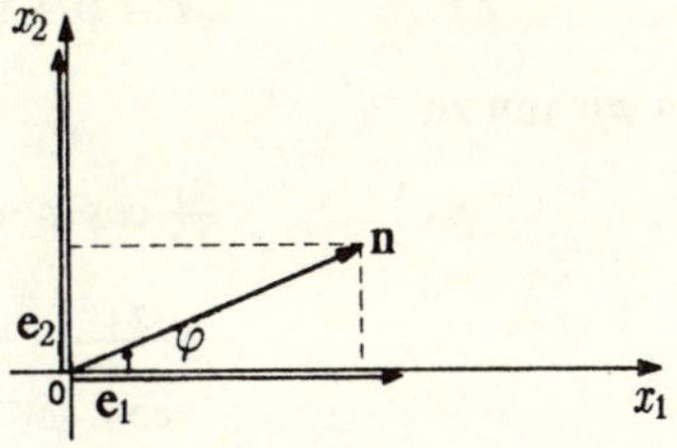

Fig. 18

Dies ist die Hessesche Form der Geradengleichung; aus (19) erkennt man, daß hierin die Zahl λ ($\lambda \geq 0$) der Abstand der Geraden g vom Koordinatenursprung 0 ist.

Wir wollen die zwischen Vektoren bestehende Gleichung (20) noch in Komponenten ausschreiben. Dazu setzen wir $\mathbf{x} = x_1\mathbf{e}_1 + x_2\mathbf{e}_2$ und (vgl. Figur 18) $\mathbf{n} = \cos\varphi\,\mathbf{e}_1 + \sin\varphi\,\mathbf{e}_2$ mit einem Winkel φ, der zwischen 0° und 360° liegt, also $0 \leq \varphi < 2\pi$. Dann entsteht nach Formel (18)

$$x_1\cos\varphi + x_2\sin\varphi = \lambda,$$

(21) $$x_1\cos\varphi + x_2\sin\varphi - \lambda = 0 \quad (\lambda \geq 0).$$

Wird in (20) bzw. (21) λ als veränderlich, also als Parameter aufgefaßt, so erhält man eine Schar paralleler Geraden. Der Parameter λ bedeutet jeweils den Abstand der Geraden vom Koordinatenursprung 0.

Aus (21) läßt sich nun auch leicht die bekannte Achsenabschnittsform einer Geradengleichung gewinnen. Es sei g eine Gerade, die nicht durch den Koordinatenursprung 0 geht und nicht zu einer der beiden Koordinatenachsen

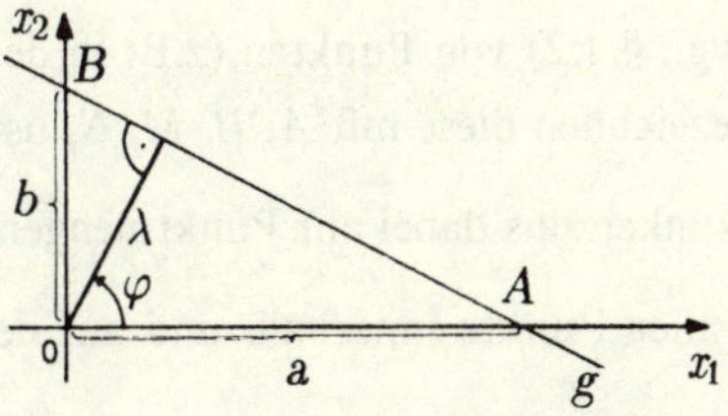

Fig. 19

parallel läuft [1] (Figur 19).

Die Hessesche Form der Geradengleichung von g

$$x_1 \cos\varphi + x_2 \sin\varphi - \lambda = 0$$

formen wir um zu

$$\frac{x_1}{\lambda}\cos\varphi + \frac{x_2}{\lambda}\sin\varphi = 1,$$

(22) $$\frac{\frac{x_1}{\lambda}}{\cos\varphi} + \frac{\frac{x_2}{\lambda}}{\sin\varphi} = 1.$$

(λ und $\sin\varphi$ und $\cos\varphi$ können wegen der Annahme über die Gerade g nicht gleich 0 werden.) Aus Figur 19 sieht man, daß $\cos\varphi = \frac{\lambda}{a}$, also $\frac{\lambda}{\cos\varphi} = a$, und $\sin\varphi = \frac{\lambda}{b}$ (der Winkel φ erscheint in Figur 19 nochmals am Punkt B zwischen der x_2-Achse und der Geraden g), also $\frac{\lambda}{\sin\varphi} = b$ ist; a und b sind dabei die Abschnitte, die die Gerade g auf den Koordinatenachsen abschneidet. Damit folgt aus (22) die Achsenabschnittsform der Geradengleichung

$$\frac{x_1}{a} + \frac{x_2}{b} = 1.$$

4.2.6. In 3.15.1 hatten wir die Begriffe lineare Abhängigkeit und Unabhängigkeit schon eingeführt.

Geometrisch bedeutet die lineare Abhängigkeit zweier Vektoren in der Ebene, daß sie durch Parallelverschiebung auf eine Gerade gebracht werden können und für drei Vektoren im dreidimensionalen Raum, daß sie durch Parallelverschiebung in eine Ebene gebracht werden könnnen.

§ 4.3. Punktmengen

4.3.1. Eine Menge (vgl. § 1.2) von Punkten (z.B. in der Ebene) nennt man eine *Punktmenge*. Wir bezeichnen diese mit A, B, M, N, usw.

Beispiele (wir beschränken uns dabei auf Punktmengen in der Ebene):

1) M = die Menge aller Punkte innerhalb und auf dem Einheitskreis um den

---

[1] D.h. die Gerade g hat mit jeder der beiden Achsen einen Schnittpunkt.

Koordinatensprung im ersten Quadranten (Figur 1).[1)]

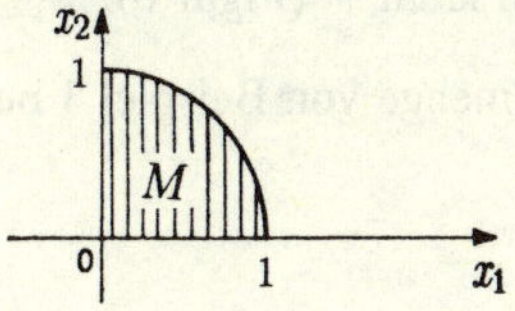

Fig. 1

2) M = die Menge aller Punkte, deren Koordinaten (x_1,x_2) der Bedingung $2x_1 + 3x_2 \leq 6$ genügen; man schreibt dann auch einfach $M = \{2x_1 + 3x_2 \leq 6\}$ (Figur 2).[2)]

3) $M = \{3x_1 + 5x_2 \geq 15\}$ (Figur 3).

4) $M = \{x_1 \geq 3\}$ (hierbei ist x_2 beliebig) (Figur 4).

5) $M = \{x_2 \geq 2\}$ (hierbei ist x_1 beliebig) (Figur 5).

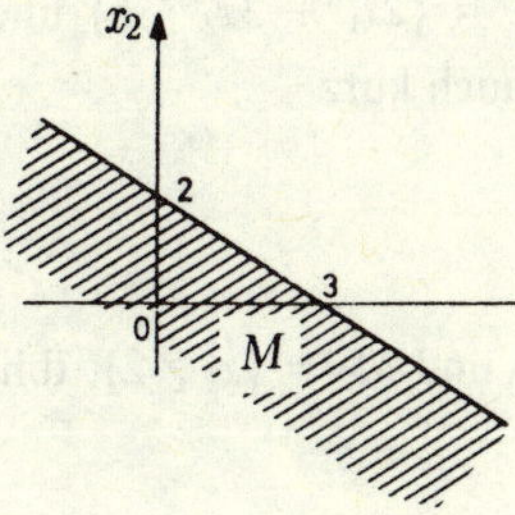

Fig. 2

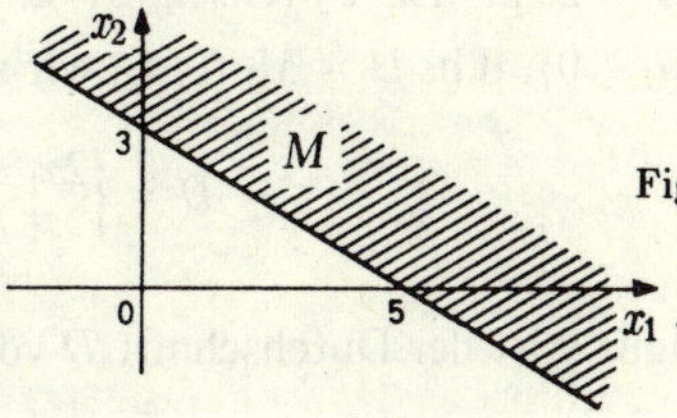

Fig. 3

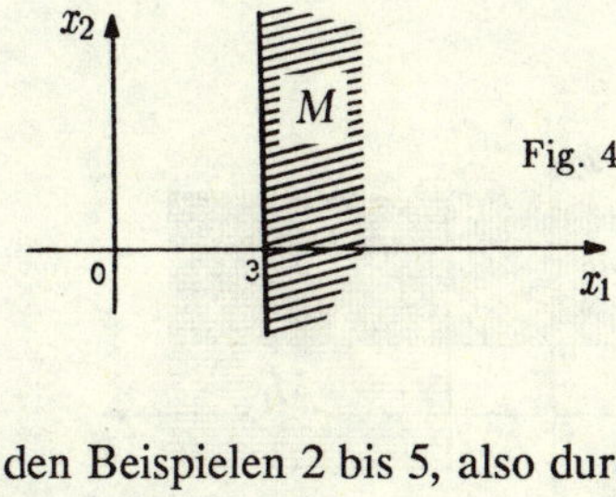

Fig. 4

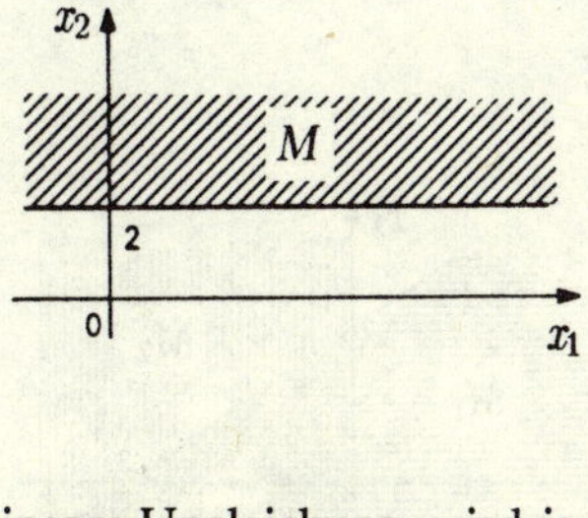

Fig. 5

In den Beispielen 2 bis 5, also durch eine lineare Ungleichung, wird jeweils eine Halbebene bestimmt.

Gehört ein Punkt P einer Menge M an, so schreibt man (vgl. 1.2.1) kurz $P \in M$ und sagt auch, P sei *Element von M*.

1) Die Punkte auf den Koordinatenachsen sollen nicht zu M gehören.

2) Genauer wäre zu schreiben $M = \{(x_1,x_2) \mid 2x_1 + 3x_2 \leq 6\}$.

Eine Punktmenge M heißt *beschränkt*, wenn sie in einen (genügend großen) Kreis eingeschlossen werden kann [1] (Figur 6).

Zum Beispiel ist die Punktmenge von Beispiel 1 beschränkt, die von Beispiel 2 nicht.

Fig. 6

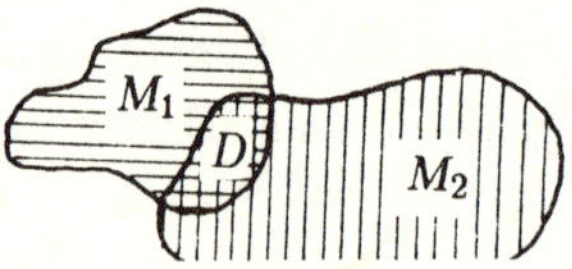

Fig. 7

Wir wenden die in § 1.2 definierten Mengenoperationen auf Punktmengen an: Figur 7 zeigt allgemein den Durchschnitt D zweier Mengen M_1 und M_2.

Beispiele:

1) Figur 8 zeigt den Durchschnitt D der Mengen $M_1 = \{2x_1 + 3x_2 \leq 6\}$ und $M_2 = \{x_1 \geq 0\}$, d.h. $D = M_1 \cap M_2$; wir schreiben dann auch kurz

$$D = \left\{\begin{matrix} 2x_1 & + 3x_2 \leq 6 \\ x_1 \geq & 0 \end{matrix}\right\}.$$

2) In Figur 9 ist der Durchschnitt D von $M_1 = \{x_1 \geq 3\}$ und $M_2 = \{x_2 \geq 2\}$, d.h. $D = \left\{\begin{matrix} x_1 \geq 3 \\ x_2 \geq 2 \end{matrix}\right\}$ dargestellt.

3) Der Durchschnitt D der in Figur 10 dargestellten Mengen ist leer (die leere Menge $\emptyset$).

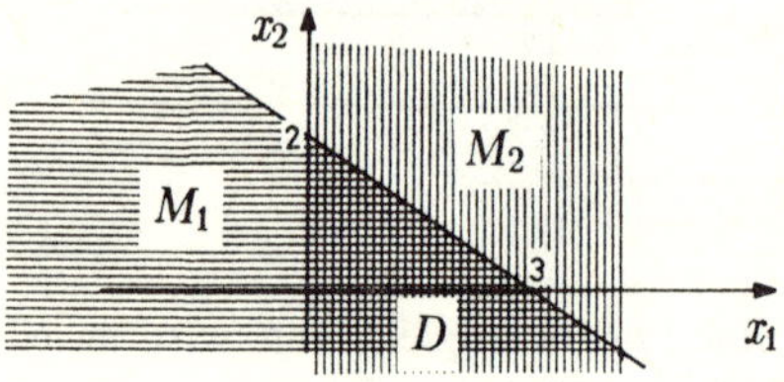

Fig. 8

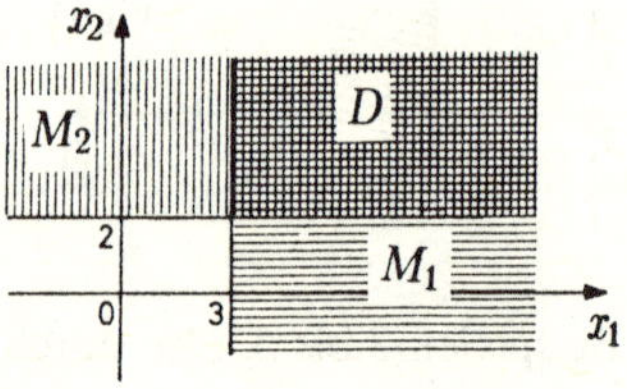

Fig. 9

Analog hat man den Durchschnitt von mehr als zwei Mengen. Figur 11 zeigt

---

[1] D.h. einfach, daß die Punktmenge nicht bis ins Unendliche reicht.

den Durchschnitt dreier Mengen.

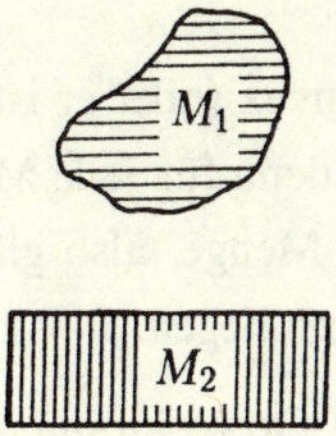

Fig. 10

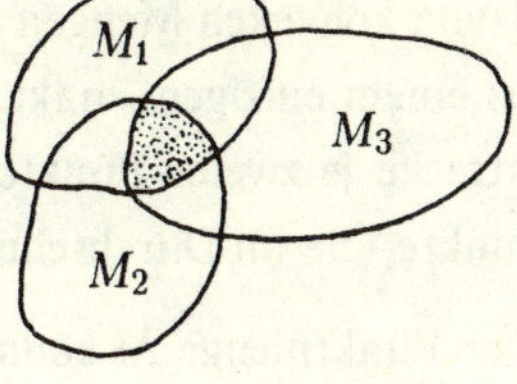

Fig. 11

Beispiel:

In Figur 12 ist der Durchschnitt D der drei Mengen $M_1 = \{2x_1 + 3x_2 \leq 6\}$, $M_2 = \{x_1 \geq 0\}$ und $M_3 = \{x_2 \geq 0\}$, also $D = M_1 \cap M_2 \cap M_3$, dargestellt.

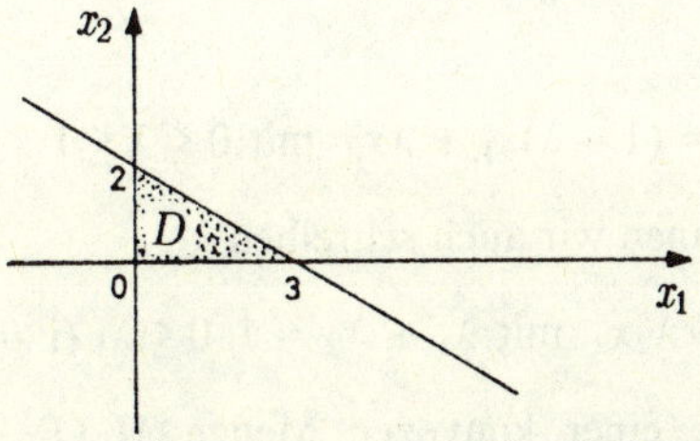

Fig.12

Den Durchschnitt D von s Mengen $M_1, M_2, M_3, \ldots, M_s$ schreibt man

$$D = M_1 \cap M_2 \cap M_3 \cap \ldots \cap M_s \text{ oder kurz } D = \bigcap_{i=1}^{s} M_i.$$

4.3.2. Eine Punktmenge M heißt *konvex*, wenn mit je zwei Punkten (Elementen) P_1 und P_2 von M auch alle Punkte der Verbindungsstrecke $\overline{P_1P_2}$ dieser beiden Punkte in M liegen.

So sind zum Beispiel die Mengen M von Figur 13a und 13b konvex, die von Figur 13c und 13d nicht (der Punkt Q liegt in beiden Fällen nicht in M). Alle

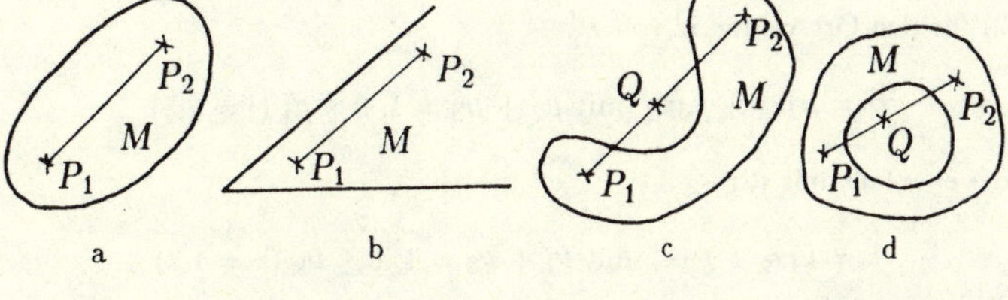

Fig. 13. Bei d besteht die Menge M aus den Punkten des Ringgebiets.

Punktmengen, die aus den Punkten einer Halbebene oder den Punkten eines Dreiecks bestehen, sind konvex.

Der Durchschnitt von konvexen Mengen ist wieder konvex (oder er ist leer oder er besteht nur aus einem einzigen Punkt (Element)); denn für jede Menge liegt die Verbindungsstrecke je zweier Punkte ganz in der Menge, also gilt dies besonders für die Punkte, die im Durchschnitt der Mengen liegen.

Die Punkte P einer Punktmenge M können wir durch Ortsvektoren $\mathbf{x}$ beschreiben (Figur 14), d.h. wir können M auch als eine Menge von Ortsvektoren auffassen.

Für eine konvexe Menge M bedeutet das, daß mit den Ortsvektoren $\mathbf{x}_1$ und $\mathbf{x}_2$ (die die Punkte P_1 und P_2 erreichen) auch alle Punkte P mit den Ortsvektoren (vgl. 4.2.3)

(1) $$\mathbf{x} = (1 - \lambda)\mathbf{x}_1 + \lambda\mathbf{x}_2 \text{ mit } 0 \leq \lambda \leq 1$$

in M liegen. Statt (1) können wir auch schreiben

(2) $$\mathbf{x} = \lambda_1\mathbf{x}_1 + \lambda_2\mathbf{x}_2 \text{ mit } \lambda_1 + \lambda_2 = 1;\ 0 \leq \lambda_i\ (i = 1,2).$$

Sind P_1, P_2, P_3 Punkte einer konvexen Menge M (P_1 erreicht durch den Ortsvektor $\mathbf{x}_1$, P_2 durch $\mathbf{x}_2$, P_3 durch $\mathbf{x}_3$), dann gehört auch jeder Punkt P, der durch einen Ortsvektor

(3) $$\mathbf{x} = \lambda_1\mathbf{x}_1 + \lambda_2\mathbf{x}_2 + \lambda_3\mathbf{x}_3 \text{ mit } \lambda_1 + \lambda_2 + \lambda_3 = 1;\ 0 \leq \lambda_i\ (i = 1,2,3)$$

erreicht wird, zu M.

Um dies einzusehen, benutzen wir Figur 15 und zeigen, daß ein beliebiger Punkt P innerhalb des von den Punkten P_1, P_2, P_3 gebildeten Dreiecks durch einen Ortsvektor der Gestalt (3) erreicht wird, und daß umgekehrt jeder Ortsvektor der Gestalt (3) einen Punkt P innerhalb des von den Punkten P_1, P_2, P_3 gebildeten Dreiecks liefert. Wir verlängern die Verbindungslinie $\overline{P_1P}$ über P hinaus; ihr Schnittpunkt mit der Seite $\overline{P_2P_3}$ sei P'. Dann gilt nach (2) für den Ortsvektor $\mathbf{x}'$ von P'

$$\mathbf{x}' = \mu_2\mathbf{x}_2 + \mu_3\mathbf{x}_3 \text{ mit } \mu_2 + \mu_3 = 1;\ 0 \leq \mu_j\ (j = 2,3).$$

Ferner wird - ebenfalls mit (2) -

$$\mathbf{x} = \nu_1\mathbf{x}_1 + \nu_2\mathbf{x}' \text{ mit } \nu_1 + \nu_2 = 1;\ 0 \leq \nu_k\ (k = 1,2)$$

und durch Einsetzen

$$\mathbf{x} = \nu_1\mathbf{x}_1 + \nu_2(\mu_2\mathbf{x}_2 + \mu_3\mathbf{x}_3) = \nu_1\mathbf{x}_1 + \nu_2\mu_2\mathbf{x}_2 + \nu_2\mu_3\mathbf{x}_3$$

und, indem wir $\nu_1 = \lambda_1$, $\nu_2\mu_2 = \lambda_2$, $\nu_2\mu_3 = \lambda_3$ setzen,

$$\mathbf{x} = \lambda_1\mathbf{x}_1 + \lambda_2\mathbf{x}_2 + \lambda_3\mathbf{x}_3.$$

Dabei ist $\lambda_1 + \lambda_2 + \lambda_3 = \nu_1 + \nu_2\mu_2 + \nu_2\mu_3 = \nu_1 + \nu_2(\mu_2 + \mu_3) = \nu_1 + \nu_2 \cdot 1 = \nu_1 + \nu_2 = 1$ und wegen ($0 \leq \mu_j$ (j = 2,3) und $0 \leq \nu_k$ (k = 1,2)) $0 \leq \lambda_i$ (i = 1,2,3).

Wenn umgekehrt ein Punkt P durch den Ortsvektor (3)

$$\mathbf{x} = \lambda_1\mathbf{x}_1 + \lambda_2\mathbf{x}_2 + \lambda_3\mathbf{x}_3 \text{ mit } \lambda_1 + \lambda_2 + \lambda_3 = 1;\ 0 \leq \lambda_i \ (i = 1,2,3)$$

erreicht wird, dann setzen wir mit der obigen Bezeichnung

$$\lambda_1 = \nu_1,\ \lambda_2 = \nu_2\mu_2,\ \lambda_3 = \nu_2\mu_3 \text{ mit } \nu_1 + \nu_2 = 1;\ \mu_2 + \mu_3 = 1$$

und zeigen, daß die Unbekannten ν_1, ν_2, μ_2, μ_3 mit $0 \leq \nu_k$, $0 \leq \mu_j$ (k = 1,2; j = 2,3) eindeutig bestimmt sind. Aus den Gleichungen

$$\begin{cases} \lambda_2 = \nu_2\mu_2 \\ \lambda_3 = \nu_2\mu_3 \\ \ \ 1 = \mu_2 + \mu_3; \end{cases}$$

für die Unbekannten ν_2, μ_2, μ_3 folgt durch Einsetzen aus der dritten Gleichung

$$\begin{cases} \lambda_2 = \nu_2\mu_2 \\ \lambda_3 = \nu_2(1 - \mu_2) = \nu_2 - \nu_2\mu_2, \end{cases}$$

$$\begin{cases} \lambda_2 = \nu_2\mu_2 \\ \lambda_3 = \nu_2 - \lambda_2. \end{cases}$$

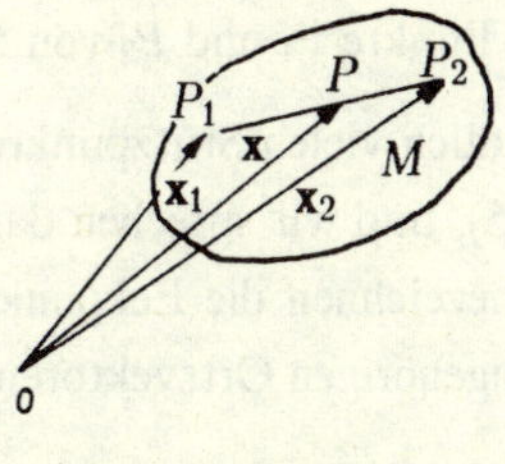

Fig. 14

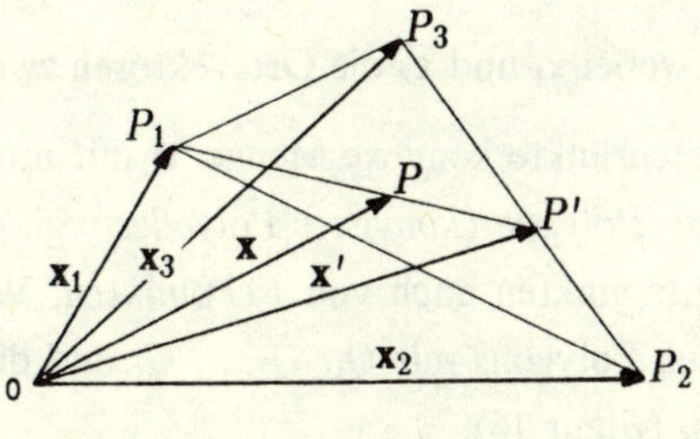

Fig. 15

Damit haben wir

$$\nu_2 = \lambda_2 + \lambda_3 \quad \text{mit } 0 \leq \nu_2,$$

da wegen $0 \leq \lambda_i$ gilt $0 \leq \lambda_2 + \lambda_3$. Aus $\nu_1 + \nu_2 = 1$ folgt dann

$$\nu_1 = 1 - \nu_2 = 1 - (\lambda_2 + \lambda_3),$$

wobei nach entsprechenden Schlüssen wie oben $0 \leq \nu_1$ ist. Aus der Gleichung $\lambda_2 = \nu_2\mu_2$ bzw. $\lambda_3 = \nu_2\mu_3$ erhalten wir

$$\mu_2 = \frac{\lambda_2}{\nu_2} = \frac{\lambda_2}{\lambda_2 + \lambda_3} \text{ bzw. } \mu_3 = \frac{\lambda_3}{\nu_2} = \frac{\lambda_3}{\lambda_2 + \lambda_3}$$

für $\lambda_2 + \lambda_3 \neq 0$, d.h. $\lambda_1 \neq 1$ (für $\lambda_1 = 1$ wird $\mathbf{x} = \mathbf{x}_1$), und es ist wegen $\lambda_2 \geq 0$ und $\lambda_3 \geq 0$ auch $0 \leq \mu_2$, $0 \leq \mu_3$. Damit ist gezeigt, daß es - siehe Figur 15 - einen Punkt P' gibt, und daß der Punkt P, der durch den Ortsvektor (3) erreicht wird, innerhalb des durch P_1, P_2, P_3 bestimmten Dreiecks liegt.

Es seien nun allgemein $P_1, P_2, P_3, \dots, P_k$ Punkte einer konvexen Menge M, die durch die Ortsvektoren $\mathbf{x}_1, \mathbf{x}_2, \mathbf{x}_3, \dots, \mathbf{x}_k$ erreicht werden; dann gehört - wie wir hier jedoch nicht beweisen wollen - auch jeder Punkt P, der durch einen Ortsvektor

$$\text{(4)} \qquad \mathbf{x} = \lambda_1\mathbf{x}_1 + \lambda_2\mathbf{x}_2 + \lambda_3\mathbf{x}_3 + \dots + \lambda_k\mathbf{x}_k = \sum_{i=1}^{k} \lambda_i\mathbf{x}_i$$

mit $\sum_{i=1}^{k} \lambda_i = 1$; $0 \leq \lambda_i$ $(i = 1,\dots,k)$ dargestellt wird, zu M. Man bezeichnet (2) bzw. (3) bzw. allgemein (4) auch als *konvexe Linearkombination* der Vektoren $\mathbf{x}_1, \mathbf{x}_2$ bzw. $\mathbf{x}_1, \mathbf{x}_2, \mathbf{x}_3$ bzw. $\mathbf{x}_1, \mathbf{x}_2, \mathbf{x}_3, \dots, \mathbf{x}_k$.

Wir nennen einen Punkt P einer konvexen Menge M *Stützpunkt* [1], wenn der zu P gehörige Ortsvektor $\mathbf{x}$ keine Darstellung der Form

$$\mathbf{x} = \lambda_1\mathbf{x}_1 + \lambda_2\mathbf{x}_2 \text{ mit } \lambda_1 + \lambda_2 = 1; 0 < \lambda_i \ (i = 1,2)$$

zuläßt, wobei $\mathbf{x}_1$ und $\mathbf{x}_2$ die Ortsvektoren zweier Punkte P_1 und P_2 von M sind.

Eine beschränkte konvexe Menge M mit nur endlich vielen Stützpunkten heißt *konvexes Polygon* (*konvexes Polyeder;* vgl. 4.5.5), und wir sprechen dann statt von Stützpunkten auch von *Eckpunkten.* Wir bezeichnen die Eckpunkte eines konvexen Polygons mit $Q_1, Q_2, \dots, Q_r$ und die zugehörigen Ortsvektoren mit $\mathbf{q}_1, \mathbf{q}_2, \dots, \mathbf{q}_r$ (Figur 16).

Schließlich soll ein Punkt P einer konvexen Menge *innerer Punkt* heißen

[1] In der Literatur findet man neben Stützpunkt auch die Bezeichnung *Extremalpunkt.*

(Figur 17), wenn der zu P gehörige Ortsvektor $\mathbf{x}$ als

$$\mathbf{x} = \lambda_1\mathbf{q}_1 + \lambda_2\mathbf{q}_2 + \dots + \lambda_r\mathbf{q}_r = \sum_{i=1}^{r} \lambda_i\mathbf{q}_i$$

mit $\sum_{i=1}^{r} \lambda_i = 1$; $0 \leq \lambda_i$ $(i = 1,\dots,r)$ und mindestens drei $\lambda_i \neq 0$ darstellbar ist.

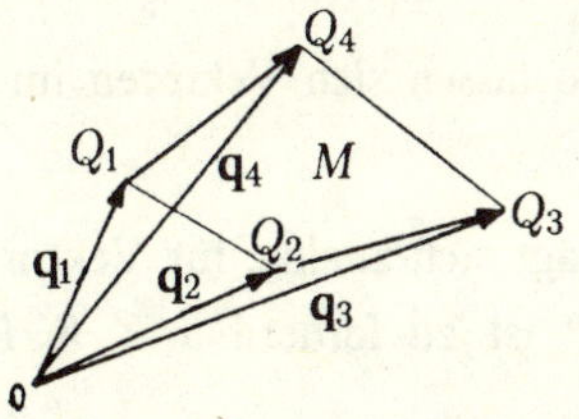

Fig. 16

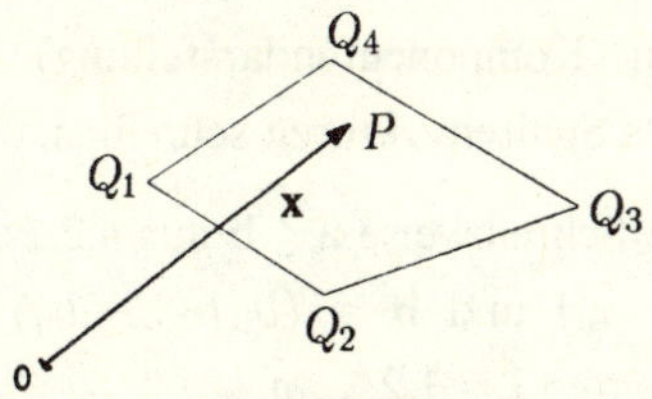

Fig. 17

§ 4.4. Der n-dimensionale Raum $\mathbb{R}^n$

4.4.1. Ebenso wie man ein Zahlenpaar (x_1,x_2) als Koordinaten eines Punktes P in der Ebene oder als Komponenten eines Vektors $\mathbf{x}$ in der Ebene auffassen kann (vgl. 4.2.2), kann ein Zahlentripel (x_1,x_2,x_3) entweder einen Punkt P im dreidimensionalen Raum (vgl. 7.2.3) oder einen Vektor $\mathbf{x}$ im dreidimensionalen Raum darstellen. Man sagt dann auch kurz, ein Zahlenpaar (x_1,x_2) sei ein Punkt in der Ebene bzw. ein Vektor in der Ebene und ein Zahlentripel (x_1,x_2,x_3) sei ein Punkt im dreidimensionalen Raum bzw. ein Vektor im dreidimensionalen Raum, und man schreibt $P = (x_1,x_2)$ bzw. $\mathbf{x} = (x_1,x_2)$ und $P = (x_1,x_2,x_3)$ bzw. $\mathbf{x} = (x_1,x_2,x_3)$.[1)]

Analog nennt man allgemein ein n-*Tupel von Zahlen* $(x_1,x_2,\dots, x_n)$ entweder einen *Punkt P im n-dimensionalen Raum* oder einen Vektor $\mathbf{x}$ im n-dimensionalen Raum und schreibt $P = (x_1,x_2,\dots, x_n)$ bzw. $\mathbf{x} = (x_1,x_2,\dots, x_n)$. Die Zahlen $x_1,x_2,\dots, x_n$ heißen dann die Koordinaten von P bzw. die Komponenten von $\mathbf{x}$. Die Koordinaten des Punktes P können wir auch als die Komponenten des zugehörigen Ortsvektors auffassen. Die Gesamtheit aller n-Tupel $(x_1,x_2,\dots, x_n)$ liefert die Menge aller Punkte im n-dimensionalen Raum $\mathbb{R}^n$. Man spricht nun statt von der Ebene auch vom zweidimensionalen Raum $\mathbb{R}^2$ und statt von einer Geraden auch vom eindimensionalen Raum $\mathbb{R}^1$.

Für das Rechnen mit Vektoren im n-dimensionalen Raum $\mathbb{R}^n$ gelten die

1) Unter Umständen ist es nützlich, die Vektoren als Spalten zu schreiben.

Definitionen und Regeln aus § 3.4 und § 4.2 entsprechend, so daß wir auf eine nochmalige Formulierung verzichten können. Im $\mathbb{R}^n$ haben wir n Einheitsvektoren $\mathbf{e}_1 = (1,0,0,...,0)$, $\mathbf{e}_2 = (0,1,0,...,0)$, ..., $\mathbf{e}_n = (0,0,0, ..., 1)$, und ein Vektor $\mathbf{x} = (x_1,x_2,..., x_n)$ läßt sich als

$$\mathbf{x} = x_1\mathbf{e}_1 + x_2\mathbf{e}_2 + ... + x_n\mathbf{e}_n = \sum_{i=1}^{n} x_i\mathbf{e}_i$$

darstellen (Komponentendarstellung). Ebenso lassen sich Vektoren im $\mathbb{R}^n$ natürlich als Spaltenvektoren schreiben.

Auch die Schreibweise $\mathbf{a} \leq \mathbf{b}$ aus 4.2.2 überträgt sich analog; für Vektoren $\mathbf{a} = (a_1,a_2,..., a_n)$ und $\mathbf{b} = (b_1,b_2,..., b_n)$ im $\mathbb{R}^n$ ist zu fordern $a_i \leq b_i$ für alle Komponenten i = 1,2,..., n.

4.4.2. Sind **a** und **b** die Ortsvektoren zweier Punkte A und B im $\mathbb{R}^n$, so liefert entsprechend zu (11) in 4.2.3

(1) $$\mathbf{x} = \mathbf{a} + \lambda(\mathbf{b} - \mathbf{a})$$

mit einem Parameter λ $(-\infty < \lambda < +\infty)$ die Gerade durch die Punkte A und B. Wird der Parameter λ auf $0 \leq \lambda \leq 1$ beschränkt, so erhält man in (1) durch die Ortsvektoren **x** die Punkte der Verbindungsstrecke $\overline{AB}$. In diesem Fall setzt man

(2) $$\mathbf{x} = \lambda_1\mathbf{a} + \lambda_2\mathbf{b}$$

mit $\lambda_1 + \lambda_2 = 1$; $0 \leq \lambda_i$ (i = 1,2).

In 2.1.3 hatten wir bemerkt, daß eine lineare Funktion

(3) $$y = a + b_1x_1 + b_2x_2$$

im dreidimensionalen Raum $\mathbb{R}^3$ eine Ebene darstellt. Wir formen (3) um zu

$$b_1x_1 + b_2x_2 - y = -a$$

und setzen hierin $b_1 = a_1$, $b_2 = a_2$, $-1 = a_3$, $y = x_3$ und $-a = b$. Damit erhält die Gleichung einer Ebene im $\mathbb{R}^3$ die Form

(4) $$a_1x_1 + a_2x_2 + a_3x_3 = b,$$

wobei a_1, a_2 und a_3 nicht alle gleich 0 sein dürfen. Oder, wenn wir die Vektoren $\mathbf{a} = (a_1,a_2,a_3)$ und $\mathbf{x} = (x_1,x_2,x_3)$ einführen, folgt aus (4)

(5) $$\mathbf{a}\cdot\mathbf{x} = b.$$

In Analogie hierzusagt man, daß alle Punkte P, deren Koordinaten $x_1,x_2,..., x_n$

einer Gleichung

(6) $$a_1x_1 + a_2x_2 + ... + a_nx_n = b,$$

wobei nicht alle $a_1, a_2,..., a_n$ gleich 0 sind [1], genügen, eine *Hyperebene* im $\mathbb{R}^n$ bilden. Durch die Schreibweise mit dem Summenzeichen erhält (6) die Gestalt

$$\sum_{i=1}^{n} a_ix_i = b,$$

oder, wenn man die Vektoren $\mathbf{a} = (a_1, a_2,..., a_n) \neq \mathbf{o}$ und den zu einem Punkt P gehörigen Ortsvektor $\mathbf{x} = (x_1, x_2,..., x_n)$ einführt,

$$\mathbf{a}\cdot\mathbf{x} = b.$$

Im dreidimensionalen Raum $\mathbb{R}^3$ wird eine Hyperebene zu einer gewöhnlichen Ebene und im zweidimensionalen Raum $\mathbb{R}^2$ zu einer Geraden.

Durch eine Hyperebene erhalten wir im $\mathbb{R}^n$ zwei *Halbräume* H_1 und H_2; in H_1 liegen alle Punkte P des $\mathbb{R}^n$, deren Koordinaten bzw. Ortsvektoren der Bedingung

$$a_1x_1 + a_2x_2 + ... + a_nx_n = \mathbf{a}\cdot\mathbf{x} \geq b$$

genügen, und in H_2 entsprechend alle Punkte P des $\mathbb{R}^n$, deren Koordinaten bzw. Ortsvektoren der Bedingung

$$a_1x_1 + a_2x_2 + ... + a_nx_n = \mathbf{a}\cdot\mathbf{x} \leq b$$

genügen ($(a_1,a_2,..., a_n) \neq \mathbf{o}$). Im Fall n = 2 ($\mathbb{R}^n$ ist dann also die zweidimensionale Ebene) sprechen wir von *Halbebenen*, und im Fall n = 1 ($\mathbb{R}^n$ ist dann also eine Gerade) sprechen wir von *Halbgeraden.*

Liegen die zwei Punkte P_1 und P_2 aus $\mathbb{R}^n$ ($n \geq 2$) mit den Ortsvektoren $\mathbf{x}_1$ und $\mathbf{x}_2$ auf der Hyperebene $\mathbf{a}\cdot\mathbf{x} = b$, dann liegt auch die ganze Gerade durch diese beiden Punkte auf der Hyperebene. Denn nach Voraussetzung gilt dann $\mathbf{a}\cdot\mathbf{x}_1 = b$ und $\mathbf{a}\cdot\mathbf{x}_2 = b$, und ein beliebiger Punkt P (mit dem Ortsvektor $\mathbf{x}$) auf der Geraden durch P_1 und P_2 wird nach (1) durch einen Ortsvektor

$$\mathbf{x} = \mathbf{x}_1 + \lambda(\mathbf{x}_2 - \mathbf{x}_1) \quad (-\infty < \lambda < +\infty)$$

erreicht. Dann wird

---

[1] Dafür kann man auch $(a_1, a_2,..., a_n) \neq (0,0,...,0)$ oder $\sum_{i=1}^{n} a_i^2 = a_1^2 + a_2^2 + ... + a^2_n \neq 0$ sagen.

$$\mathbf{a}\cdot\mathbf{x} = \mathbf{a}\cdot(\mathbf{x}_1 + \lambda(\mathbf{x}_2 - \mathbf{x}_1)) = \mathbf{a}\cdot\mathbf{x}_1 + \lambda\mathbf{a}\cdot(\mathbf{x}_2 - \mathbf{x}_1) = \mathbf{a}\cdot\mathbf{x}_1 + \lambda\mathbf{a}\cdot\mathbf{x}_2 - \lambda\mathbf{a}\cdot\mathbf{x}_1 = $$
$$= b + \lambda b - \lambda b = b,$$

d.h. P liegt auf der Hyperebene.

4.4.3. Für Punktmengen M im n-dimensionalen Raum $\mathbb{R}^n$ gelten entsprechende Überlegungen wie in § 4.3, insbesondere die Betrachtungen über konvexe Mengen.

Jede Hyperebene im $\mathbb{R}^n$ ist eine konvexe Menge; denn wie oben gezeigt wurde, gehören mit zwei Punkten P_1 und P_2 der Hyperebene auch die Punkte der Verbindungsgerade, speziell also die Punkte der Verbindungsstrecke dieser beiden Punkte zur Hyperebene.

Ferner ist jeder Halbraum des $\mathbb{R}^n$ konvex. Liegen nämlich die Punkte P_1 und P_2 (mit den Ortsvektoren $\mathbf{x}_1$ und $\mathbf{x}_2$) etwa in dem Halbraum $\mathbf{a}\cdot\mathbf{x} \geq b$, dann gilt also nach Voraussetzung $\mathbf{a}\cdot\mathbf{x}_1 \geq b$ und $\mathbf{a}\cdot\mathbf{x}_2 \geq b$. Für die Punkte P der Verbindungsstrecke $\overline{P_1P_2}$ haben wir nach (2) die Ortsvektoren

$$\mathbf{x} = \lambda_1\mathbf{x}_1 + \lambda_2\mathbf{x}_2 \text{ mit } \lambda_1 + \lambda_2 = 1;\ 0 \leq \lambda_i\ (i = 1,2).$$

Damit folgt

$$\mathbf{a}\cdot\mathbf{x} = \mathbf{a}\cdot(\lambda_1\mathbf{x}_1 + \lambda_2\mathbf{x}_2) = \lambda_1\mathbf{a}\cdot\mathbf{x}_1 + \lambda_2\mathbf{a}\cdot\mathbf{x}_2 \geq \lambda_1 b + \lambda_2 b = (\lambda_1 + \lambda_2)b = $$
$$= 1\cdot b = b.$$

Also liegt der Punkt P auch in diesem Halbraum.

§ 4.5. Lineare Optimierung

4.5.1. *Fragestellung*: Es sollen für eine lineare Funktion f, gegeben durch

(1) $$y = f(x_1,x_2,\ldots,x_n) = c_1x_1 + c_2x_2 + \ldots + c_nx_n + b,$$

die Argumentwerte $x_1,x_2,\ldots,x_n$ bestimmt werden, für die unter den Nebenbedingungen

(2) $$\begin{cases} a_{11}x_1 + a_{12}x_2 + \ldots + a_{1n}x_n \leq A_1 \\ a_{21}x_1 + a_{22}x_2 + \ldots + a_{2n}x_n \leq A_2 \\ \quad\quad\quad\quad \cdots\cdots\cdot\cdot \\ a_{m1}x_1 + a_{m2}x_2 + \ldots + a_{mn}x_n \leq A_m \end{cases}$$

und

(3) $$x_k \geq 0 \quad (k = 1,2,\ldots,n)$$

die Funktion (1) ein Maximum (oder Minimum) annimmt.

(Hierin sind c_k, b, a_{ik} und A_i $(i = 1,2,\ldots,m;\ k = 1,2,\ldots,n)$ gewisse gegebene reelle Zahlen, und wir setzen natürlich voraus, daß nicht alle $c_k = 0$ sind;[1] x_k (k = 1,2,...,n) sind Variable.)

Die Funktion (1) wird dabei auch *Zielfunktion* genannt.

Die Maxima (bzw. Minima) der Funktion g, gegeben durch

$$y = g(x_1,x_2,...,x_n) = f(x_1,x_2,...,x_n) - b =$$
$$= c_1x_1 + c_2x_2 + ... + c_nx_n,$$

unter den Bedingungen (2) und (3) liegen bei denselben n-Tupeln von Argumentwerten vor wie die der Funktion (1) unter den Bedingungen (2) und (3)[2]; daher wollen wir der Einfachheit halber statt (1) die Zielfunktion g, gegeben durch

(4) $$y = g(x_1,x_2,...,x_n) = c_1x_1 + c_2x_2 + ... + c_nx_n,$$

betrachten und für diese die Maxima (oder Minima) unter den Nebenbedingungen (2) und (3) bestimmen; damit ist die Frage auch für die Funktion (1) beantwortet.

Andere Schreibweisen: Mit Hilfe des Summenzeichens läßt sich obige Problemstellung kürzer formulieren: Es sollen für die lineare Funktion g, gegeben durch (4)

$$y = g(x_1,x_2,...,x_n) = \sum_{k=1}^{n} c_k x_k,$$

die Maxima (oder Minima) bestimmt werden unter den Nebenbedingungen (2)

$$\sum_{k=1}^{n} a_{ik} x_k \leq A_i \quad (i = 1,2,...,m)$$

und (3)

$$x_k \geq 0 \quad (k = 1,2,...,n).$$

Schließlich kann man die Fragestellung der linearen Optimierung in Vektor- und Matrizendarstellung formulieren: Wir erklären dazu die Vektoren

$$\mathbf{c} = (c_1,c_2,...,c_n), \quad \mathbf{x} = \begin{bmatrix} x_1 \\ x_2 \\ \vdots \\ x_n \end{bmatrix}, \quad \mathbf{a} = \begin{bmatrix} A_1 \\ A_2 \\ \vdots \\ A_m \end{bmatrix}$$

und die Matrix

---

1) D.h. $c_1^2 + c_2^2 + ... + c_n^2 \neq 0$.

2) Wenn $f(x_1^*,x_2^*,...,x_n^*) \geq f(x_1,x_2,...,x_n)$, dann auch $g(x_1^*,x_2^*,...,x_n^*) = f(x_1^*,x_2^*,...,x_n^*) - b \geq f(x_1,x_2,...,x_n) - b = g(x_1,x_2,...,x_n)$.

$$\mathbf{A} = \begin{bmatrix} a_{11} & a_{12} \dots & a_{1n} \\ a_{21} & a_{22} \dots & a_{2n} \\ \dots & \dots & \\ a_{m1} & a_{m2} \dots & a_{mn} \end{bmatrix} = (a_{ik}) \quad (1 \leq i \leq m;\ 1 \leq k \leq n).$$

Dann können wir die Funktion (4) schreiben als $y = g(x_1,x_2,\dots,x_n) = \mathbf{c}\ \mathbf{x}$ und die Nebenbedingungen (2) und (3) werden zu

(2*) $$\mathbf{A}\ \mathbf{x} \leq \mathbf{a}$$

und

(3*) $$\mathbf{x} \geq \mathbf{o} \text{ (o Nullvektor).}$$

4.5.2. Um das Problem der linearen Optimierung geometrisch zu interpretieren, wollen wir uns auf den Fall n = 2, d.h. zweier Variablen x_1 und x_2 beschränken. Die Zielfunktion (4) reduziert sich dabei auf

(5) $$y = g(x_1,x_2) = c_1x_1 + c_2x_2$$

und die Nebenbedingungen (2) und (3) auf

(6) $$\begin{cases} a_{11}x_1 + a_{12}x_2 \leq A_1 \\ a_{21}x_1 + a_{22}x_2 \leq A_2 \\ \dots\dots\dots \\ a_{m1}x_1 + a_{m2}x_2 \leq A_m \end{cases}$$

und

(7) $$x_k \geq 0 \ (k = 1,2).$$

Außerdem wollen wir in (5) und (6) nur positive Koeffizienten c_k bzw. a_{ik} $(1 \leq i \leq m;\ 1 \leq k \leq 2)$ und positive Zahlen A_i $(1 \leq i \leq m)$ zulassen.

Wir suchen dann die Paare von Argumentwerten x_1,x_2, für die die Funktion (5) unter den Nebenbedingungen (6) und (7) ein Maximum (oder Minimum) annimmt. Es soll uns genügen, weiterhin nur das Maximumproblem zu betrachten.

Beginnen wir mit der Diskussion der Nebenbedingungen (6) und (7). Jede einzelne der Ungleichungen von (6) zusammen mit (7) bestimmt eine Punktmenge

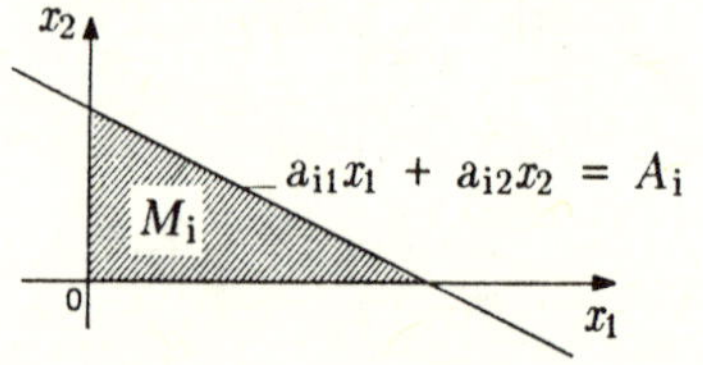

Fig. 1. Die Punkte der Begrenzungslinien gehören auch zur Menge M_i.

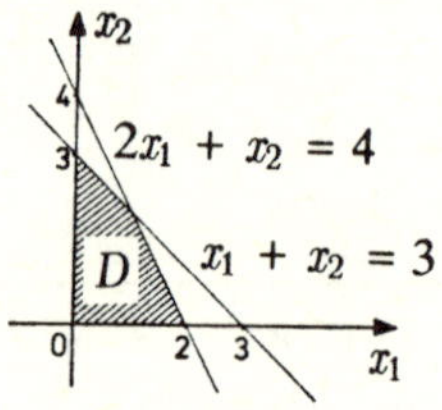

Fig. 2

M_i im ersten Quadranten eines (x_1,x_2)-Koordinatensystems (vgl. 4.3.1), die durch die Achsen und eine Gerade $a_{i1}x_1 + a_{i2}x_2 = A_i$ (i = 1,2,...,m) begrenzt wird (Figur 1).

Jede Menge M_i ist also als Dreieck eine konvexe Menge. Insgesamt bestimmen die Bedingungen (6) und (7) den Durchschnitt D der einzelnen Mengen M_i (i = = 1,2,...,m), d.h. $D = \bigcap_{i=1}^{m} M_i$. Damit ist D auch eine konvexe Punktmenge im ersten Quadranten eines (x_1,x_2)-Koordinatensystems. Man nennt eine solche konvexe Punktmenge D, wie sie durch die Bedingungen (6) und (7) dargestellt wird, ein *konvexes Polygon.*

Beispiele für konvexe Polygone, wie sie durch Bedingungen (6) und (7) bestimmt werden:

1) Zunächst ist noch einmal aus 4.3.1 das Beispiel zu Figur 12 zu nennen.

2) Die Bedingungen

$$\begin{Bmatrix} x_1 + x_2 \leq 3 \\ 2x_1 + x_2 \leq 4 \end{Bmatrix}$$
$$x_k \geq 0 \quad (k = 1,2)$$

bestimmen die in Figur 2 dargestellte Menge D.

3) Figur 3 zeigt die durch

$$\begin{cases} x_1 + x_2 \leq 6 \\ x_1 + 3x_2 \leq 15 \\ 2x_1 + x_2 \leq 10 \end{cases}$$
$$x_k \geq 0 \quad (k = 1,2)$$

dargestellte Menge D.

Für den Fall, daß eine konvexe Menge M durch Bedingungen

$$\mathbf{A}\,\mathbf{x} \leq \mathbf{a}$$

und

$$\mathbf{x} \geq \mathbf{o},$$

wie sie hier betrachtet werden ((2*) und (3*)), gegeben ist, läßt sich die Aussage (4) aus 4.3.2 leicht nachweisen: Sind $P_1,P_2,...,P_k$ Punkte aus M und $\mathbf{x}_1$, $\mathbf{x}_2$,..., $\mathbf{x}_k$ die zugehörigen Ortsvektoren, so gehört auch jeder Punkt P, der durch einen Ortsvektor

$$\mathbf{x} = \sum_{i=1}^{k} \lambda_i \mathbf{x}_i \quad \text{mit} \quad \sum_{i=1}^{k} \lambda_i = 1;\ 0 \leq \lambda_i \ (i = 1,2,...,k)$$

erreicht wird, zu M.

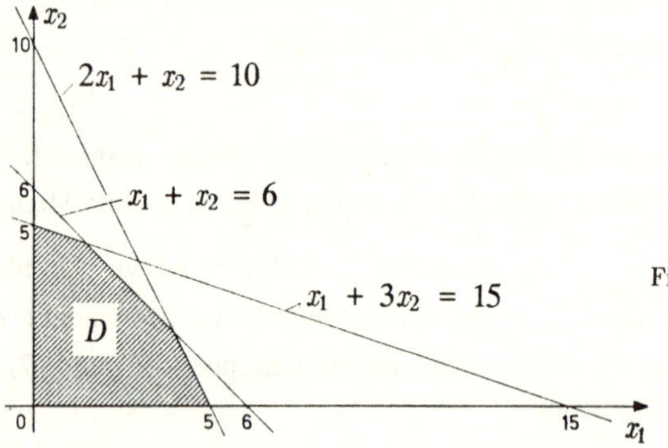

Fig. 3

Beweis: Nach Voraussetzung gilt $\mathbf{A}\,\mathbf{x}_i \leq \mathbf{a}$ $(i = 1,2,\ldots,k)$. Dann wird

$$\mathbf{A}\,\mathbf{x} = \mathbf{A}\sum_{i=1}^{k}\lambda_i\mathbf{x}_i = \sum_{i=1}^{k}\lambda_i\,\mathbf{A}\,\mathbf{x}_i \leq \sum_{i=1}^{k}\lambda_i\mathbf{a} = \mathbf{a}\sum_{i=1}^{k}\lambda_i = \mathbf{a}\cdot 1 = \mathbf{a},$$

also

$$\mathbf{A}\,\mathbf{x} \leq \mathbf{a}.$$

Ferner ist wegen $0 \leq \lambda_i$ und $\mathbf{x}_i \geq \mathbf{o}$ $(i = 1,2,\ldots,k)$ auch $\mathbf{x} \geq \mathbf{o}$. Somit gehört $\mathbf{x}$ zu M.

4)

$$\begin{cases} x_1 + x_2 \leq 10 \\ 2x_1 + x_2 \leq 12 \\ x_1 + 3x_2 \leq 18 \end{cases}$$

$$x_k \geq 0 \quad (k = 1,2)$$

beschreibt die folgende Menge D.

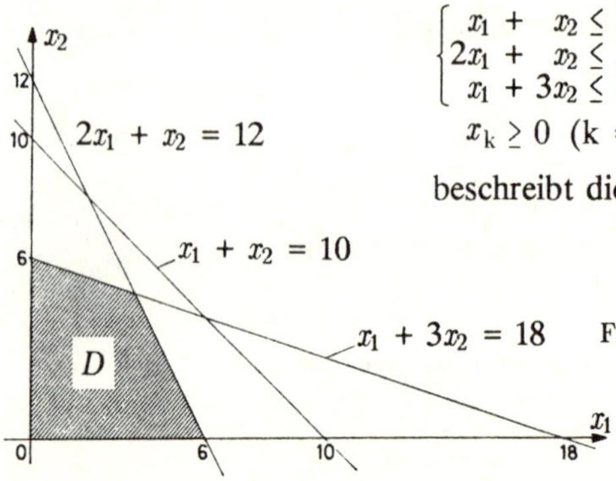

Fig. 4. Hierbei ist die Bedingung $x_1 + x_2 \leq 10$ überflüssig, sie kann weggelassen werden.

4.5.3. Die Zielfunktion (5), gegeben durch $y = g(x_1,x_2) = c_1x_1 + c_2x_2$, stellt als lineare Funktion im Raum eine Ebene E dar, die durch den Ursprung 0 des Koordinatensystems geht (Figur 5). Das konvexe Polygon D liegt in der waagrechten (x_1,x_2)-Ebene.

Die Frage der linearen Optimierung heißt nun: Wo erreicht die durch die Zielfunktion (5) $y = g(x_1,x_2) = c_1x_1 + c_2x_2$ dargestellte Ebene E über dem konvexen Polygon D ihr Maximum? Man sieht aus Figur 5, daß dieses Maximum nur über dem Rand von D erreicht werden kann und zwar über einem Eckpunkt von D, wenn die Ebene E zu keiner Seite des konvexen Polygons parallel ist,

über jedem Punkt einer Seite von D, wenn die Ebene E zu dieser Seite parallel läuft. (In Figur 5 wird das Maximum über dem Eckpunkt Q_3 erreicht.[1])

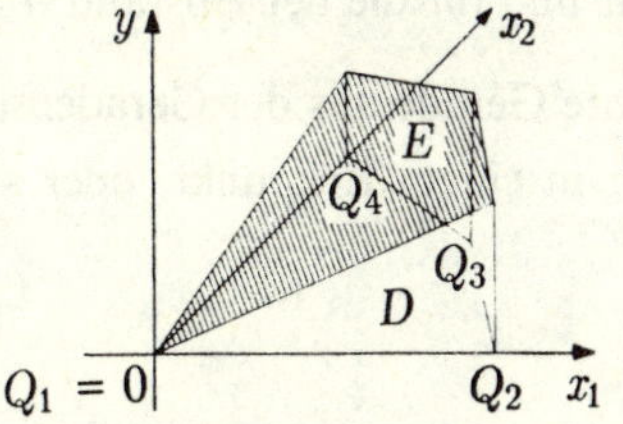

Fig. 5. D ist hier ein Viereck mit den Eckpunkten $Q_1 = 0$, Q_2, Q_3 und Q_4.

Eine etwas andere geometrische Darstellung des Problems der linearen Programmierung erhält man folgendermaßen: Statt der Zielfunktion (5), gegeben durch $y = c_1x_1 + c_2x_2$, betrachten wir

$$(8) \qquad \frac{y}{\sqrt{c_1^2 + c_2^2}} = \frac{c_1}{\sqrt{c_1^2 + c_2^2}}\, x_1 + \frac{c_2}{\sqrt{c_1^2 + c_2^2}}\, x_2,$$

also

$$(9) \qquad \frac{c_1}{c_1^2 + c_2^2}\, x_1 + \frac{c_2}{\sqrt{c_1^2 + c_2^2}}\, x_2 - \frac{y}{\sqrt{c_1^2 + c_2^2}} = 0$$

(mit positiver Quadratwurzel). Bei festem positivem y ist (9) die Hessesche Form einer Geraden in der (x_1,x_2)-Ebene, und verschiedene Werte von y liefern eine Schar paralleler Geraden;[2] das Glied $\frac{y}{\sqrt{c_1^2 + c_2^2}}$ bedeutet jeweils den Abstand d dieser Geraden vom Koordinatenursprung 0.

Die Funktionswerte von $y = c_1x_1 + c_2x_2$ und die von

$$(10) \qquad d = \frac{c_1}{\sqrt{c_1^2 + c_2^2}}\, x_1 + \frac{c_2}{\sqrt{c_1^2 + c_2^2}}\, x_2$$

unterscheiden sich nur um einen positiven konstanten Faktor. Demnach liegen die Maxima von (10) unter den Bedingungen (6) und (7) bei denselben Paaren von Argumentwerten x_1,x_2 vor wie die von (5) unter den Bedingungen (6) und

---

[1] Die Methoden der Differentialrechnung sind hier zur Maximumbestimmung nicht anwendbar, da die Differentialrechnung nur Maxima mit waagrechter Tangente (bzw. waagrechter Tangentialebene) liefert, was hier offenbar nicht der Fall ist.

[2] Diese sind die Höhenlinien der durch (5) $y = c_1x_1 + c_2x_2$ dargestellten Ebene.

(7).[1] Statt also nun die Maxima von (5) $y = c_1x_1 + c_2x_2$ unter den Bedingungen (6) und (7) zu bestimmen, können wir auch die Maxima von (10) unter denselben Bedingungen (6) und (7) suchen. Geometrisch hat dies folgende Bedeutung: Aus der Gesamtheit der Geraden, die durch (8) bei variablem y dargestellt werden, ist diejenige zu finden, die mit dem konvexen Polygon D mindestens einen Punkt P gemeinsam hat und für die der Abstand $d = \frac{y}{\sqrt{c_1^2 + c_2^2}}$ ein Maximum wird. Diese so bestimmte Gerade aus der Geradenschar (8) trifft dann entweder das konvexe Polygon in einem Eckpunkt, oder sie hat mit D eine Seite gemeinsam (Figur 6).

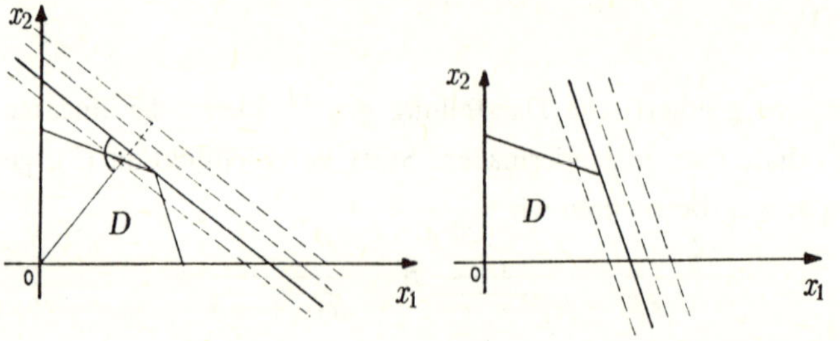

Fig. 6

4.5.4. Für die Betrachtungen, die wir bisher anschaulich-geometrisch durchgeführt haben, soll nun noch eine rechnerische Begründung gegeben werden; dabei wollen wir uns der Vektorschreibweise bedienen.

Wir denken uns die Punkte P der (x_1,x_2)-Ebene (insbesondere also die Punkte des durch die Bedingungen (6) und (7) bestimmten konvexen Polygons D) festgelegt durch die Ortsvektoren [2] $\mathbf{x}$ von 0 nach P. Wenn der Punkt P die Koordinaten x_1 und x_2 hat, dann hat der zugehörige Ortsvektor $\mathbf{x}$ die Komponenten x_1 und x_2. Die Eckpunkte $Q_1, Q_2, \ldots, Q_r$ des konvexen Polygons D werden durch die Ortsvektoren $\mathbf{q}_1, \mathbf{q}_2, \ldots, \mathbf{q}_r$ beschrieben. Die Funktionswerte der Zielfuntion (5), gegeben durch $y = c_1x_1 + c_2x_2 = \mathbf{c}\,\mathbf{x}$, an den Eckpunkten $Q_1, Q_2, \ldots, Q_r$ bezeichnen wir mit $y_1, y_2, \ldots, y_r$; also es ist $y_1 = \mathbf{c}\,\mathbf{q}_1$, $y_2 = \mathbf{c}\,\mathbf{q}_2, \ldots$, $y_r = \mathbf{c}\,\mathbf{q}_r$.

---

[1] Wenn $g(x_1^*,x_2^*) \geq g(x_1,x_2)$, dann auch $h(x_1^*,x_2^*) = c \cdot g(x_1^*,x_2^*) \geq c \cdot g(x_1,x_2) = h(x_1,x_2)$; ($c > 0$ Konstante).

[2] Wir denken uns die Vektoren $\mathbf{x}$, $\mathbf{q}_1, \ldots, \mathbf{q}_r$ als Spaltenvektoren geschrieben; $\mathbf{c}$ als Zeilenvektor (vgl. 4.5.1).

Wir wollen drei grundlegende Sätze beweisen:

Satz 1: *Ist y_s das Maximum der Funktionswerte y_i (i = 1,2,...,r), also $y_s = \max y_i$ (i = 1,2,...,r), dann wird im Eckpunkt Q_s das Maximum der Zielfunktion (5) unter den Bedingungen (6) und (7) erreicht.*

Beweis: Ist P ein beliebiger Punkt des konvexen Polygons D und $\mathbf{x}$ der zugehörige Ortsvektor, dann ist

$$\mathbf{x} = \sum_{i=1}^{r} \lambda_i \mathbf{q}_i \text{ mit } 0 \leq \lambda_i, \sum_{i=1}^{r} \lambda_i = 1,$$

und wir haben

$$y = \mathbf{c}\mathbf{x} = \mathbf{c} \sum_{i=1}^{r} \lambda_i \mathbf{q}_i = \sum_{i=1}^{r} \lambda_i \mathbf{c}\mathbf{q}_i = \sum_{i=1}^{r} \lambda_i y_i \leq \sum_{i=1}^{r} \lambda_i y_s = y_s \sum_{i=1}^{r} \lambda_i = y_s,$$

weil $\sum_{i=1}^{r} \lambda_i = 1$ ist.

Damit ist gezeigt, daß im Eckpunkt Q_s das Maximum der Funktionswerte der Zielfunktion (5) unter den Bedingungen (6) und (7) erreicht wird.

Satz 2: *Nimmt die Zielfunktion (5) ihr Maximum unter den Bedingungen (6) und (7) in zwei Punkten P^* und P^{**} an, so wird das Maximum auch auf der Verbindungsstrecke $\overline{P^*P^{**}}$ dieser beiden Punkte angenommen.*

Beweis: Zu P^* gehöre der Ortsvektor $\mathbf{x}^*$ und zu P^{**} der Ortsvektor $\mathbf{x}^{**}$. Dann wird ein Punkt P der Verbindungsstrecke $\overline{P^*\ P^{**}}$ erreicht durch den Ortsvektor (vgl. 4.2.3)

$$\mathbf{x} = \lambda \mathbf{x}^* + (1 - \lambda)\, \mathbf{x}^{**} \quad (0 \leq \lambda \leq 1).$$

Ferner wird

$$y = \mathbf{c}\,\mathbf{x} = \mathbf{c}\left[\lambda \mathbf{x}^* + (1-\lambda)\mathbf{x}^{**}\right] = \lambda \mathbf{c}\,\mathbf{x}^* + (1-\lambda)\mathbf{c}\,\mathbf{x}^{**} = \lambda y^* + (1-\lambda) y^{**},$$

wenn die Funktionswerte $\mathbf{c}\,\mathbf{x}^* = y^*$ und $\mathbf{c}\,\mathbf{x}^{**} = y^{**}$ gesetzt wurden. Da aber y^* und y^{**} als Maximum der Funktion (5) unter den Bedingungen (6) und (7) gleich sind, folgt

$$y = \lambda y^* + (1-\lambda) y^* = y^*,$$

d.h. der Wert $y = \mathbf{c}\,\mathbf{x}$ ist auch Maximum unter den Bedingungen (6) und (7).

Satz 3: *Sind die Funktionswerte der Zielfunktion (5) nicht an allen Eckpunkten $Q_1, Q_2, \ldots, Q_r$ gleich, d.h. sind nicht alle Funktionswerte $y_1, y_2, \ldots, y_r$ einander gleich, dann kann die Zielfunktion (5) das Maximum unter den Bedingungen (6) und (7) nicht an einem inneren Punkt des konvexen Polygons D erreichen.*

Beweis: Angenommen, die Funktion (5) würde auch bei dem inneren Punkt P^* von D (P^* hat den Ortsvektor $\mathbf{x}^*$) das Maximum unter den Bedingungen (6) und (7) erreichen. Wenn $\mathbf{x}^*$ die Darstellung

$$\mathbf{x}^* = \sum_{i=1}^{r} \lambda_i \mathbf{q}_i \text{ mit } 0 \leq \lambda_i, \sum_{i=1}^{r} \lambda_i = 1 \text{ und mindestens drei } \lambda_i \neq 0$$

hat, so wird

$$y^* = \mathbf{c}\mathbf{x}^* = \mathbf{c} \sum_{i=1}^{r} \lambda_i \mathbf{q}_i = \sum_{i=1}^{r} \lambda_i \mathbf{c}\mathbf{q}_i = \sum_{i=1}^{r} \lambda_i y_i < \sum_{i=1}^{r} \lambda_i y_s, \tag{11}$$

wenn y_s das Maximum der Funktionswerte y_i ($i = 1,2,\dots,r$) ist. Weiter folgt dann aus (11)

$$y^* < y_s \sum_{i=1}^{r} \lambda_i,$$

und wegen $\sum_{i=1}^{r} \lambda_i = 1$ wird

$$y^* < y_s.$$

4.5.5. Das Problem der linearen Optimierung läuft also darauf hinaus, die Eckpunkte $Q_1, Q_2,\dots, Q_r$ des durch die Bedingungen (2) und (3) gegebenen konvexen Polygons D zu bestimmen (einer dieser Eckpunkte ist natürlich der Koordinatenursprung 0). Bestehen die Bedingungen (2) nur aus wenigen Ungleichungen, so lassen sich die Koordinaten der Eckpunkte $Q_1, Q_2,\dots, Q_r$ nach den elementaren Methoden als Koordinaten der Schnittpunkte zweier Seitengeraden $a_{i1}x_1 + a_{i2}x_2 = A_i$ von D ausrechnen. Sind jedoch eine größere Anzahl von Ungleichungen zur Nebenbedingung (2) vereinigt, so wird dieser Weg zu umständlich, und man hat hier rationellere Verfahren zur Lösung des Problems entwickelt *(Simplex-Methode)*.

Man formt dazu die allgemeine Fragestellung um: Um die Ungleichungen der Nebenbedingung (2) in Gleichungen überzuführen, führen wir *Schlupfvariablen* [1] $\tilde{y}_1,\tilde{y}_2,\dots,\tilde{y}_m$ ein ($x_1,x_2,\dots,x_n$ nennen wir im Gegensatz dazu eigentliche Variable). Wir schreiben statt (2)

$$\begin{cases} a_{11}x_1 + a_{12}x_2 + \dots + a_{1n}x_n + \tilde{y}_1 & = A_1 \\ a_{21}x_1 + a_{22}x_2 + \dots + a_{2n}x_n + \tilde{y}_2 & = A_2 \\ \dots\dots & \\ a_{m1}x_1 + a_{m2}x_2 + \dots + a_{mn}x_n + \tilde{y}_m & = A_m \end{cases} \tag{12}$$

---

[1] Man findet auch die Bezeichnung *Hilfsvariable* oder *Pseudovariable* oder (englisch) *slack-Variable.*

mit

$$(13) \qquad \tilde{y}_i \geq 0 \quad (i = 1,2,...,m).$$

Die Schlupfvariablen geben also jeweils den Unterschied zwischen der linken und der rechten Seite der Ungleichungen (2).

Ferner setzen wir statt (4) mit Koeffizienten 0 formal

$$(14) \qquad y = g(x_1,x_2,...,x_n; \tilde{y}_1,\tilde{y}_2,...,\tilde{y}_m) = \\ = c_1x_1 + c_2x_2 + ... + c_nx_n + 0\cdot\tilde{y}_1 + 0\cdot\tilde{y}_2 + ... + 0\cdot\tilde{y}_m;$$

die Funktionswerte in (4) und (14) stimmen also bei denselben Argumentwerten x_k (k = 1,2,...,n) und beliebigen $\tilde{y}_i$ (i = 1,2,...,m) überein.

Die in dieser Weise umgeformte Problemstellung der linearen Optimierung lautet somit: Man bestimme die Maxima (oder Minima) der linearen Funktion (14) unter den Nebenbedingungen (12), (3) und (13).

Zur Darstellung in Vektor- und Matrizenschreibweise führen wir nun die Vektoren

$$\mathbf{c}^* = (c_1, c_2, ..., c_n; \underbrace{0, \ldots, 0}_{\text{m Komponenten}}),$$

$$\mathbf{x}^* = \begin{bmatrix} x_1 \\ x_2 \\ \cdot \\ \cdot \\ x_n \\ \tilde{y}_1 \\ \cdot \\ \cdot \\ \tilde{y}_m \end{bmatrix} \quad \text{und wie oben} \quad \mathbf{a} = \begin{bmatrix} A_1 \\ A_2 \\ \cdot \\ \cdot \\ A_m \end{bmatrix}$$

sowie die (m × m + n)-Matrix

$$\mathbf{A}^* = \begin{bmatrix} a_{11} & a_{12} \ldots a_{1n} & 1 & 0 \ldots 0 \\ a_{21} & a_{22} \ldots a_{2n} & 0 & 1 \ldots 0 \\ \ldots & \ldots & \ldots & \ldots \\ a_{m1} & a_{m2} \ldots a_{mn} & 0 & 0 \ldots 1 \end{bmatrix}$$

ein. Da $\mathbf{A}^*$ sich aus der Matrix $\mathbf{A}$ und der Einheitsmatrix $\mathbf{E}$ zusammensetzt, schreiben wir auch

$$\mathbf{A}^* = (\mathbf{A}\,\mathbf{E}).$$

Dann soll das Maximum von

$$y = g(x_1,x_2,...,x_n; \tilde{y}_1,\tilde{y}_2,...,\tilde{y}_m) = g(\mathbf{x}^*) = \mathbf{c}^*\mathbf{x}^*\ ^{1)}$$

---

1) Eigentlich ist in der Schreibweise $g(\mathbf{x}^*)$ der transponierte Vektor von $\mathbf{x}^*$ zu nehmen.

unter den Nebenbedingungen

(15) $$\mathbf{A}^*\mathbf{x}^* = \mathbf{a}$$

und

$$\mathbf{x}^* \geq \mathbf{o}$$

bestimmt werden.

(15) bedeutet ein Gleichungssystem von m Gleichungen mit n + m Unbekannten; es ist lösbar nach Satz 2 in 3.9.2, wenn

$$\text{Rang } \mathbf{A}^* = \text{Rang } (\mathbf{A}^*\mathbf{a})$$

ist. Weil $\mathbf{A}^* = (\mathbf{A}\ \mathbf{E})$ als Teilmatrix die $(m \times m)$-Einheitsmatrix E enthält und $\det E = 1 \neq 0$ ist, gilt Rang $\mathbf{A}^* = m$. Aus demselben Grund ist auch Rang $(\mathbf{A}^*\mathbf{a}) = m$. Dann können nach Satz 2 in 3.9.2 willkürlich $(n + m) - m = n$ Unbekannte festgesetzt werden, und die restlichen m Unbekannten werden nach der Cramerschen Regel bestimmt.

Es gilt nun der

Satz: *An der Stelle, an der $g(\mathbf{x}^*)$ ein Maximum annimmt, müssen die* n *willkürlich festzusetzenden Unbekannten gleich* 0 *sein.*

Auf einen Beweis dieses Satzes verzichten wir.

4.5.6. In geometrischer Darstellung bestimmt jede einzelne der Bedingungen (2) und (3) der Optimierungsaufgabe aus 4.5.1 einen Halbraum im $\mathbb{R}^n$. Durch die Kombination dieser Bedingungen wird der Durchschnitt dieser Halbräume genommen, der dann als Durchschnitt konvexer Mengen auch wieder konvex sein muß (oder er besteht aus einem einzigen Punkt oder er ist leer; in diesem letzteren Fall widersprechen sich die Bedingungen und das Problem der linearen Optimierung hat keine Lösung). Die Bedingungen (2) und (3) aus 4.5.1 beschreiben ein *konvexes Polyeder* im $\mathbb{R}^n$. Solche konvexen Polyeder im $\mathbb{R}^3$ sind z.B. ein Quader, eine Pyramide. Das einfachste konvexe Polyeder im $\mathbb{R}^3$ ist ein Tetraeder oder *Simplex* (Figur 1). Es hat genau vier Ecken.

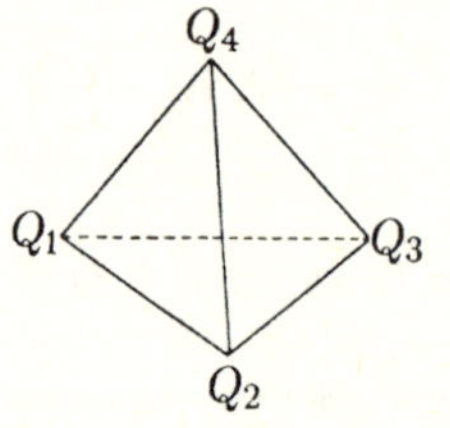

Fig. 1

Es kommt nun darauf an, den Eckpunkt dieses konvexen Polyeders zu bestimmen, der zur Lösung der gestellten Aufgabe in Frage kommt. Man geht dabei so vor, daß man zunächst einen beliebigen Eckpunkt des konvexen Polyeders bestimmt, für seine Koordinaten den Wert der Zielfunktion berechnet und dann zu einem benachbarten Eckpunkt übergeht, für den (beim Maximumproblem) die Zielfunktion einen Zuwachs erfährt. So fortfahrend, kommt man nach endlich vielen Schritten zu dem Eckpunkt des konvexen Polyeders, an dem die Zielfunktion das gesuchte Maximum erreicht. Dieses Verfahren ist für numerische Rechnungen ausgestaltet worden und unter dem Namen *Simplex-Verfahren* bekannt. Auf nähere Einzelheiten können wir hier nicht eingehen und müssen auf die Spezialliteratur verweisen.

§ 4.6. Beispiel zur linearen Optimierung

4.6.1. Wir betrachten folgendes Beispiel: Es soll das Maximum der Zielfunktion, gegeben durch

$$y = 40\,x_1 + 135\,x_2,$$

unter den Bedingungen

$$\begin{array}{ll} (1) & \left\{\begin{array}{l} x_1 + 3x_2 \leq 150 \\ x_1 + 4x_2 \leq 176 \\ x_1 + x_2 \leq 110 \end{array}\right. \\ (2) & \\ (3) & \end{array}$$

$$\begin{array}{ll} (4) & \left\{\begin{array}{l} x_1 \geq 0 \\ x_2 \geq 0 \end{array}\right. \\ (5) & \end{array}$$

bestimmt werden.

Wie in § 4.5 dargelegt, läuft die Frage darauf hinaus, die Eckpunkte des durch die Bedingungen (1) bis (5) definierten konvexen Polyeders zu bestimmen und dann denjenigen zu ermitteln, für den die Zielfunktion das Maximum erreicht.

Wir betrachten zu diesem Zweck neben den Bedingungen (1) bis (5) die Geradengleichungen

$$\begin{array}{ll} (1') & x_1 + 3x_2 = 150 \\ (2') & x_1 + 4x_2 = 176 \\ (3') & x_1 + x_2 = 110 \end{array}$$

$$\begin{array}{ll} (4') & x_1 = 0 \\ (5') & x_2 = 0 \end{array}$$

und bestimmen den Schnittpunkt je zweier von diesen.

Schnittpunkte:

(1′) mit (2′): Aus dem Gleichungssystem

$$\begin{cases} x_1 + 3x_2 = 150 \\ x_1 + 4x_2 = 176 \end{cases}$$

folgt $x_1 = 72;\ x_2 = 26;$

ebenso

(1′) mit (3′): $x_1 = 90;\ x_2 = 20;$
(1′) mit (4′): $x_1 = 0;\ x_2 = 50;$
(1′) mit (5′): $x_1 = 150;\ x_2 = 0;$
(2′) mit (3′): $x_1 = 88;\ x_2 = 22;$
(2′) mit (4′): $x_1 = 0;\ x_2 = 44;$
(2′) mit (5′): $x_1 = 176;\ x_2 = 0;$
(3′) mit (4′): $x_1 = 0;\ x_2 = 110;$
(3′) mit (5′): $x_1 = 110;\ x_2 = 0;$
(4′) mit (5′): $x_1 = 0;\ x_2 = 0.$

Aus Figur 1 geht hervor, daß nur die folgenden Punkte Eckpunkte des durch die Bedingungen (1) bis (5) gegebenen konvexen Polygons sind:

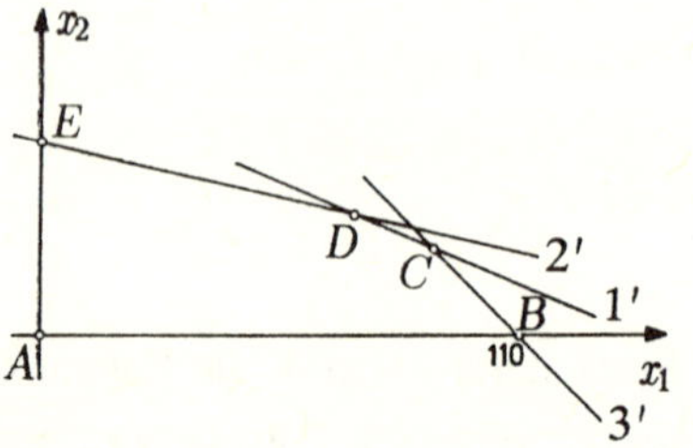

$A = (0,\ 0)$
$B = (110,\ 0)$
$C = (90,\ 20)$
$D = (72,\ 26)$
$E = (0,\ 44).$

Fig. 1

Die zugehörigen Werte der Zielfunktion sind $y_A = 0$, $y_B = 4\,400$, $y_C = 6\,300$, $y_D = 6\,390$, $y_E = 5\,940$.

Die Zielfunktion wird also maximal im Eckpunkt D.

4.6.2. Das eben beschriebene Verfahren ist für Probleme, die durch eine große Anzahl von Ungleichungen und Unbekannten beschrieben werden, zu aufwendig. Man wählt daher die folgende Methode:

Es seien wieder die Bedingungen

$$\begin{cases} x_1 + 3x_2 \leq 150 \\ x_1 + 4x_2 \leq 176 \\ x_1 + x_2 \leq 110 \end{cases}$$

$$\begin{cases} x_1 \geq 0 \\ x_2 \geq 0 \end{cases}$$

gegeben.

Die durch $y = 40\,x_1 + 135\,x_2$ gegebene Zielfunktion soll maximiert werden. Wir machen die Ungleichungen durch Einführung von Schlupfvariablen zu Gleichungen. Dabei bezeichnen wir diese im Unterschied zu 4.4.5 mit x_3, x_4 und x_5. Also

$$(6)\qquad \begin{cases} x_1 + 3x_2 + x_3 = 150 \\ x_1 + 4x_2 + x_4 = 176 \\ x_1 + x_2 + x_5 = 110 \end{cases}$$

$$x_1, x_2, \ldots, x_5 \geq 0.$$

Diese drei Gleichungen lassen sich nach drei beliebigen Unbekannten der fünf Variablen auflösen.

Löst man etwa nach x_3, x_4 und x_5 auf (dies empfiehlt sich, da man nur die beiden anderen Summanden auf die andere Seite bringen muß), so erhält man

$$(7)\qquad \begin{cases} x_3 = 150 - x_1 - 3x_2 \\ x_4 = 176 - x_1 - 4x_2 \\ x_5 = 110 - x_1 - x_2. \end{cases}$$

Da der Punkt mit den Koordinaten $x_1 = 0$ und $x_2 = 0$ ein Eckpunkt des durch die Bedingungen (1) bis (5) bestimmten konvexen Polygons ist, wollen wir zunächst den Wert der Zielfunktion in diesem Punkt bestimmen. Man hat offenbar $y = 0$. Unsere Methode besteht nun darin, von einem Punkt aus einen nächsten Eckpunkt des konvexen Polygons auszuwählen, in dem die Zielfunktion einen größeren Wert annimmt.

Aus $y = 40\,x_1 + 135\,x_2$ sieht man, daß durch Vergrößerung von x_1 oder x_2 auch y vergrößert wird. Da x_2 in der Zielfunktion den größten Koeffizienten hat, wollen wir zunächst x_2 wachsen lassen; dabei muß man natürlich beachten, daß alle fünf Variablen positiv bleiben.

Aus (7) folgt, daß man x_2 so lange vergrößern kann, so lange x_3, x_4, $x_5 \geq 0$ bleiben, d.h.

$$(8) \qquad \begin{cases} 0 \leq 150 - 3x_2 \\ 0 \leq 176 - 4x_2 \\ 0 \leq 110 - x_2. \end{cases}$$

Der Wert x_1 wurde hierbei noch festgehalten, da man zunächst nur eine Variable vergrößern will. Aus den drei Ungleichungen ergeben sich die Werte für x_2

$$\begin{aligned} x_2 &\leq 50 \\ x_2 &\leq 44 \\ x_2 &\leq 110. \end{aligned}$$

Der größtmögliche Wert für x_2, der *alle* Variablen nicht negativ werden läßt, ist also $x_2 = 44$. Man hat daher mit $(x_1, x_2) = (0, \ 44)$ den Punkt, der dem Punkt E der Figur 1 entspricht. Der Wert von y ist dort

$$y = 40 \cdot 0 + 135 \cdot 44 = 5\,940.$$

Um zu sehen, ob man den Wert y noch steigern kann durch Vergrößerung einer der fünf Variablen, drücken wir die Größe x_2 durch die anderen Variablen aus, d.h. wir lösen (7) nach x_2 auf. Aus der zweiten Gleichung von (7) folgt

$$(9) \qquad x_2 = 44 - \frac{1}{4}x_1 - \frac{1}{4}x_4,$$

und aus der ersten Gleichung von (7) ergibt sich durch Einsetzen für x_2 aus (9)

$$\begin{aligned} x_3 &= 150 - x_1 - 3\,x_2 = \\ &= 150 - x_1 - 132 + \frac{3}{4}x_1 + \frac{3}{4}x_4, \end{aligned}$$

$$(10) \qquad x_3 = 18 - \frac{1}{4}x_1 + \frac{3}{4}x_4.$$

Aus der dritten Gleichung von (7) erhält man durch Einsetzen von x_2 aus (9)

$$\begin{aligned} x_5 &= 110 - x_1 - x_2 = \\ &= 110 - x_1 - 44 + \frac{1}{4}x_1 + \frac{1}{4}x_4, \end{aligned}$$

$$(11) \qquad x_5 = 66 - \frac{3}{4}x_1 + \frac{1}{4}x_4.$$

Setzt man aus (9) den Ausdruck für x_2 in die ursprüngliche Zielfunktion ein, dann erhält man

$$\begin{aligned} y &= 40\,x_1 + 135\,x_2 = \\ &= 40\,x_1 + 135 \cdot 44 - \frac{135}{4}x_1 - \frac{135}{4}x_4 = \\ &= 5\,940 + \frac{25}{4}x_1 - \frac{135}{4}x_4. \end{aligned}$$

Hieraus ersieht man, daß eine Vergrößerung der Zielfunktion nur durch die Vergrößerung von x_1 erreicht werden kann.

Aus den Vorbemerkungen folgt, daß in den Ecken des Lösungsgebietes die Schlupfvariablen x_3, x_4, x_5 den Wert 0 haben; somit folgt aus den Gleichungen (10) und (11)

$$\text{(12)}\qquad \begin{aligned} 0 &\leq 18 - \tfrac{1}{4}\, x_1 \\ 0 &\leq 66 - \tfrac{3}{4}\, x_1. \end{aligned}$$

Der größtmögliche Wert von x_1 ist $x_1 = 72$, und für x_2 ergibt sich aus (9) $x_2 = 26$.

Dieser Punkt entspricht Punkt D der Figur 1. Für y erhält man

$$y = 40 \cdot 72 + 135 \cdot 26 = 6\,390.$$

Wir untersuchen nun, ob man y durch Wahl einer anderen Ecke noch vergrössern kann. Löst man dazu (11) nach x_1 auf, dann gilt

$$\text{(13)}\qquad x_1 = 88 + \tfrac{1}{3}\, x_4 - \tfrac{4}{3}\, x_5.$$

Setzt man (13) in (9) und in die Zielfunktion ein, so folgt

$$x_2 = 44 - \tfrac{1}{4}\,(88 + \tfrac{1}{3}\, x_4 - \tfrac{4}{3}\, x_5) - \tfrac{1}{4}\, x_4,$$

also

$$x_2 = 22 - \tfrac{1}{3}\, x_4 + \tfrac{1}{3}\, x_5,$$

und

$$\begin{aligned} y &= 40\, x_1 + 135\, x_2 = \\ &= 40\,(88 + \tfrac{1}{3}\, x_4 - \tfrac{4}{3}\, x_5) + 135\,(22 - \tfrac{1}{3}\, x_4 + \tfrac{1}{3}\, x_5) = \\ &= 6\,490 - \tfrac{95}{3}\, x_4 - \tfrac{25}{3}\, x_5. \end{aligned}$$

Alle in der Zielfunktion vorkommenden Variablen haben negative Koeffizienten. Eine Vergrößerung von x_4 und x_5 würde y nur verkleinern, d.h. es ist keine neue Wahl für x_1 und x_2 mehr möglich und daher das Maximum der Zielfunktion gefunden.

ABSCHNITT 5

Differenzengleichungen

§ 5.1.* Beispiele aus der Wirtschaftstheorie

5.1.1.* Wir betrachten die Nachfrage nach einem Gut in gewissen Zeitperioden (etwa ein Jahr) und bezeichnen die nachgefragte Menge dieses Gutes in der t-ten Periode mit $x_{N,t}$, wobei t die Werte 1,2,3,... annimmt. Sei weiter p_t der Preis dieses Gutes in der t-ten Periode. Dann machen wir den Ansatz

$$x_{N,t} = \alpha_0 - \alpha_1 p_t \quad (\alpha_0, \alpha_1 > 0) \tag{1}$$

(lineare Nachfragefunktion). Dabei wird man sich auf $0 \leq p_t \leq \frac{\alpha_0}{\alpha_1}$ beschränken, da $x_{N,t}$ nicht negativ sein soll.

Die Erzeuger werden das Angebot dieses Gutes in der Periode t danach ausrichten, welchen Preis das Gut in der vorangegangenen Periode t − 1 erzielte, wir machen also für die Angebotsfunktion den Ansatz

$$x_{A,t} = -\beta_0 + \beta_1 p_{t-1} \quad (\beta_0, \beta_1 > 0), \tag{2}$$

wobei $x_{A,t}$ das mengenmäßige Angebot des Gutes in der Periode t und p_{t-1} den Preis des Gutes in der Periode t − 1 bedeuten.[1] Da $x_{A,t}$ nicht negativ sein soll, muß $p_{t-1} \geq \frac{\beta_0}{\beta_1}$ sein, d.h. das Angebot der Erzeuger setzt erst bei einem bestimmten Preisniveau ein.

Außerdem wollen wir als Gleichgewichtsbedingung unterstellen, daß

$$x_{N,t} = x_{A,t} \tag{3}$$

ist. Damit haben wir die drei Gleichungen (1) bis (3), die ein wirtschaftstheoretisches Modell bilden:

$$\begin{array}{ll} (1) & \\ (2) & \\ (3) & \end{array} \left\{ \begin{array}{lll} x_{N,t} & = & \alpha_0 - \alpha_1 p_t \\ x_{A,t} & = & -\beta_0 + \beta_1 p_{t-1} \\ x_{N,t} & = & x_{A,t} \qquad\qquad (t = 1,2,\ldots). \end{array} \right.$$

Durch Gleichsetzen erhält man aus (1) und (2) die "lineare Differenzengleichung erster Ordnung" (mit konstanten Koeffizienten)

[1] Variablen, die sich auf vorhergehende Perioden beziehen, nennt man lag-Variablen.

$$p_t = -\frac{\beta_1}{\alpha_1} p_{t-1} + \frac{\alpha_0 + \beta_0}{\alpha_1} \quad (t = 1,2,3,\ldots).$$

Um die zeitliche Entwicklung der Folge der Preise p_t zu untersuchen, muß man also die Lösung dieser Differenzengleichung betrachten.

5.1.2.* Ein etwas modifiziertes Preismodell erhalten wir folgendermaßen: Statt der Angebotsgleichung (2) nehmen wir nun

(4) $$x_{A,t} = -\beta_0 + \beta_1 p_t^* \quad (\beta_0, \beta_1 > 0),$$

wobei p_t^* der von den Erzeugern für die Periode t erwartete Preis ist. Die Gleichungen (1) und (3) lassen wir ungeändert.

Um eine Annahme über den erwarteten Preis p_t^* zu machen, setzen wir $p_t^* - p_{t-1} = \Delta p_{t-1}$ und $p_{t-1} - p_{t-2} = \Delta p_{t-2}$ und unterstellen die Hypothese

(5) $$\Delta p_{t-1} = \gamma \Delta p_{t-2},$$

wobei γ eine feste Zahl ist. γ beschreibt also die Preisentwicklung. Es bedeutet

$\gamma > 1$ die Erwartung, daß der Preis sich in der gleichen Richtung verändern wird wie in der Vorperiode und zwar um einen größeren Betrag,

$\gamma = 1$ um den gleichen Betrag,

$0 < \gamma < 1$ um einen kleineren Betrag;

ebenso bedeutet

$\gamma < -1$ die Erwartung, daß der Preis sich in der engegengesetzten Richtung verändern wird wie in der Vorperiode, und zwar um einen größeren Betrag,

$\gamma = -1$ um den gleichen Betrag,

$0 > \gamma > -1$ um einen kleineren Betrag.

Aus (5) folgt

$$p_t^* = p_{t-1} + \gamma\,(p_{t-1} - p_{t-2})$$

und damit

(6) $$x_{A,t} = -\beta_0 + \beta_1 (1 + \gamma)\, p_{t-1} - \beta_1 \gamma\, p_{t-2}.$$

Durch Gleichsetzen von (1) und (6) folgt die "lineare Differenzengleichung zweiter Ordnung" (mit konstanten Koeffizienten)

$$p_t = \frac{\alpha_0 + \beta_0}{\alpha_1} - \frac{\beta_1}{\alpha_1} (1 + \gamma)\, p_{t-1} + \frac{\beta_1 \gamma}{\alpha_1} p_{t-2} \quad (t = 2,3,\ldots).$$

5.1.3.* Als weiteres Beispiel soll das makroökonomische Modell von Hicks dargestellt werden. Das Hicks-Modell besteht aus zwei Verhaltensgleichungen - Konsumgleichung und Investitionsgleichung - und einer Definitionsgleichung. Der Verbrauch (Konsum) C_t in einer Periode t ist vom Einkommen Y_{t-1} in der vorhergehenden Periode t – 1 abhängig. Man setzt

$$C_t = \alpha_1 Y_{t-1} \quad (0 < \alpha_1 < 1).$$

Die Investitionen bestehen aus den sog. induzierten und den autonomen Investitionen. Es wird angenommen, daß die induzierten Investitonen I_t^{ind} in der Periode t eine Funktion der um eine Periode zurückliegenden Einkommensänderungen $Y_{t-1} - Y_{t-2}$ sind. Es sei

$$I_t^{ind} = v\,(Y_{t-1} - Y_{t-2}).$$

(α_1 heißt marginale Konsumquote, v der Akzelerator). Die autonomen Investitionen werden mit I_t^{aut} bezeichnet.

Mit der Definitionsgleichung

$$Y_t = C_t + I_t^{ind} + I_t^{aut}$$

lautet das Hicks-Modell

$$\begin{cases} Y_t = C_t + I_t^{ind} + I_t^{aut} \\ C_t = \alpha_1 Y_{t-1} \\ I_t^{ind} = v\,(Y_{t-1} - Y_{t-2}) \quad (t = 2,3,\ldots). \end{cases}$$

Die letzten beiden Gleichungen ergeben in Verbindung mit der ersten Gleichung

$$Y_t = (\alpha_1 + v)\, Y_{t-1} - v\, Y_{t-2} + I_t^{aut},$$

also eine "lineare Differenzengleichung zweiter Ordnung" (mit konstanten Koeffizienten).

Bildet man in Anlehnung an Hicks die Abweichung Y_t^* des Einkommens vom Gleichgewichtseinkommen $Y_t^{(0)}$, so erhält man

(7) $$(Y_t - Y_t^{(0)}) = Y_t^* = (\alpha_1 + v)\, Y^*_{t-1} - v\, Y^*_{t-2}.$$

Aus dieser homogenen Differenzengleichung zweiter Ordnung lassen sich je nach der Größe von α_1 und v die Verhaltensweisen des Systems bestimmen.

§ 5.2. Definition und Einteilung der Differenzengleichungen

5.2.1. Bei den Funktionen *f*, die in diesem Abschnitt vorkommen, sollen als Argumentwerte (Werte für die unabhängige Veränderliche) nur die Zahlen 0,1,2,3,... (d.h. die nichtnegativen ganzen Zahlen) genommen werden. Der Definitionsbereich von *f* ist also die Menge $\mathbb{N}_0$ der nichtnegativen ganzen Zahlen 0,1,2,3,...; man spricht dann auch von Folgen (vgl. 1.2.3).

Wir bezeichnen die unabhängige Veränderliche mit *t* statt mit *x*; im Hinblick auf die wirtschaftstheoretischen Anwendungen soll der Buchstabe *t* an Zeitabschnitte erinnern. Wir wählen die Schreibweise $f(t) = y_t$, es wird also das Argument durch den Index zum Ausdruck gebracht. Es bedeutet demnach $y_0 = f(0)$, $y_1 = f(1)$, $y_2 = f(2)$,...

Mit Aufgaben der folgenden Art werden wir uns nun befassen:

1) Gesucht sei eine Folge $y_t = f(t)$, so daß die Gleichung

(1) $$y_t = 2y_{t-1}$$

gilt für t = 1,2,3,..., d.h. es soll in anderer Schreibweise

(1′) $$f(t) = 2f(t-1)$$

sein. Man findet als Lösung dieser Aufgabe [1] z.B. $y_t = f(t) = 2^t$, wie man durch Einsetzen in (1) bzw. (1′) leicht bestätigt.[2]

2) Es soll eine Folge y_t bestimmt werden, so daß

(2) $$y_t - 2y_{t-1} + y_{t-2} = 2$$

gilt für t = 2,3,...

$y_t = t^2$ genügt der Gleichung (2), was man durch Einsetzen wieder sofort nachprüft.[3]

3) Die gesuchte Folge y_t soll der Bedingung

(3) $$(y_t)^2 - 2t^2 y_{t-1} - 8\,t^2(t - \tfrac{1}{2}) = 0$$

---

1) Systematisch behandeln wir solche Aufgaben in § 5.3.

2) $2^t = 2 \cdot 2^{t-1}$.

3) $t^2 - 2(t-1)^2 + (t-2)^2 = t^2 - 2t^2 + 4t - 2 + t^2 - 4t + 4 = 2$.

für t = 1,2,3,... genügen. Die Folge $y_t = 2\,t^2$ leistet hier das Verlangte.[1]

5.2.2. Aufgaben dieser Art nennt man *Differenzengleichungen.*[2] Eine Differenzengleichung enthält so allgemein die Aufgabe, eine unbekannte Folge y_t so zu bestimmen, daß sie einer vorgelegten Gleichung [3]

(4) $$F(y_t, y_{t-1}, y_{t-2}, \ldots, y_{t-r}, t) = 0$$

für alle ganzen Zahlen t = r, r+1, r+2,... (r ≥ 1) genügt. y_t heißt dann *Lösung* der Differenzengleichung.[4]

In (4) bedeutet F irgendeinen Ausdruck zwischen $y_t, y_{t-1}, y_{t-2}, \ldots, y_{t-r}$ und t.

Aus einer Differenzengleichung ist demnach eine unbekannte Folge zu bestimmen, während bei den in Abschnitt 3 behandelten Gleichungen bzw. Gleichungssystemen unbekannte Zahlenwerte zu berechnen waren.

Daß die Lösung einer Differenzengleichung nicht eindeutig bestimmt zu sein braucht, sehen wir an Beispiel (1); neben $y_t = 2^t$ ist auch $y_t = 3\cdot 2^t$ oder $y_t = 7\cdot 2^t$ und allgemein $y_t = C\cdot 2^t$ mit beliebigem C Lösung der Differenzengleichung (1), wie man durch Einsetzen sofort bestätigt. Wenn aus einer Lösung $y_t = f(t)$ für eine Differenzengleichung jede andere Lösung dieser Differenzengleichung durch spezielle Wahl von Parametern, die in der Lösungsform $y_t = f(t)$ noch auftreten, hervorgeht, sprechen wir von der *allgemeinen Lösung (generellen Lösung)* der Differenzengleichung, sonst von einer *speziellen Lösung* oder *partikulären Lösung.* So gehen für Beispiel (1) die Lösungen $y_t = 2^t$, $y_t = 3\cdot 2^t$ und $y_t = 7\cdot 2^t$ dadurch aus der Lösung $y_t = C\cdot 2^t$ hervor, daß man C gleich 1 bzw. 3 bzw. 7 setzt.

5.2.3. Wir unterscheiden verschiedene Typen von Differenzengleichungen: Die Gleichungen (1)

$$y_t = 2y_{t-1}$$

---

[1] $(2t^2)^2 - 2t^2(2(t-1)^2) - 8t^2(t-\frac{1}{2}) = 4t^4 - 4t^4 + 8t^3 - 4t^2 - 8t^3 + 4t^2 = 0.$

[2] Die Bezeichnung Differenzengleichung, die zunächst nicht gerechtfertigt erscheint, ist nach der Überlegung von § 5.7 zu verstehen.

[3] Man kann alle Glieder der Gleichung auf die linke Seite der Gleichung gestellt denken.

[4] Gleichbedeutend mit (4) ist $F(y_{t+r}, y_{t+r-1}, y_{t+r-2}, \ldots, y_t, t+r) = 0$ für t = 0,1,2,... (vgl. 5.7.1). Eine Differenzengleichung bedeutet m.a.W. eine Rekursionsformel für eine Folge.

und (3)

$$(y_t)^2 - 2t^2 y_{t-1} - 8\,t^2(t - \tfrac{1}{2}) = 0$$

sind Differenzengleichungen *erster Ordnung*; die Gleichung (2)

$$y_t - 2y_{t-1} + y_{t-2} = 2$$

ist eine Differnzengleichung *zweiter Ordnung*. (4) stellt die allgemeine Form der Differenzengleichung *r-ter Ordnung* ($r \geq 1$) dar. Die Ordnung ergibt sich also als Differenz zwischen dem größten und dem kleinsten Index bei y.

Ferner unterscheiden wir *lineare* und *nichtlineare* Differenzengleichungen. Wenn statt der allgemeinen Form (4) speziell gesetzt werden kann

$$g_0(t)y_t + g_1(t)y_{t-1} + g_2(t)y_{t-2} + \ldots + g_r(t)y_{t-r} - g(t) = 0,$$

d.h.

$$(5) \qquad g_0(t)y_t + g_1(t)y_{t-1} + g_2(t)y_{t-2} + \ldots + g_r(t)y_{t-r} = g(t)$$

mit gewissen Funktionen g_0, g_1, g_2,..., g_r und g, dann heißt die Differenzengleichung linear, andernfalls nichtlinear.[1] Sind in (5) die Funktionen g_0, g_1, g_2,..., g_r Konstante, also $g_0(t) = a_0$, $g_1(t) = a_1$, $g_2(t) = a_2$,..., $g_r(t) = a_r$, so haben wir in

$$(6) \qquad a_0 y_t + a_1 y_{t-1} + a_2 y_{t-2} + \ldots + a_r y_{t-r} = g(t)$$

eine lineare Differenzengleichung mit konstanten Koeffizienten vor uns. Zum Beispiel sind die Gleichungen (1) und (2) lineare Differenzengleichungen mit konstanten Koeffizienten, während (3) nichtlinear ist; in Beispiel (1) ist $g(t) = 0$, in Beispiel (2) gleich 2.

Löst man die Differenzengleichung (6) nach y_t auf, d.h. bildet man

$$(7) \qquad y_t = -\frac{a_1}{a_0}\,y_{t-1} - \frac{a_2}{a_0}\,y_{t-2} - \ldots - \frac{a_r}{a_0}\,y_{t-r} + \frac{g(t)}{a_0}$$

($a_0 \neq 0$; denn sonst würde y_t in der Differenzengleichung gar nicht auftreten), so erkennt man, indem man $t = r$ setzt, daß durch Angabe der Werte y_0, y_1,... ..., y_{r-1} der Wert y_r berechnet werden kann. Setzt man in (7) $t = r + 1$, so läßt sich aus den schon bekannten Werten y_1, y_2,..., y_r der Wert y_{r+1} berechnen; sukzessive so fortfahrend, sieht man, daß damit die Lösung y_t für alle $t = 0,1,2,\ldots$ eindeutig bestimmt ist.

---

1) g kann auch eine Konstante sein.

Wenn in der allgemeinen Form (5) bzw. (6) die rechte Seite $g(t) = 0$ ist für alle t, ist die Differenzengleichung *homogen*, sonst *inhomogen*. So ist die Gleichung (1) homogen, die Gleichung (2) inhomogen.

Wir werden uns im folgenden auf lineare Differenzengleichungen mit konstanten Koeffizienten beschränken. Wenn wir in Zukunft von Differenzengleichungen sprechen, meinen wir immer Differenzengleichungen dieser Art. Manche Aussagen, die wir herleiten, gelten auch für allgemeinere Typen von Differenzengleichungen, jedoch wollen wir das nicht besonders erwähnen.

§ 5.3. Lineare Differenzengleichungen erster Ordnung

5.3.1. Wir wollen zunächst lineare Differenzengleichungen erster Ordnung betrachten und beginnen mit dem homogenen Fall. Wir legen dazu die Form

(1) $$y_t = Ay_{t-1}$$

mit einer Konstanten A zugrunde;[1] Gleichung (1) soll für alle $t = 1,2,3,...$ gelten.

Insbesondere folgt aus (1) - indem wir $t = 1$ setzen -

$$y_1 = Ay_0$$

und weiter durch sukzessives Einsetzen

$$\begin{aligned} y_2 &= Ay_1 = A^2y_0, \\ y_3 &= Ay_2 = A^3y_0, \\ &\cdots\cdots\cdots \\ y_{t-1} &= A^{t-1}y_0, \\ y_t &= Ay_{t-1} = A^ty_0. \end{aligned}$$

Da y_0 noch beliebig festgesetzt werden kann, setzen wir $y_0 = C$ und erhalten in

(2) $$y_t = A^tC \quad (t = 0,1,2,3,...)$$

mit einem beliebigen Parameter C die allgemeine Lösung der Differenzengleichung (1).[2] Wählt man nun in (2) für C bestimmte Werte, etwa $C = 3$ oder $C = -\frac{1}{2}$, so hat man in $y_t = A^t \cdot 3$ bzw. $y_t = A^t \cdot (-\frac{1}{2})$ spezielle Lösungen der Differenzengleichung (1).

---

[1] Statt (1) können wir auch schreiben $y_t - Ay_{t-1} = 0$, so daß im Vergleich mit (6) in 5.2.3 $a_0 = 1$ und $a_1 = -A$ zu setzen wäre.

[2] Durch Einsetzen der Lösung (2) in die Differenzengleichung (1) bestätigt man die Richtigkeit.

Zum Beispiel ist danach die oben schon gefundene Lösung $y_t = 2^t \cdot C$ die allgemeine Lösung der Differenzengleichung (1) in 5.2.1.

Die der Gleichung (1) entsprechende inhomogene Gleichung lautet

(3) $$y_t = Ay_{t-1} + B \quad (t = 1,2,3,...)$$

mit Konstanten A und B.[1] Analog wie oben bilden wir

$$\begin{aligned} y_1 &= Ay_0 + B, \\ y_2 &= Ay_1 + B = A^2y_0 + A\,B + B, \\ y_3 &= Ay_2 + B = A^3y_0 + A^2B + A\,B + B, \\ &\dots\dots\dots\dots\dots \\ y_{t-1} &= A^{t-1}y_0 + A^{t-2}B + A^{t-3}B + \dots + A\,B + B, \\ y_t &= Ay_{t-1} + B = A^ty_0 + A^{t-1}B + \dots + A^2B + A\,B + B \end{aligned}$$

und durch leichte Umformung

(4) $$y_t = A^ty_0 + B(A^{t-1} + A^{t-2} + \dots + A + 1).$$

Für $A \neq 1$ folgt hieraus, indem wir die Klammer mit der Summenformel für die geometrische Reihe berechnen,

$$y_t = A^ty_0 + B\,\frac{A^t - 1}{A - 1} = A^ty_0 + \frac{BA^t}{A - 1} - \frac{B}{A - 1} = A^t\left[y_0 + \frac{B}{A - 1}\right] - \frac{B}{A - 1}.$$

Da y_0 ein fester Wert ist, ist auch die Klammer $\left[y_0 + \frac{B}{A - 1}\right]$ eine Konstante, die wir mit C abkürzen. Also folgt für die Lösung der Differenzengleichung (3) für $A \neq 1$

(5) $$y_t = A^tC - \frac{B}{A - 1} \quad (t = 0,1,2,3,...),$$

wobei C jeden beliebigen Wert annehmen darf.

Für $A = 1$ folgt aus (4)

$$y_t = y_0 + B(t \cdot 1) = y_0 + Bt;$$

mit $y_0 = C$ erhalten wir die Lösung

(6) $$y_t = C + Bt \quad (t = 0,1,2,3,...).$$

Durch (5) und (6) haben wir also allgemein die Lösungsformel für die inhomo-

---

[1] Statt (3) können wir auch schreiben $y_t - Ay_{t-1} = B$, so daß im Vergleich mit (6) in 5.2.3 $a_0 = 1$, $a_1 = -A$ und $g(t) = B$ zu setzen wäre.

gene Differenzengleichung (3) gefunden. Wenn man darin speziell $B = 0$ setzt, erhält man die Lösung (2) der homogenen Gleichung (1).

5.3.2. Wir wollen nun die Lösung einer Differenzengleichung erster Ordnung unter geometrischem Aspekt untersuchen und beginnen mit der homogenen Gleichung (1)

$$y_t = Ay_{t-1}.$$

Als allgemeine Lösung fanden wir

$$y_t = A^t C$$

mit einem beliebigen Parameter C. Für die folgenden Betrachtungen setzen wir zunächst $C = 1$, d.h. wir betrachten speziell die Lösung

$$y_t = A^t.$$

Je nachdem welchen Wert A hat, erhält man für $y_t = A^t$ folgende Bilder (Figur 1, a) bis f)).

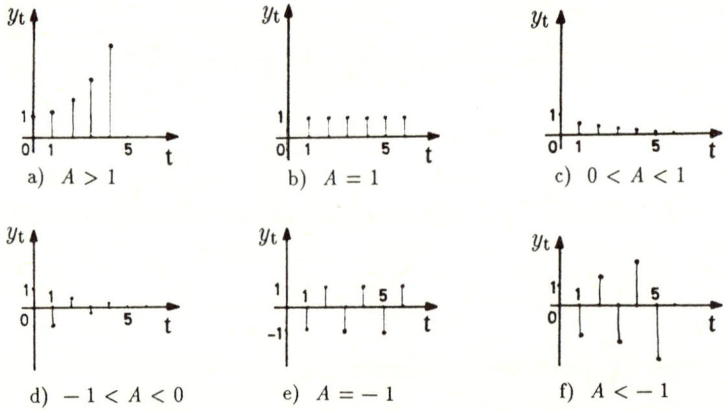

Fig. 1

Zur Erläuterung bemerken wir noch, daß für $A > 1$ gilt $1 = A^0 < A^1 < A^2 < < A^3 < ...$, für $A = 1$ gilt $1 = A^0 = A^1 = A^2 = A^3 = ...$ und für $0 < A < 1$ gilt $1 = A^0 > A^1 > A^2 > A^3 > ... > 0$; bei negativem A wechseln die Vorzeichen der Potenzen. In den Figuren 1d), 1e) und 1f) erhält man also Schwingungen, und zwar gedämpfte, gleichbleibende bzw. zunehmende Schwingungen.

Für die allgemeine Lösung $y_t = A^t C$ bewirkt C noch eine Verzerrung der Bilder aus Figur 1 (ähnlich wie bei den Funktionen $x \longrightarrow y = ax^n$ die Konstante a eine Verzerrung des Graphen von $x \longrightarrow y = x^n$ hervorrief) und für negatives C zusätzlich eine Spiegelung an der t-Achse.

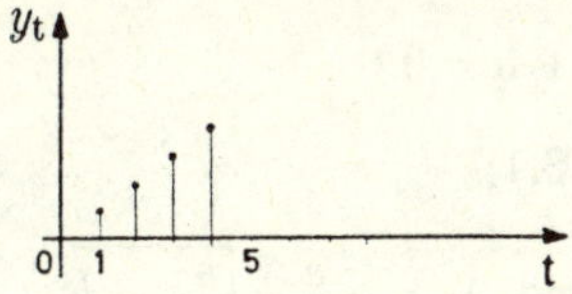

Fig 2. Wir haben hier $C = 0$ und $B > 0$ genommen.

Die Lösung $y_t = A^tC - \frac{B}{A-1}$ der Differenzengleichung (3) $y_t = Ay_{t-1} + B$ ($A \neq 1$) unterscheidet sich von $y_t = A^tC$ nur um eine additive Konstante, was geometrisch eine Parallelverschiebung [1] bedeutet.

Die Lösung $y_t = C + Bt$ der Differenzengleichung $y_t = y_{t-1} + B$ - also der Differenzengleichung (3) mit $A = 1$ - stellt einen linearen Zusammenhang dar (Figur 2).

§ 5.4. Lineare Differenzengleichungen zweiter Ordnung

5.4.1. Bei der Behandlung der homogenen linearen Differenzengleichung zweiter Ordnung mit konstanten Koeffizienten gehen wir von der Gleichungsform

$$(1) \qquad y_t + ay_{t-1} + by_{t-2} = 0 \quad (t = 2,3,...)$$

aus.[2] Im Vergleich mit der allgemeinen Form (6) in 5.2.3 einer linearen Differenzengleichung mit konstanten Koeffizienten wäre also $a_0 = 1$, $a_1 = a$ und $a_2 = b$ zu setzen. Wir machen einen Lösungsansatz $y_t = \lambda^t$ mit einer zunächst noch unbestimmten Zahl λ. Wir wollen dabei $\lambda \neq 0$ annehmen, denn $\lambda = 0$ würde für die Differenzengleichung (1) die triviale Lösung $y_t = 0$ liefern. Durch Einsetzen in (1) folgt dann

$$\lambda^t + a\lambda^{t-1} + b\lambda^{t-2} = 0$$

und durch Ausklammern

$$(2) \qquad \lambda^{t-2}(\lambda^2 + a\lambda + b) = 0.$$

---

1) Senkrecht zur t-Achse.

2) Die Koeffizienten a und b setzen wir reell voraus und nehmen $b \neq 0$ an, da sonst die Differenzengleichung (1) sich auf die Differenzengleichung erster Ordnung reduzieren würde. - Ist eine Differenzengleichung der Form $\alpha y_t + ay_{t-1} + by_{t-2} = 0$ vorgelegt ($\alpha \neq 0$), so kann durch Division durch α die Gestalt (1) hergestellt werden.

Ein Produkt ist nur dann gleich 0, wenn mindestens ein Faktor gleich 0 ist. Da $\lambda \neq 0$ und somit auch $\lambda^{t-2} \neq 0$ ist, muß in (2) die Klammer $(\lambda^2 + a\lambda + b)$ gleich 0 sein, d.h. wir erhalten für λ die quadratische Gleichung

$$(3) \qquad \lambda^2 + a\lambda + b = 0.^{1)}$$

Für deren Lösungen findet man (vgl. 7.3.1)

$$\lambda_1 = -\frac{a}{2} + \sqrt{\frac{a^2}{4} - b} \text{ und } \lambda_2 = -\frac{a}{2} - \sqrt{\frac{a^2}{4} - b},$$

die nur für $\frac{a^2}{4} - b \geq 0$, also $\frac{a^2}{4} \geq b$, reell sind; für $\frac{a^2}{4} - b = 0$, d.h. $\frac{a^2}{4} = b$, sind beide Wurzeln λ_1 und λ_2 gleich $-\frac{a}{2}$. Endlich sind die beiden Lösungen für $\frac{a^2}{4} - b < 0$, d.h. $\frac{a^2}{4} < b$ konjugiert komplex (siehe dazu 7.10.3).

I. Wir betrachten zunächst den Fall, daß $\frac{a^2}{4} - b > 0$, d.h. $\frac{a^2}{4} > b$ ist.
Dann sind die beiden Lösungen λ_1 und λ_2 reell und verschieden, und wir haben für die Differenzengleichung (1) die beiden Lösungen

$$y_t^{(1)} = \lambda_1^t \text{ und } y_t^{(2)} = \lambda_2^t.$$

5.4.2. Wir wollen nun drei Sätze angeben, die es gestatten, hieraus die allgemeine Lösung der Differenzengleichung (1) anzugeben:

Satz 1: *Ist die Folge y_t Lösung der homogenen linearen Differenzengleichung* (1)

$$y_t + ay_{t-1} + by_{t-2} = 0,$$

dann ist auch die Folge $C \cdot y_t$ mit einer beliebigen Konstanten C Lösung der Differenzengleichung.

Satz 2: *Sind die Folgen $y_t^{(1)}$ und $y_t^{(2)}$ Lösungen der homogenen linearen Differenzengleichung* (1)

$$y_t + ay_{t-1} + by_{t-2} = 0,$$

dann ist auch die Summe $y_t = y_t^{(1)} + y_t^{(2)}$ Lösung dieser Differenzengleichung.

Zum Beweis von Satz 1 setzen wir $C \cdot y_t$ in die Differenzengleichung (1) ein, wodurch wir auf der linken Seite $Cy_t + aCy_{t-1} + bCy_{t-2}$ und umgeformt

---

1) Diese Gleichung wird auch die *charakteristische Gleichung* bzw. $\lambda^2 + a\lambda + b$ das *charakteristische Polynom* der Differenzengleichung (1) genannt.

(4) $$C(y_t + ay_{t-1} + by_{t-2})$$

erhalten. Weil nach Voraussetzung y_t Lösung der Differenzengleichung (1) war und damit in (4) die Klammer gleich 0 ist, gilt

$$Cy_t + aCy_{t-1} + bCy_{t-2} = 0.$$

Also befriedigt auch Cy_t die Differenzengleichung.

Satz 2 beweist man entsprechend: Wenn wir $y_t^{(1)} + y_t^{(2)}$ in die Differenzengleichung (1) einsetzen, folgt auf der linken Seite

$$(y_t^{(1)} + y_t^{(2)}) + a(y_{t-1}^{(1)} + y_{t-1}^{(2)}) + b(y_{t-2}^{(1)} + y_{t-2}^{(2)})$$

und umgeformt

(5) $$(y_t^{(1)} + ay_{t-1}^{(1)} + by_{t-2}^{(1)}) + (y_t^{(2)} + ay_{t-1}^{(2)} + by_{t-2}^{(2)}).$$

Weil $y_t^{(1)}$ und $y_t^{(2)}$ beides Lösungen der Differenzengleichung (1) sind, werden in (5) beide Klammern gleich 0, d.h. der ganze Ausdruck ist gleich 0. Also ist auch $y_t^{(1)} + y_t^{(2)}$ Lösung der Differenzengleichung (1).

Als Zusammenfassung von Satz 1 und 2 können wir aussprechen

Satz 3: *Sind die Folgen $y_t^{(1)}$ und $y_t^{(2)}$ Lösungen der homogenen linearen Differenzengleichung* (1)

$$y_t + ay_{t-1} + by_{t-2} = 0,$$

dann ist auch die Folge $y_t = C_1y_t^{(1)} + C_2y_t^{(2)}$ mit beliebigen Konstanten C_1 und C_2 Lösung dieser Differenzengleichung.

5.4.3. Auf Grund dieses Satzes haben wir im Fall I, also für $\frac{a^2}{4} > b$, als Lösung der Differenzengleichung (1)

$$y_t = C_1y_t^{(1)} + C_2y_t^{(2)} = C_1\lambda_1^t + C_2\lambda_2^t \quad (t = 0,1,2,3,...)$$

mit beliebigen Parametern C_1 und C_2, wobei λ_1 und λ_2 die (verschiedenen reellen) Lösungen der quadratischen Gleichung (3) sind.

Dies ist im Fall I auch die allgemeine Lösung der Differenzengleichung (1).

Beweis: Jede Lösung y_t von (1) ist auf Grund von 5.2.3 schon durch die Werte y_0 und y_1 eindeutig bestimmt. Demnach ist auch jede spezielle Lösung $y_t^{(0)}$ von (1) schon durch die

Werte $y_0^{(0)}$ und $y_1^{(0)}$ eindeutig bestimmt. Nun sind in $y_t = C_1\lambda_1^t + C_2\lambda_2^t$ die Parameter C_1 und C_2, so bestimmbar, daß $y_0 = y_0^{(0)}$ und $y_1 = y_1^{(0)}$ gilt (vgl. 5.5.2).

Damit ist gezeigt, daß $y_t = C_1\lambda_1^t + C_2\lambda_2^t$ die allgemeine Lösung von (1) ist (vgl. auch § 5.5).

II. Für $\frac{a^2}{4} - b = 0$, d.h. $\frac{a^2}{4} = b$, haben wir an Stelle von (1) speziell die Differenzengleichung

(6) $$y_t + ay_{t-1} + \frac{a^2}{4} y_{t-2} = 0,$$

und an Stelle von (3) speziell die quadratische Gleichung

$$\lambda^2 + a\lambda + \frac{a^2}{4} = 0,$$

deren beide Lösungen gleich $-\frac{a}{2}$ sind. Neben der Lösung $y_t^{(1)} = \left[-\frac{a}{2}\right]^t$, die aus dem Lösungsansatz $y_t = \lambda^t$ folgt, ist

(7) $$y_t^{(2)} = t\left[-\frac{a}{2}\right]^t$$

Lösung der Differenzengleichung (6). Zur Bestätigung setzen wir (7) in Gleichung (6) ein und erhalten auf der linken Seite mit einfachen Umformungen

$$t\left[-\frac{a}{2}\right]^t + a(t-1)\left[-\frac{a}{2}\right]^{t-1} + \frac{a^2}{4}(t-2)\left[-\frac{a}{2}\right]^{t-2} =$$
$$= \left[-\frac{a}{2}\right]^{t-2}\left[t\left[-\frac{a}{2}\right]^2 + a(t-1)\left[-\frac{a}{2}\right] + \frac{a^2}{4}(t-2)\right] =$$
$$= \left[-\frac{a}{2}\right]^{t-2}\left[t\frac{a^2}{4} - t\frac{a^2}{2} + \frac{a^2}{2} + t\frac{a^2}{4} - \frac{a^2}{2}\right] = 0,$$

da die eckige Klammer gleich 0 ist. Wegen Satz 3 haben wir nun die Lösung

$$y_t = C_1 y_t^{(1)} + C_2 y_t^{(2)} =$$
$$= C_1\left[-\frac{a}{2}\right]^t + C_2 t\left[-\frac{a}{2}\right]^t = \left[-\frac{a}{2}\right]^t (C_1 + C_2 t) \quad (t = 0,1,2,3,\dots)$$

mit beliebigen Parametern C_1 und C_2; und dies ist auch die allgemeine Lösung. Der Beweis für diese Aussage verläuft entsprechend wie im Fall I.

III. Schließlich bleibt der Fall $\frac{a^2}{4} - b < 0$, d.h. $\frac{a^2}{4} < b$. Die Lösungen λ_1 und λ_2 der Gleichung (3) sind nun konjugiert komplexe Zahlen, und mit $y_t^{(1)} = \lambda_1^t$ und $y_t^{(2)} = \lambda_2^t$ erhalten wir durch $y_t = C_1 y_t^{(1)} + C_2 y_t^{(2)} = C_1\lambda_1^t + C_2\lambda_2^t$ eine

Lösung mit komplexen Zahlen für die Differenzengleichung (1). Um eine reelle Lösung zu erhalten, benutzen wir die Darstellung der komplexen Zahlen mit Polarkoordinaten (siehe 7.9.4) und setzen

$$\lambda_1 = R\,(\cos\varphi + \mathrm{i}\sin\varphi) \text{ und damit } \lambda_2 = R\,(\cos\varphi - \mathrm{i}\sin\varphi).$$

Da $y_t^{(1)} = \lambda_1^t$ Lösung der Differenzengleichung (1) ist, muß gelten

$$y_t^{(1)} + a y_{t-1}^{(1)} + b y_{t-2}^{(2)} = 0,$$

also

$$\begin{aligned} 0 &= \lambda_1^t + a\lambda_1^{t-1} + b\lambda_1^{t-2} = \\ &= R^t(\cos\varphi + \mathrm{i}\sin\varphi)^t + aR^{t-1}(\cos\varphi + \mathrm{i}\sin\varphi)^{t-1} + bR^{t-2}(\cos\varphi + \mathrm{i}\sin\varphi)^{t-2} \end{aligned}$$

und nach dem Moivreschen Satz (siehe 7.10.6)

$$\begin{aligned} 0 = R^t(\cos t\varphi + \mathrm{i}\sin t\varphi) + aR^{t-1}(\cos(t-1)\varphi + \mathrm{i}\sin(t-1)\varphi) +& \\ + bR^{t-2}(\cos(t-2)\varphi + \mathrm{i}\sin(t-2)\varphi).& \end{aligned}$$

Trennung in Real- und Imaginärteil liefert

$$\begin{aligned} 0 = R^t\cos t\varphi + aR^{t-1}\cos(t-1)\varphi + bR^{t-2}\cos(t-2)\varphi +& \\ + \mathrm{i}\,[R^t\sin t\varphi + aR^{t-1}\sin(t-1)\varphi + bR^{t-2}\sin(t-2)\varphi].& \end{aligned}$$

Dann müssen aber hierin Realteil und Imaginärteil einzeln gleich 0 sein, d.h. wir haben

$$R^t\cos t\varphi + aR^{t-1}\cos(t-1)\varphi + bR^{t-2}\cos(t-2)\varphi = 0$$

und

$$R^t\sin t\varphi + aR^{t-1}\sin(t-1)\varphi + bR^{t-2}\sin(t-2)\varphi = 0.$$

Also müssen auch

$$y_t^{(3)} = R^t\cos t\varphi \text{ und } y_t^{(4)} = R^t\sin t\varphi$$

Lösungen der Differenzengleichung (1) sein. Die allgemeine Lösung in der reellen Form lautet dann

$$\begin{aligned} (8)\qquad y_t &= C_1 y_t^{(3)} + C_2 y_t^{(4)} = \\ &= C_1 R^t\cos t\varphi + C_2 R^t\sin t\varphi \quad (t = 0,1,2,3,\ldots) \end{aligned}$$

mit beliebigen Parametern C_1 und C_2, und wobei R den Betrag und φ den Arcus von λ_1 bedeuten.

Daß (8) die allgemeine Lösung ist, beweist man auch analog wie im Fall I.

Wir formen (8) weiter um, indem wir

$$y_t = R^t(C_1 \cos t\varphi + C_2 \sin t\varphi)$$

schreiben und

$$C_1 = C \sin \alpha,$$
$$C_2 = C \cos \alpha$$

ansetzen mit Parametern C und α. Daraus folgt $C_1^2 + C_2^2 = C^2(\sin^2\alpha + \cos^2\alpha) = C^2 \cdot 1 = C^2$, also $C = \pm\sqrt{C_1^2 + C_2^2}$, und ferner $\sin \alpha = \frac{C_1}{C}$ und $\cos \alpha = \frac{C_2}{C}$ ($C \neq 0$; für $C = 0$ muß $C_1 = C_2 = 0$ und damit $y_t = 0$ ein). Somit erhalten wir als reelle allgemeine Lösung der Differenzengleichung (1)

$$y_t = R^t(C \sin \alpha \cos t\varphi + C \cos \alpha \sin t\varphi) =$$
$$= C\, R^t(\sin \alpha \cos t\varphi + \cos \alpha \sin t\varphi)$$

und unter Benutzung von (10) aus 7.9.5

(9) $$y_t = C\, R^t \sin(t\varphi + \alpha);$$

dabei bedeuten R den Betrag und φ den Arcus von λ_1, und C und α sind beliebige Parameter.[1)]

Zusammenfassend haben wir also folgende Lösungsalternativen für die homogene lineare Differenzengleichung zweiter Ordnung (1)

$$y_t + ay_{t-1} + by_{t-2} = 0;$$

Fall I. $\frac{a^2}{4} > b$; Lösung $y_t = C_1\left[-\frac{a}{2} + \sqrt{\frac{a^2}{4} - b}\,\right]^t + C_2\left[-\frac{a}{2} - \sqrt{\frac{a^2}{4} - b}\,\right]^t$,

Fall II. $\frac{a^2}{4} = b$; Lösung $y_t = C_1\left[-\frac{a}{2}\right]^t + C_2 t\left[-\frac{a}{2}\right]^t = \left[-\frac{a}{2}\right]^t(C_1 + C_2 t)$,

Fall III. $\frac{a^2}{4} < b$; Lösung $y_t = C\, R^t \sin(t\varphi + \alpha)$,

wobei C_1, C_2, C und α beliebige Parameter sind, R der Betrag von $-\frac{a}{2} + \sqrt{\frac{a^2}{4} - b} = -\frac{a}{2} + i\sqrt{b - \frac{a^2}{4}}$, also $R = \sqrt{\frac{a^2}{4} + b - \frac{a^2}{4}} = \sqrt{b}$ ist, und φ den Arcus von $-\frac{a}{2} + \sqrt{\frac{a^2}{4} - b} = -\frac{a}{2} + i\sqrt{b - \frac{a^2}{4}}$ bedeutet ($t = 0,1,2,3,\ldots$).

---

1) Wenn man in (9) setzt $\alpha = 90^\circ + \alpha^* = \frac{\pi}{2} + \alpha^*$, so folgt unter Benutzung von Formeln aus 7.9.2 $\sin(t\varphi + \alpha) = \sin(t\varphi + \frac{\pi}{2} + \alpha^*) = \sin\left[\frac{\pi}{2} - t\varphi - \alpha^*\right] = \cos(t\varphi + \alpha^*)$.

5.4.4. Beispiele: 1) Die Differenzengleichung

$$2y_t + 3y_{t-1} - 2y_{t-2} = 0$$

bringen wir durch Division durch 2 auf die Form

$$y_t + \frac{3}{2}\, y_{t-1} - y_{t-2} = 0.$$

Es entspricht somit a in Gleichung (1) die Zahl $\frac{3}{2}$, und b entspricht -1. Weil $\frac{a^2}{4} = \frac{9}{16} > b = -1$ ist, haben wir es mit Fall I zu tun.

Mit

$$\lambda_1 = -\frac{a}{2} + \sqrt{\frac{a^2}{4} - b} = -\frac{3}{4} + \sqrt{\frac{9}{16} + 1} = \frac{1}{2}$$

und

$$\lambda_2 = -\frac{a}{2} - \sqrt{\frac{a^2}{4} - b} = -\frac{3}{4} - \sqrt{\frac{9}{16} + 1} = -2$$

folgt dann als allgemeine Lösung

$$y_t = C_1(\tfrac{1}{2})^t + C_2(-2)^t.$$

2) Bei der Differenzengleichung

$$y_t + 6y_{t-1} + 9y_{t-2} = 0$$

haben wir $6 = a$ und $9 = b$ zu setzen. Hier gilt $\frac{a^2}{4} = 9 = b$, und daher liegt Fall II vor. Die allgemeine Lösung lautet nun

$$y_t = (-3)^t(C_1 + C_2 t).$$

3) Ein Beispiel für den Fall III, d.h. daß in der (1) entsprechenden Form der Differenzengleichung $\frac{a^2}{4} < b$ ist, haben wir mit

$$y_t + 2y_{t-1} + 2y_{t-2} = 0.$$

Die Lösungen der zugehörigen charakteristischen Gleichung sind $\lambda_1 = -1 + i$ und $\lambda_2 = -1 - i$. Um eine reelle Lösung zu erhalten, führen wir Polarkoordinaten ein; wir schreiben also λ_1 in der Form $\lambda_1 = R(\cos\varphi + i\sin\varphi)$. Nach den obigen Überlegungen wird dabei

$$R = \sqrt{b} = \sqrt{2},$$

und φ ist der Arcus von $-\frac{a}{2} + i\sqrt{b - \frac{a^2}{4}} = -1 + i\sqrt{1} = -1 + i$, was $\varphi = \frac{3\pi}{4}$

ergibt. Dann lautet die allgemeine Lösung dieser Differenzengleichung

$$y_t = C\sqrt{2}^t \sin\left[t\frac{3\pi}{4} + \alpha\right] = C\,2^{\frac{t}{2}} \sin\left[t\frac{3\pi}{4} + \alpha\right].$$

5.4.5. Eine spezielle Lösung der inhomogenen linearen Differenzengleichung zweiter Ordnung

$$(10) \qquad y_t + ay_{t-1} + by_{t-2} = c$$

(im Vergleich mit (6) in 5.2.3 haben wir hier $g(t) = c$) ist

$$y_t^{(0)} = \frac{c}{1 + a + b},$$

sofern $1 + a + b \neq 0$ ist. Man bestätigt dies sofort durch Einsetzen, wobei zu beachten ist, daß die Lösung $\frac{c}{1 + a + b}$ von t unabhängig, also eine Konstante ist, und daher $y_t^{(0)} = y_{t-1}^{(0)} = y_{t-2}^{(0)} = \frac{c}{1 + a + b}$ gilt.

Im Fall $1 + a + b = 0$ und $a + 2b \neq 0$ haben wir als spezielle Lösung

$$y_t^{(0)} = \frac{-c}{a + 2b}t,$$

was man durch Einsetzen auch wieder sofort bestätigt.

Schließlich bleibt noch der Fall, daß sowohl $1 + a + b = 0$ als auch $a + 2b = 0$ ist. Diese beiden Bedingungen liefern das Gleichungssystem

$$\begin{cases} a + b = -1 \\ a + 2b = 0 \end{cases}$$

für a und b. Man findet $a = -2$, $b = 1$. Wir haben demnach noch für die inhomogene lineare Differenzengleichung

$$y_t - 2y_{t-1} + y_{t-2} = c$$

eine spezielle Lösung zu suchen. Hier leistet

$$y_t^{(0)} = \frac{c}{2}t^2$$

das Verlangte, wie sich durch Einsetzen nachprüfen läßt.

Um nun die allgemeine Lösung der inhomogenen linearen Differenzengleichung (10) zu finden, benutzen wir folgenden

Satz 4: *Ist die Folge $y_t^{(0)}$ eine spezielle Lösung der inhomogenen linearen Differenzengleichung* (10)

$$y_t + ay_{t-1} + by_{t-2} = c$$

und die Folge y_t *die allgemeine Lösung der entsprechenden homogenen linearen Differenzengleichung* (1)

$$y_t + ay_{t-1} + by_{t-2} = 0,$$

dann ist die Summe $y_t + y_t^{(0)}$ *die allgemeine Lösung der inhomogenen linearen Differenzengleichung* (10).

Daß die Summe $y_t + y_t^{(0)}$ Lösung der Differenzengleichung (10) ist, bestätigt man leicht durch Einsetzen:

$$(y_t + y_t^{(0)}) + a(y_{t-1} + y_{t-1}^{(0)}) + b(y_{t-2} + y_{t-2}^{(0)}) =$$
$$= (y_t + ay_{t-1} + by_{t-2}) + (y_t^{(0)} + ay_{t-1}^{(0)} + by_{t-2}^{(0)}) = c,$$

da nach Voraussetzung y_t Lösung der homogenen Differenzengleichung (1) und damit die erste Klammer gleich 0 und $y_t^{(0)}$ Lösung der inhomogenen Gleichung (10) und damit die zweite Klammer gleich c ist.

Ferner ist die Differenz je zweier Lösungen der inhomogenen Differenzengleichung (10) Lösung der entsprechenden homogenen Differenzengleichung (1). Daraus ergibt sich der Beweis von Satz 4.

§ 5.5. Anfangswertaufgaben

5.5.1. Für die Lösung einer Differenzengleichung erster Ordnung kann man verlangen, daß y_t zum Beispiel für $t = 0$ einen vorgeschriebenen Wert α erhält, d.h. es soll

(1) $$y_0 = \alpha$$

sein. Für wirtschaftstheoretische Untersuchungen bedeutet das, daß wir ein ökonomisches Geschehen unter einer bestimmten Startbedingung verfolgen.

Durch (1) haben wir eine Bedingung, um den in der allgemeinen Lösung der linearen Differenzengleichung erster Ordnung enthaltenen beliebigen Parameter C zu bestimmen. Wir suchen also eine spezielle Lösung der Differenzengleichung, die der Bedingung (1) genügt. Man nennt α einen *Anfangswert* bzw. eine *Anfangsbedingung* und spricht von einer *Anfangswertaufgabe.*

Für die Differenzengleichung (1) in 5.3.1

$$y_t = Ay_{t-1}$$

fanden wir die allgemeine Lösung

$$y_t = A^t C$$

mit einem beliebigen Parameter C. Wegen der Anfangsbedingung (1) folgt daraus

$$y_0 = A^0 C = \alpha,$$

also

$$C = \frac{\alpha}{A^0} = \alpha.$$

Damit lautet die spezielle Lösung der Differenzengleichung (1) in 5.3.1, die zum Anfangswert $y_0 = \alpha$ gehört,

$$y_t = A^t \alpha.$$

Zum Beispiel ist also die Lösung der Differenzengleichung

$$y_t = 2y_{t-1}$$

mit dem Anfangswert $y_0 = \alpha = 5$

$$y_t = 2^t \cdot 5.$$

Bei der inhomogenen linearen Differenzengleichung (3) in 5.3.1

$$y_t = Ay_{t-1} + B$$

mit der allgemeinen Lösung

$$y_t = A^t C - \frac{B}{A-1} \text{ für } A \neq 1$$

bzw.

$$y_t = C + Bt \text{ für } A = 1$$

verfährt man analog. Wegen der Anfangsbedingung (1) haben wir zur Bestimmung von C die Gleichungen

$$y_0 = A^0 C - \frac{B}{A-1} = \alpha$$

bzw.

$$y_0 = C + B \cdot 0 = \alpha.$$

Im ersten Fall erhalten wir

$$C = \alpha + \frac{B}{A-1}$$

(da $A^0 = 1$ ist) und im zweiten Fall

$$C = \alpha.$$

Also lautet die spezielle Lösung der Differenzengleichung (3) in 5.3.1 mit der Anfangsbedingung (1)

$$y_t = A^t\left[\alpha + \frac{B}{A-1}\right] - \frac{B}{A-1} \quad \text{für } A \neq 1,$$

$$y_t = \alpha + Bt \quad \text{für } A = 1.$$

5.5.2. Bei linearen Differenzengleichungen zweiter Ordnung kann man - da in der allgemeinen Lösung zwei beliebige Parameter C_1 und C_2 bzw. C und α auftreten - fordern, daß y_t für zwei gegebene Werte t vorgeschriebene Werte α_0 und α_1 annimmt, also z.B. für t = 0 den Wert α_0 und für t = 1 den Wert α_1; d.h. es soll die Anfangsbedingung

(2) $$\begin{cases} y_0 = \alpha_0 \\ y_1 = \alpha_1 \end{cases}$$

erfüllt werden.

Für die homogene lineare Differenzengleichung (1) in 5.4.1

$$y_t + ay_{t-1} + by_{t-2} = 0$$

zweiter Ordnung unterscheiden wir wie oben die drei Fälle

$$\text{I. } \frac{a^2}{4} > b, \quad \text{II. } \frac{a^2}{4} = b, \quad \text{III. } \frac{a^2}{4} < b.$$

Wir wollen auch hier der Reihe nach diese drei Möglichkeiten behandeln.

I. In diesem Fall hatten wir als allgemeine Lösung der Differenzengleichung gefunden

$$y_t = C_1\lambda_1{}^t + C_2\lambda_2{}^t,$$

wobei $\lambda_1 = -\frac{a}{2} + \sqrt{\frac{a^2}{4} - b}$, $\lambda_2 = -\frac{a}{2} - \sqrt{\frac{a^2}{4} - b}$ und C_1, C_2 beliebige Parameter sind. Auf Grund der Anfangsbedingung (2) erhalten wir

$$\begin{cases} y_0 = C_1\lambda_1{}^0 + C_2\lambda_2{}^0 = \alpha_0 \\ y_1 = C_1\lambda_1{}^1 + C_2\lambda_2{}^1 = \alpha_1. \end{cases}$$

Also bestimmen sich C_1 und C_2 aus dem Gleichungssystem

$$\begin{cases} C_1 + C_2 = \alpha_0 \\ C_1\lambda_1 + C_2\lambda_2 = \alpha_1. \end{cases}$$

Da seine Koeffizientendeterminante

$$\begin{vmatrix} 1 & 1 \\ \lambda_1 & \lambda_2 \end{vmatrix} = \lambda_2 - \lambda_1 \neq 0$$

ist (denn λ_1 und λ_2 sind verschieden), hat dieses Gleichungssystem nach der Cramerschen Regel (vgl. 3.5.1) eine eindeutig bestimmte Lösung. Man findet

$$C_1 = \frac{\alpha_0\lambda_2 - \alpha_1}{\lambda_2 - \lambda_1}, \quad C_2 = \frac{\alpha_1 - \alpha_0\lambda_1}{\lambda_2 - \lambda_1}.$$

Zum Beispiel hat hiernach die Differenzengleichung

$$y_t - 1y_{t-1} - 2y_{t-2} = 0$$

mit der Anfangsbedingung

$$\begin{cases} y_0 = \alpha_0 = 2 \\ y_1 = \alpha_1 = 1 \end{cases}$$

die Lösung

$$y_t = \frac{2\cdot(-1) - 1}{(-1) - 2} 2^t + \frac{1 - 2\cdot 2}{(-1) - 2}(-1)^t = 2^t + (-1)^t.$$

II. Wenn $\frac{a^2}{4} = b$ ist, haben wir es mit der Differenzengleichung

$$y_t - ay_{t-1} + \frac{a^2}{4} y_{t-2} = 0$$

zu tun; die allgemeine Lösung lautet jetzt

$$y_t = \left[-\frac{a}{2}\right]^t (C_1 + C_2 t)$$

mit beliebigen Parametern C_1 und C_2. Wegen der Anfangsbedingung (2) muß sein

$$\begin{cases} y_0 = \left[-\frac{a}{2}\right]^0 (C_1 + C_2\cdot 0) = \alpha_0 \\ y_1 = \left[-\frac{a}{2}\right]^1 (C_1 + C_2\cdot 1) = \alpha_1, \end{cases}$$

also haben wir das Gleichungssystem

$$\begin{cases} C_1 = \alpha_0 \\ -\frac{a}{2} C_1 - \frac{a}{2} C_2 = \alpha_1 \end{cases}$$

für C_1 und C_2. Da die Koeffizientendeterminante

$$\begin{vmatrix} 1 & 0 \\ -\frac{a}{2} & -\frac{a}{2} \end{vmatrix} = -\frac{a}{2} \neq 0$$

ist, sofern $a \neq 0$ ist (für $a = 0$ würde die Differenzengleichung $y_t = 0$ heißen; dann kommt als Lösung nur $y_t = 0$ in Frage), hat obiges Gleichungssystem nach der Cramerschen Regel eine eindeutig bestimmte Lösung. Man findet

$$C_1 = \alpha_0, \quad C_2 = -\frac{2\alpha_1}{a} - \alpha_0.$$

III. Für $\frac{a^2}{4} < b$ benutzen wir als allgemeine reelle Lösung der Differenzengleichung (1) in 5.4.1 die Lösung

$$y_t = C_1 R^t \cos t\varphi + C_2 R^t \sin t\varphi$$

mit beliebigen Parametern C_1 und C_2, wobei R und φ den Betrag bzw. den Arcus von $\lambda_1 = -\frac{a}{2} + \sqrt{\frac{a^2}{4} - b} = -\frac{a}{2} + i\sqrt{b - \frac{a^2}{4}}$ bedeuten. Mit der Anfangsbedingung (2) folgt

$$\begin{cases} y_0 = C_1 R^0 \cos 0 + C_2 R^0 \sin 0 = \alpha_0 \\ y_1 = C_1 R^1 \cos \varphi + C_2 R^1 \sin \varphi = \alpha_1 \end{cases}$$

und weiter wegen $\cos 0 = 1$, $\sin 0 = 0$

$$\begin{cases} C_1 = \alpha_0 \\ C_1 R \cos \varphi + C_2 R \sin \varphi = \alpha_1. \end{cases}$$

Aus diesem Gleichungssystem lassen sich C_1 und C_2 berechnen. Die Koeffizientendeterminante ist

$$D = \begin{vmatrix} 1 & 0 \\ R \cos \varphi & R \sin \varphi \end{vmatrix} = R \sin \varphi$$

und von 0 verschieden, wenn $R \neq 0$ und $\sin \varphi \neq 0$ ist. Weil aber λ_1 wegen der Voraussetzung $\frac{a^2}{4} < b$ nicht reell sein kann, müssen R und $\sin \varphi$ beide von 0 verschieden sein (φ kann nämlich nicht 0 und nicht π sein), also ist $D \neq 0$ und obiges Gleichungssystem nach der Cramerschen Regel eindeutig lösbar. Die Lösung lautet

$$C_1 = \alpha_0, \quad C_2 = \frac{\alpha_1 - \alpha_0 R \cos \varphi}{R \sin \varphi}.$$

Bei einer inhomogenen linearen Differenzengleichungen zweiter Ordnung verfährt man bei der Festlegung der Parameter mit Hilfe der Anfangsbedingung (2) analog.

§ 5.6. Lineare Differenzengleichungen beliebiger Ordnung r

5.6.1. Für homogene lineare Differenzengleichungen mit konstanten Koeffizienten von höherer als zweiter Ornung verlaufen die Überlegungen entsprechend wie für homogene lineare Differenzengleichungen zweiter Ordnung. Wir wollen uns daher mit einigen Bemerkungen begnügen.

Wir gehen aus von der homogenen linearen Differenzengleichung r-ter Ordnung

(1) $$a_0 y_t + a_1 y_{t-1} + a_2 y_{t-2} + \dots + a_r y_{t-r} = 0 \quad (t = r, r+1, r+2, \dots)$$

mit konstanten Koeffizienten. Zunächst können wir o.B.d.A. voraussetzen, daß $a_0 = 1$ ist; denn sicher ist $a_0 \neq 0$ (sonst würde nämlich y_t in der Differenzengleichung nicht auftreten und die Differenzengleichung wäre von kleinerer als r-ter Ordnung), dann können wir aber die Differenzengleichung (1) durch a_0 dividieren und erhalten bei y_t den Koeffizienten 1. Fernerhin werden wir also für eine homogene lineare Differenzengleichung r-ter Ordnung mit konstanten Koeffizienten die allgemeine Form

(2) $$y_t + a_1 y_{t-1} + a_2 y_{t-2} + \dots + a_r y_{t-r} = 0 \quad (a_r \neq 0)$$

annehmen. Durch den Lösungsansatz $y_t = \lambda^t$ mit einer noch unbestimmten Zahl $\lambda \neq 0$ erhält man durch Einsetzen in (2)

$$\lambda^t + a_1\lambda^{t-1} + a_2\lambda^{t-2} + \dots + a_r\lambda^{t-r} = 0,$$

$$\lambda^{t-r}(\lambda^r + a_1\lambda^{r-1} + a_2\lambda^{r-2} + \dots + a_r) = 0.$$

Dies ist eine Gleichung für die Unbekannte λ. Da hier auf der linken Seite der Faktor $\lambda^{t-r} \neq 0$ ist (denn λ ist von 0 verschieden), muß der Klammerausdruck gleich 0 sein, womit wir die Gleichung r-ten Grades

(3) $$\lambda^r + a_1\lambda^{r-1} + a_2\lambda^{r-2} + \dots + a_r = 0$$

für die Unbekannte λ erhalten. Sie entspricht der quadratischen Gleichung (3) in 5.4.1 im Fall r = 2. Man nennt (3) auch die zur Differenzengleichung (2) gehörige charakteristische Gleichung. Es kommt nun darauf an, diese Gleichung (3) zu lösen, was im allgemeinen recht kompliziert sein kann, und man sich etwa mit Näherungslösungen begnügen muß.

Die Lösung einer homogenen linearen Differenzengleichung r-ter Ordnung mit konstanten Koeffizienten ist also auf das Problem zurückgeführt, eine Gleichung r-ten Grades zu lösen.

Eine Gleichung r-ten Grades hat höchstens r verschiedene Lösungen und, wenn man die

Lösungen mit der entsprechenden Vielfachheit zählt, hat sie genau r Lösungen (vgl. hierzu die Bemerkungen über quadratische Gleichungen in 7.3.1). Sind nun λ_1, λ_2, λ_3,..., λ_r die Lösungen von Gleichung (3) und sind sie alle voneinander verschieden, so lautet die allgemeine Lösung der Differenzengleichung (2)

$$y_t = C_1\lambda_1^t + C_2\lambda_2^t + C_3\lambda_3^t + ... + C_r\lambda_r^t,$$

wobei C_1, C_2, C_3,..., C_r beliebige Parameter sind.

Ist etwa λ_1 eine k-fache Lösung von Gleichung (3), also etwa $\lambda_1 = \lambda_2 = ... = \lambda_k$, aber λ_{k+1}, λ_{k+2},..., λ_r von λ_1 und untereinander verschieden, so haben wir - wie wir hier ohne Beweis angeben wollen - als allgemeine Lösung der Differenzengleichung (2)

$$y_t = C_1\lambda_1^t + C_2 t\lambda_1^t + C_3 t^2\lambda_1^t + ... + C_k t^{k-1}\lambda_1^t + C_{k+1}\lambda_{k+1}^t + C_{k+2}\lambda_{k+2}^t + ... + C_r\lambda_r^t.$$

Analog sieht die allgemeine Lösung aus, wenn auch λ_2 mehrfache Lösung ist, usw. Allerdings können hierbei komplexe Lösungen entstehen, womit auch die allgemeine Lösung komplex wird.

Die Menge der Lösungen einer homogenen linearen Differenzengleichung r-ter Ordnung mit konstanten Koeffizienten bildet einen Vektorraum (vgl. § 3.15).

5.6.2. Um eine spezielle Lösung $y_t^{(0)}$ einer inhomogenen linearen Differenzengleichung r-ter Ordnung mit konstanten Koeffizienten

$$y_t + a_1 y_{t-1} + a_2 y_{t-2} + ... + a_r y_{t-r} = c$$

zu finden, versucht man zunächst den Lösungsansatz $y_t^{(0)} = C$ mit einer noch zu bestimmenden Konstanten C; führt dieser Weg nicht zum Ziel, benutzt man den Ansatz $y_t^{(0)} = C\ t$, dann $y_t^{(0)} = C\ t^2$ usw.

Im übrigen gelten die Sätze 1 bis 4 aus § 5.4 entsprechend auch allgemein für Differenzengleichungen r-ter Ordnung. Bei Anfangswertaufgaben können nun r Werte für die Lösung vorgeschrieben werden, da r Parameter, die in der allgemeinen Lösung der Differenzengleichung enthalten sind, festgelegt werden müssen.

Wir wollen noch bemerken, daß das Verfahren des sukzessiven Einsetzens der Werte, wie wir es zur Lösung der Differenzengleichungen erster Ordnung benutzten, auch bei Anfangswertaufgaben mit Differenzengleichungen höherer Ordnung anwendbar ist.

5.6.3. Soll zum Beispiel die Differenzengleichung dritter Ordnung

(4) $$y_t - 2y_{t-1} - y_{t-2} + 2y_{t-3} = 5 \quad (t = 3,4,5,...)$$

gelöst werden, so betrachtet man zunächst die zugehörige homogene Gleichung

(5) $$y_t - 2y_{t-1} - y_{t-2} + 2y_{t-3} = 0;$$

ihre charakteristische Gleichung heißt

(6) $$\lambda^3 - 2\lambda^2 - \lambda + 2 = 0.$$

Durch Probieren findet man als Lösung $\lambda_1 = 1$. Damit läßt sich (6) schreiben als Produkt

$$(\lambda - 1)(\lambda^2 - \lambda - 2) = 0.$$

Die beiden anderen Lösungen λ_2 und λ_3 der charakteristischen Gleichung (6) erhält man, indem man die Klammer $(\lambda^2 - \lambda - 2)$ gleich 0 setzt, d.h. λ_2 und λ_3 sind die Lösungen der quadratischen Gleichung

$$\lambda^2 - \lambda - 2 = 0.$$

Man findet $\lambda_2 = 2$, $\lambda_3 = -1$. Also ist die allgemeine Lösung von (5)

$$\begin{aligned} y_t &= C_1 \cdot 1^t + C_2 \cdot 2^t + C_3 \cdot (-1)^t = \\ &= C_1 + C_2 \cdot 2^t + C_3 \cdot (-1)^t. \end{aligned}$$

Machen wir zur Lösung der inhomogenen Gleichung (4) den Lösungsansatz $y_t = C$ (C = const.), so folgt

$$C - 2C - C + 2C = 5,$$

was aber nicht eintreten kann, weil hier links 0 entsteht. Mit dem Lösungsansatz $y_t = C\,t$ (C = const.) erhalten wir

$$C\,t - 2C(t - 1) - C(t - 2) + 2C(t - 3) = 5$$

und daraus

$$C = -\frac{5}{2}.$$

Also ist

$$y_t^{(0)} = -\frac{5}{2}\,t$$

eine spezielle Lösung der inhomogenen Gleichung (4), und die allgemeine Lösung der inhomogenen Gleichung (4) lautet

$$y = C_1 + C_2 \cdot 2^t + C_3 \cdot (-1)^t - \frac{5}{2}\,t.$$

§ 5.7. Andere Schreibweisen für Differenzengleichungen

5.7.1. Ersetzt man in der allgemeinen Schreibweise (4) in 5.2.2 für eine Differenzengleichung r-ter Ordnung t durch n + r, so erhält man

$$F(y_{n+r}, y_{n+r-1}, y_{n+r-2}, \ldots, y_n, n + r) = 0 \quad (n = 0,1,2,\ldots).$$

Wenn jetzt hierin wieder n durch t ersetzt wird, folgt

$$F(y_{t+r}, y_{t+r-1}, y_{t+r-2}, \ldots, y_t, t + r) = 0 \quad (t = 0,1,2,\ldots);$$

schließlich können wir mit einem neuen Funktionszeichen G statt F einfach schreiben

$$G(y_{t+r}, y_{t+r-1}, y_{t+r-2}, \ldots, y_t, t) = 0 \quad (t = 0,1,2,\ldots).$$

Zum Beispiel können wir danach statt der Differenzengleichung (1) in 5.2.1 auch setzen

$$y_{t+1} - 2y_t = 0 \quad (t = 0,1,2,\ldots),$$

statt der Differenzengleichung (2) in 5.2.1 auch

$$y_{t+2} - 2y_{t+1} + y_t = 2 \quad (t = 0,1,2,\ldots).$$

Eine lineare Differenzengleichung r-ter Ordnung kann man dann schreiben als

$$g_0(t)y_{t+r} + g_1(t)y_{t+r-1} + g_2(t)y_{t+r-2} + \ldots + g_r(t)y_t = g(t) \quad (t = 0,1,2,\ldots)$$

und eine homogene lineare Differenzengleichung r-ter Ordnung mit konstanten Koeffizienten erhält dann die allgemeine Form

$$a_0y_{t+r} + a_1y_{t+r-1} + a_2y_{t+r-2} + \ldots + a_ry_t = 0 \quad (a_0 \neq 0;\ a_r \neq 0;\ t = 0,1,2,\ldots).$$

5.7.2. Um zu einer weiteren Darstellungsmöglichkeit für Differenzengleichungen zu kommen, führen wir die ersten, zweiten, dritten,... r-ten Differenzen (Differenzen erster, zweiter, dritten,... r-ter Ordnung) einer Folge y_t (t = 0,1,2,3,...) ein. Man setzt die Differenzen

$$y_1 - y_0 = \Delta y_0,$$
$$y_2 - y_1 = \Delta y_1,$$
$$y_3 - y_2 = \Delta y_2,$$
$$\ldots\ldots$$

allgemein

$$y_{t+1} - y_t = \Delta y_t$$

und bezeichnet sie als die ersten Differenzen der Folge y_t. Hieraus erklärt man die zweiten Differenzen als

$$\Delta^2 y_0 = \Delta y_1 - \Delta y_0,$$
$$\Delta^2 y_1 = \Delta y_2 - \Delta y_1,$$
$$\Delta^2 y_2 = \Delta y_3 - \Delta y_2,$$
$$\ldots\ldots\ldots$$

allgemein

$$\Delta^2 y_t = \Delta y_{t+1} - \Delta y_t.$$

So fortfahrend erhält man die dritten, vierten, ... Differenzen. Die r-te Differenz ($r \geq 1$) ist dann allgemein [1)]

$$\Delta^r y_t = \Delta^{r-1} y_{t+1} - \Delta^{r-1} y_t.$$

Die Differenzen ordnet man zur besseren Übersicht in einem Schema *(Differenzenschema)* an:

	erste Differenzen Δ	zweite Differenzen Δ^2	dritte Differenzen Δ^3
y_0			
	$\Delta y_0 = y_1 - y_0$		
y_1		$\Delta^2 y_0 = \Delta y_1 - \Delta y_0$	
	$\Delta y_1 = y_2 - y_1$		$\Delta^3 y_0 = \Delta^2 y_1 - \Delta^2 y_0$
y_2		$\Delta^2 y_1 = \Delta y_2 - \Delta y_1$	.
	$\Delta y_2 = y_3 - y_2$	.	.
y_3	.	.	.
.	.	.	.
.	.	.	.
.	.	.	.

Zum Beispiel für die Folge $y_t = 2t^3$ haben wir:

$y_0 = 0$			
	$\Delta y_0 = 2$		
$y_1 = 2$		$\Delta^2 y_0 = 12$	
	$\Delta y_1 = 14$		$\Delta^3 y_0 = 12$
$y_2 = 16$		$\Delta^2 y_1 = 24$	.
	$\Delta y_2 = 38$	.	.
$y_3 = 54$	.	.	.
.	.	.	.
.	.	.	.
.	.	.	.

Differenzen höherer Ordnung lassen sich auf Differenzen niederer Ordnung bzw. auf die Folgenglieder selbst zurückführen. So ist zum Beispiel

$$\Delta^2 y_t = \Delta y_{t+1} - \Delta y_t =$$
$$= (y_{t+2} - y_{t+1}) - (y_{t+1} - y_t) = y_{t+2} - 2y_{t+1} + y_t$$

---

1) $\Delta^1 = \Delta$ gesetzt. - Man nennt Δ auch Differenzenoperator.

und

$$\begin{aligned}\Delta^3 y_t &= \Delta^2 y_{t+1} - \Delta^2 y_t = \\ &= (\Delta y_{t+2} - \Delta y_{t+1}) - (\Delta y_{t+1} - \Delta y_t) = \\ &= \Delta y_{t+2} - 2\Delta y_{t+1} + \Delta y_t = \\ &= (y_{t+3} - y_{t+2}) - 2(y_{t+2} - y_{t+1}) + (y_{t+1} - y_t) = \\ &= y_{t+3} - 3y_{t+2} + 3y_{t+1} - y_t.\end{aligned}$$

5.7.3. Nun können wir erläutern, wie eine Differenzengleichung mit Hilfe der Differenzen geschrieben werden kann. Nehmen wir zunächst als Beispiel die Differenzengleichung (1) aus 5.2.1

$$y_t - 2y_{t-1} = 0 \quad (t = 1,2,3,...).$$

Da auf Grund der Definition der ersten Differenzen gilt $y_t = \Delta y_{t-1} + y_{t-1}$, erhalten wir

$$(\Delta y_{t-1} + y_{t-1}) - 2y_{t-1} = 0,$$

$$\Delta y_{t-1} - y_{t-1} = 0,$$

oder, wenn man t — 1 durch n ersetzt und dann n wieder durch t,

$$\Delta y_t - y_t = 0 \quad (t = 0,1,2,...).$$

Für die Differenzengleichung (2) aus 5.2.1

$$y_t - 2y_{t-1} + y_{t-2} = 2 \quad (t = 2,3,...)$$

schreiben wir

$$(y_t - y_{t-1}) - (y_{t-1} - y_{t-2}) = 2;$$

daraus erkennt man sofort schon die Form

$$\Delta y_{t-1} - \Delta y_{t-2} = 2,$$

wofür wir auch

$$\Delta^2 y_{t-2} = 2$$

setzen können. Ersetzt man hierin t — 2 durch n und dann wieder n durch t, so haben wir

$$\Delta^2 y_t = 2 \quad (t= 0,1,2,...).$$

Schließlich wollen wir die Differenzengleichung (3) aus 5.2.1 noch in Differenzenform darstellen. Da auf Grund der Definition der ersten Differenzen gechrieben werden kann $y_t = \Delta y_{t-1} + y_{t-1}$, folgt

$$(\Delta y_{t-1} + y_{t-1})^2 - 2t^2 y_{t-1} - 8t^2(t - \frac{1}{2}) = 0,$$

(1) $$(\Delta y_{t-1})^2 + 2y_{t-1}\,\Delta y_{t-1} + y_{t-1}^2 - 2t^2 y_{t-1} - 8t^2(t - \frac{1}{2}) = 0,$$

(man beachte hierbei den Unterschied zwischen $(\Delta y_{t-1})^2$ und $\Delta^2 y_{t-1}$; es ist $(\Delta y_{t-1})^2 = (y_t - y_{t-1})^2 = y_t^2 - 2y_t y_{t-1} + y_{t-1}^2$ das Quadrat der ersten Differenz Δy_{t-1}, während $\Delta^2 y_{t-1} = \Delta y_t - \Delta y_{t-1} = (y_{t+1} - y_t) - (y_t - y_{t-1}) = y_{t+1} - 2y_t + y_{t-1}$ eine zweite Differenz ist).

Wird in (1) entsprechend wie oben $t - 1$ durch n und dann wieder n durch t ersetzt, so haben wir

$$(\Delta y_t)^2 + 2y_t\Delta y_t + y_t^2 - 2(t+1)^2 y_t - 8(t+1)^2(t + \frac{1}{2}) = 0 \quad (t = 0,1,2,...).$$

Diese Beispiele machen plausibel, wie allgemein eine Differenzengleichung mit Hilfe der Differenzen geschrieben werden kann. Die Bezeichnung Differenzengleichung, die bei der Einführung in § 5.2 zunächst unmotiviert erschien, ist damit gerechtfertigt.

§ 5.8.* Anwendungen

5.8.1.* Wir betrachten zunächst das Marktmodell aus 5.1.1*. Als Endgleichung für die Preisentwicklung erhielten wir

(1) $$p_t = \frac{-\beta_1}{\alpha_1} p_{t-1} + \frac{\alpha_0 + \beta_0}{\alpha_1}.$$

Auf Grund der Lösungsformel (5) aus 5.3.1 für eine inhomogene lineare Differenzengleichung haben wir für $\frac{-\beta_1}{\alpha_1} \neq 1$

$$p_t = \left[\frac{-\beta_1}{\alpha_1}\right]^t C + \frac{\alpha_0 + \beta_0}{\alpha_1 + \beta_1}$$

und wegen $C = p_0 - \frac{\alpha_0 + \beta_0}{\alpha_1 + \beta_1}$

(2) $$p_t = \left[p_0 - \frac{\alpha_0 + \beta_0}{\alpha_1 + \beta_1}\right]\left[\frac{-\beta_1}{\alpha_1}\right]^t + \frac{\alpha_0 + \beta_0}{\alpha_1 + \beta_1}.$$

Wegen $\alpha_1 > 0$, $\beta_1 > 0$ liegen Schwingungen vor; für $\alpha_1 > \beta_1$ sind sie gedämpft.

Die Lösung der Differenzengleichung (2) läßt sich nun noch auf eine andere Art geometrisch veranschaulichen. Dazu nehmen wir noch einmal das Modell aus 5.1.1*

$$\begin{cases} x_{N,t} = \alpha_0 - \alpha_1 p_t & (0 \leq p_t \leq \frac{\alpha_0}{\alpha_1}) \\ x_{A,t} = -\beta_0 + \beta_1 p_{t-1} & (p_{t-1} \geq \frac{\beta_0}{\beta_1}) \\ x_{N,t} = x_{A,t} & (\alpha_0,\ \alpha_1,\ \beta_0,\ \beta_1 > 0) \end{cases}$$

vor (t = 1,2,...). Die ersten beiden Gleichungen bedeuten hierin jeweils einen linearen Zusammenhang, stellen also in einem Koordinatensystem [1] Geraden dar (Figur 1).

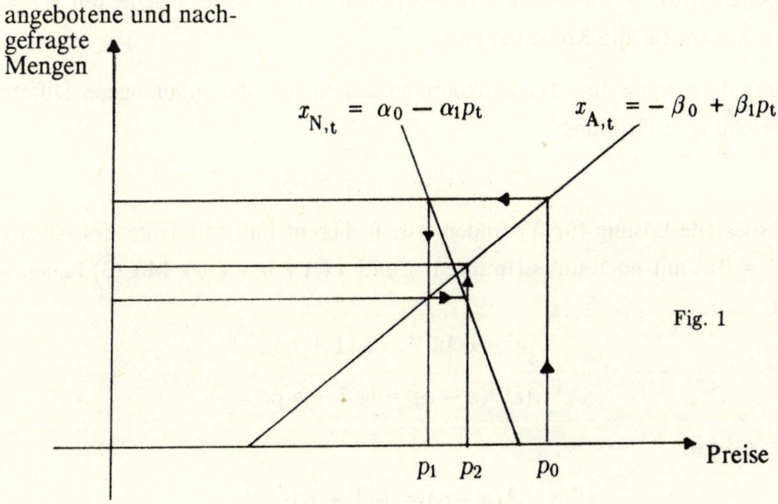

Fig. 1

Geht man von einem Preis p_0 aus, so erhält man - wie in Figur 1 durch Pfeile angedeutet - zunächst die angebotene Menge $x_{A,1}$; dann weiter die nachgefragte Menge $x_{N,1}$, die ihrerseits den Preis p_1 bedingt. Nun verfährt man von p_1 ausgehend analog; man erhält mit p_1 die angebotene Menge $x_{A,2}$ und damit die nachgefragte Menge $x_{N,2}$, die den Preis p_2 festlegt; usw.

Für den Fall $\alpha_1 > \beta_1$ erhält man ein Bild wie in Figur 1 dargestellt. Die Preise p_t führen gedämpfte Schwingungen aus und konvergieren gegen den Preis im Schnittpunkt der beiden Geraden, also gegen $\frac{\alpha_0 + \beta_0}{\alpha_1 + \beta_1}$. Man spricht wegen

1) Auf der einen Koordinatenachse werden die Preise aufgetragen, auf der anderen die nachgefragten bzw. angebotenen Mengen.

dieser bildlichen Darstellung auch von einem Cobweb-Diagramm. Für den Fall $\alpha_1 = \beta_1$ erhält man in einer entsprechenden Figur gleichbleibende Schwingungen und für $\alpha_1 < \beta_1$ anwachsende (explosive) Schwingungen.

5.8.2.* Gegeben sei das makroökonomische Modell

$$\begin{cases} Y_t = C_t + I_t \\ C_t = \alpha Y_{t-1} \\ I_t = I_0(1 + w)^t, \end{cases}$$

wobei Y_t das Einkommen, C_t den Konsum und I_t die mit einer konstanten vorgegebenen Rate w wachsenden Investitionen der Periode t bedeuten (t = 1, 2, ...); α steht für die Konsumquote.

Als Finalgleichung für das Einkommen haben wir die inhomogene Differenzengleichung 1. Ordnung

$$Y_t = \alpha Y_{t-1} + I_0(1 + w)^t. \tag{3}$$

Eine spezielle Lösung für Y_t finden wir in diesem Fall mit Hilfe des Ansatzes $Y_t^{(0)} = Aa^t$ mit noch unbestimmten A und a ($A \neq 0$; a $\neq \alpha$). Mit (3) haben wir dann

$$Aa^t - \alpha Aa^{t-1} = I_0(1 + w)^t,$$

$$Aa^{t-1}(a - \alpha) = I_0(1 + w)^t.$$

Für t = 1 gilt

$$A(a - \alpha) = I_0(1 + w) \tag{4}$$

und für t = 2

$$Aa(a - \alpha) = I_0(1 + w)^2. \tag{5}$$

Division von Gleichung (5) durch Gleichung (4) liefert

$$a = 1 + w.$$

Dies in (4) eingesetzt ergibt

$$A(1 + w - \alpha) = I_0(1 + w),$$

$$A = \frac{1 + w}{1 + w - \alpha} I_0.$$

Eine spezielle Lösung von (3) lautet also

$$Y_t^{(0)} = \frac{1 + w}{1 + w - \alpha} I_0(1 + w)^t,$$

$$Y_t^{(0)} = \frac{1}{1 - \frac{\alpha}{1 + w}} I_0(1 + w)^t.$$

Zusammen mit der Lösung des homogenen Teils von (3) erhalten wir für die Entwicklung von Y_t schließlich

$$Y_t = C\alpha^t + \frac{1}{1 - \frac{\alpha}{1 + w}} I_0(1 + w)^t.$$

Für $t \longrightarrow \infty$ nähert sich Y_t genau dann der speziellen Löung, wenn gilt $\alpha < 1$.

5.8.3.* Wir kommen zurück auf das Hickssche Modell aus 5.1.3*

$$\begin{cases} Y_t = C_t + I_t^{\text{ind}} + I_t^{\text{aut}} \\ C_t = \alpha_1 Y_{t-1} \\ I_t^{\text{ind}} = v(Y_{t-1} - Y_{t-2}) \quad (t = 2,3,\ldots), \end{cases}$$

wobei Y_t das Einkommen, I_t^{ind} die induzierten Investitionen, I_t^{aut} die autonomen Investitionen, C_t der Konsum der Periode t, Y_{t-1} das Einkommen der Vorperiode $t - 1$ und Y_{t-2} das Einkommen der vorangegangenen Periode $t - 2$ bedeuten; α_1 und v sind Konstante. Aus diesem System folgt die inhomogene Differenzengleichung zweiter Ordnung

$$Y_t = (\alpha_1 + v)Y_{t-1} - vY_{t-2} + I_t^{\text{aut}}$$

(vgl. 5.1.3*) sowie die Gleichung (vgl. (7) in 5.1.3*)

$$Y_t^* = (\alpha_1 + v)Y_{t-1}^* - vY_{t-2}^*,$$

die wir jetzt in der Form

$$Y_t^* - (\alpha_1 + v)Y_{t-1}^* + vY_{t-2}^* = 0$$

schreiben. Diese wollen wir mit den Anfangswerten $Y_0^* = 0$ und $Y_1^* = 100$ für verschiedene Fälle von α_1 und v lösen.

A. Bei $\alpha_1 = 0{,}5$, $v = 0{,}5$ liegt die Differenzengleichung

(6) $$Y_t^* - Y_{t-1}^* + 0{,}5\, Y_{t-2}^* = 0$$

vor. Im Vergleich mit (1) in 5.4.1 ist also $a = -1$ und $b = 0{,}5$, so daß $\frac{a^2}{4} = \frac{1}{4} < b = 0{,}5$ ist und somit Fall III für die Lösung der Differenzengleichung zweiter Ordnung vorliegt.

Nach 5.4.3 haben wir

$$Y_t^* = C\,R^t \sin(t\varphi + \alpha)$$

mit beliebigen Parametern C und α, und wobei $R = \sqrt{b} = \sqrt{\frac{1}{2}} = 2^{-\frac{1}{2}}$ ist und φ den Arcus von $\frac{1}{2} + i\sqrt{0{,}5 - \frac{1}{4}} = \frac{1}{2} + i\sqrt{\frac{1}{4}} = \frac{1}{2} + i\,\frac{1}{2}$ bedeutet.

Dann ist aber $\varphi = 45^\circ = \frac{\pi}{4}$, und wir haben als allgemeine Lösung von (6)

$$Y_t^* = C\,2^{-\frac{t}{2}} \sin\left[\frac{\pi}{4}t + \alpha\right].$$

C und α bestimmen sich aus den Anfangswerten: Mit t = 0 bzw. t = 1 folgt

$$(7)\qquad \begin{cases} 0 = Y_0^* = C \sin\alpha \\ 100 = Y_1^* = C\,2^{-\frac{1}{2}} \sin\left[\frac{\pi}{4} + \alpha\right]. \end{cases}$$

Aus diesen beiden Gleichungen sind C und α zu berechnen. Die erste Gleichung liefert

$$C \sin\alpha = 0.$$

Wäre hierin $C = 0$, so würde aus der zweiten Gleichung $100 = 0$ folgen, was ein Widerspruch ist. Also muß $C \neq 0$ und somit $\sin\alpha = 0$ sein, d.h. $\alpha = 0^\circ, \pm 180^\circ, \pm 360^\circ, \ldots$, also $\alpha = 0, \pm\pi, \pm 2\pi, \ldots$, wofür wir kurz $\alpha = k\pi$ $(k = 0, \pm 1, \pm 2, \ldots)$ schreiben können. Dann ist aber $\sin\left[\frac{\pi}{4} + \alpha\right] = \sin\left[\frac{\pi}{4} + k\pi\right] = (-1)^k \sin\frac{\pi}{4} = (-1)^k \frac{1}{2}\sqrt{2}$. Also folgt aus der zweiten Gleichung von (7)

$$C\,\frac{1}{\sqrt{2}}\left[(-1)^k \frac{1}{2}\sqrt{2}\right] = 100,$$

$$C = (-1)^k\, 200.$$

Damit lautet in diesem Fall die Lösung der Differenzengleichung

$$(8)\qquad \begin{aligned} Y_t^* &= (-1)^k\, 200 \cdot 2^{-\frac{t}{2}} \sin\left[\frac{\pi}{4}t + k\pi\right] = \\ &= (-1)^k\, 200 \cdot 2^{-\frac{t}{2}} \cdot (-1)^k \sin\frac{\pi}{4}t = \\ &= (-1)^{2k}\, 200 \cdot 2^{-\frac{t}{2}} \sin\frac{\pi}{4}t \end{aligned}$$

und, weil $(-1)^{2k} = +1$, können wir statt (8) schreiben

$$Y_t^* = 200 \cdot 2^{-\frac{t}{2}} \sin \frac{\pi}{4} t.$$

In der folgenden Tabelle sind einige Werte zusammengestellt:[1]

t	0	1	2	3	4	5	6	7	8	9	10	11	12
Y_t^*	0	100	100	50	0	– 25	– 25	– 12,5	0	6,25	6,25	3,125	0

Diese liefern das folgende Schaubild (Figur 2):

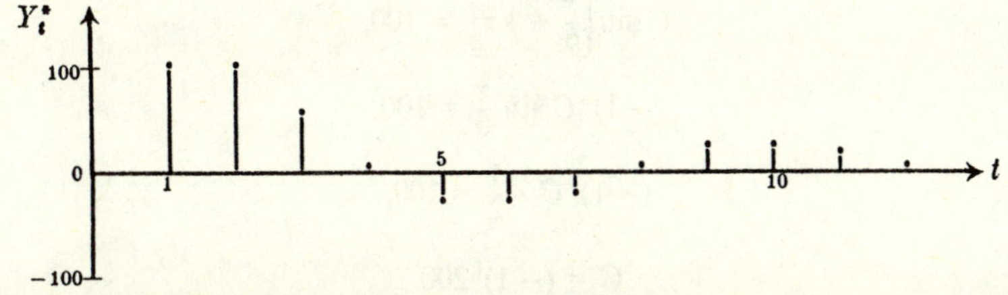

Fig. 2. Schwingung mit gedämpfter Amplitude (gedämpfte Zyklen).

B. Wir betrachten nun den Fall $\alpha_1 = \sqrt{3} - 1 \approx 0{,}73$ und $v = 1$; wir haben dann die Differenzengleichung

$$(9) \qquad Y_t^* - \sqrt{3}\, Y_{t-1}^* + Y_{t-2}^* = 0.$$

Im Vergleich mit (1) in 5.4.1 wird $a = -\sqrt{3}$ und $b = 1$, also $\frac{a^2}{4} = \frac{3}{4} < b = 1$, so daß ebenfalls Fall III für die Lösung der Differenzengleichung zweiter Ordnung vorliegt. Nach 5.4.3 haben wir nun

$$Y_t^* = C\, R^t \sin(t\varphi + \alpha)$$

mit $R = 1$ und φ =Arcus von $\frac{1}{2}\sqrt{3} + i\,\frac{1}{2}$, also $\varphi = 30^\circ = \frac{\pi}{6}$. Damit wird die allgemeine Lösung von (9)

$$Y_t^* = C \cdot \sin\left[\frac{\pi}{6} t + \alpha\right].$$

C und α bestimmen sich aus den Anfangswerten: Mit t = 0 bzw. t = 1 folgt

---

[1] Beispiel zur Berechnung dieser Werte:

$$Y_3^* = 200 \cdot 2^{-\frac{3}{2}} \sin \frac{\pi}{4} 3 = 200 \frac{1}{\sqrt{8}} \sin \frac{3\pi}{4} = 200 \frac{1}{2\sqrt{2}} \cdot \frac{1}{2}\sqrt{2} = 50.$$

$$\begin{cases} 0 = Y_0{}^* = C \sin \alpha \\ 100 = Y_1{}^* = C \sin\left[\frac{\pi}{6} + \alpha\right], \end{cases}$$

also

$$\text{(10)} \qquad \begin{cases} C \sin \alpha = 0 \\ C \sin\left[\frac{\pi}{6} + \alpha\right] = 100. \end{cases}$$

Analog wie in A schließt man $\alpha = k\pi$ ($k = 0, \pm 1, \pm 2, \ldots$). Dann wird aus der zweiten Gleichung von (10)

$$C \sin\left[\frac{\pi}{6} + k\pi\right] = 100,$$

$$(-1)^k C \sin \frac{\pi}{6} = 100,$$

$$(-1)^k C \cdot \frac{1}{2} = 100,$$

$$C = (-1)^k 200.$$

Damit haben wir als Lösung in diesem Fall

$$Y_t{}^* = (-1)^k 200 \sin\left[\frac{\pi}{6} t + k\pi\right]$$

und mit entsprechenden Umformungen wie oben

$$Y_t{}^* = 200 \sin \frac{\pi}{6} t.$$

In der folgenden Tabelle sind einige Werte zusammengestellt (auf ganze Zahlen gerundet):

t	0	1	2	3	4	5	6
$Y_t{}^*$	0	100	173	200	173	100	0

t	7	8	9	10	11	12
$Y_t{}^*$	– 100	– 173	– 200	– 173	– 100	0

t	13	14	15	16	17	18
$Y_t{}^*$	100	173	200	173	100	0

t	19	20	21	22	23	24
$Y_t{}^*$	– 100	– 173	– 200	– 173	– 100	0

Im Schaubild erhalten wir somit eine Schwingung um die Gleichgewichtslage $Y_t{}^* = 0$ mit der konstanten Amplitude 200 (gleichbleibende Zyklen, Figur 3):

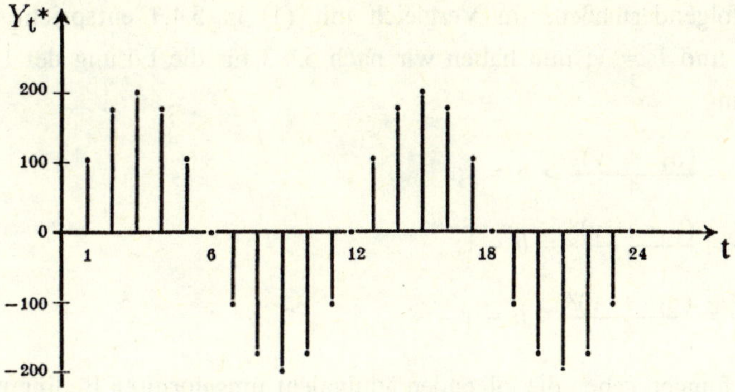

Fig. 3

C. Nehmen wir zum Schluß $\alpha_1 = \frac{3}{2}(\sqrt{2} - 1) \approx \frac{3}{2}\cdot 0{,}41 \approx 0{,}62$ und $v = 1{,}5$, was zur Differenzengleichung

$$(11) \qquad Y_t^* - \frac{3}{2}\sqrt{2}\,Y_{t-1}^* + 1{,}5\,Y_{t-2}^* = 0$$

führt; d.h. im Vergleich mit (1) in 5.4.1 haben wir $a = -\frac{3}{2}\sqrt{2}$ und $b = 1{,}5$, also $\frac{a^2}{4} = \frac{9}{8} < b = 1{,}5$, so daß auch hier Fall III für die Lösung der Differenzengleichung (11) zweiter Ordnung vorliegt. Nach 5.4.3 lautet demnach die Lösung

$$Y_t^* = C\,R^t \sin(t\varphi + \alpha)$$

mit $R = 1{,}5^{\frac{1}{2}}$ und φ = Arcus von $\frac{3}{4}\sqrt{2} + i\frac{\sqrt{3}}{4}\sqrt{2}$, also $\varphi = 30^\circ = \frac{\pi}{6}$. Damit ist

$$Y_t^* = C\,1{,}5^{\frac{t}{2}} \sin\left[\frac{\pi}{6}t + \alpha\right]$$

die allgemeine Lösung von (11). C und α bestimmen sich wie oben aus den Anfangswerten zu

$$C = (-1)^k\,1{,}5^{-\frac{1}{2}}\,200,\quad \alpha = k\pi \ (k = 0, \pm 1, \pm 2, \ldots),$$

und die Lösung heißt

$$Y_t^* = 200\cdot 1{,}5^{\frac{t-1}{2}} \sin\frac{\pi}{6}t.$$

Da $1{,}5^{\frac{t}{2}}$ mit wachsendem t auch anwächst, erhalten wir hier als Schaubild eine Schwingung mit zunehmender Amplitude (explosive Zyklen).

D. Eine Übersicht der Lösungsalternativen der in diesem Paragraphen zur Diskussion stehenden Differenzengleichung

$$Y_t^* - (\alpha_1 + v)Y_{t-1}^* + vY_{t-2}^* = 0$$

erhält man folgendermaßen: Im Vergleich mit (1) in 5.4.1 entspricht $a = -(\alpha_1 + v)$ und $b = v$; nun haben wir nach 5.4.3 für die Lösung der Differenzengleichung

Fall I für $\frac{a^2}{4} = \frac{(\alpha_1 + v)^2}{4} > b = v$;

Fall II für $\frac{a^2}{4} = \frac{(\alpha_1 + v)^2}{4} = b = v$;

Fall III für $\frac{a^2}{4} = \frac{(\alpha_1 + v)^2}{4} < b = v$.

Diese Ungleichungen geben die folgenden äquivalent umgeformten Bedingungen für α_1 und v:

Fall I: $(\alpha_1 + v)^2 > 4v$; Fall II: $(\alpha_1 + v)^2 = 4v$; Fall III: $(\alpha_1 + v)^2 < 4v$.

Zum Beispiel bei $\alpha_1 = 0{,}5$ und $v = 3$ haben wir für die zugehörige Differenzengleichung

$$Y_t^* - 3{,}5\ Y_{t-1}^* + 3\ Y_{t-2}^* = 0 \tag{12}$$

Fall I. Nach 5.4.3 wird deren Lösung

$$Y_t^* = C_1 2^t + C_2(\tfrac{3}{2})^t.$$

Gelten für (12) die Anfangswerte $Y_0^* = 0$, $Y_1^* = 100$, so bestimmen sich C_1 und C_2 aus den Gleichungen

$$\begin{cases} C_1 + C_2 = 0 \\ 2C_1 + \frac{3}{2} C_2 = 100, \end{cases}$$

d.h. es wird $C_1 = 200$, $C_2 = -200$, und die Lösung von (12) unter diesen Anfangswerten heißt

$$\begin{aligned} Y_t^* &= 200 \cdot 2^t - 200(\tfrac{3}{2})^t = \\ &= 200(2^t - (\tfrac{3}{2})^t). \end{aligned} \tag{13}$$

Die folgende Tabelle gibt einige Werte:

t	0	1	2	3	4
Y_t^*	0	100	350	925	2187,5

Um das Verhalten der Lösung (13) für große Werte t zu untersuchen, schreiben wir (13) in der Form

$$Y_t^* = 200\cdot 2^t(1-(\tfrac{3}{4})^t).$$

Für $t \longrightarrow \infty$ strebt $(\frac{3}{4})^t \longrightarrow 0$, und das Verhalten von Y_t^* wird für $t \longrightarrow \infty$ durch das Glied $200\cdot 2^t$ bestimmt. Wir haben hier einen explosiven Verlauf von Y_t^*.

§ 5.9. Stabilitätsbedingungen für Differenzengleichungen

5.9.1. Bei ökonomischen Untersuchungen ist es oft gar nicht so wichtig, die Löung y_t einer Differenzengleichung explizit zu kennen, sondern es interessiert vielmehr nur zu wissen, ob für wachsende Werte von t die Lösung y_t einem Grenzwert zustrebt oder nicht.

Wir definieren: Die Lösung y_t einer Differenzengleichung heißt *stabil*, wenn die Folge der Werte y_t für $t \longrightarrow \infty$ gegen einen endlichen Grenzwert strebt, d.h. der Grenzwert $\lim\limits_{t\to\infty} y_t$ existiert.

Die Lösung y_t einer Differenzengleichung heißt 0-stabil, wenn gilt $\lim\limits_{t\to\infty} y_t = 0$.

Die allgemeine Lösung einer Differenzengleichung heißt stabil (0-stabil), wenn mit allen beliebigen Parameterwerten, die in der allgemeinen Lösung auftreten, die Lösung stabil (0-stabil) ist.

Ein Beispiel: Die Differenzengleichung $y_t - y_{t-1} + \frac{2}{9}\, y_{t-2} = 0$ $(t = 2,3,\ldots)$ hat die charakteristische Gleichung

$$\lambda^2 - \lambda + \frac{2}{9} = 0$$

mit den Lösungen $\lambda_1 = \frac{1}{3}$ und $\lambda_2 = \frac{2}{3}$. Also lautet die allgemeine Lösung

$$y_t = C_1(\tfrac{1}{3})^t + C_2(\tfrac{2}{3})^t$$

mit beliebigen Parametern C_1 und C_2. Es gilt $\lim\limits_{t\to\infty} y_t = 0$, da $\lim\limits_{t\to\infty} (\frac{1}{3})^t = 0$ und $\lim\limits_{t\to\infty} (\frac{2}{3})^t = 0$ ist; d.h. die allgemeine Lösung der Differenzengleichung ist 0-stabil.

Beispiel für Nichtstabilität: Die Differenzengleichung $y_t - 3{,}5y_{t-1} + 3y_{t-2} = 0$ hat die allgemeine Lösung $y_t = C_1(1{,}5)^t + C_2 2^t$ mit beliebigen Parametern C_1 und C_2. Nun existiert aber $\lim\limits_{t\to\infty} y_t$ nicht (außer für $C_1 = C_2 = 0$), also ist die allgemeine Löung nicht stabil.[1)]

Wir wollen nun die Frage aufwerfen, ob man bei einer gegebenen Differenzengleichung an

---

1) Vgl. auch das Verhalten der Beispiele in 5.8.3.

den Koeffizienten direkt die Stabilität erkennen kann, ohne die Lösung explizit auszurechnen.

5.9.2. Für die Differenzengleichungen 1. Ordnung

(1) $$y_t = A\, y_{t-1}$$

bzw.

(2) $$y_t = A\, y_{t-1} + B \quad (t = 1,2,3,...)$$

haben wir als allgemeine Lösung von (1)

(3) $$y_t = CA^t$$

bzw. von (2)

(4) $$y_t = CA^t - \frac{B}{A-1} \quad \text{für } A \neq 1,$$

(5) $$y_t = C + Bt \quad \text{für } A = 1$$

mit einem beliebigen Parameter C.

Für (3) gilt $\lim_{t\to\infty} y_t = 0$ für $|A| < 1$ und $\lim_{t\to\infty} y_t = C$ für $A = 1$; sonst ist die Folge y_t nicht konvergent.[1)]

Für (4) gilt $\lim_{t\to\infty} y_t = -\frac{B}{A-1}$ für $|A| < 1$; sonst ist die Folge y_t nicht konvergent.[2)]

Für (5) ist bei $B \neq 0$ die Folge y_t nicht konvergent.

Also ist die allgemeine Lösung von $y_t = A\, y_{t-1}$ stabil genau für $-1 < A \leq 1$ und 0-stabil genau für $|A| < 1$; die allgemeine Lösung von $y_t = A\, y_{t-1} + B$ ist stabil genau für $|A| < 1$ (wenn wir den Fall $A = 1$ und $B = 0$ weglassen).

5.9.3. Wir betrachten nun Differenzengleichungen 2. Ordnung. Dabei untersuchen wir, unter welchen Bedingungen für die Koeffizienten a und b die allgemeine Lösung der homogenen linearen Differenzengleichung 2. Ordnung

(6) $$y_t + a\, y_{t-1} + b\, y_{t-2} = 0 \quad (t = 2,3,...)$$

gegen 0 strebt für $t \longrightarrow \infty$, d.h. also $\lim_{t\to\infty} y_t = 0$ ist.

Wir unterscheiden bei der Lösung der Differenzengleichung (6) die drei Fälle

---

1) und 2) Außer für $C = 0$.

(I): $\frac{a^2}{4} > b$; (II): $\frac{a^2}{4} = b$; (III): $\frac{a^2}{4} < b$.

Im Fall (I) lautet die allgemeine Lösung der Differenzengleichung (1) $y_t = C_1\lambda_1{}^t + C_2\lambda_2{}^t$, wobei λ_1 und λ_2 die Lösungen der charakteristischen Gleichung $\lambda^2 + a\lambda + b = 0$ sind (C_1 und C_2 beliebige Parameter). Für beliebige Parameter C_1 und C_2 ist nun $\lim\limits_{t\to\infty} y_t = 0$ genau dann, wenn $\lim\limits_{t\to\infty} \lambda_1{}^t = 0$ und $\lim\limits_{t\to\infty} \lambda_2{}^t = 0$ ist; dies bedeutet $|\lambda_1| < 1$ und $|\lambda_2| < 1$.

Wir suchen eine damit äquivalente Bedingung für die Koeffizienten a und b.

a) Sei $|\lambda_1| < 1$ und $|\lambda_2| < 1$. Auf Grund des Vietaschen Wurzelsatzes [1] ist $\lambda_1 + \lambda_2 = - a$ und $\lambda_1\lambda_2 = b$. Aus $|\lambda_1| < 1$ und $|\lambda_2| < 1$ folgt

$$1 > |\lambda_1||\lambda_2| = |\lambda_1\lambda_2| = |b|.$$

Ferner wird (ebenfalls unter Benutzung des Vietaschen Wurzelsatzes)

$$(7) \qquad (1 + \lambda_1)(1 + \lambda_2) = 1 + \lambda_1 + \lambda_2 + \lambda_1\lambda_2 = 1 - a + b$$

und

$$(8) \qquad (1 - \lambda_1)(1 - \lambda_2) = 1 - \lambda_1 - \lambda_2 + \lambda_1\lambda_2 = 1 + a + b.$$

Wegen $|\lambda_1| < 1$ und $|\lambda_2| < 1$ ist $(1 + \lambda_1) > 0$ und $(1 + \lambda_2) > 0$, so daß man aus (7) erhält $1 - a + b > 0$, also

$$(9) \qquad a < 1 + b.$$

Ebenso ist $(1 - \lambda_1) > 0$ und $(1 - \lambda_2) > 0$, so daß wegen (8) auch gilt $1 + a + b > 0$, also

$$(10) \qquad - a < 1 + b.$$

Aus (9) und (10) folgt $|a| < 1 + b$. Damit haben wir als Bedingung für a und b

$$|b| < 1 \quad \text{und} \quad |a| < 1 + b.$$

b) Aus diesen Bedingungen können wir auch umgekehrt folgern, daß $|\lambda_1| < 1$ und $|\lambda_2| < 1$ gilt: Sei also $|a| < 1 + b$ und $|b| < 1$. Wegen $|a| < 1 + b$ folgt $1 - a + b > 0$ und $1 + a + b > 0$ und weiter mit den Gleichungen (7) und (8)

$$(11) \qquad (1 + \lambda_1)(1 + \lambda_2) > 0$$

und

$$(12) \qquad (1 - \lambda_1)(1 - \lambda_2) > 0.$$

---

[1] Vgl. 7.3.2.

Multiplikation dieser beiden Gleichungen liefert

$$(1-\lambda_1^2)(1-\lambda_2^2) > 0.$$

Dann müssen $(1-\lambda_1^2)$ und $(1-\lambda_2^2)$ beide positiv oder beide negativ sein. Wären beide Faktoren negativ, dann wären $\lambda_1^2 > 1$ und $\lambda_2^2 > 1$, also $|\lambda_1| > 1$ und $|\lambda_2| > 1$ und damit $|\lambda_1||\lambda_2| = |\lambda_1\lambda_2| = |b| > 1$, was ein Widerspruch zur Voraussetzung ist. Somit sind $(1-\lambda_1^2) > 0$ und $(1-\lambda_2^2) > 0$, also $|\lambda_1| < 1$ und $|\lambda_2| < 1$.

Also ist $\lim\limits_{t\to\infty} y^t = 0$ genau dann, wenn $|b| < 1$ und $|a| < 1 + b$ ist.

Im Fall (II) haben wir als allgemeine Lösung von (6)

$$y_t = C_1(-\frac{a}{2})^t + C_2 t(-\frac{a}{2})^t.$$

Genau unter der Bedingung $|-\frac{a}{2}| < 1$, also $|a| < 2$, gilt $\lim\limits_{t\to\infty}(-\frac{a}{2})^t = 0$ und $\lim\limits_{t\to\infty} t\,(-\frac{a}{2})^t = 0$; letzteres erkennt man leicht mit der de L'Hospitalschen Regel:

$$\lim_{t\to\infty} t\left|-\frac{a}{2}\right|^t = \lim_{t\to\infty}\frac{t}{\left|\frac{a}{2}\right|^{-t}} = \lim_{t\to\infty}\frac{1}{-\left|\frac{a}{2}\right|^{-t}\ln\left|\frac{a}{2}\right|} = \lim_{t\to\infty}\frac{-\left|\frac{a}{2}\right|^t}{\ln\left|\frac{a}{2}\right|} = 0.$$ [1]

Damit ist auch $\lim\limits_{t\to\infty} t\,(-\frac{a}{2})^t = 0$. Für $|-\frac{a}{2}| > 1$ tritt Divergenz ein.

Also ist hier $\lim\limits_{t\to\infty} y_t = 0$ genau dann, wenn $|a| < 2$ ist.

Im Fall (III) ist $y_t = CR^t\sin(\varphi t + \alpha)$ mit $R = \sqrt{b}$ (C und α beliebige Parameter) die allgemeine Lösung. Da die Funktion Sinus beschränkt ist, haben wir hier $\lim\limits_{t\to\infty} y_t = 0$ genau dann, wenn $\lim\limits_{t\to\infty} R^t = 0$, also wenn $R = \sqrt{b} < 1$ ist; d.h. wir haben schließlich $b < 1$.

Zusammenfassung: Wir haben folgenden

Satz: Die allgemeine Lösung y_t der homogenen linearen Differenzengleichung

$$y_t + ay_{t-1} + by_{t-2} = 0 \quad (t = 2,3,\ldots)$$

ist genau dann 0-stabil (also $\lim\limits_{t\to\infty} y_t = 0$), wenn im Fall

---

[1] Für $a \neq 0$; der Fall $a = 0$ ist trivial.

(I) $\frac{a^2}{4} > b$ gilt $|b| < 1$ und $|a| < 1 + b$;

(II) $\frac{a^2}{4} = b$ gilt $|a| < 2$;

(III) $\frac{a^2}{4} < b$ gilt $b < 1$.

Die Bedingungen der Fälle (II) und (III) sind in der Bedingung für den Fall (I)

$$|b| < 1 \text{ und } |a| < 1 + b;$$

enthalten: Denn

im Fall (II) ist $b > 0$; wegen $|b| < 1$ wird $|a| < 1 + b < 2$;

im Fall (III) ist $b > 0$; wegen $|b| < 1$ wird $b < 1$.

§ 5.10. Syteme von linearen Differenzengleichungen erster Ordnung

5.10.1. Ein homogenes (2 × 2)-System von linearen Differenzengleichungen 1. Ordnung mit konstanten Koeffizienten hat die Form

$$\begin{cases} x_t = a_{11}\, x_{t-1} + a_{12}\, y_{t-1} \\ y_t = a_{21}\, x_{t-1} + a_{22}\, y_{t-1} \end{cases} \quad (t = 1,2,...),$$

wofür man in Matrizenform schreibt

$$\begin{bmatrix} x_t \\ y_t \end{bmatrix} = \begin{bmatrix} a_{11} & a_{12} \\ a_{21} & a_{22} \end{bmatrix} \begin{bmatrix} x_{t-1} \\ y_{t-1} \end{bmatrix},$$

und, indem wir $\begin{bmatrix} x_t \\ y_t \end{bmatrix} = \mathbf{y}_t$ (t = 0,1,2,...) und $\begin{bmatrix} a_{11} & a_{12} \\ a_{21} & a_{22} \end{bmatrix} = \mathbf{A}$ setzen,

$$\mathbf{y}_t = \mathbf{A}\mathbf{y}_{t-1}.$$

Hieraus sind die beiden Folgen $x_0,x_1,x_2,...,x_t,...$ und $y_0,y_1,y_2,...,y_t,...$ zu bestimmen.

Allgemein: Für das (n × n)-System

$$\begin{cases} y_{1,t} = a_{11}y_{1,t-1} + a_{12}y_{2,t-1} + ... + a_{1n}y_{n,t-1} + b_1 \\ y_{2,t} = a_{21}y_{1,t-1} + a_{22}y_{2,t-1} + ... + a_{2n}y_{n,t-1} + b_2 \\ \dots\dots\dots\dots\dots\dots \\ y_{n,t} = a_{n1}y_{1,t-1} + a_{n2}y_{2,t-1} + ... + a_{nn}y_{n,t-1} + b_n \end{cases} \quad (t = 1,2,...)$$

schreibt man

(1) $$\mathbf{y}_t = \mathbf{A}\mathbf{y}_{t-1} + \mathbf{b},$$

wobei $\mathbf{y}_t = \begin{bmatrix} y_{1,t} \\ y_{2,t} \\ \vdots \\ y_{n,t} \end{bmatrix}$ (t = 0,1,2,...), $\mathbf{A} = \begin{bmatrix} a_{11} & a_{12} \dots & a_{1n} \\ \dots & \dots & \dots \\ a_{n1} & a_{n2} \dots & a_{nn} \end{bmatrix}$ und $\mathbf{b} = \begin{bmatrix} b_1 \\ \vdots \\ b_n \end{bmatrix}$ ist.

Hieraus sind nun die n Folgen $y_{1,0}, y_{1,1}, y_{1,2}, \dots, y_{1,t}, \dots; y_{2,0}, y_{2,1}, y_{2,2}, \dots, y_{2,t}, \dots; y_{n,0}, y_{n,1}, y_{n,2}, \dots, y_{n,t}, \dots$ zu bestimmen, also m.a.W. eine Folge von Vektoren $\mathbf{y}_t$ (t = 0,1,2,...).

Ist **b** der Nullvektor, so heißt das System homogen, andernfalls inhomogen.

Zur Lösung von (1) gehen wir entsprechend vor wie bei Differenzengleichungen 1. Ordnung. Die Gleichung (1) gilt insbesondere für t = 1, also

$$\mathbf{y}_1 = \mathbf{A}\mathbf{y}_0 + \mathbf{b};$$

für t = 2 haben wir

$$\mathbf{y}_2 = \mathbf{A}\mathbf{y}_1 + \mathbf{b} = \mathbf{A}(\mathbf{A}\mathbf{y}_0 + \mathbf{b}) + \mathbf{b} = \mathbf{A}^2\mathbf{y}_0 + \mathbf{A}\mathbf{b} + \mathbf{b};$$

für t = 3

$$\mathbf{y}_3 = \mathbf{A}\mathbf{y}_2 + \mathbf{b} = \mathbf{A}(\mathbf{A}^2\mathbf{y}_0 + \mathbf{A}\mathbf{b} + \mathbf{b}) + \mathbf{b} = \mathbf{A}^3\mathbf{y}_0 + \mathbf{A}^2\mathbf{b} + \mathbf{A}\mathbf{b} + \mathbf{b};$$

usw.; allgemein

$$\mathbf{y}_t = \mathbf{A}^t\mathbf{y}_0 + \mathbf{A}^{t-1}\mathbf{b} + \mathbf{A}^{t-2}\mathbf{b} + \dots + \mathbf{b} =$$

(2) $$= \mathbf{A}^t\mathbf{y}_0 + (\mathbf{A}^{t-1} + \mathbf{A}^{t-2} + \dots + \mathbf{E})\mathbf{b} \quad (\mathbf{E}\ (n \times n)\text{-Einheitsmatrix}).$$

Setzen wir nun die Summe in der Klammer

(3) $$\mathbf{A}^{t-1} + \mathbf{A}^{t-2} + \dots + \mathbf{E} = \mathbf{S},$$

dann wird daraus durch Multiplikation mit **A** von links

(4) $$\mathbf{A}^t + \mathbf{A}^{t-1} + \dots + \mathbf{A} = \mathbf{AS}.$$

Indem man (3) von (4) substrahiert, folgt

$$\mathbf{A}^t - \mathbf{E} = \mathbf{AS} - \mathbf{S} = (\mathbf{A} - \mathbf{E})\mathbf{S}.$$

Falls $(\mathbf{A} - \mathbf{E})$ regulär ist, existiert $(\mathbf{A} - \mathbf{E})^{-1}$, und wir haben

$$\mathbf{S} = (\mathbf{A} - \mathbf{E})^{-1}(\mathbf{A}^t - \mathbf{E}).$$

Damit wird aus (2)

$$\mathbf{y}_t = \mathbf{A}^t\mathbf{y}_0 + (\mathbf{A} - \mathbf{E})^{-1}(\mathbf{A}^t - \mathbf{E})\mathbf{b} \quad (t = 0,1,2,\dots).$$

Allgemein gilt analog wie in 5.4.5 der

Satz: Die allgemeine Löung eines inhomogenen Systems

(5) $$\mathbf{y}_t = \mathbf{A}\mathbf{y}_{t-1} + \mathbf{b}$$

ergibt sich als Summe der allgemeinen Lösung des zugehörigen homogenen Systems

(6) $$\mathbf{y}_t = \mathbf{A}\mathbf{y}_{t-1}$$

und einer speziellen Lösung $\mathbf{y}_t^{(0)}$ des inhomogenen Systems (5).

Der Beweis für diesen Satz verläuft entsprechend wie für die analoge Aussage in 5.4.5.[1)]

[1)] Die Betrachtungen des § 5.10 lassen sich auf Differenzengleichungen $\mathbf{Y}_t = \mathbf{A}\mathbf{Y}_{t-1} + \mathbf{B}$ mit (m × n)-Matrizen $\mathbf{Y}_t$, $\mathbf{Y}_{t-1}$ und $\mathbf{B}$ und einer (m × m)-Matrix $\mathbf{A}$ übertragen.

ABSCHNITT 6

Differentialgleichungen

§ 6.1.* Beispiele aus der Wirtschaftstheorie

6.1.1.* Die Verwendung von Differenzengleichungen beruht auf der Annahme, daß wirtschaftliche Prozesse diskontinuierlich betrachtet werden. Die Zeit wird hierbei, wie wir sahen, als diskontinuierlich angenommen, d.h. die Übergänge von t – 1 nach t sowie nach t + 1, t + 2 usw. erfolgen sprunghaft. Neben der Annahme diskontinuierlicher Abläufe werden in der Wirtschaftstheorie und Betriebswirtschaftslehre oft auch die ökonomischen Prozesse als kontinuierlich angesehen. Die Zeit t wird hierbei als kontinuierlich behandelt. Wenn man nun annimmt, daß wirtschaftliche Phänomene im Zeitfluß kontinuierlicher Art sind,[1] so verwendet man zur Analyse der Abläufe *Differentialgleichungen.*

Als Beispiel soll ein einfaches Modell des Wirtschaftswachstums dienen. Y bedeutet wie früher das Volkseinkommen, und S ist die Sparfunktion. Alle Variablen des Modells werden als abhängig von der Zeit t betrachtet, wobei die Zeit t als kontinuierlich behandelt wird.

Es soll angenomen werden, daß in einer Volkswirtschaft ein konstanter Bruchteil s des Einkommens Y gespart wird; wir haben hier also

(1) $$S(\mathrm{t}) = sY(\mathrm{t}).$$

Weiterhin wird angenommen, daß die Nettoinvestitionen $I(\mathrm{t})$ den Einkommensänderungen proportional sind, d.h.

(2) $$I(\mathrm{t}) = \beta Y'(\mathrm{t}),$$

wobei $Y'(\mathrm{t}) = \frac{dY(\mathrm{t})}{d\mathrm{t}}$ die Ableitung von Y nach der Zeit t bezeichnet.

Außerdem soll

(3) $$I(\mathrm{t}) = S(\mathrm{t})$$

sein.

Unter Berücksichtigung der Gleichgewichtsbedingung (3) erhält man

$$\beta Y'(\mathrm{t}) = sY(\mathrm{t}),$$

---

[1] Man denke z.B. daran, daß die Produktion sehr vieler Unternehmungen und auch makroökonomische Geschehnisse zu einem großen Teil sich als kontinuierliche Prozesse darstellen lassen.

(4) $$Y'(t) - \frac{s}{\beta} Y(t) = 0.$$

Diese Endgleichung des Sytems ist eine *homogene Differentialgleichung erster Ordnung.*

Als zweites Beispiel soll folgende Struktur angenommen werden:

$$\begin{cases} \text{Definitionsgleichung des Volkseinkommens} & Y(t) = C(t) + I(t); \\ \text{Konsumgleichung} & C(t) = \alpha_0 + \alpha_1 Y(t) \quad (0 < \alpha_1 < 1) \\ \text{Investitionsgleichung} & I(t) = kC'(t) \quad \left[C'(t) = \frac{dC(t)}{dt}\right]. \end{cases}$$

Hierin bedeuten $Y(t)$ das Volkseinkommen, $C(t)$ den Konsum, $I(t)$ die Investitionen und $C'(t)$ die Konsumänderungen zur Zeit t.

A. Die *Differentialgleichung des Volkseinkommens*

Wir bilden die erste Ableitung der Konsumgleichung nach der Zeit t

(5) $$C'(t) = \alpha_1 Y'(t).$$

Einsetzen in die Investitionsgleichung ergibt

(6) $$I(t) = k\alpha_1 Y'(t).$$

Unter Berücksichtigung von (6) erhält man in Verbindung mit der Definitionsgleichung des Volkseinkommens

$$Y(t) = \alpha_0 + \alpha_1 Y(t) + k\alpha_1 Y'(t),$$

(7) $$Y'(t) - \frac{1 - \alpha_1}{k\alpha_1} Y(t) + \frac{\alpha_0}{k\alpha_1} = 0.$$

Es handelt sich hierbei um eine *inhomogene Differentialgleichung erster Ordnung.*

B. Die Differentialgleichung des Konsums

Wir schreiben die Definitionsgleichung des Volkseinkommens in der Form

(8) $$C(t) = Y(t) - I(t).$$

Aus der Konsumgleichung folgt

$$Y(t) = \frac{1}{\alpha_1} C(t) - \frac{\alpha_0}{\alpha_1};$$

ferner ist $I(t) = kC'(t)$. Dies in (8) eingesetzt liefert

$$C(t) = \frac{1}{\alpha_1} C(t) - \frac{\alpha_0}{\alpha_1} - kC'(t),$$

(9) $$C'(t) - \frac{1 - \alpha_1}{k\alpha_1} C(t) + \frac{\alpha_0}{k\alpha_1} = 0.$$

Auch hierbei handelt es sich um eine inhomogene Differentialgleichung erster Ordnung.

C. Die Differentialgleichung der Investition

Wir schreiben die Definitionsgleichung des Volkseinkommens in der Form

$$I(t) = Y(t) - C(t);$$

durch Differentiation folgt

(10) $$I'(t) = Y'(t) - C'(t).$$

Aus der Investitionsgleichung folgt

(11) $$C'(t) = \frac{1}{k} I(t)$$

und durch Differentiation der Konsumgleichung

$$C'(t) = \alpha_1 Y'(t),$$

(12) $$Y'(t) = \frac{1}{\alpha_1} C'(t) = \frac{1}{k\alpha_1} I(t).$$

Einsetzen von (11) und (12) in (10) liefert

$$I'(t) = \frac{1}{k\alpha_1} I(t) - \frac{1}{k} I(t),$$

(13) $$I'(t) - \frac{1 - \alpha_1}{k\alpha_1} I(t) = 0,$$

eine homogene Differentialgleichung erster Ordnung.

§ 6.2. Definition und Einteilung der Differentialgleichungen

6.2.1. Soll eine Funktion [1] $f\colon t \longrightarrow y = f(t) = y(t)$ aus einer Gleichung bestimmt werden, in der auch Ableitungen $y', y'', y''', \ldots$ der gesuchten Funktion y auftreten, so spricht man von einer *Differentialgleichung*.[2]

---

[1] Die unabhängige Veränderliche wird statt mit x mit t bezeichnet, da in den wirtschaftstheoretischen Anwendungen die Zeit als unabhängige Veränderliche gesehen wird. - Ferner benutzen wir für eine Funktion statt $y = f(t)$ die Schreibweise $y = y(t)$.

[2] Gewöhnliche Differentialgleichung.

Wir werden die Betrachtungen über Differentialgleichungen denen für Differenzengleichungen analog durchführen. Jede Funktion y: t $\longrightarrow y(t)$, die in die Differentialgleichung eingesetzt diese erfüllt [1], heißt *Lösung* (oder Integral) der Differentialgleichung.

Beispiele für Differentialgleichungen:

(1) $$y'(t) = 2y(t);$$

(2) $$y''(t) - 2y'(t) + y(t) = 2;$$

(3) $$(y'(t))^2 - 2\,t^2y(t) - 8t^2(t - \frac{1}{2}) = 0.$$

Statt (1), (2) und (3) schreibt man auch

(1′) $$\frac{dy}{dt} = 2y(t);$$

(2′) $$\frac{d^2y}{dt^2} - 2\,\frac{dy}{dt} + y(t) = 2;$$

(3′) $$(\frac{dy}{dt})^2 - 2t^2y(t) - 8t^2(t - \frac{1}{2}) = 0$$

bzw. kurz

(1″) $$y' = 2y;$$

(2″) $$y'' - 2y' + y = 2;$$

(3″) $$(y')^2 - 2t^2y - 8t^2(t - \frac{1}{2}) = 0.$$

Eine Differentialgleichung enthält also allgemein die Aufgabe, eine unbekannte Funktion y: t $\longrightarrow y(t)$ aus einer Gleichung

(4) $$F(y^{(r)}(t), y^{(r-1)}(t),..., y'(t), y(t),t) = 0$$

($r \geq 1$) zu betimmen. In (4) bedeutet F irgendeinen Ausdruck mit den Ableitungen $y^{(r)}(t)$, $y^{(r-1)}(t),...,$ $y'(t)$ und der gesuchten Funktion $y(t)$ sowie der unabhängigen Veränderlichen t.

Als Lösung der Differentialgleichung (1) haben wir [2] z.B. die Funktion $y(t) = e^{2t}$, wie man durch Einsetzen sofort bestätigt. Aber auch die Funktionen $y(t) = 3\cdot e^{2t}$, $y(t) = 7\cdot e^{2t}$ und allgemein $y(t) = C\cdot e^{2t}$ mit einer beliebigen

---

[1] Für alle (reellen) t oder für alle t eines Intervalls.

[2] Systematisch behandeln wir solche Aufgaben in 6.3.1.

Konstanten C sind Lösungen der Differentialgleichung (1). Die Lösung einer Differentialgleichung braucht also nicht eindeutig bestimmt zu sein. Ähnlich wie bei Differenzengleichungen nennt man eine Lösung $y(t)$ *allgemeine Lösung (generelle Lösung)* einer Differentialgleichung, wenn jede andere Lösung dieser Differentialgleichung durch spezielle Wahl von Parametern, die in der Lösung $y(t)$ noch auftreten, hervorgeht; andernfalls sprechen wir von einer *speziellen Lösung (partikulären Lösung)*. Für die Differentialgleichung (1) ist $y(t) = C \cdot e^{2t}$ die allgemeine Lösung, wie wir in 6.3.2 beweisen werden.

6.2.2. Wir unterscheiden verschiedene Typen von Differentialgleichungen: Die Gleichungen (1) bzw. (1")

$$y' = 2y$$

und (3) bzw. (3")

$$(y')^2 - 2t^2 y - 8t^2(t - \tfrac{1}{2}) = 0$$

sind Differentialgleichungen *erster Ordnung;* die Gleichung (2) bzw. (2")

$$y'' - 2y' + y = 2$$

ist eine Differentialgleichung *zweiter Ordnung.* (4) stellt die allgemeine Form einer Differentialgleichung r-ter Ordnung ($r \geq 1$) dar.[1] Ferner unterscheiden wir *lineare* und *nichtlineare* Differentialgleichungen. Wenn statt der allgemeinen Form (4) speziell gesetzt werden kann

$$g_0(t)y^{(r)}(t) + g_1(t)y^{(r-1)}(t) + g_2(t)y^{(r-2)}(t) + \ldots + g_{r-1}(t)y'(t) + g_r(t)y(t) - g(t) = 0,$$

d.h.

$$g_0(t)y^{(r)}(t) + g_1(t)y^{(r-1)}(t) + g_2(t)y^{(r-2)}(t) + \ldots + g_{r-1}(t)y'(t) + g_r(t)y(t) = g(t) \tag{5}$$

mit gewissen Funktionen $g_0, g_1, g_2, \ldots, g_{r-1}, g_r$ und g, dann heißt die Differential-

---

[1] Die Ordnung r ist also der höchste Grad der Ableitung der unbekannten Funktion, die in der Differentialgleichung auftritt. - Hat eine Differentialgleichung r-ter Ordnung die Form $y^{(r)}(t) = G(y^{(r-1)}(t), \ldots, y'(t), y(t), t)$, d.h. steht $y^{(r)}(t)$ auf einer Seite der Differentialgleichung allein, so spricht man von einer *expliziten Differentialgleichung* r-ter Ordnung, andernfalls von einer impliziten Differentialgleichung r-ter Ordnung.

gleichung linear, andernfalls nichtlinear.[1] Sind außerdem in (5) die Funktionen $g_0, g_1, g_2, \ldots, g_{r-1}, g_r$ Konstante, also $g_0(t) = a_0$, $g_1(t) = a_1$, $g_2(t) = a_2, \ldots$, $g_{r-1}(t) = a_{r-1}$, $g_r(t) = a_r$ für alle t, so haben wir in

$$(6) \qquad a_0 y^{(r)}(t) + a_1 y^{(r-1)}(t) + a_2 y^{(r-2)}(t) + \ldots + a_{r-1} y'(t) + a_r y(t) = g(t)$$

eine lineare Differentialgleichung mit konstanten Koeffizienten vor uns. Zum Beispiel sind die Gleichungen (1) und (2) lineare Differentialgleichungen mit konstanten Koeffizienten, während (3) nichtlinear ist; in Beispiel (1) ist $g(t) =$ $= 0$, in Beispiel (2) gleich 2.

Wenn in der allgemeinen Form (5) bzw. (6) die rechte Seite $g(t) = 0$ ist für alle t, ist die Differentialgleichung *homogen*, sonst *inhomogen*. So ist die Gleichung (1) homogen, die Gleichung (2) inhomogen.

Da die Differentiation nach t oft durch Darübersetzen eines Punktes über das Funktionszeichen angedeutet wird, können wir statt der Gleichung (1") auch schreiben

$$\dot{y} = 2y,$$

statt der Gleichung (2") auch

$$\ddot{y} - 2\dot{y} + y = 2$$

und statt der Gleichung (3") auch

$$(\dot{y})^2 - 2t^2 y - 8t^2\left(t - \frac{1}{2}\right) = 0.$$

Die Fragestellung, aus Differentialgleichungen Funktionen von mehreren Veränderlichen $t_1, t_2, \ldots$ zu bestimmen, führt auf *partielle Differentialgleichungen*; dabei treten partielle Ableitungen der unbekannten Funktionen auf. Die oben beschriebenen Differentialgleichungen, aus denen eine Funktion einer Veränderlichen bestimmt werden soll, heißen im Gegensatz dazu *gewöhnliche Differentialgleichungen.*

Wir werden uns im folgenden auf gewöhnliche Differentialgleichungen beschränken. Wenn wir in Zukunft von Differentialgleichungen sprechen, meinen wir immer Differentialgleichungen dieser Art.

---

[1] g kann auch eine Konstante sein.

§ 6.3. Differentialgleichungen erster Ordnung

6.3.1. Wir wollen hier einige Lösungsverfahren für gewisse Typen von Differentialgleichungen erster Ordnung besprechen.

Die Bestimmung eines unbestimmten Integrals (einer Stammfunktion) zu einer Funktion f bedeutet (vgl. 1.13.6), eine Funktion F zu suchen, derart, daß die Ableitung

(1) $$F'(x) = f(x)$$

ist für alle x einer geeigneten Menge reeller Zahlen.

Wir können diese Aufgabe auch als Differentialgleichung auffassen, da aus (1) die unbekannte Funktion F gesucht wird, wobei auch die Ableitung der unbekannten Funktion auftritt.

6.3.2. Zur Lösung einer Differentialgleichung der Form

(2) $$y' = f(y)g(t)$$

mit gegebenen Funktionen f und g benutzt man das Verfahren der *Trennung der Veränderlichen:* Man bildet aus (2)

$$\frac{y'}{f(y)} = g(t)$$

für alle y mit $f(y) \neq 0$; dann integriert man auf beiden Seiten nach t und erhält

$$\int \frac{y'}{f(y)}\, dt = \int g(t)dt;$$

man schreibt dann auch

$$\int \frac{dy}{f(y)} = \int g(t)dt.$$

Sei F eine Stammfunktion zu $\frac{1}{f}$ und G eine Stammfunktion zu g; dann wird

$$F(y) + C_1 = G(t) + C_2$$

mit beliebigen Konstanten $C_1, C_2 \in \mathbb{R}$; damit ist

$$F(y) = G(t) + (C_2 - C_1)$$

und, indem wir $C_2 - C_1$ als neue Konstante C schreiben,

$$F(y) = G(t) + C.$$

Hieraus folgt, falls die Umkehrfunktion F^{-1} von F existiert,

$$y = F^{-1}(G(t) + C) \quad (F^{-1} \text{ ist die Umkehrfunktion von } F).$$

Nachträglich ist zu prüfen, ob man aus $f(y) = 0$ für alle y auch noch eine Lösung von (2) erhält.

Beispiele: 1) $y' = Ay \quad (A \neq 0;\ A$ Konstante).

Für $y \neq 0$ erhalten wir

$$\frac{y'}{y} = A$$

und hieraus

(3) $$\int \frac{y'}{y}\,dt = \int A\,dt.$$

Für das Integral links erhalten wir $\ln|y| + C_1$ (wie man durch Differenzieren leicht nachprüft) und rechts $At + C_2$ mit beliebigen Konstanten C_1 und C_2. Also folgt insgesamt aus (3)

$$\ln|y| + C_1 = At + C_2,$$

$$\ln|y| = At + (C_2 - C_1).$$

Dabei können wir $C_2 - C_1$ als neue Konstante C_3 auffassen, so daß wir haben

$$\ln|y| = At + C_3$$

mit einer beliebigen Konstanten C_3. Indem man beiderseits in die Exponentialfunktion erhebt, haben wir

$$e^{\ln|y|} = e^{At + C_3}$$

und, da für $x > 0$ allgemein $e^{\ln x} = x$ ist,

$$|y| = e^{At + C_3} = e^{At}e^{C_3}.$$

Hierin ist e^{C_3} wieder eine Konstante, die nun aber nur positiv sein kann, da die Exponentialfunktion immer positiv ist. Wir setzen $e^{C_3} = C_4$; damit wird

(4) $$|y| = e^{At}C_4$$

mit einer beliebigen Konstanten $C_4 > 0$. Läßt man nun links die Absolutstriche weg, so kann der positive oder negative Wert von y stehen, d.h. aus (4) wird

$$\pm\, y = e^{At}C_4,$$

(5) $$y = \pm\, e^{At}C_4.$$

Das Vorzeichen fassen wir nun mit C_4 zusammen, wir setzen also $\pm\, C_4 = C_5$, wobei jetzt C_5 eine beliebige positive oder negative Konstante sein darf, also $C_5 \gtrless 0$, was m. a. W. $C_5 \neq 0$ bedeutet. Demnach erhalten wir aus (5)

(6) $$y = e^{At} C_5$$

mit einer beliebigen Konstanten $C_5 \neq 0$.

Bei der Umformung der Differentialgleichung hatten wir $y \neq 0$ angenommen. Nun ist aber $y = 0$ [1] auch Lösung der Differentialgleichung, wie man durch Einsetzen sofort bestätigt. Somit haben wir neben der Lösung (6) auch noch die Lösung $y = 0$. Beide lassen sich zusammenfassen, indem man schreibt

(7) $$y = e^{At} \cdot C$$

mit einer beliebigen Konstanten $C \in \mathbb{R}$. Damit haben wir die allgemeine Lösung der obigen Differentialgleichung.

2) $y' = te^t y^4$;

wir bilden

$$\frac{y'}{y^4} = te^t \quad (y \neq 0);$$

$$\int \frac{dy}{y^4} = \int te^t dt;$$

$$-\frac{y^{-3}}{3} = e^t t - e^t + C_1,$$

wobei rechts partielle Integration angewandt wurde;

$$y^{-3} = -3\, e^t(t-1) + C \text{ mit } C = -3C_1;$$

$$y = (-3\, e^t(t-1) + C)^{-\frac{1}{3}};$$

außerdem ist auch $y = 0$ Lösung.

6.3.3. Für die Anwendungen in der Wirtschaftstheorie sind lineare Differentialgleichungen erster Ordnung mit konstanten Koeffizienten wichtig. Wir legen dazu die Form

(8) $$y' = Ay + B \quad (A \neq 0;\ A, B \text{ Konstante})$$

zugrunde.[2]

---

[1] Das heißt $y = 0$ für alle t.

[2] Statt (8) können wir auch schreiben $y' - Ay = B$, so daß im Vergleich mit (6) in 6.2.2 also $a_0 = 1$, $a_1 = -A$ und $g(t) = B$ zu setzen wäre. Ferner nehmen wir $A \neq 0$ an, da sonst $y' = B$ entsteht, was auf die einfache Integration $y = \int B dt = Bt + C$ (C= const.) hinausläuft.

Wir setzen $y(t)$ als Produkt in der Form $y(t) = u(t)\cdot v(t)$ mit noch unbestimmten Funktionen u und v an. Dann folgt nach der Differentiationsregel für ein Produkt von Funktionen

$$y' = u'v + v'u,$$

d.h. aus (8) wird

$$u'v + v'u = A(u\cdot v) + B,$$

und umgeformt

$$(u' - Au)v + (v'u - B) = 0. \tag{9}$$

Jetzt legen wir die Funktion u so fest, daß die erste Klammer

$$u' - Au = 0$$

wird, wir haben also für die Funktion u die Differentialgleichung

$$u' = Au.$$

Nach 6.3.2 lautet ihre Lösung

$$u = e^{At}\cdot C;$$

indem wir hier noch willkürlich $C = 1$ setzen, haben wir

$$u = e^{At}.$$

Damit nun die Gleichung (9) erfüllt wird, muß jetzt v so bestimmt werden, daß auch die zweite Klammer

$$v'u - B = 0$$

wird. Wir haben somit

$$v' = \frac{B}{u} = \frac{B}{e^{At}} = B\cdot e^{-At}.$$

Die Funktion v finden wir hieraus durch Integration:

$$v = \int B\cdot e^{-At}dt = B\int e^{-At}dt = B\left[-\frac{1}{A}e^{-At} + C_1\right];$$

C_1 ist dabei eine beliebige Konstante. Durch Umformen entsteht

$$v = -\frac{B}{A}e^{-At} + B\cdot C_1$$

und, wenn wir BC_1 als neue Konstante auffassen,

$$v = -\frac{B}{A}e^{-At} + C.$$

Also wird

$$y = u \cdot v = e^{At}\left[-\frac{B}{A}e^{-At} + C\right] = -\frac{B}{A} + C \cdot e^{At}$$

mit einer beliebigen Konstanten C.

Für $B = 0$ geht diese Lösung in die Lösung der Differentialgleichung $y' = Ay$ über.

Fassen wir das Ergebnis zusammen in dem folgenden

Satz: *Die Lösung der linearen Differentialgleichung* $y' = Ay + B$ *erster Ordnung mit konstanten Koeffizienten* ($A \neq 0$) *lautet*

$$y = -\frac{B}{A} + Ce^{At}$$

mit einem beliebigen Parameter C. Dies ist auch die allgemeine Lösung.

Nach der gleichen Methode wie oben läßt sich die Lösung der linearen Differentialgleichung

$$y' = f(t)y + g(t)$$

bestimmen, wobei jetzt die Koeffizienten keine Konstanten, sondern Funktionen von t sind. Man hat als allgemeine Lösung

(10) $$y = e^{F(t)}\left(\int g(t)e^{-F(t)}dt + C\right);$$

dabei ist F eine Stammfunktion von f.

Im Spezialfall $f(t) = A$ und $g(t) = B$ erhält man

$$y = e^{At}\left(\int Be^{-At}dt + C\right) = e^{At}B\left[-\frac{1}{A}\right]e^{-At} + Ce^{At} = -\frac{B}{A} + Ce^{At},$$

also die Lösung von oben.

Beispiel: Für $y' - 2ty = t^3$ stellen wir zunächst die Form

$$y' = 2ty + t^3$$

her. Nach Formel (10) erhalten wir

$$\begin{aligned} y &= e^{t^2}\left(\int t^3 e^{-t^2}dt + C\right) = \\ &= e^{t^2}\left(-\frac{1}{2}e^{-t^2}(1 + t^2) + C\right) = \\ &= -\frac{1}{2}(1 + t^2) + Ce^{t^2}; \end{aligned}$$

zur Berechnung von $\int t^3 e^{-t^2} dt$ benutzt man die Regel der Substitution und partielle Integration.

6.3.4. Die geometrische Bedeutung einer Differentialgleichung erster Ordnung wollen wir an dem Beispiel

$$y' = 2y$$

klarmachen. Da die erste Ableitung y' einer Lösung y der Differentialgleichung die Steigungen der Tangenten an den Graphen von y (an die durch y dargestellte Kurve) angibt, werden durch die Differentialgleichung die Steigungen der Tangenten für die gesuchte Kurve gegeben, oder m. a. W. werden durch die Differentialgleichung *Richtungselemente* (*Lienienelemente*) (vgl. 1.13.6) für die gesuchte Funktion y gegeben (Figur 1).

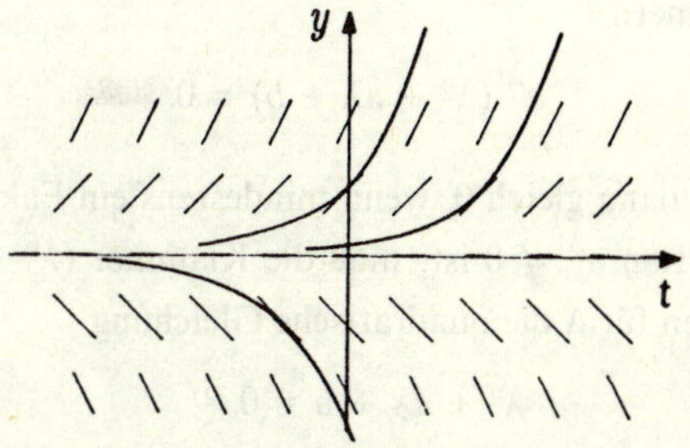

Fig. 1

Da y' in $y' = 2y$ nur von y abhängt, haben die Linienelemente auf Parallelen zur t-Achse die gleiche Richtung.

Weil damit jeder Punkt der Ebene ein Richtungselement trägt, spricht man von einem *Richtungsfeld*. Alle Punkte, die gleichgerichtete Linienelemente tragen, bilden *Isoklinen*. Auf diesen ist also y' konstant. Die Kurve einer Lösung y der Differentialgleichung muß nun in jedem Punkt die dort vorgeschriebene Richtung haben, sie muß also in das Richtungsfeld "hineinpassen". Man spricht dann auch von *Integralkurven*. In Figur 1 ist das Richtungsfeld zur obigen Differentialgleichung gezeichnet sowie darin einige Integralkurven.

Man erhält mit dem Richtungsfeld eine ganze *Schar von Integralkurven*, was sich in der allgemeine Lösung der Differentialgleichung durch einen beliebigen Parameter C ausdrückt.

§ 6.4. Lineare Differentialgleichungen zweiter und höherer Ordnung

6.4.1. Bei der Behandlung der homogenen linearen Differentialgleichung zweiter Ordnung mit konstanten Koeffizienten gehen wir von der Gleichungsform

(1) $$y'' + ay' + by = 0$$

aus.[1] Im Vergleich mit der allgemeinen Form (6) in 6.2.2 einer linearen Differentialgleichung mit konstanten Koeffizienten wäre also $a_0 = 1$, $a_1 = a$ und $a_2 = b$ zu setzen. Wir machen einen Lösungsansatz $y = y(t) = e^{\lambda t}$ mit einer zunächst noch unbestimmten Zahl λ. Durch Einsetzen in (1) folgt dann ($y = e^{\lambda t}$ hat die Ableitungen $y' = \lambda e^{\lambda t}$ und $y'' = \lambda^2 e^{\lambda t}$)

$$\lambda^2 e^{\lambda t} + a\lambda e^{\lambda t} + be^{\lambda t} = 0$$

und durch Ausklammern

(2) $$e^{\lambda t}(\lambda^2 + a\lambda + b) = 0.$$

Ein Produkt ist nur dann gleich 0, wenn mindestens ein Faktor gleich 0 ist. Da die Exponentialfunktion $e^{\lambda t} \neq 0$ ist, muß die Klammer $(\lambda^2 + a\lambda + b)$ gleich 0 sein, d.h. wir erhalten für λ die quadratische Gleichung

(3) $$\lambda^2 + a\lambda + b = 0.$$ [2]

Für deren Lösungen findet man (vgl. 7.3.2)

$$\lambda_1 = -\frac{a}{2} + \sqrt{\frac{a^2}{4} - b} \text{ und } \lambda_2 = -\frac{a}{2} - \sqrt{\frac{a^2}{4} - b},$$

die nur für $\frac{a^2}{4} - b \geq 0$, also $\frac{a^2}{4} \geq b$, reell sind; für $\frac{a^2}{4} - b = 0$, d.h. $\frac{a^2}{4} = b$, sind beide Lösungen λ_1 und λ_2 gleich $-\frac{a}{2}$. Die beiden Lösungen sind für $\frac{a^2}{4} - b < 0$, d.h. $\frac{a^2}{4} < b$, konjugiert komplex (siehe dazu 7.10.3).

I. Wir betrachten zunächst den Fall, daß $\frac{a^2}{4} - b > 0$, d.h. $\frac{a^2}{4} > b$ ist. Dann sind die beiden Lösungen λ_1 und λ_2 reell und verschieden, und wir haben für die Differentialgleichung (1) die beiden Lösungen gegeben durch

---

[1] Die Koeffizienten a und b setzen wir reell voraus. - Ist eine Differentialgleichung $\alpha y'' + ay' + by = 0$ vorgelegt ($\alpha \neq 0$), so kann durch Division durch α die Gestalt (1) hergestellt werden.

[2] Diese Gleichung wird auch die *charakteristiche Gleichung* bzw. $\lambda^2 + a\lambda + b$ das *charakteristische Polynom* der Differentialgleichung (1) genannt.

$$y_1(t) = e^{\lambda_1 t} \text{ und } y_2(t) = e^{\lambda_2 t}.$$

6.4.2. Ebenso wie bei Differenzengleichungen haben wir hier drei Sätze, die es gestatten, hieraus die allgemeine Lösung der Differentialgleichung (1) anzugeben:

Satz 1: *Ist die Funktion y Lösung der homogenen linearen Differentialgleichung* (1)

$$y'' + ay' + by = 0,$$

dann ist auch die Funktion Cy mit einer beliebigen Konstanten C Lösung dieser Differentialgleichung.

Satz 2: *Sind die Funktionen y_1 und y_2 Lösungen der homogenen linearen Differentialgleichung* (1)

$$y'' + ay' + by = 0,$$

dann ist auch die Summe $y = y_1 + y_2$ Lösung dieser Differentialgleichung.

Die Beweise dafür verlaufen entsprechend wie in 5.4.2 für Differenzengleichungen, so daß wir hier auf die Ausführung verzichten.

Als Zusammenfassung von Satz 1 und Satz 2 können wir aussprechen

Satz 3: *Sind die Funktionen y_1 und y_2 Lösungen der homogenen linearen Differentialgleichung* (1)

$$y'' + ay' + by = 0,$$

dann ist auch die Funktion $y = C_1 y_1 + C_2 y_2$ mit beliebigen Konstanten C_1 und C_2 Lösung dieser Differentialgleichung.

6.4.3. Auf Grund dieses Satzes haben wir im Fall I, also für $\frac{a^2}{4} > b$, als Lösung der Differentialgleichung (1)

$$y(t) = C_1 e^{\lambda_1 t} + C_2 e^{\lambda_2 t}$$

mit beliebigen Parametern C_1 und C_2, wobei λ_1 und λ_2 die (verschiedenen reellen) Lösungen der quadratischen Gleichung (3) sind.

Daß dies die allgemeine Lösung der Differentialgleichung (1) ist, soll hier nicht bewiesen werden.

II. Für $\frac{a^2}{4} - b = 0$, d.h. $\frac{a^2}{4} = b$, haben wir an Stelle von (1) speziell die

Differentialgleichung

(4) $$y'' + ay' + \frac{a^2}{4} y = 0$$

und an Stelle von (3) speziell die quadratische Gleichung

$$\lambda^2 + a\lambda + \frac{a^2}{4} = 0,$$

deren beide Lösungen gleich $-\frac{a}{2}$ sind. Neben der Lösung y_1, gegeben durch $y_1(t) = e^{-\frac{a}{2}t}$, die aus dem Lösungsansatz $y(t) = e^{\lambda t}$ folgt, ist die Funktion y_2, gegeben durch

(5) $$y_2(t) = te^{-\frac{a}{2}t}$$

Lösung der Differentialgleichung (4). Zur Bestätigung setzen wir (5) in die Gleichung (4) ein und erhalten auf der linken Seite unter Benutzung der Produktregel für die Differentiation und mit einfachen Umformungen

$$\left[\left[-\frac{a}{2}\right]e^{-\frac{a}{2}t} - \frac{a}{2}e^{-\frac{a}{2}t} + t\frac{a^2}{4}e^{-\frac{a}{2}t}\right] + a\left[e^{-\frac{a}{2}t} + t\left[-\frac{a}{2}\right]e^{-\frac{a}{2}t}\right] + \frac{a^2}{4}te^{-\frac{a}{2}t} =$$

$$= e^{-\frac{a}{2}t}\left[-a + t\frac{a^2}{4} + a - t\frac{a^2}{2} + \frac{a^2}{4}t\right] = 0,$$

da die eckige Klammer gleich 0 ist.

Wegen Satz 3 haben wir nun die Lösung

$$y(t) = C_1e^{-\frac{a}{2}t} + C_2te^{-\frac{a}{2}t} = e^{-\frac{a}{2}t}(C_1 + C_2t)$$

mit beliebigen Parametern C_1 und C_2; und dies ist auch die allgemeine Lösung.

III. Schließlich bleibt der Fall $\frac{a^2}{4} - b < 0$, d.h. $\frac{a^2}{4} < 0$. Die Lösungen λ_1 und λ_2 der Gleichung (3) sind nun konjugiert komplex, und mit $y_1(t) = e^{\lambda_1 t}$ und $y_2(t) = e^{\lambda_2 t}$ erhalten wir durch $y(t) = C_1y_1(t) + C_2y_2(t) = C_1e^{\lambda_1 t} + C_2e^{\lambda_2 t}$ eine komplexe Lösung (Lösung mit komplexen Zahlen) für die Differentialgleichung (1).

Ohne Beweis wollen wir erwähnen, daß in diesem Fall

(6) $$y(t) = Ce^{-\frac{a}{2}t}\sin(\omega t + \alpha)$$

die allgemeine reelle Lösung der Differentialgleichung (1) ist. Dabei ist

$$\omega = \sqrt{b - \frac{a^2}{4}},$$

und C und α sind beliebige Parameter.

Daß (6) Lösung von (1) ist, läßt sich durch Einsetzen sofort nachprüfen.

Der Graph der Lösung (6) ist eine Schwingung um die t-Achse. $Ce^{-\frac{a}{2}t}$ bestimmt die Amplitude der Schwingung. Es ist (bei $C > 0$) für

$a > 0$ die Amplitude mit der Zeit t abnehmend (gedämpfte Schwingung),

$a = 0$ die Amplitude mit der Zeit t gleichbleibend (gleichbleibende Schwingung),

$a < 0$ die Amplitude mit der Zeit t anwachsend (explosive Schwingung).

Dies erkennt man leicht folgendermaßen: Sei $t > 0$; für

$a > 0$ ist $-\frac{a}{2}t < 0$, also $\lim\limits_{t \to \infty} e^{-\frac{a}{2}t} = 0$;

$a = 0$ ist $-\frac{a}{2}t = 0$, also $e^{-\frac{a}{2}t} = 1$;

$a < 0$ ist $-\frac{a}{2}t > 0$, also $\lim\limits_{t \to \infty} e^{-\frac{a}{2}t} = \infty$.

Zusammenfassend haben wir also folgende Lösungsalternativen für die homogene lineare Differentialgleichung zweiter Ordnung (1)

$$y'' + ay' + by = 0:$$

Fall I: $\frac{a^2}{4} > b$; Lösung $y(t) = C_1 e^{\lambda_1 t} + C_2 e^{\lambda_2 t}$;

Fall II: $\frac{a^2}{4} = b$; Lösung $y(t) = C_1 e^{-\frac{a}{2}t} + C_2 t e^{-\frac{a}{2}t} = e^{-\frac{a}{2}t}(C_1 + C_2 t)$;

Fall III: $\frac{a^2}{4} < b$; Lösung $y(t) = Ce^{-\frac{a}{2}t}\sin(\omega t + \alpha)$,

wobei C_1, C_2, C und α beliebige Parameter sind, $\lambda_{1,2} = -\frac{a}{2} \pm \sqrt{\frac{a^2}{4} - b}$ und $\omega = \sqrt{b - \frac{a^2}{4}}$ ist.[1)]

---

1) Vgl. die entsprechende Fußnote in 5.4.3.

Beispiele: 1) Die Differentialgleichung

$$2y'' + 3y' - 2y = 0$$

bringen wir durch Division durch 2 auf die Form

$$y'' + \frac{3}{2}y' - y = 0.$$

Es entspricht somit dem Buchstaben a in Gleichung (1) die Zahl $\frac{3}{2}$, und b entspricht -1. Weil $\frac{a^2}{4} = \frac{9}{16} > b = -1$ ist, haben wir es mit Fall I zu tun. Mit

$$\lambda_1 = -\frac{a}{2} + \sqrt{\frac{a^2}{4} - b} = -\frac{3}{4} + \sqrt{\frac{9}{16} + 1} = \frac{1}{2}$$

und

$$\lambda_2 = -\frac{a}{2} - \sqrt{\frac{a^2}{4} - b} = -\frac{3}{4} - \sqrt{\frac{9}{16} + 1} = -2$$

folgt dann die allgemeine Lösung

$$y = C_1 e^{\frac{t}{2}} + C_2 e^{-2t}.$$

2) Bei der Differentialgleichung

$$y'' + 6y' + 9y = 0$$

haben wir $6 = a$ und $9 = b$ zu setzen. Hier gilt $\frac{a^2}{4} = 9 = b$, und daher liegt Fall II vor. Die allgemeine Lösung lautet also

$$y = C_1 e^{-3t} + C_2 t e^{-3t} = e^{-3t}(C_1 + C_2 t).$$

6.4.5. Auch homogene lineare Differentialgleichungen von höherer als zweiter Ordnung mit konstanten Koeffizienten

$$y^{(r)} + a_1 y^{(r-1)} + \ldots + a_{r-1} y' + a_r y = 0 \qquad (7)$$

lassen sich entsprechend zu 6.4.1 durch den Exponentialansatz $y = y(t) = e^{\lambda t}$ behandeln.[1] Durch Einsetzen in (7) ($y = e^{\lambda t}$ hat die Ableitungen $y' = \lambda e^{\lambda t}$, $y'' = \lambda^2 e^{\lambda t}$, ..., $y^{(r)} = \lambda^r e^{\lambda t}$) und Ausklammern von $e^{\lambda t}$ folgt dann

$$e^{\lambda t}(\lambda^r + a_1 \lambda^{r-1} + \ldots + a_{r-1}\lambda + a_r) = 0.$$

Da hier $e^{\lambda t} \neq 0$ ist, muß die Klammer

---

[1] Den Koeffizienten von $y^{(r)}$ können wir o.B.d.A. gleich 1 annehmen, da wir sonst die Differentialgleichung durch diesen Koeffizienten dividieren können.

(8) $$\lambda^r + a_1\lambda^{r-1} + \ldots + a_{r-1}\lambda + a_r = 0$$

sein. Dies ist eine Gleichung r-ten Grades für die Unbekannte λ. Sie entspricht der quadratischen Gleichung (3) im Fall r = 2 und heißt die zur Differentialgleichung (7) gehörige charakteristische Gleichung. Es kommt nun darauf an, Gleichung (8) zu lösen. Die Lösung einer homogenen linearen Differentialgleichung r-ter Ordnung mit konstanten Koeffizienten ist also auf die Lösung einer Gleichung r-ten Grades zurückgeführt.

Eine Gleichung r-ten Grades hat höchstens r verschiedene Lösungen und, wenn man die Lösungen mit der entsprechenden Vielfachheit zählt, hat sie genau r Lösungen (vgl. hierzu die Bemerkungen über quadratische Gleichungen in 7.3.2). Sind nun $\lambda_1, \lambda_2, \lambda_3, \ldots, \lambda_r$ die Lösungen von Gleichung (8) und sind sie alle voneinander verschieden, so lautet die allgemeine Lösung der Differentialgleichung (7)

$$y(t) = C_1e^{\lambda_1 t} + C_2e^{\lambda_2 t} + C_3e^{\lambda_3 t} + \ldots + C_re^{\lambda_r t},$$

wobei $C_1, C_2, C_3, \ldots, C_r$ beliebige Parameter sind.

Ist etwa λ_1 eine k-fache Lösung von Gleichung (8), also etwa $\lambda_1 = \lambda_2 = \ldots = \lambda_k$, und sind alle anderen Lösungen $\lambda_{k+1}, \lambda_{k+2}, \ldots, \lambda_r$ von λ_1 und untereinander verschieden, so haben wir - wie wir hier ohne Beweis angeben wollen - als allgemeine Lösung der Differentialgleichung (7)

$$y(t) = C_1e^{\lambda_1 t} + C_2te^{\lambda_1 t} + C_3t^2e^{\lambda_1 t} + \ldots + C_kt^{k-1}e^{\lambda_1 t} + \\ + C_{k+1}e^{\lambda_{k+1}t} + C_{k+2}e^{\lambda_{k+2}t} + \ldots + C_re^{\lambda_r t}.$$

Analog sieht die allgemeine Lösung aus, wenn auch λ_2 mehrfache Lösung von (8) ist, usw. Allerdings können hierbei komplexe Lösungen entstehen, womit auch die allgemeine Lösung komplex wird.

Es sei noch erwähnt, daß analog wie für Differenzengleichungen auch für Differentialgleichungen allgemein der folgende Satz gilt:

Satz: *Die allgemeine Lösung einer inhomogenen linearen Differentialgleichung ist gleich der Summe aus der allgemeinen Lösung der zugehörigen homogenen linearen Differentialgleichung und einer speziellen Lösung der gegebenen inhomogenen linearen Differentialgleichung* (vgl. 5.4.5).

§ 6.5. Anfangswertaufgaben

6.5.1. Ähnlich wie bei Differenzengleichungen kann man für Differentialgleichungen erster Ordnung verlangen, daß die gesuchte Funktion y: $t \longrightarrow y = y(t)$ zum Beispiel für den Argumentwert $t = 0$ einen vorgeschriebenen Wert α annimmt, d.h. es soll

(1) $$y(0) = \alpha$$

sein. Damit ist für ein ökonomisches System die Startbedingung gegeben; geometrisch bedeutet das, daß eine Integralkurve der Differentialgleichung durch einen vorgeschriebenen Punkt des Richtungsfeldes gesucht wird.

Durch die Bedingung (1) haben wir die Möglichkeit, den in der allgemeinen Lösung der Differentialgleichung erster Ordnung enthaltenen beliebigen Parameter C zu bestimmen. Es wird also - wie bei Differenzengleichungen - eine spezielle Lösung der Differentialgleichung bestimmt, die der Bedingung (1) genügt. α heißt *Anfangswert*, und man spricht auch hier von einer *Anfangsbedingung* bzw. *Anfangswertaufgabe.*[1]

Die allgemeine Lösung der Differentialgleichung (8) in 6.3.3

$$y' = Ay + B \quad (A \neq 0)$$

war

$$y = y(t) = -\frac{B}{A} + Ce^{At}$$

mit einem beliebigen Parameter C. Wegen der Anfangsbedingung (1) folgt daraus

$$y(0) = -\frac{B}{A} + Ce^{0} = \alpha$$

und, da $e^0 = 1$ ist,

$$C = \alpha + \frac{B}{A}.$$

Also lautet die spezielle Lösung der Differentialgleichung (8) in 6.3.3 mit der Anfangsbedingung (1)

$$y = y(t) = -\frac{B}{A} + \left[\alpha + \frac{B}{A}\right] e^{At}.$$

Zum Beispiel ist die Lösung der Differentialgleichung

$$y' = 5y - 3$$

[1] Allgemeiner kann man statt (1) verlangen $y(t_0) = \alpha$.

mit der Anfangsbedingung $y(0) = 1$

$$y = y(t) = \frac{3}{5} + \left[1 - \frac{3}{5}\right] e^{5t} = \frac{3}{5} + \frac{2}{5} e^{5t}.$$

6.5.2. Bei linearen Differentialgleichungen zweiter Ordnung brauchen wir - wie bei Differenzengleichungen zweiter Ordnung - zwei Bedingungen, um die in der allgemeinen Lösung der Differentialgleichung auftretenden Parameter C_1 und C_2 bzw. C und a festzulegen. Oft benutzt man als Anfangsbedingung

(2) $$\begin{cases} y(0) = \alpha_0 \\ y'(0) = \alpha_1; \end{cases}$$

also neben dem Funktionswert für t = 0 ist die Ableitung der gesuchten Funktion für t = 0 vorgeschrieben.[1] Zum Beispiel haben wir für die Differentialgleichung

(3) $$y'' - 4y' + 3y = 0$$

die allgemeine Lösung (vgl. 6.4.3)

$$y = y(t) = C_1 e^{3t} + C_2 e^{t}.$$

Mit der Anfangsbedinung

(4) $$\begin{cases} y(0) = \alpha_0 = 1 \\ y'(0) = \alpha_1 = 2 \end{cases}$$

erhalten wir für C_1 und C_2 die beiden Gleichungen

$$y(0) = C_1 + C_2 = \alpha_0 = 1$$

und

$$y'(0) = 3C_1 + C_2 = \alpha_1 = 2,$$

also

$$\begin{cases} C_1 + C_2 = 1 \\ 3C_1 + C_2 = 2. \end{cases}$$

Als Lösung dieses Gleichungssystems finden wir $C_1 = \frac{1}{2}$, $C_2 = \frac{1}{2}$, womit die Lösung der Differentialgleichung (3) mit der Anfangsbedingung (4)

$$y = y(t) = \frac{1}{2} e^{3t} + \frac{1}{2} e^{t}$$

lautet.

Allgemein hatten wir für die homogene lineare Differentialgleichung

$$y'' + ay' + by = 0$$

zweiter Ordnung folgende Fälle für die allgemeine Lösung: Für

---

[1] Allgemeiner kann man statt (2) verlangen $y(t_0) = \alpha_0$, $y'(t_0) = \alpha_1$.

Fall I: $\frac{a^2}{4} > b$ ist $y(t) = C_1 e^{\lambda_1 t} + C_2 e^{\lambda_2 t}$ $\quad (\lambda_{1,2} = -\frac{a}{2} \pm \sqrt{\frac{a^2}{4} - b})$;

Fall II: $\frac{a^2}{4} = b$ ist $y(t) = C_1 e^{-\frac{a}{2}t} + C_2 t e^{-\frac{a}{2}t}$;

Fall III: $\frac{a^2}{4} < b$ ist $y(t) = Ce^{-\frac{a}{2}t} \sin(\omega t + \alpha)$ $\quad (\omega = \sqrt{b - \frac{a^2}{4}})$

mit beliebigen Parametern C_1, C_2, C und α die allgemeine Lösung.

Mit der Anfangsbedingung $y(0) = \alpha_0$, $y'(0) = \alpha_1$ folgt im Fall I

$$\begin{cases} y(0) = C_1 + C_2 = \alpha_0 \\ y'(0) = \lambda_1 C_1 + \lambda_2 C_2 = \alpha_1; \end{cases}$$

dieses Gleichungssytem für C_1 und C_2 hat die Koeffizientendeterminante

$$\begin{vmatrix} 1 & 1 \\ \lambda_1 & \lambda_2 \end{vmatrix} = \lambda_2 - \lambda_1 \neq 0;$$

also lassen sich C_1 und C_2 nach der Cramerschen Regel in jedem Fall eindeutig bestimmen. Man erhält

$$C_1 = \frac{\alpha_0 \lambda_2 - \alpha_1}{\lambda_2 - \lambda_1}, \quad C_2 = \frac{\alpha_1 - \alpha_0 \lambda_1}{\lambda_2 - \lambda_1}.$$

Im Fall II erhalten wir

$$\begin{cases} y(0) = C_1 = \alpha_0 \\ y'(0) = C_1(-\frac{a}{2}) + C_2 = \alpha_1; \end{cases}$$

wegen

$$\begin{vmatrix} 1 & 0 \\ -\frac{a}{2} & 1 \end{vmatrix} = 1$$

folgt $C_1 = \alpha_0$, $C_2 = \alpha_1 + \frac{\alpha_0 a}{2}$.

Im Fall III wird

$$\begin{cases} y(0) = C \sin \alpha = \alpha_0 \\ y'(0) = C(-\frac{a}{2}) \sin \alpha + C\omega \cos \alpha = \alpha_1; \end{cases}$$

daraus sind C und α zu bestimmen. Aus dem Gleichungssystem

$$\begin{cases} C \sin \alpha = \alpha_0 \\ C(-\frac{a}{2}) \sin \alpha + C\omega \cos \alpha = \alpha_1 \end{cases}$$

erhält man

$$\begin{cases} C \sin \alpha = \alpha_0 \\ (-\frac{a}{2})\ \alpha_0 + C\omega \cos \alpha = \alpha_1; \end{cases}$$

$$\begin{cases} C \sin \alpha = \alpha_0 \\ C \cos \alpha = \frac{1}{\omega}(\alpha_1 + \frac{a}{2}\ \alpha_0); \end{cases}$$

$$\begin{cases} C^2 \sin^2 \alpha = \alpha_0{}^2 \\ C^2 \cos^2 \alpha = \frac{1}{\omega^2}\ (\alpha_1 + \frac{a}{2}\ \alpha_0)^2; \end{cases}$$

und durch Addition unter Beachtung von $\sin^2\alpha + \cos^2\alpha = 1$

$$C^2 = \alpha_0{}^2 + \frac{1}{\omega^2}\ (\alpha_1 + \frac{a}{2}\ \alpha_0)^2;$$

$$C = \pm \sqrt{\alpha_0{}^2 + \frac{1}{\omega^2}\ (\alpha_1 + \frac{a}{2}\ \alpha_0)^2}.$$

α erhält man nun aus [1] $\sin \alpha = \frac{\alpha_0}{C}$.

§ 6.6.* Anwendungen

6.6.1.* Wir kommen zurück auf das System

$$\begin{cases} Y(t) = C(t) + I(t) \\ C(t) = \alpha_0 + \alpha_1 Y(t) \quad (0 < \alpha_1 < 1) \\ I(t) = k\ C'(t) \end{cases}$$

aus 6.1.1*; dabei bedeuten $Y(t)$ das Volkseinkommen, $C(t)$ den Konsum, $I(t)$ die Investitionen, $C'(t)$ die Konsumänderungen zur Zeit t, und α_0, α_1 und k sind gewisse Konstanten. Aus diesem System folgten die Differentialgleichungen (7), (10) und (13) aus 6.1.1*, die wir jetzt in der Form

$$Y'(t) = \frac{1-\alpha_1}{k\alpha_1}\ Y(t) - \frac{\alpha_0}{k\alpha_1},$$

$$C'(t) = \frac{1-\alpha_1}{k\alpha_1}\ C(t) - \frac{\alpha_0}{k\alpha_1},$$

$$I'(t) = \frac{1-\alpha_1}{k\alpha_1}\ I(t),$$

schreiben.

Diese wollen wir nun unter der Anfangsbedingung $Y(0) = Y_0$ lösen.

---

[1] Es ist sicher $C \neq 0$ und $|C| > \alpha_0$, es sei, daß der triviale Fall $\alpha_0 = \alpha_1 = 0$ vorliegt.

Auf Grund der Lösungsformeln in § 6.3 haben wir als allgemeine Lösungen

(1) $$Y(t) = \frac{\alpha_0}{1-\alpha_1} + C_Y e^{\frac{1-\alpha_1}{k\alpha_1}t},$$

(2) $$C(t) = \frac{\alpha_0}{1-\alpha_1} + C_C e^{\frac{1-\alpha_1}{k\alpha_1}t},$$

(3) $$I(t) = C_I e^{\frac{1-\alpha_1}{k\alpha_1}t}$$

mit beliebigen Parametern C_Y, C_C und C_I.

C_Y, C_C und C_I werden durch die Anfangsbedingung festgelegt:

Aus (1) folgt

$$Y(0) = \frac{\alpha_0}{1-\alpha_1} + C_Y = Y_0$$

also

$$C_Y = Y_0 - \frac{\alpha_0}{1-\alpha_1};$$

analog wird für (2)

$$C(0) = \frac{\alpha_0}{1-\alpha_1} + C_C,$$

$$C_C = C(0) - \frac{\alpha_0}{1-\alpha_1};$$

nun ist aber aus der zweiten Gleichung des Systems

(4) $$C(0) = \alpha_0 + \alpha_1 Y(0) = \alpha_0 + \alpha_1 Y_0,$$

also

$$C_C = \alpha_0 + \alpha_1 Y_0 - \frac{\alpha_0}{1-\alpha_1} = -\frac{\alpha_0\alpha_1}{1-\alpha_1} + \alpha_1 Y_0 =$$
$$= \alpha_1\left[Y_0 - \frac{\alpha_0}{1-\alpha_1}\right] = \alpha_1 C_Y.$$

Entsprechend haben wir aus (3)

(5) $$I(0) = C_I;$$

nun ist aber aus der ersten Gleichung des Systems $Y(0) = C(0) + I(0)$, also

$I(0) = Y(0) - C(0) = Y_0 - \alpha_0 - \alpha_1 Y_0 = (1 - \alpha_1)Y_0 - \alpha_0$ unter Benutzung von (4).

Also folgt

$$C_I = (1 - \alpha_1)Y_0 - \alpha_0.$$

Damit lautet die Lösung unseres Systems unter der gegebenen Anfangsbedingung $Y(0) = Y_0$

$$Y(t) = \frac{\alpha_0}{1 - \alpha_1} + \left[Y_0 - \frac{\alpha_0}{1 - \alpha_1}\right] e^{\frac{1 - \alpha_1}{k\alpha_1} t},$$

$$C(t) = \frac{\alpha_0}{1 - \alpha_1} + \alpha_1 \left[Y_0 - \frac{\alpha_0}{1 - \alpha_1}\right] e^{\frac{1 - \alpha_1}{k\alpha_1} t},$$

$$I(t) = ((1 - \alpha_1)Y_0 - \alpha_0)e^{\frac{1 - \alpha_1}{k\alpha_1} t}.$$

ABSCHNITT 7

Anhang

Wir wollen hier einige Begriffe und Resultate zusammenstellen, die zum Verständnis des Buches erforderlich sind. Es sind zum großen Teil Dinge, die dem Leser von der Schule her schon bekannt sind.

§ 7.1. Einteilung der Zahlen

7.1.1. Am Anfang allen Rechnens stehen die Zahlen 1,2,3,4,...; man nennt sie daher *natürliche Zahlen.*[1] Mit diesen Zahlen führt man die *vier Grundrechenarten Addition, Subtraktion, Multiplikation* und *Division* aus; dabei ist die Subtraktion die Umkehrung der Addition und die Division die Umkehrung der Multiplikation. Man kommt so zur *Summe* und *Differenz* bzw. *zum Produkt* und *Quotienten* zweier natürlicher Zahlen.

Um immer eine Lösung für Subtraktionsaufgaben zu haben, betrachtet man die Menge der *ganzen Zahlen* [2]

$$\ldots, -4, -3, -2, -1, 0, +1, +2, +3, +4, \ldots$$

Diese setzt sich zusammen aus den *negativen ganzen Zahlen* -1, -2, -3, $-4,\ldots$, der *Null* und den *positiven ganzen Zahlen* $+1, +2, +3, +4,\ldots$ Dabei sind die positiven ganzen Zahlen gleichbedeutend mit den natürlichen Zahlen.

Divisionsaufgaben führen auf *Brüche.* So ist $2 : 5 = \frac{2}{5}$; $(-1) : 3 = \frac{-1}{3}$ usw. Jede ganze Zahl läßt sich offenbar als Bruch mit dem Nenner 1 schreiben, z.B. $5 = \frac{5}{1}$, $-3 = \frac{-3}{1}$, $\frac{0}{1} = 0$. Allgemein hat ein Bruch die Form

$$\frac{p}{q} \text{ mit ganzen Zahlen } p \text{ und } q,$$

wobei der Nenner $q = 0$ ausgeschlossen ist, denn eine Division durch 0 ist nicht definiert.

Zwei Brüche $\frac{p}{q}$ und $\frac{r}{s}$ heißen gleich, wenn gilt $ps = qr$.

Die Rechenregeln für Brüche (Erweitern, Kürzen; Addition, Subtraktion, Multiplikation, Division) wollen wir hier nicht aufschreiben. Ebenso setzen wir die

---

[1] Die Menge der natürlichen Zahlen bezeichnet man mit $\mathbb{N}$.

[2] Die Menge der ganzen Zahlen bezeichnet man mit $\mathbb{Z}$.

Vorzeichenregeln bei den vier Grundrechenarten und das Rechnen mit Klammern als bekannt voraus.

Die Menge aller positiven und negativen Brüche (einchließlich der ganzen Zahlen) und der 0 wird auch die Menge der *rationalen Zahlen* [1] genannt.

Wir wollen noch darauf hinweisen, daß man die Brüche (rationalen Zahlen) als *Dezimalzahlen* (*Dezimalbrüche*) schreiben kann. So ist $\frac{4}{5} = 0{,}8$; $\frac{2}{3} = 0{,}666\ldots$; $\frac{22}{15} = 1{,}4666\ldots$ Es treten also neben endlichen Dezimalzahlen auch unendliche periodische Dezimalzahlen auf. Alle endlichen und unendlichen periodischen Dezimalzahlen bilden zusammen die Menge der rationalen Zahlen.

7.1.2. Man kommt in der Mathematik mit den rationalen Zahlen allein nicht aus. Beim Wurzelziehen z.B. stößt man auf unendliche nichtperiodische Dezimalzahlen (oben bei den rationalen Zahlen traten nur unendliche periodische Dezimalzahlen auf). Man bezeichnet die Menge aller endlichen und unendlichen periodischen sowie nichtperiodischen Dezimalzahlen als die Menge der *reellen Zahlen.*[2] Die reellen Zahlen, die nicht rational sind, heißen *irrational.* (Die irrationalen Zahlen sind also alle unendlichen nichtperiodischen Dezimalzahlen.) Zum Beispiel sind $\sqrt{2} = 1{,}4142\ldots$, $\pi = 3{,}14159\ldots$ und die meisten Logarithmen irrational.

Die Rechenregeln für reelle Zahlen (Dezimalzahlen) setzen wir ebenfalls als bekannt voraus. Wir wollen nur noch einmal darauf hinweisen, daß eine Division durch 0 ausgeschlossen ist und den folgenden wichtigen Satz erwähnen:

Ist ein Produkt gleich 0, *so ist mindestens ein Faktor* 0.

Auf komplexe Zahlen kommen wir später (§ 7.10) zu sprechen.

7.1.3. Bekanntlich lassen sich die reellen Zahlen der Größe nach auf der *Zahlengeraden* anordnen (Figur 1).

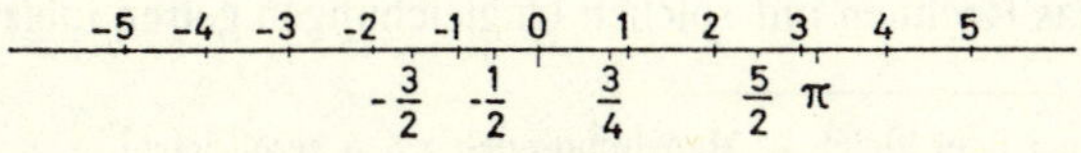

Fig. 1

[1] Die Menge der rationalen Zahlen bezeichnet man mit $\mathbb{Q}$.

[2] Die Menge der reellen Zahlen bezeichnet man mit $\mathbb{R}$.

Man wählt auf einer Geraden einen Nullpunkt und ordnet diesem die Zahl 0 zu. Dann wählt man von 0 aus nach rechts eine Einheitsstrecke und ordnet dem rechten Endpunkt dieser Strecke die Zahl 1 zu. Indem man, so fortfahrend, die Einheitsstrecke weiter nach rechts und nach links abträgt, erhält man die Punkte der Geraden, die zu den Zahlen 2,3,4,... und – 1, – 2, – 3,... gehören. Rechts vom Nullpunkt 0 liegen also die positiven Zahlen (*positive Halbachse*), links vom Nullpunkt die negativen Zahlen (*negative Halbachse*). Es besteht damit eine umkehrbar eindeutige (d.h. eineindeutige) Zuordnung zwischen den reellen Zahlen und den Punkten der Gerade.

7.1.4. Eine Zahl a heißt *kleiner* als eine Zahl b, wenn a auf der Zahlengeraden links von b liegt. Man schreibt dann kurz $a < b$. Zum Beispiel ist $3 < 4\frac{1}{2}$; $-2 < +\frac{1}{2}$; $-7 < -4$. Gleichbedeutend mit $a < b$ ist $b > a$ (b *größer* als a).

Zwischen zwei reellen Zahlen a und b gilt stets genau eine der Beziehungen $a < b$, $a = b$ oder $a > b$.

Alle Zahlen x, die der Bedingung $x < a$ genügen, liegen auf der Zahlengeraden links von a (ausschließlich der Zahl a).

Alle Zahlen x, die der Bedingung $x \leq a$ genügen,[1] liegen auf der Zahleneraden links von a einschließlich der Zahl a (d.h. x ist höchstens ebenso groß wie a).

Analog sind die Beziehungen $x > a$ und $x \geq a$ zu verstehen.

Alle Zahlen x, die größer als a und kleiner als b sind (einschließlich a und b) werden durch $a \leq x \leq b$ beschrieben; man spricht hier von einem *Intervall* $I = \{a \leq x \leq b\}$, a und b heißen die Endpunkte des Intervalls. Die Zahl $b - a$ heißt Intervallänge.

Entsprechend sind Intervalle $\{a < x < b\}$, $\{a \leq x < b\}$ und $\{a < x \leq b\}$ zu verstehen.[2]

Beziehungen wie $a < b$, $a \leq b$, $a > b$, $a \geq b$ nennt man allgemein *Ungleichungen*. Für das Rechnen mit solchen Ungleichungen gelten folgende Regeln:

---

[1] Gelesen: x kleiner oder gleich a. Manchmal auch $x \leqq a$ geschrieben.

[2] Schreibweisen: $[a,b]$ für $\{a \leq x \leq b\}$, $[a,b[$ für $\{a \leq x < b\}$, $]a,b]$ für $\{a < x \leq b\}$, $]a,b[$ für $\{a < x < b\}$. Das Intervall $\{a \leq x \leq b\}$ bedeutet also $\{x \in \mathbb{R} \mid a \leq x \leq b\}$ usw. Entsprechend sind unendliche Intervalle $\{a \leq x\} = \{x \in \mathbb{R} \mid a \leq x\} = [a,\infty[$ usw. zu verstehen.

(1) Aus $a < b$ und $b < c$ folgt $a < c$ (Transitivität);

(2) aus $a < b$ folgt $a + c < b + c$;

(3) aus $a < b$ und $c > 0$ folgt $ac < bc$;

(4) aus $a < b$ und $c < 0$ folgt $ac > bc$;

(5) aus $0 < a < b$ folgt $\frac{1}{a} > \frac{1}{b}$;

(6) aus $a < b < 0$ folgt $\frac{1}{a} > \frac{1}{b}$;

(7) aus $a < b$ und $c < d$ folgt $a + c < b + d$;

(8) aus $a < b$ und $0 < c < d$ folgt $ac < bd$, falls $b > 0$;

als Spezialfall von (8) wollen wir bemerken

(9) aus $0 < a < b$ folgt $a^2 < b^2$.

Die Richtigkeit dieser Regeln überlegt man sich leicht entweder an der Zahlengeraden oder direkt. Um zum Beispiel (3) einzusehen, setzen wir, weil $a < b$ ist, $b = a + p$ mit einer positiven Zahl p. Dann wird $bc = (a + p)c = ac + pc$. Weil nun p und c beides positive Zahlen sind, ist hierin auch pc positiv, so daß $bc > ac$ ist. - Oder bei (7) setzen wir $b = a + p$ und $d = c + q$ mit positiven Zahlen p und q. Dann haben wir $b + d = (a + p) + (c + q) = (a + c) + + (p + q)$. Da auch $p + q$ positiv ist, folgt $b + d > a + c$. Ebenso einfach läßt sich Regel (7) auch durch zweimalige Anwendung von (2) beweisen.

Gehört eine Zahl x_0 einem Intervall U an und und ist x_0 nicht Endpunkt von U, so heißt U eine *Umgebung* von x_0. Unter einer ε-Umgebung ($\varepsilon > 0$) von x_0 versteht man das Intervall $\{x_0 - \varepsilon < x_0 < x_0 + \varepsilon\}$.

Enthält eine Ungleichung eine Unbekannte (Variable) x, so besteht die Aufgabe, die Menge aller x (aus einer bestimmten Menge M von Zahlen) zu bestimmen, welche die Ungleichung erfüllen. Die Menge dieser x heißt die *Lösungsmenge* L der Ungleichung; dabei ist $L \subseteq M$.

Entsprechend definiert man die Lösungsmenge L, wenn eine Ungleichung zwei (oder mehrere) Unbekannte (Variable) x_1, x_2 enthält.

Um die Lösungsmenge L zu bestimmen, formt man die gegebene Ungleichung mit Hilfe der Regeln (1) bis (9) in äquivalente Ungleichungen um, d.h. die Lösungsmenge der umgeformten Ungleichung muß mit der Lösungsmenge der gegebenen Ungleichung übereinstimmen (äquivalente Umformungen).

Beipiele: 1) Die Ungleichung $17 - 2x \geq 10$ mit $L \subseteq \mathbb{N}$ formt man um zu

$$-2x \geq -7;$$
$$2x \leq 7;$$
$$x \leq \frac{7}{2}; \text{ also } L = \{1,2,3\}.$$

2) $\frac{n}{n+2} < \frac{1}{2}$ mit $L \subseteq \mathbb{N}$ formt man um zu

$$2n < n + 2;$$
$$n < 2; \text{ also } L = \{1\}.$$

3) $3x + 8 < -2x + 3$ mit $L \subseteq \mathbb{R}$ wird umgeformt zu

$$5x < -5;$$
$$x < -1; \text{ also } L = \{x \in \mathbb{R} | x < -1\} = \{-\infty < x < -1\}.$$

4) $|x - 1| \leq 3$ mit $L \subseteq \mathbb{R}$ (für den Betrag $|.|$ siehe die folgende Definition); mit der gegebenen Ungleichung ist die Doppelungleichung

$$-3 \leq x - 1 \leq 3$$

äquivalent. Daraus erhält man

$$-2 \leq x \leq 4; \text{ also } L = \{x \in \mathbb{R} | -2 \leq x \leq 4\} = \{-2 \leq x \leq 4\}.$$

Unter dem *Betrag* [1] einer Zahl a ($a \in \mathbb{R}$) - geschrieben $|a|$ - versteht man die Entfernung des der Zahl a entsprechenden Punktes auf der Zahlengeraden vom Nullpunkt 0.[2] Der Betrag kann also als Entfernung zweier Punkte nie einen negativen Wert haben, also $|a| \geq 0$. Genau dann, wenn $a = 0$ ist, ist auch $|a| = 0$. Zum Beispiel ist $|5| = 5$, $\left|-\frac{3}{2}\right| = \frac{3}{2}$. Allgemein gilt

$$|a| = \begin{cases} a \text{ für } a \geq 0 \\ -a \text{ für } a < 0. \end{cases}$$

(Wenn $a < 0$ ist, wird $-a$ eine positive Zahl!) Also ist stets $\pm a \leq |a|$.

Regeln für das Rechnen mit dem Betrag:

(10) $|ab| = |a| \cdot |b|;$

speziell $|-a| = |a|;$

(11) $\left|\frac{a}{b}\right| = \frac{|a|}{|b|} \quad (b \neq 0);$

---

1) Auch *absoluter Betrag* genannt.

2) Man kann auch definieren $|a| = \sqrt{a^2}$.

(12) $|a + b| \leq |a| + |b|$ (Dreiecksungleichung);

(13) $|a - b| \geq ||a| - |b||$.

(14) Es ist $|x| < c$ $(c > 0)$ gleichbedeutend mit $-c < x < c$; entsprechend ist $|x| \leq c$ gleichbedeutend mit $-c \leq x \leq c$.

Beweis von (12): Wir betrachten die beiden Fälle

(I) $a + b \geq 0$ und (II) $a + b < 0$.

(I) Für $a + b \geq 0$ hat man $|a + b| = a + b \leq |a| + |b|$, da $a \leq |a|$ und $b \leq |b|$ ist;

(II) für $a + b < 0$ hat man entsprechend $|a + b| = -(a + b) = -a - b \leq |a| + |b|$, da $-a \leq |a|$ und $-b \leq |b|$ ist.

§ 7.2. Koordinaten

7.2.1. Punkte in der Ebene lassen sich bekanntlich durch *Koordinaten* beschreiben. Man wählt zwei Zahlengeraden (eine x-Achse und eine y-Achse), die sich im Nullpunkt treffen und aufeinander senkrecht stehen (Figur 1; positive x-Halbachse nach rechts, positive y-Halbachse nach oben); die Einheitsstrecken auf den beiden Achsen können dabei gleich oder verschieden sein. Die beiden Achsen bilden zusammen ein *Koordinatensystem* (kartesisches Koordinatensystem); der gemeinsame Nullpunkt 0 heißt *Koordinatenursprung*, die beiden Achsen auch *Koordinatenachsen*. Dadurch wird die Ebene in vier Felder eingeteilt. Das Feld vom Koordinatenursprung rechts oben heißt der erste *Quadrant* I, entgegen dem Uhrzeigersinn weiterschreitend kommt man zum zweiten II, dritten III und vierten IV Quadranten.

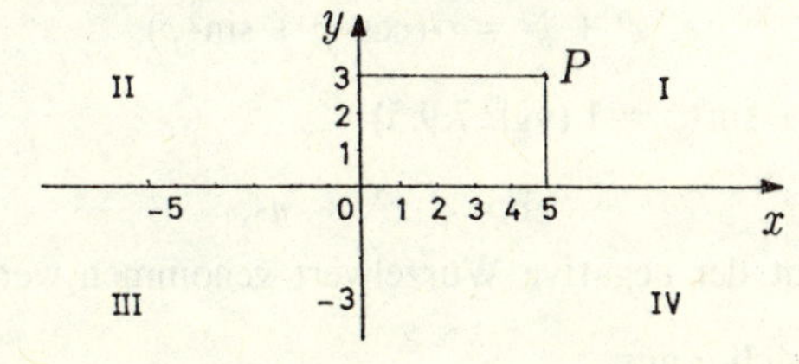

Fig.1

Die Lage eines Punkes P wird nun beschrieben, indem man durch P die beiden Parallelen zu den Koordinatenachsen zeichnet. Dadurch werden die Achsen in bestimmten Punkten geschnitten; der zugehörige Wert auf der x-Achse heißt die *Abszisse* (x-Wert; x-Koordinate), der Wert auf der y-Achse die *Ordinate* (y-Wert; y-Koordinate) des Punktes P, und man schreibt kurz $P = (x,y)$. Ein Punkt in der Ebene wird also durch ein (geordnetes) Zahlenpaar charakterisiert.

7.2.2. Eine andere Möglichkeit, die Lage von Punkten in der Ebene zu beschreiben, besteht darin, daß man *Polarkoordinaten* benutzt. Auf einer gegebenen Geraden markiert man einen Punkt 0 und legt auf der Geraden eine Richtung fest (in Figur 2 nach rechts). Den Punkt P charakterisiert man nun dadurch, daß man die Entfernung r von 0 nach P angibt [1] sowie den Winkel φ zwischen der Geradenrichtung nach rechts und der Strecke $\overline{OP}$ (der Winkel entgegen dem Uhrzeigersinn gemessen). r und φ heißen die Polarkoordinaten des Punktes P. Natürlich kann r als Entfernung zweier Punkte keine negative Zahl sein, und nur wenn P und 0 zusammenfallen, ist $r = 0$. Der Winkel φ kann Werte zwischen 0° und 360° (ausschließlich) annehmen, also $0^\circ \leq \varphi < 360^\circ$. Wenn P und 0 zusammenfallen, ist φ unbestimmt.

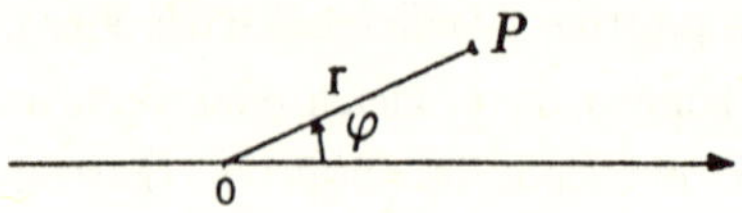

Fig. 2

Aus Figur 3 liest man den Zuammenhang zwischen kartesischen und Polarkoordinaten ab:

$$x = r \cos \varphi, \quad y = r \sin \varphi$$

(wegen der Funktionen Sinus und Kosinus siehe § 7.9). Außerdem hat man

$$x^2 + y^2 = r^2(\cos^2\varphi + \sin^2\varphi),$$

also wegen $\cos^2\varphi + \sin^2\varphi = 1$ (vgl. 7.9.5)

$$r = \sqrt{x^2 + y^2}$$

(hierbei kann nicht der negative Wurzelwert genommen werden, da $r \geq 0$ ist).

Ferner bestimmt sich φ aus

---

[1] D.h. die Länge der Strecke mit den Endpunkten 0 und P. Man beschreibt eine Strecke bzw. ihre Länge oft durch die Endpunkte, indem man einfach setzt $\overline{0P}$.

$$\frac{y}{x} = \frac{\sin\varphi}{\cos\varphi} = \tan\varphi \quad (\text{für } x \neq 0);$$

durch das Vorzeichen von x und von y wird φ eindeutig bestimmt. Für $x = 0$ und $y > 0$ ist $\varphi = 90^{\circ}$, und für $x = 0$ und $y < 0$ haben wir $\varphi = 270^{\circ}$. (Für $x = y = 0$ fällt P mit 0 zusammen und es ist $r = 0$ und φ unbestimmt.)

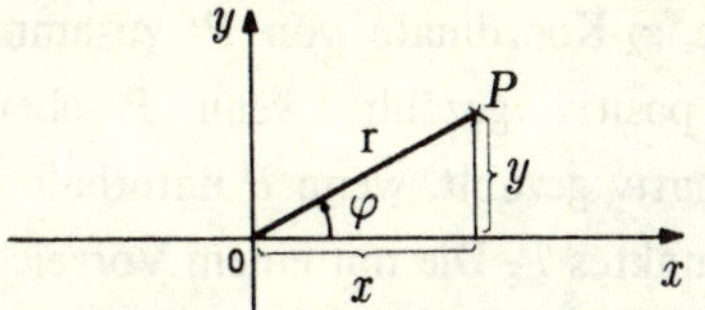

Fig. 3

7.2.3. Auch Koordinatensysteme im dreidimensionalen Raum werden wir benutzen. Wir betrachten drei Koordinatenachsen, die sich im Nullpunkt 0 treffen und paarweise aufeinander senkrecht stehen (Figur 4). Die x_1-Achse und die x_2-Achse liegen in einer waagrechten Ebene, der (x_1,x_2)-Ebene. Entsprechend legen die x_1-Achse und die y-Achse die vertikale (x_1,y)-Ebene sowie die x_2-Achse und die y-Achse die vertikale (x_2,y)-Ebene fest. Die Richtungen der x_1-Achse, der x_2-Achse und der y-Achse zueinander werden folgendermaßen festgelegt: Dreht man die positive x_1-Halbachse auf dem kürzesten Weg, d.h. um einen rechten Winkel, in die positive x_2-Halbachse, so wird bei dieser Drehung eine Rechtsschraube in der positiven y-Richtung (also nach oben) eingebohrt. Ein Koordinatensystem im Raum, bei dem die Koordinatenachsen in dieser Weise angeordnet sind, heißt *Rechtssystem.*

Oft benutzt man statt des in Figur 4 dargestellten Koordinatensystems ein solches, das aus jenem durch eine Drehung um einen rechten Winkel um die

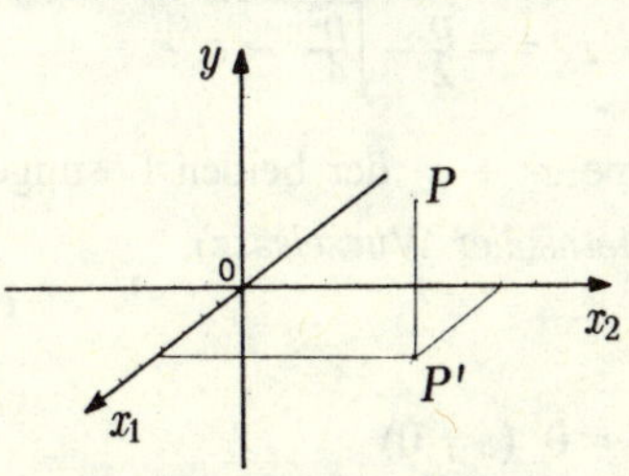

Fig. 4

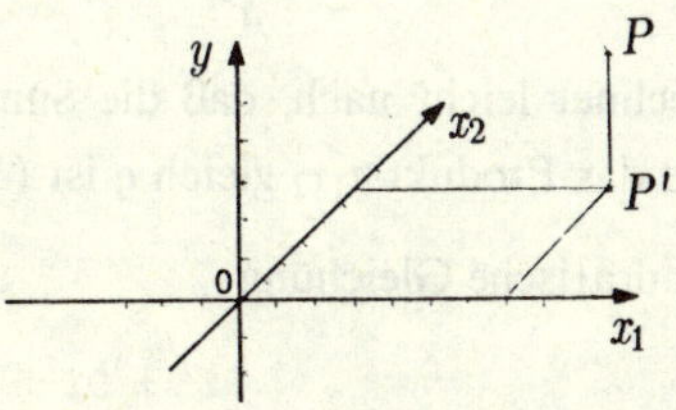

Fig. 5

Die rechten Winkel zwischen den Koordinatenachsen erscheinen durch die perspektivische Darstellung verzerrt.

y-Achse hervorgeht (Figur 5), wobei also die positive x_1-Halbachse in die positive x_2-Halbachse und die positive x_2-Halbachse in die negative x_1-Halbachse übergeht. Auch dieses Koordinatensystem ist ein Rechtssystem.

Soll die Lage eines Punktes P durch die Angabe von Koordinaten festgelegt werden, so zeichnet man durch P die Parallele zur y-Achse (Figur 4 und 5); der Schnittpunkt dieser Parallelen mit der waagrechten (x_1,x_2)-Ebene sei P'. Die x_1-Koordinate und die x_2-Koordinate von P' zusammen mit der Länge der Strecke $\overline{P'P}$ (diese positiv gezählt, wenn P oberhalb der waagrechten (x_1,x_2)-Ebene liegt, negativ gezählt, wenn P unterhalb dieser Ebene liegt) sind die Koordinaten des Punktes P. Die mit einem Vorzeichen versehene Länge der Strecke $\overline{P'P}$ ist nichts anderes als die y-Koordinate von P. Somit ist der Punkt P in einem räumlichen Koordinatensystem durch die Angabe von drei Koordinaten (der x_1-, x_2- und y-Koordinate) eindeutig festgelegt und man schreibt kurz $P = (x_1, x_2, y)$. Ist hierbei $y = 0$, so bedeutet das, daß P in der waagrechten (x_1,x_2)-Ebene liegt. Die Koordinaten eines Punktes im Raum bilden ein Zahlentripel.

§ 7.3. Die quadratische Gleichung

7.3.1. Unter der Quadratwurzel der reellen Zahl $x \geq 0$ versteht man die reelle Zahl $y \geq 0$, welche die Eigenschaft $y^2 = x$ hat. Man schreibt $y = \sqrt{x}$. Die Zahl y ist hiernach eindeutig bestimmt.

7.3.2. Für die quadratische Gleichung

(1) $$x^2 + px + q = 0$$

(p, q reelle Zahlen) hat man die beiden Lösungen (Wurzeln)

(2) $$x_1 = -\frac{p}{2} + \sqrt{\frac{p^2}{4} - q} \text{ und } x_2 = -\frac{p}{2} - \sqrt{\frac{p^2}{4} - q}.$$ [1)]

Man rechnet leicht nach, daß die Summe $x_1 + x_2$ der beiden Lösungen gleich $-p$ und das Produkt x_1x_2 gleich q ist (*Vietascher Wurzelsatz*).

Die quadratische Gleichung

(3) $$ax^2 + bx + c = 0 \quad (a \neq 0)$$

---

1) Man schreibt auch kurz $x_{1,2} = -\frac{p}{2} \pm \sqrt{\frac{p^2}{4} - q}$.

dividieren wir - um sie auf den obigen Fall zurückzuführen - durch a und erhalten

$$x^2 + \frac{b}{a}x + \frac{c}{a} = 0. \tag{4}$$

Nun können wir auf (4) die obige Lösungsformel anwenden und erhalten durch leichte Umformungen

$$x_{1,2} = \frac{-b \pm \sqrt{b^2 - 4ac}}{2a}. \tag{5}$$

Die Wurzeln in (2) und (5) sind nur dann reell und verschieden, wenn

$$\frac{p^2}{4} - q > 0 \quad \text{bzw.} \quad b^2 - 4ac > 0,$$

d.h.

$$\frac{p^2}{4} > q \quad \text{bzw.} \quad b^2 > 4ac$$

ist. Für

$$\frac{p^2}{4} = q \quad \text{bzw.} \quad b^2 = 4ac$$

erhält man für die quadratische Gleichung (1) bzw. (3) nur eine Lösung (x_1 und x_2 fallen zusammen; *Doppelwurzel*), und für

$$\frac{p^2}{4} < q \quad \text{bzw.} \quad b^2 < 4ac$$

sind die beiden Lösungen x_1 und x_2 konjugiert komplex (vgl. 7.10.3). Zählt man bei einer quadratischen Gleichung eine Doppelwurzel mit der Vielfachheit zwei, so kann man sagen, daß jede quadratische Gleichung genau zwei Lösungen hat.

§ 7.4. Potenzen

7.4.1. Wir wollen kurz an verschiedene *Potenzregeln* erinnern; die Hochzahlen (Exponenten) n und m dürfen dabei beliebige reelle Zahlen sein [1]:

$a^n a^m = a^{n+m}$; $\quad a^{\frac{m}{n}} = \sqrt[n]{a^m} = \left[\sqrt[n]{a}\right]^m \quad (n \neq 0)$;

$\frac{a^n}{a^m} = a^{n-m}$; $\quad a^n b^n = (ab)^n$;

$a^{-n} = \frac{1}{a^n}$; $\quad \frac{a^n}{b^n} = \left[\frac{a}{b}\right]^n \quad (b \neq 0)$;

$a^1 = a$; $\quad a^0 = 1$;

$(a^n)^m = (a^m)^n = a^{nm}$.

[1] Teilweise muß man $a \geq 0$ bzw. $b \geq 0$ voraussetzen.

Außerdem wollen wir erwähnen die Formeln

$(a + b)^2 = a^2 + 2ab + b^2$; $(a + b)^3 = a^3 + 3a^2b + 3ab^2 + b^3$.

Ersetzt man hierin b durch $-b$, so folgt

$(a - b)^2 = a^2 - 2ab + b^2$; $(a - b)^3 = a^3 - 3a^2b + 3ab^2 - b^3$.

§ 7.5. Logarithmen

7.5.1. In engem Zusammenhang mit den Potenzen stehen die *Logarithmen:* Wenn die Zahl y die Eigenschaft hat, daß $a^y = x$ ist, dann heißt y der Logarithmus von x zur Basis a ($a > 0$, $a \neq 1$), und man schreibt $y = {}^{a}\log x$ (oder $\log_a x$).

Für Anwendungen sind häufig die Logarithmen zur Basis 10 wichtig. Statt ${}^{10}\log x$ schreibt man kurz $\log x$ und spricht von *dekadischen* oder *Zehnerlogarithmen*. So ist zum Beispiel

$\log 10 = 1$, denn $10^1 = 10$;
$\log 1000 = 3$, denn $10^3 = 1000$;
$\log 1 = 0$, denn $10^0 = 1$;
$\log 0{,}001 = -3$, denn $10^{-3} = \frac{1}{10^3} = \frac{1}{1000} = 0{,}001$.

Einen Logarithmus von 0 gibt es nicht; ebenso gibt es keine reellen Logarithmen von negativen Zahlen.

In enger Verbindung mit den oben erwähnten Potenzregeln stehen die folgenden Logarithmengesetze:

(1) $${}^{a}\log(uv) = {}^{a}\log u + {}^{a}\log v;$$

(2) $${}^{a}\log \frac{u}{v} = {}^{a}\log u - {}^{a}\log v;$$

(3) $${}^{a}\log u^n = n\,{}^{a}\log u \quad (u, v > 0).$$

7.5.2. Oft hat man die Aufgabe, von den Logarithmen eines Logarithmensystems, d.h. von Logarithmen zu einer Basis a, zu Logarithmen eines anderen Logarithmensystems, d.h. zu Logarithmen einer Basis b überzugehen. Zum Beispiel hat man etwa von dekadischen Logarithmen zu naürlichen Logarithmen (vgl. § 1.8) umzurechnen oder umgekehrt. Aus $y = {}^{a}\log x$ folgt $a^y = x$ und weiter

$$^{b}\log a^{y} = {}^{b}\log x,$$

$$y({}^{b}\log a) = {}^{b}\log x,$$

$$y = \frac{{}^{b}\log x}{{}^{b}\log a}.$$

Andererseits war $y = {}^{a}\log x$, so daß wir haben

$$^{a}\log x = \frac{{}^{b}\log x}{{}^{b}\log a}$$

oder

$$^{b}\log x = ({}^{a}\log x)({}^{b}\log a).$$

§ 7.6. Arithmetische und geometrische Reihen

7.6.1. Eine (endliche) arithmetische Reihe ist eine Summe der Form

(1) $$a + (a + d) + (a + 2d) + \ldots + (a + (n-1)d).$$

a heißt das *Anfangsglied* der Reihe, d die *Differenz.* Die arithmetische Reihe (1) hat n Summanden (Glieder). Diese bilden eine *arithmetische Folge* (*arithmetische Progression*) von n Gliedern. Um die Summe S der Reihe (1) durch eine geschlossene Formel darzustellen, schreiben wir unter die Reihe (1) dieselbe Reihe nochmals, aber in umgekehrter Reihenfolge der Summanden, also

(2) $$\begin{aligned} S &= a + (a + d) + (a + 2d) + \ldots + (a + (n-1)d);\\ S &= (a + (n-1)d) + (a + (n-2)d) + (a + (n-3)d + \ldots + a. \end{aligned}$$

Hierbei ergeben immer zwei übereinander stehende Glieder zusammen $2a + (n-1)d$, so daß wir durch Addition der beiden Zeilen in (2) erhalten

$$2S = n(2a + (n-1)d),$$

(3) $$S = \frac{n}{2}(2a + (n-1)d).$$

Dies ist die Summenformel für die arithmetische Reihe (1).

Setzt man in der arithmetischen Reihe (1) $a = a_1$, $a + d = a_1 + d = a_2, \ldots,$ $a + (n-1)d = a_1 + (n-1)d = a_n$, so hat man

$$S = \frac{n}{2}(a_1 + a_n).$$

7.6.2. Eine (endliche) geometrische Reihe ist eine Summe der Form

$$a + aq + aq^2 + \dots + aq^{n-1}. \tag{4}$$

a heißt das *Anfangsglied* der Reihe, q der *Quotient*. Die geometrische Reihe (4) hat n Summanden (Glieder). Diese bilden eine *geometrische Folge* (*geometrische Progression*) von n Gliedern. Um die Summe S der Reihe (4) durch eine geschlossene Formel darzustellen, betrachten wir neben der Reihe (4)

$$S = a + aq + aq^2 + \dots + aq^{n-1}$$

die Reihe

$$qS = aq + aq^2 + \dots + aq^{n-1} + aq^n.$$

Indem man die erste dieser beiden Reihen von der zweiten subtrahiert, erhält man

$$qS - S = aq^n - a,$$

denn rechts heben sich dabei alle Glieder außer dem letzten der zweiten Reihe und dem ersten der ersten Reihe gegenseitig auf. Durch leichte Umformungen folgt weiter

$$S(q - 1) = a(q^n - 1),$$

$$S = a\,\frac{q^n - 1}{q - 1} \quad \text{für } q \neq 1. \tag{5}$$

Für $q = 1$ erhält man aus (4) die arithmetische Reihe

$$a + a + a + \dots + a \quad \text{(n Summanden)},$$

deren Summe $S = a\,n$ ist.

Durch (5) haben wir die Summenformel für die geometrische Reihe (4).

7.6.3. Wir wollen die Summe S der speziellen arithmetischen Reihe

$$1 + 2 + 3 + \dots + (n - 1) + n = \sum_{i=1}^{n} i$$

noch einmal auf andere Art berechnen. Dabei machen wir von der Formel $(a + b)^2 = a^2 + 2ab + b^2$, oder umgeformt

$$(a + b)^2 - a^2 = 2ab + b^2,$$

Gebrauch; speziell mit $b = 1$ wird dann

$$(a+1)^2 - a^2 = 2a + 1.$$

Indem wir nun hierin a nacheinander die Zahlen 1, 2, 3,..., n durchlaufen lassen, erhalten wir

$$\begin{aligned}
2^2 - 1^2 &= 2\cdot 1 + 1\\
3^2 - 2^2 &= 2\cdot 2 + 1\\
4^2 - 3^2 &= 2\cdot 3 + 1\\
&\dots\dots\dots\\
n^2 - (n-1)^2 &= 2(n-1) + 1\\
(n+1)^2 - n^2 &= 2n + 1
\end{aligned}$$

Bei der Addition dieser n Gleichungen bleibt auf der linken Seite nur $(n+1)^2 - 1^2$ stehen (alle anderen Glieder fallen weg), und rechts entsteht $2\cdot 1 + 1 + 2\cdot 2 + 1 + 2\cdot 3 + 1 + \dots + 2(n-1) + 1 + 2n + 1 = 2(1 + 2 + 3 + \dots + (n-1) + n) + n = 2S + n$, so daß wir haben

$$(n+1)^2 - 1 = 2S + n,$$

$$S = \frac{(n+1)^2 - 1 - n}{2} = \frac{(n+1)n}{2}.$$

7.6.4. Entsprechend läßt sich auch die Summe S derReihe

$$1^2 + 2^2 + 3^2 + \dots + n^2 = \sum_{i=1}^{n} i^2$$

berechnen, wenn man die Formel $(a+b)^3 = a^3 + 3a^2b + 3ab^2 + b^3$, oder umgeformt

$$(a+b)^3 - a^3 = 3a^2b + 3ab^2 + b^3,$$

benutzt; speziell mit $b = 1$ wird dann

$$(a+1)^3 - a^3 = 3a^2 + 3a + 1.$$

Indem nun wieder a nacheinander die Zahlen 1, 2,..., n durchläuft, folgt

$$\begin{aligned}
2^3 - 1^3 &= 3\cdot 1^2 + 3\cdot 1 + 1,\\
3^3 - 2^3 &= 3\cdot 2^2 + 3\cdot 2 + 1,\\
4^3 - 3^3 &= 3\cdot 3^2 + 3\cdot 3 + 1,\\
&\dots\dots\dots\\
(n+1)^3 - n^3 &= 3n^2 + 3n + 1.
\end{aligned}$$

Addition dieser n Gleichungen liefert links $(n+1)^3 - 1^3$ und rechts

$$3(1^2 + 2^2 + 3^2 + \ldots + n^2) + 3(1 + 2 + 3 + \ldots + n) + n,$$

d.h.

$$3S + 3s + n;$$

also folgt

$$(n + 1)^3 - 1 = 3S + 3s + n.$$

Indem man für die Summe s den oben gefundenen Wert $\frac{(n + 1)n}{2}$ einsetzt, wird

$$(n + 1)^3 - 1 = 3S + 3\,\frac{(n + 1)n}{2} + n$$

und mit einfachen Umformungen

$$3S = (n + 1)^3 - 1 - 3\frac{(n + 1)n}{2} - n = (n + 1)\left[(n + 1)^2 - \frac{3n}{2} - 1\right] =$$

$$= (n + 1)\left[n^2 + 2n + 1 - \frac{3n}{2} - 1\right] = (n + 1)n\left[n + \frac{1}{2}\right],$$

$$S = \frac{(n + 1)n(2n + 1)}{6}.$$

§ 7.7. Das Summenzeichen

7.7.1. Für die Summe

$$a_1 + a_2 + a_3 + \ldots + a_n$$

schreibt man kurz

$$\sum_{i=1}^{n} a_i \quad \text{oder} \quad \sum_{i=1,\ldots,n} a_i \quad \text{oder} \quad \sum_{1 \leq i \leq n} a_i.$$

a_i heißt das *allgemeine Glied der Summe*, i ist der *Summationsindex*, und 1 und n sind die *Summationsgrenzen* (1 untere Summationsgrenze, n obere Summationsgrenze).

Entsprechend ist $\sum_{i=m}^{n} a_i$ als $a_m + a_{m+1} + \ldots + a_n$ zu verstehen (m,n ganze Zahlen; $m \leq n$).

Die Einführung des Summenzeichens [1] bedeutet also nur eine kurze Schreibweise für eine Summe.

---

[1] Das Summenzeichen ist das große griechische Sigma und erinnert an das Wort Summe.

Beispiele:

1) $\sum_{i=1}^{3} i = 1 + 2 + 3 = 6;$

2) $\sum_{i=3}^{7} 2i = 6 + 8 + 10 + 12 + 14 = 50;$

3) $\sum_{i=0}^{5} 1 = 1 + 1 + 1 + 1 + 1 + 1 = 6;$

4) $\sum_{i=-4}^{2}(a + 2i) = (a - 8) + (a - 6) + (a - 4) + (a - 2) + a +$
$+ (a + 2) + (a + 4) = 7a - 14;$

5) $\sum_{i=1}^{n}(a + (i - 1)d) = a + (a + d) + (a + 2d) + ... + (a + (n - 1)d);$

arithmetische Reihe; hierfür kann man auch schreiben $\sum_{i=0}^{n-1}(a + id);$

6) $\sum_{i=1}^{n} aq^{i-1} = a + aq + aq^2 + ... + aq^{n-1};$

geometrische Reihe; hierfür kann man auch schreiben $\sum_{i=0}^{n-1} aq^i.$

Regeln für das Rechnen mit dem Summenzeichen:

(1) Auf die Bezeichnung des Summationsindex kommt es nicht an, d.h. es ist

$$\sum_{i=1}^{n} a_i = \sum_{k=1}^{n} a_k = \sum_{\nu=1}^{n} a_\nu.$$

(2) Änderung des Laufbereichs des Summationsindex: Es ist

$$\sum_{i=1}^{n} a_i = \sum_{j=0}^{n-1} a_{j+1} \quad \text{(indem man } i = j + 1 \text{ setzt)}$$

$$= \sum_{k=r}^{n+r-1} a_{k-r+1} \quad \text{(indem man } i = k - r + 1 \text{ setzt).}$$

(3) $\sum_{i=1}^{n} a_i + \sum_{i=1}^{n} b_i = \sum_{i=1}^{n}(a_i + b_i),$

denn es ist $(a_1 + a_2 + a_3 + ... + a_n) + (b_1 + b_2 + b_3 + ... + b_n) =$
$= ((a_1 + b_1) + (a_2 + b_2) + (a_3 + b_3) + ... + (a_n + b_n)).$

(4) $c \cdot \sum_{i=1}^{n} a_i = \sum_{i=1}^{n} c a_i.$

(5) $\sum_{i=1}^{n} a_i + \sum_{i=n+1}^{m} a_i = \sum_{i=1}^{m} a_i \quad (i \leq n \leq m).$

7.7.2. *Doppelsummen*: Unter Benutzung der Regel für das Ausmultiplizieren zweier Klammern hat man

$$
\begin{aligned}
\sum_{i=1}^{n} a_i \cdot \sum_{k=1}^{m} b_k &= (a_1 + a_2 + a_3 + \dots + a_i + \dots + a_n) \cdot \\
&\cdot (b_1 + b_2 + b_3 + \dots + b_k + \dots + b_m) = \\
&= a_1 b_1 + a_1 b_2 + a_1 b_3 + \dots + a_1 b_k + \dots + a_1 b_m + \\
&+ a_2 b_1 + a_2 b_2 + a_2 b_3 + \dots + a_2 b_k + \dots + a_2 b_m + \\
&+ a_3 b_1 + a_3 b_2 + a_3 b_3 + \dots + a_3 b_k + \dots + a_3 b_m + \\
&\qquad \cdots\cdots\cdots\cdots \\
&+ a_i b_1 + a_i b_2 + a_i b_3 + \dots + a_i b_k + \dots + a_i b_m + \\
&\qquad \cdots\cdots\cdots\cdots \\
&+ a_n b_1 + a_n b_2 + a_n b_3 + \dots + a_n b_k + \dots + a_n b_m.
\end{aligned}
$$

Indem wir in diesem Schema zeilenweise summieren, folgt

$$
\sum_{k=1}^{m} a_1 b_k + \sum_{k=1}^{m} a_2 b_k + \sum_{k=1}^{m} a_3 b_k + \dots + \sum_{k=1}^{m} a_i b_k + \dots + \sum_{k=1}^{m} a_n b_k = \\
= \sum_{i=1}^{n} \left[\sum_{k=1}^{m} a_i b_k \right];
$$

wenn man in obigem Schema spaltenweise summiert, erhält man

$$
\sum_{i=1}^{n} a_i b_1 + \sum_{i=1}^{n} a_i b_2 + \sum_{i=1}^{n} a_i b_3 + \dots + \sum_{i=1}^{n} a_i b_k + \dots + \sum_{i=1}^{n} a_i b_m = \sum_{i=1}^{m} \left[\sum_{i=1}^{n} a_i b_k \right].
$$

Also ist $\sum_{i=1}^{n} a_i \cdot \sum_{k=1}^{m} b_k = \sum_{i=1}^{n} \left[\sum_{k=1}^{m} a_i b_k \right] = \sum_{k=1}^{m} \left[\sum_{i=1}^{n} a_i b_k \right].$

Dafür schreibt man dann auch einfach ohne Klammern

$$
\sum_{i=1}^{n} \sum_{k=1}^{m} a_i b_k = \sum_{k=1}^{m} \sum_{i=1}^{n} a_i b_k
$$

oder

$$
\sum_{\substack{i=1,\dots,n \\ k=1,\dots,m}} a_i b_k \quad \text{oder} \quad \sum_{\substack{1 \leq i \leq n \\ 1 \leq k \leq m}} a_i b_k
$$

und spricht von einer Doppelsumme. Wenn man hierin die Produkte $a_i b_k$ durch c_{ik} ersetzt, hat man auch zwei Summationsindizes und nennt allgemeiner auch dies eine Doppelsumme. Also es ist

$$\sum_{\substack{i=1,\ldots,n\\k=1,\ldots,m}} c_{ik} = \sum_{\substack{1\leq i\leq n\\1\leq k\leq m}} c_{ik} = \sum_{i=1}^{n}\sum_{k=1}^{m} c_{ik} = \sum_{k=1}^{m}\sum_{i=1}^{n} c_{ik}.$$

Für eine Doppelsumme $\sum\limits_{\substack{1\leq i\leq n\\1\leq k\leq n}} c_{ik}$ mit gleichen Laufbereichen der Summationsindizes schreibt man auch kurz $\sum\limits_{i,k=1}^{n} c_{ik}$.

Beispiele:

1) $$\sum_{\substack{i=1,\ldots,5\\k=1,\ldots,4}} a_i x_k = a_1x_1 + a_2x_1 + a_3x_1 + a_4x_1 + a_5x_1 + a_1x_2 + a_2x_2 + a_3x_2 + a_4x_2 + a_5x_2 + a_1x_3 + a_2x_3 + a_3x_3 + a_4x_3 + a_5x_3 + a_1x_4 + a_2x_4 + a_3x_4 + a_4x_4 + a_5x_4 .$$

2) $$\sum_{\substack{i=0,1,2\\k=1,\ldots,4}} 2^i(-1)^k = -1+1-1+1-2+2-2+2-4+4-4+4 = 0.$$

Für Doppelsummen gelten ähnliche Regeln wie die Regeln (1) bis (5) für einfache Summen. Es seien erwähnt

(6) $$\sum_{i=1}^{n}\sum_{k=1}^{m}(c_{ik}+d) = \sum_{i=1}^{n}\sum_{k=1}^{m} c_{ik} + nmd,$$

(7) $$\sum_{i=1}^{n}\sum_{k=1}^{m} dc_{ik} = d\sum_{i=1}^{n}\sum_{k=1}^{m} c_{ik},$$

(8) $$\sum_{i=1}^{n}\sum_{k=1}^{m} c_{ik}d_k = \sum_{k=1}^{m}\sum_{i=1}^{n} d_k c_{ik} = \sum_{k=1}^{m}\left[d_k \sum_{i=1}^{n} c_{ik}\right].$$

§ 7.8. Das Produktzeichen

7.8.1. Für das Produkt

$$a_1 \cdot a_2 \cdot a_3 \ldots \cdot a_n$$

schreibt man kurz

$$\prod_{i=1}^{n} a_i \text{ oder } \prod_{i=1,\ldots,n} a_i \text{ oder } \prod_{1\leq i\leq n} a_i.$$

Die Einführung des Produktzeichens [1] bedeutet also nur eine kurze Schreibweise für ein Produkt.

---

[1] Das Produktzeichen ist das große griechische Pi und erinnert an das Wort Produkt.

Beispiel: $\prod_{i=1}^{n} i = 1 \cdot 2 \cdot 3 \ldots n$; man schreibt dafür n! (gelesen n-Fakultät).

Es ist also 2! = 2, 3! = 6, 4! = 24, 5! = 120; man setzt noch 1! = 1 und 0! = 1.

7.8.2. Ist n eine natürliche Zahl, also n = 1,2,3,..., und k eine ganze Zahl mit $0 \leq k \leq n$, so bezeichnet man den Quotienten

$$\frac{n!}{k!(n-k)!} \tag{1}$$

als *Binomialkoeffizienten*. Man schreibt für (1) symbolisch

$$\binom{n}{k}$$

(gelesen "n über k"). Indem man in (1) die Produkte ausschreibt und gleiche Faktoren kürzt, erhält man für $1 \leq k \leq n$

$$\binom{n}{k} = \frac{n(n-1)\ \ldots\ (n-k+1)}{1 \cdot 2\ \ \ldots\ \ k}.$$

Man rechnet leicht nach, daß $\binom{n}{0} = \binom{n}{n} = 1$ und $\binom{n}{1} = \binom{n}{n-1} = n$ sowie $\binom{n}{k} = \binom{n}{n-k}$ ist.

Weiter gilt die Beziehung

$$\binom{n}{k} + \binom{n}{k+1} = \binom{n+1}{k+1}. \tag{2}$$

Beweis: $$\binom{n}{k} + \binom{n}{k+1} = \frac{n!}{k!(n-k)!} + \frac{n!}{(k+1)!(n-k-1)!} =$$

$$= \frac{n!}{k!(n-k-1)!}\left[\frac{1}{n-k} + \frac{1}{k+1}\right] =$$

$$= \frac{n!}{k!(n-k-1)!}\left[\frac{k+1+n-k}{(n-k)\ (k+1)}\right] =$$

$$= \frac{(n+1)!}{(k+1)!\,(n-k)!} = \binom{n+1}{k+1}.$$

Binomialkoeffizienten sind somit immer ganze Zahlen.

§ 7.9. Die trigonometrischen Funktionen Sinus (sin), Kosinus (cos), Tangens (tan) und Kotangens (cot)

7.9.1. Wir erinnern an die Definition dieser Funktion am rechtwinkligen Dreieck (Figur 1):

$$\sin\alpha = \frac{a}{c},\quad \cos\alpha = \frac{b}{c},\quad \tan\alpha = \frac{a}{b},\quad \cot\alpha = \frac{b}{a}.$$

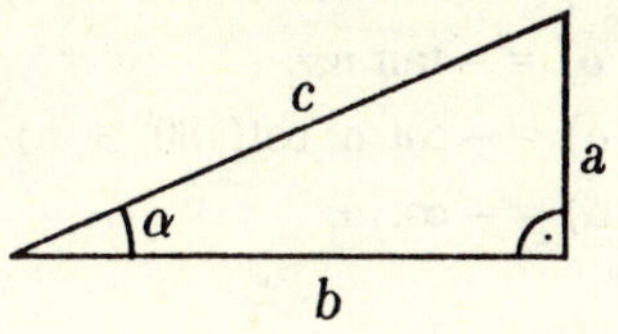

Fig. 1

Rechter Winkel zwischen a und b.

Hierbei unterliegt der Winkel α offenbar der Beschränkung $0^\circ < \alpha < 90^\circ$. Man erkennt aus dieser Definition sofort die Beziehungen

(1) $$\tan\alpha = \frac{\sin\alpha}{\cos\alpha} \text{ und } \cot\alpha = \frac{\cos\alpha}{\sin\alpha} \text{ sowie } \tan\alpha = \frac{1}{\cot\alpha}.$$

Ist in Figur 1 speziell $c = 1$, so wird direkt $\sin\alpha = a$ und $\cos\alpha = b$. Man hat

	0°	30°	60°	45°	90°
sin	0	$\frac{1}{2}$	$\frac{1}{2}\sqrt{3}$	$\frac{1}{\sqrt{2}} = \frac{\sqrt{2}}{2}$	1
cos	1	$\frac{1}{2}\sqrt{3}$	$\frac{1}{2}$	$\frac{1}{\sqrt{2}} = \frac{\sqrt{2}}{2}$	0

Daraus folgt wegen (1)

	0°	30°	60°	45°	90°
tan	0	$\frac{1}{\sqrt{3}} = \frac{1}{3}\sqrt{3}$	$\sqrt{3}$	1	–
cot	–	$\sqrt{3}$	$\frac{1}{\sqrt{3}} = \frac{1}{3}\sqrt{3}$	1	0

tan 90° und cot 0° sind nicht definiert.

7.9.2. Die Funktionswerte der trigonometrischen Funktionen für Winkel größer als 90° werden auf Winkel zwischen 0° und 90° zurückgeführt. Man hat

$$\sin(180^\circ - \alpha) = \sin\alpha;\ \sin(180^\circ + \alpha) = -\sin\alpha;$$
$$\sin(360^\circ - \alpha) = -\sin\alpha;$$

$$\cos(180^\circ - \alpha) = -\cos\alpha;\ \cos(180^\circ + \alpha) = -\cos\alpha;$$
$$\cos(360^\circ - \alpha) = \cos\alpha;$$
$$\tan(180^\circ - \alpha) = -\tan\alpha;\ \tan(180^\circ + \alpha) = \tan\alpha;$$
$$\tan(360^\circ - \alpha) = -\tan\alpha;$$
$$\cot(180^\circ - \alpha) = -\cot\alpha;\ \cot(180^\circ + \alpha) = \cot\alpha;$$
$$\cot(360^\circ - \alpha) = -\cot\alpha;$$

Ferner gilt

$$\sin(90^\circ \pm \alpha) = \cos\alpha;\quad \sin(270^\circ \pm \alpha) = -\cos\alpha;$$
$$\cos(90^\circ \pm \alpha) = \mp\sin\alpha;\quad \cos(270^\circ \pm \alpha) = \pm\sin\alpha;$$
$$\tan(90^\circ \pm \alpha) = \mp\cot\alpha;\quad \tan(270^\circ \pm \alpha) = \mp\cot\alpha;$$
$$\cot(90^\circ \pm \alpha) = \mp\tan\alpha;\quad \cot(270^\circ \pm \alpha) = \mp\tan\alpha.$$

Auch für Winkel über 360° lassen sich die Winkelfunktionen erklären. Die Funktionswerte wiederholen sich dabei periodisch; so ist z.B. $\sin(360^\circ + \alpha) = \sin\alpha$ und allgemein $\sin(k\,360^\circ + \alpha) = \sin\alpha$ ($k = 0,1,2,\ldots$). Auch für negative Winkel werden die Winkelfunktionen definiert. Man hat

$$\sin(-\alpha) = -\sin\alpha;\ \cos(-\alpha) = \cos\alpha;\ \tan(-\alpha) = -\tan\alpha;\ \cot(-\alpha) = -\cot\alpha.$$

Beispielsweise wird hiernach

$$\sin(-60^\circ) = -\sin 60^\circ = -\frac{1}{2}\sqrt{3};$$
$$\sin(-150^\circ) = -\sin 150^\circ = -\sin 30^\circ = -\frac{1}{2}.$$

7.9.3. *Das Bogenmaß.* Statt einen Winkel α durch das Gradmaß zu messen, kann man seine Größe auch durch die Länge x des zugehörigen Bogens des Kreises mit dem Radius 1 um den Scheitel des Winkels ausdrücken (Figur 2).

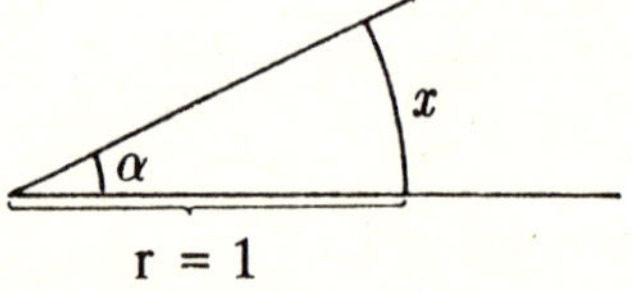

Fig. 2

Dann entspricht einem Winkel α von 360° der Bogen $x = 2\pi$ (Umfang des Einheitskreises). Einem Winkel von 1° entspricht folglich der Bogen $x = \frac{2\pi}{360}$, und man hat folgenden Zusammenhang:

Es entspricht einem Winkel α von	0°	30°	45°	60°	90°	180°	270°	360°	450°
der Bogen x	0	$\frac{\pi}{6}$	$\frac{\pi}{4}$	$\frac{\pi}{3}$	$\frac{\pi}{2}$	π	$\frac{3\pi}{2}$	2π	$\frac{5\pi}{2}$

540°	720°	-90°	-180°	α^o
3π	4π	$-\frac{\pi}{2}$	$-\pi$	$\frac{2\pi}{360}\alpha$

7.9.4. Für die Graphen der Funktionen $f\colon x \longrightarrow y = f(x) = \sin x$ bzw. $f\colon x \longrightarrow y = f(x) = \cos x$ (x im Bogenmaß gemessen) erhält man folgende Darstellung (Figur 3):

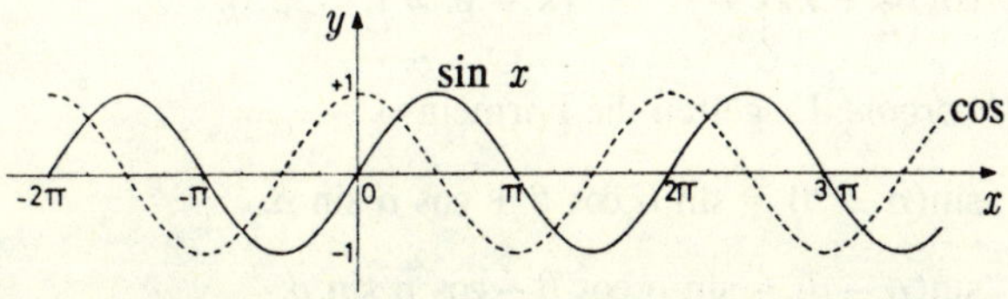

Fig. 3

Der entsprechende Graph für $f\colon x \longrightarrow y = f(x) = \tan x$ und $f\colon x \longrightarrow y = f(x) = \cot x$ ist in Figur 4 wiedergegeben.

Man erkennt aus Figur 3 nochmals, daß sin und cos periodische Funktionen mit der Periode 2π sind, d.h. es ist $\sin(k\,2\pi + x) = \sin x$ und $\cos(k\,2\pi + x) = \cos x$ ($k = 0, \pm 1, \pm 2, \ldots$); und aus Figur 4 sieht man, daß tan und cot periodische Funktionen mit der Periode π sind, d.h. es ist $\tan(k\pi + x) = \tan x$ und $\cot(k\pi + x) = \cot x$ ($k = \pm 0, \pm 1, \pm 2, \ldots$).

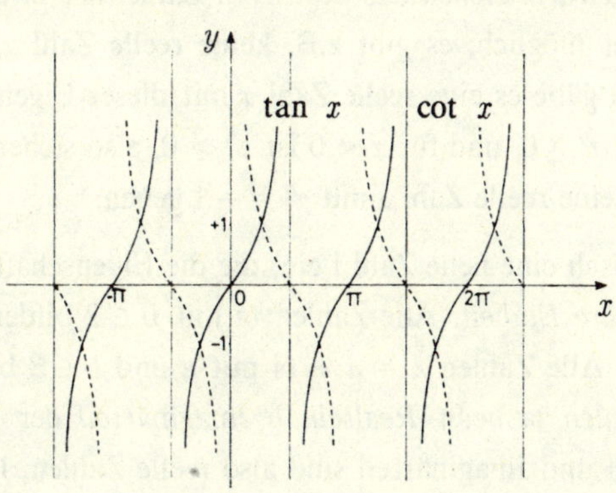

Fig. 4

Ferner wollen wir noch einmal vermerken

(2) $\sin k\pi = 0;$

(3) $\sin\left[\frac{\pi}{2} + k2\pi\right] = 1;$

(4) $\sin\left[\frac{3\pi}{2} + k2\pi\right] = -1;$

(5) $\cos\left[\frac{\pi}{2} + k\pi\right] = 0;$

(6) $\cos k2\pi = 1;$

(7) $\cos(2k + 1)\pi = -1;$

(8) $\tan k\pi = 0;$

(9) $\cot\left[\frac{\pi}{2} + k\pi\right] = 0 \qquad (k = 0, \pm 1, \pm 2, \ldots).$

7.9.5. *Additionstheoreme:* Es gelten die Formeln

(10) $\sin(\alpha + \beta) = \sin\alpha\cos\beta + \cos\alpha\sin\beta;$

(11) $\sin(\alpha - \beta) = \sin\alpha\cos\beta - \cos\alpha\sin\beta;$

(12) $\cos(\alpha + \beta) = \cos\alpha\cos\beta - \sin\alpha\sin\beta;$

(13) $\cos(\alpha - \beta) = \cos\alpha\cos\beta + \sin\alpha\sin\beta.$

Für $\alpha = \beta$ folgt hieraus wegen $\cos 0 = 1$ die wichtige Formel

(14) $\sin^2\alpha + \cos^2\alpha = 1$

§ 7.10. Komplexe Zahlen

7.10.1. Das Quadratwurzelziehen aus negativen Zahlen ist in der Menge $\mathbb{R}$ der reellen Zahlen nicht möglich; es gibt z.B. keine reelle Zahl x, deren Quadrat gleich -1 ist. Denn gäbe es eine reelle Zahl x mit dieser Eigenschaft und wäre $x \geq 0$, so wäre auch $x^2 \geq 0$, und für $x < 0$ ist $x^2 > 0$, also sicher nicht $x^2 = -1$. Demnach kann es keine reelle Zahl x mit $x^2 = -1$ geben.

Wir führen symbolisch eine neue Zahl i ein, die die Eigenschaft $i^2 = -1$ haben soll. i heißt *imaginäre Einheit.* Alle Zahlen bi mit $b \in \mathbb{R}$ bilden die Menge der *imaginären Zahlen.* Alle Zahlen $z = a + bi$ mit a und $b \in \mathbb{R}$ bilden die Menge der *komplexen Zahlen.* a heißt *Realteil,* b *Imaginärteil* der komplexen Zahl $z = a + bi$. Realteil und Imaginärteil sind also reelle Zahlen. Ist in $a + bi$ der Imaginärteil $b = 0$, so bleibt die reelle Zahl a, d.h. die reellen Zahlen sind als

Teilmenge in der Menge der komplexen Zahlen enthalten.

Zwei komplexe Zahlen $z_1 = a + bi$ und $z_2 = c + di$ heißen gleich, wenn sie in Real- und Imaginärteil übereinstimmen, also es ist $z_1 = z_2$ genau dann, wenn gilt $a = c$ und $b = d$.

Die Beziehungen > und < (größer und kleiner) sind für komplexe Zahlen nicht definiert.

7.10.2. *Das Rechnen mit komplexen Zahlen.* Die Summe zweier komplexer Zahlen $z_1 = a + bi$ und $z_2 = c + di$ ist erklärt durch

$$z_1 + z_2 = (a + bi) + (c + di) = (a + c) + (b + d)i.$$

Die Differenz dieser beiden Zahlen z_1 und z_2 wird als Umkehrung der Addition eingeführt:

$$z_1 - z_2 = (a + bi) - (c + di) = (a - c) + (b - d)i.$$

Das Produkt der Zahlen z_1 und z_2 wird durch

$$z_1 z_2 = (a + bi)(c + di) = (ac - bd) + (ad + bc)i$$

definiert. Schließlich wird der Quotient von z_1 und z_2 als Umkehrung der Multiplikation eingeführt: Unter

$$\frac{z_1}{z_2} = \frac{a + bi}{c + di} \quad (z_2 = c + di \neq 0)$$

versteht man die komplexe Zahl $x + yi$, so daß

$$a + bi = (c + di)(x + yi) \tag{1}$$

ist. Für (1) können wir auch schreiben

$$a + bi = (cx - dy) + (cy + dx)i,$$

und Vergleich von Real- und Imaginärteil liefert die beiden Gleichungen

$$\begin{cases} a = cx - dy \\ b = dx + cy. \end{cases}$$

Wenn wir hieraus x und y ausrechnen,[1] folgt

---

[1] Man multipliziert die erste der beiden Gleichungen mit c, die zweite mit d, dann fällt bei der Addition das Glied mit y heraus, und es bleibt $ac + bd = (c^2 + d^2)x$. - Multipliziert man die erste Gleichung mit $(-d)$, die zweite mit c, dann fällt bei der Addition das Glied mit x heraus, und wir haben $-ad + bc = (c^2 + d^2)y$. - Wegen $c + d\,i \neq 0$ muß $c \neq 0$ und $d \neq 0$ sein, woraus auch $c^2 + d^2 \neq 0$ folgt.

$$x = \frac{ac + bd}{c^2 + d^2}, \quad y = \frac{-ad + bc}{c^2 + d^2}.$$

Also ist

$$\frac{z_1}{z_2} = \frac{a + bi}{c + di} = \frac{ac + bd}{c^2 + d^2} + \frac{-ad + bc}{c^2 + d^2}\,i.$$

Benutzt man zur Berechnung des Quotienten $\frac{a + bi}{c + di}$ die Regel für das Erweitern von Brüchen, so hat man, wenn mit $c - di$ erweitert wird,

$$\frac{a + bi}{c + di} = \frac{(a + bi)\,(c - di)}{(c + di)\,(c - di)} = \frac{(ac + bd) + (-ad + bc)i}{c^2 + d^2},$$

also das gleiche Ergebnis wie oben.

Im übrigen gelten bei komplexen Zahlen dieselben Regeln für die vier Grundrechenarten wie für reelle Zahlen.

Einige Beispiele: $i - 3i = -2i$; $(1 + i)2i = -2 + 2i$;

$i(-i) = -i^2 = -(-1) = +1$;

$\frac{1}{i} = \frac{1(-i)}{i(-i)} = \frac{-i}{1} = -i.$

Wir verstehen für eine komplexe Zahl $z = a + bi$ unter der Potenz

$$z^n = (a + bi)^n = \underbrace{(a + bi)(a + bi)\,\dots\,(a + bi)}_{\text{n Faktoren}} \quad (n = 2,3,\dots);$$

ferner

$z^1 = (a + bi)^1 = a + bi$;

$z^0 = (a + bi)^0 = 1$;

$z^{-n} = (a + bi)^{-n} = \dfrac{1}{(a + bi)^n} \quad (z \neq 0;\ n = 1,2,3,\dots).$

Als Beispiel dazu betrachten wir die Potenzen von i:

$i^1 = i$; $i^2 = -1$; $i^3 = -i$; $i^4 = +1$; $i^5 = i;\dots$;

allgemein

$i^{4n} = 1$; $i^{4n+1} = i$; $i^{4n+2} = -1$; $i^{4n+3} = -i \quad (n = 0, \pm 1, \pm 2,\dots).$

7.10.3. *Die Gaußsche Zahlenebene.* In der komplexen Zahl $z = a + bi$ fassen wir a und b als Koordinaten eines Punktes P in der Ebene auf (Figur 1). Auf der waagrechten Achse als Abszisse wird der Realteil von z, auf der senkrechten Achse als Ordinate der Imaginärteil eingetragen. Daher hat man die Bezeichnungen *reelle Achse* und *imaginäre Achse.* Jeder komplexen Zahl $z = a + bi$ entspricht somit eindeutig ein Punkt P der Ebene und umgekehrt, und man spricht von der Gaußschen Zahlenebene.

Die Entfernung des zur komplexen Zahl $z = a + bi$ gehörigen Punktes P vom Koordinatenursprung 0 heißt der *Betrag* von z, und man schreibt $|z|$. Man liest aus Figur 1 unter Benutzung des Satzes von Pythagoras ab

$$|z|^2 = a^2 + b^2,$$

$$|z| = \sqrt{a^2 + b^2}$$

(dabei kann nur die positive Wurzel genommen werden, da der Betrag als Entfernung zweier Punkte nichtnegativ ist).

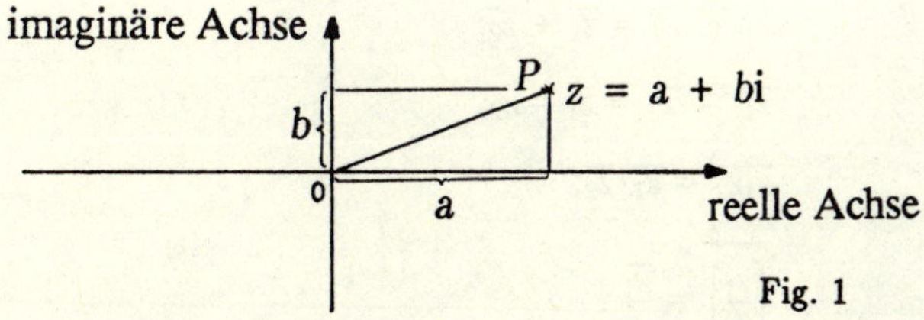

Fig. 1

Stellt man die Addition zweier komplexer Zahlen $z_1 = a + bi$ und $z_2 = c + di$ geometrisch dar (Figur 2), so liest man daraus die Dreiecksungleichung

$$|z_1 + z_2| \leq |z_1| + |z_2|$$

ab, da in einem Dreieck immer die Summe der Längen zweier Seiten größer

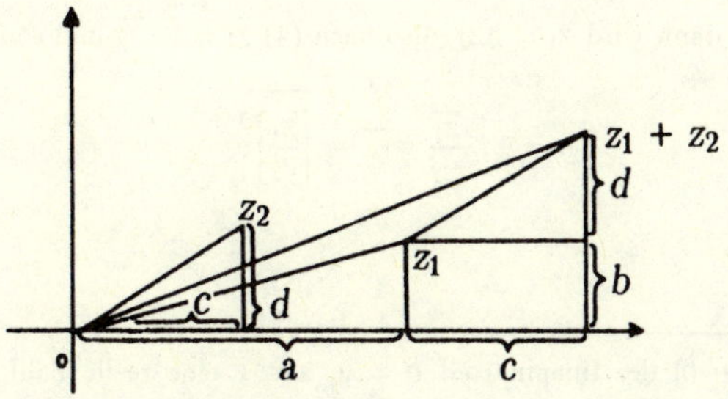

Fig. 2

oder gleich der Länge der dritten Seite ist.[1)]

Die komplexe Zahl $a - bi$ heißt die zu $z = a + bi$ *konjugiert komplexe Zahl;* man bezeichnet die zu z konjugiert komplexe Zahl mit $\bar{z}$. Die Zahlen z und $\bar{z}$ liegen in der Gaußschen Zahlenebene symmetrisch zur reellen Achse, und wenn insbesondere z reell ist, fallen z und $\bar{z}$ zusammen. Man rechnet sofort nach

$$z\bar{z} = (a + bi)(a - bi) = a^2 + b^2,$$

also

$$\sqrt{z\bar{z}} = \sqrt{a^2 + b^2} = |z| = |\bar{z}|.$$

Die Zahlen z und $\bar{z}$ stimmen in ihrem Betrag überein.

Zum Beispiel ist $\bar{i} = -i$.

Es gelten folgende Regeln:

(2) $$\overline{z_1 + z_2} = \overline{z_1} + \overline{z_2};$$

(3) $$\overline{z_1 - z_2} = \overline{z_1} - \overline{z_2};$$

(4) $$\overline{z_1 z_2} = \overline{z_1} \cdot \overline{z_2};$$

(5) $$\overline{\left(\frac{z_1}{z_2}\right)} = \frac{\overline{z_1}}{\overline{z_2}}.$$

Beweis:

zu (2): Für $z_1 = a + bi$ und $z_2 = c + di$ wird

$$\overline{z_1 + z_2} = \overline{(a + bi) + (c + di)} = \overline{(a + c) + (b + d)i} = (a + c) - (b + d)i =$$
$$= (a - bi) + (c - di) = \overline{z_1} + \overline{z_2};$$

zu (4): $$\overline{z_1 \cdot z_2} = \overline{(ac - bd) + (ad + bc)i} = (ac - bd) - (ad + bc)i =$$
$$= (a - bi)(c - di) = \overline{z_1} \cdot \overline{z_2};$$

zu (5): sei $\frac{z_1}{z_2} = z$; dann wird $z_1 = zz_2$, also nach (4) $\overline{z_1} = \bar{z} \cdot \overline{z_2}$ und somit

$$\frac{\overline{z_1}}{\overline{z_2}} = \bar{z} = \overline{\left(\frac{z_1}{z_2}\right)}.$$

[1)] Ist in $z = a + bi$ der Imaginärteil $b = 0$, also z eine reelle Zahl, so erhält man den Betrag der reellen Zahl $z = a$ (vgl. 7.1.4), also $|z| = |a| = \sqrt{a^2}$.

7.10.4. *Darstellung der komplexen Zahlen in Polarkoordinaten.*

Aus Figur 3 liest man für die Darstellung der Zahl $z = a + bi$ den Zusammenhang

$$a = r\cos\varphi,\quad b = r\sin\varphi$$

ab, also

$$z = a + bi = r(\cos\varphi + i\sin\varphi).$$

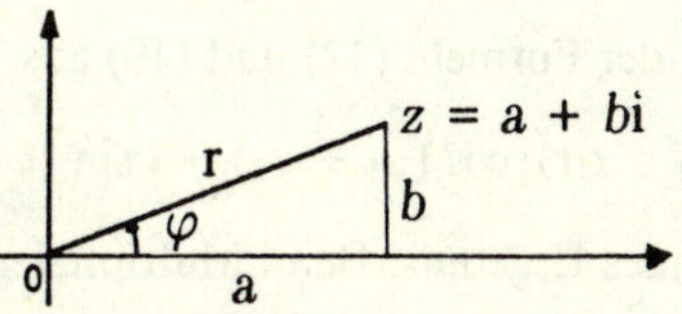

Fig. 3

Dabei ist $r \geq 0$ der Betrag von z, und für den Winkel φ (entgegen dem Uhrzeigersinn gemessen) gilt $0 \leq \varphi < 2\pi = 360^\circ$. Der Winkel φ heißt auch *Argument* oder *Arcus* der komplexen Zahl z. Nach § 7.2.2 hat man

$$|z| = r = \sqrt{a^2 + b^2}$$

und

$$\tan\varphi = \frac{b}{a} \quad \text{für } a \neq 0$$

(durch das Vorzeichen von a und von b wird φ eindeutig bestimmt) sowie

$$\varphi = \frac{\pi}{2} = 90^\circ \quad \text{für } a = 0 \text{ und } b > 0,$$

$$\varphi = \frac{3\pi}{2} = 270^\circ \quad \text{für } a = 0 \text{ und } b < 0.$$

(Für $a = 0$ und $b = 0$ ist $r = 0$ und φ unbestimmt.)

Zum Beispiel für $z = -1 + i$ haben wir $r = \sqrt{1^2 + 1^2} = \sqrt{2}$ und $\tan\varphi = \frac{1}{-1} = -1$, also $\varphi = 135^\circ = \frac{3\pi}{4}$ oder $\varphi = 315^\circ = \frac{7\pi}{4}$. Da $z = -1 + i$ negativen Realteil und positiven Imaginärteil hat, muß der zugehörige Punkt P im zweiten Quadranten liegen, d.h. es kann für φ nur der Wert $135^\circ = \frac{3\pi}{4}$ in Frage kommen. Somit haben wir die Darstellung $z = -1 + i =$
$= \sqrt{2}\left[\cos\frac{3\pi}{4} + i\sin\frac{3\pi}{4}\right]$.

Die imaginäre Zahl $z = -i$ hat die Darstellung $z = 1\left[\cos\frac{3\pi}{2} + i\sin\frac{3\pi}{2}\right]$, und für die reelle Zahl $z = -2$ folgt $z = 2(\cos\pi + i\sin\pi)$.

Für $z = a + bi = r(\cos\varphi + i\sin\varphi)$ hat die konjugiert komplexe Zahl $\bar{z} = a - bi$ in Polarkoordinaten die Form $\bar{z} = r(\cos\varphi - i\sin\varphi)$.

7.10.5. *Multiplikation und Division komplexer Zahlen in Polarkoordinaten.*

Für das Produkt der Zahlen $z_1 = r_1(\cos\varphi_1 + i\sin\varphi_1)$ und $z_2 = r_2(\cos\varphi_2 + i\sin\varphi_2)$ folgt

$$z_1 z_2 = r_1 r_2[\cos\varphi_1\cos\varphi_2 - \sin\varphi_1\sin\varphi_2 + i(\cos\varphi_1\sin\varphi_2 + \sin\varphi_1\cos\varphi_2)]$$

und unter Benutzung der Formeln (12) und (10) aus 7.9.5

$$z_1 z_2 = r_1 r_2[\cos(\varphi_1 + \varphi_2) + i\sin(\varphi_1 + \varphi_2)].$$

Also haben wir folgendes Ergebnis: Beim Multiplizieren komplexer Zahlen multiplizieren sich die Beträge und addieren sich die Argumente.

Bei der Division haben wir

$$\frac{z_1}{z_2} = \frac{r_1(\cos\varphi_1 + i\sin\varphi_1)}{r_2(\cos\varphi_2 + i\sin\varphi_2)} = \frac{r_1(\cos\varphi_1 + i\sin\varphi_1)(\cos\varphi_2 - i\sin\varphi_2)}{r_2(\cos\varphi_2 + i\sin\varphi_2)(\cos\varphi_2 - i\sin\varphi_2)} =$$
$$\frac{r_1}{r_2}\frac{\cos\varphi_1\cos\varphi_2 + \sin\varphi_1\sin\varphi_2 + i(\sin\varphi_1\cos\varphi_2 - \cos\varphi_1\sin\varphi_2)}{\cos^2\varphi_2 + \sin^2\varphi_2}$$

und unter Benutzung der Formeln (13), (11) und (14) aus 7.9.5

$$\frac{z_1}{z_2} = \frac{r_1}{r_2}[\cos(\varphi_1 - \varphi_2) + i\sin(\varphi_1 - \varphi_2)].$$

Damit haben wir als Ergebnis: Beim Dividieren zweier komplexer Zahlen werden die Beträge dividiert und die Argumente subtrahiert.

7.10.6. *Potenzen komplexer Zahlen in Polarkoordinaten.* Da eine Potenz (mit positiver ganzzahliger Hochzahl) als Produkt gleicher Faktoren aufgefaßt werden kann, erhalten wir mit der komplexen Zahl $z = r(\cos\varphi + i\sin\varphi)$ auf Grund obiger Ergebnisse

$$z^2 = r^2(\cos 2\varphi + i\sin 2\varphi)$$

und allgemein

(6) $$z^n = r^n(\cos n\varphi + i\sin n\varphi) \quad (n = 1,2,3,\ldots).$$

Formel (6) heißt *Satz von Moivre.*[1]

Zum Beispiel ist demnach für $z = -1 + i = \sqrt{2}\left[\cos\frac{3\pi}{4} + i\sin\frac{3\pi}{4}\right]$

[1] (6) gilt auch für $n = 0, -1, -2, \ldots$

$$z^2 = (\sqrt{2})^2\left[\cos\frac{6\pi}{4} + i\sin\frac{6\pi}{4}\right] = 2\left[\cos\frac{3\pi}{2} + i\sin\frac{3\pi}{2}\right] =$$
$$= 2(0 + i(-1)) = -2i$$

und

$$z^6 = (\sqrt{2})^6\left[\cos\frac{18\pi}{4} + i\sin\frac{18\pi}{4}\right] = 8\left[\cos\frac{9\pi}{2} + i\sin\frac{9\pi}{2}\right] =$$
$$= 8\left[\cos\frac{\pi}{2} + i\sin\frac{\pi}{2}\right],$$

da Kosinus uns Sinus periodisch mit der Periode 2π sind, also $\cos\frac{9\pi}{2} = \cos\left[4\pi + \frac{\pi}{2}\right] = \cos\frac{\pi}{2}$ und entsprechendes für den Sinus gilt. Wegen $\cos\frac{\pi}{2} = 0$ und $\sin\frac{\pi}{2} = 1$ folgt weiter [1]

$$z^6 = 8i.$$

7.10.7. Wir haben für komplexe Zahlen Potenzen mit ganzzahligen Exponenten eingeführt. Unter einer n-ten *Wurzel* ($n \in \mathbb{N}$) einer komplexen Zahl $z = x + iy$ versteht man jede komplexe Zahl $w = u + iv$ mit der Eigenschaft, daß $w^n = z$ gilt. Man schreibt $w = \sqrt[n]{z}$.

Ist $z = r(\cos\varphi + i\sin\varphi)$, so ist jede Zahl

$$w = \sqrt[n]{r}\left[\left(\cos\frac{\varphi}{n} + \frac{2\pi}{n}k\right) + i\sin\left(\frac{\varphi}{n} + \frac{2\pi}{n}k\right)\right] \quad (k = 0,1,2,\dots,n-1)$$

eine n-te Wurzel aus z; denn nach dem Moivreschen Satz ist $w^n = r(\cos\varphi + i\sin\varphi) = z$.

Beispiele: Für $z = -1$ hat man $\sqrt{z} = i$ und $-i$;

für $z = -1 + i = \sqrt{2}\left[\cos\frac{3\pi}{4} + i\sin\frac{3\pi}{4}\right]$ hat man $\sqrt{z} = \sqrt[4]{2}\left[\cos\frac{3\pi}{8} + i\sin\frac{3\pi}{8}\right]$ und

$\sqrt[4]{2}\left[\left(\cos\frac{3\pi}{8} + \pi\right) + i\sin\left(\frac{3\pi}{8} + \pi\right)\right] = \sqrt[4]{2}\left[\cos\frac{11\pi}{8} + i\sin\frac{11\pi}{8}\right].$

7.10.8. *Die Exponentialfunktion im Komplexen.*

Die Exponentialfunktion $f\colon x \longrightarrow f(x) = e^x$ wurde für $x \in \mathbb{R}$ in 1.8.2 schon betrachtet. Man setzt nun

$$e^{iy} = \cos y + i\sin y \text{ und } e^{x+iy} = e^x e^{iy} = e^x(\cos y + i\sin y).$$

Damit hat man die Exponentialfunktion auch für komplexe Exponenten $z = x + iy$ definiert.[2]

---

[1] Man kann natürlich auch schließen $z^6 = (z^2)^3 = (-2i)^3 = 8i$.

[2] Es sei bemerkt, daß man für e^x bzw. e^z auch schreibt $\exp(x)$ bzw. $\exp(z)$.

Die Darstellung $z = r(\cos \varphi + i \sin \varphi)$ einer komplexen Zahl in Polarkoordinaten läßt sich damit schreiben in der Form

$$z = re^{i\varphi}.$$

Die zu $z = r(\cos \varphi + i \sin \varphi)$ konjugiert komplexe Zahl $\bar{z} = r(\cos \varphi - i \sin \varphi)$ ist dann

$$\bar{z} = re^{-i\varphi}.$$

Die Formel für die Multiplikation zweier komplexer Zahlen $z_1 = r_1e^{i\varphi_1}$ und $z_2 = r_2e^{i\varphi_2}$ in Polarkoordinaten lautet dann

$$z_1z_2 = r_1r_2e^{i(\varphi_1 + \varphi_2)},$$

und für die Division erhält man

$$\frac{z_1}{z_2} = \frac{r_1}{r_2} e^{i(\varphi_1 - \varphi_2)};$$

schließlich wird der Satz von Moivre zu

$$z^n = (re^{i\varphi})^n = r^n e^{in\varphi}.$$

§ 7.11. Der Induktionsbeweis

7.11.1. Die Aussage

$$\sum_{i=1}^{n} i = 1 + 2 + ... + n = \frac{n(n + 1)}{2}$$

(vgl. 7.6.3) gilt für alle Zahlen n = 1,2,3,... (also für alle $n \in \mathbb{N}$); ebenso gilt

$$\sum_{i=1}^{n-1} aq^i = a + aq + aq^2 + .. + aq^{n-1} = a \frac{1 - q^n}{1 - q}$$

(vgl. 7.6.2) für alle n = 1,2,3,... ($q \neq 1$).

Die Richtigkeit von Aussagen dieser Art, die also für alle Zahlen n = 1,2,3,... (bzw. allgemeiner für alle ganzen Zahlen $n = n_0, n_0 + 1, n_0 + 2,...$ mit einem geeigneten n_0) gelten sollen, kann man mit dem Beweisprinzip der vollständigen Induktion (Induktionsbeweis) nachweisen. Die Grundidee dieses Beweisverfahrens läßt sich folgendermaßen beschreiben:

(I) Man beweist die Richtigkeit einer Aussage *A* für die Zahl 1 (bzw. für die Zahl n_0) - Induktionsanfang;

(II) Es wird die Aussage *A* für eine Zahl $n \geq 1$ (bzw. für eine Zahl $n \geq n_0$) als richtig angenommen und man beweist dann unter dieser Annahme die Richtigkeit der Aussage *A* für die Zahl n + 1.

Dann gilt die Aussage *A* für alle ganzen Zahlen $n \geq 1$ (bzw. $n \geq n_0$).

7.11.2. Beispiele: 1) Man beweise die Aussage (Formel)

$$\sum_{i=1}^{n} i = 1 + 2 + \ldots + n = \frac{n(n+1)}{2} \text{ für alle Zahlen } n = 1,2,3,\ldots$$

(I) Induktionsanfang: $\sum_{i=1}^{1} i = 1 = \frac{1\cdot(1+1)}{2} = 1;$

(II) aus der Annahme $\sum_{i=1}^{n} i = 1 + 2 + \ldots + n = \frac{n(n+1)}{2}$ für ein $n \geq 1$

folgt

$$\sum_{i=1}^{n+1} i = 1 + 2 + \ldots + n + (n+1) = \frac{n(n+1)}{2} + (n+1) =$$

$$= (n+1)\left(\frac{n}{2} + 1\right) = \frac{(n+1)(n+2)}{2},$$

also die Aussage für $n + 1$ statt n. Damit ist die Aussage für alle $n =$ $= 1,2,3,\ldots$ bewiesen.

2) Man beweise die Aussage

$$\sum_{i=1}^{n} i^3 = 1^3 + 2^3 + \ldots + n^3 = \frac{n^2(n+1)^2}{4} \text{ für alle Zahlen } n = 1,2,3,\ldots$$

(I) Induktionsanfang: $\sum_{i=1}^{1} i^3 = 1 = \frac{1^2(1+1)^2}{4} = 1;$

(II) aus der Annahme

$$\sum_{i=1}^{n} i^3 = 1^3 + 2^3 + \ldots + n^3 = \frac{n^2(n+1)^2}{4} \text{ für ein } n \geq 1$$

folgt

$$\sum_{i=1}^{n} i^3 = 1^3 + 2^3 + \ldots + n^3 + (n+1)^3 = \frac{n^2(n+1)^2}{4} + (n+1)^3 =$$

$$= \frac{(n+1)^2}{4}(n^2 + 4n + 4) = \frac{(n+1)^2(n+2)^2}{4},$$

also die Aussage für $n + 1$ statt n. Damit ist die Aussage für alle $n =$ $= 1,2,3,\ldots$ bewiesen.

3) Man beweise die Aussage

$2^n > n^2$ für alle ganzen Zahlen $n \geq 5$.

(I) Induktionsanfang: $2^5 = 32 > 5^2 = 25;$

(II) aus der Annahme $2^n > n^2$ für ein $n \geq 5$ folgt

$$2 \cdot 2^n > 2n^2;$$

(1) $$2^{n+1} > 2n^2.$$

Nun ist aber wegen $n \geq 5$ sicher $(n-1)^2 \geq 2$, also

$$n^2 - 2n + 1 \geq 2;$$

$$2n^2 \geq n^2 + 2n + 1;$$

$$2n^2 \geq (n+1)^2;$$

also mit (1)

$$2^{n+1} > (n+1)^2.$$

4) Man beweise die Aussage: Ist n die Anzahl der Elemente der Menge A, so ist 2^n die Elementeanzahl der Potenzmenge $\mathfrak{P}(A)$ $(n = 0,1,2,\ldots)$ (vgl. 1.2.1).

(I) Induktionsanfang: $n = 0$ bedeutet, daß A die leere Menge $\emptyset = \{\ \}$ ist; dann enthält die Potenzmenge $\mathfrak{P}(A)$ nur die leere Menge $\emptyset$, also ist die Elementeanzahl von $\mathfrak{P}(A)$ gleich $1 = 2^0$;

(II) aus der Annahme, daß die Elementeanzahl der Potenzmenge $\mathfrak{P}(A)$ einer n-elementigen Menge $A = \{x_1, x_2, \ldots, x_n\}$ gleich 2^n ist, erhält man die Anzahl der Elemente der Potenzmenge einer $(n+1)$-elementigen Menge $\{x_1, x_2, \ldots, x_n, x_{n+1}\}$ folgendermaßen: Die Elemente der Potenzmenge der $(n+1)$-elementigen Menge sind

die Elemente der Potenzmenge der Menge A

und die Mengen, die man aus den Elementen der Potenzmenge von A durch Hinzufügen des Elements x_{n+1} erhält;

also hat man in der Potenzmenge der $(n+1)$-elementigen Menge $2^n + 2^n = 2^{n+1}$ Elemente. Also gilt die Aussage für $n+1$ statt n. Damit ist die Ausage für alle $n = 0,1,2,\ldots$ bewiesen.

Literaturverzeichnis

Es wird nur eine Auswahl weiterführender und vertiefender Literatur angegeben.

Zu Abschnitt 1, 2 und 6

Blatter, Ch.: Analysis. I, II, III.
Berlin (Springer-Verlag) 1980, 1979, 1981.

Böhm, V.: Mathematische Grundlagen für Wirtschaftswissenschaftler.
Berlin (Springer-Verlag) 1982.

Courant, R.: Vorlesungen über Differential- und Integralrechnung. I, II.
Berlin (Springer-Verlag) 1971/1972.

Fichtenholz, G.M.: Differential- und Integralrechnung. I, II, III.
Berlin (VEB Deutscher Verlag der Wissenschaften) 1989, 1989, 1987.

Forster, O.: Analysis. I,II, III.
Braunschweig (Vieweg) 1983, 1984.

Gal, T. – Kruse, H.-J. – Piehler, G. – Vogeler, B. – Wolf, H.: Mathematik für Wirtschaftswissenschaftler. II. Analysis.
Berlin (Springer-Verlag) 1988.

Heuser, H.: Lehrbuch der Analysis. I, II.
Stuttgart (Teubner) 1988.

Mangoldt, H.v., – Knopp, K.: Einführung in die höhere Mathematik. I, II, III.
Stuttgart (Hirzel) 1980/1981/1978.

Ostrowski,A.: Vorlesungen über Differential- und Integralrechnung. I, II, III.
Basel (Birkhäuser) 1965/1969/1967.

Smirnow, W.J.: Lehrgang der höheren Mathematik. I.
Berlin (VEB Deutscher Verlag der Wissenschaften) 1986.

Zu Abschnitt 3

Aitken, A.C.: Determinanten und Matrizen.
B.I.-Hochschultaschenbücher 293*. Mannheim (Bibliographisches Inst.) 1969.

Gal, T. – Kruse, H.-J. – Vogeler, B. – Wolf, H.: Mathematik für Wirtschaftswissenschaftler. I. Lineare Algebra.
Berlin (Springer-Verlag) 1987.

Gröbner, W.: Matrizenrechnung. B.I.-Hochschultaschenbücher 103/103a.
Mannheim (Bibliographisches Inst.) 1966.

Kochendörffer, R.: Determinanten und Matrizen.
Leipzig (Teubner) 1970.

Neiss, F. – Liermann, H.: Determinanten und Matrizen. Lineare Algebra.
Berlin (Springer-Verlag) 1975.

Zurmühl, R. – Falk, S: Matrizen und ihre Anwendungen. I, II.
Berlin (Springer-Verlag) 1984, 1986.

Zu Abschnitt 4

Dantzig, G.B.: Lineare Programmierung und Erweiterungen.
Berlin (Springer-Verlag) 1966.

Gal, T.: Mathematik für Wirtschaftswissenschaftler. III. Lineare Optimierung.
Berlin (Springer-Verlag) 1983.

Zu Abschnitt 5

Berg, L.: Differenzengleichungen zweiter Ordnung und Anwendungen.
UTB 906. Darmstadt (Steinkopf-Verlag) 1980.

Gelfond, A.O.:Differenzenrechnung.
Berlin (VEB Deutscher Verlag der Wissenschaften) 1958
(insbes. S. 253 - 332).

Goldberg, S.: Differenzengleichungen und ihre Anwendung in Wirtschaftswissenschaft, Psychologie und Soziologie.
München (Oldenbourg Verlag) 1968.

Meschkowski, H.: Differenzengleichungen.
Göttingen (Vandenhoeck & Ruprecht) 1959.

Zu Abschnitt 6

Heuser, H.: Gewöhnliche Differentialgleichungen.
Stuttgart (Teubner) 1989.

Sachwortverzeichnis